삼국지

정사 비교 고증 완역판

삼국지

1

나관중 지음 | 모종강 정리
송도진 옮김

글항아리

『삼국지』는 한漢 영제靈帝 중평中平 원년元年(184) 황건黃巾 기의起義부터 진晉나라 무제武帝 태강太康 원년(280) 오吳의 멸망까지 100년에 가까운 역사를 배경으로 하는 소설로, 가장 많이 읽히는 중국 고전소설이다. 명나라 말기의 저명한 통속 문학가 풍몽룡馮夢龍은 명대의 네 가지 소설인『삼국지』『수호전水滸傳』『서유기西遊記』『금병매金瓶梅』를 합쳐서 '사대기서四大奇書'라 했는데, '사대기서'란 '명대의 사대 장편소설'을 말한다. 이때 '기奇'에는 내용과 예술의 '신기함'뿐만 아니라 창조적인 성취의 의미가 포함되어 있는데, 말하자면『삼국지』가 역사와 문학을 결합시킨 새로운 체제의 소설을 탄생시킨 셈이다.

그러나 우리가 흔히 말하는『삼국지』는 사실 소설이 아닌 중국의 위魏(220~265), 촉蜀(221~263), 오吳(222~280) 삼국의 역사를 진晉나라 때 진수陳壽(233~297)가 기전체紀傳體 형태로 기술하여 편찬한 정사正史 기록인『삼국지』다. 그동안의 잘못된 관습으로 기존 소설 형태의『삼국지』와 구별하기 위해 진수의『삼국지』에 '기전체의 체제로 편찬한 사서史書'를 가리키는 의미의 '정사'라는 수식어를 붙여 구분하는 것은 잘못된 일이며 엄밀하게 말해 수정되어야 한다. 현재 중국에서도 『삼국지』라고 할 때는 당연히 정사 자료인 진수의 『삼국지』를 말하고 있고, 우리가 읽는 소설 형태의 『삼국지』는 일괄적으로 『삼국연의三國演義』라고 제목을 붙이고 있다. 이렇듯 소설 『삼국지』와 정사 『삼국지』는 정확하게 구분할 필요가 있으며 혼용하는 것은 부적절하다. 그러나 우리나라에서는 오늘날까지도 관습적으로 두 가지가 혼용되어 사용되고 있기에 역자 또한 소설과 정사를 구분하지 않고 『삼국지』라는 제목을 사용했음을 밝혀둔다.

연의演義 소설인 『삼국지』는 위, 촉, 오 '삼국三國'의 역사를 기전체 형태로 '기재, 기록(지志)'한 역사서를 '연의'의 체제로 새롭게 구성한 장편소설이다. '연의'라는 말이 최초로 등장한 것은 『후한서後漢書』 「주당전周黨傳」이다. 「주당전」에 따르면 박사博士 범승范升이 상주하여 주당周黨을 비방하기를 "주당 등은 문文은 경서의 도리를 추론하여 명백히 밝힐 수 없고, 무武는 죽음으로써 군주에 보답할 수 없습니다黨等文不能演義, 武不能死君"라고 기록하고 있는데, '연의'는 즉 추론하여 명백히 밝히고 도리를 상세히 서술하는 것을 가리켰다. 당唐 이후 서적 명칭에 '연의'를 사용하기 시작했고, 이후 『삼국지통속연의三國志通俗演義』에서 처음으로 '연의'라는 명칭을 사용한 역사소설이 탄생했다. 결국 '연의'라는 말은 광의로 소설을 가리키게 되었고 소설의 대명사가 되었다. 『사해辭海』에 따르면 "언사와 문장의 함축된 뜻과 관점을 상세하게 설명하고 본의를 더욱 확대시키는 것을 말한다"고 '연의'를 해석하고 있다. 정리하자면 '연의'라는 말은 역사적 사실에 야사野史를 융합하여 예술적으로 가공하고 부연 설명한 일종의 통속 장편소설이라는 의미다.

연의 소설인 『삼국지』는 정사인 진수의 『삼국지』와 그에 주석을 붙인 남조남조南朝 송宋의 배송지裵松之(372~451)의 주注를 시작으로, 당唐대에 유행했던 사찰에서 불교 경전을 강론하는 '속강俗講'과 송, 원元 시기의 잡극雜劇이 더해져 탄생했다고 할 수 있다. 『삼국지』가 나오기 이전부터 삼국에 관련된 이야기는 민간에 크게 성행했으며 북송北宋대에는 역사서에 근거하여 흥패와 전쟁 고사를 덧붙여 이야기하는 '강사講史(혹은 평화平話)' 가운데 삼국의 역사 이야기를 전문으로 하는 '설삼분說三分'이 있었다. 이렇듯 『삼국지』는 한 사람만의 창작이 아닌 여러 세대를 거쳐 기본 토대가 마련되면서 완성되었다고 할 수 있다. 우리가 알고 있는 소설 『삼국지』의 근간이라 할 수 있는 것은 원대 지치至治 연간(1321~1323)에 건안建安(푸젠福建성)의 '우씨虞氏'가 간행한 『전상삼국지평화全相三國志平話』다. 이 책은 총 세 권으로 간행되었는데, 한 페이지가 위쪽은 삽화, 아래쪽은 서술로 되어 있다. 『삼국지』와는 내용 면에서 큰 차이 없이 중요한 줄거리는 거의 포함되어 있지만 분량이 10분의 1에 불과하고 상당히 조잡하다. 이 『전상삼국지평화』를 개편하고 민간 전설과 희곡, 화본話本을 종합하여 진수의 『삼국지』와 배송지 주의 사료들을 결합시켜 우리가 알고 있는 소설 『삼국지』를 탄생시킨 사람이 바로 나관중羅貫中이다.

원말 명초의 가중명賈仲明이 지은 『녹귀부속편錄鬼簿續編』에 의하면 나관중은 자가 관중貫中이고 태원太原(지금의 산시山西성 타이위안太原) 사람이며 호는 호해산인湖海散人이라 했다. 그러나 동원東原(지금의 산둥山東성 둥핑東平) 출생이라는 설도 있다. 소설 『삼국지』의 저자가 나관중이 아니라고 주장하는 학자들도 있지만, 일반적으로 『삼국지』의 저자가 나관중이라는 것은 공인되고 정설로 굳어진 상태다. 나관중은 잡극으로 『조태조용호풍운회趙太祖龍虎風雲會』『삼평장사곡비호자三平章死哭蜚虎子』『충정효자연환간忠正孝子連環諫』 3종을 지었다고 하지만, 그중 『조태조용호풍운회』만이 전해지고 있다. 소설로는

『삼국지』이외에도『수당양조지전隋唐兩朝志傳』『잔당오대사연의殘唐五代史演義』『삼수평요전三遂平妖傳』『소진왕사화小秦王詞話』등 다섯 편과『수호전水滸傳』저작에도 일부 참여했다고 알려져 있지만 확실하지는 않다.

그러나 나관중이 개편했다는 원본은 소실되어 사라지고 명대 가정嘉靖 임오년壬午年(1522)에 목각 인쇄본으로『삼국지통속연의三國志通俗演義』가 출간되었다. 이는 '가정본嘉靖本(일명 홍치본弘治本)'이라 불리는데 첫 권에 '진나라 평양후 진수가 기록한 역사를 후학인 나관중이 순서에 따라 편집 정리하다 晋平陽侯陣壽史傳, 後學羅本貫中編次'라는 제목을 달고 있다. 모두 24권이고 각 권은 10절節로 되어 있는데, 절마다 칠언일구七言一句의 소제목이 붙어 있어 모두 240회다. 이러한 형태는 장편소설의 초기 형식인 화본話本을 계승한 것이다. 기간은 후한後漢 영제靈帝 말년(184)부터 진晉나라 무제武帝의 태강太康 원년(280)까지의 97년간으로『전상삼국지평화』와 같다. 이전에는 이『삼국지통속연의』가 나관중의 원작에 가장 가까운 판본이거나 혹은 나관중의 원본이라는 주장이 대세였다. 그리고 만력萬曆(1573~1619)에서 천계天啓(1621~1627) 사이에 여러 종의『삼국지전三國志傳』판본(약칭 '지전본志傳本')이 출판되었는데, 대부분이 20권으로 되어 있고 권마다 12회로 구성되어 있다.

이후 출판된 여러 판본은『삼국지통속연의』와『삼국지전』의 양대 계통으로 공존하며 발전해나가는데『삼국지』의 최초 판본에 대한 논란이 지금까지도 이어지고 있다. 기본 쟁점은 두 계통의 판본 가운데 어느 것이 최초이고 나관중의 원작에 가장 근접하는지에 대해 많은 학자가 서로 다른 주장을 펼치면서 현재까지도 명백하게 결론을 내리지 못하는 상태이나 근래의 연구 결과는 '가정본'이 비교적 가공이 많은 정리본이며 명대의『삼국지전』이 나관중의 원본에 근접하다는 주장이 조금 더 우세한 상황이다.

이후 『이탁오 선생 비평 삼국지李卓吾先生批評三國志』(약칭 '이탁오평본李卓吾評本')란 제목의 판본이 만력 연간에 간행되었는데 2절을 합쳐 1회로 하여 모두 120회로 만들고 평론을 달았다. 우리가 흔히 알고 있는 『삼국지』가 바로 청대淸代 강희康熙 18년(1679)에 모종강毛宗崗이 그의 부친인 모륜毛綸의 작업을 이어받아 '이탁오평본'을 기초로 하여 개작하고 비평을 가한 120회의 세칭 '모종강평개본毛宗崗評改本(혹은 모본毛本)'이다. 모륜은 자가 덕음德音, 호가 성산聲山이며 장주長洲(지금의 장쑤江蘇성 쑤저우蘇州) 사람이다. 명말 청초 사람으로 정확한 생몰 연대는 전해지지 않고 있다. 모종강은 자가 서시序始이고 호가 혈암孑庵으로 숭정崇禎 5년(1632)에 태어났으나 사망한 시기는 정확하지 않고 1709년 이후로만 추정된다. 저서로는 필기 소설집 『혈암잡록孑庵雜錄』이 있다. 이 '모본毛本'의 처음 명칭은 '사대기서제일종四大奇書第一種'이었고, 이 '모본'이 출판된 이후 기존의 다른 모든 판본은 자취를 감추게 되었다. 이후 '모본'이 널리 전파되면서 조금씩 다른 판본들이 출간되었지만 그 기본은 '모본'이었고, 또 '모본'을 개정한 사람도 없이 대략 300여 년간 내용상 커다란 변동이 없었으니, 『삼국지』의 발전 과정 중 최후의 형태로 남게 된 것이라 할 수 있다. 오늘날 널리 읽히는 소설 『삼국지』는 바로 이 '모본'을 말한다. 결론적으로 『삼국지』의 판본은 세 가지 계통으로 발전해왔다고 할 수 있는데, '가정본' 『삼국지통속연의』 계통과 『삼국지전』 계통, 그리고 모종강 부자의 '평개본評改本'인 『삼국지』 계통이다.

그러나 모종강 부자의 '모본'은 기본적인 역사적 사실과 부합하지 않는 내용이 많고 문맥상 오류도 많다. 중국에서 이러한 오류들을 수정하고 교정·정리하는 작업이 진행되어 런민문학출판사人民文學出版社의 '교리본校理本' 『삼국연의』가 출판되었고, 이후 삼국지 전문가인 선보쥔沈伯俊 선생에 의해서 재차 정오正誤 대조 작업을 거쳐 정리된 '교리본校理本' 『삼국연의』가 다시 간행되었다. 역자 또한 현재 가장 널리 읽히는 '모종강본毛宗崗本' 120회본을 기본으로 한 '교리본'인 평황출판사鳳凰出版社의 『삼국연의』(선보쉔 교리)를 저본으로 삼고, 부가적으로 런민문학출판사의 『삼국연의』를 채택했다. 그러나 '교리본'에는 모종강의 비평이 실려 있지 않기에 추가로 평황출판사의 모종강 비평본批評本 『삼국연의』와 중화서국中華書局의 모륜, 모종강 점평點評 『삼국연의』 등, 그 외 관련 서적들을 추가로 참조했다.

　『삼국지』를 읽는 독자들이 공통적으로 갖는 가장 큰 의문은 아마도 소설 속에 전개된 내용이 실제 역사적 사실에 부합하는지 아니면 단지 작가의 상상력과 이야기 전개를 위해 창조된 것인지에 대한 궁금증일 것이다. 역자 또한 처음 『삼국지』를 접했을 때, 수많은 등장인물과 사건, 신출귀몰하는 전략 등이 과연 실제 있었던 일인가에 대한 의문과 호기심이 들었다. 그러나 불행하게도 우리가 사실이라 믿고 일상에서 사용하는 수많은 고사성어 등 『삼국지』에 관련된 내용 상당수가 실제 역사에는 존재하지 않았던 허구이거나 과장된 것이다. 사람들은 '도원결의桃園結義'를 사실처럼 여기고 있고, 긴 수염에 청룡언월도를 쥐고 적토마를 질주해가는 웅장한 관우의 모습을 상상하며 영웅으로 존경하기도 하는데, 사실은 '수염' 외에는 전부 허구이며 소설 속에 등장하는 많은 이야기가 실제 역사가 아니라는 것을 알게 되면 실망할 것이다. 이렇듯 『삼국지』는 역사적 사실을 기초로 한 소설이지만 의외로 상당 부분 실제 역사 사실과 거리가 먼 내용이 많은 것이 사실이다. 청대 학자인 장학성章學誠은 소설 『삼국지』의 내용 중에 "70퍼센트는 사실이고 30퍼센트는 허구"라고 말했지만, 엄밀하게 세세한 부분까지 따지자면 그 이상이 아닐까 생각한다.

소설『삼국지』는 기본적으로 문학작품이기에 역사와는 개별적인 시각으로 볼 수도 있지만, 역사적 사실을 토대로 구성된 '연의소설'이기 때문에 실제 역사 사실을 무시하고 순수문학적 측면으로만 보기에는 무리가 있다. 『삼국지』를 번역하면서 실제 역사와 소설과의 괴리에 대한 궁금증을 어느 정도 해소해주는 것 또한 역자의 도리라 판단되어 각 편 말미에 실제 역사 기록을 비평이나 자의적 판단 없이 역사 기록 그대로 최대한 간단하게 소개하여 독자들의 의문과 궁금증 해소에 도움을 주고자 했다.

　실제 역사 기록은 야사, 전설, 기타『삼국지』관련 저작들의 개인적 저술이나 비평, 분석 관련 내용들은 지양했으며 순수 '정사正史' 기록과 그 기록을 기초한 자료들만 참고했음을 밝혀둔다. 역사 사실 비교와 관련해 참고한 '정사' 자료는 소설『삼국지』에서 전개된 내용의 역사 기록에만 국한시켰으며, 소설 속에 등장하지 않는 인물과 사건, 그리고 소개되지 않은 내용에 대해서는 역사 기록을 처리하거나 첨부하지 않았다. 이에 관련되어 참고한 문헌은 기본 정사인 진수의『삼국지』와 배송지 주석, 남북조시대南北朝時代 남조南朝 송의 범엽范曄이 편찬한『후한서』와 이현李賢 주석, 당나라 태종太宗의 지시로 편찬한 방현령房玄齡의 진晉 왕조 정사인『진서晉書』, 그리고 북송의 사마광司馬光이 편찬한 편년체編年體 역사서인『자치통감資治通鑑』 등을 기본으로 삼았고, 필요한 경우에는 사마천司馬遷의『사기史記』와 반고班固의『한서漢書』, 청 왕선겸王先謙의『후한서집해後漢書集解』, 노필盧弼의『삼국지집해三國志集解』 등을 참조했다. 또한『삼국지』에 관련된 고사 소개를 위해 남조 송 유의경劉義慶이 저술한『세설신어世說新語』를 일부 참조했으며, 필요한 경우 주석에 사서삼경四書三經과 제자백가諸子百家 및 기타 자료를 참고했음을 밝혀둔다.

이와 더불어 『삼국지』에서는 이치에 맞지 않는 내용이나 지명, 관직명, 연대, 허구 인물, 실제 역사 인물의 한자 성명이나 자字 혹은 신분, 출신 지역, 연령 등에서 상당히 많은 오류가 발견되는데, 이는 주석에서 '오류'로 표기하고 실제 역사 기록을 근거로 바로잡았다. '오류'라고 한 부분에 대해서는 '교리본'인 평황출판사의 『삼국연의』와 런민문학출판사의 '교리본'을 기본으로 참고하여 정사 자료를 일일이 대조하면서 실제 역사 기록을 소개했고, 일부 누락된 부분은 주석을 통해 추가로 바로잡았다.

지금까지 소개되고 널리 읽혀온 많은 『삼국지』 작품으로부터 해소되지 못했던 부분을 보충·보완하려 노력했으며 소설 『삼국지』뿐만 아니라 중국의 삼국시대를 좀더 폭넓게 이해하는 데 보탬이 되었으면 한다. 역사 사실에 관련된 구체적인 분석과 소설 속에 등장하지 않은 내용들에 대한 소개 및 평가 등 더 세밀하게 많은 사료를 소개하고 체계적으로 분석하지 못한 아쉬움이 남지만, 『삼국지』를 이해하는 데는 충분하리라 생각된다. 『삼국지』 원전을 훼손하지 않고 번역하고자 노력했으며 정사 자료들을 첨부하여 역사적 사실을 함께 소개했지만, 혹여 잘못된 부분이나 오류가 있을 수 있고 미처 발견하지 못한 미진한 부분도 있으리라 판단된다. 독자 여러분의 많은 질정을 바란다.

차 례

임강선 臨江仙

세차게 출렁이며 동쪽으로 흘러가는 장강 물결
물보라 일으켜 영웅호걸들 모조리 쓸어버렸네
옳고 그른 것과 성공과 실패도 고개 돌려보니 모두가 헛된 것이로다
푸른 산은 옛 모습 그 자리 그대로인데
해질녘 노을은 몇 번이나 붉었다 사라졌는가

백발의 어부와 나무꾼은 강 모래섬에 올라
가을 달과 봄바람을 그저 바라볼 뿐이네
탁주 한 병에도 즐거워 서로 만나느니
예나 지금의 허다한 세상일쯤이야
웃으며 이야기하며 모두 보내버리네

滾滾長江東逝水, 浪花淘盡英雄
是非成敗轉頭空
靑山依舊在, 幾度夕陽紅
白髮漁樵江渚上, 慣看秋月春風
一壺濁酒喜相逢
古今多少事, 都付笑談中

일러두기

1. 역자가 번역의 기본으로 삼은 소설 『삼국지三國志』의 판본은 역사적으로 가장 압도적으로 유행하고 보편적으로 읽히는 세칭 '모종강본毛宗崗本' 120회본이다. 2009년 평황출판사鳳凰出版社에서 간행된 '교리본校理本' 『삼국연의』(선보쥔沈伯俊 교리)를 기본으로 삼고, 부가적으로 2013년 런민문학출판사人民文學出版社에서 간행된 『삼국연의』 제3판을 채택했다. 그 외에 모종강毛宗崗의 비평이 실려 있는 평황출판사의 모종강 비평본 『삼국연의』(2010)와 중화서국中華書局의 모룬毛綸, 모종강 점평點評 『삼국연의』(2009) 등 관련 서적들을 추가로 참조했다.

2. 소설 『삼국지』는 매회 두 구절의 제목을 제시하여 전체 줄거리를 예시했는데, 제목이 길고 번잡하여 역자가 간단한 제목을 새로 붙였다.

3. 독자들의 이해를 돕고 소설과 실제 역사와의 차이를 살펴볼 수 있도록 매회 말미에 【실제 역사에서는……】을 추가해 역사서에 기록된 내용을 소개했다. 정사正史 자료를 기본으로 삼았으며, 소설과 역사가 상이한 경우에는 그 내용을 소개하여 독자들이 비교할 수 있도록 했으며, 역자의 비평은 최대한 지양했다.

4. 소설 『삼국지』에는 내용상 이치에 맞지 않는 부분 혹은 지명, 관직명, 정확한 연대, 허구 인물, 등장인물의 한자 성명이나 자 혹은 직책, 출신 지역, 연령 등 상당히 많은 부분에 오류가 있다. 오류는 주석을 통해 '오류'라고 명시하고, 교리본을 기초로 정사 자료를 일일이 대조하여 이를 바로잡았다. 또한 이해하기 어려운 개념이나 역사적 사실 등 설명이 필요하다고 판단되는 내용도 함께 소개했다. 일부는 【실제 역사에서는……】에서 지적하기도 했다.

5. 오류 가운데 전체에 걸쳐 반복되는 것은 처음 등장할 때 주석을 통해 바로잡고 '이하 동일'이라 표기했다.

6. 주석 혹은 【실제 역사에서는……】은 기본적으로 정사인 진수陳壽 『삼국지』와 배송지裴松之 주석, 『후한서』와 이현李賢 주석, 『진서』, 『자치통감』을 기본으로 삼았고, 필요한 경우에는 『사기』와 『한서』, 왕선겸王先謙의 『후한서집해』와 노필盧弼의 『삼국지집해』를 참조했다. 또한 일부 소개 자료는 2007년 상하이런민출판사上海人民出版社에서 간행된 『삼국연의 보증본補證本』을 참고했으며, 역자의 의견이나 비평은 최대한 지양했다.

7. 맞춤법과 외래어 표기는 국립국어원 표준국어대사전 및 외래어표기법을 따랐다. 독자들이 이해하기 어려운 한자어나 고사성어, 고유명사 등은 한자를 병기했으며, 본문에 등장하는 고사성어 및 인용문의 원문, 출처, 상세한 배경 등을 주석을 통해 최대한 자세히 소개하고자 했다.

8. 지명은 『후한서』「군국지」를 기본으로 하여 주석에 명시했고, 현재와 다른 명칭으로 사용되는 지명은 현재 중국에서 사용되는 정식 지명으로 적었다.

9. 본문에 등장하는 도량형은 후한 시기의 기준으로 표기했으며, 독자들의 이해를 돕기 위해 주석 혹은 【실제 역사에서는……】에서 상세히 설명했고, 현재 사용되는 도량형으로 환산하여 제시했다.

10. 날짜와 계절은 모두 음력으로, 시간은 시진時辰으로, 밤은 고대 관습에 따라 오경五更으로 표기했다.

11. 본문에 표기된 서기 연도는 독자의 이해를 돕기 위해 역자가 표기한 것이다.

12. 최대한 원전에 충실하게 번역했으나 매끄러운 번역을 위해 부득이 단어를 보충한 부분이 있음을 미리 밝혀둔다.

13. 후한 13자사부刺史部 명칭 중에 涼州와 揚州는 우리말 발음상의 혼동을 피하고 이를 구별하기 위해 涼州는 '양주涼州'로, 揚州는 '양주'로 표기했다.

14. 독자들에게 생소한 어휘는 쉽게 이해되고 많이 사용되는 단어를 선택했음을 밝혀둔다. 예를 들어 '경사京師', '경京', '도都' 등은 '도성'으로, '채寨'는 '군영'으로 표기했으나 【실제 역사에서는……】에서는 원문 그대로 번역했다.

15. 대화체에 자주 등장하는 '모某(아무개)'는 문맥상 변경하기 곤란한 경우를 제외하고는 '저' 혹은 '제가'로 번역했음을 밝혀둔다.

16. 모종강의 정통론과 서술 기법, '재자서才子書'의 목록에서 삼국지를 첫 번째로 해야 한다는 당위성과 우수성을 분석·설명한 「삼국지 읽는 법讀三國志法」을 6권 마지막에 부록으로 실었다.

도원결의

세 호걸은 복숭아나무 정원에서 잔치를 열어 의형제를 맺고,
영웅은 황건을 베고 처음으로 공을 세우다

宴桃園豪傑三結義,
斬黃巾英雄首立功

무릇 천하의 대세란 나뉜 지 오래되면 반드시 합쳐지고, 합쳐진 지 오래되면 틀림없이 다시 나뉘는 법이다. 주周나라 말엽 천하는 칠국七國(전국칠웅, 즉 진秦, 조趙, 위魏, 한韓, 제齊, 연燕, 초楚)으로 나뉘어 패권을 다투더니 진으로 병합되었고, 진나라가 망한 이후에는 초와 한漢으로 갈라져 쟁탈하다가 다시 한으로 합병되었다. 한 왕조는 고조高祖(유방劉邦)가 흰 뱀을 베어 죽이고 봉기하여 천하를 통일했고, 그 후로 광무제光武帝의 중흥[1]이 헌제獻帝에 이르렀으나 천하는 결국 삼국으로 갈라지고 말았다.❶

천하가 다시 어지럽게 분열된 원인을 미루어 짐작해보면 환제桓帝(유지劉志)와 영제靈帝(유굉劉宏) 두 황제로부터 시작되었다고 할 수 있다. 환제는 선량하고 덕이 있는 인사들을 핍박하고 감금했으며 환관宦官들만 총애하고 신임했다.[2] 환제가 죽고 영제가 즉위하자 대장군 두무竇武와 태부[3] 진번陳蕃이 함께 보좌했다. 이때 환관 조절曹節 등이 권력을 제멋대로 휘두르고 남용하자 두무와 진번이 그들을 죽이려고 계획했으나 기밀이 누설되어 도리어 해를 입으니,[4] 이때부터 환관들의 횡포가 더욱 포악해졌다.

건녕[5] 2년(169) 4월 보름날,[6] 영제가 온덕전溫德殿에 행차했다. 막 옥좌에 오르려는데 전각 모서리에서 갑자기 광풍이 일어나더니 커다란 푸른 뱀 한 마리가 대들보 위에서 날아내려와 용상에 똬리를 틀었다. 황제가 놀라 쓰러지자 좌우에서 급히 부축하여 궁으로 모셔 들어갔고 백관百官[7]도 자리를 피하여 모두 달아났다. 잠깐 사이에 뱀은 어디론가 사라져 보이지 않았다. 그때 별안간 천둥이 치고 장대비와 우박까지 쏟아져 한밤중에야 겨우 그쳤으나 수많은 가옥이 무너졌다. 건녕 4년(171) 2월에는 낙양洛陽에 지진이 있었고, 또 바닷물이 범람하여 바닷가 근처에 거주하던 백성이 전부 큰 파도에 휩쓸려 바닷속으로 빨려 들어갔다. 광화光和[8] 원년(178)에는 암탉이 수탉으로 변했다.[9] 6월 초하루[10]에는 10여 장丈이나 되는 검은 기운이 온덕전 안으로 날아들었다. 7월에는 옥당玉堂(한나라 궁전 명칭)에 무지개가 뜨고 오원[11]의 산과 언덕이 모두 터져 갈라졌다. 갖가지 상서롭지 못한 현상이 끊임없이 일어났다. 이에 황제가 조령[12]을 내려 자연재해와 특이한 현상의 원인을 신하들에게 묻자, 의랑[13] 채옹蔡邕이 상소[14]를 올려 "무지개[15]가 떨어지고 암탉이 수탉으로 변한 것은 부녀자와 환관[16]이 정사에 간섭하기 때문입니다"라고 하니, 그 말이 자못 간절하고 솔직했다. 영제가 상주문[17]을 읽은 뒤 탄식하며 측간에 가려고 일어났다. 조절이 뒤에서 상주문을 몰래 훔쳐보고는 그 내용을 좌우 환관들에게 상세히 알렸다. 결국 채옹을 다른 일로 죄를 씌워 함정에 빠뜨리고 시골로 쫓아버렸다. 그 뒤로 장양張讓, 조충趙忠, 봉서封諝, 단규段珪, 조절, 후람侯覽, 건석蹇碩, 정광程曠, 하운夏惲, 곽승郭勝 등 열 명이 무리를 지어 온갖 간악한 짓을 하니 '십상시十常侍'라 불렸다. 황제는 그들 중에서도 장양을 존중하고 '아부阿父(아버지)'라 부르며 믿고 따랐다. 조정의 정사가 날이 갈수록 잘못되고 타락하니 천하 인심은 반란을 품게 되었고 마침내 도적이

벌떼처럼 일어났다.❷

이때 거록군[18]에 장각張角, 장보張寶, 장량張梁이라는 세 형제가 살고 있었다. 맏이인 장각은 본래 수재[19]에 급제하지 못하여 산으로 들어가 약초를 캐며 살았다. 하루는 파란 눈에 어린아이 같은 얼굴로 손에는 명아주로 만든 지팡이를 짚은 한 노인을 만났는데, 그 노인이 장각을 불러 어느 동굴로 데려가서는 천서天書 세 권을 주면서 말했다.

"이것은 『태평요술』[20]이라는 책이다. 네가 이 책을 얻었으니 마땅히 하늘을 대신해 백성을 교화하고 세상 사람들을 널리 구제해야 한다. 그러나 다른 마음을 품는다면 반드시 악행에 대한 대가를 치를 것이다."

장각이 절하며 성명을 물으니 노인이 말했다.

"내가 바로 남화노선南華老仙(남화진인南華眞人으로 장자를 가리킴)이다."

말을 끝내더니 한바탕 선선한 바람으로 변하여 사라졌다. 장각이 책을 얻은 후 밤낮으로 온 힘을 다해 학습하여 비바람을 부를 수 있게 되자 스스로 '태평도인太平道人'이라 불렀다. 중평[21] 원년(184) 정월에 역병이 돌자 장각은 부수[22]를 보시하고 사람들을 위해 병을 치료하며, 다시 '대현량사大賢良師'[23]라 자칭했다. 장각을 따르는 500여 명의 제자들이 구름처럼 사방으로 돌아다녔는데 모두 부적을 지녔고 주문을 외울 수 있었다. 이후 문하생들이 나날이 늘자 36방方을 세웠다. 대방[24]은 1만여 명이었고 소방은 6700여 명으로 방마다 거수[25](두목)를 세워 '장군'[26]이라 부르고 다음과 같은 헛소문을 퍼뜨렸다.

"창천[27](푸른 하늘)이 이미 죽었으니, 황천[28](누런 하늘)이 세워지리라蒼天已死, 黃天當立."

또 이르기를,

"세성(목성)이 갑자년(영제 중평 원년, 184)에 있으니 천하가 크게 길하리라

歲在甲子, 天下大吉."

그러고는 사람들에게 백토白土로 '갑자甲子'라는 두 글자를 집 대문에 써놓게 했다.²⁹

청주靑州, 유주幽州, 서주徐州, 기주冀州, 형주荊州, 양주揚州, 연주兗州, 예주豫州 8주의 백성은 집집마다 대현량사 장각의 이름을 받들어 모셨다. 장각은 그의 일당인 마원의馬元義를 시켜 은밀히 황금과 비단을 가지고 십상시의 한명인 환관 봉서와 친분을 맺고 궁 안에서 호응하게 했다. ❸

장각이 두 아우와 상의했다.

"가장 얻기 어려운 것이 민심이다. 지금 민심이 이미 우리를 따르고 있으니 기세를 몰아 이번에 천하를 얻지 못한다면 진실로 안타까운 일이 될 것이다."

드디어 황색 깃발을 남몰래 만들면서 거사 날짜를 정하고, 다른 한편으로는 제자인 당주唐州를 시켜 봉서에게 신속히 편지를 보내 알리게 했다. 그러나 당주는 곧바로 성중³⁰으로 달려가 변고가 발생할 것이라고 고발했다. 황제는 대장군³¹ 하진何進을 불러 군대를 동원하여 마원의를 잡아 참수시키고, 다음으로 봉서 등 관련된 무리를 체포하여 하옥했다. 장각은 거사가 들통난 것을 알고 밤사이 군사를 일으켜 스스로 '천공장군天公將軍'이라 부르고, 장보는 '지공地公장군', 장량은 '인공人公장군'이라 칭하며 따르는 무리에게 선언했다.

"지금 한나라의 운수가 마침내 끝나고 큰 성인이 나타나셨다. 너희는 모두 하늘에 순종하고 정의를 따라 태평 세상에서 즐거워하리라."

사방의 백성이 황건黃巾(누런 수건)을 싸매고 장각을 따르니 모반한 자가 40~50만 명에 이르렀다. 그들의 세력이 엄청나게 거대하여 관군은 소문만

들고도 뿔뿔이 흩어졌고 싸울 의지를 상실했다. 하진은 황제에게 아뢰어 각처에서 방비를 철저히 하고 도적들을 쳐서 공을 세우도록 신속히 조서를 내리게 하는 한편 중랑장[32] 노식盧植, 황보숭, 주준朱儁을 파견하여 각기 정예병을 이끌고 세 갈래 길로 나누어 토벌하게 했다.

한편 장각의 한 부대가 유주[33] 경계를 침범했다. 유주태수 유언[34]은 강하경릉[35] 사람으로 한나라 노공왕[36]의 후손이었는데, 이때 적병이 곧 당도할 것이라는 보고를 듣고는 교위[37] 추정鄒靖을 불러 대책을 상의했다. 추정이 말했다.

"적군은 많고 우리 군사는 적으니 명공明公(명예와 지위가 있는 자에 대한 존칭)께서는 속히 군사를 모집해 적과 맞서야 합니다."

유언은 그 말을 옳게 여기고 즉시 방문榜文을 붙여 의병을 모집했다.

방문은 탁현[38]까지 나붙어 탁현에서 한 영웅을 끌어냈다. 그 사람은 글 읽기는 그다지 좋아하지 않았으나 성격이 너그럽고 온화하며 말수가 적어 기쁨과 노여움을 얼굴에 드러내지 않았고, 원래부터 큰 뜻을 품고 있어 오로지 천하 호걸들과 교제하는 것을 좋아했다. 그는 키가 7척 5촌에 두 귀가 어깨까지 늘어졌고, 양손이 무릎 아래까지 내려왔으며, 눈으로 자신의 귀를 볼 수 있었다. 또한 관옥冠玉(관을 장식하는 옥) 같은 미남이었으며, 입술이 연지를 바른 듯 붉었다.❹

그는 중산정왕中山靖王 유승[39]의 후손이며 한 경제景帝 각하[40]의 현손으로 성이 유劉이고 이름이 비備요 자가 현덕玄德이라 했다. 옛날에 유승의 아들 유정劉貞이 한 무제 때 탁록정후涿鹿亭侯[41]로 봉해졌다가 후에 주금酎金을 헌납하는 규정을 어겨 작위를 박탈당했는데,[42] 이 때문에 그 후손의 한 줄기가 이곳 탁현에 남아 살게 된 것이다. 현덕의 조부는 유웅劉雄이고 부친은 유홍

劉弘이었다. 유홍은 일찍이 효렴으로 추천되어[43] 관리를 한 적도 있었으나 일찍 세상을 떠났다. 현덕은 어려서 고아가 되어 어머니를 모시는 효성이 지극했다. 그러나 집이 가난하여 미투리를 삼고 돗자리를 짜서 팔아 생계를 꾸렸다. 그의 집은 탁현 누상촌樓桑村에 있었다. 집 동남쪽에 커다란 뽕나무 한 그루가 있었는데, 나무의 높이가 다섯 장이 넘어 멀리서 바라보면 무성한 모양이 마치 우산을 씌운 것(거개[44]) 같았다. 관상을 보는 이가 이를 두고 한 말이 있었다.

"이 집에서 반드시 귀인이 나올 것이다."

현덕이 어렸을 때 나무 아래에서 마을 아이들과 놀면서 말했다.

"나는 천자天子가 되어 이런 뽕나무 같은 덮개가 있는 수레를 탈 거야."

숙부 유원기劉元起는 그 말을 신기해하며 말했다.

"이 아이는 보통이 아니구나!"

그는 현덕의 집안이 가난함을 알기에 항상 도왔다. 15세가 되자 모친이 그를 유학 보냈는데, 현덕은 정현鄭玄과 노식盧植을 스승으로 섬기고 공손찬公孫瓚 등과 벗이 되었다. 유언이 방문을 붙여 군사를 모집할 때 현덕의 나이는 이미 28세[45]에 이르렀다.

그날 방문을 보게 된 현덕은 감개하며 길게 탄식했다. 그때 뒤에서 어떤 사람이 엄하게 꾸짖었다.

"대장부가 나라를 위해 힘쓸 생각은 하지 않고 무슨 까닭으로 긴 한숨이오?"

현덕이 돌아보니 그 사람은 키가 8척에다 표범 머리에 눈이 둥글고 크며, 제비턱에 호랑이 수염을 하고 있었다. 목소리가 우레 같았으며, 그 기세가 질주하는 말과 같았다. 외모가 예사롭지 않은 것을 보고 현덕이 성명을 물었다. 그 사람이 대답했다.

"저는 성이 장張이고 이름이 비飛라 하며 자가 익덕[46]이오. 대대로 이곳 탁군에서 살고 있는데 장전[47]도 꽤 있고 술도 팔고 돼지도 잡지만 유독 천하 호걸들과 사귀기를 좋아하오. 방금 공이 방문을 읽으면서 탄식하는 것을 보고 물어본 것이오."

현덕이 말했다.

"나는 본래 한나라 황실의 종친으로 성이 유이고 이름이 비라 하오. 지금 황건이 반란을 일으켰다는 소식을 들은 후 적들을 쳐부수고 백성을 편안하게 하고자 하는 뜻은 있지만 힘이 미치지 못함이 한스러워 길게 탄식한 것뿐이외다."

장비가 말했다.

"내게 재산이 꽤 있으니 향병鄕兵을 모집해 공과 함께 큰일을 일으키면 어떻겠소?"

현덕은 매우 기뻐하며 즉시 장비와 함께 시골 주점으로 들어가 술을 마셨다. 한창 술을 마시고 있는데 기골이 장대한 사내가 한 량輛의 수레를 밀고 오더니 주점 문 앞에다 세우고 들어와 앉으며 바로 주보酒保(심부름꾼)를 불렀다.

"어서 술을 따르거라. 성으로 달려가 군사 모집에 참여해야 한다."

현덕이 돌아보니 키는 9척이요, 수염 길이는 2척이고, 얼굴은 중양절重陽節(음력 9월 9일) 때의 대추같이 짙은 자색이고, 입술은 연지를 바른 듯 붉었으며, 눈은 붉은 봉황의 눈과 흡사하고, 잠자는 누에처럼 길고 굵은 눈썹을 가진 당당한 용모의 위엄 있는 모습이었다. 현덕이 그를 청하여 함께 앉고서는 이름을 물었다. 그 사람이 말했다.

"나는 성이 관關이고 이름이 우羽요. 자가 본래 장생長生인데, 나중에 운장 雲長이라고 고쳤고 하동 해량[48] 사람이오. 그곳에 권세를 믿고 제멋대로 굴며 남을 괴롭히는 자가 있었는데 내가 그놈을 죽였기에 몸을 피해 강호를 떠돌아다닌 지 5~6년이나 되었소. 이번에 여기에서 황건적을 쳐부수기 위해 군사를 모집한다기에 특별히 응모하러 왔소."❺

현덕이 마침내 자신의 뜻을 밝히자 운장이 크게 기뻐했다. 세 사람은 함께 장비의 장원으로 가서 대사를 의논했다. 장비가 말했다.

"내 장원 뒤쪽에 복숭아나무 동산이 있는데 지금 꽃이 한창 피었소. 내일 동산에서 하늘과 땅에 제사를 지내고, 우리 세 사람이 의형제를 맺어 한마음 한뜻으로 힘을 합친 다음에야 대사를 도모할 수 있을 것이오."

현덕과 운장이 한목소리로 화답했다.

"그렇게 하면 참으로 좋겠소."

이튿날 도원桃園에서 검은 소, 흰 말[49]과 제사 지낼 물품들을 준비한 후 세 사람은 향을 사르고 두 번 절하며 맹세했다.

"유비, 관우, 장비는 비록 성이 다르나 형제가 되었으니, 한마음 한뜻으로 힘을 합쳐 곤궁하고 위급한 처지에 빠진 사람들을 구제하고 도와주며, 위로는 나라에 보답하고 아래로는 백성을 편안하게 하리라. 같은 해 같은 달 같은 날에 태어나지는 않았으나 같은 해 같은 달 같은 날에 함께 죽기만을 바랄 뿐입니다. 황천皇天(하늘의 신)과 후토后土(땅의 신)께서는 진실로 이 마음을 굽어살피소서. 의리를 저버리고 은혜를 잊는다면 하늘과 사람이 함께 죽여주소서!"

맹세를 마친 후 현덕을 맏형으로 모시고 관우는 둘째, 장비는 막내가 되었다. 하늘과 땅의 제사가 끝나자 다시 소를 잡고 술자리를 마련해 마을의 용사들을 모으니 300여 명이 되었고 함께 도원에서 마음껏 마시고 취했다.❻

이튿날 병장기는 그런대로 꾸렸으나 탈 수 있는 말이 없는 것이 원망스러웠다. 한참 걱정하며 생각하고 있는데 누가 두 길손이 하인들을 거느리고 한 떼의 말들을 몰아 장원으로 오고 있다고 알렸다. 현덕이 말했다.

"이것은 하늘이 우리를 돕는 것일세!"

세 사람이 장원을 나가 그들을 맞이했다. 원래 두 길손은 중산⁵⁰의 큰 상인으로 한 사람이 장세평張世平이고 다른 사람이 소쌍蘇雙이라 했다. 그들은 매년 북쪽 지방으로 말을 팔러 갔는데, 이번에는 황건들의 난리가 나서 그냥 돌아오는 길이었다. 현덕이 두 사람을 장원으로 청하여 술자리를 마련해 관대하게 대접하며 황건적을 토벌하고 백성을 편안케 하고자 하는 뜻을 간절하게 호소했다. 두 상인은 크게 기뻐하며 좋은 말 50필을 선사하고, 금 500냥,⁵¹ 단련한 쇠 1000근을 내주며 병장기 비용으로 사용하기를 청했다. 현덕이 두 상인에게 작별 인사를 하고 바로 솜씨 좋은 대장장이를 시켜 쌍고검雙股劍을 만들게 했다. 운장은 청룡언월도靑龍偃月刀를 만들어 이름을 '냉염거冷艷鋸'라 붙였는데, 무게가 82근이었다. 장비는 장팔점강모丈八點鋼矛를 만들었다. 각자 전신을 가리는 갑옷을 마련하고 향병 500여 명을 모아 함께 유주로 가서 추정을 만났다. 추정이 그들을 태수 유언에게 안내했다. 세 사람은 예의를 갖춰 인사를 마치고 각자 통성명을 했다. 현덕이 집안 일가의 내력을 말하자 유언이 크게 기뻐하며 바로 현덕을 조카뻘로 삼았다.❼

며칠 후 황건적의 장수 정원지程遠志가 군사 5만 명을 통솔하여 탁군으로 쳐들어온다는 보고가 들어왔다. 유언은 추정에게 현덕 등 세 사람과 함께

500여 명의 군사를 거느리고 나가서 적을 격파하라는 명령을 내렸다. 현덕 등이 기꺼이 군사를 인솔해 전진하여 대흥산大興山 아래에 다다르니 적과 마주하게 되었다. 적들은 모두 머리를 풀어헤치고 누런 수건을 이마에 묶고 있었다. 양군이 서로 대치하자 현덕이 말을 몰고 나오는데 왼쪽에는 운장, 오른쪽에는 익덕이 따랐다. 현덕이 채찍을 휘두르며 욕설을 퍼부었다.

"나라를 배반한 역적아, 어찌하여 빨리 항복하지 않느냐!"

정원지가 크게 성내며 부장副將 등무鄧茂에게 나가 싸우도록 했다. 장비가 장팔사모를 잡고 곧바로 달려나갔는데 장비의 손이 올라가는가 싶더니 등무의 명치 한가운데를 찔러 말 아래로 굴러떨어뜨렸다. 등무가 꺾이는 것을 본 정원지가 말에 박차를 가하고 칼을 휘두르며 장비에게 곧장 달려들었다. 그때 운장이 대도를 춤추듯 휘두르며 말고삐를 놓고 나는 듯이 달려나가 정원지와 맞섰다. 운장을 본 정원지는 깜짝 놀라 미처 손쓸 겨를도 없이 운장이 휘두른 칼에 맞아 두 동강이 나고 말았다. 후세 사람이 시를 지어 두 사람을 칭송했다.

> 영웅들이 오늘에서야 그 예리함을 드러냈으니
> 한 사람은 창을 다른 사람은 칼을 시험했도다[52]
> 처음 출전한 전투에서 바로 그 위력을 펼치니
> 삼분천하에 그들 이름을 뚜렷하게 드날렸구나
> 英雄露穎在今朝, 一試矛兮一試刀
> 初出便將威力展, 三分好把姓名標

정원지가 죽는 것을 본 도적의 무리는 모두 무기를 거꾸로 잡고 끌며 달아났다. 현덕이 군사들을 지휘하며 그 뒤를 쫓으니 항복하는 자가 헤아릴 수 없을 정도로 많았다. 대승을 거두고 돌아오자 유언이 직접 영접하며 군사들을 위로하고 포상했다. **❽**

이튿날 청주[53]태수[54] 공경龔景이 보낸 공문을 접수했는데, 황건적이 성을 포위하여 조만간 함락될 처지이니 제발 구원해달라는 내용이었다. 유언이 현덕과 상의하자 현덕이 말했다.

"원컨대 제가 가서 그들을 구하겠습니다."

유언이 추정에게 영을 내려 군사 5000명과 현덕, 관우, 장비와 함께 청주로 가게 했다. 도적의 무리는 구원군이 도착한 것을 보고 군사를 나누어 혼전을 벌였다. 현덕은 적군의 수가 너무 많아 이길 수 없자 30리[55]를 물러나 하채[56]했다. 현덕이 관우와 장비에게 일렀다.

"도적의 무리는 많고 우리는 적으니 반드시 기병奇兵(적의 예측을 벗어나 갑자기 기습 공격하는 것)으로 급습해야 승리할 수 있겠다."

이에 군사를 나누어 관공이 1000명의 군사를 이끌고 산 왼쪽에, 장비가 1000명의 군사를 이끌고 산 오른쪽에 매복하게 하여 징이 울리는 것을 신호로 일제히 뛰어나와 호응하기로 했다.

이튿날 현덕이 추정과 함께 군사를 이끌며 북을 치고 함성을 지르면서 진군했다. 도적들이 맞서 싸우자 현덕은 군사를 이끌고 바로 퇴각했다. 도적들이 기세를 몰아 쫓아가는데, 막 산마루를 지날 무렵 현덕 군중에서 징이 일제히 울리더니 좌우 양쪽에서 군사들이 쏟아져 나왔다. 현덕도 군사들을 지휘하며 몸을 되돌려 다시 싸웠다. 세 갈래 길로 협공하자 도적의 무리는 궤멸되어 뿔뿔이 흩어져 달아났다. 곧장 청주성[57] 아래까지 추격하자 태수 공경 또한 민병을 이끌고 나와 싸움을 도왔다. 적군은 대패하여 죽은 자가 무수히 많았고 마침내 청주성의 포위를 풀 수 있었다. 후세 사람이 시를 지어 현덕을 칭송했다.

군막 안에서 책략 세워 신령스러운 공적을 이루니
두 호랑이가 한 마리의 용보다[58] 아직은 못하구나
처음 출전하자마자 위대한 공적 세울 수 있었으니
외롭고 곤궁해도 천하삼분 그에 있음이 마땅하다
運籌決算有神功, 二虎還須遜一龍
初出便能垂偉績, 自應分鼎在孤窮

공경이 군사들을 위로하고 나자 추정이 돌아가려고 했다. 현덕이 말했다.

"근래에 듣자 하니 중랑장 노식 선생께서 광종[59]에서 도적의 우두머리인 장각과 싸우고 있다고 합니다. 저는 일찍이 노식 선생을 스승으로 섬겼으니 이번에 가서 돕고자 합니다."

그리하여 추정은 군사를 이끌고 돌아갔고 현덕은 관우, 장비와 함께 원래 관할하던 500명을 인솔하여 광종으로 향했다. 노식의 군중에 도착하여 군막으로 들어가 예를 마치고 방문의 뜻을 밝혔다. 노식은 크게 기뻐하며 군막 앞에 머물면서 지시를 기다리게 했다.

이때 장각이 거느리는 도적의 무리는 15만 명이었으나 노식의 군사는 5만 명에 불과했고 광종에서 서로 겨루었지만 아직 승부를 내지 못하고 있었다. 노식이 현덕에게 일렀다.

"내가 지금 이곳에서 적을 포위하고 있지만 적장의 아우인 장량, 장보가 영천[60]에서 황보숭, 주준과 대치하고 있다네. 내가 자네에게 1000명의 관군을 보태줄 테니 데리고 온 인마와 함께 영천으로 가서 소식을 알아보고 정해진 날짜에 토벌하여 잡아들이도록 하게나."

명령을 받은 현덕은 군사를 이끌고 밤새 달려 영천으로 갔다. 이때 황보숭과 주준이 군사를 통솔하여 적을 막아냈고 적군은 싸움에 불리해지자 장사[61]로 물러나 풀밭에 군영을 세웠다. 황보숭이 주준에게 말했다.

"적이 풀밭에 군영을 꾸렸으니 화공火攻을 사용해 공격해야겠소."❾

즉시 군사들에게 각자 풀 묶음을 한 다발씩 가지고 은밀히 매복하게 했다. 그날 밤 갑자기 큰 바람이 불어왔다. 이경이 지나자 일제히 풀 다발에 불을 붙였고 황보숭과 주준은 각기 군사를 이끌고 적의 군영을 공격하니 화염이 하늘로 치솟았다. 적들은 놀라 허둥대며 말에 안장도 얹지 않고 갑옷도 입지 못한 채 사방으로 흩어져 달아났다.

날이 밝을 때까지 무찌르자 장량과 장보는 패잔병을 이끌고 길을 찾아 달아났다. 그때 별안간 한 떼의 군마가 나타났는데 온통 붉은 깃발을 휘날리며 정면으로 달려오더니 가는 길을 막아섰다. 한 장수가 갑자기 앞서 나왔는데, 키는 7척에 눈은 가늘고 수염은 길었다. 기도위[62] 관직을 맡고 있었으며 패국沛國[63] 초군譙郡 사람[64]으로 성이 조曹이고 이름이 조操이며 자가 맹덕孟德이었다. 조조의 부친 조숭曹嵩은 본래 성이 하후夏侯씨였는데 중상시[65] 조등曹騰의 양자로 들어갔기 때문에 조씨로 행세했다.❿

조숭은 조조를 낳았는데 어릴 때 이름을 아만阿瞞이라 했고, 또 길리吉利라고도 불렀다. 조조는 어렸을 때 사냥 다니는 것을 좋아했고 춤추고 노래 부르는 것을 즐겼으며 또한 뛰어난 임기응변의 기지와 지략이 넘쳤다. 조조에게는 숙부가 있었는데 조조가 빈둥거리며 돌아다니고 무절제하자 일찍이 격노하여 조숭에게 이른 적이 있었다. 조숭이 꾸짖자 조조는 어느 날 한 가지 꾀를 생각해냈다. 숙부가 오는 것을 본 조조는 땅바닥에 거짓으로 거꾸러져 중풍에 걸린 시늉을 했다. 숙부는 놀라 조숭에게 알렸고 조숭이 급히 나와보니 조조는 아무런 탈도 없었다. 조숭이 말했다.

"네가 중풍에 걸렸다고 숙부가 말하던데, 그사이 나았느냐?"

조조가 말했다.

"제게는 원래 그런 병이 없는데 숙부님이 저를 사랑하지 않으셔서 그렇게 덮어씌우는 것 같습니다."

조숭이 곧이듣고 그 후로는 숙부가 조조에 대해 어떠한 말을 해도 듣지 않았다. 그래서 조조는 거리낌 없이 마음대로 행동할 수 있었다. 그 당시 교현⁶⁶이라는 사람이 있었는데 조조를 보고 말했다.

"천하가 장차 어지러워질 텐데 걸출한 인재가 아니면 세상을 구제할 수 없을 것이네. 천하를 편안히 할 사람은 그대가 아니겠는가?"

남양⁶⁷의 하옹何顒도 조조를 보고 말했다.

"한실⁶⁸이 망하려 하는데 천하를 편안하게 할 자는 바로 이 사람이구나."

여남⁶⁹의 허소許劭는 사람을 잘 알아보는 것으로 명성이 나 있었다. 조조가 그를 찾아가 물었다.

"내가 어떤 사람 같소?"

허소가 대답하지 않았다. 다시 물으니 그가 말했다.

"선생은 태평성세에는 뛰어난 재주를 가진 노련한 신하가 될 것이나, 난세에는 간사한 영웅이 될 것입니다子治世之能臣, 亂世之奸雄也."

그 말을 들은 조조는 크게 기뻐했다.⓫

20세에 효렴으로 추천되어 낭⁷⁰이 되었고 낙양 북부위⁷¹를 수여받았다. 처음 부임했을 때 그는 즉시 오색五色 몽둥이 10여 개를 현의 네 문에 설치하여 법을 어기는 자는 권세가 있고 귀한 사람일지라도 모두 처벌했다. 중상시 건석蹇碩의 숙부가 칼을 차고 밤길을 가다가 야간 순찰을 하던 조조의 단속에 걸려 몽둥이로 두들겨 맞았다. 이런 이유로 안팎으로 감히 법을 어기는 자가 없어졌고 조조는 명성을 떨쳤다.⓬

조조는 돈구⁷²의 현령이 되었다가 황건이 일어나자 기도위로 임명되어 마보군⁷³ 5000명을 거느리고 싸움을 도우러 영천으로 갔다. 마침 장량과 장보가 패하여 달아나는 중이었는데, 조조가 길을 가로막고 한바탕 싸우니 베어낸 수급이 1만을 넘었고 빼앗은 깃발, 징과 북, 마필은 헤아릴 수 없이 많았다. 장량과 장보는 죽을힘을 다해 싸워 겨우 벗어날 수 있었다. 조조는 황보숭과 주준을 만나보고 즉시 군사를 이끌어 장량과 장보의 뒤를 쫓았다.

한편 현덕은 관우, 장비와 함께 영천으로 가는 길에 함성이 들리고 불빛이 하늘을 환하게 비추자 급히 군사를 재촉해 달려갔지만 적들은 이미 패하고 흩어진 뒤였다. 현덕이 황보숭과 주준을 만나 노식 선생의 뜻을 상세히 전했다. 황보숭이 말했다.

"장량, 장보의 기세가 꺾이고 힘이 떨어졌으니 필시 광종으로 가서 장각한테 의지할 것이오. 현덕은 밤새 달려가 노중랑장을 도우시오."

현덕이 명을 받고 군사들을 인솔해 다시 돌아갔다. 가는 도중에 한 떼의 군마가 함거⁷⁴ 1량을 압송하는 것이 보였는데, 수레 안의 죄인은 다름 아닌 노식이었다. 깜짝 놀란 현덕이 말안장에서 구르듯 내려와 그 까닭을 묻자 노식이 말했다.

"내가 장각을 포위하고 막 격파하려는데 장각이 요술을 부리는 바람에 바로 승리할 수 없었네. 조정에서 황문⁷⁵인 좌풍左豊을 보내 사정을 알아보게 했는데 그자가 내게 뇌물을 달라고 했다네. 그래서 내가 '군량도 부족한데

어찌 남은 돈이 있어 천사天使(황제가 파견한 사신)의 비위를 맞출 수 있는가?'
라고 했더니 좌풍이 앙심을 품고 조정에 돌아가 내가 보루를 높게 쌓기만 하
고 싸우지 않아 군심을 흐트러뜨리고 태만했다고 아뢰었다네. 이 때문에 조
정이 진노하여 중랑장 동탁董卓을 보내 내 군사를 대신 통솔하게 하고 나를
도성으로 잡아가 죄를 물으려는 것이네."❸

그 말을 들은 장비가 버럭 화를 내며 압송하던 군사들을 죽이고 노식을
구출하려 했다. 현덕이 급히 제지하며 말했다.

"조정에도 공론公論이 있을 텐데 네가 어찌 경솔하게 행동할 수 있느냐?"

군사들이 노식을 에워싸고 떠났다. 관공이 말했다.

"노중랑께서 이미 잡혀가셨고 다른 사람이 군사를 통솔한다고 하니 우리
가 간다 한들 의지할 수 없습니다. 차라리 탁군으로 돌아가는 것이 좋을 듯
합니다."

현덕이 그 말을 따르기로 하고 군사를 인솔해 북쪽으로 향했다.

행군한 지 이틀이 못 되었을 때, 갑자기 산 뒤에서 함성이 크게 진동했다.
현덕이 관우, 장비와 함께 말고삐를 놓고 높은 언덕으로 올라가 살펴보니 한
나라 군사가 대패하여 도망치고 그 뒤쪽에는 황건이 온 산과 들판을 가득
덮으며 뒤쫓고 있는데 깃발에 '천공장군'이란 글자가 크게 적혀 있었다.❹

현덕이 말했다.

"저것은 장각이다! 빨리 가서 구하자!"

세 사람이 군사를 이끌고 나는 듯이 말을 몰아 달려갔다. 이때 장각은 동
탁을 패퇴시키고 기세를 몰아 뒤쫓고 있었는데 별안간 웬 병사들이 맹렬하
게 돌격해오니 장각의 군사들이 크게 어지러워지면서 50여 리 뒤로 달아났
다. 세 사람은 그 틈을 타 동탁을 구해 군영으로 돌아왔다. 동탁이 그들의

현재 관직을 묻자, 현덕이 대답했다.

"백신白身(관직이나 공적이 없는 사람, 즉 평민)이외다."

그 말을 들은 동탁은 심하게 업신여기며 예도 갖추지 않았다. 현덕이 밖으로 나오자 장비가 크게 성내며 말했다.

"우리가 목숨 걸고 싸워 이놈을 구해줬건만 어찌 이처럼 무례할 수 있단 말인가! 저놈[76]을 죽이지 않고서는 내 분을 삭이지 못하겠소!"

곧장 칼을 들고 군막으로 들어가 동탁을 죽이려 했다.

권세와 이익 따지는 것은 고금이 같으니

영웅이 벼슬 없을 줄 짐작이나 했겠는가

저 장익덕 같은 호쾌한 사람을 어찌하면 얻어

세상에 인정 저버린 놈들을 모조리 베어버릴까

人情勢利古猶今, 誰識英雄是白身

安得快人如翼德, 盡誅世上負心人

동탁의 목숨은 어떻게 되었을까?

제1회 도원결의

❶

유방이 흰 뱀을 죽이다高祖斬白蛇

『사기史記』「고조본기高祖本紀」에 따르면 고조 유방이 정장亭長(전국시대에 변경에 적을 방비하기 위해 '정亭'을 설치하고 정장을 두었다)으로 있을 때 패현沛縣의 고역범苦役犯(고역은 죄인에게 인신의 자유를 박탈하고 지정된 장소로 보내 힘든 육체노동에 종사하게 한 징벌)들을 압송하여 여산驪山으로 갔는데 도중에 많은 고역범이 도망쳤다. 유방이 여산에 당도할 즈음에는 모두가 도망칠 것이라 짐작했고 풍읍豐邑(장쑤성 평현豐縣) 서쪽의 소택지沼澤地에 이르렀을 때 그들에게 쉬면서 술을 마시게 했는데 밤에 모두 풀어주면서 말했다.

"전부 도망쳐라. 나 또한 멀리 달아날 것이다!"

이때 고역범들 가운데 10여 명의 젊은 무리가 그를 따르기를 원했다. 유방은 취한 채 밤에 샛길로 소택지를 지나가면서 한 사람을 시켜 앞쪽의 길을 살펴보게 했다. 그 사람이 돌아와 보고했다.

"앞에 큰 뱀 한 마리가 가는 길을 막고 있으니 오던 길로 돌아가야 할 것 같습니다."

거나하게 취한 유방이 말했다.

"대장부가 길을 가는데 무엇이 두렵단 말인가!"

그러고는 앞으로 달려가 검을 뽑더니 큰 뱀을 두 동강 내고는 길을 열었다. 그는 다시 앞으로 몇 리를 갔지만 취기를 못 이겨 땅바닥에 누워 잠들고 말았다. 유방이 뱀을 베어 죽인 곳에서 한 노파가 울고 있었다. 사람들이 울고 있는 이유를 묻자 그 노파가 말했다.

"어떤 사람이 내 아들을 죽였기 때문에 울고 있는 것이오."

사람들이 노파에게 물었다.

"당신 아들이 왜 살해당했소?"

노파가 말했다.

"내 아들은 백제白帝의 아들로 큰 뱀으로 변해 길을 막고 있었는데 지금 적제赤帝의 아들에게 죽임을 당해 울고 있는 것이오."

사람들은 이 노파가 허튼소리를 한다고 여기고 다시 물어보려 했으나 노파는 홀연 종적을 감추고 보이지 않았다.

이는 한고조 유방(기원전 256~기원전 195)의 전설 고사로, 유방이 백제(진秦)를 멸망시키고 적제(한)가 일어날 징조로 여겨진다.

❷

영제가 항상 말하기를 "장상시(장양)는 나의 공公(아비)과 같고 조趙상시(조충)는 나의 모母(어미)와 같다"고 했다. 『후한서』 「장양전張讓傳」과 『자치통감』 권58 「한기 50」의 기록이다.

십상시는 10명이라는 의미가 아니다

후한 영제 때 12명의 환관이 모두 중상시中常侍라는 벼슬을 맡고 있어 십상시라 했다. 여기서 십의 의미는 '정수를 채우다'라는 뜻이며, 십상시는 '함께 모이다'라는 의미이지 결코 10명을 말하는 것이 아니다. 『후한서』 「환자열전宦者列傳·장양전」에 장균張鈞이 영제에게 올린 상서에 십상시란 말이 등장한다.

"신 삼가 장각이 거병하여 난을 일으킬 수 있으며 만인이 추종하여 그에게 의탁하려는 근본적인 원인은 십상시의 부형, 자제, 혼친婚親(혼인 관계의 친척)과 빈객들이 각 주군을 주관하며 재물을 마구 징수하고 백성을 침해하며 약탈하도록 내버려두고 있기 때문입니다."

역사 기록에 따르면 십상시는 장양, 조충, 하운, 곽승, 손장孫璋, 필람畢嵐, 율숭栗嵩, 단규, 고망高望, 장공張恭, 한회韓悝, 송전宋典 12명으로 소설 속에 등장하는 십상시의 인물들과 다르다.

❸

『자치통감』 권58 「한기 50」에서는 "초(183)에 거록 사람 장각이 황제, 노자老子를 받들고 요술을 전수하며 '태평도'라 불렀다"고 하고, 『후한서』 「효령제기」에서는 "장각이 스스로를 '황천'이라 칭했다"고 기록하고 있다.

황건(누런 수건)은 오행五行에 따르면 '토土'가 중앙에 속해 있고 '황黃'을 숭배한다. '황천으로 창천을 대신한다'는 것은 황색 시대가 바로 태평시대이므로 '황제黃帝'의 시대로 회복하겠다는 의미다. 또한 황색은 그 당시에 성행했던 색으로 나중에 조비曹丕가 연호를 '황초黃初'라 했고, 손권이 왕으로 칭했을 때는 연호를 '황무黃武'라 했다가 황제로 칭한 다음에는 연호를 '황룡黃龍'으로 고쳤다. 장각이 황천이라 칭하고 조비와 손권이 '황' 자를 사용한 것은 모두 한나라를 대신한다는 의미다. 다만 유비는 자신을 한나라의 정통으로 간주했기에 '화덕火德'을 숭배했고 '토덕土德'을 의미하는 '황'을 쓰지 않고 연호를 '장무章武'라 했다.

후한 13자사부刺史部

후한 시기에는 황건적이 일어난 8주 외에 5주가 더 있어 총 13주였다. 한 무제 원봉元封 5년(기원전 106)에 지방 통제 강화를 위해 도성京師 부근 7군을 제외하고 전국을 13개 감찰 구역으로 분리했다. 매 구역에는 조정에서 자사 한 명을 파견했고 관리 구역을 '자사부'라 했다. 13자사부 가운데 11개는 전설의 주 명칭을 채용했는데, 바로 기주冀州, 연주兗州, 청주靑州, 서주徐州, 양주揚州, 형주荊州, 예주豫州, 옹주

雍州, 양주梁州, 유주幽州, 병주幷州였고 그중에서 양주梁州를 익주益州, 옹주雍州를 양주涼州로 변경했다. 그 밖에 삭방朔方과 교지交趾 두 군이 있었고 그 명칭을 연용하여 삭방자사부, 교지자사부로 해서 '13자사부' 혹은 줄여서 '13주' '13부'라 불렀다. 후한 건무建武 11년(35), 다시 삭방자사부를 병주자사부幷州刺史部에 편입하고, 교지자사부는 교주자사부交州刺史部로 변경했으며 사례교위부司隷校尉部(도성 부근의 7군에 설치한 부 명칭)를 설치해 여전히 13부였다. 영제 중평 5년(188), 자사를 주목州牧으로 변경하고 직접적으로 한 주의 군사, 행정, 민정 등의 대권을 장악하게 되었으며 군수보다 더 높은 지위에 있게 되어 마침내 13자사부는 군 이상의 행정 구역이 되었다. 이때부터 행정 구역은 '중앙-군-현'의 체제에서 '중앙-주-군-현'으로 변경되었다.

❹

후한 시기의 길이 단위

1분分	1촌寸=10분	1척尺=10촌	1장丈=10척	1인引=10장
0.231센티미터	2.31센티미터	23.1센티미터	231센티미터	2310센티미터

유비의 키는 『삼국지』「촉서·선주전先主傳」에 따르면 7척 5촌으로 기록되어 있다. 당시 인물들의 키에 관한 기록을 살펴보면 대부분 7척 5촌에서 8척 사이였는데 이는 170~180센티미터로 지금과 큰 차이는 없다. 동오東吳 주연朱然은 7척이 넘지 않는다고 기록되어 있으니 왜소한 사람도 물론 있었다.

❺

역사에는 유비를 만나기 이전의 관우의 행적에 관한 상세한 기록은 없다. 『삼국지』「촉서·관우전」에 따르면 어떤 사건으로 인해 "망명하여 탁군으로 도망쳤다"라고만 기록되어 있다. 장비 또한 어떻게 유비를 만나게 됐는지에 대한 기록은 없고 「촉서·장비전」에 "젊었을 때 관우와 함께 선주先主(유비)를 섬겼다"고만 기록되어 있다.

그리고 소설에서는 장비에 대해 "장전莊田도 꽤 있고 술도 팔고 돼지도 잡지만 유독 천하 호걸들과 사귀기를 좋아한다"고 묘사했지만, 「촉서·장비전」에는 장비의 직업과 재산에 대한 기록은 없다.

❻

정말 도원결의桃園結義를 했을까?

안타깝게도 역사 기록에 도원결의에 관한 내용은 보이지 않는다.

『삼국지』「촉서·선주전」은 "유비는 호탕하고 의로운 사람들과 사귀기를 좋아하여 젊은이들이 앞다퉈 그를 따랐다"고 했고, 「촉서·관우전」에는 "선주(유비)는 잠잘 때도 관우와 장비 두 사람과 함께 같은 침상에서 잤으며 은정과 도의가 마치 형제와 같았다"고 기록하고 있다. 「촉서·장비전」에는 "젊었을 때 관우와 함께 선주(유비)를 섬겼다. 관우가 장비보다 몇 살 연장자였으므로 장비는 그를 형처럼 대우했다"고 기록하고 있다. 또한 「위서·유엽전劉曄傳」에는 "관우와 유비가 의리로는 군신의 관계이나, 은혜는 부자의 관계와 같다"고 했다.

역사 기록에서 보듯이 유비와 관우의 관계는 군신 관계 이상으로 상당히 밀접하다는 것을 알 수 있지만 결의형제를 맺었다는 기록은 어디에도 보이지 않는다.

「촉서·관우전」에 장료張遼가 관우에게 묻자 관우가 탄식하며 "나는 이미 장군將軍(유비)의 두터운 은혜를 입었고 함께 죽기로 맹세했으니 그를 배신할 수 없소"라고 말한 기록이 있지만, 이는 군신간의 맹세라 할 수 있지 결의형제로 보기는 어렵다.

세 사람의 도원결의를 믿고 싶은 사람들 입장에서는 "형제와 같았다"거나 "함께 죽기로 맹세했으니" 등의 기록으로 결의형제를 맺었을 것으로 추측할 수는 있지만 정식으로 맺었다는 명백한 기록은 없기 때문에 '도원결의'는 엄밀히 말해서 허구라 할 수 있다.

또한 이들의 나이에 대한 역사 기록을 살펴보면 관우가 장비보다 연장자라는 사실은 알 수 있지만 유비와 관우의 나이에 관한 정사 기록은 없다.

❼

관우는 청룡언월도를 사용했을까?

관우는 청룡언월도를 사용하지 않았을뿐더러 근본적으로 대도大刀를 사용하지 않았다. 청룡언월도는 용이 새겨진 반달형 칼날을 자루에 끼운 긴 대도다. 이러한 칼이 최초로 출현한 것은 당송唐宋 시기이며 군영에서 조련에 사용했지 전장에서는 사용하지 않았다. 청룡언월도는 삼국시대로부터 수백 년 후에 만들어진 것으로 관우는 볼 수도 없었고 사용할 수도 없었다.

정사인 진수 『삼국지』에 관우가 사용한 병기에 대해서 상세하게 기록되어 있지는 않지만 다음의 몇 가지 기록을 보면 유추는 가능하다.

『삼국지』 「촉서·관우전」에 "말을 채찍질하며 1만 명의 대군 속으로 뚫고 들어가 안량顔良을 찌르고(자刺) 그의 머리를 잘라 돌아왔다"고 기록되어 있으며 「오서吳書·노숙전魯肅傳」에는 "노숙은 관우에게 서로 만나자고 요청하여 각자 자신들의 병사들을 백 보 밖에 멈춰 있게 하고 장군끼리만 단도를 지니고 함께 만났다……" "관우가 칼을 잡고 일어나며 말했다……"라고 기록하고 있다.

관우가 정말 청룡언월도를 사용했다면 '참斬(베다)' 혹은 '벽劈(가르다, 쪼개다)' 자로 기록했어야 하는데, '자刺(뾰족한 물건으로 찌르다)'를 사용했다. 이를 보면 관우가 말 위에서 사용한 병기는 긴 자루의 대도가 아니었던 듯하다. 그가 사용한 병기는 장비와 같은 장모長矛(긴 자루 끝에 금속 창날을 장착한 긴 창)일 가능성이 높다. 그리고 "머리를 잘라 돌아왔다"는 "단도를 뽑아 머리를 잘랐다(참斬)"로 보아야 할 것이다.

또한 「위서魏書·무제기武帝紀」의 배송지裴松之 주注 기록에 따르면 건안 16년(211) 7월에 조조가 서쪽을 정벌하러 갔다가 마초와 대치한 상황에서 『위서』에 이르기를 "관서關西의 병사들은 강하고 장모를 잘 쓰니 정선된 선봉대가 아니면 감당할 수 없습니다. (…) 도적들이 비록 장모에 익숙하나 찌를(자刺) 수 없을 것이니……"라는 기록이 있다.

춘추전국시대에 진 앞에서의 격투에 사용된 병장기는 '과戈(청동이나 철제로 된 짧은 칼 모양의 날을 긴 자루 끝에 직각으로 부착한 것)'와 '모矛(적을 찔러 죽이는 진공성進攻

性 무기로 자루가 길다)'였다. '과'는 허리를 겨냥하여 공격하는 것과 갈고리처럼 휘둘러 죽이는 무기였고, '모'는 곧장 찌르는 데 사용되었다. 진대 이후에 '과'는 점점 도태되고 '모'가 더욱 유행하여 수당 시기에 이르러서도 쇠락하지 않았다. 이상 여러 기록에 따르면 관우가 청룡언월도를 사용하지 않은 것이 확실하다.

장비의 장팔사모丈八蛇矛

『삼국지』「촉서·장비전」에 장비가 냇물을 의지하여 다리를 끊고 눈을 부릅뜨고는 모矛를 비껴들고 "나는 장익덕이다. 누가 나와 함께 죽음을 각오하고 싸울 수 있겠는가!"라고 말했다는 기록이 있다.

이 기록에 따르면 장비는 확실하게 '모(창)'를 사용했으나 어떤 '모'를 사용했는지는 분명하지 않다. 장팔사모는 동진東晉시대에 와서 진안陳安이 처음 사용했는데, 『진서晉書』「재기載記」에 따르면 "진안은 왼손에 7척의 대도大刀를 치켜들고 오른손에는 장팔丈八(1장 8척)의 사모蛇矛를 쥐고"라는 기록이 있다. 또한, 후한 시기 유희劉熙의 『석명釋名』에 따르면 "길이 1장 8척의 모矛를 삭矟이라고 하는데 마상馬上에서 소지했다"고 했다. 여기서의 삭矟(shuo)이 사蛇(she)와 음이 비슷해서 혼동되어 사모蛇矛로 사용됐다는 견해도 있고, 사蛇는 단모短矛를 의미한다는 설도 있다. 장팔사모의 정확한 출현 시기와 초기 형상 문제 등이 명백하게 밝혀진 상태는 아니지만, 어쨌든 장비가 장팔사모를 사용했다는 기록은 어디에도 없다.

황건적 장수 정원지와 그의 부장인 등무가 관우와 장비에게 죽임을 당한 내용은 정사 기록에 보이지 않는다. 정원지와 등무는 허구의 인물이다. 『후한서』「효령제기」와 『자치통감』 권58 「한기 50」에 따르면 "광양군廣陽郡(치소는 계현薊縣, 지금의 베이징 서남쪽)의 황건군이 유주자사 곽훈과 군 태수 유위劉衛를 살해했다"고 기록하고 있다. 소설에서는 '유주태수 유언'이라 했지만 유주는 군이 아닌 주이기 때문에 장관은 자사이지 태수가 아니다. 그리고 역사에서는 유언이 아닌 곽훈이라고 기록하고 있다.

❾

이 당시 황건군의 수장은 장량, 장보가 아니라 중급 장교인 파재波才였다.『후한
서』「황보숭전」에 따르면 "황보숭과 주준이 4만여 명을 이끌고 영천潁川으로 황건적
을 토벌하러 갔는데, 주준이 진군하여 도적 파재와 교전을 벌였으나 싸움에서 패하
자 황보숭이 군사들을 인솔하여 장사長社로 진입하여 지켰다. 파재가 대규모의 무리
를 이끌고 성을 포위하자 적들보다 숫자가 적었던 황보숭의 군사들이 모두 두려워했
다. 이에 황보숭이 군리軍吏(군관)를 불러 '지금 적들이 풀밭에 군영을 꾸렸으니 바람
을 타고 불을 놓는 것이 쉽겠다'고 말했다"는 기록이 있는데, 이는 소설의 상황과 정
반대다. 황건적이 장사로 물러난 것이 아니라 황보숭과 주준이 장사성 내로 들어간
것이었다.『자치통감』권58「한기 50」에도 이와 같은 기록이 있다.

❿

『삼국지』「위서·무제기」에 따르면 "환제桓帝 때 조등은 중상시中常侍, 대장추大長秋
(황후의 시종 장관으로 황후궁의 사무를 처리했다)를 역임했고 비정후費亭侯에 봉해졌다.
양자인 조숭이 그 작위를 계승했고 관직이 태위太尉까지 이르렀으나 그가 어떤 집안
출신인지는 본말을 알 수 없다. 조숭이 태조(조조)를 낳았다"는 기록이 있으며, 배송
지 주에 인용된 오인吳人의『조만전曹瞞傳』과 곽반郭頒의『세어世語』에 따르면 "조숭
은 하후씨의 자식으로 하후돈夏侯惇의 숙부다. 태조(조조)는 하후돈의 종부從父(조
부祖父 친형제의 아들을 가리킨다. 백부와 숙부) 형제가 된다"고 기록하고 있다. 그러나
조조의 출신에 관련된 내용에는 논란이 있다.

⓫

조조가 숙부를 속인 것과 교현, 하옹, 허소가 조조를 평가한 일은 모두 역사에 기
록되어 있다.

『후한서』「허소전許劭傳」은 다음과 같이 기록하고 있다.

"조조의 지위가 미천할 때 항상 겸손한 언사와 두터운 예로 대하며 자신을 평가

해주기를 원했다. 허소는 조조를 하찮게 여겨서 대답하려 하지 않았다. 이에 조조가 기회를 틈타 허소를 협박하자 허소는 어쩔 수 없이 '그대는 태평한 시대에는 간적이 될 것이나, 혼란한 시대에는 영웅이 될 것이다淸平之奸賊, 亂世之英雄'라고 말했다. 조조는 크게 기뻐하며 떠났다."

『삼국지』「위서·무제기」 배송지 주 손성孫盛의 『이동잡어異同雜語』와 『자치통감』 권58 「한기 50」에는 소설과 같이 "태평성세에서는 능력 있는 신하가 될 것이나, 난세에는 간사한 영웅이 될 것이다治世之能臣, 亂世之奸雄"라고 했다는 기록이 있다.

⓬

『삼국지』「위서·무제기」의 배송지 주 『조만전』에 따르면 '몽둥이로 맞았다'가 아니라 "영제가 총애하는 소황문小黃門 건석의 숙부가 밤길을 걷다가 걸리자 즉시 그를 죽였다. 이 일로 인해 도성에서는 사람들이 행동을 조심하게 되었고 감히 범하는 자가 없었다. 황제가 총애하고 신임하는 신하가 모두 그를 미워했으나 해칠 수가 없자 함께 그를 천거했으므로 돈구현령으로 승진했다"고 기록하고 있다. 한마디로 환관의 손자가 환관의 숙부를 때려죽인 것이다.

⓭

『후한서』「노식전盧植傳」에 따르면 "영제가 소황문 좌풍을 파견해 황건군의 형세를 살피게 했는데 누군가 좌풍에게 뇌물을 주라고 노식에게 권했지만 노식은 동의하지 않았다. 좌풍은 도성으로 돌아온 후 영제에게 말했다. '광종성廣宗城(허베이성 웨이현威縣 동쪽)은 격파하기 매우 용이합니다. 노중랑盧中郎(노식)은 성을 포위하고는 도리어 군영과 보루를 견고하게 지키면서 공격하지 않고 하늘이 황건군을 징벌하기만을 기다리고 있습니다.' 영제는 매우 화를 냈고 함거를 보내 노식을 소환했으며 사형만은 감면해주는 죄로 처리했다"고 한다. 『자치통감』 권58 「한기 50」에도 이 당시 좌풍의 보고를 받은 영제가 크게 노하여 노식을 사형 바로 아래 등급의 죄로 처리했다고 기록하고 있다.

소황문小黃門은 후한에 설치되기 시작했고 환관이 담당했다. 지위는 중상시中常侍 다음이었고 중황문中黃門보다는 높았다. 황제 곁에서 시종했으며 상서尚書의 사부를 받고 황제의 명령을 전달했으며 궁정 내외, 황제와 후궁 간의 연락을 관장했다. 나중 에는 일반적으로 환관을 가리켰다.

⓮

'천공장군天公將軍'의 깃발

역사서에 따르면 이 당시 작전에 사용한 깃발은 글씨를 쓰지 않고 색깔로 표시했 는데 흔히 볼 수 있는 것은 오색 깃발이었다. 깃발은 단색이거나 토템이 있어 지형의 판별이나 적의 동태를 군사들에게 지시했다.

제갈량諸葛亮의 『병요兵要』에 따르면 적의 상황을 정찰할 때는 백기白旗를 사용했 고, 선봉대가 행군할 때 도랑이나 구덩이가 보이면 황기黃旗를 높이 들고, 숲이 나타 나면 청기靑旗를 들었으며, 길이 나타나면 백기白旗, 강이나 계곡이 나타나면 흑기黑 旗, 들불이 보이면 적기赤旗를 들어 표시했다. 군막을 설치하고 주둔할 때는 군영 사 방에 주작朱雀, 백수白獸(백호), 현무玄武, 청룡靑龍 등의 토템 깃발을 높이 세웠고, 색 기色旗로 어떤 부대인지 표시했다. 손권孫權도 황룡黃龍 대기大旗를 제작하여 전군의 전진과 후퇴를 표시하는 데 사용했다. 깃발에 커다랗게 글씨를 쓰는 것은 남송南宋 초기 소설에 비로소 등장한다.

독우를 매질한 장비

성난 장익덕이 독우를 매질하고,
국구 하진은 환관들을 죽이려 계책을 세우다

張翼德怒鞭督郵,
何國舅謀誅宦豎

동탁은 자가 중영仲穎이고 농서 임조¹ 사람으로, 관직이 하동²태수였다. 그는 타고나길 천성이 거만했다. 그날 현덕을 푸대접하자 장비가 성질을 내며 동탁을 죽이려 했다. 현덕과 관우가 급히 제지하며 말했다.

"그는 조정에서 임명한 관리인데 어찌 함부로 죽인단 말이냐?"

장비가 말했다.

"저놈을 죽이지 않으면 부하로서 명령을 들어야 하는데, 난 그럴 수 없소! 두 형님이 여기에 계시겠다면 그렇게 하시오. 난 다른 곳으로 가겠소!"

현덕이 말했다.

"우리 세 사람이 생사를 함께하기로 맹세했는데, 어떻게 서로 떨어진단 말인가? 그래, 같이 다른 곳으로 가자꾸나."

"그렇다면 내 분이 조금은 풀리겠소."

그리하여 세 사람은 그날 밤 군사를 이끌고 주준에게 갔다. 주준은 그들을 후하게 대접하고 군사를 합쳐 장보를 토벌하기로 했다.

이때, 조조는 황보숭을 따라 장량을 토벌했고 곡양³에서 치열한 전투를 벌이고 있었다. 주준은 장보를 공격하고 있었는데, 장보는 8~9만 명이나 되는 도적을 이끌고 산 뒤쪽에 주둔하고 있었다. 주준은 현덕을 선봉으로 삼아 적과 대적했다. 장보가 부장 고승高昇을 출전시켜 싸움을 걸어오자 현덕은 장비를 내보내 맞붙었다. 장비가 장팔사모를 잡고 달려나가더니 몇 합도 되지 않아 고승을 찔러 말 아래로 떨어뜨렸다. 현덕은 군사를 몰아 곧바로 적진을 뚫고 들어갔다. 그러자 장보가 말 위에서 머리를 풀어헤치고 검을 잡고는 요술을 부렸다. 광풍이 한바탕 세차게 불고 천둥이 크게 진동하더니 하늘로부터 한줄기 검은 기운이 내려오는 게 보였는데, 그 검은 기운 속에서 수많은 인마가 쏟아져 나오는 듯했다. 현덕이 재빨리 군사를 돌렸으나 군중이 크게 어지러워졌고 결국 패하여 진으로 돌아와 주준과 상의했다. 주준이 말했다.

"저놈들이 요술을 쓰니 내일 돼지, 양, 개를 잡아 그 피를 준비하고 군사들을 산봉우리에 매복시키시오. 적들이 쫓아오기를 기다렸다가 산비탈 위에서 피를 뿌리면 요술을 깨뜨릴 수 있을 것이오."

명을 받은 현덕은 관공과 장비에게 각기 1000명의 군사를 선발해 산 뒤쪽 높은 언덕 위에 매복시키게 하고 돼지, 양, 개의 피를 담은 더러운 오물을 준비했다. 이튿날 장보가 깃발을 흔들고 북을 요란하게 두드리며 달려와 싸움을 걸자 현덕이 나가 맞섰다. 한창 싸우고 있는 사이에 장보가 다시 요술을 부렸다. 바람이 불고 천둥이 진동하자 모래가 날리고 돌이 굴렀는데 검은 기운이 온 하늘에 가득하더니 인마가 끊임없이 하늘에서 내려왔다. 현덕이 달아나자 장보가 군사를 몰아 뒤쫓았다. 장보가 산봉우리를 막 지나려는데 관우, 장비의 복병들이 신호포를 쏘며 일제히 더러운 오물을 뿌렸다. 그러자 종이인형과 짚으로 만든 말들이 공중에서 어지럽게 날리며 땅에 떨어졌고, 바람과 천둥도 잠시 멈춰 모래와 돌도 날리지 않았다. 술법이 깨진 것을 안 장보는 급히 퇴각하려 했다. 그때 왼쪽에서는 관공, 오른쪽에서는 장비 양 군이 쏟아져 나오고 뒤에서는 현덕과 주준이 일제히 쫓아오니 적군은 대패하고 말았다. 현덕이 '지공장군'이라 적힌 깃발을 보고 말을 나는 듯이 몰아 쫓아가자 장보가 길을 버리고 황량한 들판으로 달아났다. 현덕이 화살을 쏘아 장보의 왼팔을 맞혔다. 장보는 팔에 화살이 꽂힌 채 도망쳐 양성⁴으로 들어가 성문을 굳게 닫고는 나오지 않았다. 주준이 군사를 이끌어 양성을 에워싸고 공격하는 한편 사람을 보내 황보숭의 소식을 알아보게 했다. 정탐꾼이 돌아와 보고했다.

"황보숭이 대승을 거두자 조정에서는 여러 차례 패한 동탁을 대신해 황보숭에게 장각을 치도록 명했습니다. 황보숭이 도착했을 때 장각은 이미 죽었고 장량이 그 무리를 통솔하여 저항했으나 황보숭이 전투에서 일곱 번 연이어 승리하며 곡양에서 장량을 베어 죽였습니다. 장각의 관을 꺼내 육시효수⁵한 다음 도성⁶으로 보내니, 나머지 무리가 모두 항복했습니다. 조정은 황보숭에게 관직을 더해 거기장군⁷으로 삼고, 기주⁸목⁹을 겸임하게 했습니다. 황보숭이 표문¹⁰을 올려 노식은 공이 있으나 죄가 없다고 사실을 아뢰니 조정에서 노식을 이전의 관직으로 복직시켰습니다. 조조 또한 공이 있어 제남상¹¹을 수여받아 그날로 부임했고 승리한 군사들을 회군시켰습니다."

보고를 들은 주준은 군마를 재촉해 온 힘을 다해 양성을 공격했다. 적장 엄정嚴政은 형세가 위급해지자 장보를 찔러 죽이고 수급¹²을 바치며 투항했다. 주준도 마침내 여러 군을 평정하고 표문을 올려 헌첩¹³했다. ❶

이때 황건의 잔당인 조홍趙弘, 한충韓忠, 손중孫仲¹⁴ 등 세 사람이 수만의 무리를 모아 장각의 원수를 갚겠다며 불을 지르고 약탈하며 다닌다는 소식이 들렸다. 조정은 주준에게 명하여 즉시 승전한 군사들을 거느리고 그들을 토벌하게 했다. 주준은 황제의 명을 받들어 군사들을 인솔하여 전진했다. 이때 도적들은 완성[15]을 점거하고 있었는데, 주준이 군사를 이끌고 공격하자 조홍이 한충을 출전시켰다. 주준은 현덕, 관우, 장비를 보내 완성의 서남쪽 모퉁이를 공격하게 했다. 그러자 한충이 정예병을 모조리 이끌고 서남쪽 모퉁이로 몰려와 대항했다. 주준은 직접 철기鐵騎[16] 2000명을 거느리고 즉시 동북쪽 구석을 쳤다. 도적들은 성을 잃을까 두려워 급히 서남쪽을 버리고 돌아갔다. 이때 현덕이 뒤에서 급습하자 도적들은 대패하여 달아나 완성으로 들어갔다. 주준은 군사를 나누어 성을 빈틈없이 에워쌌다. 성안에 양식이 떨어지자 한충은 사람을 내보내 투항하고자 했으나 주준은 거절했다. 현덕이 말했다.

"옛날에 고조께서 천하를 얻은 것은 대개 항복을 권유하여 따르는 자는 받아들였기 때문입니다. 공께서는 어찌하여 한충을 거절하십니까?"

주준이 말했다.

"'그것도 한때이며, 이것도 한때다彼一時, 此一時'[17]라고 했소. 옛날 진나라 항우 때 천하가 크게 어지러워 백성에게 정해진 주인이 없었으므로 한고조는 항복을 권유하고 따르는 자에게는 상을 주면서 자기편으로 오기를 권했을 뿐이오. 그러나 지금은 천하가 통일되었고 황건이 반란을 일으켰으니 그들의 항복을 용납한다면 선행을 권할 방법이 없을 것이오. 도적은 이익이 되면 제멋대로 약탈하고 이롭지 못하면 곧 투항할 것이니, 이것은 도적의 의지만 길러주는 것이지 좋은 대책이 아니오."

현덕이 말했다.

"도적의 항복을 받아들이지 않는 것은 옳은 일입니다. 그러나 지금 사방을 철통같이 에워싸고 있어 그들은 항복을 빌다가 안 되면 반드시 죽을 각오로 싸울 것입니다. 만 명이 한마음이면 당해낼 수 없을 텐데, 하물며 성안에는 죽을힘을 다할 사람이 수만 명 있지 않습니까? 동쪽과 남쪽의 군사를 철수하고 서쪽과 북쪽만 공격하면, 도적들이 반드시 성을 버리고 달아날 것이고 계속 싸워서 승리하려는 마음이 없어져 바로잡을 수 있을 것입니다."[18]

주준은 그 말이 옳다고 여겨 즉시 동쪽과 남쪽 두 곳의 군마를 물리고 일제히 서쪽과 북쪽을 공격했다. 과연 한충은 군사를 이끌고 성을 버리고 달아났다. 주준이 현덕, 관우, 장비와 함께 삼군을 거느리고 한충을 활로 쏘아 죽이자 잔당이 모두 사방으로 흩어졌다. 한창 추격하고 있는데 조홍과 손중이 도적들을 이끌고 당도하여 주준과 맞붙었다. 주준은 조홍의 세력이 큰 것을 보고 잠시 군사를 뒤로 물렀다. 그러자 조홍이 기세를 몰아 원성을 다시 빼앗았다.

주준이 10리를 물러나 군영을 세우고 다시 공격하려는데, 갑자기 동쪽에서 한 무리의 인마가 달려오는 것이 보였다. 앞장선 장수는 넓은 이마에 얼굴이 크고 체구가 호랑이, 허리가 곰 같았다. 오군 부춘[19] 사람으로 성이 손孫이고 이름이 견堅이며 자가 문대文臺로 손무자[20]의 후손이었다. 그는 17세 때 부친과 함께 전당[21]에 갔다가 해적 10여 명이 상인들의 재물을 강탈하여 강 언덕에서 나누어 가지는 것을 보았다. 손견이 부친에게 말했다.

"제가 이 도적들을 잡을 수 있습니다."

즉시 칼을 들고 온 힘을 다해 언덕에 올라 크게 소리를 지르며 마치 사람을 부르는 것처럼 동서 양쪽을 지휘하는 시늉을 했다. 그러자 도적들은 관군이 잡으러 온 것으로 여기고 빼앗은 재물을 모두 버리고 달아났다. 손견이 뒤를 쫓아가 도적 한 명을 죽였는데 이 일로 군현에서 유명해져 교위校

尉^{22}로 천거되었다. 그 후 회계^{23}에서 요적^{24} 허창^{25}이 반란을 일으켜 '양명 황제陽明皇帝'라 자칭하고 수만의 군중을 모았다. 손견이 군 사마와 함께^{26} 용사 1000여 명을 모집해 주, 군과 힘을 합쳐 그를 격파하고 허창과 그의 아들 허소許韶를 베어 죽였다. 자사^{27} 장민臧旻이 표문을 올려 그의 공적을 아뢰자 염독승^{28}을 수여했고, 또 우이승과 하비승^{29}도 수여했다.

황건적이 일어나자 손견은 고을의 장정들과 행상들, 아울러 회, 사^{30} 유역의 정예병 1500여 명을 모아 호응하러 오는 길이었다. 주준은 크게 기뻐하며 즉시 손견에게는 남문을 공격하게 하고, 현덕은 북문을 치게 했으며, 주준 자신은 서문을 공격하되 동문은 남겨두어 달아날 길을 열어줬다. 손견이 가장 먼저 성에 올라 20여 명의 도적을 베자 대열이 붕괴되어 흩어지기 시작했다. 조홍이 나는 듯이 말을 몰아 창을 잡고 곧바로 손견에게 달려들었다. 손견이 성 위에서 몸을 날려 조홍의 긴 창을 빼앗아 조홍을 찔러 말 아래로 떨어뜨리고, 그의 말에 가볍게 뛰어올라 이리 뛰고 저리 뛰며 적들을 죽였다. 손중은 도적들을 이끌고 북문으로 뛰어나왔으나 현덕과 마주치자 싸울 마음이 없어져 달아나려고만 했다. 현덕이 쏜 활에 손중이 정통으로 맞아 말 아래로 굴러떨어졌다. 뒤이어 주준의 대군이 베어낸 적들의 목이 수만 급이었고 항복한 자는 헤아릴 수 없을 정도로 많았다. 이리하여 남양 일대 10여 개 군이 모두 평정되었다. 주준이 도성으로 개선하여 돌아오자 조서가 내려와 거기장군, 하남윤^{31}에 봉해졌다. 주준이 손견과 유비 등의 공적도 표문을 올려 아뢰었다. 손견은 뇌물을 써서 별군사마別郡司馬^{32}를 받아 부임했다. 현덕은 기다렸으나 시일이 지나도록 관직을 제수받지 못했다. ❷

세 사람은 마음이 답답하고 우울하여 거리로 나가 한가롭게 거닐고 있는데 마침 낭중郎中 장균張鈞^{33}의 수레를 만났다. 현덕이 그에게 자신의 공적을 자세히 말했다. 장균은 깜짝 놀라 곧바로 입조하여 황제를 알현하고 아뢰었다.

"지난날 황건이 반란을 일으킨 원인은 모두 십상시가 매관매직을 일삼아 친하지 않으면 쓰지 않고 원수가 아니면 죽이지 않았기에 천하대란에 이른 것입니다. 지금 마땅히 십상시의 목을 쳐서 머리를 남쪽 교외[34]에 내걸고 사자를 보내 천하에 널리 알린 후 공이 있는 자에게 크게 상을 내리신다면 천하는 저절로 태평해질 것입니다."

십상시가 황제에게 아뢰었다.

"장균이야말로 폐하를 업신여기고 속이는 자입니다."

황제가 무사를 시켜 장균을 쫓아냈다. 가슴을 쓸어내린 십상시가 머리를 맞대고 의논했다.

"이것은 틀림없이 황건을 격파한 공이 있는 자가 관직을 제수받지 못해 원망하는 말을 했기 때문이오. 관부에서 조사해 일단 낮은 벼슬이라도 주고 기다렸다가 나중에 다시 따져도 늦지 않을 것이오."

이리하여 현덕은 정주 중산부 안희현위[35]를 제수받아 기한을 약정하고 부임하게 됐다. 현덕은 군사들을 해산해 고향으로 돌려보내고 가까이서 따르던 20여 명의 심복만 데리고 관우, 장비와 함께 부임지인 안희현으로 왔다. 현의 공무를 본 지 한 달이 지났는데도 백성에게 조금도 피해를 주지 않아 모두가 감화됐다. 부임한 이래로 관우, 장비와 함께 식사 때면 한 식탁에서 밥을 먹고 잠잘 때는 같은 침상에서 잤다. 현덕이 사람 많은 자리에 있을 때 관우, 장비는 항상 곁에 서서 시중들었고 온종일 피곤해지 않았다.

안희현에 부임한 지 4개월이 못 되어 조정에서 조서를 내렸는데 전공戰功으로 장리[36]가 된 자를 가려낸다는 것이었다. 현덕은 자신이 해당되는지 의심하고 있었다. 마침 독우[37]가 관할 지역을 순행하며 감찰하러 안희현에 도착했고, 현덕은 곽[38] 밖으로 나가 독우를 영접하고 인사했다. 독우는 말 위에 앉아 단지 채찍을 조금 들어 보이며 대답을 대신했다. 관우와 장비는 모두 분노했다. 관역館驛(역참에 설치한 여관, 이하 역관)에 도착해서도 독우는 남쪽을 향해 높이 앉았고 현덕은 섬돌 아래에 공손히 서 있었다. 한참이 지나서야 독우가 물었다.

"유 현위[39]는 출신이 어떠하오?"

"저는 중산정왕의 후예이고 탁군에서 황건을 토벌한 이래로 크고 작은 30여 차례의 싸움에서 자못 미약하나마 공적이 있어 지금의 직분을 제수받았습니다."

독우가 버럭 고함을 질렀다.

"너는 황실의 종친을 사칭하고 허위로 공적을 보고했구나! 지금 조정에서 조서를 내려 마침 너 같은 탐관오리를 가려내려던 참이었다!"

현덕은 연거푸 "예, 예" 하면서 물러났다. 현 관아로 돌아와 현리縣吏(현의 아역衙役)와 상의했다. 현리가 말했다.

"독우가 위세를 부리는 것은 단지 뇌물을 요구하는 것에 불과합니다."

현덕이 말했다.

"내가 백성에게 터럭만큼도 피해를 주지 않았는데, 어디서 재물을 구해 그에게 준단 말인가?"

이튿날 독우가 먼저 현리를 잡아가 현위가 백성을 해친다는 말을 하라고 강요했다. 현덕이 여러 번 가서 구하려 했으나 번번이 문지기에게 제지당해 만날 수 없었다.

한편 장비는 답답해서 홧술을 여러 잔 마시고는 말에 올라 역관 앞을 지나가다 50~60여 명의 노인이 문 앞에서 통곡하는 것을 보았다. 그 까닭을 묻자 노인들이 대답했다.

"독우가 현리를 핍박하여 유공을 해치려 하오. 우리가 모두 와서 호소했으나 들여보내지도 않고 오히려 문지기한테 얻어맞고 쫓겨났소!"

장비가 크게 화를 내며 고리눈을 부릅뜨고 강철 같은 이를 깨물며 말안장에서 구르듯이 내려 역관으로 들어가니 문지기가 어떻게 막을 수 있단 말인가? 장비가 곧장 후당으로 달려갔는데 독우는 대청 위에 앉아 있고 현리는 묶인 채 땅바닥에 쓰러져 있었다. 장비가 크게 호통쳤다.

"백성을 해치는 도적놈아! 나를 알아보겠느냐?"

독우가 미처 말을 꺼내기도 전에 장비는 독우의 머리카락을 움켜잡고 역관 밖으로 끌고 나와 곧장 현 관아 앞 말뚝에 묶어 매달았다. 버들가지를 꺾어서 독우의 양다리를 힘껏 갈기니 10여 개의 버들가지가 연이어 부러졌다. 마침 현덕은 갑갑하여 울적했는데 관아 앞에서 떠들썩한 소리가 들려 좌우에 묻자 다음과 같이 답했다.

"장 장군이 관아 앞에서 한 사람을 묶어놓고 호되게 때리고 있습니다."

현덕이 서둘러 가보니 묶여 있는 자는 다름 아닌 독우였다. 현덕이 놀라 그 까닭을 묻자 장비가 말했다.

"백성을 해치는 이런 도적놈을 때려죽이지 않으면 뭐하겠소!"

독우가 간절히 말했다.

"현덕 공, 내 목숨 좀 구해주시오!"

현덕은 본래 인자한 사람이라 급히 장비에게 멈추라고 소리 질렀다. 관공이 돌아서 현덕 곁으로 오더니 말했다.

"형님께서 많은 공을 세웠는데도 겨우 현위 자리를 얻었고, 이제는 도리어 독우에게 이런 모욕까지 당하셨습니다. 탱자나무와 가시나무 덤불에는 난새와 봉황이 살지 않는다고 했습니다. 차라리 독우를 죽이고 관직을 버린 후 고향에 돌아가 다른 원대한 계획을 세우는 것이 나을 듯합니다."

현덕이 이에 인수[40]를 꺼내 독우의 목에 걸고는 꾸짖었다.

"네가 백성을 해치는 것을 생각하면 마땅히 죽여야 하나 잠시 너의 목숨을 살려주마. 나는 인수를 반납하고 이 길로 떠날 것이다."

독우가 돌아가 정주定州태수[41]에게 있었던 일을 보고하자 태수는 조정에 공문을 올리고 사람을 파견하여 체포에 나섰다. 현덕, 관우, 장비 세 사람은 대주[42]로 가서 유회[43]에게 몸을 의탁했다. 유회는 현덕이 한나라 한실의 종친임을 알기에 집에 숨겨주고 머물게 하면서 밖으로는 일절 언급하지 않았다. ❸

한편 권력을 이미 장악한 십상시는 서로 상의하여 자신을 따르지 않는 자가 있으면 죽이기로 했다. 조충과 장양은 황건적을 격파한 장수들에게 사람을 보내 황금과 비단을 바치라고 요구했고 따르지 않는 자는 황제에게 아뢰어 파직시켰다. 황보숭과 주준도 뇌물을 바치지 않아 관직에서 파면되었다. 황제는 또 조충 등을 거기장군[44]으로 임명하고 장양 등 13명을 모두 열후列侯로 봉했다. 국정은 더욱 나빠졌고 백성은 한숨지으며 원망했다. 그리하여 장사[45]에서는 구성區星이라는 도적이 반란을 일으켰고 어양[46]에서는 장거張擧와 장순張純이 난을 일으켰는데, 장거는 스스로 천자라 했고 장순은 대장군이라 칭했다. 위급함을 알리는 표장[47]이 눈꽃처럼 올라왔으나 십상시는 모두 숨기고 황제에게 아뢰지 않았다.

어느 날 황제가 후원에서 십상시와 함께 연회를 벌였는데, 간의대부[48] 유도劉陶가 들어오더니 황제 앞에서 크게 통곡했다. 황제가 까닭을 묻자 유도가 말했다.

"천하의 위급함이 조석에 달려 있는데 폐하께서는 어찌 여전히 환관들과 함께 술을 마시고 계십니까!"

황제가 말했다.

"나라가 태평한데 무슨 위급한 일이 있단 말이오?"

"사방에서 도적이 일어나 주와 군을 침범하여 약탈하고 있습니다. 그 화근은 모두 십상시가 관직을 팔고 백성을 해치며 군주를 속이고 기만하기 때문입니다. 조정의 바른 인사들이 모두 떠났기에 그 화가 지금 눈앞에 닥친 것입니다!"

십상시가 모두 관을 벗고 황제 앞에서 무릎 꿇고 엎드려 말했다.

"대신이 우리를 용납하지 않으니 신 등은 살 수가 없습니다! 원컨대 목숨을 살려 고향으로 돌아가게 해주신다면 가산을 모두 털어 군비에 보태고자 합니다."

말을 마치고는 통곡했다. 황제가 화를 내며 유도에게 말했다.

"너희 집에도 가까이 두는 시종이 있을 터인데, 어찌하여 유독 짐의 측근들만 용납하지 않는단 말이냐?"

무사를 불러 끌어내 목을 베라고 했다. 유도가 큰 소리로 외쳤다.

"신이 죽는 것은 애석하지 않습니다! 한실의 천하가 400여 년간 이어졌는데 지금에 와서 하루아침에 끝나는 것이 가련할 뿐입니다!"

무사들이 유도를 에워싸고 끌고 나가 막 형을 집행하려는데 한 대신이 소리를 질러 멈추게 했다.

"집행하지 말거라. 내가 폐하께 가서 간언할 터이니 기다려라."

모두 바라보니 사도[49] 진탐陳耽이었다. 진탐은 궁중으로 들어가 황제에게 간언했다.

"간의대부 유도가 무슨 죄를 지었기에 죽임을 당해야 합니까?"

황제가 말했다.

"근신들을 비방한 데다, 짐을 모독했느니라."

"천하 백성이 십상시의 고기를 먹고자 하는데 폐하께서는 그들을 부모처럼 공경하고 하찮은 공도 없는데 열후로 봉하셨습니다. 하물며 봉서 등은 황건과 결탁하여 내란까지 일으키지 않았습니까. 폐하께서 지금 자성하지 않으시면 사직[50]이 금방 무너지고 말 것입니다!"

"봉서가 난을 일으켰다지만 그것은 분명하지 않다. 십상시 중에 어찌 한두 명의 충신이 없겠는가?"

진탐이 섬돌에 머리를 부딪치며 간언했다. 황제는 노하여 끌고 나가라 명하고 유도와 함께 하옥시켰다. 그날 밤 십상시는 옥중에서 그들을 살해한 뒤 황제의 조서를 거짓으로 꾸며 손견을 장사태수로 삼고 구성을 토벌하게 했다.

50일이 못 되어 강하江夏[51]를 평정했다는 승전보가 도착했다. 이에 조서를 내려 손견을 오정후烏程侯[52]로, 유우劉虞를 유주목으로 봉하여 군사를 거느리고 어양으로 가서 장거와 장순을 정벌하게 했다. 이때 대주의 유회는 편지로 현덕을 추천하여 유우에게 만나보게 했다. 유우가 크게 기뻐하며 현덕을 도위[53]로 임명하고 군사를 이끌어 곧바로 적의 소굴을 쳤는데, 여러 날 크게 싸운 끝에 적의 예봉을 꺾었다. 장순은 흉악하고 포악한 사람이라 병사들이 변심하여 장순을 죽이고 그 수급을 바치면서 투항했다. 장거는 형세가 불리해지자 스스로 목매어 죽었다. 이리하여 어양이 모두 평정되었다. 유우는 표문을 올려 유비의 큰 공을 알렸고 조정은 독우를 매질한 죄를 사면하고 하밀승[54]을 수여했으며 이어 고당위[55]로 승진했다. 공손찬 또한 표문을 올려 지난날 현덕의 공적을 아뢰니 별부사마로 천거되어 평원[56]현령을 대리하게 되었다. 현덕은 평원에 있으면서 돈과 양식, 군마를 많이 보유하자 지난날의 기상을 회복할 수 있었다. 유우는 도적들을 평정한 공이 있어 태위로 봉해졌다.

중평 6년(189) 여름 4월, 병이 위중해진 영제는 후사를 상의하고자 대장군 하진을 궁으로 불렀다. 하진은 백정 출신이었으나 누이동생이 궁에 들어와 귀인[57]이 되고 황자 유변劉辯을 낳아 바로 황후로 책봉되었기 때문에 졸지에 권력을 잡아 중임을 맡게 되었다. 황제는 또 왕미인[58]을 총애하여 황자 유협劉協을 낳았는데, 하후何后(하황후, 즉 하진의 누이동생)가 시기하여 왕미인을 짐살鴆殺(이하 '짐주로 독살'로 표현)[59]했다. 그리하여 황자 유협은 동태후[60] 궁중에서 자라게 되었다. 동태후는 바로 영제의 생모이며 해독정후解瀆亭侯 유장劉萇의 아내였다. 애초에 환제에게 후사가 없어 해독정후의 아들을 추대하여 옹립했는데 그가 바로 영제였다. 영제가 대통을 계승하자 친모를 궁중으로 영접하여 함께 기거하며 봉양했고 태후로 받들어 높였다. 동태후는 일찍이 황제에게 황자 유협을 태자로 책봉하기를 권했다. 황제 또한 유협을 편애하던 터라 그를 황제로 세우고자 했다. 병이 위중해지자 중상시 건석蹇碩이 아뢰었다.

"황자 유협을 태자로 세우고자 하신다면 반드시 먼저 하진을 죽여 후환을 없애야 합니다."

황제는 그의 의견이 옳다고 여겨 하진을 궁중으로 불렀다. 하진이 궁문에 이르자 사마[61] 반은潘隱이 하진에게 일렀다.

"궁으로 들어가지 마십시오. 건석이 공을 죽이려 꾸미고 있습니다."❹

깜짝 놀란 하진은 급히 사택으로 돌아온 다음 여러 대신을 불러 환관들을 모조리 죽이자고 했다. 자리에 있던 한 사람이 앞으로 나오며 말했다.

"환관의 세력은 충제, 질제[62] 때부터 시작되어 조정 곳곳에 만연한데, 어떻게 전부 죽일 수 있겠습니까? 기밀을 지키지 못한다면 반드시 멸족의 화를 당할 것입니다. 세밀하게 살피셔야 합니다."

바로 전군교위[63] 조조였다. 하진이 큰 소리로 꾸짖었다.

"너 같은 젊은 놈이 어찌 조정의 대사를 알겠느냐!"

한창 망설이고 있는데 반은이 와서 알렸다.

"황제께서 이미 붕어하셨소.[64] 지금 건석이 십상시와 상의하여 국상을 비밀로 부쳐 발표하지 않고 조서를 거짓으로 꾸며 하국구何國舅를 궁으로 불러 후환을 없애고 황자 유협을 황제로 책립하려 하고 있소."

말이 미처 끝나기도 전에 칙사가 황제의 명령을 받들고 와서 전하는데, 하진은 속히 입궐하여 후사를 결정하라고 알렸다. 조조가 말했다.

"오늘의 계책은 우선 제위를 바로잡은 다음에 역적을 도모해야 합니다."

하진이 말했다.

"누가 감히 나와 함께 황위를 바로잡고 역적들을 토벌할 것인가?"

한 사람이 앞으로 나오며 말했다.

"원컨대 정예병 5000명을 빌려주시면 빗장을 잘라 부수고 궁 안으로 쳐들어가 새로운 군주를 책립하고, 씨 없는 고자놈들을 모조리 죽여 조정을 깨끗하게 청소하고 천하를 편안하게 하리다!"

하진이 보니 바로 사도[65] 원봉袁逢의 아들이요 원외袁隗의 조카로 이름은 소紹이고 자는 본초本初로 사례교위[66]를 맡고 있었다. 하진은 크게 기뻐하며 즉시 어림군[67] 5000명을 점검하여 원소에게 내주었다. 원소는 갑옷과 투구로 무장했다. 하진은 하옹何顒, 순유荀攸, 정태鄭泰 등 대신 30여 명을 거느리고 뒤따라 궁으로 들어갔다. 그는 영제의 관 앞에 있던 태자 유변을 부축하여 즉시 황제 자리로 모셨다.

백관이 크게 만세를 외치고 절하는 의식이 끝나자 원소는 건석을 잡으러 궁중으로 들어갔다. 건석은 황급히 달아나 어원御園(황제의 화원)으로 들어갔으나 화음花陰(꽃들로 가려져 햇빛이 보이지 않는 곳) 아래에 숨었다가 중상시 곽승에게 살해당했다. 건석이 통솔했던 금군도 모두 투항하고 귀순했다.❺

원소가 하진에게 일렀다.

"환관들이 도당을 결성했으니 오늘 기세를 몰아 모조리 죽여야 합니다."

장양 등은 일이 다급해진 것을 알고 황급히 내궁으로 들어가 하태후에게 고했다.

"애초에 계략을 꾸미며 대장군을 모함한 자는 건석 한 사람이고 신 등과는 무관한 일입니다. 지금 대장군께서 원소의 말만 듣고 모두 죽이려 하니 마마께서는 불쌍히 여겨주소서!"

하태후가 말했다.

"너희는 걱정하지 말거라. 내가 너희를 지켜주마."

태후는 전지[68]를 내려 하진을 궁으로 불러들이고는 가만히 일렀다.

"나와 오라버니는 비천한 출신인데 장양 등이 아니었으면 어떻게 이런 부귀를 누릴 수 있었겠어요? 지금 건석이 어질지 못해 이미 죽임을 당했는데, 오라버니는 어찌하여 남의 말만 곧이듣고 환관을 전부 죽이려 합니까?"

하진이 듣고서 관원들에게 말했다.

"건석이 계책을 꾸며 나를 해치려 했으니 그 집안을 멸족시키는 것은 당연하다. 그러나 나머지 사람은 함부로 죽일 필요가 없다."

원소가 말했다.

"풀을 베고 뿌리를 뽑아 화근을 없애지 않으면 반드시 신세를 망치는 근원이 될 것입니다."

"내 뜻이 이미 정해졌으니, 자네는 여러 말 말게나."

관원들이 물러났다.

이튿날 하태후는 하진을 녹상서사[69]에 임명하여 국가 대사에 참여하게 했으며 나머지 사람에게도 모두 관직을 봉했다. 동태후는 장양 등을 궁으로 불러들여 상의했다.

"하진의 누이동생은 애초에 내가 발탁하여 치켜세웠다. 지금 그 아들이 황제에 즉위했고 내외 신료 모두가 그의 심복인 데다, 위세와 권력이 매우 막강해졌으니 내가 장차 어찌하면 좋단 말이냐?"

장양이 아뢰었다.

"마마께서 조정에 나와 수렴청정하시고, 황자 유협을 왕으로 봉한 다음 국구 동중董重(동태후의 조카)에게 큰 벼슬을 내려 군권을 장악하게 하고, 신 등을 중용하신다면 대사를 도모할 수 있을 것입니다."

동태후가 크게 기뻐했다. 이튿날 동태후는 조회에 참여해 정무를 듣고 황명을 내려 황자 협을 진류왕陳留王으로 봉하고 동중을 표기장군驃騎將軍으로 임명했으며[70] 장양 등도 모두 조정에 관여하게 했다.

하태후는 동태후가 권력을 독점하는 것을 보고는 궁중에서 연회를 열어 동태후가 참석하도록 청했다. 하태후는 술이 어느 정도 거나하게 취하자 자리에서 일어나 술잔을 받들고 두 번 절하며 말했다.

"우리는 모두 여인네이니 정사에 참여하는 것은 적절치 못한 것 같습니다. 옛날에 여후呂后도 권력을 지나치게 장악하여 종족 1000명이 모두 살육되고 말았습니다. 이제 우리는 마땅히 깊은 구중궁궐에 들어앉고 조정의 대사는 대신과 원로들에게 맡겨 알아서 협의하여 처리하게 하는 것이 국가의 다행이라 생각합니다. 원컨대 귀를 기울여 들어주십시오."

동태후가 버럭 화를 냈다.

"네가 왕미인을 짐주로 독살하고 남을 시기하는 것에만 마음을 쓰는구나. 지금 네 아들이 황제가 된 것에 기대고, 또 네 오라비인 하진의 권세를 믿고 이제는 감히 막말을 하는구나! 내가 표기장군에게 칙명을 내려 네 오라비의 모가지를 동강내는 것은 손바닥 뒤집는 것보다 쉬운 일이니라!"

하태후 또한 격노했다.

"나는 좋은 말로 권한 것뿐인데 어째서 도리어 화를 내시오?"

동태후가 말했다.

"네 집구석이 짐승이나 잡고 술이나 팔던 비천한 것들이니 무슨 식견이 있겠느냐!"

두 궁이 서로 다투자 장양 등이 각각 권하여 궁으로 돌아가게 했다. 하태후는 그날 밤 하진을 불러들여 있었던 일을 알렸다. 하진은 나가서 삼공을 불러 함께 의논했다. 이튿날 아침 조회 때 정신延臣(조정의 대신)을 시켜 동태후는 본래 번비[71]라 궁중에 오래 기거하는 것은 적당치 않으니 하간[72]으로 옮겨 안치하는 것이 합당하며 당일에 국문[73]을 나가야 한다고 아뢰게 했다. 또한 사람을 보내 동태후를 전송하는 한편 금군을 시켜 표기장군 동중의 관저를 포위하고 인수를 독촉하여 받아내게 했다. 동중은 사정이 다급함을 알고 후당에서 스스로 목을 베어 자결했다. 집안사람들이 크게 소리 내 울

며 애도하자 군사들이 비로소 해산했다.❻

장양과 단규는 동태후의 일파가 이미 쫓겨난 것을 보고 모두 하진의 동생 하묘何苗와 그 어미인 무양군[74]에게 금은보석과 진기한 노리개를 바치고 결탁하여 아침저녁으로 하태후에게 좋은 말로 자신들을 비호하게 했다. 이 때문에 십상시는 다시 총애를 받을 수 있었다.

그해 6월, 하진은 은밀하게 사람을 보내 하간 역정驛庭(역참의 정원)에서 동태후를 짐주로 독살하게 하고 도성으로 영구를 옮겨다 문릉[75]에 매장했다.❼

하진은 병을 핑계로 나오지도 않았다. 그러자 사례교위 원소가 하진을 찾아와 말했다.

"장양, 단규 등이 공이 동태후를 짐주로 독살하고 큰일을 꾀하고 있다는 터무니없는 소문을 퍼뜨리고 있습니다. 이때를 이용해 환관들을 죽이지 않으면 나중에 반드시 큰 화근이 될 것입니다. 이전에 두무가 환관을 죽이려다가 기밀이 누설되는 바람에 도리어 화를 당했습니다. 지금 공 형제의 부곡[76] 군관들은 모두 출중한 인사들이니 만일 온 힘을 다한다면 장악할 수 있을 것입니다. 이것은 하늘이 내려준 때이니 기회를 잃지 마십시오."

하진이 말했다.

"나중에 다시 상의하도록 하세."

하진의 측근이 비밀리에 이 일을 장양에게 보고했고, 장양 등은 하묘에게 호소하며 또 많은 뇌물을 바쳤다. 하묘가 입궁하여 하태후에게 말했다.

"대장군께선 새로 즉위한 황제를 보좌하면서 인자한 일은 하지 않고 살육에만 몰두하고 있습니다. 지금도 아무 이유 없이 십상시를 죽이려 하니 이것은 환란을 일으키는 일입니다."

하태후도 그 말을 받아들였다. 잠시 후 하진이 궁으로 들어와 하태후에게 환관들을 죽이겠다고 아뢰었다. 하태후가 말했다.

"환관이 황궁을 통솔하는 것은 한실의 관례지요. 선황제께서 세상을 떠나신 지 얼마 되지도 않았는데 오라버니가 옛 신하들을 죽이려 한다면 종묘를 중히 여기는 것이 아니지요."

하진은 본래 결단력이 없는 사람이라 태후의 말을 듣고 "예, 예" 대답만 하고 물러났다. 원소가 맞이하며 물었다.

"대사가 어떻게 돌아가고 있습니까?"

하진이 말했다.

"태후께서 허락하지 않으시니 어찌하겠는가?"

"그렇다면 사방의 영웅 인사들에게 군대를 통솔하여 도성으로 모이게 하고 고자놈들을 모조리 죽이십시오. 그때는 일이 급하게 될 터이니 태후께서도 따르지 않을 수 없을 것입니다."

"계책이 참으로 묘하도다!"

즉시 각 진[77]에 격문을 띄워 도성으로 불러들였다. 주부[78] 진림陳琳이 말했다.

"안 됩니다! 속담에 이르기를 '눈을 가리고 새를 잡는다'[79]고 했으니, 이것은 스스로 자신을 속이는 것입니다. 하찮은 미물을 잡을 때도 속여서는 뜻을 이룰 수 없는데, 하물며 국가의 대사는 어떻겠습니까? 지금 장군께서는 황제의 권위에 의지하고 병권을 장악했으며 용이 머리를 높이 쳐들고 범이 걷듯이 위풍당당하시니 확신을 갖고 뜻대로 일을 처리하십시오.[80] 환관을 죽이는 것은 커다란 화로에 부채질하여 머리카락을 태우는 것과 같이 쉬운 일입니다. 날쌔고 용맹스러운 군사를 속히 일으켜 권력을 행사하고 즉각 결단을 내리시면 하늘과 사람 모두 순종할 것인데, 도리어 밖에 있는 대신들에게 격문을 띄우고 그들을 불러 황궁을 침범하게 하십니까. 영웅들이 한곳에 모이면 각자 다른 마음을 품게 될 것이니, 무기를 거꾸로 잡아 남에게 칼자루를 쥐여주는 것으로 공적은 이루지 못하고 혼란만 일어날 것입니다."

하진이 웃으면서 말했다.

"그건 겁쟁이 소견일세!"

곁에 있던 한 사람이 손뼉을 치며 깔깔 웃었다.

"이 일은 손바닥을 뒤집는 것처럼 쉬운데 무슨 논의가 그리 많으시오!"

사람들이 보니 바로 조조였다.

황제 곁에 있는 소인배들 난을 제거하고자 한다면
조정의 지모 있는 인사의 계책을 들어야 하느니라
欲除君側宵人亂, 須聽朝中智士謀

조조가 무슨 말을 할지 모르겠다.

제2회 독우를 매질한 장비

①

장각 삼형제는 황보숭에 의해 토벌되었다

장각 삼형제의 토벌 과정에 관한 역사 기록은 소설의 내용과 차이가 많다. 『후한서』 「황보숭전」과 「효령제기」, 『자치통감』 권58 「한기 50」에는 "중평 원년(184) 10월, 황보숭은 광종廣宗(허베이성 웨이현 동쪽)에서 장량과 교전을 벌여 장량을 참수하고 3만여 명의 수급을 획득했으며 강으로 뛰어들어 익사한 자가 5만 명이 넘었다. 장각은 이미 병사했는데 부관참시하고 그의 수급을 도성으로 보냈다. 11월 황보숭은 또 거록태수, 풍익馮翊(좌풍익左馮翊, 관직 명칭이자 행정 구역의 명칭) 곽전郭典과 함께 하곡양下曲陽(허베이성 진저우晉州 서북쪽)에서 장각의 아우 장보를 공격하여 참살했다. 참수하고 사로잡은 자가 10만여 명이었다"고 기록했다. 장각 삼형제는 황보숭에 의해 토벌되었다.

②

원현宛縣 전투에서의 손견과 유비의 활약상

『삼국지』 「오서·손견전」에 "손견은 단독으로 한쪽을 맡아 성벽에 올라가 먼저 성안으로 들어갔다. 그의 병사들은 마치 개미같이 뒤에서 바짝 붙어 따라갔고 마침내 적들을 대파했다"고 기록되어 있어 손견이 원현 전투에서 용맹하게 싸운 것은 사실이다. 그러나 소설의 내용처럼 조홍을 죽였다는 기록은 없다. 그리고 손견이 뇌물을 써서 관직을 제수받았다고 했는데, 그런 기록은 없으며 배송지 주『강표전江表傳』에는 "손견은 세 현에서 보좌관으로 지냈는데 가는 곳마다 칭송을 받았고 관리와 백성이 친근하게 의탁했다"는 기록이 있다.

그리고 소설에서는 원현 전투에서 유비가 활로 손중을 죽였다고 했지만『후한서』「주준전」에는 손중이 아닌 '손하孫夏'로 기록되어 있고 주준이 손하를 격파한 것으로 되어 있으며,『후한서』「효령제기」에는 "주준이 원성을 공격해 점령하고 손하를 참살했다"고 기록하고 있다. 또한 소설에서는 손견이 조홍을 죽였다고 했지만『후한서』「주준전」에서는 "주준이 조홍을 공격해 참수했다"고 기록되어 있다. 그리고 한충도 소설에서는 화살에 맞아 죽은 것으로 묘사했지만『후한서』「주준전」에 따르면 "한충 등이 마침내 항복했다. 그러나 진힐秦頡(남양군南陽郡태수)이 원한에 사무쳐 한충을 죽이고 말았다"고 기록하고 있다.

중요한 것은 유비가 원현 전투에서 활약했다는 기록은 어디에도 없다는 사실이며 손중을 죽였다는 것도 허구다.

❸
장비는 독우를 때리지 않았다

『삼국지』「촉서·선주전」에서는 '독우 사건'에 대해 다음과 같이 기록하고 있다.

"독우가 공적인 일로 현에 왔을 때 유비가 만나기를 요청했으나 거절당하자 곧장 들어가 독우를 묶고 몽둥이로 200대를 때렸다. 인수를 풀어 그의 목에 걸고 말뚝에 붙들어 묶고는 관직을 버리고 도망갔다."

배송지 주『전략典略』에서는 "독우는 현에 당도했고 유비를 내쫓으려 했는데 그 독우는 유비가 평소에 알던 사람이었다. 독우가 전사傳舍(관부에서 공무로 왕래하는 사람에게 숙식을 제공한 장소)에 있다는 소식을 들은 유비는 독우를 만나려 했는데 독우는 병을 핑계로 유비를 만나려 하지 않았다. 유비는 원망했고 관아로 돌아와 관병들을 거느리고 다시 전사로 가서 문으로 돌진해 들어가며 말했다.

'나는 부군府君(태수의 존칭)의 밀교密教를 받아 독우를 잡으러 왔노라.'

침상으로 가서 그를 묶고는 현 경계까지 끌고 왔다. 유비는 인수를 풀어 독우의 목에 걸고 그를 나무에 묶고는 편장鞭杖(형벌 중의 하나로 채찍이나 막대기로 때려 징벌하는 것)으로 100여 대를 때리고 죽이려 했다. 독우가 애원하자 이에 풀어줬다'고 기록하고 있다.

두 기록에 약간의 차이는 있지만, 어쨌든 독우를 때린 것은 장비가 아니라 유비였다.

❹

사마司馬 반은潘隱

소설에 사마 반은에 대한 설명이 불충분한 것 같다. 영제 때 서원팔교위西園八校尉를 신설(188)하고 건석을 우두머리인 상군교위上軍校尉로 삼아 병권을 쥐게 했는데, 원소, 조조 등의 교위가 모두 그의 지휘하에 있었다.

『후한서』 「하진전」과 『자치통감』 권59 「한기 51」에 "하진이 밖에서 들어오는데 건석의 사마 반은은 일찍이 하진과 사적인 우의가 있어 맞이하며 눈짓을 보냈다"고 기록되어 있다. '사마'는 '상군교위'의 속관으로 결국 사마 반은은 건석의 부하다. 이때 반은은 상관인 건석을 배반하고 하진에게 밀고하여 목숨을 부지할 수 있었던 것이다.

이 문장에서 '사마 반은'을 '건석의 사마 반은'으로 고쳐야 정확한 문장이 된다.

❺

하진과 환관과의 관계, 그리고 건석의 죽음

소설에 하진과 환관의 관계 형성과 환관인 건석이 죽는 과정에 대한 설명이 불충분한 것 같다. 사실 하진은 환관과 밀접한 관계였다. 하진과 환관의 관계와 건석의 죽음에 이르는 과정을 『후한서』 「하진전」을 기본으로 요약하면 다음과 같다.

하진의 이복동생 하태후가 궁으로 들어가게 되었고 영제의 총애를 받아 하진도 벼슬길에 오르게 된다. 사실 환관들과 하진과의 관계는 상당히 밀접했다. 하진의 동생인 하묘가 하진에게 "처음 우리가 함께 남양에서 왔을 때는 모두 출신이 빈천했는데 궁중 환관들에 의지해 비로소 부귀를 얻을 수 있었소"라고 말했다. 중상시 곽승은 하진과 같은 군郡 출신인 데다 장양의 며느리는 바로 하태후의 여동생이었다. 결국 하진은 여동생인 하태후와 환관들의 비호 아래 성장할 수 있었다.

그런데 환관인 건석과 하진의 관계는 좋지 않았다. 영제는 체격이 건장하고 군사 모략이 있는 건석을 특별히 신임하여 그를 원수元帥로 임명하고 병권을 주었다. 하진 또한 그의 지휘를 받게 했지만 건석은 하진을 두려워하고 꺼렸다. 그런 상황에서 영제는 하태후의 소생인 유변이 아닌 왕미인의 소생인 유협을 태자로 책립하려 했으나 하진이 대권을 장악하고 있어 결정을 내리지 못하는 사이에 병은 깊어졌고 결국 유협을 건석에게 부탁하고 죽게 된다.

건석은 하진을 궁 안에서 죽이고 유협을 황제로 세우려 했는데 사마 반은의 배반으로 실패하고 결국 유변이 황제로 즉위하게 된다. 불안해진 건석은 조충 등에게 편지를 써서 하진을 죽이자고 했는데, 조충은 하진과 동향인 곽승과 함께 상의하여 건석을 따르지 않고 그 편지를 하진에게 보여준다. 결국 하진은 건석을 체포하여 죽인다.

건석의 죽음

소설에서는 건석이 도망치다 중상시 곽승에게 살해당하는 것으로 묘사했지만, 『후한서』 「효령제기」에는 "상군교위 건석이 하옥되어 사형에 처해졌다"고 기록하고 있다. 이현 주석에는 "당시 건석은 발해왕渤海王 유협을 황제로 세우려 도모했다가 발각되었다"고 했다.

동중의 죽음

동중의 죽음에 대해 『후한서』 「효인동황후기孝仁董皇后紀」와 『자치통감』 권59 「한기 51」에서는 "하진은 군사를 일으켜 표기장군부를 포위했고 동중을 체포했다. 동중은 관직에서 파면되었고 자살했다"고 기록하고 있다. 그러나 『후한서』 「효령제기」에는 "표기장군 동중은 하진에게 체포되었고 하옥되어 죽었다"고만 기록되어 있다.

❼

동태후가 독살되었을까?

『후한서』 「효인동황후기」와 『자치통감』 권59 「한기 51」에서 "우울해하며 두려워하다 질병으로 갑자기 죽었다. 민간에서는 효인황후의 죽음에 대한 죄를 하씨何氏에게 돌렸다"고 기록하고 있고, 『후한서』 「효령제기」에는 단순하게 "효인황후 동씨가 붕어했다"고 기록하고 있어 정황상 독살이라고 추측은 가능하지만 정확한 역사 기록은 존재하지 않는다.

여포, 동탁의 품으로

온명원 회의에서 동탁이 정원을 꾸짖고,
황금과 진주를 선사하며 이숙이 여포를 설득하다

議溫明董卓叱丁原,
饋金珠李肅説呂布

조조는 그날 하진에게 말했다.

"환관의 재앙은 예나 지금이나 있으나 국군國君이 부당하게 그들에게 권력을 빌려주고 총애하여 이 지경까지 이르게 된 것입니다. 그들의 죄를 다스리고자 하신다면 원흉만 제거하면 되는 것이고, 옥리獄吏(소송과 형벌을 관장하는 관리)에게 맡기면 충분한데 구태여 어지럽게 도성 밖의 군사를 부르실 필요가 있겠습니까? 그들을 모조리 죽이려 하신다면 일이 반드시 탄로날 것입니다. 제 생각에는 틀림없이 실패하리라 봅니다."

하진이 성내며 말했다.

"맹덕孟德(조조의 자), 너도 사심을 품고 있는 것은 아니냐?"

조조가 물러 나와서는 중얼거렸다.

"천하를 어지럽힐 자는 분명히 하진이다."

하진은 은밀히 명령을 받든 사자에게 각 진鎭으로 밤새 달려가 비밀 조서를 전달하게 했다.

한편 전장군¹ 오향후² 서량자사³ 동탁은 이전에 황건을 격파한 공적이 없었으므로 조정에서 그 죄를 다스리기로 논의하자 십상시에게 뇌물을 바쳐 요행으로 형벌을 모면했다. 그 후에 다시 조정의 세도가와 결탁하고 고관에 임명되어 서주[4]의 대군 20만 명을 통솔하자 항상 황제에 불충하고 찬탈하려는 야심을 품고 있었다. 이러한 때에 조서를 받고는 크게 기뻐하며 군마를 일으켜 연이어 출발시켰다. 사위인 중랑장 우보牛輔에게 섬서[5]를 지키게 하고, 자신은 이각李催, 곽사郭汜, 장제將濟, 번조樊稠 등을 데리고 군대를 인솔하여 낙양을 향해 출발했다. 동탁의 사위이며 모사인 이유李儒가 말했다.

"지금 비록 조서를 받들었다고 하나 애매하고 불분명한 내용이 많습니다. 마땅히 사람을 보내 표문을 올려야 합니다. 명분이 정당하고 이치에 맞아야만 대사를 도모할 수 있을 것입니다."

동탁은 크게 기뻐하며 즉시 표문을 올렸다. 그 내용은 대략 다음과 같다.

"삼가 듣자오니 천하에 반란이 그치지 않는 것은 모두 황문상시黃門常侍(중상시를 말한다) 장양 등이 천상[6]을 업신여기기 때문이라 합니다. 신이 듣기로는 물이 끓는 것을 멈추게 하려면 끓는 물을 퍼냈다 다시 붓는 것보다 땔감을 치우는 것이 나으며, 종기를 째는 것이 비록 아프기는 하나 독을 키우는 것보다 낫다고 했습니다. 신이 감히 종과 북을 울리며 낙양으로 들어가는 것은 장양 등의 무리를 제거하도록 청하고자 함입니다. 이것은 사직社稷의 큰 다행이며 천하를 위한 커다란 행운이라 여겨집니다!"

하진이 표문을 받고 대신들에게 보여줬다. 시어사[7] 정태鄭泰가 간언했다.

"동탁은 승냥이와 이리같이 흉악무도한 사람이라 그를 도성으로 끌어들이면 반드시 사람을 잡아먹을 것입니다."

하진이 말했다.

"자네는 의심이 너무 많아 큰일을 도모하기에 부족하구나."

노식 또한 간언했다.

"저도 평소에 동탁의 사람됨을 알고 있는데, 겉은 온화하고 선량한 척하나 속마음은 잔혹하고 인색한 사람이오. 궁정으로 들어오면 반드시 환란이 일어날 것이오. 차라리 오지 못하게 막아 변란의 발생을 피하는 것이 나을 것이오."

하진이 듣지 않자 정태와 노식은 관직을 버리고 떠났다. 조정 대신도 떠나는 자가 태반이었다. 하진은 사람을 보내 동탁을 민지[8]에서 영접하게 했는데 동탁은 군대를 주둔시키고 한동안 움직이지 않았다.❶

장양 등은 지방의 군사들이 도착한 것을 알고는 함께 의논했다.

"이것은 하진이 꾸민 일이다. 우리가 먼저 손을 쓰지 않으면 모두 멸족을 당할 것이다."

이에 먼저 도부수刀斧手(망나니) 50명을 장락궁[9] 가덕문嘉德門 안에 매복시킨 다음 안으로 들어가서 하태후에게 고했다.

"지금 대장군께서 가짜 조서로 지방의 군사들을 불러들여 도성에 이르렀는데, 이것은 저희를 죽이려는 것이니 마마께서는 불쌍히 여겨 구원해주십시오."

태후가 말했다.

"너희는 대장군 부중에 가서 찾아뵙고 사죄하라."

장양이 말했다.

"상부相府(승상이 일하는 관저)에 갔다가는 뼈와 살이 가루가 될 것입니다. 바라건대 마마께서 대장군을 궁으로 불러 그만두게 하시고, 만약 대장군께서 마마의 말씀을 따르지 않는다면 신 등은 마마 앞에서 죽기를 청합니다."

태후가 즉시 조서를 내려 하진을 들어오게 했다. 하진이 조서를 받고 바로 가려고 하자 주부主簿 진림陳琳이 간언했다.

"태후께서 내리신 이 조서는 틀림없이 십상시가 꾸민 것이니 절대 가서는 안 됩니다. 가셨다가는 반드시 화를 당할 것입니다."

하진이 말했다.

"태후께서 나를 부르시는데 무슨 좋지 않은 일이 있겠는가?"

원소가 말했다.

"지금 우리 계획은 이미 새나가 일이 드러났는데 어찌 장군께선 입궁하려 하십니까?"

조조도 말했다.

"먼저 십상시를 불러낸 다음에 들어가시지요."

하진이 웃으면서 말했다.

"그것은 어린애 같은 소견이오. 내가 천하의 권력을 잡았는데 십상시 따위가 감히 나를 어찌한단 말인가?"

원소가 다시 말했다.

"공께서 기필코 가고자 하신다면 저희가 무장한 군사를 거느리고 호위하면서 만일의 경우를 대비하겠습니다."

그리하여 원소와 조조는 각자 정예병 500명을 선발해 원소의 아우 원술袁術로 하여금 통솔하게 했다. 원술은 무장한 군사를 거느리고 청쇄문靑瑣門 밖에 자리를 잡았다. 원소와 조조는 검을 차고 하진을 호송하여 장락궁 앞에 도착했다. 환관이 태후의 명령을 전했다.

"태후께서는 특별히 대장군만 부르셨으니 나머지 사람은 함부로 들어갈 수 없소."

원소와 조조 등은 모두 궁문 밖에서 저지당했다. 하진이 당당하게 혼자 가덕전嘉德殿 문에 이르렀을 때, 장양과 단규가 맞이하러 나오더니 좌우로 에워쌌다. 하진이 깜짝 놀랐다. 장양이 하진을 엄하게 꾸짖었다.

"동태후께서 무슨 죄를 지었기에 함부로 짐주로 독살했느냐? 더군다나 국모의 국상을 치르는데도 병을 핑계로 나오지 않다니! 너는 본래 비천한 백정 놈인데 우리가 천자께 천거한 덕분에 부귀영화를 누렸거늘 힘을 다하여 은혜를 갚을 생각은 하지 않고 도리어 모략을 써서 해치려 드느냐! 네 말에 따르면 우리가 몹시 혼탁하다던데, 그럼 맑은 놈은 도대체 누구란 말이냐?"

하진이 황급히 달아날 길을 찾았으나 궁문은 모두 닫혔고 매복해 있던 도부수들이 일제히 뛰어나와 하진의 몸은 두 동강이 나고 말았다. 후세 사람이 시를 지어 이 일을 탄식했다.❷

한나라 황실이 위태롭게 기울어 천수가 다하는데
지혜롭지 못한 하진을 삼공의 벼슬까지 높였구나
충성스런 신하들의 간언을 몇 번이나 듣지 않더니
결국은 궁중에서 예리한 칼끝을 피하지 못했다
漢室傾危天數終, 無謀何進作三公
幾番不聽忠臣諫, 難免宮中受劍鋒

오래도록 기다려도 하진이 나오지 않자 원소는 궁문 밖에서 큰 소리로 불렀다.

"장군께서는 어서 나오셔서 수레에 오르십시오!"

장양 등이 하진의 수급을 담장 너머로 내던지며 알렸다.

"하진이 반역을 꾀하다 이미 죽임을 당했다! 협박에 못 이겨 따른 자는 모두 너그러이 용서하노라."

원소가 엄한 목소리로 소리 질렀다.

"환관이 모략을 꾸며 대신을 죽였다! 흉악한 짓을 하는 무리를 소탕할 자는 앞으로 나와서 싸워라!"

하진의 부장[10] 오광吳匡이 즉시 청쇄문 밖에 불을 질렀다. 원술은 군사를 이끌고 궁정으로 뛰어들어가 환관이 보이기만 하면 나이를 가리지 않고 모조리 죽였다. 원소와 조조도 빗장을 잘라 부수고 안으로 들어갔다. 조충, 정광, 하운, 곽승 네 사람은 쫓기다가 취화루翠花樓 앞에서 고깃덩어리가 되고 말았다. 궁중에서 화염이 하늘로 치솟았다. 장양, 단규, 조절, 후람은 하태후와 태자 그리고 진류왕을 위협하여 궁중 뒷길로 북궁北宮[11]을 향해 달아났다.❸

이때 노식은 벼슬을 버렸으나 아직 떠나지 않았다가 궁중에서 변란이 일어난 사실을 알고는 갑옷을 입고 창을 손에 쥔 채 누각 아래에 서 있었다. 멀리 단규가 하태후를 위협하며 다가오는 것이 보이자 노식이 크게 소리쳤다.

"단규, 이 역적 놈아, 어찌 감히 태후마마를 겁박하느냐!"

단규가 몸을 돌려 달아났다. 그때 태후는 창문으로 뛰어나왔고 노식이 급히 구하여 위기에서 벗어날 수 있었다. 오광이 궁정 안으로 쳐들어가다가 검을 들고 나오는 하묘를 봤다. 오광이 큰 소리로 외쳤다.

"하묘는 환관들과 공모하여 제 형을 해쳤으니 마땅히 함께 죽여야 한다!"

여러 사람이 모두 말했다.

"형을 모함한 역적을 죽입시다!"

하묘가 달아나려 했으나 사방으로 에워싸고 찍으니 가루가 되고 말았다. 원소가 다시 군사들을 나누어 십상시의 가솔들을 죽이라 했고, 노소 가릴 것 없이 모조리 몰살하니 그 바람에 수염 없는 사람들 중 오인받아 죽임을 당한 자가 무수히 많았다.❹

조조는 타오르는 궁중의 불을 끄게 하는 한편 하태후에게 잠시 대리로 대사를 돌보도록 청한 후 군사를 보내 장양 등을 추격하여 붙잡고 새로 등극한 황제 소제[12]를 찾도록 했다.

한편 장양과 단규는 소제와 진류왕을 위협하며 자욱한 연기를 무릅쓰고 불속을 뚫고 나가 그날 밤 북망산[13]에 이르렀다. 대략 이경쯤에 뒤쪽에서 함성이 크게 일어나더니 인마가 쫓아왔다. 앞선 사람은 하남중부연 민공[14]이었는데 그가 크게 소리쳤다.

"역적은 달아나지 마라!"

사태가 다급해진 것을 본 장양은 결국 강물에 몸을 던져 자살했다. 황제와 진류왕은 정확한 상황을 알 수 없어 감히 큰 소리를 내지도 못하고 강변 잡초 속에 엎드려 있었다. 군마가 사방으로 흩어져 쫓았으나 황제의 소재를 알 길이 없었다. 황제와 진류왕은 사경까지 엎드려 있었는데 이슬이 내리고 배도 고파 서로 부둥켜안고 울었으나, 사람들이 알아챌까 두려워 풀숲 안에서 소리를 삼켰다. 진류왕이 말했다.

"이곳은 오래 머물 곳이 못 되니 달리 살길을 찾아야 합니다."

이에 두 사람은 옷자락으로 서로를 묶고 강 언덕으로 기어올랐다. 그러나 가시나무가 가득한 데다 캄캄하여 걸을 수 있는 길이 보이지 않았다. 어찌해 볼 도리가 없는데 별안간 수천 마리의 반딧불이가 무리를 지어 환하게 불빛을 내며 황제 앞에서만 빙빙 날아다녔다. 진류왕이 말했다.

"이것은 하늘이 우리 형제를 돕는 것입니다!"

반딧불이를 따라서 걸으니 마침내 길이 보이기 시작했다. 계속 걷다가 오경이 되자 다리가 아파서 더 이상 걸을 수 없었다. 그때 산등성이 쪽에 풀 한 더미가 눈에 들어왔고 황제와 진류왕은 그 옆에 누웠다. 풀 더미 앞쪽에는 장원이 한 채 있었는데, 그곳 장주는 그날 밤 두 개의 붉은 해가 자신의 장원 뒤로 떨어지는 꿈을 꿨다. 놀라 잠에서 깨 옷을 입고 밖으로 나와 사방을 살펴보니 장원 뒤쪽 풀 더미 위로 붉은 빛이 하늘로 치솟는 것이 보였다. 황급히 가서 살펴보니 두 소년이 풀 가장자리에 누워 있었다. 장주가 물었다.

"두 소년은 뉘 집 자식들인가?"

황제는 감히 대답하지 못하고 있는데 진류왕이 황제를 가리키며 말했다.

"이분은 금상폐하이신데 십상시의 난을 만나 이곳까지 피란 오셨다. 나는 황제의 동생인 진류왕이다."

깜짝 놀란 장주가 두 번 절하고 아뢰었다.

"신은 선조 때 사도 최열崔烈의 아우 최의崔毅라고 합니다. 십상시가 관직을 팔고 어진 사람을 시기하여 이곳에서 은거하고 있습니다."

즉시 황제를 부축해 장원 안으로 모셔 무릎 꿇고 술과 음식을 올렸다.

한편 민공은 단규를 추격하여 붙잡아 물었다.

"천자께서는 어디에 계시느냐?"

"이미 오는 도중에 잃어서 어디로 가셨는지 모른다."

민공은 즉시 단규를 죽여 머리를 말목에 걸고 군사를 나누어 사방으로 흩어져 찾아보고는 자신은 홀로 말 옆구리를 차며 황제를 찾아 나섰다. 공교롭게도 최의의 장원에 이르렀는데 최의가 수급을 보고 묻자 민공이 자세한 사정을 이야기했다. 최의가 민공을 이끌어 황제를 알현하게 하니 황제와 신하가 해후하고 서로 붙잡으며 통곡했다. 민공이 아뢰었다.

"나라에는 하루라도 군주가 계시지 않으면 아니 되오니 폐하께서는 도성으로 돌아가주십시오."

최의의 장원에는 삐쩍 마른 말 한 필밖에 없었으나 황제가 타도록 준비를 마쳤다. 진류왕은 민공의 말에 함께 탔다. 장원을 떠나 도성으로 가는데 3리를 채 못 가서 사도 왕윤王允, 태위 양표楊彪, 좌군교위左軍校尉 순우경淳于瓊, 우군교위 조맹趙萌, 후군교위 포신鮑信, 중군교위[15] 원소 일행이 수백의 인마를 거느리고 황제를 맞이했고 군신이 모두 울었다. 먼저 사람을 시켜 단규의 수급을 도성에서 효시하여 백성이 보게 했고, 별도로 좋은 말로 바꿔 황제와 진류왕을 모신 다음 호위하여 도성으로 돌아왔다. 이에 앞서 낙양의 아이들이 부르는 노래[16]가 있었다.

황제는 황제가 아니며
왕도 왕이 아니니
천 수레 만 기병이 북망산으로 달려가네
帝非帝,
王非王,
千乘萬騎走北邙

여기에 이르니 그 예언이 과연 들어맞았던 것이다. ❺

어가가 몇 리를 채 못 갔을 때, 갑자기 깃발이 해를 가리고 먼지가 하늘을 뒤덮더니 한 무리의 인마가 달려오는 것이 보였다. 백관은 놀라 새파랗게 질렸고 황제 또한 크게 놀랐다. 원소가 말을 달려나가며 물었다.

"누구냐?"

수놓은 깃발 그림자 아래에서 한 장수가 나는 듯이 달려오며 엄하게 물었다.

"천자께서는 어디에 계시느냐?"

황제는 벌벌 떨면서 입을 가렸다. 진류왕이 앞으로 나와 고삐를 당겨 말을 세우고는 호통을 쳤다.

"거기 오는 자는 누구인가?"

"서량자사 동탁이다."

"너는 황제를 보호하러 왔느냐? 아니면 위협하러 왔느냐?"

"특별히 황제를 보호하러 왔다."

"호위하러 왔다면서 천자께서 여기 계신데 어찌하여 말에서 내리지 않는가?"

동탁이 깜짝 놀라 허둥지둥 말에서 내려 길가에서 절을 올렸다. 그제서야 진류왕이 동탁을 위로하는데 처음부터 끝까지 말에 실수가 없었다. 속으로 의외라고 생각한 동탁은 이때부터 이미 폐립[17]의 뜻을 품었다.❻

이날 궁으로 돌아와 하태후를 알현하고 모두 통곡했다. 궁중을 점검해보니 황위 이양에 필요한 전국옥새[18]가 보이지 않았다.

동탁은 군사들을 성 밖에 주둔시키고 매일 철갑을 두른 마군을 성으로 데려와 거리에서 제멋대로 날뛰니 백성은 놀라고 불안했다. 게다가 동탁은 궁정을 출입하면서 조금도 거리낌이 없었다.❼

후군교위 포신이 원소를 찾아가 동탁이 틀림없이 다른 마음을 품고 있으니 속히 제거해야 한다고 하자 원소가 말했다.

"조정이 이제 막 안정되어가는데 가볍게 행동할 수 없소."

포신이 왕윤을 만나 역시 그 일을 거론하자, 왕윤이 말했다.

"차차 상의해보시지요."

포신은 자신의 군사들만 이끌고 태산[19]으로 가버렸다.

동탁은 하진 형제 부하의 군사들까지 모두 장악한 뒤 이유에게 은밀히 일렀다.

"내가 황제를 폐위하고 진류왕을 세우려고 하는데 어떻겠는가?"

이유가 말했다.

"지금 조정에는 주인이 없으니, 이때를 이용해 일을 처리하지 않으면 늦어져 변고가 일어날 것입니다. 내일 온명원[20]으로 백관을 소집해 폐립의 일을 알리고 따르지 않는 자가 있으면 참수하십시오. 권력을 행사할 때는 바로 지금입니다."

동탁이 기뻐했다.

이튿날 연회를 크게 열어 공경[21]들을 초청했다. 공경들이 모두 동탁을 두려워하니 누가 감히 오지 않겠는가. 동탁은 백관이 도착하기를 기다렸다가 천천히 원문關門에 이르러 말에서 내려 검을 차고 들어와 자리에 앉았다. 술이 몇 순배 돌았을 때 동탁이 술을 멈추고 연주를 그치게 한 다음 이내 엄하게 말했다.

"내가 여러분께 할 말이 있는데 조용히 들어주시오."

모두 귀를 기울였다.

"천자는 만백성의 주인이라 위엄 있는 모습과 행동거지가 없으면 종묘사직을 받들 수 없소. 그러나 금상께서는 나약하시어 진류왕의 총명함과 학문을 좋아하는 것만 못하니 진류왕이 제위를 계승할 만하오. 그래서 내가 황제를 폐위하고 진류왕을 세우고자 하는데, 여러 대신은 어떻게 생각하시오?"

모든 관원이 들었으나 감히 나서서 의견을 제시하지 못했다. 그때 좌중에서 한 사람이 상을 밀치고 곧바로 나와 술자리 앞에 서서 크게 소리쳤다.

"안 된다! 그건 절대 아니 될 말이다! 네가 도대체 누구이기에 감히 그런 터무니없는 말을 하느냐? 천자께서는 바로 선황제의 적자嫡子이며 애초에 아무런 과실도 없으신데 어떻게 폐립을 논할 수 있느냐! 네가 찬탈하여 반역을 꾀하고자 하느냐?"

동탁이 보니 형주자사[22] 정원丁原이었다. 동탁이 성내며 큰 소리로 꾸짖었다.

"내게 순종하는 자는 살고 거역하는 자는 죽으리라!"

동탁은 바로 패검佩劍(허리춤에 차는 검)을 뽑아 들고 정원을 베려 했다. 이때 이유가 정원 뒤에 있는 한 사람을 보았는데 타고난 기개와 풍모가 범상치 않고 위풍당당했으며 손에 방천화극方天畫戟을 잡은 채 눈을 부릅뜨고 동탁을 노려보고 있었다. 이유가 급히 앞으로 나와서 말했다.

"오늘 이런 술자리에서 국정을 의논하는 것은 불가하오니 내일 도당都堂(대신들이 정사를 의논하는 곳)에서 공론을 벌여도 늦지 않을 것입니다."

백관이 모두 권하자 정원도 말을 타고 떠났다. 동탁이 백관에게 물었다.

"내가 한 말이 공정한 도리에 부합하지 않는단 말이오?"

노식이 말했다.

"명공께서 틀렸소. 옛날에 태갑[23]이 사리에 밝지 못하자 이윤伊尹이 그를 동궁[24]으로 쫓아냈고, 창읍왕[25]은 즉위한 지 27일 만에 3000여 가지의 나쁜 짓을 저질렀기에 곽광霍光이 태묘太廟(봉건황제가 선조에 제사 지내기 위해 세운 사당)에 고하고 그를 폐위했소. 금상께서는 비록 어리나 총명하고 어진 마음과 지혜가 많으며 아울러 털끝만 한 과실도 없소. 더구나 공은 지방 군[26]의 자사로서 평소 국정에 참여하지도 않았고, 또한 이윤, 곽광 같은 탁월한 재능도 없으면서 어찌 폐립의 일을 억지로 주장하시오? 성인이 말씀하시기를 '이윤과 같은 뜻이 있으면 그럴 수 있지만, 이윤과 같은 뜻이 없으면 찬탈이다'라고 했소."

동탁이 크게 성내며 검을 뽑고 앞으로 나와 노식을 죽이려 했다. 시중[27] 채옹과 의랑議郎 팽백彭伯이 간언했다.

"노상서盧尙書(노식)는 천하에 명망이 높은 분이라 지금 그를 해치면 천하가 놀라 두려워할까 염려됩니다."

동탁이 비로소 멈췄다. 사도 왕윤이 말했다.

"폐립의 일은 취중에 상의할 일은 아니고 다른 날 다시 의논하기로 하시지요."

이에 모두 흩어졌다.

동탁이 검을 손으로 어루만지며 원문에 서 있는데 갑자기 극[28]을 든 사람이 말을 채찍질하며 뛰어오르고 원문 밖을 이리저리 달리고 있었다. 동탁이 이유에게 물었다.

"저 사람은 누구냐?"

"저 사람은 정원의 수양아들로, 성이 여呂이고 이름이 포布이며 자가 봉선奉先이라는 자입니다. 주공[29]께서는 잠시 피하십시오."

동탁은 바로 온명원으로 들어가 몸을 피했다.❽

이튿날 정원이 군사를 이끌고 성 밖에 와서 싸움을 걸고 있다는 보고가 들어왔다. 화가 난 동탁은 군사를 거느리고 이유와 함께 나가 맞섰다. 양쪽의 진세가 원형으로[30] 펼쳐지자 여포가 정수리를 상투로 묶고 금관을 썼다.

그는 온갖 꽃을 수놓은 전포와 당예[31] 가죽으로 만든 갑옷을 걸치고, 허리에는 사만보대[32]를 찼으며 창을 잡은 채 말고삐를 놓고 정건양丁建陽(정원의자)을 따라 진 앞으로 나왔다. 건양이 동탁을 가리키며 욕설을 퍼부었다.

"나라가 불행하니 환관들이 권력을 휘둘러 만백성을 도탄에 빠지게 했다. 네놈은 보잘것없는 조그만 공적도 없으면서 어찌 감히 폐립이라는 터무니없는 소리를 지껄여 조정을 어지럽히느냐!"

동탁이 미처 대답할 겨를도 없이 여포가 나는 듯이 말을 몰아 곧바로 달려들었다. 동탁이 황급히 달아나자 건양이 군사를 몰아 들이쳤다. 동탁의 군사는 대패하여 30여 리를 물러나 군영을 꾸리고 무리를 모아 상의했다. 동탁이 말했다.

"내가 여포를 보니 평범한 사람이 아니다. 이 사람만 얻을 수 있다면 천하에 무엇을 염려하랴!"

그때 한 사람이 군막 앞으로 나오며 말했다.

"주공께서는 걱정 마십시오. 제가 여포와는 동향이라 그 사람을 잘 아는데, 용맹하지만 꾀가 없고 이익을 보면 의리를 저버리는 자입니다. 제가 썩지 않은 세 치 혀로 여포가 스스로 와서 두 손 맞잡고 인사하며 항복하게 만들겠습니다. 어떻습니까?"

동탁이 크게 기뻐하며 그 사람을 보니 호분중랑장[33] 이숙李肅이었다. 동탁이 말했다.

"자네는 여포를 어떻게 설득할 것인가?"

이숙이 말했다.

"제가 듣기로 주공께는 '적토赤兔'라고 불리는 하루에 천리를 간다는 유명한 말 한 필이 있다고 알고 있습니다. 이 말을 주고 황금과 진주를 더 써서 이익으로 그 마음을 얽어매야 합니다. 거기에 제가 말재주를 좀 부리면 여포는 틀림없이 정원을 배반하고 주공께 올 것입니다."

동탁이 이유에게 물었다.

"이 사람 말대로 해도 좋겠소?"

이유가 말했다.

"주공께서 천하를 취하고자 하시는데, 어찌 말 한 필을 아까워하십니까!"

동탁이 흔쾌히 이숙에게 적토마를 내어주고, 다시 황금 천 냥, 빛이 고운 진주 수십 알 그리고 옥대 한 벌을 주었다.

이숙이 예물을 가지고 여포의 군영으로 향해 가는데 길에 매복해 있던 군사들이 그를 에워쌌다. 이숙이 말했다.

"속히 여장군께 옛 친구가 찾아왔다고 알리거라."

군사가 보고하자 여포가 불러들이라고 명했다. 이숙이 여포를 보고 말했다.

"현제[34]는 그동안 별고 없으셨소!"

여포가 읍[35]하며 말했다.

"오랫동안 만나 뵙지 못했소. 지금은 어디에 계시오?"

"지금 호분중랑장의 직책을 맡고 있소. 듣기로는 아우님이 사직을 바로잡고자 도와주고 있다는데, 정말 참을 수 없이 기쁜 일이오. 좋은 말 한 필이 있는데 하루에 천리를 달리며 물을 건너고 산 오르기를 평지 걷듯 하니 이름을 '적토'라 부르오. 내 특별히 아우님에게 선물로 주어 호랑이 같은 위풍을 돕고자 하오."

여포가 말을 끌고 오게 하고는 살펴보았다. 과연 그 말은 온몸이 위에서부터 아래까지 벌겋게 타오르는 숯불같이 붉은데 잡털이라고는 반 올도 없었고, 머리부터 꼬리까지의 길이가 1장이요 발굽에서 목까지는 8척이었으며,

소리 높여 포효하는데 마치 하늘 높이 뛰어오르고 바닷속으로 달려들 것 같은 기세였다. 후세 사람이 적토마를 찬탄한 시가 있다.❾

나는 듯이 천리를 내달리면 먼지마저 쓸어버리고
물 건너고 산 오르면 자줏빛 안개도 걷히는구나
명주 고삐 당겼다 풀면 옥 재갈 흔드는 모양새가
높은 하늘에서 화룡³⁶이 날아 내려오는 듯하는구나
奔騰千里蕩塵埃, 渡水登山紫霧³⁷開
掣斷絲繮搖玉轡, 火龍飛下九天來

말을 본 여포는 크게 기뻐하며 이숙에게 감사했다.

"형님께서 이런 준마를 선물로 주시니 장차 무엇으로 보답할 수 있겠소?"

"의기를 위해 왔을 뿐이오, 어찌 보답을 바라겠소!"

여포가 술자리를 마련해 대접했다. 술이 거나하게 취하자 이숙이 말했다.

"이 숙이 아우님과 자주 만나지는 못했지만 춘부장 어른은 자주 만나 뵈었소."

"형님께서 취하셨구려! 선친께서 세상을 떠난 지 여러 해가 지났는데, 어떻게 형님과 만날 수 있겠소?"

이숙이 껄껄 웃으며 말했다.

"그게 아니오! 내가 지금 말하는 분은 정원 자사 어른이오."

여포가 부끄럽고 황송해하며 말했다.

"내가 정건양 밑에 있는 것은 어쩔 수 없어서 그런 것이오."

"아우님은 하늘을 들어 올리고 바다를 움직일 수 있는 재주가 있는데 세상에서 누가 존경하지 않겠소? 공명과 부귀를 주머니 안의 물건을 집는 것처럼 쉽게 얻을 수 있을 텐데, 어찌 부득이 남의 밑에 있다고 말하시오?"

"참다운 주인을 만나지 못해 한스럽소."

이숙이 웃으며 말했다.

"좋은 새는 나무를 골라서 둥지를 틀고, 현명한 신하는 주인을 가려서 섬긴다良禽擇木而棲, 賢臣擇主而事'고 하지 않았소.[38] 기회를 보고도 빨리 잡지 않으면 나중에 후회해도 소용없을 것이오."

"형님께서 조정에 계시니 잘 아실 텐데, 누가 당대의 영웅이라고 보십니까?"

"내가 두루 여러 신하를 살펴봤지만 모두 동탁만 못한 것 같소. 동탁은 품성이 고상하고 학식이 출중한 인재를 예로써 존중하고 상벌이 분명하니 반드시 대업을 이룰 것이오."

"내가 그분을 따르고자 해도 연줄이 없는 것이 한이오."

이숙이 황금과 진주, 옥대를 꺼내 여포 앞에 늘어놓았다. 여포가 놀라 말했다.

"이게 대체 무엇이오?"

이숙이 큰 소리로 꾸짖어 좌우를 물리치고는 여포에게 일렀다.

"동공董公(동탁)께서 아우님의 명성을 오랫동안 흠모해 특별히 이것을 바치라고 하셨소. 적토마 또한 동공께서 선사하신 것이오."

"동공께서 이렇게 사랑해주시는데, 내가 장차 무엇으로 보답해야겠소?"

"나 같은 재주 없는 사람도 호분중랑장을 하고 있는데, 공이 만약 그분께 간다면 높은 지위야 말할 필요도 없을 것이오."

"티끌만큼의 공적도 없이 찾아뵙는 예를 한스럽게 생각하오."

"공적이야 손바닥 뒤집는 사이에 세울 수 있지만 공이 기꺼이 하려고 들지 않을 뿐이지요."

여포가 한참을 망설이다가 말했다.

"내가 정원을 죽이고 군사를 이끌어 동탁에게 가려고 하는데 어떻겠소?"

"아우님이 그렇게만 할 수 있다면 참으로 더없이 큰 공이요! 그러나 이 일은 신속하게 해결해야 하오."

여포는 내일 항복하러 가기로 약속하고 이숙을 돌려보냈다.

그날 밤 이경쯤에, 여포는 칼을 들고 곧바로 정원의 군막 안으로 들어갔다. 정원이 마침 손에 촛불을 들고 책을 읽다가 들어오는 여포를 보고 말했다.

"내 아들이 오다니 무슨 일이라도 생겼느냐?"

"나는 당당한 장부인데 어찌 네 아들이란 말이냐!"

"봉선은 무슨 까닭으로 마음이 변했느냐?"

여포가 앞으로 오더니 한칼에 정원의 머리를 내려치고 좌우에 크게 소리쳤다.

"정원이 어질지 못하여 내가 이미 죽였다. 나를 따르려는 자는 여기에 남고 따르지 않을 자는 알아서 가거라!"

군사 태반이 흩어져 떠났다. 이튿날 여포가 정원의 수급을 가지고 이숙에게 갔다. 이숙이 바로 여포를 동탁과 만나게 하니 동탁은 크게 기뻐하며 술자리를 마련해 대접했다. 동탁이 먼저 절을 하며 말했다.

"이 탁이 오늘 장군을 얻은 것은 새싹이 가뭄에 단비를 만난 것과 같소."

여포는 동탁을 부축해 일으켜 자리에 앉히고 절하며 말했다.

"공께서 버리지 않으신다면 제가 양아버지로 모시고자 합니다."[10]

동탁은 금장 갑옷과 비단 전포를 하사하고 실컷 마신 뒤 헤어졌다. 동탁은 이로부터 자신의 권세가 더욱 커지자 스스로 전장군前將軍의 일을 겸하여 통솔하고,[39] 동생 동민董旻을 좌장군, 호후鄠侯[40]로, 여포를 기도위,[41] 중랑장, 도정후都亭侯로 봉했다.

이유가 동탁에게 조속히 폐립의 계책을 정하도록 권했다. 동탁은 이에 성중省中(황궁)에 연회를 열어 공경들을 모이게 하고 여포에게 무장한 군사 1000여 명을 거느리고 좌우에서 호위하도록 했다. 이날, 태부 원외袁隗와 백관이 모두 왔다. 술이 여러 순배 돌자 동탁이 검을 어루만지며 말했다.

"금상께서 어리석고 나약하여 종묘를 받들 수 없소. 내가 이윤, 곽광의 고사에 의거해 황제를 폐하여 홍농왕弘農王으로 삼고 진류왕을 황제로 세우려고 하오. 따르지 않는 자는 목을 치려고 하는데 어찌들 생각하시오!"

모든 신하가 두려워 감히 대답을 하지 못했다. 중군교위 원소가 나서며 말했다.

"금상께서 즉위하신 지 얼마 지나지 않았고 조금도 잘못하신 게 없다. 네가 적자를 폐하고 서자를 세우려 한다면 반역이 아니고 무엇이란 말이냐?"

동탁이 성내며 말했다.

"천하의 일이 모두 나한테 있다! 내가 지금 하겠다는데 누가 감히 따르지 않는단 말이냐! 너는 나의 검이 무디어 보이느냐?"

원소 또한 검을 뽑아 들고 말했다.

"네 검이 날카로우면 내 검도 무디어진 적이 없다!"

두 사람이 술자리에서 대적했다.

정원은 의리를 중시하다 먼저 목숨을 잃었는데
원소도 칼날의 기세로 다투니 역시 위태롭도다

丁原仗義身先喪, 袁紹爭鋒勢又危

원소의 목숨은 끝내 어떻게 될 것인가?

제3회 여포, 동탁의 품으로

❶
하진이 동탁만 불러들인 것은 아니었다

『후한서』「하진전何進傳」에 따르면 "서쪽으로부터 전장군 동탁을 불러들여 군대를 관중關中 상림원上林苑(지금의 산시陝西성 시안西安 후이鄠邑구와 저우즈周至 경계)에 주둔하게 했고, 또 부연府掾(부서府署에 설치한 요속僚屬)을 시켜 태산군泰山郡 왕광王匡에게 관동關東으로부터 태산군의 궁노수를 징발하도록 명했으며, 아울러 동군東郡 태수 교모橋瑁에게 군대를 이끌고 성고城皐에 주둔하게 했고, 무맹도위武猛都尉 정원을 파견해 맹진孟津을 불태우게 했다"고 기록하고 있어 동탁만을 불러들인 것은 아니었다.

❷

『후한서』「하진전」에 따르면 "상방감尙方監 거목渠穆이 검을 뽑아 가덕전嘉德殿 앞에서 하진을 참살했다"고 기록하고 있다. 상방감은 소부少府의 속관으로 궁정의 도검과 각종 놀이 기물을 수공 제작했고 환관들이 담당했다. 거목이라는 인물에 대한 기록은 상세하지 않다.

❸

조절과 후람은 이때 없었다

『후한서』「환자전宦者傳·조절전」에 따르면 조절은 광화光和 4년(181)에 사망했고, 「환자전·후람전」에 따르면 후람은 희평熹平 원년(172)에 자살한 것으로 기록하고 있어 하진이 환관을 주살하고자 모의하기 이전에 두 사람은 이미 사망한 상태였다.

❹

하묘의 죽음에 대해 『후한서』「하진전」은 다음과 같이 기록하고 있다.

"오광 등은 평소에 하묘가 하진과 함께 마음을 같이하지 않은 것을 원망했었고 또 그가 환관들과 공모했다고 의심하고 있었기에 군사들에게 호령했다.

'대장군을 살해한 자는 바로 거기장군 하묘다. 군사들은 그를 위해 원수를 갚을 수 있겠는가?'

하진은 평소에 인애와 은덕으로 부하들을 대접했기 때문에 사졸들은 모두 눈물을 흘리며 말했다.

'대장군을 위해 싸우다 죽기를 원합니다!'

오광은 즉시 군사들을 이끌고 동탁의 아우 봉거도위奉車都尉(『속한지續漢志』에 따르면 "비이천석比二千石으로 정해진 인원은 없고 황제의 수레를 관장했다"고 기록하고 있다) 동민董旻과 힘을 합쳐 진공했고 마침내 하묘를 죽이고 그 시체를 원유苑囿(고대에 금수를 길러 황제의 놀이에 제공하던 정원)에 버렸다."

『삼국지』「위서·원소전袁紹傳」에 따르면 이 당시 상황에 대해 다음과 같이 기록하고 있다.

"원소는 병사들을 지휘하여 환관들을 수색해 체포했고, 나이가 많고 적음을 따지지 않고 모조리 참살했다. 어떤 이들은 수염이 없어 오인을 받아 죽임을 당했고, 어떤 이들은 스스로 옷을 벗어 신체를 드러낸 후에야 비로소 면할 수 있었다. 환관 중에는 선행을 하고 법을 준수한 자도 있었지만 그들도 화를 피하지는 못했다. 이와 같은 무차별 살육으로 죽은 자가 2000여 명이나 되었다."

⑤

『자치통감』권59 「한기 51」의 기록에 따르면 "장양과 단규 등은 궁중의 상황이 매우 곤란해지자 밤에 황제와 진류왕 등 수십 명을 거느리고 곡문穀門(낙양성 북쪽 가운데 문)을 나와 걸어서 소평진小平津(허난성 궁이鞏義 서북쪽)에 이르렀는데 육새六璽(전국새를 제외한 것)를 가지고 있지 않았고 따르는 공경들은 없었다. 단지 상서 노식과 하남중부연 민공만이 밤에 황하 물가에 이르렀다. (…) 민공이 몇 명의 환관을 죽였고 장양은 강에 뛰어들어 죽었다. 민공이 소제와 진류왕을 부축하고 반딧불이에 의지해 남쪽으로 걸어가서 황궁으로 돌아가려 했다. 몇 리를 못 가 덮개 없는 수레를 얻어 타고 민가에서 쉬었다. 이튿날 소제는 말 한 필에 올라탔고 진류왕과 민공은 함께 말에 올랐으며 몇 명의 공경이 쫓아왔다"고 기록하고 있다.

⑥

『자치통감』권59 「한기 51」의 기록에 따르면 "동탁이 소제와 이야기를 나누었는데 동탁의 말을 소제가 이해하지 못했다. 이에 진류왕과 대화를 나누었는데 동탁이 변란이 일어난 원인을 묻자 진류왕이 대답하기에 처음부터 끝까지 조금도 빠뜨리는 것이 없었다. 동탁이 매우 기뻐하며 진류왕이 현명하고 재덕을 겸비한 자라고 여겼다"고 했다. 『삼국지』「위서·동탁전」 배송지 주『헌제기』에도 같은 기록이 있다. 또한 『자치통감』과 『후한서』「동탁전」에는 "진류왕은 동태후에 의해 양육되었고 동탁은 동태후를 동족으로 여겨 폐립의 뜻을 품었다"고 기록하고 있다.

⑦

3000명의 군사만으로 낙양을 접수한 동탁

『삼국지』「위서·동탁전」의 배송지 주『구주춘추九州春秋』에 "동탁이 처음에 낙양으로 입성할 때는 보병과 기병의 수가 3000명에 불과했다. 동탁은 군사가 적어 원근의 사람들을 굴복시키지 못할까 염려했다. 대략 4~5일 간격으로 밤에 네 개의 성문으로 병사들을 내보냈다가 이튿날 깃발과 북을 늘어놓고 규모가 큰 것처럼 기세 드

높게 성으로 들어와 '서쪽의 군대가 또 낙양에 도착했다'고 선언하게 했다. 사람들이 알지도 못하는 사이에 동탁의 군사는 이루 다 셀 수가 없게 되었다'고 기록하고 있다.

이후에 동탁이 부족한 군세를 확장할 수 있었던 것은 하진, 하묘의 부대와 정원의 군대를 병합했기 때문이다. 『후한서』 「동탁전」과 『자치통감』 권59 「한기 51」에도 같은 내용이 기록되어 있다.

❽

여포와 정원의 관계

『삼국지』 「위서·여포전」과 『후한서』 「여포전」에 여포와 정원의 관계에 대해 다음과 같은 기록이 있다.

"병주자사 정원이 기도위로 임명되었을 때, 하내군河內郡(군 명칭으로 치소는 허난성 우즈武陟 서남쪽)에 주둔했고 여포를 주부主簿로 임명했으며 여포를 특별히 신임하고 후대했다'고 했고, 또한 "동탁은 여포가 정원에게 신임을 받자 여포를 꾀어 정원을 죽이게 했다'고 기록하고 있다.

여포와 정원의 '부자 관계'에 관한 내용은 역사 기록에 존재하지 않는다. 그리고 정원이 여포를 '주부'로 삼았다고 했는데, 주부는 중앙과 주군 장관의 속관으로 문서 장부와 인장을 주관하고 사무 처리를 하는 직책으로, 여포는 문서를 이해할 수 있었으며 어느 정도의 교양을 갖췄다고 할 수 있다.

❾

적토마

『삼국지』 「위서·여포전」의 기록에 따르면 "여포는 적토라고 불리는 좋은 말을 가지고 있었다'고 했고, 또한 배송지 주 『조만전曹瞞傳』에 따르면 "이때 사람들은 '사람 가운데는 여포가 있고, 말 가운데는 적토가 있다人中有呂布, 馬中有赤兔'"고 했다. 『후한서』 「여포전」은 "여포는 평소에 좋은 말을 타고 다녔는데 '적토'라고 불렸으며 그 말은 성벽을 뛰어넘고 해자를 나는 듯이 건너뛸 수 있었다'고 기록하고 있다.

적토마에 관한 상세한 기록은 정사에 보이지 않는다. 동탁이 여포에게 하사했고, 다시 조조가 관우에게 선물하고 관우가 적토마를 탔다는 기록은 존재하지 않으며, 여포가 패한 이후 적토마의 행방 또한 전혀 기록되어 있지 않다. 아마도 적토마는 여포가 원래부터 가지고 있었던 말이며 여포의 사망과 함께 역사 속으로 사라진 듯하다.

⑩

동탁과 여포의 부자 관계

『삼국지』「위서·여포전」은 "동탁은 여포를 기도위로 임명하고 매우 아끼고 신임했으며 부자의 서약을 맹세했다"고 기록하고 있으며, 또한 왕윤 등이 동탁을 죽이려고 모의하면서 여포에게 내응을 요구하자, "여포가 '부자 관계인데 어떻게 그럴 수 있겠습니까!'라고 말하니 왕윤이 '그대의 성은 여씨이니 동탁과는 본래부터 골육 관계가 아니오. 지금 죽음을 근심하느라 겨를이 없으면서 무슨 부자 관계를 말하시오?'라고 말했다"는 기록이 있다.

정원과의 관계는 허구이지만 여포가 동탁과 부자 관계였음은 확실한 듯하다.

조조의 동탁 암살 계획과
여백사

한나라 황제를 폐하니 진류왕이 즉위하고,
맹덕은 역적 동탁을 도모하려다 보도를 바치다

廢漢帝陳留踐位,
謀董賊孟德獻刀

동탁이 원소를 죽이려 하자 이유가 만류하며 말했다.

"큰일을 결정하지도 못했는데 함부로 사람을 죽여서는 안 됩니다."

원소는 손에 보도寶刀를 들고 백관에게 작별 인사를 한 후 나가서는 절節을 동문東門 위에 걸고[1] 기주로 떠났다. 동탁이 태부 원외에게 말했다.

"그대의 조카가 무례하나 내 그대의 체면을 보아 관용을 베풀어 용서하겠소. 폐립의 일은 어떻게 생각하시오?"

원외가 말했다.

"태위께서 보시는 바가 옳습니다."

"감히 대의를 가로막는 자가 있다면 군법으로 처리하겠노라!"

군신들이 대경실색하여 말했다.

"말씀대로 따르겠습니다."

연회가 끝나자 동탁이 시중 주비周毖와 교위 오경伍瓊에게 물었다.

"원소가 이번에 가버렸으니 어떻게 되겠는가?"

주비가 말했다.

"원소가 몹시 화가 나서 갔으니 만일 급히 뒤쫓아 잡으려 한다면 틀림없이 변고가 일어날 것입니다. 게다가 원씨는 4대에 걸쳐 은혜를 널리 베풀어 문하생들과 오래된 부하들이 천하에 두루 널려 있는 데다, 만일 호걸들을 받아들여 무리를 모으기라도 한다면 영웅들이 이때를 이용해 일어날 것이니 산동²은 공의 소유가 되지 못할 것입니다. 차라리 그를 용서하고 군 태수 자리를 주신다면, 원소는 죄를 면하게 된 것을 기뻐할 것이고 공께서도 분명 근심거리가 없어지게 될 것입니다."

오경이 말했다.

"원소가 일을 꾀하는 것은 좋아하나 결단력이 없으니 염려하실 필요는 없습니다. 그야말로 군 태수 자리 하나 더해주시고 민심을 수습하는 것이 좋을 듯합니다."

동탁은 그 말에 따라 바로 사람을 보내 원소를 발해³태수로 임명했다.❶

9월 초하룻날, 황제를 청하여 가덕전嘉德殿에 오르게 하고 문무관원들을 모았다. 동탁이 검을 뽑아 들고 모든 사람에게 말했다.

"천자가 어리석고 나약하여 천하의 군주로는 부족하다. 여기 책문⁴이 있으니 당연히 여러분께 낭독해드리지요."

바로 이유에게 책문을 낭독하라 명했다.

"효령 황제께서 일찍이 신하와 백성을 두고 붕어하시고 황제께서 대통을 계승하시니 온 천하가 의지하며 우러러보았다. 그러나 황제의 타고난 자질이 진중하지 못하고 위의⁵가 엄격하지 못하며 선황제의 상중喪中에도 나태했으니, 불량한 품성이 이미 명백하여 제위를 욕되게 했다. 황태후 또한 국모로서의 예의도 없고 가르침에 있어서 모범을 보이지 못했으며 국정을 통솔함에 있어서도 정세가 불안하고 어지러웠다. 영락태후⁶께서 갑자기 세상을 떠나셨을 때도 뭇사람이 입에 올리며 의심을 품고 있었다. 삼강三綱의 도리와 천지의 법도에 잘못이 없다고 하겠는가? 진류왕 협은 성덕聖德이 성대하시며, 행동 또한 단정하고 공손하여 상중에는 몹시 슬퍼해 사악한 말은 입에 담지도 않으셨으니 그 훌륭한 명성은 천하가 모두 들은 바다. 마땅히 대업을 계승하여 만세의 대통을 이어가실 분이로다. 이에 황제를 폐하여 홍농왕弘農 王으로 삼고, 황태후는 정사에서 물러나게 하노라. 청컨대 진류왕을 황제로 받드니 이것은 천명에 순응하고 인심에 부합하는 것으로 백성의 바라는 바를 위로하고자 하노라."

이유가 책문 읽기를 마치자 동탁이 좌우를 큰 소리로 꾸짖어 황제를 대전에서 끌어내리게 했다. 그러고는 옥새를 묶은 채색 명주 끈을 풀게 하고 북쪽을 향해 몸을 곧게 꿇어앉게 한 다음 신하로서 명령에 따르게 했다. 또한 태후를 불러 태후 복장을 벗기고 칙령을 기다리게 했다. 황제와 태후가 함께 울부짖었고 군신들 중에 비참해하지 않는 자가 없었다. 이때 계단 아래에서 한 대신이 분노하여 고함을 질렀다.

"적신賊臣 동탁이 감히 하늘을 속이는 일을 꾸미니 내 목의 피를 너에게 뿌리리라!"

그러고는 손에 들고 있던 상간[7]을 휘둘러 동탁을 후려쳤다. 크게 노한 동탁이 무사들에게 잡으라고 고함치니 바로 상서[8] 정관丁管이었다. 동탁이 끌어내 목을 치라 명했다. 정관은 입을 다물지 않고 욕했는데 사신[9] 앞에 이르러서도 얼굴빛이 변하지 않았다. 후세 사람이 시를 지어 그를 탄식했다.❷

역적 동탁이 속으로 폐립의 생각을 품으니
한나라 종묘사직이 폐허로 시들어가는구나

조정에 가득 찬 신하들 하나같이 입 다물었지만

오직 상서 정관 한 사람만이 대장부로구나

董賊潛懷廢立圖, 漢家宗社委丘墟

滿朝臣宰皆囊括, 惟有丁公是丈夫

동탁이 진류왕을 청하여 대전에 오르게 했다. 군신들이 알현하고 경하를
마치자 동탁은 하태후를 부축하여 홍농왕, 황비 당씨唐氏와 함께 영안궁永安
宮에 기거하게 했으며 궁문을 봉쇄하여 군신들이 허락 없이 들어갈 수 없도
록 금지했다. 가련한 소제는 4월에 등극하여 9월에 폐위되었다. 동탁이 세운
진류왕 유협은 자가 백화伯和이고 영제의 둘째 아들로 바로 헌제獻帝인데, 이
때 그의 나이 9세였다. 그는 연호를 고쳐 초평10이라 했다. 동탁이 상국11이
되어 황제를 배알할 때 찬례12 시 성명을 부르지 않고 관직만 칭하고, 조정에
들어갈 때도 종종걸음으로 빨리 걷지 않으며, 황제를 뵙고 정사를 논할 때
패검을 풀고 신발을 벗어 어전 밖에 두지도 않으니 그 전횡이 비할 데가 없
었다.13 이유는 동탁에게 걸출한 명사를 등용하여 인망을 얻어야 한다고 권
하며 재주가 많은 채옹을 천거했다. 동탁이 그를 불렀으나 채옹은 오지 않았
다. 화가 난 동탁이 사람을 시켜 채옹에게 말했다.

"만약 오지 않으면 네 일족을 모조리 죽이겠다."

두려워진 채옹은 어쩔 수 없이 명령에 복종했다. 채옹을 본 동탁은 크게
기뻐하며 한 달 동안 세 번이나 승진시켜 시중으로 임명하고 매우 친밀하게
우대했다.❸

한편 소제와 하태후, 당비는 영안궁에 갇혀 지냈는데, 의복과 음식이 점

점 줄어들었고 소제는 눈물이 마를 날이 없었다. 어느 날 우연히 뜰에 날아 다니는 제비 한 쌍을 보고 시 한 수를 지어 읊었다.

갓 피어난 새싹들 연기처럼 엉겨 붙고
제비 한 쌍 하늘거리며 날아다니네
한 줄기 낙수[14]는 푸르고 푸르니
논두렁길 오가는 사람들이 부럽구나
저 먼 하늘에 떠 있는 구름 깊은 곳은
바로 내가 살았던 옛 궁전
누가 있어 충성과 의리로
내 마음속 깊은 원한 풀어주려나
嫩草綠凝煙, 裊裊雙飛燕
洛水一條靑, 陌上人稱羨
遠望碧雲深, 是吾舊宮殿
何人仗忠義, 泄我心中怨

동탁은 항상 사람을 시켜 지켜보고 있었다. 이날 동정을 살피던 자가 이 시를 손에 넣어 동탁에게 바쳤다. 동탁이 말했다.

"원망하는 시를 지었으니 이제는 그를 죽여도 명분이 있겠구나."

마침내 이유에게 무사 10명을 데리고 영안궁으로 가서 폐위된 소제를 죽이라고 했다. 하태후, 당비와 함께 누각 위에 있던 소제는 궁녀들이 이유가 왔다고 보고하자 깜짝 놀랐다. 이유가 짐주(독주)를 올리자 소제가 그 까닭을 물었다. 이유가 말했다.

"봄날이 따사로워 동 상국께서 특별히 수주[15]를 바치는 것입니다."

하태후가 말했다.

"수주라고 했으니 네가 먼저 마셔보거라."

이유가 성내며 말했다.

"네가 마시지 않겠다는 말이냐?"

좌우에 단도와 흰 명주 끈을 앞으로 가져오라 말했다.

"수주를 마시지 않겠다면 이 두 가지 물건을 받아라!"

당비가 무릎을 꿇고 애원했다.

"첩신妾身(옛날 여자들의 자신에 대한 겸칭)이 폐하를 대신해서 술을 마실 테니 원컨대 공께서는 모자의 목숨을 보전해주십시오."

이유가 큰 소리로 꾸짖었다.

"네가 무엇이라고 왕을 대신해 죽는다고 하느냐?"

이유가 이에 술을 들어 하태후에게 주면서 말했다.

"네가 먼저 마셔라!"

하태후는 하진이 대책 없이 역적을 도성으로 끌어들여 지금의 환란을 일으킨 것을 크게 욕했다. 이유가 소제에게 마시라고 재촉하고 다그치자, 소제가 말했다.

"내가 태후께 작별할 수 있도록 허락해주오."

이내 대성통곡하며 노래를 지었다.

하늘과 땅이 뒤바뀜이여, 해와 달도 거꾸로 뒤집히는데
만승의 자리를 버림이여, 한낱 제후 몸으로 물러났구나
신하에게 핍박을 당함이여, 목숨도 그리 오래 못 가리니

대세가 이미 가버림이여, 눈물만 헛되이 줄줄 흐르는구나

天地易兮日月翻, 棄萬乘兮退守藩

爲臣逼兮命不久, 大勢去兮空淚潛

당비 또한 노래를 지어 불렀다.

황천이 무너지려 함이여, 후토도 허물어지는데[16]
몸은 황제의 여인이여, 따라 죽지도 못하는구나
생사의 길이 다름이여, 끝내 여기에서 헤어지고
어찌 홀로되기 서두름이여, 슬픈 마음뿐이로다
皇天將崩兮后土頹, 身爲帝姬兮命不隨
生死異路兮從此畢, 奈何煢速兮心中悲

노래를 마치자 두 사람은 서로 끌어안고 소리 내어 울었다. 이유가 큰 소리로 꾸짖었다.

"상국께서 보고가 들어오기를 기다리고 계신다. 너희는 시간을 질질 끌어 누가 구해주기라도 바라는 것이냐?"

태후가 욕설을 퍼부었다.

"역적 동탁이 우리 모자를 핍박하니 하늘이 돕지 않을 것이다! 네놈들은 악행에 협조했으니 반드시 멸족을 당하고 말 것이다!"

이유가 버럭 성을 내더니 양손으로 태후를 끌어당겨 누각 아래로 던져버렸다. 그러고는 무사들에게 호통쳐 당비를 목매달아 죽이고 짐주를 소제 입에 억지로 부어 죽였다. 돌아가서 동탁에게 보고하자 성 밖에 묻으라고 분부

했다. 이로부터 동탁은 매일 밤 입궁하여 궁녀들을 간음하고 용상에서 잠을 잤다.❹

한번은 동탁이 군사를 이끌고 성을 나가 양성[17] 지방으로 갔다. 이때는 2월이라 마을 사람들이 사세[18]를 지내기 위해 남녀가 모두 한자리에 모여 있었다. 동탁은 군사들에게 그들을 에워싸서 모조리 죽이라 명하고는 부녀자와 재물을 강탈하고 수레에 싣게 했다. 죽인 백성의 머리 1000여 급을 수레 밑에 매달고 수레들을 앞에서부터 끝까지 서로 연결하여 도성으로 돌아와서는 도적떼를 죽이고 대승하여 돌아왔다고 떠벌렸다. 성문 밖에서 사람들의 수급을 불태우고 부녀자와 재물은 군사들에게 나누어주었다.

월기교위[19] 오부伍孚의 자는 덕유德瑜로 동탁의 잔혹함을 보고는 분노하고 증오하여 불만을 품고 있었다. 일찍이 그는 조복朝服(군신들이 조회 때 입는 예복) 안에 속 갑옷을 입고 단도를 숨겨 적당한 시기를 기다렸다가 동탁을 죽이려 했다. 그러던 중 어느 날 오부는 조정에 들어오는 동탁을 맞이하게 되었다. 전각 아래에 이르자 그는 칼을 뽑아 곧장 동탁을 찔렀다. 힘이 장사인 동탁이 양손으로 그를 꽉 붙잡았다. 그때 여포가 바로 들어와 오부를 잡아당겨 쓰러뜨렸다. 동탁이 물었다.

"누가 네놈한테 모반하라고 했느냐?"

오부가 눈을 부릅뜨고 노려보며 고함을 질렀다.

"너는 나의 군주가 아니며 나는 너의 신하가 아닌데 무슨 모반이 있겠느냐? 너의 죄악이 하늘에 가득 차서 사람마다 너를 죽이기를 원하노라! 내가 너를 거열[20]하여 천하에 보답하지 못하는 것이 한스럽구나!"

크게 성난 동탁은 그를 끌어내어 몸을 가르고 토막을 내라 명했다. 오부는 죽음에 이를 때까지 욕설을 퍼부었다. 후세 사람이 그를 찬탄한 시가 있다.

한나라 말기 충신 오부에 대해 말하자면
하늘로 치솟는 호탕한 기개가 세상에 없었노라
조당에서 역적 죽이려 한 이름 아직 남아 있으니
만고의 진정한 대장부라 부를 만하구나
漢末忠臣說伍孚, 衝天豪氣世間無
朝堂殺賊名猶在, 萬古堪稱大丈夫

이 일 이후로 동탁은 출입할 때면 항상 무장한 군사들의 호위를 받았다.❺
이때 발해에 있던 원소는 동탁이 권력을 남용한다는 소식을 듣고 사람을 보내 왕윤에게 밀서를 전달했다. 내용은 대강 이러했다.

"역적 동탁이 하늘을 속이고 황제를 폐했는데도 사람들이 차마 말하지 못하고 있소. 공께서는 제멋대로 날뛰는 그들을 내버려두고 못 들은 척하니 어찌 국가의 은혜에 보답하고 충성을 다하는 신하라 하겠소? 이 소는 지금 병사를 모아 훈련시키며 왕실을 깨끗이 청소하고자 하나 감히 경솔하게 움직이지 못하고 있소. 공께서 마음이 있으시다면 기회를 이용해 도모해주시오. 이 일을 추진하게 되어 시킬 일이 있으면 즉시 명령을 받들어 따르겠소."

밀서를 받은 왕윤은 깊이 생각했으나 도무지 계책이 떠오르지 않았다.

어느 날, 시반²¹ 작은방에 옛 신하들이 모여 있는 것을 보고 왕윤이 말했다.

"오늘은 이 늙은이의 생일이라 저녁에 여러분을 집으로 초청하고자 하니 조촐하게 술이나 한잔하시지요."

관원들이 모두 말했다.

"꼭 가서 축수²²하리다."

그날 저녁 왕윤은 후당에 연회를 베풀었고 공경들이 모두 모였다. 술이 몇 순배 돌자 왕윤이 갑자기 손으로 얼굴을 가리고 통곡했다. 관원들이 놀라 물었다.

"사도께서는 귀한 생신날 무슨 까닭으로 그리 슬퍼하십니까?"

왕윤이 말했다.

"사실 오늘은 내 생일이 아니오. 여러분과 담소나 나누고 싶었는데 동탁이 의심할까 두려워 핑계를 댔을 뿐이오. 동탁이 군주를 기만하고 제멋대로 권력을 휘둘러 사직이 조석으로 보전하기 어렵게 되었소. 고조 황제께서 진나라를 무너뜨리고 초나라를 멸망시켜 천하의 강토를 통괄하신 것을 생각하면, 지금에 이르러 동탁의 손에 무너지게 될 줄이야 누가 생각이나 했겠소. 그래서 내가 이렇게 우는 것이오."

그러자 모두가 소리 내어 울었다. 그때 좌중에서 한 사람이 손뼉을 치면서 깔깔 웃었다.

"조정에 가득 찬 공경들이 날이 밝을 때까지 울다가 다시 밤이 되도록 울기만 하니, 울어서 동탁을 죽일 수 있겠소?"

왕윤이 보니 바로 효기교위[23] 조조였다. 왕윤이 화를 내며 말했다.

"너의 조상 또한 한나라의 녹을 먹었을 터인데 지금 나라에 보답할 생각은 않고 도리어 웃고 있단 말이냐?"

조조가 말했다.

"내가 다른 일로 웃는 것이 아니라 여기 계신 여러분께서 동탁을 죽일 계책 하나도 내놓지 못하기에 웃는 것이오. 이 조가 비록 재주는 없으나 원컨대 즉시 동탁의 머리를 잘라 도성 성문에 걸어 천하에 보답하고자 합니다."

왕윤이 자리에서 비껴 일어나며[24] 물었다.

"맹덕에게는 무슨 고견이라도 있소?"

조조가 말했다.

"요즘 이 조가 몸을 굽혀 동탁을 섬기고 있는 것은 기회를 틈타고자 함입니다. 지금 동탁이 저를 자못 신임하고 있어 가까이 갈 수 있는 기회가 있습니다. 듣자 하니 사도께 칠보도七寶刀가 있다고 하던데, 저에게 빌려주시면 상부²⁵로 들어가 찔러 죽이겠습니다. 비록 죽는다 하더라도 한이 없겠습니다!"

왕윤이 말했다.

"맹덕에게 과연 그런 마음이 있다니 천하에 다행한 일이오!"

바로 친히 술을 따라 조조에게 바쳤다. 조조가 땅에 술을 뿌리고 맹세하자 왕윤은 곧바로 보도를 가져와 조조에게 주었다. 조조는 칼을 감추고 술을 마신 후 즉시 일어나 관원들과 작별하고 나갔다. 여러 관원은 다시 한차례 앉아 있다가 역시 모두 흩어졌다.

이튿날, 조조는 보도를 차고 상부로 와서 물었다.

"승상²⁶께서는 어디에 계시느냐?"

시종이 대답했다.

"작은 누각에 계십니다."

조조가 바로 들어가니 동탁은 침상에 앉아 있고 여포가 곁에 서서 시중들고 있었다. 동탁이 말했다.

"맹덕은 어찌하여 늦게 왔는가?"

"말이 허약해서 걷는 것이 늦습니다."

동탁이 여포를 돌아보며 일렀다.

"내게 서량²⁷에서 가지고 온 좋은 말이 있으니 봉선이 네가 직접 가서 한 마리 골라 맹덕에게 하사하라."

여포가 명을 받들고 나갔다. 조조는 속으로 생각했다.

'이 역적 놈이 드디어 죽는구나!'

즉시 칼을 뽑아 찌르려 했으나 동탁이 힘이 장사인 것이 두려워 감히 경솔하게 움직이지 못했다. 동탁은 너무 뚱뚱해 오래 앉아 있지 못하고 마침내 몸을 눕혀 누워버렸고 얼굴마저 안쪽으로 향해 돌렸다. 조조가 다시 생각했다.

'이 역적 놈이 이제 끝나는구나!'

급히 손에서 보도를 뽑아 막 찌르려 하는데, 생각지도 못하게 동탁이 고개를 뒤로 젖히고 전신 거울을 보다가 뒤에서 조조가 칼을 뽑는 것이 비치자 급히 몸을 돌려 물었다.

"맹덕은 뭘 하는가?"

이때 여포가 이미 말을 끌고 누각 밖에 와 있었다. 조조가 놀라서 허둥대며 곧바로 칼을 잡고 무릎 꿇으며 말했다.

"저에게 보도 한 자루가 있는데 은상[28]께 바치고자 합니다."

동탁이 받아보니 칼 길이는 1척 남짓하고 칠보로 상감하여 장식했으며 지극히 예리하고 날카로운 것이 과연 보도인지라 여포에게 건네며 거두어들이게 했다. 조조가 칼집을 풀어 여포에게 넘겨줬다. 동탁이 조조를 데리고 누각을 나와 말을 보여주자 조조가 감사하며 말했다.

"빌려주시면 한번 타보겠습니다."

동탁이 바로 조조에게 안장과 고삐를 주게 했다. 조조가 말을 끌고 상부를 나가 채찍질하며 동남쪽으로 달렸다. 여포가 동탁에게 말했다.

"방금 전 조조가 마치 암살하려는 것 같은 자세였는데 들키는 바람에 칼을 바친 듯합니다."

"나 또한 그것을 의심하고 있다."

말하는 사이에 마침 이유가 오자 동탁이 있었던 일을 얘기했다. 이유가 말했다.

"조조는 도성에 처자식이 없고 혼자 처소에서 거처하고 있습니다. 지금 사람을 보내 부르십시오. 의심 없이 바로 오면 칼을 바친 것이고 핑계를 대고 오지 않으면 필시 암살하려고 한 것이니 바로 잡아다 문초해보십시오."

동탁이 옳다 여기고 즉시 옥졸 네 명을 보내 조조를 불러오게 했다. 한참 지나서 보고가 들어왔다.

"조조는 거처로 돌아오지 않고 말을 타고 나는 듯이 동문으로 나갔다고 합니다. 문지기가 물었더니 조조가 말하기를 '승상께서[29] 긴급한 공무가 있어 나를 보내셨다' 하고는 말을 몰아 가버렸답니다."

이유가 말했다.

"조조 이 도적놈이 켕기는 것이 있어 도망친 것 같습니다. 의심할 여지 없이 암살 미수가 분명합니다."

동탁이 크게 노하여 말했다.

"내가 이놈을 중용했는데 도리어 나를 해치려 했구나!"

이유가 말했다.

"이 일은 필시 공모자가 있을 터이니, 조조를 잡으면 바로 알 수 있을 것입니다."

동탁은 즉시 도처에 문서를 하달하고 생김새를 그려 조조를 체포하게 했는데, 사로잡아 바치는 자에게는 상금 천금에 만호후萬戶侯로 봉하겠으나 은닉하는 자는 같은 죄로 다스리겠다고 했다. ❻

한편 조조는 성 밖으로 도망쳐 나와 초군[30]을 향해 나는 듯이 달렸다. 도중에 중모현[31]을 경유했는데 관문을 지키는 군사에게 붙잡혀 현령 앞으로 끌려왔다. 조조가 말했다.

"저는 각지를 돌아다니며 물건을 파는 상인으로 두 글자 성을 가진 황보 皇甫라 합니다."

현령은 조조를 자세히 눈여겨보더니 한참을 망설이다 비로소 말했다.

"내가 이전에 낙양에서 관직을 구할 때 일찍이 네가 조조라는 것을 알았는데 어찌하여 숨기고 감추려 드느냐! 옥에 가두었다가 내일 도성으로 압송하여 상금을 청해야겠다."

현령은 관문을 지키는 군사에게 술과 음식을 하사하고 돌아가게 했다. 한밤중이 되자 현령은 따르는 심복을 불러 은밀하게 조조를 끌어내 후원에 데려오도록 하더니 그를 심문하며 추궁했다.

"내가 듣기로는 승상[32]이 그대를 야박하게 대하지 않는다는데 무슨 까닭으로 스스로 화를 자초했는가?"

조조가 말했다.

"제비와 참새 따위가 어찌 큰 기러기와 고니의 뜻을 알겠는가! 그대가 이미 나를 잡았으니 당장 압송하여 상이나 청할 것이지 구태여 그리 물을 필요가 있는가!"

현령이 좌우를 물리고 조조에게 일렀다.

"나를 얕보지 마라. 나는 속리俗吏(재능과 지혜가 평범한 관리)가 아니다. 아직 참다운 주인을 만나지 못했을 따름이다."

조조가 말했다.

"나의 조상들께서 대대로 한나라 녹을 먹었는데 나라에 보답할 생각을 하지 않는다면 금수와 무엇이 다르겠는가? 내가 몸을 굽혀 동탁을 섬긴 것은 기회를 틈타 해로운 것을 제거하고자 했을 따름이다. 이제 일이 틀어졌으니 이것도 하늘의 뜻이로다!"

현령이 말했다.

"맹덕은 이번에 어디로 갈 생각이었는가?"

조조가 말했다.

"고향으로 돌아가 거짓 조서를 내어 천하 제후들을 불러 모으고 군사를 일으켜 함께 동탁을 죽이는 것이 나의 염원이다."

현령이 그 말을 듣더니 바로 결박을 손수 풀고 조조를 부축해 윗자리에 앉히고는 두 번 절하며 말했다.

"공이야말로 충성스럽고 의로운 선비시오!"

조조 역시 절하며 현령의 성명을 물었다.

"내 성은 진陳이고 이름은 궁宮이며 자는 공대公臺라 하오. 노모와 처자는 모두 동군33에 있소. 공의 충의에 감격했으니 원컨대 관직을 버리고 공을 따라 도망가겠소."

조조가 매우 기뻐했다. 이날 밤 진궁은 노자를 준비하고 조조에게 옷을 갈아입힌 후 각자 검 한 자루씩을 등에 메고는 말에 올라 고향을 향해 떠났다.❼

길을 떠난 지 사흘째 되는 날 성고34 지방에 이르렀을 때 어느덧 날이 저물어가고 있었다. 조조가 채찍으로 숲이 우거진 곳을 가리키며 진궁에게 말했다.

"여기에 성이 여呂이고 존함이 백사伯奢란 분이 계신데 나의 부친과 의형제를 맺은 분이오. 가서 집안 소식도 물어보고 하룻밤 묵는 것이 어떻겠소?"

"좋지요."

두 사람이 장원 앞에 이르러 말에서 내려 들어가 여백사를 만났다. 여백사가 말했다.

"내가 듣기로는 조정에서 각지로 공문을 보내 자네를 다급히 잡으려 한다고 해서 자네 부친은 이미 진류[35]로 피하셨네. 그런데 자네는 어떻게 여기까지 왔는가?"

조조가 있었던 일들을 이야기한 다음 말했다.

"여기 진궁 현령이 아니었다면 벌써 몸이 가루가 되고 뼈가 부서졌을 겁니다."

여백사가 진궁에게 절하며 말했다.

"조카야, 사군[36]이 아니었다면 너희 조씨 일가가 몰살했겠구나. 사군께서는 마음 편히 앉아 계시고 오늘 밤은 누추하지만 저의 집에서 묵으시지요."

말을 끝내고는 바로 몸을 일으켜 안으로 들어갔다. 한참 만에 다시 나와서는 진궁에게 말했다.

"늙은이 집에 좋은 술이 없으니 서쪽 마을에 가서 술 한 준[37] 사와서 대접하리다."

말을 마치고는 급히 나귀를 타고 나갔다. 조조와 진궁이 한참 앉아 있는데 갑자기 장원 뒤쪽에서 칼 가는 소리가 들렸다. 조조가 말했다.

"여백사는 나의 육친이 아니니 아무래도 밖으로 나간 게 의심스럽소. 몰래 엿들어야겠소."

두 사람이 몰래 발걸음을 옮겨 초당 뒤로 들어가자 사람들이 얘기하는 소리가 들렸다.

"묶어놓고 죽이는 게 어떠냐?"

조조가 말했다.

"내가 맞구나! 지금 먼저 손을 쓰지 않으면 반드시 잡힐 것이오."

즉시 진궁과 함께 검을 뽑고 달려들어 남녀를 가리지 않고 모두 죽이니 연거푸 그 집 식구 여덟 명을 죽였다. 여기저기 뒤지다가 부엌에 들어가니 잡으려고 묶어놓은 돼지 한 마리가 보였다. 진궁이 말했다.

"맹덕이 의심이 많아 착한 사람들을 잘못 죽였구려!"

급히 장원을 나와 말에 올랐다. 미처 2리도 못 가서 여백사가 당나귀 안장 앞쪽 턱에 술 두 병을 걸고 손에는 과일과 채소를 가지고 오는 게 보였다. 여백사가 소리 질렀다.

"조카와 사군께서는 왜 바로 떠나시오?"

조조가 말했다.

"죄지은 사람이라 감히 오래 머물 수 없습니다."

"내가 이미 식구에게 돼지 한 마리 잡아 대접하라고 분부했네. 조카하고 사군께서는 어찌하여 하룻밤 묵는 것도 싫어하시는가? 어서 말을 돌려 돌아가세."

조조는 뒤도 돌아보지 않고 말에 채찍질하며 지나갔다. 몇 걸음도 가지 않아 갑자기 검을 뽑아 돌아오며 여백사에게 소리 질렀다.

"저기 오는 사람은 누굽니까?"

여백사가 고개를 돌려보는 순간 조조가 검을 휘둘러 여백사를 찍고는 당나귀 아래로 떨어뜨렸다. **❽**

진궁이 깜짝 놀라 말했다.

"방금 전에는 실수라 하더라도 지금은 무슨 짓을 하는 것이오?"

"여백사가 집에 돌아가면 많은 사람이 죽은 것을 보고 어찌 가만히 있겠소? 만일 사람들을 거느리고 쫓아오기라도 한다면 나는 반드시 화를 당할 것이오."

"알면서 죽이는 것은 커다란 불의요!"

조조가 말했다.

"차라리 내가 천하를 저버릴지언정 천하가 나를 버리게 할 수는 없소寧教
我負天下人, 休教天下人負我."

진궁은 묵묵히 말이 없었다.

그날 밤 몇 리를 가다가 달빛이 환한 가운데 객점 문을 두드려 열게 하고 투
숙했다. 말을 배불리 먹이고 조조가 먼저 잠들었다. 진궁은 곰곰이 생각했다.

'나는 조조가 좋은 사람인 줄 알고 관직까지 버리고 그를 따라왔는데, 원
래는 이리의 심보를 가진 놈이었구나! 지금 살려두었다가는 반드시 후환거
리가 되겠구나.'

바로 검을 뽑아 조조를 죽이려 했다.

마음 씀씀이가 흉악하고 악독하여 현자는 아니고
조조나 동탁이나 원래 같은 부류의 인간이었구나
設心狠毒非良士, 操卓原來一路人

조조의 목숨은 어떻게 될까?

제4회 조조의 동탁 암살 계획과 여백사

❶

원소가 동탁에게 대들었을까?

폐립을 추진하는 동탁에게 원소가 항의하며 대드는 소설 속 장면을 역사는 다르게 기록하고 있다. 『삼국지』 「위서·원소전」 배송지 주 『헌제춘추』와 『후한서』 「원소전」 『자치통감』 권59 「한기 51」의 기록은 대체적으로 소설의 내용과 비슷하다. 원소가 동탁에게 항의하자 동탁이 말했다. "'이런 새파란 놈이! 천하의 대사가 어찌 내가 결정하는 대로 되지 않겠느냐? 내가 지금 그렇게 하겠다는데 누가 감히 따르지 않느냐? 너는 이 동탁의 칼이 무디다고 여기는 것이냐!' 원소도 말했다. '천하의 세력이 강대하거늘 어찌 당신 동공만 있다고 하겠소?' 이에 패도를 비껴들고 인사만 하고 나갔다."

그렇지만 『삼국지』 「위서·원소전」의 본문은 위의 내용과는 다르다.

"동탁은 원소를 불러 소제를 폐하고 진류왕을 천자로 세우는 일을 상의했다. 당시 원소의 숙부 원외가 태부를 담당했으므로, 원소는 거짓으로 동탁의 말에 동의하는 척했다. '이 문제는 큰일이니 돌아가서 응당 태부와 상의해야 합니다.' 동탁은 말했다. '유씨의 후대를 다시는 남겨둘 수 없소.' 원소는 대답하지 않은 채 칼을 옆으로 비껴들고는 길게 읍하고 돌아갔다. 원소는 나간 후에 곧바로 기주로 도망쳤다."

두 사람의 대화는 소설의 내용처럼 술자리에서 벌어진 일이 결코 아니다. 동탁은 폐립의 일로 원소와 상의한 것이었다. 배송지의 평가처럼, 두 사람이 검까지 뽑아 들고 서로 욕설을 내뱉고 원소가 대들기까지 한 것은 아닌 듯하다. 동탁은 원소를 상의할 만한 사람이라 여겼기에 폐립의 일을 의논한 것이다. 만약 소설의 내용처럼 검을 뽑아 들고 대들었다면 과연 동탁이 가만 내버려뒀겠는가? 원소가 대들었다고는 믿기 어렵지만 동탁의 일을 반대한 것은 사실이고 기주로 도망친 것도 사실이다.

❷

정관이 정말 대장부였을까?

『삼국지』「위서·동탁전」 배송지 주 『헌제기거주獻帝起居注』에 다음과 같은 기록이 있다.

"상서가 책문 읽기를 마쳤는데도 군신들이 아무 말도 없자 상서 정궁丁宮이 말했다. '하늘이 한실에 화를 입히니 재난이 더욱 커지고 많아졌소. 옛날에 제중祭仲(춘추시대 정鄭나라 대부)이 홀忽(정나라 소공昭公)을 폐하고 돌突(정나라 여공厲公)을 세우니 『춘추』에서 그 임기응변이 크다고 했소. 지금 대신들은 사직을 헤아려 계획해야 하고 진실로 하늘과 사람에 부합하니 만세 부르기를 청하리다.'"

정궁은 동탁의 행동에 반대하기는커녕 오히려 앞장서 찬성한 사람이었다. 소설에서는 정궁이 아닌 '정관丁管'이란 이름으로 등장하는데 극적인 소설 전개를 위해 가상의 인물을 등장시킨 것으로 판단되지만 만일 '정궁'을 '정관'으로 실수해 표기한 것이라면 실제 역사와는 거리가 멀 뿐만 아니라 터무니없는 것이다.

❸

『후한서』「채옹전」에 다음과 같이 기록하고 있다.

"중평 6년(189), 영제가 붕어하자 동탁은 사공司空이 되었는데 채옹의 명성이 높음을 듣고 즉시 그를 불러들였다. 그러나 채옹이 병을 핑계로 부름에 응하지 않자 동탁은 크게 노하여 욕설을 퍼부었다. '내가 누구든 멸족시킬 수 있는데, 채옹이 오만하다면 멸족의 화가 그리 오래지 않을 것이다.' 또 주군에게 엄하게 명을 내려 채옹을 공부公俯로 오도록 추천했고 채옹은 하는 수 없이 도성으로 와 국자감國子監 좨주祭酒로 잠시 임명되었으며 조정의 존중을 받았다. 또한 채옹은 사흘 안에 삼대三臺(관서의 합칭으로 상서대尙書臺, 어사대御史臺, 알자대謁者臺를 가리킨다)를 역임했다."

❹

동탁은 당비를 죽이지 않았다

실제 역사에서는 소제와 하태후, 당비의 사망 시점이 서로 다르다.

『후한서』 「효헌제기」와 『자치통감』 권59 「한기 51」의 기록에 따르면 중평 6년(189) 9월 병자丙子일에 동탁이 하태후를 짐주로 독살했고, 그 이듬해인 초평 원년(190) 정월 계유癸酉일(정월에 계유일은 없었고 2월 3일이다)에 이유를 시켜 소제인 홍농왕 유변도 역시 짐주로 독살해 죽였다고 기록하고 있다. 또한 당비는 『후한서』 「하황후기何皇后紀」에 "동탁의 부하 장수 이각李催은 장안을 격파한 후 군대를 파견해 관동 각 지역을 약탈하고 미녀들을 강탈했는데 당희唐姬(당비)도 잡혔다. 그녀를 본 이각은 자신의 처로 삼고자 했다. 당희는 따르지 않았고 끝내 자신이 소제 유변의 왕비임을 말하지 않았다. 상서 가후賈詡가 그 사실을 알고 상황을 헌제 유협에게 보고했다. 보고를 들은 헌제는 비탄해하며 이에 조서를 내려 당희를 영접하고 그녀를 궁 밖 비빈들이 거주하는 궁원에서 지내게 했다. 그 후 시중을 통해 부절符節을 보내어 당희를 홍농왕비弘農王妃로 봉했다"고 기록되어 있어 동탁에 의해 죽은 것이 아니다. 또한 소설에서는 하태후를 이유가 누각 아래로 던져 죽였다고 했는데, 역사에서는 짐주로 독살한 것으로 기록하고 있다.

이유는 누구인가?

소설에서는 이유를 동탁의 사위이며 핵심 측근이자 모사로 소개하고 있지만 이유가 동탁의 사위였다는 기록은 없다. 『후한서』 「하황후기」와 『자치통감』 권59 「한기 51」에 따르면 동탁이 낭중령郞中令 이유를 보내 홍농왕 유변을 독살했다는 기록이 있다. 낭중은 본래 관직 명칭으로 시종관侍從官의 통칭이었다. 전국 시대 때 시작되었고 진, 한 시기에도 설치되었다. 궁궐 문, 전차와 전마 등의 일을 관장했으며 안으로는 호위를 담당했고 밖으로는 작전에 종사했다. 장관은 낭중령이었다.

❺

오부伍孚의 죽음

『후한서』「동탁전」에는 오부의 죽음이 소설과는 조금 다르게 기록되어 있다.

"월기교위 여남汝南 사람 오부는 동탁의 흉악함과 악독함에 분노하고 원망하여 손수 그를 죽이려고 뜻을 세우고는 조복朝服 속에 패도를 품고 동탁을 만나러 갔다. 오부는 말을 마치고 작별을 고한 뒤 떠났고 동탁은 일어나 오부를 작은 문까지 전송하고 손으로 오부의 등을 어루만졌다. 이때 오부는 칼을 뽑아 동탁을 찔렀지만 정통으로 찌르지 못했다. 동탁은 있는 힘을 다해 벗어났고 급히 좌우 사람들을 불러 오부를 잡아 죽이게 하고는 욕설을 퍼부었다. '역적 놈이, 모반하려 하느냐?' 오부가 큰 소리로 '너 같은 간신을 저잣거리에서 거열하여 천지에 보답하지 못하는 것이 한스럽도다!'라고 말했다. 말을 마치기도 전에 죽임을 당했다."

오부와 오경伍瓊은 같은 사람인가?

오부와 오경이 같은 사람인지에 대한 역사 기록에는 차이가 있다.

『삼국지』「위서·순유전荀攸傳」에는 순유가 월기교위 오경 등과 함께 동탁을 살해하려다 발각되었다는 기록이 있고, 『삼국지』「위서·동탁전」 배송지 주 사승謝承의 『후한서』에는 월기교위 오부가 동탁을 암살하려다 실패한 것으로 기록하고 있다. 「순유전」의 오경과 사승의 『후한서』의 오부는 이름은 다른데 '월기교위'라는 같은 직책으로 기록되어 있다.

그러나 『삼국지』「위서·동탁전」에는 "성문교위 오경 등이 서로 내통하여 자기를 팔아먹는다고 생각하여 그들을 모조리 참수했다"는 기록이 있다.

위 기록들에 따르면 오경과 오부의 관직명, 죽은 시기(장안 천도 전과 후)와 죽게 된 이유가 서로 달라 배송지는 오부와 오경이 같은 사람인지 상세하지 않다고 평가했다. 그렇지만 『후한서』 「동탁전」에서는 오경과 오부를 서로 다른 사람으로 기록하고 있다.

『후한서』 「동탁전」에 따라 다시 정리하면 「순유전」의 오경과 사승의 『후한서』 오부는 월기교위 직책을 가진 사람으로 동탁의 장안 천도 이후에 죽임을 당했고, 『삼국지』 「동탁전」의 오경은 장안 천도 이전에 죽임을 당한 사람이다.

❻

과연 조조가 동탁을 암살하려 했을까?

『삼국지』 「위서·무제기」에 따르면 "동탁은 표문을 올려 태조(조조)를 효기교위驍騎校尉로 천거하고 함께 큰일을 계획하고자 했다. 그러나 태조는 바로 성과 이름을 바꾸고 오솔길로 몰래 동쪽 고향으로 돌아갔다"고 기록하고 있다. 배송지 주 『위서』에는 "태조는 동탁이 끝내 실패하여 패망할 것이라 여기고 마침내 관직을 받지 않고 도망쳐 고향으로 돌아갔다"고 했고, 『세어世語』에는 "태조가 스스로 동탁의 명을 어겼으므로"라고 기록하고 있다.

또한 「위서·무제기」 본문에 따르면 "동탁이 결국 하태후와 홍농왕을 살해했다. 태조는 진류군陳留郡에 도착하여 가산을 처분하고 의병을 모아 동탁을 죽일 준비를 했다"고 기록하고 있다.

왕윤이 동탁의 암살을 위해 동탁과 관계가 비교적 무난했던 조조를 참여시킨 것은 허구라 할 수 있으며 조조는 동탁을 토벌할 계획은 세웠지만 암살 시도는 없었던 것으로 정사에 기록되어 있다.

❼

진궁은 조조를 구하지 않았다

『삼국지』 「위서·무제기」와 『자치통감』 권59 「한기 51」에 "태조는 바로 성과 이름을 바꾸고 오솔길로 몰래 동쪽 고향으로 돌아갔다. 관關(선문관旋門關, 허난성 싱양滎

陽 서북쪽)을 나와 중모中牟를 지나가다 정장亭長의 의심을 받아 현으로 잡혀갔으나 현 성 안에 있던 어떤 사람이 알아보고 남몰래 부탁하여 풀려나게 되었다"라고 기록하고 있다. 그러나 배송지 주『세어』에서는 "중모현에서는 도망자로 의심되어 현에 구금됐다. 이때 연掾(중모현의 속리) 또한 동탁의 공문을 받은 상태였다. 오직 공조功曹(현령의 속관)만이 태조임을 알아보았고 세상이 어려운지라 천하의 준걸을 구금해서는 안 된다고 여겨 대가 없이 석방했다"고 다르게 기록하고 있다.

이때는 중평 6년(189)으로, 이 기록에 따르면 진궁이 조조를 구했다는 내용은 없으며 진궁이 정장이나 중모현 현령을 지냈었다는 기록도 없다. 진궁이 처음 등장한 것은 연주兗州목 유대劉岱가 황건적에게 죽임을 당한 후 조조를 추대하여 연주목을 맡도록 했을 때인데 이는 초평 3년(192)의 일이다. 결국 조조와 진궁은 소설과는 다르게 조조가 도망간 지 3년이 지난 이후에나 서로 알게 된다고 할 수 있다. 그런데 『삼국지』「위서·여포전」 배송지 주 어씨魚氏『전략典略』에는 "진궁의 자는 공대로 동군 사람이다. 강직하고 장렬했으며 젊어서 해내의 저명한 인사와 모두 친분이 있었다. 천하가 어지러워지자 태조(조조)를 수행하기 시작했으나 후에 스스로 의심이 들어 여포를 따랐다. 여포를 위해 계책을 세웠으나 여포가 매번 그의 계책을 받아들이지 않았다"고 기록하고 있다.

진, 한 시기에는 향촌에서 10리마다 정亭을 설치하고 정장을 두었다. 치안을 관장하고 도적을 잡고 민사를 처리했으며 머무는 여행객들의 관리도 겸했다. 대부분은 병역 복무를 마친 인원이 담당했다.

❽

조조는 여백사를 죽이지 않았다

『삼국지』「위서·무제기」 배송지 주에 따르면 다음과 같은 기록이 있다.

『위서』에 "태조는 동탁이 끝내 실패하여 패망할 것이라 여기고 관직을 받지 않고 도망쳐 고향으로 돌아갔다. 따르던 몇 명을 데리고 알고 지내던 여백사가 있는 성고成皐를 지나게 되었다. 그때 여백사는 없었고 그의 아들이 손님들과 함께 태조를 위협하여 말과 물건을 빼앗으려 하자 태조가 병기를 잡고 몇 명을 죽였다"고 했고, 『세어』에는 "태조가 여백사에게 들렀다. 여백사는 외출했고 다섯 아들이 모두 있었는데 손님과 주인의 예를 갖췄다. 태조는 스스로 동탁의 명령을 어겼기에 그들이 자신을 해칠 것을 의심하여 검을 들고서 밤에 여덟 명을 죽이고 떠났다"고 기록했다. 또한 손성孫盛의 『잡기雜記』에는 "태조는 식기 소리를 듣고 자신을 해치려는 것으로 생각해 밤에 그들을 죽였다. 이미 일이 벌어졌기에 비통해하며 '차라리 내가 남을 저버릴 지언정, 남이 나를 저버리게 하지는 않으리라!'라고 말하고 떠났다"고 기록하고 있다.

비록 차이는 있지만 『세어』와 『잡기』의 기록은 신빙성이 있다. 내용은 다르지만 조조 자신이 스스로 의심하여 그들이 방비하지 않은 틈을 이용해 죽인 것이 맞지 않을까 여겨진다. 중요한 것은 조조가 여백사를 죽이지 않았다는 사실이다.

여포와 어우러진
세 호걸

거짓 조서를 발포하니 모든 제후가 조공에 호응하고,
관의 군사를 격파하고 세 영웅이 여포와 싸우다

發矯詔諸鎮應曹公,
破關兵三英戰呂布

진궁은 막 조조를 죽이려 하다가 다시 한번 생각했다.

'내가 나라를 위해 여기까지 따라왔는데 그를 죽이는 것은 의롭지 못하다. 내버려두고 다른 곳으로 가는 것이 좋겠다.'

검을 도로 꽂고 말에 올라 날이 밝기도 전에 동군을 향해 떠났다. 조조가 잠에서 깬 후 진궁이 보이지 않자 곰곰이 생각했다.

'이 사람은 내가 말한 두 마디 때문에 내가 어질지 못하다고 의심해 버리고 떠났구나. 나도 속히 떠나야지 오래 머무를 수 없겠구나.'

며칠 밤 계속 달려 진류에 도착한 조조는 부친을 찾아가 지난 일을 상세하게 설명하고, 가산을 털어 의병을 모집할 뜻을 전했다. 그러자 부친이 말했다.

"우리 재산으로 일이 성사되지 못할까 두렵구나. 이곳에 효렴 위홍[1]이란 자가 있는데, 집안도 거부이고 의로운 일을 위해서는 재물을 아끼지 않아 그의 협조만 얻을 수 있다면 일을 도모할 수 있을 것이다."[1]

조조는 술자리를 마련해놓고 위홍을 집으로 초청해 고했다.

"지금 한실에는 주인이 없고 동탁이 권력을 독점해 군주를 속이고 백성을 해치니 천하가 모두 이를 갈고 있습니다. 이 조는 힘껏 사직을 지탱하고자 하나 힘이 부족한 것이 원통할 따름입니다. 공께서는 충성과 의리가 있는 선비이시니 감히 협조를 구하고자 합니다!"

위홍이 말했다.

"저도 그런 마음을 품은 지가 오래되었으나 영웅을 만나지 못한 것이 한스러울 따름이었소. 이미 맹덕께서 큰 뜻을 품었으니 오히려 저의 재산으로 도와주기를 원하는 바요."

조조는 크게 기뻐했다. 이에 먼저 거짓 조서를 만들어 급히 각 방면으로 전한 다음 의병을 모집했는데 '충의'라는 두 글자가 적힌 백기를 세웠다. 여러 날이 못 되어 응모하는 군사가 소나기처럼 몰려들었다.❷

하루는 양평 위국² 출신으로 성이 악樂이고 이름이 진進이며 자가 문겸文謙이라는 사람이 조조를 찾아왔다. 산양 거록巨鹿³ 사람 한 명이 더 왔는데 성이 이李, 이름이 전典이며 자가 만성曼成이었다. 조조가 모두 장전리⁴로 삼아 머물게 했다. 또 패국 초 사람인 하후돈夏侯惇이 있었는데 자가 원양元讓으로 하후영⁵의 후손이었다. 어려서부터 창봉을 익혔고 14세 때 스승으로부터 무예를 배웠는데 어떤 사람이 스승에게 욕설을 퍼붓자 하후돈이 그를 죽이고 다른 지방으로 달아났다가, 조조가 군사를 일으켰다는 소식을 듣고 족제⁶인 하후연夏侯淵과 함께 각자 장병 1000명을 거느리고 왔다. 이 두 사람은 본래 조조의 형제뻘로, 조조의 부친 조숭이 하후씨의 자식으로 조씨 집안의 양자로 들어갔기에 이들은 동족이었다. 며칠이 지나지 않아 조씨 형제인 조인曹仁, 조홍曹洪이 각기 병사 1000여 명을 이끌고 도우러 왔다. 조인은 자가 자효子孝, 조홍은 자가 자렴子廉으로 두 사람 모두 활 쏘고 말 타는 것에 능숙했고 무예에 정통했다. 조조는 크게 기뻐하며 마을에서 군마를 조련했다. 위홍이 가산을 모두 털어 갑옷과 깃발을 사들였다. 사방에서 양식을 보내는 사람도 그 수를 헤아릴 수 없었다.

이때 원소는 조조가 보낸 황제의 거짓 조서를 받고는 이에 휘하 문무관원과 군사 3만 명을 거느리고 발해를 떠나 조조와 동맹을 맺으러 왔다. 조조는 격문을 지어 모든 군에 전달했다. 격문은 다음과 같다.

"이 조 등은 삼가 대의로써 천하에 포고하노라. 동탁이 하늘을 속이고 땅을 기만하여 나라를 망치고 황제를 시해했으며, 궁궐을 난잡하게 만들고 백성을 다치게 했도다. 탐욕스럽고 잔혹하여 어질지 못하니 그 죄악이 가득 쌓였노라! 이제 천자의 비밀 조서를 받들어 의병을 크게 모집하고 화하[7]를 깨끗이 청소하여 흉악한 역적들을 도륙하고자 하노라. 의로운 군대를 일으켜 함께 공분을 풀고 황실을 보살피며 백성을 구제하길 바라노라. 격문이 이르는 날 즉시 명령을 받들어 거병을 실행하라!"❸

조조의 격문이 발송된 후 각 진鎭의 제후가 모두 군사를 일으켜 호응했다.

제1진 후장군,[8] 남양태수 원술袁術
제2진 기주자사 한복[9]
제3진 예주[10] 자사 공주孔伷
제4진 연주[11] 자사 유대
제5진 하내군[12] 태수 왕광王匡
제6진 진류陳留 태수 장막張邈
제7진 동군태수 교모喬瑁
제8진 산양山陽 태수 원유袁遺

제9진 제북상[13] 포신鮑信

제10진 북해[14]태수[15] 공융孔融

제11진 광릉[16]태수 장초張超

제12진 서주[17]자사 도겸陶謙

제13진 서량태수[18] 마등馬騰

제14진 북평北平태수 공손찬[19]

제15진 상당[20]태수 장양

제16진 오정후烏程侯, 장사태수 손견

제17진 기향후,[21] 발해태수 원소❹

여러 갈래로 나뉜 군마 수가 일정하지 않아 3만 명을 이끄는 사람도 있었고, 1~2만 명인 사람도 있었는데 각자 문관과 무장을 거느리고 낙양으로 향했다.

한편 북평태수 공손찬은 정예병 1만5000명을 통솔해 덕주 평원현[22]을 지나는 길이었다. 한창 행군하는데 멀리 뽕나무 숲속에서 여러 명의 말 탄 사람이 황색 깃발을 흔들면서 맞이하러 오는 게 보였다. 공손찬이 보니 다름 아닌 현덕이었다. 그가 물었다.

"아우님은 무슨 까닭으로 여기에 있는가?"

현덕이 말했다.

"지난날 형님께서 저를 보증해주신 덕분에 평원현령이 되었는데, 지금 형님의 대군이 이곳을 지나간다는 소리를 듣고 특별히 와서 기다리고 있었으니, 청컨대 형님께서는 성에 들어가 쉬었다 가시지요."

공손찬이 관우와 장비를 가리키며 물었다.

"이 사람들은 누군가?"

"관우, 장비로 저의 결의형제입니다."

"바로 자네와 함께 황건을 격파한 사람들인가?"

"모두 이 두 사람의 힘이었지요."

"지금 무슨 직책을 맡고 있는가?"

현덕이 대답했다.

"관우는 마궁수馬弓手, 장비는 보궁수步弓手를 맡고 있습니다."

공손찬이 탄식하며 말했다.

"어찌 영웅들을 이렇게 둔단 말인가! 지금 동탁이 난을 일으켜 천하의 제후들이 함께 죽이러 가고 있네. 아우님도 비천한 벼슬을 버리고 함께 역적을 토벌하여 힘껏 한실을 받드는 것이 어떻겠나?"

현덕이 말했다.

"함께 가기를 바라는 바입니다."

장비가 말했다.

"그때 내가 그 역적을 죽이려는 것을 말리지 않았으면 오늘 같은 일은 없었을 것이오."

운장이 말했다.

"일이 이미 이렇게 되었으니 즉시 떠날 준비나 하세."

현덕, 관우, 장비는 군사를 이끌고 공손찬을 따라갔고 조조가 맞이했다.

제후들도 잇따라 도착하여 각자 군영을 세우고 주둔했는데 길이가 200여 리나 이어졌다. 조조는 소와 말을 잡고 제후들을 모이게 하여 출병할 계책을 상의했다. 태수 왕광이 말했다.

"지금 대의를 받들었으니 반드시 맹주를 세우고, 그의 명령을 따르기로 약속한 후에 출병해야 하오."

조조가 말했다.

"원본초袁本初(원소의 자)는 본래 4대째 삼공의 지위를 역임한 집안에다 문하에 관직을 맡았던 사람도 많고 한나라의 유명한 재상의 후예이니 맹주가 될 만하오."

원소가 거듭 사양했으나 모두가 말했다.

"본초가 아니면 불가하오."

원소가 비로소 승낙했다. 이튿날 3층으로 대를 쌓고 오방에 깃발[23]을 늘어놓았다. 그 위에 백모[24]와 황월[25]을 세우고 병부[26]와 장수의 인장을 놓은 다음 원소에게 제단에 오르기를 청했다. 원소는 의복과 패검을 단정히 정리하고 감개하며 오른 후 향을 피우고 두 번 절했다. 맹세는 다음과 같다.

"불행하게도 한실의 황강[27]이 무너졌습니다. 역적 동탁이 그 틈을 이용해 해를 끼치니 지존이신 황제께 화를 입히고 백성을 재난에 빠뜨렸습니다. 이 소 등은 사직이 무너질 것을 두려워하여 의병을 규합했고 아울러 국란에 온몸을 던졌습니다. 무릇 우리 동맹은 한마음 한뜻으로 힘을 합쳐 신하의 절개를 다하고자 함이지 결단코 다른 마음은 없습니다. 이 맹세를 저버리는 자가 있다면 그목숨을 가져가시고 그 후대도 남겨두지 말아주십시오. 황천 후토와 조종과 명령明靈(영명한 신령)께서는 진실로 굽어살펴주십시오!" ❺

원소는 읽기를 마치고 삽혈[28]했다. 그 언사가 강개하여 모두 눈물 콧물이 얼굴 가득히 흘러내렸다. 삽혈을 마치고 제단에서 내려오자 사람들이 그를 부축해 군막으로 모셔 윗자리에 앉히고 작위와 나이에 따라 두 줄로 배열하고 앉았다. 술이 몇 순배 돌자 조조가 말했다.

"오늘 이미 맹주를 세웠으므로 각자 지시 사항을 듣고 함께 나라를 지탱해야 하니 강하고 약함을 따지지 말아야 하오."

원소가 말했다.

"제가 비록 재주는 없으나 공들의 추천을 받아 맹주가 되었으니 공이 있으면 반드시 상을 줄 것이고 죄가 있으면 반드시 벌이 있을 것이오. 나라에는 일정한 형법이 있고 군에는 기율이 있으니 각자 준수하고 위반하는 일이 없도록 합시다."

모두 일제히 말했다.

"오직 명령만 따르겠습니다."

원소가 말했다.

"내 아우 원술에게 군량과 마초를 관리하도록 할 테니 모든 군영 요구에 맞게 대응해야 하고 부족함이 없어야 할 것이오. 또 한 사람을 선봉으로 삼아 곧장 사수관[29]으로 가서 싸움을 걸어야 하오. 나머지 제후께서는 각자 험준한 곳을 거점으로 삼아 지원하고 호응해야 할 것이오."

장사태수 손견이 앞으로 나오며 말했다.

"제가 원컨대 선봉을 맡고자 합니다."

원소가 말했다.

"문대文臺(손견의 자)는 용감하고 기개가 있으니 선봉을 담당할 만하오."

손견이 즉시 본부의 인마를 거느리고 사수관으로 쳐들어갔다. 관문을 지키는 병사는 낙양 승상부[30]로 유성마流星馬(고대의 통신병)를 보내 위급함을 알렸다.

이때 동탁은 권력을 독차지한 후에 매일 술잔치를 벌이고 있었다. 이유가 위급을 알리는 문서를 받자마자 곧장 동탁에게 보고했다. 깜짝 놀란 동탁이 급히 장수들을 모아 상의하는데 온후[31] 여포가 앞장서며 말했다.

"아버님께서는 염려하지 마십시오. 관 밖의 제후들은 저에게 지푸라기로 보일 뿐이니, 원컨대 범과 이리 같은 군사들을 인솔하여 그 머리들을 모조리 베어다가 도성 문에 걸어놓겠습니다."

동탁이 크게 기뻐하며 말했다.

"내게 봉선奉先(여포의 자)이 있어 베개를 높이 베고 걱정 없이 잘 수 있겠구나!"

말이 끝나기도 전에 여포 뒤에서 한 사람이 나와 큰 소리로 외쳤다.

"닭을 잡는데 어찌 소 잡는 칼을 쓰십니까? 온후께서 수고롭게 직접 가실 일이 아닙니다. 제가 제후들의 수급을 베는 것은 식은 죽 먹기일 따름입니다!"

동탁이 보니 그 사람은 키가 9척이고 호랑이 같은 체구에 이리 같은 허리와 표범 머리에 원숭이같이 긴 팔을 가졌다. 관서[32] 출신으로 성이 화華, 이름이 웅雄이었다.[33] 동탁이 듣고서 크게 기뻐하며 효기교위를 더해주고 마보군 5만 명을 선발해 이숙李肅, 호진胡軫, 조잠趙岑과 함께 밤새 사수관으로 달려가 적과 맞서게 했다.

여러 제후 중에 제북상인 포신은 손견이 이미 선봉이 된 것을 곰곰이 생각하더니 그에게 첫 공로를 빼앗길까 두려워 은밀히 동생인 포충鮑忠에게 우선 마보군 3000명을 선발해 오솔길을 가로질러 곧바로 사수관 아래로 가서 싸움을 걸게 했다. 화웅이 철기 500명을 거느리고 나는 듯이 사수관 아래로 달려오며 호통을 쳤다.

"적장은 달아나지 마라!"

포충이 황급히 물러나려 했으나 화웅의 손이 올라가자마자 칼에 맞아 말 아래로 떨어졌고 많은 장교가 사로잡혔다. 화웅이 사람을 보내 포충의 수급을 승상부에 바치고 승전보를 알리자 동탁은 화웅을 도독[34]으로 승진시켰다.

한편 손견은 네 명의 장수를 거느리고 곧바로 사수관 앞에 이르렀다. 첫 번째 장수는 우북평 토은[35] 사람으로 성이 정程이고 이름이 보普, 자가 덕모德謀이며 철척사모[36]를 사용했다. 두 번째 장수는 성이 황黃이고 이름이 개蓋, 자가 공복公覆이며 영릉[37] 사람으로 철편鐵鞭을 썼다. 세 번째 장수는 성이 한韓이고 이름이 당當, 자가 의공義公이며 요서 영지[38] 사람으로 대도를 사용했다. 마지막 장수는 성이 조祖이고 이름이 무茂, 자가 대영大榮이며 오군 부춘 사람으로 쌍도를 사용했다. 손견은 은처럼 눈부신 갑옷을 입고 붉은 두건을 썼으며 고정도古錠刀를 비껴 차고 화종마花鬃馬를 탄 채 사수관 위를 가리키며 욕설을 퍼부었다.

"악행을 돕는 필부는 어찌 일찌감치 항복하지 않느냐!"

화웅의 부장 호진이 병사 5000명을 거느리고 사수관을 나와 맞섰다. 정보가 나는 듯이 말을 몰고 나와 창을 잡고는 곧장 호진에게 달려들었다. 몇 합을 싸우지도 못하고 호진은 정보의 창에 목구멍 한가운데를 찔려 말 아래로 떨어져 죽었다. 손견이 군사들을 휘몰아 곧바로 사수관 앞까지 밀고 들어갔으나 관 위에서 화살과 돌이 비 오듯 쏟아졌다. 손견은 군사를 이끌어 양동[39]으로 돌아가 주둔하고 원소가 있는 곳으로 사람을 보내 승전보를 알리는 한편 원술에게는 군량을 재촉했다. 그때 누군가가 원술에게 말했다.

"손견은 강동[40]의 맹호입니다. 낙양을 격파하고 동탁을 죽이는 것은 이리를 없앴더니 호랑이를 얻게 되는 격입니다. 지금 군량을 보내지 않으면 군사들은 반드시 흩어질 것입니다."

그 말을 들은 원술은 군량과 마초를 보내지 않았다. 손견의 군사는 양식이 떨어지자 혼란스러워졌다. 이를 본 정탐꾼이 사수관으로 올라가 이 사실을 보고했다. 이숙이 화웅에게 계책을 말했다.

"오늘 밤 내가 한 부대를 이끌고 오솔길로 사수관을 내려가 손견의 군영 뒤쪽을 기습할 테니 장군이 앞쪽 군영을 공격하면 손견을 사로잡을 수 있을 것이오."

화웅은 그 계책을 따르기로 하고 명을 전하여 군사들을 배불리 먹인 다음 밤을 타 사수관을 내려갔다. 이날 밤은 달빛이 희고 바람도 선선했다. 손견의 군영에 이르렀을 때는 이미 한밤중으로 화웅의 군사는 북을 치고 함성을 지르며 곧바로 진격했다. 손견이 황급히 갑옷을 걸치고 말에 올랐는데 마침 화웅과 마주쳤다. 두 말이 서로 어우러져 몇 합 못 싸웠는데 뒤쪽으로 이숙의 군대가 치고 들어오면서 불을 지르는 바람에 머리부터 꼬리까지 맹렬한 불길이 치솟았다. 손견의 군사들은 어지럽게 뛰어다니며 달아났다. 장수들은 제각기 혼전을 벌였고 조무祖茂만이 손견을 따라 대열을 진정시키며 포위망을 뚫고 달아났다. 화웅이 그 뒤를 추격해오자 손견이 화살을 뽑아 연달아 두 대를 쏘았으나 모두 화웅을 빗나갔다. 다시 세 번째 화살을 쏘았지만 힘을 너무 준 나머지 작화궁鵲畫弓(까치 형상으로 장식한 활)이 부러지고 말았고, 하는 수 없이 활을 버리고 말고삐를 놓은 채 달아났다. 조무가 말했다.

"주공의 머리에 쓰신 붉은 두건이 눈에 띄어 적들이 알아보니 두건을 벗어 주시면 제가 쓰겠습니다."

손견이 바로 두건을 벗어 조무의 투구와 바꾸고 두 길로 나누어 달아났다. 화웅의 군사들이 붉은 두건만 바라보며 뒤를 쫓으니 손견은 비로소 오솔길로 빠져 벗어날 수 있었다. 조무는 화웅의 군사들에게 다급하게 쫓기자 붉은 두건을 다 타지 않은 민가의 정원 기둥에 걸고 숲으로 숨어들었다. 화웅의 군사들이 달빛 아래에서 멀리 붉은 두건을 보고 사면으로 포위했으나 감히 앞으로 접근하지 못했다. 화살을 쏜 다음에야 비로소 계책인 것을 알고 다가가 붉은 두건을 걷었다. 이때 조무가 수풀 뒤에서 뛰쳐나와 쌍칼을 휘두르며 화웅을 찌르려 하자 화웅이 크게 고함치며 조무를 한칼에 베어 말 아래로 떨어뜨렸다. 날이 밝을 때까지 싸우고 죽인 후에야 화웅은 군사를 이끌고 사수관으로 올라갔다.❻

정보, 황개, 한당이 모두 손견을 찾아왔고 다시 군마를 수습해 주둔했다. 손견은 조무가 죽은 것을 알고 슬픔을 감추지 못하다가 밤사이 사람을 보내 원소에게 보고했다. 원소가 깜짝 놀라며 말했다.

"손문대孫文臺(손견의 자)가 화웅의 손에 패할 줄은 생각도 못했노라!"

즉시 모든 제후를 모아놓고 상의했다. 모두 왔으나 공손찬만 뒤늦게 도착했고 원소가 군막으로 들어오라 청하고 자리를 배치하고 앉았다. 원소가 말했다.

"전날 포신 장군의 아우가 지시에 따르지 않고 독단적으로 출병하여 목숨을 잃고 많은 군사가 꺾였소. 그런데 이번에는 손문대가 또 화웅에게 패하여 우리의 예리한 기세만 손상되고 흔들리게 되었으니 어찌하면 좋겠소?"

제후들이 입을 다물었다. 원소가 눈을 들어 두루 살펴보다가 공손찬 뒤에 세 사람이 서 있는 것을 보았는데, 용모가 예사롭지 않았고 모두 냉소하는 듯했다. 원소가 물었다.

"공손 태수 뒤에 서 있는 사람들은 누구요?"

공손찬이 현덕을 앞으로 불러내 말했다.

"이 사람은 내가 어렸을 때 함께 공부한 형제로 평원령 유비라 하오."

조조가 말했다.

"혹시 황건을 격파한 유현덕이 아니오?"

공손찬이 말했다.

"그렇소."

바로 유현덕에게 인사를 올리라고 시켰다. 공손찬은 현덕의 공로와 아울러 출신에 대해 자세하게 이야기했다. 원소가 말했다.

"한실의 종친이니 자리를 마련하여라."

앉기를 명하자, 유비가 공손하게 사양했다. 원소가 말했다.

"내가 그대의 명성과 작위를 공경해서가 아니라 그대가 한나라 황실의 후손이라 공경할 따름이오."

현덕이 이에 말석에 앉았고 관우, 장비가 뒤에서 두 손을 모으고 서서 모셨다.[41]

그때 갑자기 정탐꾼이 와서 보고했다.

"화웅이 철기를 이끌고 사수관을 내려와 긴 장대에 손태수의 붉은 두건을 매달고 군영 앞으로 와서 크게 욕하며 싸움을 걸고 있습니다."

원소가 말했다.

"누가 감히 나가서 싸우겠소?"

원술 뒤에서 용맹한 장수 유섭兪涉이 나오며 말했다.

"소장이 나가겠습니다."

원소가 기뻐하며 즉시 유섭에게 출전하라 했다. 그러나 곧바로 보고가 들어왔다.

"유섭이 화웅과 싸웠지만 3합도 못 되어 화웅에게 졌습니다."

모두 크게 놀랐다. 태수 한복이 말했다.

"내게 상장上將 반봉潘鳳이 있는데 화웅을 벨 수 있을 것이오."

원소가 급히 출전을 명했다. 반봉이 큰 도끼를 들고 말에 올랐다. 그러나 나간 지 얼마 되지도 않아 보고가 들어왔다.

"반풍도 화웅한테 죽었습니다."

모두 얼굴이 새파랗게 질렸다. 원소가 말했다.

"나의 상장인 안량顔良, 문추文醜가 아직 오지 않은 것이 애석하구나! 한 사람만이라도 여기에 있었으면 어찌 화웅 따위를 두려워하겠느냐!"

말을 마치기도 전에 계단 아래에서 한 사람이 크게 소리치며 나왔다.

"소장이 원컨대 나가서 화웅의 머리를 베어 휘하에 바치겠습니다!"

모든 사람이 보니 그 사람은 키가 9척에 수염은 2척 길이로 붉은 봉황의 눈에 눈썹은 누워 있는 누에와 같고 얼굴은 짙붉은 대추색으로 목소리는 커다란 종소리처럼 우렁찼다. 원소가 누구냐고 묻자 공손찬이 말했다.

"이 사람은 유현덕의 아우 관우올시다."

원소가 현재 어떤 직책을 맡고 있는지 묻자 공손찬이 말했다.

"유현덕을 따르며 마궁수를 맡고 있습니다."

군막 위에 있던 원술이 크게 소리 질렀다.

"너는 우리 제후들한테 대장이 없다고 업신여기는 것이냐? 한낱 궁수 따위가 어찌 감히 그런 말로 어지럽히느냐! 저놈을 두들겨서 끌어내거라!"

조조가 급히 말리며 말했다.

"공로公路(원술의 자)께서는 노여워 마시오. 이 사람이 큰소리치는 것을 봐서는 틀림없이 용맹과 지략이 있는 듯하오. 시험 삼아 출전시켰다가 이기지 못하면 그때 문책해도 늦지 않을 것이오."

원소가 말했다.

"일개 궁수를 출전시키면 틀림없이 화웅에게 웃음거리가 될 것이오."

조조가 말했다.

"이 사람의 기품이 속되지 않으니 화웅이 어찌 그가 궁수임을 알겠소?"

관공이 말했다.

"이기지 못하면 저의 머리를 베십시오."

조조는 따뜻한 술 한 잔을 따라 관공에게 주어 마시고 말에 오르도록 했다. 관공이 말했다.

"술은 잠시 거두시지요. 곧 오겠습니다."

군막을 나와 칼을 들고 몸을 날려 말에 올랐다. 제후들이 관 밖에서 북소리가 요란하게 진동하고 함성이 크게 일어나는 것을 들었는데 마치 하늘이 무너지고 땅이 꺼지며 산이 뒤흔들리는 듯하여 모두 아연실색했다. 마침 무슨 일인지 알아보려 하는데 말방울이 울리면서 말이 중군에 이르더니 운장이 화웅의 머리를 들고 땅바닥에 내던졌다. 술은 아직도 따뜻했다. 후세 사람이 그를 찬미한 시가 있다.

천지를 짓누른 위엄으로 첫 번째 공로를 세우니
원문⁴²에 걸린 채색한 북소리가 둥둥둥 울린다
운장이 잠시 술잔을 멈춘 채 용맹을 발휘하노니
술은 식지 않고 아직 따뜻한데 화웅을 베었노라
威鎭乾坤第一功, 轅門畫鼓響鼕鼕
雲長停盞施英勇, 酒尙溫時斬華雄 ❼

조조가 크게 기뻐했다. 현덕 뒤에서 장비가 나오며 크게 소리 질렀다.

"내 형이 화웅을 베었으니 즉시 사수관으로 쳐들어가서 동탁을 사로잡지 않는다면 다시 어느 때를 기다린단 말입니까!"

원술이 크게 성내며 소리 질렀다.

"우리 대신들도 오히려 겸양한데 한낱 현령의 수하 졸개가 어찌 감히 무용을 뽐내고 위엄을 과시하는가! 저놈들을 모두 군막 밖으로 쫓아내거라!"

조조가 말했다.

"공이 있는 자에게는 상을 줘야지 어찌 신분의 귀천만 따지시오?"

원술이 말했다.

"여러분이 일개 현령 따위를 그토록 중하게 여긴다면 나는 당장 물러나겠소."

조조가 말했다.

"어찌 말 한마디 때문에 큰일을 그르칠 수 있겠소?"

공손찬에게 잠시 현덕, 관우, 장비를 데리고 군영으로 돌아가라 했다. 관원들이 흩어졌다. 조조는 몰래 사람을 시켜 고기와 술[43]을 보내 세 사람을 위로했다.

한편 화웅 수하의 패한 군사들이 사수관에 올라와 보고했다. 이숙이 황급히 위급함을 알리는 문서를 작성하여 동탁에게 올렸다. 동탁이 곧바로 이유, 여포 등을 모아놓고 상의했다. 이유가 말했다.

"이번에 상장 화웅을 잃었으니 적의 형세가 더욱 커질 것입니다. 원소는 맹주가 되었고 원소의 숙부인 원외는 지금 태부로 있으니, 만일 밖에서 공격하고 안에서 내통이라도 한다면 매우 곤란합니다. 먼저 태부 원외부터 제거한 다음 청컨대 승상께서 친히 대군을 인솔하시고 군사를 나누어 토벌하고 체포하십시오."❽

동탁은 옳다 여기고 이각李催과 곽사郭氾를 시켜 군사 500명으로 태부 원외의 집을 에워싸고 노소를 가리지 않고 모조리 죽인 다음 원외의 수급을 사수관 앞으로 가져가 호령⁴⁴하게 했다. 동탁이 마침내 20만 명의 군사를 일으켜 두 길로 나누어 왔는데, 먼저 이각과 곽사에게 5만 명의 군사를 거느리고 사수관을 지키기만 하고 함부로 싸우지 않도록 명했다. 동탁 자신은 직접 15만 명을 이끌고 이유, 여포, 번조樊稠, 장제張濟 등과 함께 호뢰관虎牢關을 지키기로 했다. 호뢰관은 낙양과는 50리 떨어진 거리였다. 군마가 호뢰관에 도착하자 동탁은 여포에게 3만 명의 군사를 이끌고 호뢰관 앞에 본 군영을 세워 주둔하게 했다. 동탁 자신은 호뢰관 위에 주둔하며 지켰다.

유성마가 탐지한 후 원소의 본 군영으로 와서 보고했다. 원소가 사람들을 모아놓고 상의했다. 조조가 말했다.

"동탁이 호뢰관에 군사를 주둔시킨 것은 우리 제후들의 길 한복판을 끊으려는 것이니 병력의 절반을 통솔하여 적에 맞서야 합니다."

원소가 이에 왕광, 교모, 포신, 원유, 공융, 장양, 도겸, 공손찬 등 8로 제후들에게 호뢰관으로 가서 적과 맞서게 했다. 조조는 군사를 이끌고 오가면서 지원하기로 했다. 8로 제후들이 각자 군사를 일으켰다. 하내태수 왕광이 군사를 거느리고 먼저 도착하자 여포가 철기 3000명을 거느리고 나는 듯이 달려와 맞섰다. 왕광이 군마를 늘어놓아 진세를 펼치고 고삐를 당겨 말을 멈춰 세우고는 문기(군영 문 앞의 깃발) 아래를 살펴보다가 여포가 출전하는 걸 발견했다. 머리를 세 가닥으로 묶어 자금관⁴⁵을 쓰고, 몸에는 서천⁴⁶의 붉은 비단에 온갖 꽃무늬로 수놓은 전포를 걸쳤으며, 짐승 얼굴에 머리를 삼킬 것 같은 연환連環(옥고리를 꿰어 연결해서 만든 갑옷)을 입고, 허리에는 정교한 사만요대를 갑옷 위에 졸라 묶었다. 활과 화살을 몸에 지니고 손에는 화극을 잡은 채 바람을 맞으며 울부짖는 적토마에 앉아 있으니, 과연 '사람 중에는 여포요, 말 중에는 적토'로구나! ❾

왕광이 고개를 돌려 물었다.

"감히 누가 나가 싸우겠는가?"

뒤에서 한 장수가 말고삐를 놓으며 창을 잡고 나왔다. 왕광이 보니 하내의 명장 방열方悅이었다. 두 말이 서로 어우러져 싸우는데 5합도 못 되어 방열은 여포의 화극에 찔려 말에서 떨어졌고, 여포는 화극을 잡고 곧바로 쳐들어왔다. 왕광의 군대는 대패하여 사방으로 흩어져 달아났다. 여포가 이리저리 뛰어다니며 싸우는데 마치 무인지경에 들어간 듯했다. 다행히 교모와 원유 양군이 모두 도착하여 왕광을 구하자 그제서야 여포가 물러났다. 3로의 제후들도 각기 어느 정도의 인마가 꺾인 채 30리를 물러나 군영을 세웠다. ❿

뒤이어 5로 제후의 군마들이 모두 도착하여 한곳에 모여 상의했는데, 여포는 영웅이라 대적할 사람이 없다는 말만 나왔다. 걱정만 하고 있는데 소교小校(하급 무관)가 와서 보고했다.

"여포가 싸움을 걸고 있습니다."

8로 제후들이 일제히 말에 올랐다. 군대를 8대로 나누어 높은 언덕 위에 포진했다. 멀리서 바라보니 여포가 거느린 한 무리의 군마 깃발을 펄럭이며 맹렬하게 쳐들어오고 있었다. 상당태수 장양의 부하 장수인 목순穆順이 창을 잡고 말을 달려 맞섰으나 여포가 화극을 한 번 쳐들자 그대로 찔려 말 아래로 떨어졌다. 모두 크게 놀랐다. 북해태수 공융의 부하 장수 무안국武安國은 쇠메를 사용하는데 그 또한 나는 듯이 말을 몰아 나갔다. 여포도 화극을 휘두르며 말을 박차고 나와 맞섰는데, 싸우기를 10여 합에 이르렀을 때 화극으로 무안국의 팔목을 잘라버리자 쇠메를 땅바닥에 버리고 달아났다. 8로의 군병들이 일제히 나가 무안국을 구하자 여포도 물러나 돌아갔다. 제후들이 군영으로 돌아와 상의했다. 조조가 말했다.

"여포의 용맹은 적수가 없으니 18로 제후와 함께 좋은 계책을 의논해야겠소. 여포만 사로잡으면 동탁은 쉽게 죽일 수 있소."

한창 의논하고 있는 사이에 여포가 다시 군사를 이끌고 와서 싸움을 걸었다. 8로 제후들이 일제히 나갔다. 공손찬이 창을 휘두르며 여포와 직접 싸웠다. 몇 합을 싸우지도 못하고 공손찬이 패하여 달아났다. 여포가 적토마를 몰아 그 뒤를 쫓았다. 그 말은 하루에 천리를 달리는데 마치 바람과도 같았다. 쫓는 것을 구경하는 사이에 여포가 화극을 들어 공손찬의 등 복판을 향해 찌르려는 순간이었다. 옆의 한 장수가 고리눈을 둥그렇게 뜨고 호랑이 수염을 곤두세우고는 장팔사모를 잡고 나는 듯이 달려와 고함을 질렀다.

"아비 성을 세 개나 가진 노비 놈아, 달아나지 마라! 연인燕人 장비가 여기 있노라!"[47]

여포는 공손찬을 버리고 즉시 장비와 맞섰다. 장비는 여포와 격렬하게 연달아 50여 합을 싸웠는데도 승부를 가리지 못했다. 보고 있던 운장이 말을 한 번 박차고 82근의 청룡언월도를 춤추듯 휘두르며 여포를 협공했다. 세 필의 말이 정丁 자 형태로 서로 어우러졌으나 30합을 싸워도 여포를 쓰러뜨리지 못했다. 유현덕이 쌍고검을 뽑아 들고 누런 갈기 말을 몰아 측면으로 비스듬히 달려와서 싸움을 도왔다. 세 사람이 여포를 에워싸고 주마등처럼 돌면서 공격했다. 8로의 인마들이 모두 넋을 잃고 구경했다. 여포는 막아내기가 어려워지자 현덕의 얼굴을 보면서 화극으로 한 번 허공을 가르며 찌르니 현덕이 급히 피했다. 순간 양쪽 날개가 열리자 그 틈에 여포는 화극을 거꾸로 끌며 나는 듯이 말을 몰아 돌아가려 했다. 세 사람이 어찌 그냥 내버려두겠는가? 말에 박차를 가하며 뒤를 추격했다. 8로의 군병들도 크게 진동하도록 함성을 지르며 일제히 쳐들어갔다. 여포의 군마가 호뢰관 위로 달아났고 그 뒤를 현덕, 관우, 장비가 쫓았다. 옛사람이 현덕, 관우, 장비 세 사람이 여포와 싸운 일을 찬탄한 시가 있다.

한나라 왕조의 운수가 환제와 영제 때에 이르러
뜨겁게 타오르던 붉은 해 서쪽으로 기우는구나
간신 동탁이 소제를 황제의 자리에서 몰아내니
나약하고 가냘픈 유협은 꿈속에서도 놀라는구나

이에 조조가 격문을 전달하여 천하에 알리나니
제후들이 분노하여 모두 군사를 일으켰도다
서로 의논하여 원소를 제후들의 맹주로 세우고
황실을 일으켜 태평 세상 만들겠노라고 맹세했네

온후 여포는 세상에 그 무예 비할 자가 없고
뛰어난 재주로 사해에 그 출중함을 과시했구나
두른 갑옷 용 비늘 쌓은 듯이 은빛 번쩍이고
묶은 머리에 금관 쓰고는 꿩 꼬리 꽂았구나

들쭉날쭉 진귀한 요대 맹수 한입에 삼키는 듯
알록달록 비단 전포 봉황새 날아 일어날 듯하다
준마 뛰쳐나가니 하늘로부터 바람이 일어나고

화극 번쩍이니 휘황찬란한 빛 눈을 찌르는구나

관문을 나와 싸움 거니 누가 감히 맞서겠는가
제후들 간담이 찢어지며 놀라서 벌벌 떠는구나
이때 연 땅 사람 장익덕 힘차게 튀어나오는데
손에는 뱀처럼 구불구불한 장팔사모 쥐었구나

곧추선 호랑이 수염은 금실을 펼쳐놓은 듯하고
고리 같은 눈 둥그렇게 뜨니 번갯불 일어나네
격렬히 싸웠으나 아직도 승패를 가르지 못하니
진 앞에 있던 관운장 버럭 크게 화를 내는구나
청룡언월도 서리와 눈처럼 찬란히 빛이 나고
짙은 연두색 전포는 나비 날아다니는 듯하네
말발굽 이르는 곳마다 귀신들 울부짖어대고
눈앞에서 한번 격노하면 피 흘리게 되는구나

뜻을 품은 영웅호걸 현덕이 쌍고검을 뽑아 들고
왕성한 천자 위엄으로 세찬 용맹 떨치는구나
세 사람 빙 둘러 에워싸고 한참 동안 공격하니
이리저리 피하며 막아내느라 쉴 틈 전혀 없네
함성 크게 진동하고 하늘과 땅이 뒤집어지니
살기 충만하여 견우성 북두성도 오싹하구나
이제 힘이 다해버린 여포 달아날 길 찾더니

멀리 자기 진영 바라보며 말 박차 돌아가네

방천화극 긴 자루 거꾸로 늘어뜨려 끌고 가니
금색 실 박아 만든 오색기 어지럽게 흩어지네
돌연 실 고삐 끊어질 듯 적토를 몰아 내달리니
몸을 돌려 호뢰관으로 나는 듯이 올라가는구나
漢朝天數當桓靈, 炎炎紅日將西傾
奸臣董卓廢少帝, 劉協懦弱魂夢驚
曹操傳檄告天下, 諸侯奮怒皆興兵
議立袁紹作盟主, 誓扶王室定太平
溫侯呂布世無比, 雄才四海誇英偉
護軀銀鎧砌龍鱗, 束髮金冠簪雉尾
參差寶帶獸平呑, 錯落錦袍飛鳳起
龍駒跳踏起天風, 畫戟熒煌射秋水
出關搦戰誰敢當? 諸侯膽裂心惶惶
踴出燕人張翼德, 手持蛇矛丈八槍
虎鬚倒竪翻金線, 環眼圓睜起電光
酣戰未能分勝敗, 陣前惱起關雲長
靑龍寶刀燦霜雪, 鸚鵡戰袍飛蛺蝶
馬蹄到處鬼神嚎, 目前一怒應流血
梟雄玄德掣雙鋒, 抖擻天威施勇烈
三人圍繞戰多時, 遮攔架隔無休歇
喊聲震動天地翻, 殺氣迷漫牛斗寒

呂布力窮尋走路, 遙望家山拍馬還

倒拖畫桿方天戟, 亂散銷金五彩幡

頓斷絨條走赤兔, 翻身飛上虎牢關

세 사람이 여포를 추격하다 호뢰관 아래에 이르러 관 위를 바라보니 청색 명주의 산개[48]가 서풍에 흔들리고 있었다. 장비가 크게 소리 질렀다.

"저것은 틀림없이 동탁일 것이오! 여포를 뒤쫓아봐야 좋을 것이 뭐가 있겠소? 먼저 역적 동탁을 잡아 풀을 베고 뿌리를 뽑아 화근을 없애는 게 좋겠소!"

동탁을 사로잡으려 말을 박차 호뢰관으로 올라갔다.

도적을 잡으려면 모름지기 우두머리를 잡아야 하고

기이한 공적 세우려면 진정 기인을 기다려야 한다

擒賊定須擒賊首, 奇功端的待奇人

승패는 어떻게 될 것인가?❶

제5회 여포와 어우러진 세 호걸

①

조조의 부친인 조숭은 재산이 많았다

『후한서』「조등전曹騰傳」에 따르면 "조숭은 영제 때 환관에게 뇌물을 줬을 뿐만 아니라 서원西園에 1억만 전을 헌납했기 때문에 지위가 태위까지 이르렀다"고 기록하고 있다. 『후한서』「장양전」에 따르면 "영제는 서원에 만금당萬金堂을 세워 대사농이 관장하는 돈과 비단을 실어다 그 안에 가득 쌓아두었다"고 했다.

②

위홍衛弘이란 사람은 누구인가?

『삼국지』「위서·무제기」 배송지 주『세어』에 따르면 "진류陳留의 효렴孝廉인 위자衛玆가 재산을 태조(조조)에게 제공하여 군대를 일으키게 했는데 5000명이 모여들었다"고 기록하고 있다.

또한 「위서·위진전衛臻傳」에 따르면 위자는 위진의 부친으로 다음과 같은 기록이 있다. "태조가 처음 진류군에 이르렀을 때 위자가 말했다. '천하를 평정할 자는 반드시 이 사람이오.' 태조 또한 위자를 기이하게 여겼으며, 여러 차례 방문하여 대사를 논의했다. 그는 태조를 따라 동탁을 토벌하러 갔다가 형양滎陽(허난성 싱양滎陽)에서 전사했다. 나중에 태조는 매번 진류군 경내를 지날 때마다 언제나 사람을 보내 그에게 제사 지냈다."

그리고 「위서·무제기」에 "장막만이 장군 위자에게 군사를 나누어주어 태조를 따라가도록 했다"고 기록되어 있어, 이후에 형양에서 동탁의 장수 서영과의 전투에서 전사한 듯하다.

본문의 '위홍'은 '위자'로 바꿔야 맞다.

③

격문을 띄운 사람은 조조가 아니었다

『삼국지』「위서·무제기」에는 "태조는 진류군에 당도하여 가산을 처분하고 의병을 모집해 동탁을 죽이려 했다"고만 기록하고 있고, 배송지 주 『세어』에는 "군사 5000명으로 일으켰다"고 했으나 조조가 격문을 띄웠다는 기록은 없다.

그리고 배송지 주 『영웅기』와 『자치통감』 권59 「한기 51」에 따르면 "동군태수 교모喬瑁가 도성의 삼공을 거짓으로 칭하고 문서를 각 주군에 발포하여 동탁의 죄악을 열거했다"고 기록하고 있어 격문을 최초 발포한 사람은 조조가 아닌 교모였다.

④

동탁 토벌 18로路 제후

소설에서는 동탁 토벌에 참여한 제후를 18명으로 소개하고 있지만, 역사 기록은 다르다.

『삼국지』「위서·무제기」에는 "초평 원년(190) 봄 정월, 후장군 원술, 기주목 한복, 예주자사 공주, 연주자사 유대, 하내태수 왕광, 발해태수 원소, 진류태수 장막, 동군태수 교모, 산양태수 원유, 제북상 포신 등이 모두 동시에 군대를 일으켰는데 군사가 각기 수만 명이었고 원소를 추대해 맹주로 삼았다. 태조는 분무장군舊武將軍(한나라 말기에 잡호장군 가운데 하나로 4품)을 대리했다"라고 하여 10명과 조조가 참가한 것으로 기록하고 있다. 『후한서』「원소전」에서는 "초평 원년, 원소는 발해로부터 군대를 일으켜 종제從弟(증조부가 같고 부친이 다른 자기보다 나이 어린 같은 항렬의 남자를 가리킨다)인 후장군 원술, 기주목 한복, 예주자사 공주, 연주자사 유대, 진류태수 장막, 광릉태수 장초, 하내태수 왕광, 산양태수 원유, 동군태수 교모, 제북상 포신 등과 함께 동시에 일어났는데 각기 수만 명의 군사를 보유하고 모두 동탁 토벌의 명분을 내세웠다"고 하여 『삼국지』 「위서·무제기」에 없는 광릉태수 장초가 추가되고 조조가 빠져 11명이 참가한 것으로 기록하고 있다. 또한 『삼국지』 「위서·장양전」에 따르면 원소가 하내에 왔을 때 장양이 원소에게 합류한 것으로 기록하고 있어 상당태수 장양을 포함한 13명의 제후와 손견을 합쳐 모두 14로의 인마가 참가했다고 할 수 있다. 그리고 『삼국지』 「위서·장홍전臧洪傳」에 따르면 장홍도 참가했지만 당시 장홍은 광릉태수 장초의 휘하에 있었고 어떤 한 지역을 통제하는 자사나 태수의 직급이 아니었기에 제후 반열에 포함되지 않았다.

소설의 내용에 등장하는 서주자사 도겸, 서량태수 마등, 북평태수 공손찬, 북해태수 공융 등 4인은 동탁 토벌에 참가하지 않았다.

❺

산조酸棗에서의 맹세

소설에서는 소개되지 않았지만, 『삼국지』 「위서·장홍전」에 따르면 "영제 말년에 장홍은 관직을 버리고 집으로 돌아갔는데, 광릉태수 장초가 그를 청해 군의 공조功曹(군수의 속리로 인사를 관리했고 시찰과 공로의 기록을 책임졌으며 군의 정무에 참여했다)로 임명했다. 장초는 장홍과 함께 서쪽으로 향하여 진류군에 도착했다. 그는 형 장막張邈을 만나 봉기할 일을 상의했다. 장막 또한 평소에 그런 마음을 품고 있었다. 장막은 장홍을 연주자사 유공산劉公山(유대劉岱의 자)과 예주자사 공공서孔公緖(공주孔伷의 자)에게 소개하니 그들 모두가 장홍과 친하게 지냈다. 이에 단장을 설치하고 함께 맹세하려는데 각 주군의 장관들이 서로 양보하며 아무도 맹주의 역할을 감당하려 하지 않았고 모두 장홍을 추천했다. 장홍은 바로 제단에 올라가 쟁반에 부어놓은 피를 삽혈하며 맹세했다"고 기록하고 있고, 『후한서』 「장홍전」에는 "여러 자사가 산조

현酸棗縣(허난성 옌진延津 서남쪽)에 모였다. 단장을 설치하고 맹약을 체결하려 하는데 자사들이 서로 양보하면서 모두 감히 먼저 제단에 오르지 못하고 장홍을 추천했다. 장홍은 바로 의복을 단정히 하고 제단에 올랐고 피를 떨어뜨린 술을 들어 올려 맹세했다'고 기록하고 있어 맹주는 원소가 아닌 장홍이었음을 알 수 있다.

『삼국지』와 『후한서』의 내용에 근거하면 산조에서 맹세에 참가한 사람은 연주자사 유대, 예주자사 공주, 진류태수 장막, 동군태수 교모, 광릉태수 장초 그리고 장홍으로 여섯 명이었다. 장홍은 장초의 수하 장수였기에 제후 반열에 포함시킬 수 없으므로 다섯 명의 제후라 하겠다. 나중에 원소가 동탁 토벌대의 맹주가 된 것은 사실이지만 소설의 내용과는 다르게 산조에서의 맹세에 조조와 원소는 참가하지도 않았다. 배송지는 "이때 회맹에 참가한 제후는 유대 등 다섯 명뿐이었다. 『위씨춘추』에 실린 유표 등은 모두 사실이 아니다. 유표는 강릉과 한중을 보호하느라 나올 수 없었는데 어찌 장홍 등과 함께 단을 세우고 맹세를 할 수 있었겠는가?"라고 했다.

결론적으로 말하면 동탁을 토벌하기 위해 많은 제후가 봉기를 일으킨 것은 사실이지만 소설에서 소개된 제단을 설치하고 맹세에 참가한 제후는 다섯 명에 불과했다. 나관중은 회맹에 참가한 제후를 다섯 명이 아닌 열여덟 명으로 늘렸고 장소도 산조가 아닌 낙양으로 바꿨다. 또한 소설의 맹세문은 『삼국지』 「위서·장홍전」에 소개된 원문과 거의 일치하여 맹세문의 주인공인 장홍을 원소로 바꾼 것이다. 이후에 장홍은 원소에게 죽임을 당한다.

『삼국지』 「오서·손견전」은 손견이 동탁의 기병들에게 쫓기는 과정을 소설과는 다른 내용으로 기록하고 있다.

"손견은 언제나 붉은색 모직 두건을 쓰고 있었는데 이때 그 두건을 벗어 측근 부하 장수 조무에게 쓰도록 했다. 동탁의 기병들이 조무를 다투어 추격했으므로 손견은 구석진 샛길로 탈출할 수 있었다. 추격당한 조무는 궁지에 몰리자 하는 수 없이 말에서 내려 붉은색 두건을 무덤 사이의 불탄 기둥 위에 씌우고 무성한 수풀 속에 몸을 숨겼다. 동탁의 기병들은 멀리서 두건을 보고 겹겹으로 에워싸서 가까이 접근했으나 기둥임을 알아차리고는 비로소 떠났다."

이 기록에 따르면 화웅의 기병이 손견을 추격하고 조무가 화웅에게 죽임을 당했다는 내용은 없다.

❼

화웅은 관우가 아닌 손견이 죽였다

『삼국지』「오서·손견전」에는 "손견은 다시 군사들을 수습하여 양인陽人(취락 지구 명칭으로 양현梁縣 경내에 있었다. 허난성 루저우汝州 서쪽)에서 싸워 동탁의 군대를 크게 격파하고 동탁의 도독都督인 화웅 등을 죽이고 효수했다"고 기록하고 있고, 『자치통감』권60 「한기 52」에는 "동탁이 동군태수 호진을 파견하여 보병과 기병 5000명으로 공격하도록 했고 여포를 기독騎督(기병 수령)으로 삼았다. 호진과 여포가 화합하지 못하자 손견이 출병하여 그들을 대패시키고 그들의 도독 화웅을 죽여 효수했다"고 기록하고 있어 역사 속 화웅은 관우가 아닌 손견에 의해 죽임을 당했다.

'주온참화웅酒溫斬華雄(술은 아직 따뜻한데 화웅의 목을 베었다)'이라는 유명한 고사의 주인공은 안타깝게도 관우가 아닌 손견이었다.

❽

원외는 이때 죽지 않았다

『후한서』「원소전」에 따르면 "원소가 산동에서 군대를 일으켰다는 소식을 들은 동탁은 원소의 숙부 원외를 죽였고 도성에 있던 원씨의 종족들도 연루되어 모두 죽임을 당했다"고 기록하고 있다. 그리고 『삼국지』「위서·원소전」에 따르면 "동탁은 원소가 관동 지역을 차지했다는 소식을 듣고 원소의 종족인 태부 원외 등을 모조리 죽였다"고 기록하고 있어 원외는 이때가 아닌 관동군이 해산된 이후 죽임을 당했다. 『후한서』의 이현 주석에 따르면 『헌제춘추』에 "동탁은 사례교위 선번宣璠을 시켜 태부 원외, 태복 원기袁基, 원술의 모형母兄(모친이 같은 형)을 포함하여 모조리 잡아들이게 했고 모친과 자매 아이들 50여 명이 하옥되어 죽임을 당했다"고 기록되어 있다.

여포는 방천화극을 사용하지 않았다

방천화극은 자루에 채색 장식을 하고 끝부분에 '정井' 자 모양의 극으로 되어 있으며 과戈와 모矛의 결합체라 할 수 있다. 방천화극은 의장용으로 사용되었고 실전에는 사용하지 않는 무기였다.

『삼국지』「위서·여포전」에 왕윤이 여포에게 동탁을 죽일 것을 사주하자 여포가 칼을 들어 동탁을 찔렀다는 기록이 있고, 『후한서』「동탁전」에는 "여포가 대답하고 모를 잡고는 동탁을 찔렀다"고 기록하고 있다. 후한 삼국 시기의 주요 병기는 모矛, 단도短刀, 극戟으로 여포 역시 방천화극의 극을 사용하지는 않았고, 또한 여포가 전장에서 방천화극을 사용했다는 역사 기록도 존재하지 않는다.

단, 『삼국지』「위서·여포전」에 다음과 같은 기록이 있다.

"여포는 문후門候(군영 대문의 경비를 책임지는 군관)에게 영문 한가운데에 극 하나를 세우라고 명하고는 '여러분은 이 여포가 극의 소지小支(과와 극의 칼날이 구부러지고 아래로 드리워진 부분)를 쏘는 것을 보시오. 한 번 쏘아 중심을 맞추면 여러분은 마땅히 철군하여 떠나야 하고 맞지 않으면 남아서 싸워도 되오'라고 말했다."

그러나 여기에서 극은 의장용이지 전투에 사용하는 것은 아니었다.

동탁과 왕광의 전투

『삼국지』「위서·동탁전」에는 "하내태수 왕광은 태산군泰山郡의 군대를 파견하여 하양진河陽津(황하 나루터 명칭으로 지금의 허난성 멍진孟津 북쪽) 나루터에 주둔하고 동탁을 토벌하려 했다. 동탁은 의병疑兵(허장성세로 적을 현혹시키는 군대)을 보내 평음현平陰縣(지금의 허난성 멍진 동쪽)에서 강을 건너려는 것처럼 보이게 하고, 다른 한편으로는 은밀히 정예 부대를 파견하여 소평진小平津(황하 나루터로 하양진 동쪽에서 약 28킬로미터 지점) 북쪽에서 황하를 건너가 왕광의 배후를 에워싸고 공격하도록 했다. 하양진 북쪽에서 왕광을 대패시키니 왕광의 군사들은 거의 전멸되었다. 그러나 동탁은 산동의 호걸들이 모두 일어나자 두려워하며 불안해했다"고 기록되어 있어 소설과는 다르다. 또한 소설에 등장하는 하내의 명장 방열은 허구의 인물이다.

⑪

세 영웅이 여포와 결전을 벌였을까?

『삼국지』「촉서·선주전」배송지 주『영웅기』에 "영제 말년에 유비는 도성에 있었으며 이후 조조와 함께 패국으로 돌아와 군사를 모집했다. 영제가 붕어하자 천하 대란이 일어났고 유비 또한 군사를 일으켜 동탁을 토벌했다"는 기록이 있으나,『삼국지』「위서·무제기」에서는 "태조(조조)가 산조酸棗에 당도했을 때 각 로의 병력은 모두 10여 만 명이었는데 매일 연회만 성대하게 열 뿐 출병하여 진공할 생각은 하지 않았다"고 기록하고 있다.

손견은 적극적인 전투를 벌이고 공적을 세우기도 했지만 대부분의 제후는 별다른 역할을 하지 않았다. 게다가 유비를 포함한 관우, 장비 세 사람이 여포와 결전을 벌였다는 내용은 어느 역사 기록에서도 찾아볼 수 없다. 더욱이 유비와 특별한 관계였던 공손찬은 동탁 토벌대에 참여하지도 않았기에, 비록『영웅기』에 유비가 동탁 토벌에 참여했다고는 하지만 구체적인 전투 상황에 대한 기록이 없어 아마도 적극적인 참여나 전투는 없었던 것으로 판단된다.

전국새를 손에 넣은
손견의 야망

금궐에 불을 질러 동탁은 흉악한 짓을 하고,
손견은 옥새를 감추어 맹약을 저버리다

焚金闕董卓行凶,
匿玉璽孫堅背約

장비는 말에 박차를 가하며 호뢰관 아래까지 추격했으나 관 위에서 화살과 돌이 비 오듯이 쏟아지자 더 이상 나아갈 수 없어 돌아왔다. 8로의 제후들은 현덕, 관우, 장비를 청하여 공로를 축하하는 한편 원소의 군영으로 사람을 보내 승전보를 알렸다. 그러자 원소는 즉시 손견에게 격문을 띄워 출병하도록 명했다. 손견은 정보, 황개를 데리고 원술의 군영으로 찾아가서 대면했다. 그가 막대기로 땅바닥을 그으면서 말했다.

　"나는 본래 동탁과 아무런 원한이 없소. 그러나 지금 내가 몸을 돌보지 않고 분발하며 직접 화살과 돌을 무릅쓰고 결사적으로 싸우는 것은 위로는 나라를 위해 역적을 토벌하고 아래로는 장군 가문의 사사로운 원한을 갚기 위함이오. 그런데 장군께서는 도리어 이간질하는 말이나 듣고 군량과 마초를 보내주지 않아 이 견이 무참히 패했는데, 그러고도 편안하시오?"

　원술은 부끄럽고 황송하여 아무 말도 못하다가 헐뜯는 말을 한 자의 목을 치라 명하고는 손견에게 사과했다.

　그때 사람이 와서 손견에게 보고했다.

"관 위에 있는 한 장수가 말을 타고 군영으로 와서는 장군을 만나 뵙고자 합니다."

손견은 원술과 작별하고 본채[1]로 돌아와서 그 사람을 불러들였는데 다름 아닌 동탁의 애장[2] 이각이었다. 손견이 말했다.

"그대는 무슨 일로 왔는가?"

이각이 말했다.

"승상께서 존경하시는 분은 오직 장군뿐입니다. 특별히 저를 보내시어 사돈 관계를 맺고자 하십니다. 승상께 여식이 있는데 장군의 아드님과 혼인시키고자 하십니다."

손견이 버럭 성을 내며 꾸짖었다.

"동탁은 하늘을 거역하고 도리가 없는 자로 황실마저 뒤엎었다. 내가 그 구족[3]을 멸하여 천하에 사례하려 하는데 어찌 역적과 사돈 관계를 맺는단 말인가! 내가 너를 죽이지 않고 살려줄 터이니 속히 돌아가 일찌감치 관關을 바치면 너의 목숨은 용서해주마! 만일 지연시켜 일을 그르치게 된다면 몸이 가루가 되고 뼈가 부서질 줄 알거라!"❶

이각이 머리를 감싸고 쥐새끼처럼 허둥지둥 달아나 동탁에게 돌아가서는 손견이 그토록 무례하다고 말했다. 동탁이 성내며 이유에게 묻자 이유가 말했다.

"온후가 방금 패하는 바람에 군사들이 싸울 마음이 없어졌습니다. 차라리 군사를 이끌고 낙양으로 돌아가 황제를 모시고 장안으로 옮긴 다음에 동요로 대응하는 것이 좋을 듯합니다. 요사이 저잣거리에서 아이들이 이런 노래를 부르고 있습니다.

서쪽도 하나의 한이요

동쪽도 하나의 한이네

사슴(정권)이 장안으로 달려들어가야

비로소 이런 환란이 없을 것이네

西頭一箇漢, 東頭一箇漢

鹿走入長安, 方可無斯難

신이 이 동요를 생각해봤는데, '서두일개한'은 바로 고조(유방)께서 서도 장안에서 왕성하여 12대까지 제위를 전하신 것이고, '동두일개한'은 광무제께서 동도 낙양에서 흥성하여 지금 또한 12대 제위를 전해 내려온 것을 말합니다. 천운은 돌고 도는 것으로 되돌아왔으니 승상께서 이번에 다시 장안으로 도읍을 옮기셔야 비로소 모든 근심이 없어질 것입니다."

동탁이 크게 기뻐하며 말했다.

"네 말이 아니었다면 내가 진실로 깨닫지 못했을 것이다."

마침내 밤사이 여포를 데리고 낙양으로 돌아와 천도 문제를 상의했다. 동탁은 문무백관을 조당[4]에 모이게 하고는 말했다.

"한나라가 동도 낙양[5]을 도읍으로 정한 지 200여 년이 지나 명운이 이미 쇠했소. 내가 살펴보니 왕성한 기운은 실로 장안에 있으므로 어가를 모시고 서쪽으로 행차해야겠소. 그대들은 각자 서둘러 행장을 정리하시오."

사도 양표楊彪가 말했다.

"관중[6]은 쇠약해지고 파괴되었습니다. 지금 아무런 이유 없이 종묘를 버리고 황릉을 포기한다면 백성이 놀라 시끄러워질까 염려됩니다. 천하를 흔들어 동요하기는 쉽지만 안정시키기는 지극히 어렵습니다. 바라건대 승상께서는 다시 한번 살펴주십시오."

동탁이 화를 내며 말했다.

"네가 국가의 대계를 가로막을 셈이냐?"

태위 황완黃琬이 말했다.

"양사도의 말씀이 옳습니다. 옛날에 그곳에서 왕망王莽이 찬탈 반역했고[7] 경시更始 연간에 적미의 난[8] 때 장안이 불타 부서진 벽돌과 기와 조각만 남아 있는 폐허가 된 땅입니다. 더욱이 백성이 유랑하여 백에 한둘도 남아 있지 않습니다. 지금 궁궐을 버리고 황무지로 간다는 것은 옳지 않습니다."

동탁이 말했다.

"관동[9]의 도적들이 일어나고 천하가 난을 일으켰다. 장안에는 효산崤山과 함곡函谷[10]의 험준함이 있고 더욱이 농우[11]가 가까워 목재와 돌, 벽돌과 기와를 기한 내에 마련할 수 있으니 한 달 안에 궁궐을 세울 것이다. 그대들은 더 이상 여러 말 마라."

사도[12] 순상荀爽이 간언했다.

"승상께서 천도하신다면 백성이 소란을 일으켜 편치 못할 것입니다."

동탁이 버럭 성내며 말했다.

"내가 천하를 위해 계획하는데 어찌 일반 백성을 소중하게 생각하겠느냐!"

그날로 양표, 황완, 순상을 파직시켜 서민으로 만들어버렸다. 동탁이 밖으로 나와서 수레에 오르려는데 두 사람이 수레를 향해 읍을 하는지라 쳐다보니 바로 상서 주비周毖와 성문교위[13] 오경伍瓊이었다. 동탁이 무슨 일이냐고 묻자 주비가 말했다.

"지금 승상께서 장안으로 천도하신다는 말을 듣고 간언하러 왔습니다."

동탁이 버럭 성내며 말했다.

"내가 애초에 너희 두 사람의 말을 듣고 원소를 소중히 아꼈는데, 지금 원소가 배반했으니 너희도 한패로구나!"

무사들에게 두 사람을 도성문 밖으로 끌어내 참수하라 호통쳤다.❷

마침내 천도하라는 명령을 하달했는데 다음 날로 기한을 정해 즉시 시행하게 했다. 이유가 말했다.

"지금 돈과 양식이 부족한데 낙양에는 부호가 많으니 몰수하여 입관[14]하시지요. 대강 원소 등의 문하 종족들을 죽여 가산을 몰수하기만 해도 필시 막대한 금액을 얻을 수 있을 것입니다."

동탁은 즉시 철기 5000명을 보내 통지문을 하달하고 낙양 부호들을 잡아들이니 수천 호에 이르렀다. 그들의 머리에 '반신역당'이라 크게 쓴 깃발을 꽂아 성 밖에서 모두 참수하고 재물을 모조리 빼앗았다. 이각과 곽사는 낙양의 백성 수백만 명을 장안을 향해 몰고 갔다. 백성 한 무리 사이에 군사 한 부대를 배치하여 앞뒤에서 서로 끌고 호송하니 계곡에서 죽은 자만 해도 그 수를 헤아릴 수 없었다. 또한 군사들이 아내와 딸들을 겁탈하고 양식을 빼앗아도 내버려두니 울부짖는 소리가 천지에 진동했다. 동탁은 출발을 앞두고 모든 성문에 불을 질러 집들을 불태웠고, 아울러 종묘와 관부도 불 질러 태우게 했다. 남북의 두 궁이 화염으로 이어졌고 장락궁 정원은 모두 초토화되었다. 또한 여포를 보내 선황제와 후비들의 능침을 파헤쳐 금은보화를 가져오게 했는데, 군사들은 그 틈을 이용해 관리와 일반 백성의 분묘를 거의 남기지 않고 파헤쳤다. 동탁은 황금과 진주, 비단 및 값진 좋은 물건을 수천여 대의 수레에 싣고 천자와 후비 등을 위협하여 결국 장안을 향해 떠났다.

한편 동탁의 장수 조잠趙岑은 동탁이 이미 낙양을 버리고 떠난 것을 보고는 즉시 사수관을 바쳤다. 손견이 군사를 몰아 먼저 들어갔다. 현덕, 관우, 장비도 호뢰관으로 들어갔고 이어서 제후들도 각기 군사들을 이끌고 들어갔다. 손견이 나는 듯이 낙양으로 달려가는데 멀리 화염이 하늘로 치솟고 검은 연기가 땅에 깔린 것을 보았다. 200~300리 안에 닭 한 마리 개 한 마리는커녕 밥 짓는 연기조차 보이지 않았다. 손견은 먼저 군사들을 보내 불부터 끄게 하고 여러 제후에게 각기 황무지에 군마를 주둔시키도록 했다. 조조가 원소를 찾아와서 말했다.

"지금 역적 동탁이 서쪽으로 갔으니 바로 기세를 몰아 뒤쫓아서 기습해야 하오. 본초께서 군사를 멈추고 움직이지 않는 것은 무엇 때문이오?"

원소가 말했다.

"모든 군사가 피곤하니 진격해도 이득이 없을 것 같소."

조조가 말했다.

"역적 동탁이 궁궐을 불태우고 천자를 협박하여 천도했으니 온 나라가 진동하여 어디로 돌아갈지 모르는 상황입니다. 이것은 하늘이 동탁을 멸망시키려 하는 것이니 한 번의 싸움으로 천하가 안정될 것이오. 여러 공께서는 무엇을 의심하여 나아가지 않소?"

그러나 제후들은 하나같이 함부로 움직일 수 없다고만 말했다. 조조가 크게 성내며 말했다.

"이런 못난 자식들과는 함께 일을 꾀할 수 없구나!"

결국 직접 군사 1만여 명과 하후돈, 하후연, 조인, 조홍, 이전, 악진을 거느리고 밤새 동탁을 추격했다.

한편 동탁이 형양¹⁵ 지방에 이르자 태수¹⁶ 서영徐榮이 나와 영접했다. 이유가 말했다.

"승상께서는 방금 낙양을 버렸으니 추격 부대를 방비하셔야 합니다. 서영에게 일러 형양성 밖 산간 평지 옆에 군사를 매복하도록 하십시오. 만일 추격 부대가 오면 그냥 온전히 지나치게 내버려두고, 우리가 여기서 싸워 물리치기를 기다렸다가 뒤에서 차단하고 불시에 들이치면 뒤따라오는 자들이 감히 다시는 추격하지 못할 것입니다."

동탁이 그 계책을 따르기로 하고 다시 여포를 시켜 정예병을 이끌고 뒤를 저지하도록 했다.

여포가 후방을 막으러 가고 있는데 조조의 한 부대가 추격해왔다. 여포가 껄껄 웃으며 말했다.

"이유의 예상에서 벗어날 수가 없구나!"

그러고는 군마를 벌여 태세를 갖추었다. 조조가 말을 몰아 나오며 크게 소리쳤다.

"역적 놈아! 천자를 협박하고 백성을 몰아 어디로 가느냐?"

여포도 욕을 퍼부었다.

"주인을 배반한 비겁한 놈이 무슨 허튼소리냐!"

하후돈이 창을 잡고 말에 박차를 가해 여포에게 곧장 달려들었다. 몇 합을 싸우지도 않았는데 이각이 한 부대를 이끌고 왼쪽에서 치고 들어오자 조조가 다급하게 하후연에게 맞서 싸우라 명했다. 그때 오른쪽에서 함성이 또 일어나더니 곽사가 군사를 이끌고 쳐들어왔고 조조는 급히 조인에게 명하여 맞서게 했다. 그러나 세 갈래 길로 달려드는 군마의 기세를 감당할 수 없었다. 하후돈이 여포를 막아내지 못하고 나는 듯이 말을 몰아 진으로 돌아왔다. 여포가 철기를 이끌고 갑자기 들이치니 조조군은 대패하여 형양을 향해 달아났다. 한참 도망가다 한 황폐한 산기슭 아래에 이르렀는데, 때는 대략 이경쯤으로 달빛이 대낮처럼 밝았다. 그제야 비로소 패잔병을 한곳에 모아 솥을 걸어 밥을 지어 먹으려는데 사방에서 함성이 들리더니 서영의 복병들이 쏟아져 나왔다. 조조는 황급히 말을 채찍질하며 길을 찾아 달아나다 마침 서영과 마주쳐 다시 몸을 돌려 달아났다. 서영이 활을 쏘아 조조의 어깻죽지를 명중시켰다. 조조는 어깨에 화살을 꽂은 채 목숨을 건지기 위해 산비탈을 돌아 달아났다. 그때 풀 속에 숨어 있던 두 명의 병사가 조조의 말이 오는 것을 보고는 창을 들어 일제히 찌르니 조조의 말이 창에 찔려 거꾸러졌다. 조조는 말에서 굴러떨어져 두 병사에게 사로잡히고 말았다. 그때 한 장수가 나는 듯이 말을 몰아 달려오더니 칼을 휘둘러 그 두 명의 보군을 찔러 죽이고 말에서 내려 조조를 구했다. 조조가 보니 다름 아닌 조홍이었다. 조조가 말했다.

"나는 여기에서 죽을 몸이니 아우님은 어서 떠나게!"

조홍이 말했다.

"공께서는 어서 말에 오르십시오! 이 홍은 걸어가겠습니다."

"적병이 쫓아오는데 너는 어찌하려느냐?"

"천하에 이 홍은 없어도 되지만 공께서 없어서는 안 됩니다."

"내가 다시 살아난다면 그것은 너의 힘이다."❸

조조는 말에 올랐고 조홍은 갑옷을 벗어던지고 칼을 끌며 말을 따라 뛰었다. 대략 사경이 좀 지날 무렵까지 달렸는데 앞에 한 줄기 큰 강이 가는 길을 가로막았고 뒤에서는 함성이 점점 가까워졌다. 조조가 말했다.

"내 목숨도 여기서 끝나는구나. 다시 살아나기는 틀린 것 같구나!"

조홍이 급히 조조를 부축해 말에서 내리게 하더니 전포와 갑옷을 벗기고 조조를 업어 강을 건넜다. 겨우 건너편 기슭으로 건너왔는데 추격병이 이미 이르러 물을 사이에 두고 화살을 쏘아댔다. 조조는 흠뻑 젖은 채로 다시 달아났다. 날이 샐 때까지 다시 30여 리를 더 도망가 높지 않은 작은 흙 언덕 아래에서 잠시 쉬었다. 그때 별안간 함성이 일어나더니 한 무리의 인마가 쫓아왔다. 서영이 상류에서 강을 건너 추격해온 것이었다. 조조가 당황하여 허둥대고 있을 때 하후돈과 하후연이 수십 기의 군사를 이끌고 나는 듯이 달려오며 크게 소리 질렀다.

"서영은 우리 주인을 다치게 하지 마라!"

서영이 바로 달려들었고 하후돈이 창을 잡고 맞서 싸웠다. 서로 어우러져 싸우기를 몇 합 만에 하후돈이 서영을 찔러 말 아래로 떨어뜨렸고 나머지 군사를 죽이며 흩어놓았다. 뒤이어 조인, 이전, 악진이 각기 군사를 이끌고 찾아왔고 조조를 보자 슬퍼하면서도 기뻐했다. 패잔병 500여 명을 모아 함께 하내로 돌아갔다. ❹

한편 모든 제후는 낙양에 각기 나뉘어서 주둔하고 있었다. 손견은 궁궐의 남은 불을 모두 끄고 성내에 군사를 주둔시킨 후 건장전建章殿 터에 군막을 설치했다. 손견은 군사들을 시켜 궁전의 부서진 기와와 벽돌을 치우게 하고 동탁이 파헤친 제왕의 무덤들을 모두 원래대로 덮게 했다. 또한 그는 태묘[17] 터에 세 칸짜리 전옥殿屋을 임시로 짓고 제후들을 초청해 역대 제왕의 신위를 모신 후 태뢰[18]를 마련하여 제사를 주재했다. 제사를 마치고 모두 흩어졌고 손견은 군영으로 돌아왔다.

이날 밤은 별빛과 달빛이 서로 환하게 비추고 있어 손견은 검을 어루만지며 밖에 앉아 하늘을 우러러 천문을 살펴보았다. 자미원[19] 중심에 하얀 기운이 가득하자 손견이 탄식했다.

"제성[20]이 밝지 못하니 역신이 나라를 어지럽히고 만민은 도탄에 빠졌다.

도성이 텅 비게 되었구나!"

말을 끝내자 자신도 모르게 눈물이 흘렀다. 이때 곁에 있던 군사가 말했다.

"전각 남쪽에 있는 우물에서 솜털 같은 오색 광선이 일어납니다."

손견이 군사를 불러 횃불을 밝히고 우물에 내려가 한 부인의 시신을 건져 올리게 했는데 비록 시신이 오래되었으나 부패하지 않았고 궁양[21] 옷차림새에다 목에 비단 주머니 하나를 걸고 있었다. 주머니를 열어 살펴보니 안에 주홍색 작은 상자가 들어 있었고 황금 자물쇠로 잠겨 있었다. 상자를 열어보니 바로 옥새였는데, 둘레가 4촌이었고 위에는 다섯 마리의 용이 서로 뒤엉켜 조각되어 있었다. 떨어져 나간 한쪽 모서리는 황금으로 박아 넣었다. 밑바닥에는 전자篆字로 '수명어천受命於天, 기수영창旣壽永昌(하늘로부터 명을 받아 영원히 번창하며 이어가리라)'이라는 글자가 쓰여 있었다. 옥새를 얻은 손견이 정보에게 묻자 정보가 대답했다.

"제왕이 왕위를 물려줄 때 전하는 전국새[22]입니다. 이 옥은 옛날 변화卞和라는 사람이 형산[23] 아래에서 돌 위에 봉황이 서식하는 것을 보고 실어다 초나라 문왕에게 바친 것입니다. 그 돌을 쪼개 이 옥을 얻었다고 합니다. 진나라 26년에 솜씨 좋은 장인을 시켜 이 옥새를 만들게 했고 이사李斯가 그 위에 전자로 이 여덟 글자를 쓴 것입니다. 28년에는 시황제가 순수[24]하던 중 동정호洞庭湖에 이르렀을 때 풍랑이 크게 일어 배가 뒤집히려 하자 급히 이 옥새를 호수에 던졌더니 풍랑이 그쳤다고 합니다. 36년에 시황제가 다시 순수했는데 화음[25]에 이르렀을 때 어떤 사람이 이 옥새를 가지고 길을 막으며 따르는 자에게 '이것을 조룡祖龍(진시황)께 돌려드립니다'라는 말을 하고 사라졌는데 그 일로 이 옥새가 진나라로 돌아왔다고 합니다. 이듬해에 시황제가 붕어했습니다. 그 뒤에 자영[26]이 옥새를 한고조 유방에게 바쳤습니다. 후대에 왕망이 찬탈 반역했을 때 효원 황태후[27]가 왕심王尋과 소헌蘇獻을 이 옥새로 때리는 바람에 한 귀퉁이가 깨져 황금으로 때운 겁니다. 광무제께서 이 보물을 의양[28]에서 얻으신 후 지금까지 전해진 것입니다. 근래에 십상시가 난을 일으켜 소제를 협박해 북망산에 갔다가 궁으로 돌아와보니 이 보물이 없어졌다고 들었습니다. 지금 하늘이 주공께 주셨으니 틀림없이 구오[29]의 지위에 오르실 겁니다. 이곳은 오래 머무를 수 없으니 속히 강동으로 돌아가서 따로 큰일을 도모하셔야 합니다."

손견이 말했다.

"자네 말이 바로 나의 뜻과 같구나. 내일 즉시 병을 핑계로 작별하고 돌아가야겠다."

의논이 이미 정해지자 군사들에게 누설하지 말라 지시했다.

그러나 누가 생각이나 했겠는가. 그 자리에 있던 군사 중에 원소와 동향인 사람이 한 명 있었다. 이번 일을 계기로 입신출세하려는 생각으로 그날 밤 군영을 슬그머니 빠져나와 원소에게 알리고 말았다. 원소는 그에게 상을 주고 몰래 군중에 머물게 했다. 이튿날 손견이 원소를 찾아와 작별하며 말했다.

"저에게 약간의 병이 있어 장사로 돌아가고자 하여 특별히 공께 작별하러 왔소."

원소가 웃으며 말했다.

"내가 공의 병을 알고 있는데 전국새 때문에 병이 났구려."

손견이 얼굴빛이 달라지며 말했다.

"그 말은 어디서 들으셨소?"

"지금 군사를 일으켜 역적을 토벌하는 것은 나라를 위해 해로운 것을 제거하기 위함이오. 옥새는 바로 조정의 보물이니 마땅히 여러 사람한테 보여주고 맹주가 보관하다가 동탁을 죽인 후에 다시 조정에 반환해야 하오. 지금 그것을 숨기고 떠나는 것은 무엇을 하겠다는 의도요?"

"옥새가 어찌하여 나한테 있다고 하시오?"

"건장전 우물 속에서 나온 물건은 어디에 있소?"

"본래부터 나한테 없는 것인데 어찌하여 이토록 핍박하는 거요?"

"속히 내놓으시오. 그래야만 화를 면할 수 있소."

손견이 하늘을 가리키며 맹세했다.

"내가 만일 이 보배를 얻어 사사로이 숨기고 있다면 후일 천수를 다하지 못하고 칼과 화살에 맞아 죽을 것이오!"

제후들이 말했다.

"문대가 이렇게까지 맹세하는 걸 보니 옥새가 없는 게 틀림없소."

그러자 원소가 군사를 불러냈다.

"우물에서 건져낼 때 이 사람이 없었소?"

손견이 크게 성내며 차고 있던 검을 뽑아 그 군사를 베려 했다. 원소 또한 검을 뽑으며 말했다.

"네가 이 군인을 베려고 하는 것을 보니 나를 속이는 게 분명하구나."

원소 뒤에 있던 안량, 문추가 모두 칼집에서 검을 뽑았다. 손견의 배후에 있던 정보, 황개, 한당 또한 손에 칼을 들었다. 제후들이 일제히 그만두도록 설득했다. 손견은 즉시 말에 올라 군영을 뽑아 낙양을 떠났다. 원소는 크게 노했다. 즉시 편지 한 통을 써서 심복을 시켜 그날 밤으로 형주로 달려가 자사 유표劉表에게 전하고 도중에 손견을 막아 옥새를 뺏도록 했다.

이튿날 조조가 동탁을 추격하여 형양에서 싸웠으나 대패하여 돌아왔다. 원소는 사람을 보내 자신의 군영으로 맞아들이고 제후들을 모아 술자리를 마련해서 조조의 울적함을 풀어줬다. 술을 마시는 사이에 조조가 탄식하며 말했다.

"내가 애초에 대의를 일으킨 것은 나라를 위해 역적을 제거하려 했던 것이오. 여러 공께서도 의리를 중시하여 오셨기에 이 조가 처음에 생각했던 바람은 수고롭더라도 본초께서 하내의 군사를 이끌고 맹진[30]과 산조[31]로 가시고, 제장들께서는 성고를 굳게 지키면서 오창[32]을 점거하여 환원, 태곡[33]을 틀어막고 그 험준한 요충지를 제어하는 것이었소. 공로公路(원술의 자)께서는 남양의 군사를 인솔하여 단수현과 석현[34]에 주둔하면서 무관[35]으로 들어가 삼보[36] 일대를 진동시키되, 모두 도랑을 깊게 파고 보루를 높게 쌓아 싸우지는 말고 의병疑兵(허장성세로 적을 현혹시키는 군대)을 더해 군사가 많은 것처럼 꾸며 천하의 형세를 보여준다면 순리로써 역적을 토벌하고 천하를 바로 세울 수 있을 것이라 생각했소. 지금 머뭇거리며 나아가지 않았으니 천하의 기대를 크게 저버렸소. 이 조는 삼가 그것을 부끄러워하는 것이오!"

원소 등은 아무 대답도 하지 못했다. 얼마 안 있어 술자리를 끝냈고 조조는 원소 등이 각기 다른 마음을 품은 것을 보고 일이 이루어질 수 없다고 판단해 스스로 군사를 이끌고 양주[37]로 떠났다. 공손찬이 유비, 관우, 장비에게 일렀다.

"원소는 큰일을 할 수 없는 사람이라 오래잖아 틀림없이 변고가 일어날 것일세. 우리도 그만 돌아가도록 하세."

결국 군영을 빼내 북쪽으로 갔다. 평원에 이르러 현덕을 평원상平原相으로 임명하고 자신은 북평으로 돌아가 군사 훈련과 양성에 힘썼다. 연주태수[38] 유대가 동군태수 교모에게 군량을 빌려달라고 요청했다. 교모가 거절하고 주지 않자 유대는 군사를 이끌고 교모의 군영으로 쳐들어가 교모를 죽였고 그 무리는 모두 항복했다. 원소는 제후들이 각자 흩어지는 것을 보고는 군사들을 인솔하여 군영을 정리하고 낙양을 떠나 관동을 향해 가버렸다.

한편 형주자사 유표는 자가 경승景升이고 산양山陽 고평39 사람으로 한실의 종친이었다. 젊어서 친교 맺는 것을 좋아하여 명사 7인과 벗을 삼았는데 세상에서는 이들을 '강하팔준'40이라 불렀다. 그 7인은 누구인가? 여남41의 진상陳翔으로 자가 중린仲麟, 같은 여남군 출신인 범방范滂으로 자가 맹박孟博, 노국42의 공욱孔昱으로 자가 세원世元, 발해의 범강范康으로 자가 중진仲眞, 산양의 단부檀敷로 자가 문우文友, 같은 산양군 출신인 장검張儉으로 자가 원절元節, 남양南陽의 잠질岑晊로 자가 공효公孝였다. 유표는 이들과 벗삼고 연평44 사람인 괴량蒯良, 괴월蒯越과 양양45 사람인 채모蔡瑁를 보좌로 삼아 돕게 했다. 이때 원소의 편지를 보고는 괴월, 채모에게 군사 1만 명을 이끌고 손견의 돌아가는 길을 차단하게 했다.

손견의 군사가 도착하자 괴월은 진을 펼치고 앞장서 말을 몰아 나왔다. 손견이 물었다.

"괴이도蒯異度(괴월의 자)께서는 무슨 까닭으로 군사를 이끌고 나의 가는 길을 가로막는 것이오?"

괴월이 말했다.

"너는 이미 한나라 신하가 되었거늘 어찌하여 사사로이 전국새를 숨겼느냐? 속히 내놓으면 네가 돌아가도록 해주겠다!"

손견이 크게 성내며 황개에게 나가 싸우도록 했다. 채모가 춤추듯 칼을 휘두르며 나와 맞섰다. 몇 합을 싸웠을 때 황개가 편을 휘둘러 채모를 때렸는데 호심경46 중앙을 정통으로 가격했다. 채모가 말을 젖혀 달아나자 손견은 기세를 몰아 경계를 넘어 들어갔다. 그때 산 뒤에서 징과 북이 일제히 울리더니 유표가 직접 군사를 이끌고 달려왔다. 손견이 말 위에서 예를 행하고 말했다.

"경승景升(유표의 자)께서는 무슨 까닭으로 원소의 편지만 믿고 이웃 군郡을 핍박하시오?"

유표가 말했다.

"그대가 전국새를 감췄다는데 장차 모반하려는 것이오?"

"나한테 그런 물건이 있다면 칼과 화살에 맞아 죽을 것이오!"

"그대가 만일 내가 믿도록 하려거든 군의 행장들을 수색해볼 수 있도록 해주시오."

손견이 화를 내며 말했다.

"네가 무슨 힘이 있다고 감히 나를 업신여긴단 말이냐!"

손견이 싸우려 하자 유표가 즉시 물러났다. 손견이 말을 몰아 뒤를 쫓는데 양쪽 산 뒤에 매복하던 군사들이 일제히 뛰쳐나왔고 뒤에서는 채모, 괴월이 쫓아오니 손견은 포위된 채 곤란한 지경에 빠지고 말았다.

옥새를 얻기는 했으나 쓸 곳이 없으면서
도리어 이 보배 때문에 전쟁을 일으켰도다
玉璽得來無用處, 反因此寶動刀兵

손견은 어떻게 벗어날 것인가? ❺

제6회 전국새를 손에 넣은 손견의 야망

❶

『삼국지』「오서·손견전」에 "동탁은 손견의 용맹함과 강건함을 두려워하여 장군 이각 등을 보내 화친을 구했고, 손견이 그의 자제 가운데 자사나 군수로 임명하고 싶은 자를 열거하면 표를 올려 등용하도록 하겠다고 했다"는 기록이 있다. 그러나 동 탁이 손견을 회유하기 위해 사돈 관계를 제안했다는 기록은 없다. 『자치통감』 권60 「한기 52」에도 동탁이 손견의 자식들에게 벼슬을 수여하는 것으로 화친을 요청했다 고 기록하고 있다.

❷

주비와 오경은 언제 죽었을까?

『삼국지』「위서·동탁전」에 주비와 오경의 죽음에 관한 기록이 있다.

"처음에 동탁은 상서 주비, 성문교위 오경 등을 신임하여 그들이 추천한 한복, 유 대, 공주, 장자張咨, 장막 등을 임명하고 주와 군을 다스리도록 했다. 그러나 한복 등 은 관직에 오른 다음 모든 군대를 합병하여 동탁을 토벌하려고 했다. 동탁은 그 소 식을 듣고 주비와 오경 등이 서로 내통하여 자기를 팔아먹는다고 생각하여 그들을 모조리 참수시켰다"고 기록하고 있어, 주비와 오경은 소설처럼 이때 죽은 것이 아니라 관동 제후들이 군사를 일으켰을 때 이미 죽임을 당한 것으로 보인다. 그러나 "동탁은 오경과 주비를 죽인 다음 오래지 않아 후회했기 때문에 황제에게 표문을 올려 양표와 황완을 광록대부光祿大夫로 임명했다. 그러고는 천자를 모시고 서도 장안으로 천도했다"고 기록하고 있어 소설에서 양표, 황완, 순상을 파직하여 서민으로 만들어버렸다는 내용은 허구다.

❸

천하에 조홍은 없을 수 있어도 조조가 없어서는 안 된다

『삼국지』「위서·무제기」에 "태조(조조)는 날아오는 화살에 맞았으며 타고 있던 말도 상처를 입었다. 종제從弟 조홍이 자신의 말을 태조에게 주었으므로 밤에 빠져나갈 수 있었다"고 기록되어 있다. 『삼국지』「위서·조홍전」에는 다음과 같은 기록이 있다.

"태조가 의병을 일으켜 동탁을 토벌하려고 형양까지 왔다가 동탁의 부하 장수 서영에게 패했다. 태조는 타고 있던 말을 잃었고 적군의 추격은 너무도 급했다. 조홍이 말에서 내려 자기의 말을 태조에게 주자 태조는 사양했다. 그러자 조홍이 말했다. '천하에 이 조홍은 없어도 되지만 당신은 없어서는 안 됩니다.' 그러고는 도보로 태조를 수행하여 변수汴水가까지 왔는데 수심이 깊어 건널 수 없었다. 조홍은 변수 강가를 따라 배를 찾아 태조와 함께 강을 건너 초현譙縣으로 도망쳤다."

❹

서영徐榮은 과연 삼류 장수였을까?

『삼국지』「위서·무제기」에는 조조가 "형양현滎陽縣의 변수가에 이르렀을 때 동탁의 부하 장수 서영을 만나 싸웠으나 불리해졌고 죽거나 다친 병사가 매우 많았다. 서영은 태조가 이끄는 병력이 적은데도 하루 종일 힘을 다하여 싸우자 산조를 쉽게 공략할 수 없다고 여기고 역시 군사를 이끌고 돌아갔다"고 기록되어 있으며, 『자치통감』 권59 「한기 51」에도 같은 내용이 나온다. 또한 『후한서』「동탁전」에 "이때 장사태수 손견 또한 예주 각 군의 병마를 이끌고 동탁을 토벌했다. 서영은 양현梁縣(허난성 루저우汝州 동쪽)에서 손견과 맞닥뜨렸고 교전을 벌여 손견을 격파했으며 영천潁川태 수 이민李旻을 사로잡아 삶아 죽였다. 동탁은 포로로 잡은 의군 사졸을 모두 천으로 둘둘 말은 다음에 땅바닥에 거꾸로 세워놓고는 뜨거운 기름을 부어 그들을 죽였다" 고 기록하고 있다. 서영은 소설의 내용처럼 하후돈에게 맥없이 죽은 평범한 장수가 아니라 조조와 손견을 격파한 동탁의 맹장이었다.

그리고 『후한서』 「동탁전」에 따르면 초평 3년(192)에 동탁이 죽고 그 부하 장수 이 각과 곽사 등이 장안으로 진격했을 때, "왕윤이 듣고서 즉시 동탁의 옛 장수 호진胡 軫과 서영을 파견해 신풍新豐(산시陝西성 시안 린퉁臨潼구 동북쪽)에서 공격하게 했는 데 서영은 전사하고 호진은 부하 병사들을 이끌고 투항했다"고 기록하고 있다. 결국 서영은 소설과는 다르게 2년 후에 전사한다.

또한 본문과는 달리 서영은 직책이 태수가 아니라 '중랑장'이었다. 그리고 『자치통 감』 권59 「한기 51」에는 서영이 '현도인玄菟人'으로 나오고, 『삼국지』 「위서·공손도전 公孫度傳」에 따르면 "공손도는 요동遼東 양평襄平(현 명칭, 치소는 랴오닝성 랴오양遼陽) 사람, 그와 같은 군 출신인 서영"이라고 기록되어 있다.

❺

관직 임명에 관한 다양한 한자

소설에는 어떤 관직을 '임명하다'라는 표현이 많이 등장하며, '수여하다' '대리하 다' '겸하다' '제수하다' '관직을 더해주다' 등의 표현을 자주 접할 수 있다. 이러한 표 현들은 역자가 임의로 결정한 것이 아니며 번잡함을 피하기 위해 한자에 따라 가장 적당한 단어를 선택했음을 밝혀둔다.

관직 임명에 관련된 한자는 아래와 같다.

배拜: 존중의 의미로 '임명하다', 관직을 '수여하다'의 의미다.

제除: 관직을 수여하고 직무를 맡기다. 옛 직책을 없애고 새로운 직책을 임명한다는 의미이며, 제수除授는 관직을 임명하고 직무를 수여한다는 뜻이다.

수守: '시수試守' '시용試用'을 말한다. 잠시 직무를 대리하는 것으로 일반적으로 시수 기간은 1년인데 이 기간에 시험적으로 임용한 다음 직무를 담당할 만한 자는 '진眞(정식 임명)'으로 전환된다. 직무를 담당할 만하지 못한 자는 원래의 직무로 돌아가거나 다른 직무로 전환 혹은 강등된다.

진眞: 정식 임명의 의미로 일반적으로 '수守'와 상대적으로 사용된다.

행行: 관원이 결원되어 보충되지 않았을 때 잠시 그의 관직을 겸섭兼攝(본직 외에 동시에 다른 직무를 대리하는 것)하는 것을 말한다.

겸兼: 다른 직무를 겸직한다는 의미다.

독督: 후한 때 시작되었고 중앙에서 지방으로 관원을 파견하여 감독하는 행위를 말한다. 대부분 군사 수용에 의해 설치되었다. 후한 말에 와서는 각종 '독'이 설치되었고 '도독都督' '독군督軍' '총독總督' 등의 명호가 생겼다.

가假: '대리代理'의 의미다. 즉 정식 임명 전에 임시로 대리하며 직권을 행사한다는 의미다.

영領: '겸령兼領(겸임)'의 의미다. 관리가 주관하고 있는 직무가 있는데 또 다른 관직을 겸임하는 것으로 주관하는 직분이 겸임하는 직급보다 비교적 더 높을 때 영이라 한다. 후한 시기에 영은 잠시 직무를 대리한다는 의미도 있었다.

평平: 정책을 결정한다는 의미로 일반적으로 정위廷尉와 상서尙書에 사용된다.

시視: 평平과 영領의 의미와 비슷하며 겸직의 의미도 있다.

녹錄: 후한 때 시작되었고 상서尙書의 업무에 국한되며 총괄, 통괄의 의미다.

간干: 주관한다는 의미다.

대조待詔: 관직 명칭. 한대에 명망 있고 특별히 우수한 인사를 중용하고자 하나 아직 등용되지 못한 자에게 대조라는 명칭을 부여했는데 황제의 명령을 기다린다는 의미다.

가관加官: 본직 이외에 별도로 다른 관직을 겸임하는 것을 말한다. 가관의 범주에 속하는 것으로 특진特進, 봉조청奉朝請, 의동삼사儀同三司 등이 있다. 특진은 관직 명칭으로 전한 말에 설치되었고 열후 중에서 특수한 지위에 있는 자에게 수여했으며 지위는 삼공三公의 아래였다. 봉조청은 관직 명칭으로 퇴직한 대신들에게 부여한 특혜다. 고대 제후들이 봄에 입조하여 천자를 알현하는 것을 '조朝'라 했고 가을에 알현하는 것을 '청請'이라 했다. 그렇기 때문에 봉조청은 정기적으로 조회에 참가할 수 있는 자격을 부여하는 것이다. 후한 시기에는 퇴직한 삼공, 외척, 종실, 제후 등이 봉조청을 부여받고 조회에 참가했다. 이것은 조정에서 부여하는 정치적 예우일 뿐만 아니라 이러한 명호를 획득한 자는 조정에서의 위치 또한 상승된 것이다. 의동삼사는 본래는 삼공이 아닌데 삼공과 동등한 대우를 부여하는 것을 말한다.

산관散官: 관직명은 있으나 고정된 직무가 없는 관리를 말한다. 한대에 조정의 중신들이 본관本官 외에 명호를 추가하는 것으로 실제로는 직책이 없다.

서署: 잠시 임명, 위임, 잠시 대리하게 하다. 또한 아문衙門으로 관리가 공무를 처리하는 장소를 말하기도 한다.

천遷: 고대에 관직이 이동하는 것을 천이라 했다. 승직升職을 가리킨다.

반하 전투와
손견의 죽음

원소는 반하에서 공손찬과 싸우고,
손견은 강을 건너 유표를 치다

袁紹磐河戰公孫,
孫堅跨江擊劉表

손견은 유표에게 포위되었으나 다행히 정보, 황개, 한당 세 장수가 죽음을 무릅쓰고 구해줘 겨우 벗어날 수 있었다. 군사의 태반을 잃은 손견은 겨우 길을 찾아 패잔병을 이끌고 강동으로 돌아갔다.[1] 이때부터 손견은 유표와 원한을 맺게 되었다.

한편 원소는 군사를 이끌고 하내에 주둔하고 있었으나 군량과 마초가 부족했다. 기주목 한복韓馥이 사람을 파견해 양식을 보냈는데 군용으로 쓰라고 도와준 것이었다. 모사 봉기逢紀가 원소를 설득했다.

"대장부가 천하를 거침없이 내달려야지 어찌하여 남이 양식을 보내주기를 기다렸다가 먹습니까! 기주는 돈이 많고 양식이 풍부한 지역인데 장군께서는 어찌하여 취하지 않으십니까?"

원소가 말했다.

"아직 좋은 계책이 없네."

봉기가 말했다.

"공손찬에게 은밀히 서신을 전해 출병해서 기주를 취하라 하고 우리도 협공하겠다고 약속하면 공손찬은 반드시 군사를 일으킬 것입니다. 한복은 지모가 없는 사람이라 필시 장군께 기주의 일을 통솔해달라고 청할 것입니다. 바로 그때 중간에서 일을 실행하면 손바닥에 침을 뱉기만 해도 얻을 수 있을 것입니다."

원소가 크게 기뻐하며 즉시 공손찬에게 편지를 발송했다. 공손찬이 받아보니 기주를 함께 공격해 땅을 고르게 나누자는 내용이라 매우 기뻐하며 그날로 군사를 일으켰다. 그러나 원소는 도리어 사람을 시켜 그 일을 한복에게 은밀히 알렸다.

당황한 한복은 순심苟諶과 신평辛評 두 모사를 불러 상의했다. 순심이 말했다.

"공손찬이 연과 대²의 군사로 먼 거리를 신속하게 달려오면 그 예리함을 감당할 수 없습니다. 게다가 유비, 관우, 장비의 도움까지 받고 있어 대항하기 어렵습니다. 지금 원본초袁本初(원소의 자)는 지혜와 용맹이 뛰어난 데다 수하에는 명장이 매우 많으니 장군께서 기주의 일을 함께 통치하자고 청하시면 그는 장군을 반드시 후하게 대접할 것이고 공손찬을 근심할 일도 없을 것입니다."

한복이 즉시 별가 관순³을 보내 원소를 청하려 하자 장사⁴ 경무耿武가 간언했다.

"원소는 무리에서 떨어진 곤경에 처한 고립무원의 군대라 우리의 호흡에 의지하는 형세로 마치 갓난아기가 허벅지와 손바닥 위에 있는 것과 같아 젖을 먹여 기르지 않으면 즉시 굶어 죽을 것입니다. 그런데 어찌하여 기주의 일을 그에게 맡기려 하십니까? 이것은 호랑이를 끌어다 양떼에 들이는 것과 같습니다."

한복이 말했다.

"나는 원래 원씨 집안에서 관리를 지냈던 사람이고 재능 또한 본초보다 못하다. 옛사람들은 현자를 가려서 양보한다고 했는데 그대들은 어찌하여 시기만 하는가?"

경무가 탄식하며 말했다.

"기주도 끝장났구나!"

이에 관직을 버리고 떠난 자가 30여 명이나 되었다. 경무와 관순만이 성 밖에 숨어서 원소를 기다렸다.

며칠 후 원소가 군사를 이끌고 도착했다. 경무와 관순이 칼을 뽑고 달려 나가 원소를 찔러 죽이려 했다. 그러나 원소의 장수 안량이 바로 경무를 베 었고, 문추는 관순을 찍어 죽였다.❶

기주로 들어온 원소는 한복을 분위장군[5]으로 임명하고, 전풍田豐, 저수沮 授, 허유許攸, 봉기逢紀 등에게 주의 일들을 나누어 맡겨 한복의 권한을 모두 빼앗았다. 한복은 후회했으나 어쩔 수 없었고 결국은 처자식마저 버리고 홀 로 진류[6]태수 장막張邈에게 의탁하러 갔다.❷

한편 공손찬은 원소가 이미 기주를 점거한 것을 알고 아우 공손월公孫越 을 원소에게 보내 약속했던 땅을 나누자고 했다. 원소가 말했다.

"내가 상의할 일이 있으니 그대 형님보고 직접 오시라 하시게."

공손월이 작별하고 돌아갔다. 그런데 50리를 채 못 갔을 때 길옆에서 한 떼의 군마가 갑자기 나타나 "나는 바로 동승상의 가장[7]이다!"라고 외치더니 어지럽게 화살을 쏘아 공손월을 죽였다. 수행원이 달아나 돌아와서 공손찬 에게 공손월이 이미 죽었다고 보고했다. 공손찬이 크게 노하여 말했다.

"원소가 나를 꾀어내 군사를 일으켜 한복을 공격하게 하고선 도리어 그 사이에 일을 치렀구나. 게다가 이제는 동탁의 병사로 가장하여 내 아우마저 쏘아 죽였으니 이 원한을 어찌 갚지 않는단 말이냐!"

본부의 군사를 모조리 일으켜 기주로 내달려왔다.

원소도 공손찬의 군사가 당도한 것을 알고 역시 군사를 인솔해 나갔다. 양쪽의 군대는 반하[8]에 모였고 원소의 군사는 반하교 동쪽에, 공손찬의 군사는 다리 서쪽에 있었다. 공손찬이 다리 위에서 말을 세우고 크게 소리 질렀다.

"의리를 배신한 놈아, 어째서 감히 나를 팔아먹었느냐!"

원소 또한 말을 채찍질하며 다리 옆으로 달려와 공손찬을 가리키며 말했다.

"한복이 재주가 없어서 기주를 나한테 양보했는데 네가 무슨 상관이냐?"

공손찬이 말했다.

"지난날 네가 충성스럽고 의롭다고 생각해 맹주로 천거했다. 그런데 지금 하는 짓을 보니 진실로 심보는 이리 같고 행실은 개 같은 배은망덕한 놈이로구나. 무슨 낯짝으로 세상에 나서려고 하느냐!"

원소가 크게 노하여 말했다.

"누가 저놈을 사로잡겠느냐?"

미처 말이 끝나기도 전에 문추가 말에 채찍질하며 창을 잡고 곧바로 다리 위로 달려갔다. 그러자 공손찬이 다리 가장자리로 가서 문추와 맞붙어 싸웠다. 10여 합을 싸우지도 못했는데 공손찬은 막아낼 수 없어 달아났다. 문추가 기세를 몰아 추격했다. 공손찬이 진중으로 달려들어가자 문추가 나는 듯이 중군으로 뚫고 들어가 좌충우돌했다. 공손찬 수하에 있던 네 명의 맹장이 일제히 맞서 싸웠으나 문추가 그중 한 장수를 창으로 찔러 말에서 떨어뜨리자 나머지 세 장수는 모두 달아났다. 문추가 곧장 공손찬을 뒤쫓아 진 뒤쪽으로 몰아내니 공손찬은 산골짜기를 향해 도망쳤다. 문추가 빠르게 말을 몰며 엄하게 소리 질렀다.

"빨리 말에서 내려 항복하라!"

공손찬은 활과 화살을 다 떨어뜨리고 투구도 땅에 떨어져 머리를 풀어헤친 채 말고삐를 놓고 산비탈을 돌아 내달렸으나 말이 앞발굽을 잘못 디뎌 넘어지는 바람에 비탈 아래로 굴러떨어지고 말았다. 문추가 급히 창을 꼬나 잡고 찔렀다. 그때 별안간 풀이 무성한 비탈 왼편에서 한 소년이 나는 듯이 말을 몰아 나오며 창을 잡고 곧바로 문추에게 달려들었다. 그 사이에 수풀을 헤치며 비탈로 기어올라간 공손찬이 그 소년을 살펴보니 키가 8척에 짙은 눈썹과 부리부리한 눈, 얼굴은 넓고 턱은 두툼했으며 위풍이 늠름했는데, 문추와 50~60합을 크게 싸웠는데도 승부가 나지 않았다. 공손찬의 부하 군사들이 구원하러 몰려오자 문추는 말을 돌려 물러났다. 소년 또한 뒤를 쫓지 않았다. 공손찬이 서둘러 비탈을 내려와 소년의 성명을 물었다. 소년은 몸을 숙여 인사하며 대답했다.

"저는 상산 진정⁹ 사람으로 성이 조趙, 이름이 운雲이고 자가 자룡子龍이라고 합니다. 원래는 원소 관할의 사람이었으나 원소가 군주에 충성하고 백성을 구제할 마음이 없으므로 일부러 그를 버리고 장군의 휘하에 들어가고자 오는 길입니다. 그런데 뜻하지 않게 이곳에서 뵙게 되었습니다."

공손찬이 크게 기뻐하며 함께 군영으로 돌아와서 군사를 정돈했다. ❸

이튿날 공손찬은 군마를 좌우 두 대로 나누었는데 형세가 마치 새의 날개를 펼친 듯했다. 말이 5000여 필인데 대부분이 백마였다. 공손찬이 일찍이 강인羌人¹⁰들과 싸웠을 때 모두 백마만 골라 선봉으로 삼았기에 '백마장

군'이라 불렸다. 강인들이 백마만 보면 달아날 정도로 백마가 매우 많았다.❹

원소는 안량과 문추를 선봉으로 삼아 각각 궁노수 1000명을 이끌게 했고, 역시 좌우 두 대로 나누어 좌측은 공손찬의 우군을 쏘고 우측은 공손찬의 좌군을 쏘게 했다. 다시 국의魏義에게 800명의 궁수와 보병 1만 5000명을 이끌고 진 한가운데에 늘어서게 했다. 원소 자신은 마보군 수만 명을 이끌고 뒤에서 지원하기로 했다. 공손찬은 조운을 얻었지만 그 속내를 알 수 없어 별도로 한 부대를 이끌고 뒤쪽에 있게 했고, 대장 엄강嚴綱을 선봉으로 삼았다. 공손찬 자신은 중군을 인솔하여 다리 위에 말을 세우고 큰 붉은 원 테두리 안에 금실로 '수帥' 자를 수놓은 깃대를 말 앞에 곧게 세웠다. 진시辰時부터 북을 두드렸지만 사시巳時가 되었는데도 원소의 군사는 싸우러 나오지 않았다. 국의가 궁수들에게 모두 차전패遮箭牌(화살을 막는 방패) 아래에 엎드려 있다가 포성이 들리면 화살을 쏘라고 영을 내렸기 때문이었다. 엄강이 기다리다 못해 북을 두드리고 함성을 지르며 곧바로 국의에게 달려들었다. 국의의 군사들은 엄강의 병사들이 몰려오는 것을 보고도 모두 엎드려 움직이지 않고 있다가 가까이 이르렀을 때 '쾅!' 하는 포성이 들리자 800명의 궁노수가 일제히 화살을 쏘아댔다. 엄강이 급히 되돌아가려 했으나 칼을 춤추듯 휘두르며 달려온 국의에게 베어져 말 아래로 떨어졌고 결국 공손찬의 군대는 대패하고 말았다. 좌우 양군이 구하려 했으나 안량과 문추가 궁노수를 이끌고 화살을 쏘는 바람에 모두 제자리에서 움직이지 못했다. 게다가 원소의 군사가 동시에 진격해 경계점인 다리까지 쳐들어왔다.[11] 국의가 말을 몰고 달려와 먼저 깃발을 잡고 있는 장수를 베고 깃발을 찍어 쓰러뜨렸다. 공손찬은 깃발이 꺾여 쓰러지는 것을 보고는 말을 돌려 다리를 내려가 달아났다. 국의가 군사를 이끌고 곧장 돌진하다 후군에 이르렀을 때 마침 조운과 맞닥뜨렸는데 조운은 창을 잡고 말에 박차를 가해 국의에게 달려들었다. 몇 합을 싸우지도 못하고 국의는 한 창에 찔려 말 아래로 떨어졌다. 조운은 나는 듯이 말을 몰아 원소의 군중으로 뛰어들어 좌충우돌하는데 마치 무인지경에 들어간 듯했다. 그 사이에 공손찬이 군사를 되돌려 쳐들어가니 원소의 군대는 대패하고 말았다. ❺

이에 앞서 원소가 정찰 기병을 보내 상황을 살펴보게 했는데, 국의가 깃발 든 장수를 베고 깃발을 뽑아버린 후 패잔병을 추격하고 있다는 보고를 받았다. 이 때문에 준비도 없이 전풍과 함께 휘하의 극을 잡은 군사 수백 명과 궁수 수십 기만 이끌고 말을 타고 나와 구경하며 하하 크게 웃었다.

"공손찬은 무능한 자로구나!"

말하는 사이에 별안간 코앞까지 조운이 쳐들어왔다. 궁수들이 급히 활을 쏘려고 했으나 조운이 연이어 여러 명을 찌르자 모두 달아났다. 게다가 뒤에서는 공손찬이 겹겹이 에워싸며 몰려왔다. 당황한 전풍이 원소에게 말했다.

"주공께선 잠시 빈 담장 안으로 피하십시오!"

원소가 투구를 땅바닥에 내던지며 크게 소리쳤다.

"대장부가 전쟁에 나와 싸우다 죽기를 원하지 어찌 담장으로 들어가 살기를 바라겠느냐!"

이 말에 군사들 모두 합심하여 목숨을 걸고 싸우자 조운도 더 이상 뚫고 들어오지 못했다. 그때 원소의 대부대가 가득 몰려오고 안량 또한 군사를 이끌고 당도하여 양쪽 길에서 필사적으로 싸웠다. 조운이 공손찬을 보호하며 포위망을 뚫고 경계점인 다리까지 돌아왔다. 원소가 군사를 몰아 대대적으로 진격해 다시 다리 건너로 추격해오자 물에 빠져 죽은 자가 헤아릴 수 없이 많았다. 원소가 앞장서서 추격하는데 5리도 채 못 가서 산 뒤쪽에서 고함을 치며 한 떼의 인마가 갑자기 쏟아져 나왔다. 세 명의 대장이 앞장섰는데 바로 유현덕, 관운장, 장익덕이었다. 평원에 있다가 공손찬이 원소와 싸운다는 것을 탐지하고 특별히 싸움을 도우러 오는 길이었다. 세 필의 말이 각기 다른 세 종류의 병기를 들고 원소에게 나는 듯이 달려들었다. 깜짝 놀란 원소는 영혼이 육체에서 떠난 듯이 혼비백산하여 손에 들고 있던 보도를 말 아래로 떨어뜨리고는 말을 젖혀 허둥지둥 달아나자 모두 죽기 살기로 그를 구원해 다리를 건너갔다. 공손찬도 군사를 거두어 군영으로 돌아갔다. 현덕, 관우, 장비가 인사를 마치자 공손찬이 말했다.

"현덕이 멀리 와서 나를 구해주지 않았더라면 매우 곤란한 지경에 처할 뻔했네."

조운과 서로 인사를 시켰다. 현덕은 조운을 심히 공경하고 사랑하여 아끼는 마음이 생겼다.

한편 원소는 한바탕 싸움에서 패하자 굳게 지키기만 하고 나오지 않았다. 양군이 서로 대치한 채 한 달여쯤 지났을 때 어떤 사람이 장안으로 와서 동탁에게 이 사실을 보고했다. 이유가 동탁에게 말했다.

"원소와 공손찬 또한 당대의 호걸들인데 지금 반하에서 서로 죽어라 싸우고 있습니다. 천자의 조서를 빌려 화해시켜야 마땅합니다. 그러면 두 사람이 은덕에 감사하여 반드시 태사[12]께 복종할 것입니다."

"좋구나."

이튿날 동탁은 즉시 태부 마일제馬日磾와 태복 조기趙岐에게 조서를 들고 가게 했다. 두 사람이 하북[13]에 도착하자 원소는 100리 밖까지 마중 나와 두 번 절하고 조서를 받들었다. 다음 날 두 사람이 공손찬의 군영에 가서 명령을 전달하며 알아듣게 타이르자 공손찬도 이내 사신을 보내 편지를 원소에게 전달하고 서로 화해했다. 두 사람은 사명을 마치고 도성으로 돌아가 결과를 보고했다. 공손찬은 그날로 군대를 철수하면서 표문을 올려 유현덕을 평원상에 천거했다. 현덕이 조운과 작별하면서 손을 잡고 눈물을 흘리며 차마 이별하지 못했다. 조운이 탄식하며 말했다.

"이전에는 공손찬이 영웅인 줄 알았는데 지금 하는 짓을 보니 원소와 다름없는 자입니다!"

현덕이 말했다.

"공은 잠시 몸을 굽혀 공손찬을 섬기도록 하시오. 우리 다시 만날 날이 있을 것이오."

눈물을 흘리며 작별했다.❻

한편 원술은 남양에 있으면서 원소가 이번에 기주를 얻었다는 소식을 듣고서는 사자를 보내 1000필의 말을 요구했다. 원소가 주지 않자 원술은 노했고 이때부터 형제는 반목하게 됐다. 다시 형주로 사자를 보내 유표에게 양식 20만 곡[14]을 빌리려 했으나 역시 거절당했다. 원술은 이에 원한을 품고 비밀리에 손견에게 서신을 보내 유표를 정벌하게 했다.

"지난번 유표가 길을 막은 것은 내 형인 본초의 계략이었소. 지금 본초가 다시 유표와 사사로이 의논하여 강동을 기습하려고 하오. 공이 속히 군사를 일으켜 유표를 정벌하고 나는 공을 위해 본초를 취한다면 우리 두 사람의 원한을 갚을 수 있을 것이오. 공은 형주를 취하고 나는 기주를 차지하는 것이니 절대 실수 없도록 하시오!"

손견이 편지를 읽고 말했다.

"지난날 내 길을 막았던 유표를 생각하면 참을 수 없다. 이번에 기세를 몰아 원한을 갚지 않는다면 다시 어느 때를 기다린단 말인가!"

휘하의 정보, 황개, 한당 등을 모아놓고 상의했다. 정보가 말했다.

"원술은 속임수가 많은 자라 믿을 만한 소식이라 할 수 없습니다."

손견이 말했다.

"스스로 원수를 갚고자 하는데 어찌 원술의 도움을 기대한단 말인가?"

바로 황개를 먼저 강변으로 보내서 전함을 준비해 무기와 양식, 마초를 가득 싣고 큰 배에는 전마15를 실어 기한을 정해서 군대를 일으키기로 했다.

강동에 있던 정탐꾼이 탐지하고는 그 일을 유표에게 보고했다. 크게 놀란 유표는 급히 문관과 무장들을 소집해 상의했다. 괴량蒯良이 말했다.

"걱정하실 필요 없습니다. 황조黃祖로 하여금 강하의 병사를 통관하게 하여 선봉으로 삼고 주공께서는 형주와 양양襄陽의 군사를 인솔하여 지원하시면 됩니다. 손견은 장강을 가로지르고 호수를 건너오는데 어찌 무력을 사용할 수 있겠습니까?"

유표는 그 말을 옳다 여기고 황조에게 준비하여 뒤이어 바로 대군을 일으키도록 했다.

손견에게는 아들이 네 명 있었는데 모두 오吳부인의 소생으로, 큰아들은 이름이 책策에 자가 백부伯符였고, 둘째는 이름이 권權에 자가 중모仲謀였으며, 셋째는 이름이 익翊이고 자가 숙필叔弼이었고, 넷째는 이름이 광匡이고 자가 계좌季佐였다. 오부인의 여동생이 손견의 둘째 부인이 되어 또한 아들 하나, 딸 하나를 두었는데, 아들은 이름이 낭朗이고 자가 조안早安이었고, 딸은 이름이 인仁이었다. 손견은 또 유兪씨의 자식 하나를 양자로 삼았는데 이름

이 소韶, 자가 공례公禮였다.❼

손견에게는 남동생이 하나 있었는데 이름이 정靜이고 자가 유대幼臺였다. 손견이 곧 출발하려는데 손정이 손견의 아들들을 데리고 나와 말 앞에서 차례대로 무릎 꿇고 절을 올리게 하고는 간언했다.

"지금 동탁이 권력을 장악하여 천자는 나약해졌고, 천하에 대란이 일어나 제후들이 각자 한 지역씩 차지하고 있습니다. 강동은 잠시나마 평온한데 작은 원한 때문에 대군을 일으키는 것은 옳지 않습니다. 원컨대 형님께서는 다시 생각해보십시오."

손견이 말했다.

"아우는 여러 말 말거라. 내가 장차 거침없이 천하를 내달릴 터인데 어찌 원한을 갚지 않을 수 있단 말인가!"

맏아들 손책이 말했다.

"부친께서 반드시 가셔야 한다면 소자가 수행하고자 합니다."

손견은 허락하고 마침내 손책과 함께 배에 올라 번성16을 향해 나아갔다.

황조는 강변에 궁노수를 매복시켜놓았다가 배들이 강가에 다가오자 화살을 어지럽게 쏘았다. 손견은 군사들에게 명을 내려 함부로 움직이지 못하게 했고 배 안에 엎드린 채 다가갔다 멀어졌다 하면서 적을 유인했다. 연이어 사흘을 그렇게 하니 배가 수십 차례나 강기슭에 다가갔다. 황조의 군사들은 그저 화살만 쏘았기에 화살이 모두 떨어지고 말았다. 손견이 배에 꽂힌 화살들을 뽑게 하니 10만여 개나 됐다. 그날 마침 순풍이 불자 손견은 군사들에게 일제히 활을 쏘라 명했다. 강기슭의 적군은 버티지 못해 퇴각할 수밖에 없었다. 이때 강기슭에 오른 손견의 군사들은 정보와 황개를 따라 두 길로 나누어 곧바로 황조의 군영으로 쳐들어갔다. 뒤에서는 한당이 군사들을 휘몰아 진격했다. 삼면으로 협공하자 황조는 대패하여 번성을 버리고 등성[17]으로 달아났다. 손견은 황개를 시켜 전함을 지키게 하고는 직접 군사를 통솔하여 적을 추격했다. 마침내 황조가 군사를 이끌고 나와 들판에 진을 벌이자 손견도 진세를 배치하고 문기 아래로 말을 몰아 나왔다. 손책 또한 무장을 갖추고 창을 잡은 채 부친 곁에 말을 세웠다. 황조는 두 장수를 거느리고 나왔는데, 강하의 장호張虎와 양양의 진생陳生이었다. 황조가 채찍을 휘두르며 큰 소리로 욕했다.

"강동의 쥐새끼 같은 도적놈아, 어찌 감히 한실 종친의 경계를 침범했느냐!"

그러고는 즉시 장호에게 싸움을 걸게 했다. 손견의 진 안에서는 한당이 달려나가 맞섰다. 두 말이 서로 어우러져 30여 합을 싸웠는데 진생은 장호가 겁먹은 것을 보고는 나는 듯이 말을 몰아 싸움을 도왔다. 멀리서 바라보던 손책이 손에 있던 창을 꽉 붙들어놓고는 활을 당겨 진생의 얼굴을 향해 바로 쏘자 '씨잉' 소리와 함께 진생이 말에서 굴러떨어졌다. 진생이 땅바닥에 떨어지는 것을 보고 깜짝 놀란 장호는 어찌할 바를 몰라 당황하다 한당의 칼에 머리가 두 쪽으로 쪼개졌다. 정보는 말고삐를 놓고 진 앞으로 내달려와 황조를 사로잡으려 했다. 그러나 황조는 이미 투구와 전마를 버리고 보군 속에 섞여 도망친 후였다. 손견은 패잔병들을 한수[18]까지 몰아냈고 황개에게 명하여 전함들을 한강漢江에 정박시켰다.

황조는 패잔병을 모아 유표에게 가서 손견의 군세를 감당할 수 없다고 설명했다. 당황한 유표는 괴량을 불러 상의했다. 괴량이 말했다.

"지금 막 싸움에 패하여 병사들이 싸울 마음이 없을 것이니, 단지 도랑을 깊게 파고 보루를 높이 쌓아 굳게 방어하여 적군의 날카로움을 피하면서 은밀히 원소에게 사람을 보내 구원을 요청하면 포위는 저절로 풀릴 것입니다."

채모蔡瑁가 말했다.

"자유子柔(괴량의 자)의 말은 참으로 어리석은 계책입니다. 적군이 성 아래까지 진격해 곧 해자에 이를 것인데 어찌 팔짱 끼고 죽음을 기다릴 수 있단 말입니까! 제가 비록 재주는 없지만 청컨대 군사를 이끌고 성 밖으로 나가 결판을 내겠습니다."

유표가 허락했다. 채모는 군사 1만여 명을 이끌고 양양성 밖으로 나가 현산19에 진을 쳤다. 손견은 승리한 군사들을 거느리고 신속하게 진격했다. 채모가 말을 타고 나오자 손견이 말했다.

"저자는 유표 후처의 오라비다.20 누가 저놈을 사로잡아 오겠는가?"

정보가 철척모鐵脊矛를 잡고 달려나가 채모와 싸움을 벌였다. 몇 합을 싸워보지도 못하고 채모는 패하여 달아났다. 손견이 대군을 몰아 추격하니 죽은 시체가 온 들판에 널렸다. 채모는 양양성 안으로 도망쳐 들어갔다. 괴량은 채모가 좋은 계책을 듣지 않아 크게 패했으니 군법에 따라 마땅히 참수해야 한다고 말했다. 그러나 유표는 그의 누이동생을 새 아내로 얻었기에 형벌을 내리지는 않았다.

한편 손견은 군사를 네 방면으로 나누어 양양성을 에워싸고 공격했다. 그런데 어느 날 갑자기 광풍이 일어나더니 중군의 '수帥' 자 깃대가 부러지고 말았다. 한당이 말했다.

"이것은 좋지 않은 징조이니 잠시 군사를 물리시는 게 좋을 듯합니다."

손견이 말했다.

"내가 싸울 때마다 승리를 거둬 양양성의 함락이 조석에 달려 있는데, 어찌 바람에 깃대가 부러졌다고 갑자기 싸움을 멈추겠는가!"

결국 한당의 말을 듣지 않고 더욱 급하게 성을 공격했다. 괴량이 유표에게 일렀다.

"제가 간밤에 천문을 살펴보다가 장성[21] 하나가 떨어지는 것을 보았습니다. 분야[22]로 추측해보니 손견에 해당됩니다. 주공께서는 속히 원소에게 편지를 보내 구원을 요청하십시오."

유표가 편지를 쓰고는 누가 감히 포위를 뚫고 나가겠냐고 물었다. 맹장 여공呂公이 대답하며 가기를 원했다. 괴량이 말했다.

"자네가 이미 가겠다고 했으니 내 계책을 듣게나. 자네에게 군마 500명을 줄 테니 활쏘기에 능숙한 자들을 많이 데리고 진을 뚫고 나가 곧바로 현산으로 달아나게. 그러면 손견이 반드시 군사를 이끌고 추격해올 것이니, 자네는 100명을 산 위로 올려 보내 돌을 찾아 준비하게 하고, 또 100명은 활과 쇠뇌를 잡고 숲속에 매복시키게. 추격병이 이르렀을 때 바로 달아나서는 안 되고 빙빙 돌아 매복 장소까지 유인한 다음에 화살과 돌을 한꺼번에 퍼붓게. 이길 수 있을 것 같으면 연주호포連珠號炮(연속으로 발사하는 신호 포)를 쏴 신호를 보내게. 그러면 성중에서 즉시 나가 호응하겠네. 만일 추격병이 없으면 포를 쏠 필요가 없으니 서둘러 가도록 하게. 오늘 밤 달빛이 그다지 밝지 않으니 해질 무렵에 즉시 성을 나가게."

여공은 계책을 받고 군마를 정돈했다. 해질 무렵에 조용히 동문을 열어 군사를 이끌고 성을 나갔다. 이때 손견은 군막에 있었는데 갑자기 함성이 들리자 급히 말에 올라 30여 기를 거느리고 군영을 나와 살폈다. 군사가 보고했다.

"어떤 한 무리의 인마가 성을 나와 현산을 향해 달려갔습니다."

손견은 장수들을 모으지도 않고 30여 기만 이끌고 뒤를 쫓아갔다. 여공은 이미 숲이 빼곡한 곳에 이르러 위아래로 군사들을 매복시켰다. 손견의 말이 빨라 홀로 앞서 달려가는데 달아나는 군사가 멀지 않았다. 손견이 크게 소리 질렀다.

"달아나지 말거라!"

여공이 고삐를 당겨 말을 돌리더니 손견에게 달려들었다. 여공은 단지 1합만 싸우고 즉시 산길로 들어가 도망쳤다. 손견도 뒤를 따라 쫓아 들어갔으나 여공은 보이지 않았다. 손견이 산을 오르려 하는데 별안간 징소리가 한 번 울리더니 산 위에서 돌이 어지럽게 굴러떨어졌고 숲속에서는 화살이 빗발치듯 쏟아졌다. 손견은 온몸에 돌과 화살을 맞아 골이 깨져 흘러나왔고, 사람과 말이 함께 현산 안에서 죽으니 그의 나이 겨우 37세였다.

여공은 손견을 따르던 30기를 저지하여 모조리 죽이고는 연주호포를 쏘아 신호를 보냈다. 성중에서 황조, 괴월, 채모가 제각기 군사들을 이끌고 쏟아져 나오자 강동의 모든 군사가 크게 어지러워졌다. 황개는 하늘을 진동하는 함성을 듣고 수군을 이끌고 달려오다가 마침 황조와 맞닥뜨렸다. 그는 2합을 싸우지도 않고 황조를 사로잡았다. 정보는 손책을 보호하며 급히 길을 찾다가 여공과 마주쳤다. 정보는 말고삐를 놓고 앞으로 달려가 싸운 지 몇 합 만에 여공을 창으로 찔러 말 아래로 떨어뜨렸다. 양쪽 군사들은 크게 싸우다가 날이 밝아서야 각기 군사를 거두었다. 유표의 군사들은 성으로 들어갔으나 손책은 한수로 돌아가서야 부친이 화살에 맞아 죽었으며 시신은 이미 유표 군사들에게 들려 성으로 들어간 것을 알고는 대성통곡했다. 군사들도 모두 크게 소리 내어 울었다. 손책이 말했다.

"부친의 시신이 저들에게 있는데 어떻게 고향으로 돌아간단 말인가!"

황개가 말했다.

"지금 황조를 사로잡아 여기에 있으니 한 사람을 성으로 보내 화해를 청하고 황조를 주공의 시신과 교환하자고 하시지요."

미처 말이 끝나기도 전에 군리軍吏[23] 환계桓階가 나서며 말했다.

"제가 유표와는 오랜 친분이 있으니 원컨대 사자가 되어 성으로 들어가겠습니다."

손책이 허락했다. 환계가 성으로 들어가 유표를 만나 그 일에 대해 설명했다. 유표가 말했다.

"문대의 시신은 내가 이미 관에 넣어 여기에 극진하게 모셨소. 속히 황조를 돌려보내고 양쪽 집안이 각자 군대를 철수하여 다시는 침범하지 말도록 하시오."

환계가 예를 갖춰 감사드리고 가려는데 계단 아래에서 괴량이 나서며 말했다.

"안 됩니다! 안 됩니다! 제가 드릴 말씀이 있는데 강동 군사들의 갑옷 한 조각도 돌아갈 수 없게 모조리 전멸시킬 수 있습니다. 청컨대 먼저 환계를 참수하신 다음에 계책을 쓰도록 하십시오."

적을 추격하다 손건은 목숨을 잃었는데
화평을 청한 환계 또한 불행을 만났도다
追敵孫堅方殞命, 求和桓階又遭殃

환계의 목숨은 어떻게 되었을까? ❽

제7회 반하 전투와 손견의 죽음

❶
원소의 기주 진입

『삼국지』「원소전」 배송지 주『구주춘추』와 『자치통감』 권60 「한기 52」에 따르면 "한복은 도독종사都督從事 조부趙浮와 정환程渙을 파견해 궁노수 1만여 명을 이끌고 하양河陽(지금의 허난성 멍저우孟州 서남쪽으로, 『후한서』「원소전」과 『자치통감』에는 맹진 孟津으로 기록하고 있다)에 주둔했다. 조부 등은 한복이 원소에게 기주를 넘겨주려 한 다는 소식을 듣고는 맹진에서 동쪽으로 내려왔다. 당시 원소는 조가朝歌(현 명칭, 허 난성 치현淇縣) 청수淸水 입구(즉 치허淇河강 입구)에 있었다. 조부 등이 뒤에서 쫓아왔 는데 배가 수백 척이었고 군사들은 1만여 명으로 정연한 군대가 북소리를 진동하며 밤에 원소의 군영을 지나가자 원소는 그들을 몹시 증오했다. 조부 등이 당도하여 한 복에게 일렀다. '원소의 군대는 양식이 떨어진 데다 각자 흩어지려 하니 비록 장양張 楊, 어부라於扶羅가 최근에 귀순했다고 하지만 그를 위해 진력하지 않으면 대적하지 못합니다. 우리 소종사小從事들이 현재 이끌고 있는 군대로 그에게 대항한다면 10일 이내에 그들은 와해될 것이고 장군께서는 단지 문을 닫고 베개를 높이 하여 주무시 면 되는데 무엇을 걱정하고 두려워하십니까!' 그러나 한복은 듣지 않고 사직하여 자 리를 양보하고는 중상시 조충趙忠의 고택에서 지냈다. 아들을 시켜 기주의 인수를 받들고 여양黎陽(현 명칭, 치소는 허난성 준현浚縣 동쪽)의 원소에게 보냈다"고 기록하고 있다.

『자치통감』 주석에 따르면 "원소와 조부 등은 모두 배를 이용해 기주의 치소인 업현鄴縣(허베이성 린장臨漳 서남쪽)으로 왔다"고 했다.

그리고 경무와 관순은 원소에 의해 죽는 것으로 기록되어 있으며 안량과 문추에 의해 죽임을 당했다는 구체적인 기록은 없다.

❷

한복과 원소 그리고 한복의 이후 행적

한복은 동탁 토벌대에 원소와 함께 참여했지만 두 사람의 관계는 좋지 않았다.

『후한서』「원소전」에 따르면 "동탁 토벌에 나섰을 때 한복은 인심이 원소에게 돌아가는 것을 보고는 그가 사람들의 옹호를 얻어 자신을 도모할까 근심하여 항상 종사從事(주州 자사의 속리屬吏)를 파견해 원소의 군문軍門을 지키며 원소가 출병하지 못하게 했다. 그 이듬해(초평 2년, 191) 한복의 부장 국의麴義가 배반하자 한복은 국의와 교전을 벌였으나 패하고 말았다. 원소는 이미 한복을 증오하고 있었기 때문에 즉시 국의와 연합했다"고 기록하고 있다.

그리고 『삼국지』「원소전」 배송지 주 『영웅기』와 『자치통감』 권60 「한기 52」에 따르면 "원소는 하내 사람 주한朱漢을 도관종사都官從事(시례교위 보좌관 가운데 하나로 백관의 범법 행위를 조사하고 검거하는 일을 관장했다)로 임명했다. 주한은 처음에 한복으로부터 예우를 받지 못해 속으로 원한을 품은 데다 원소의 뜻에 영합하고자 했으므로 성곽 수비병을 제멋대로 출동시켜 한복의 저택을 포위하고는 칼을 뽑아 들고 지붕 위로 올라갔다. 한복은 누각에 올라 피했지만 주한이 한복의 장남을 잡아 방망이로 때려 두 다리를 부러뜨렸다. 원소는 즉시 주한을 체포하여 죽였다. 한복은 여전히 두려워하며 근심했고 원소에게 떠나겠다고 청하고는 장막에게 의탁했다"고 기록하고 있다.

또한 『삼국지』「위서·원소전」에 한복이 떠난 이후의 행적에 관한 기록이 있는데,

원소에게 기주를 양도한 후 "한복은 두려워하며 원소에게 떠날 것을 청하고 장막에게 가서 몸을 의탁했다. 후에 원소가 장막에게 사자를 파견했는데, 사자는 상의할 일이 있다며 장막과 귓속말을 했다. 그 자리에 있던 한복은 자신을 도모하려 의논한다고 생각하고 바로 일어나 측간으로 가서 자살했다"고 기록하고 있다. 『후한서』 「원소전」의 이현 주석 『구주춘추』에 따르면 한복은 "측간에 가서 서도書刀(죽간이나 목간에 글자를 새기거나 혹은 벗겨내 고칠 때 사용하는 칼)로 자살했다"고 한다.

❸

조운은 원소 밑에 있지 않았다

『삼국지』 「촉서·조운전」 배송지 주 「운별전雲別傳」에 조운의 출신과 유비와의 만남에 대한 기록이 있다.

"조운은 키가 8척이며 용모가 웅대하고 위세가 넘쳤다. 고향 군에서 추천되었으며 자원한 관병을 이끌고 공손찬을 찾아갔다. (…) 공손찬과 더불어 정벌에 나섰다. 그당시 선주(유비) 또한 공손찬에게 몸을 의탁하고 있었는데, 매번 조운을 받아들였고 조운 역시 깊은 관계를 맺으며 의지했다. (…) 선주가 원소에게 의지하자 조운은 업鄴으로 가서 만났다. 선주는 조운과 같은 침상에서 잠을 잤으며 은밀히 조운을 보내 군사 수백 명을 모으게 했는데 모두 유 좌장군左將軍(유비는 건안建安 연간 초에 좌장군에 임명되었다)의 부하라고 일컬었으며 원소는 알지 못했다. 마침내 선주를 따라 형주에 이르렀다"고 기록하고 있어 조운은 원소 휘하에서 장수로 있지 않았다는 것을 알 수 있다. 『자치통감』 권60 「한기 52」에서는 "유비는 조운을 만난 후 그가 출중하다고 여기고는 마음을 다해 친분을 맺었다. 조운은 유비를 따라 평원국平原國에 이르렀고 기병을 통솔했다"고 기록하고 있다.

❹

『후한서』 「공손찬전」에 따르면 "공손찬은 항상 수십 명의 활을 잘 쏘는 기병과 함께했는데 모두 백마를 탔고 그들을 좌우 양쪽 날개의 호위대로 삼았다. 이때부터 그들을 '백마의종白馬義從'이라 불렀다'고 기록하고 있다.

❺

국의는 조운에게 죽지 않았다

원소와 공손찬의 전투에 관한 소설의 내용은『자치통감』권60「한기 52」와『삼국지』「위서·원소전」배송지 주『영웅기』의 기록과 비슷하지만 국의가 조운에게 죽임을 당하지는 않았다.『자치통감』과『영웅기』는 다음과 같이 기록하고 있다.

"원소는 직접 군사를 이끌고 공손찬에 저항하여 계교界橋 남쪽 20리 떨어진 곳에서 공손찬과 교전을 벌였다. 공손찬의 군대 3만 명의 기세는 대단히 예리했다. 원소는 국의에게 정예병 800명을 인솔하여 앞에서 부딪치게 했고 1000명의 궁노수에게 그 뒤를 바싹 뒤따르게 했다. 원소 자신은 보병 수만 명을 이끌고 후방에 대형을 이루었다. 원소의 군사가 매우 적은 것을 본 공손찬은 가볍게 보고 기병들을 내보내 질주하게 했다. 국의의 군사들은 방패 아래에 엎드려 움직이지 않았고 공손찬의 군대가 10여 보 앞까지 다가오기를 기다렸다가 동시에 일어나 함성을 크게 질렀는데 이는 천지를 진동할 정도였다. 곧장 전진하여 강한 쇠뇌를 발사하자 살에 맞은 이들은 즉시 쓰러졌고 공손찬의 군대는 대패하고 말았다. 국의의 군사들은 기주자사 엄강嚴綱을 베고 갑옷으로 무장한 전사 1000여 명의 수급을 획득했다. 계교까지 추격하자 공손찬이 군사를 거두어 다시 싸웠으나 국의가 또 그를 격파했다. 마침내 공손찬의 군영을 공격하여 그들의 아문기牙門旗(장수가 출정할 때 의장 혹은 표식으로 삼는 큰 깃발. 고대에 행군할 때 군대 앞에 큰 깃발이 있었는데 이를 아기牙旗라 했고, 군영을 세울 때 군문軍門 앞에 깃발을 세웠는데 이를 아문牙門이라 했다)를 쓰러뜨렸고 남아 있던 사병은 모두 도주했다."

그리고 "국의는 나중에 공적에만 의지해 교만하고 제멋대로 굴어 원소가 그를 죽였다"고 기록하고 있어 국의는 조운이 아닌 원소에게 죽임을 당했다는 것을 알 수 있다.

❻

계교界橋 전쟁

『삼국지』「위서·공손찬전」, 『후한서』「원소전」과 「공손찬전」, 『자치통감』 권60 「한기 52」의 기록을 정리하면 다음과 같다.

초평 2년(191) 겨울, 원술은 양성陽城(허난성 덩펑登封 동남쪽)에 군사를 주둔시켰다. 손견을 파견해 동탁을 공격할 때 원소는 그 기회를 이용해 주앙周昻을 예주자사로 임명하고 군대를 파견해 양성을 습격하여 탈취한다. 원술은 공손찬의 종제從弟인 공손월을 파견해 손견을 도와 양성을 구하게 했는데 공손월은 전투 도중에 날아온 화살에 맞아 사망하게 된다. 당시 마침 청주에서 황건군을 진압한 공손찬은 분노하며 말한다.

"내 아우의 사망은 원소로부터 비롯된 것이로다."

이에 공손찬은 출병하여 반하에 군대를 주둔하고 상서를 올려 원소의 10대 죄상을 열거한다. 게다가 기주 각 군현들이 공손찬에게 귀순하게 된다. 원소는 크게 놀라 자신이 차고 있던 발해태수 인수를 공손찬의 종제인 공손범公孫範에게 주고 그를 발해군으로 보내 공손찬과 우호 관계를 맺으려 했다. 그러나 공손범은 원소를 배반했고, 발해의 군대를 이끌고 공손찬을 도와 청주와 서주의 황건적을 격파하니 공손찬의 군대는 더욱 강성해져 계교까지 진군했다.

원소는 공손찬이 임명한 청주자사 전해田楷와 2년 동안 교전을 벌였으나 쌍방의 군사들이 지치고 군량이 떨어지자 결국 양측은 초평 4년(193) 초에 화친을 맺고 각기 군대를 이끌고 물러난다.

그리고 소설과 다르게 공손월은 원소가 보낸 자객에 의해 죽임을 당하는 것이 아니라 전사한 것으로 역사는 기록하고 있다.

❼

손견의 자녀

소설의 내용과 다르게 손견의 자녀에 대해 역사는 다음과 같이 기록하고 있다.

『삼국지』「오서·비빈전妃嬪傳·손파로오부인孫破虜吳夫人」에 따르면 "오부인은 4남 1녀를 낳았다"고 기록하고 있고, 「오서·손견전」에 따르면 "손견에게는 네 명이 아들이 있었는데 손책, 손권, 손익, 손광이었다"고 했으며, 배송지 주 『지림志林』에 따르면 "손견에게는 아들 다섯이 있었는데 손책, 손권, 손익, 손광은 오씨의 소생이고, 막내 아들 손랑은 서자이며 일명 인仁이라 했다"고 기록하고 있다. 또한 「오서·제갈근전諸葛瑾傳」에 "마침 손책이 죽자 손권의 매형인 곡아현曲阿縣 사람 홍자弘咨"라는 기록이 있고, 「오서·반준전潘濬傳」 배송지 주 『오서』에는 "손권은 손윗누이를 진씨陳氏에게 시집보냈다"는 기록이 있다.

역사 기록에 근거하여 손견의 자녀는 아래와 같이 정리할 수 있겠다.

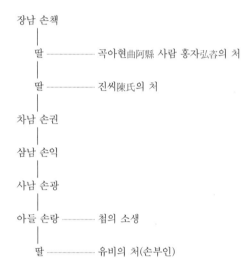

장남 손책

　　딸 ·········· 곡아현曲阿縣 사람 홍자弘咨의 처

　　딸 ·········· 진씨陳氏의 처

차남 손권

삼남 손익

사남 손광

아들 손랑 ········ 첩의 소생

　　딸 ········ 유비의 처(손부인)

결론적으로 손견이 아들 다섯과 최소한 딸 셋을 두고 있었음을 알 수 있다. 또한 소설에서는 "오부인의 여동생이 손견의 둘째 부인이 되어 또한 아들 하나, 딸 하나를 두었다"고 했는데, 역사에는 오부인의 여동생이 손견의 둘째 부인이 되었다는 기록은 없다.

⑧

손견은 누구에게 어떻게 죽임을 당했을까?

손견의 죽음에 관한 역사 기록에는 차이가 있다. 『삼국지』「오서·손견전」의 배송지 주 『영웅기』에서는 "유표가 여공呂公으로 하여금 군사를 이끌어 산을 끼고 손견에게 향하게 했고, 손견은 가볍게 무장한 기병을 이끌고 산을 수색해 여공을 토벌했다. 그러나 여공의 병사가 돌을 던져 손견의 머리를 강타했고 바로 뇌수가 흘러나와 사망했다'고 기록하고 있다. 『후한서』「유표전」이현 주석 『영웅기』에서는 '여공'이 아닌 '여개呂介'로 기록되어 있고, 소설과 비슷하게 "머리에 화살을 맞아 사망했다'고 기록하고 있다.

그러나 「오서·손견전」과 배송지 주 『전략』『자치통감』은 다르게 기록하고 있다. 「오서·손견전」 본문에는 "초평 3년(192), 원술은 손견을 파견해 형주를 정벌하고 유표를 공격했다. 유표는 황조를 파견하여 번성樊城과 등현鄧縣 사이에서 맞서 싸웠다. 손견은 황조를 격파하고 추격에 나서 한수를 건너더니 마침내 양양을 포위했다. 손견은 홀로 말을 타고 달려 현산峴山까지 갔다가 황조의 군사가 쏜 화살에 맞아 죽었다'고 기록하고 있다. 배송지 주 『전략』과 『자치통감』 권60 「한기 52」에는 다음과 같은 기록이 있다.

"유표는 성문을 닫고 밤을 틈타 몰래 황조를 내보내 각 군郡의 지원군을 모집하게 했는데 황조가 군사를 이끌고 양양으로 돌아올 때 손견의 공격을 받게 되었다. 황조는 패하여 현산으로 도망쳐 들어갔다. 손견이 기세를 몰아 밤에 추격에 나섰는데 황조의 부곡部曲 군사들이 대나무 수풀 속에 잠복했다가 몰래 손견을 쏘아 죽였다."

손견이 '여망(여개)' 혹은 '황조'에 의해 사망했는지에 대해서는 역사 기록마다 다르다. 또한 손견의 사망 시기도 다르다. 「오서·손견전」 본문에서는 초평 3년(192)에 손견이 사망한 것으로 기록하고 있지만, 배송지 주 『영웅기』에서는 "초평 4년(193) 정월 7일에 사망했다'고 기록하고 있다. 『자치통감』은 초평 2년(191)으로 기록하는 등 역사 기록에 따라 차이가 있다. 배송지 주 『오록吳錄』에서는 "이때 손견의 나이 37세"라고 기록하고 있다.

그리고 소설의 내용처럼 황조가 포로로 잡히고 손견의 시신과 교환했다는 기록은 없다. 다만 『자치통감』 권60 「한기 52」에는 "손견이 생전에 효렴으로 천거한 장사長沙 사람 환계가 유표를 만나 손견을 안장하게 해달라고 요청했고, 유표는 그의 의리에 감동하여 허락했다. 손견 형의 아들인 손분孫賁이 손견의 부대를 이끌고 원술에게 의탁했다. 원술은 다시 표문을 올려 손분을 추천했고 예주자사로 임명되었다. 이후로 원술이 다시는 유표와 싸워 이길 수 없었다"고 기록하고 있다.

초선

왕사도는 교묘하게 연환계를 쓰고,
동태사는 봉의정을 시끄럽게 하다

王司徒巧使連環計,
董太師大鬧鳳儀亭

괴량이 말했다.

"손견은 이미 죽었고 그의 자식들은 모두 어립니다. 이런 허약한 때를 이용해 신속하게 진군한다면 북 한 번 두드리고 강동을 얻을 수 있습니다. 만일 시신을 돌려주고 군대를 철수한다면 그들이 힘을 키우는 것을 용인하는 것으로 형주의 우환이 될 것입니다."

유표가 말했다.

"나의 장수 황조가 저들 군영에 있는데 어찌 잔인하게 그를 버릴 수 있겠는가?"

"지모 없는 황조 하나를 버리고 강동을 취하는데 어째서 안 된다는 겁니까?"

"나와 황조는 마음을 터놓고 지내는 친구 사이인데 그를 버리는 것은 의롭지 못한 일이다."

결국 환계를 군영으로 돌려보내고 손견의 시신과 황조를 맞바꾸기로 약속했다. 손책은 황조를 돌려보내고 손견의 영구靈柩를 영접하자 군대를 철수하고 강동으로 돌아가서 곡아[1]의 평원에 장사 지냈다. 장례를 마친 후 군사를 이끌고 강도[2]에 정착하여 현자를 초빙하고 인재를 받아들이며 자신을 굽혀 겸손하게 남을 대접하니 사방의 호걸들이 점점 손책에게 모여든 것은 더 말할 필요가 없다.

한편 장안에 있던 동탁은 손견이 죽었다는 소식을 듣고 말했다.

"내 마음속의 큰 우환거리 하나가 없어졌구나!"

그러고는 물었다.

"그 아들은 나이가 몇이냐?"

누군가 대답했다.

"17세입니다."

그 말을 들은 동탁은 마침내 마음에 두지 않았다. 이때부터 더욱 거만하고 난폭해져 스스로 '상보'[3]라 부르고 드나들 때는 천자의 의장을 초월했으며 아우 동민董旻을 좌장군 호후로 봉하고, 조카 동황董璜을 시중으로 임명하여 금군을 통솔하게 했다. 동씨의 종족이면 나이가 많고 적음을 묻지 않고 모두 열후로 봉했다. ❶

그리고 장안성에서 250리 떨어진 곳에 별도로 미오[4]를 축조했는데 25만 명의 인부를 부려 건설했다. 그 성곽의 높이와 두께는 장안과 같았으며 안에는 궁궐을 지었고 창고에는 20년 치 양식을 쌓아놓았다. 민간에서 소년과 미녀 800명을 선발해 그 안을 채웠고 황금과 옥, 채색 비단, 진주를 헤아릴 수 없이 많이 쌓아두었다. 또한 가솔들을 모두 그곳에서 살게 했다. 동탁이 보름 혹은 한 달에 한 번 장안을 왕래했는데 그때마다 공경들 모두 횡문[5] 밖에서 배웅했다. 동탁은 항상 길에 장막을 설치하고 공경들을 모아 함께 술을 마셨다.

어느 날, 동탁이 백관의 전송을 받으며 횡문을 나간 뒤 길에서 주연을 베풀었다. 마침 북지[6]에서 투항한 포로 군졸 수백 명이 도착했다. 동탁은 즉시 명하여 술자리 앞에서 어떤 자의 손발을 절단하기도 하고 어떤 자의 눈알을 파내기도 했으며 어떤 자의 혀를 잘라내기도 하고 어떤 자는 솥에 넣어 삶기도 했다. 통곡하는 소리가 하늘을 진동했고 백관은 두려워 벌벌 떨며 젓가락을 떨어뜨렸으나 동탁은 먹고 마시고 담소하며 태연했다. 또 어느 날은 동탁이 성대[7]에서 백관을 모아놓고 연회를 열었는데 모두 두 줄로 늘어앉았다. 술이 몇 순배 돌았을 때 여포가 들어오더니 동탁의 귀에다 몇 마디 속삭였다. 동탁이 웃으면서 말했다.

"과연 그랬군."

그러고는 여포에게 명하여 술자리에 있던 사공[8] 장온張溫을 잡아 대청 아래로 끌어내게 했다. 백관의 얼굴빛이 새파랗게 질렸다. 얼마 지나지 않아 시종이 붉은 쟁반에 장온의 머리를 받들고 들어와 동탁에게 바쳤다. 백관의 영혼은 몸에 붙어 있지 않았다. 동탁은 웃으면서 말했다.

"공들께서는 놀라지 마시오. 장온이 원술과 결탁하여 나를 해치려고 했소. 원술이 사람을 시켜 편지를 보냈는데 내 아들 봉선에게 잘못 전해졌기 때문에 그를 참수시켰소. 공들은 관련 없으니 놀라 두려워할 필요 없소."

백관은 "예, 예" 하며 흩어졌다. ❷

사도 왕윤은 부중으로 돌아와 그날 연회 자리에서의 일을 깊이 생각하니 마음이 초조해 가만히 앉아 있지를 못했다. 밤이 깊어 달이 밝아지자 지팡이를 짚고 후원으로 들어가 도미[9] 나무 받침대 곁에 서서 하늘을 쳐다보며 눈물을 흘렸다. 그때 문득 누군가 모란정牡丹亭 주변에서 거듭 탄식하는 소

리가 들렸다. 왕윤이 살금살금 걸어가 엿보니 다름 아닌 부중의 가기[10] 초선
貂蟬이었다. 그 여인은 어려서 부중에 선발되어 노래와 춤을 배웠는데 이제
막 16세로 미모와 재주를 고루 갖추고 있어 왕윤이 친딸처럼 대해줬다. 이날
밤 왕윤이 한참 듣다가 크게 소리쳤다.

"천한 것에게 연정이라도 생겼느냐?"

초선이 깜짝 놀라 무릎 꿇고 대답했다.

"천첩賤妾(부녀자들 자신에 대한 겸칭)에게 어찌 감히 사사로운 정이 있겠습
니까!"

"네게 사사로운 정이 없다면 어찌하여 밤이 깊었는데 여기에서 길게 탄식
한단 말이냐?"

"첩의 가슴속에서 우러나오는 진심을 말씀드리고자 합니다."

"감추지 말고 사실대로 말해보거라."

"첩은 대인의 은혜와 보살핌을 받아 노래와 춤을 배웠고 게다가 특별한
대접까지 받았으니 첩이 비록 몸이 가루가 되고 뼈가 부서질지라도 만분의
일도 갚지 못할 것입니다. 그런데 근래에 대인의 양미간이 근심으로 가득하
신 것을 보니 틀림없이 나라에 큰일이 있는 듯했으나 감히 여쭙지 못했습니
다. 오늘 저녁에도 다시 초조해하시는 모습을 봤기 때문에 길게 탄식했습니
다. 대인께서 보고 계신 줄은 생각도 못했습니다. 첩을 쓰실 데가 있으시면
만 번 죽어도 마다하지 않겠습니다!"

왕윤이 지팡이로 땅을 치며 말했다.

"한나라 천하가 네 손에 있을 줄은 생각도 못했구나! 화각畫閣(채색 도안이
화려한 누각)으로 따라 오너라."

초선이 왕윤을 따라 화각으로 갔다. 왕윤이 소실들을 큰 소리로 꾸짖어

내보내고는 초선을 자리에 앉히더니 머리를 조아리고 절을 했다. 초선이 깜짝 놀라 바닥에 엎드려 말했다.

"대인께서는 무슨 까닭으로 이러십니까?"

"너는 한나라의 천하 백성을 가련하게 여겨다오!"

말을 마치자 눈물이 샘물처럼 솟았다. 초선이 말했다.

"방금 천첩이 말씀드렸듯이 시킬 일이 있으시면 만 번을 죽더라도 사양하지 않겠습니다."

왕윤이 무릎을 꿇고 말했다.

"백성은 거꾸로 매달린 것처럼 위급한 상황에 처했고 군신들은 쌓아놓은 계란처럼 아주 다급한 상황이니 네가 아니고서는 구할 수가 없구나. 역적 동탁이 황위를 찬탈하고자 하나 조정의 문무백관에게는 그 어떤 대책이나 방도가 없구나. 동탁에게는 성이 여, 이름이 포인 대단히 용맹하고 날랜 양자가 있다. 내가 보건대 두 사람 모두 색을 좋아하는 무리라 이제 '연환계連環計'를 써서 먼저 너를 여포에게 시집보내겠다고 허락한 후에 동탁에게 바치려 한다. 너는 그들 중간에서 방법을 찾아 기회를 틈타 여포로 하여금 동탁을 죽이게 하여 커다란 악행을 끊도록 해야 한다. 사직을 다시 지탱하고 강산을 바로 세운다면 모두 너의 힘일 것이다. 네 뜻이 어떤지 모르겠구나."

초선이 말했다.

"첩은 대인께 만 번 죽어도 사양하지 않겠다고 했습니다. 바라건대 첩을 즉시 저들에게 바치소서. 첩이 알아서 하겠습니다."

"일이 누설된다면 우리는 멸문지화를 당할 것이다."

"대인께서는 걱정하지 마십시오. 첩이 대의에 보답하지 못한다면 1만 자루의 칼날에 맞아 죽을 것입니다!"

왕윤이 절하며 감사했다.

이튿날 솜씨 좋은 장인을 시켜 금관을 만들게 하고 사람을 불러 집안에 간직해둔 빛이 고운 아름다운 구슬 몇 알을 은밀히 여포에게 보냈다. 여포는 크게 기뻐하며 감사를 표하러 직접 왕윤의 집으로 왔다. 왕윤은 미리 맛좋은 요리와 진귀한 음식을 준비하고 기다렸다가 여포가 오자 몸소 문밖으로 나가 영접하고 후당으로 안내해 상좌에 앉혔다. 여포가 말했다.

"저는 상부의 일개 장수에 불과하고 사도께서는 조정의 대신이신데 무슨 까닭으로 이렇게 정중하게 대하시오?"

왕윤이 말했다.

"지금 천하에 다른 영웅은 없고 오로지 장군만 있을 뿐이오. 이 윤은 장군의 직책이 아니라 장군의 재능을 공경하는 것이오."

여포가 크게 기뻐했다. 왕윤이 정성스럽게 삼가 술을 올리면서 입으로는 동태사와 여포의 덕을 끊임없이 칭송했다. 여포는 크게 웃으며 실컷 마셨다. 왕윤은 좌우를 꾸짖어 물리치고 시첩 몇 명만 남기고는 술을 권하게 했다. 술이 거나해지자 왕윤이 말했다.

"아이를 불러와라."

잠시 후 푸른 옷[11]을 입은 두 명의 시녀가 농염한 화장을 한 초선을 이끌고 나왔다. 여포가 놀라 누구냐고 묻자 왕윤이 말했다.

"딸아이 초선이오. 이 윤이 장군의 과분한 은혜를 받아 육친과 다름없다고 생각해서 장군을 뵙게 하는 것이오."

바로 초선에게 분부하여 여포의 술잔을 올리게 했다. 초선이 술을 권하는데 두 사람이 눈짓을 주고받았다. 왕윤이 취한 척하며 말했다.

"아가야, 장군께서 마음껏 드시게 몇 잔 더 올리도록 해라. 우리 일가는 완전히 장군께 의지하고 사느니라."

여포가 초선을 앉도록 청했으나 초선은 일부러 들어가려고 했다. 왕윤이 말했다.

"장군은 나의 가장 친한 친구인데 아가가 앉는다고 무슨 상관있겠니."

초선이 바로 왕윤 곁에 앉았다. 여포는 눈 한 번 깜빡하지 않고 쳐다봤다. 다시 몇 잔을 더 마시자 왕윤이 초선을 가리키며 여포에게 일렀다.

"내가 이 아이를 장군께 첩으로 드릴까 하는데 받아들이겠소?"

여포가 자리를 나와 감사하며 말했다.

"그렇게만 해주신다면 저는 개와 말이 되어 힘을 다해 은혜에 보답하리다!"

왕윤이 말했다.

"조만간 길일을 택해서 부중으로 보내겠소."

한없이 유쾌해진 여포는 자꾸 초선만 바라봤다. 초선 역시 추파를 던지며 애정을 보였다. 잠시 후 술자리가 끝나자 왕윤이 말했다.

"원래는 장군을 주무시도록 머물게 하고 싶었는데 태사께서 의심하실까 두렵습니다."

여포는 두 번 세 번 절하며 감사하고 돌아갔다.

며칠이 지난 후 왕윤이 조당에서 동탁을 만났는데 여포가 곁에 없는 틈을 이용해 엎드려 절하며 청했다.

"제가 태사의 거마를 누추한 집으로 모셔 연회에 참석하기를 청하온데, 각하의 뜻은 어떠신지요?"

동탁이 말했다.

"사도께서 불러주시니 바로 가리다."

왕윤이 감사의 절을 하고 집으로 돌아와 각종 산해진미를 풍성하게 차렸다. 또한 전청[12] 한가운데에 자리를 마련하고 바닥에는 아름답고 화려하게 수놓은 비단을 깔았으며 안팎으로 각기 장막을 둘렀다. 이튿날 정오에 동탁이 도착했다. 왕윤은 조복을 갖춰 입고 나가서 맞이하며 두 번 절하고 안부를 물었다. 동탁이 수레에서 내리자 좌우의 극을 잡은 갑사甲士(갑옷을 입은 전사) 100여 명이 동탁을 빽빽하게 둘러싸고 대청으로 들어와 양편에 두 줄로 늘어섰다. 왕윤이 대청 아래에서 두 번 절하자 동탁이 좌우에 왕윤을 부축해 올리게 하고 자신의 자리 옆에 앉히도록 명했다. 왕윤이 말했다.

　"태사의 크고 훌륭한 덕은 높고 위대하시어 이, 주[13]도 미치지 못할 것입니다."

　동탁이 크게 기뻐했다. 술을 권하고 음악을 연주하며 왕윤이 더욱 경의를 표했다. 날이 저물고 거나하게 취하자 왕윤이 동탁을 후당으로 청했다. 동탁은 갑사들을 꾸짖어 물리쳤다. 왕윤은 술잔을 받들고 축하하며 말했다.

　"저는 어려서부터 자못 천문을 익혔는데 밤에 건상[14]을 살펴보니 한나라의 명운이 이미 다했습니다. 태사의 공덕을 천하에 떨쳤으니 순임금이 요임금의 자리를 물려받고 우임금이 순임금의 뒤를 계승하듯이 하신다면 하늘의 마음과 사람의 뜻에 합치될 것입니다."

　동탁이 말했다.

　"어찌 감히 그러기를 바라겠는가!"

　왕윤이 말했다.

　"예로부터 '도가 있는 자가 도가 없는 자를 물리치고, 덕이 없는 자가 덕 있는 자에게 자리를 양보한다'고 했으니 어찌 지나치다 하겠습니까!"

　동탁이 웃으면서 말했다.

"과연 천명이 내게 돌아온다면 사도는 마땅히 원훈元勳(탁월한 공적을 세운 사람)이 될 것이오."

왕윤이 절하며 감사를 드렸다. 후당 안에 화촉畫燭을 밝혀 여자들만 남기고 술을 권하며 음식을 바쳤다. 왕윤이 말했다.

"교방15의 즐거움으로는 모시기 부족하오니, 마침 가기가 있어 감히 모시려 하는데 승낙해주십시오."

"그거 좋소."

왕윤이 주렴을 내리도록 하니 생황笙簧(관악기의 일종) 소리가 빙 돌며 휘감아 올라가고 초선이 둘러싸여 나오며 주렴 밖에서 춤을 췄다. 그녀를 찬탄한 사가 있다.

소양궁 안에 살았던 조비연16이 다시 살아왔는지
놀란 기러기 이리저리 돌듯 경쾌하게 춤추는 자태
봄날 넓은 정원 날아 지나가는 듯 의심케 하는구나

「양주」17 곡조 맞춰 사뿐사뿐 걸음 옮기는 모습
꽃핀 봄바람 하늘거리는 한 가닥 가지처럼 새롭고
화당18에 가득한 향기 봄을 견딜 수 없이 따사롭네
原是昭陽宮裏人, 驚鴻宛轉掌中身, 只疑飛過洞庭春
按徹梁州蓮步穩, 好花風裊一枝新, 畫堂香暖不勝春

또 이런 시도 있다.

홍아[19]의 빠른 박자에 맞춰 제비는 바삐 나는데
한 조각 지나가던 구름[20]이 화당으로 날아들었네
검푸르게 그린 눈썹 떠돌던 나그네 한을 재촉하고
아리따운 자태는 정든 사람의 애간장을 끊는구나

천금[21]의 미소는 돈과 권력으로도 살 수가 없고
버들가지 가는 허리는 왜 백 가지 보배로 꾸몄을까
춤 끝내자 주렴 사이로 슬그머니 눈짓을 보내나니
누가 여색 밝히는 초나라 양왕[22]인지 모르겠는가
紅牙催拍燕飛忙, 一片行雲到畫堂
眉黛促成遊子恨, 臉容初斷故人腸
楡錢不買千金笑, 柳帶何須百寶妝
舞罷隔簾偸目送, 不知誰是楚襄王

춤이 끝나자 동탁이 가까이 오라고 분부했다. 주렴 안으로 들어온 초선은
깊이 몸을 숙여 두 번 절을 올렸다. 동탁은 초선의 아름다운 용모를 보고 왕
윤에게 물었다.

"이 여인은 어떤 사람이오?"

왕윤이 말했다.

"가기 초선이라 합니다."

"노래도 부를 수 있지 않겠소?"

왕윤이 분부하자 초선은 박달나무로 만든 박판을 잡고 나직이 한 곡조
노래했다.

앵두같이 작고 윤기 나는 붉은 입술 살짝 열자

두 줄의 새하얀 치아 사이로 양춘곡[23] 내뿜더라

혀끝으로 토해내지만 참으로 강철 같은 검이니

간사하고 나라를 어지럽힌 역적을 베는구나

一點櫻桃啓絳唇, 兩行碎玉噴陽春

丁香呑吐衡鋼劍, 要斬奸邪亂國臣

동탁이 칭찬을 아끼지 않았다. 왕윤이 초선에게 술잔을 올리라 분부했다. 동탁이 술잔을 받으며 물었다.

"몇 살이냐?"

초선이 말했다.

"천첩 이제 막 16세입니다."

동탁이 웃으면서 말했다.

"참으로 평범하지 않은 여인이로구나!"

왕윤이 자리에서 일어나며 말했다.

"제가 이 아이를 태사께 바치고자 하는데 받아들이실지 모르겠습니다."

"이런 은혜를 주시니 어떻게 그 은덕에 보답하겠소?"

"이 아이도 태사를 모시게 되면 그 복이 결코 얕지 않을 것입니다."

동탁이 거듭 감사했다. 왕윤은 즉시 전거[24]를 준비하여 초선을 먼저 상부로 보냈다. 동탁 또한 몸을 일으키고 작별을 고했다. 왕윤이 몸소 동탁을 상부까지 모시고 난 다음에 작별하고 돌아왔다. ❸

말에 올라 돌아오는데 중간도 오지 못했을 때 여포가 붉은 등을 양쪽으로 늘어뜨리고 길을 비추며 말을 타고 극을 잡은 채 오는 게 보였다. 왕윤과 마주치자 바로 말고삐를 당겨 세우고는 왕윤의 옷섶을 꽉 잡고 엄하게 물었다.

"사도께서는 이미 초선을 나한테 주기로 허락하고는 지금 다시 태사께 보냈으니, 어디 나를 놀리는 거요?"

왕윤이 급히 여포를 제지하며 말했다.

"여기는 말할 만한 곳이 아니니 잠시 저희 집으로 가시지요."

여포는 왕윤과 함께 집에 와서 후당으로 들어갔다. 예를 마치고 왕윤이 말했다.

"장군께서는 무슨 까닭으로 도리어 이 늙은이를 의심하시오?"

여포가 말했다.

"어떤 사람이 나한테 보고하기를 당신이 전거로 초선을 상부로 들였다고 하던데 그 이유가 무엇이오?"

"장군께서는 모르시는구려. 어제 조당에서 태사께서 이 늙은이에게 '내가 볼일이 있으니 내일 그대의 집으로 가겠소'라고 말씀하셨습니다. 그래서 제가 약간의 연회를 준비해놓고 기다렸지요. 그런데 태사께서 술 드시는 중간에 '그대에게 초선이라는 여식이 하나 있어 이미 내 아들 봉선에게 허락했다고 들었소. 그대의 말이 확실하지 않을까 걱정되어 특별히 와서 요청하니 한 번 보여주시게'라고 말씀하셨지요. 이 늙은이가 감히 어길 수 없어 초선을 불러내 시아버님께 절을 시켰소. 그러자 태사께서 말씀하시기를 '오늘이 길일이니 내가 이 아이를 데리고 돌아가 봉선과 혼인시키겠소'라고 하셨소. 장군도 생각해보시오. 태사께서 친히 오셨는데 이 늙은이가 어찌 감히 가로막겠소?"

"사도께서는 죄를 용서하시오. 내가 잠시 잘못 살폈으니 내일 스스로 가시나무 채를 지고 와서 진심으로 사죄하겠소."

"딸년 혼수도 자못 있으니 장군께서 부중에서 기다리고 계시면 곧 보내도록 하리다."

여포가 사과하고 돌아갔다.

이튿날 여포가 부중에서 살펴보았으나 아무런 기별도 들리지 않았다. 대청으로 들어가서 동탁의 시첩들에게 물어보니 시첩이 대답했다.

"간밤에 태사께서 새로 온 여인과 함께 주무셨는데 아직 일어나지 않으셨습니다."

여포가 크게 노하여 동탁의 침실 뒤편으로 몰래 들어가 엿봤다. 이때 초선은 잠자리에서 일어나 창 아래에서 머리를 빗질하고 있었는데 창밖 연못 가운데에 한 사람의 그림자가 비쳤다. 키가 매우 크고 머리에는 속발관을 쓰고 있었는데 슬쩍 보니 바로 여포였다. 초선이 일부러 두 눈썹을 찌푸리며 우울하고 즐겁지 않은 태도를 지으며 수건으로 몇 번이나 눈물을 닦는 시늉을 했다. 여포는 한참 동안 엿보다가 이내 나갔다. 잠시 후 다시 들어오니 동탁이 이미 대청 가운데에 앉아 있었다. 동탁은 여포가 오는 것을 보고 물었다.

"바깥에 아무 일 없느냐?"

"별일 없습니다."

그러고는 동탁 옆에 시립했다. 동탁이 식사를 하는데 여포가 슬그머니 훔쳐보니 수놓은 주렴 안에서 한 여자가 왔다 갔다 하면서 엿보다가 얼굴을 반쯤 드러내고 눈짓으로 애정을 보냈다. 초선임을 안 여포는 정신이 모두 날아가 흩어졌다. 이런 여포의 광경을 보고 동탁은 의심하는 마음이 생겨 말했다.

"봉선은 일이 없다고 하니 잠시 물러가거라."

여포는 불만스러워하며 나갔다.

동탁은 초선을 들어앉힌 뒤로 여색에 푹 빠져 한 달여 동안 정사를 돌보지 않았다. 그러다가 동탁이 우연히 작은 병에 걸렸는데 초선이 옷도 벗지 않고 비위를 맞추며 정성을 다하자 동탁의 마음은 더욱 기뻤다. 어느 날 여포가 내실로 들어와 안부를 묻는데 마침 동탁이 자고 있었다. 초선이 동탁의 침상 뒤에서 몸을 반쯤 내밀어 여포를 바라보며 손으로 자신의 가슴을 가리키더니 다시 동탁을 가리키며 계속해서 눈물을 훔쳤다. 여포는 마음이 부서지는 듯했다. 그때 동탁이 두 눈을 어렴풋이 떴는데 여포가 침상 뒤를 눈 한 번 깜빡이지 않고 뚫어지게 주시하는 것을 보았다. 몸을 돌려보니 초선이 침상 뒤에 서 있었다. 동탁이 크게 노하여 여포를 큰 소리로 꾸짖었다.

"네가 감히 나의 애첩을 희롱하느냐!"

좌우를 불러 쫓아냈다.

"이후로는 내당에 들어오는 것을 허락하지 않겠다!"

원한에 사무친 여포가 돌아가다가 길에서 이유를 만나자 있었던 일을 이야기했다. 이유가 급히 들어와 동탁에게 말했다.

"태사께서는 천하를 취하고자 하시면서 어찌하여 조그만 잘못을 가지고 온후를 꾸짖으셨습니까? 여포가 변심이라도 한다면 큰일을 그르칠 것입니다."

"어찌하면 좋겠느냐?"

"내일 아침에 불러들여 황금과 비단을 하사하고 좋은 말로 위로하신다면 저절로 풀릴 겁니다."

동탁이 따르기로 하고 이튿날 사람을 보내 여포를 대청으로 불러들여 위로하며 말했다.

"내가 어제 병중이라 정신이 맑지 못해 말실수하여 네 기분을 상하게 했으니 너는 마음에 두지 말거라."

그러고는 황금 10근과 비단 20필²⁵을 하사했다. 여포가 감사하고 돌아갔다. 여포의 몸은 비록 동탁 주변에 있었으나 마음은 진실로 초선에게 매여 있었다.

동탁은 병이 완치되자 정사를 의논하러 조정에 들어갔다. 여포는 창을 잡고 뒤따라 들어갔다가 동탁이 헌제와 이야기하는 것을 보고는 그 틈을 이용해 창을 들고 내문을 나와 말을 타고 상부로 달려갔다. 말을 부중 앞에 매어놓고 창을 들고는 후당으로 들어가 초선을 찾았다. 초선이 말했다.

"당신은 후원 봉의정鳳儀亭 옆에서 기다리세요."

여포는 창을 들고 들어가 정자 아래 구부러진 난간 곁에 서 있었다. 한참 지나서 초선이 꽃을 헤치고 버들가지를 가볍게 스치며 걸어오는데 과연 월궁 선녀가 따로 없었다. 흐느끼며 여포에게 말했다.

"제가 비록 왕사도의 친딸은 아니지만 친딸과 마찬가지로 대해주셨어요. 장군을 만나 뵙고 첩이 되기로 약속되어 저는 이미 평생의 소원을 이루었지요. 그런데 태사께서 불량한 마음을 갖고 첩을 더럽힐 줄은 누가 생각이나 했겠어요. 첩은 바로 죽지 못한 것이 한스러웠으나 장군에게 한 번이라도 작별 인사를 하지 못했기에 욕을 참고 구차하게 살아남았어요. 지금 다행히 만나 뵈었으니 첩의 소망도 다 끝났어요! 이 몸은 이미 더럽혀져 다시는 영웅을 섬길 수 없으니 장군님 앞에서 죽어 첩의 뜻을 밝히겠습니다."

말을 마친 초선은 구부러진 난간을 잡더니 연꽃 핀 연못으로 뛰어들려 했다. 여포가 황망히 껴안고 흐느끼며 말했다.

"나도 네 마음을 안 지 오래되었다! 함께 이야기할 수 없음이 한스러웠지!"

초선이 손으로 여포를 잡아당기며 말했다.

"첩은 이승에서 장군의 아내가 될 수 없으니 내세에 다시 만나기를 기약합니다."

"내가 이승에서 너를 아내로 삼을 수 없다면 영웅도 아니다!"

"첩이 하루를 1년같이 보내고 있으니 장군께서는 가엾게 여기시어 구원해 주세요."

"내가 지금 짬을 내어 왔기에 늙은 도적이 의심할까 두려우니 빨리 가야 하네."

초선이 그의 옷자락을 끌며 말했다.

"장군께서 이처럼 늙은 도적을 두려워하시니 첩신은 밝은 세상을 볼 수 없겠군요!"

여포가 멈춰 서서 말했다.

"내가 천천히 좋은 계책을 마련하겠네."

말을 마치고 창을 들고 가려 했다. 초선이 말했다.

"첩은 깊은 규방에 있으면서 장군의 명성을 우렛소리같이 크게 들어 당대에 유일한 사람이라 여겼는데, 도리어 다른 사람의 제약을 받으리라고는 누가 생각이나 했겠어요!"

말을 마치더니 비 오듯 눈물을 쏟았다. 여포는 온 얼굴에 부끄러운 빛을 띠고 다시 창을 기대놓고서 몸을 돌려 초선을 두 팔로 껴안으며 좋은 말로 위로했다. 두 사람은 바짝 몸을 붙이고 차마 서로 떨어지지 못했다.

한편 대전에 있던 동탁이 고개를 돌리자 여포가 보이지 않았다. 마음에 의심이 생겨 얼른 헌제에게 하직하고 수레에 올라 승상부로 돌아오니 여포의 말이 승상부 앞에 매어져 있는 것이 보였다. 문리[26]에게 묻자 대답했다.

"온후는 후당으로 들어갔습니다."

동탁이 소리쳐 좌우를 물리고 곧바로 후당 한가운데로 들어가 찾았으나 보이지 않았다. 이에 초선을 불렀으나 역시 보이지 않았다. 급히 시첩에게 묻자 대답했다.

"초선은 후원에서 꽃구경을 하고 있습니다."

동탁이 후원으로 들어가니 마침 봉의정 아래에서 여포와 초선이 얘기하는 것이 보였고 화극은 한편에 기대어 있었다. 동탁이 노하여 크게 호통쳤다. 동탁이 온 것을 본 여포는 깜짝 놀라 몸을 돌려 이내 달아났다. 동탁이 화극을 빼앗아 잡고서 그 뒤를 쫓았다. 여포의 걸음이 빨라 뚱뚱한 동탁이 따라잡을 수가 없자 화극을 던져 여포를 찌르려 했다. 그러나 여포는 극을 쳐내 땅바닥에 떨어뜨렸다. 동탁이 극을 주워 다시 쫓았으나 여포는 이미 멀리 달아난 뒤였다. 동탁이 후원을 나가려는데 한 사람이 나는 듯이 달려와 동탁의 가슴에 부딪쳤고 동탁은 그만 땅바닥에 자빠지고 말았다.

분노는 하늘을 찌를 듯 천장 높이로 치솟는데

땅바닥에 나가자빠진 뚱뚱한 몸은 한 무더기네

衝天怒氣高千丈, 仆地肥軀做一堆

이 사람은 누구일까?❹

제8회 초선

❶

　『후한서』「동탁전」에 따르면 "그 자손은 어린아이라 할지라도 남자는 모두 후侯에 봉해졌고 여자들은 읍군邑君(여자의 작위 명칭으로 받은 봉지封地가 읍邑이 되었을 때 읍군이라 했다)에 봉해졌다"고 기록하고 있고, 『삼국지』「위서·동탁전」 배송지 주 『영웅기』에 따르면 "동탁의 시첩들 품에 안고 있던 자식들이 모두 후로 봉해지니 금자金紫(황금 인장과 자주색 인끈)를 가지고 놀았다. 손녀의 이름은 백白으로 당시 아직 계筓(고대에 여자가 15세가 되면 머리를 묶고 비녀를 꽂았다)가 되지 않았는데도 위양군渭陽君에 봉해졌다"고 기록하고 있다.

❷

장온과 동탁은 원수지간이었다

　『삼국지』「오서·손견전」에 따르면 변장邊章과 한수韓遂가 양주凉州에서 난을 일으키자 중평 3년(186)에 사공 장온을 보내 변장 등을 토벌하게 했다.

　"장온은 조서에 따라 동탁을 불렀다. 동탁은 오랜 시간이 지난 뒤에야 비로소 장온을 찾아왔다. 장온이 동탁을 꾸짖자 동탁은 불손하게 응대했다"고 했고 "손견이 동탁의 세 가지 죄상을 열거하고 장온에게 동탁을 죽이라고 권유했다"고 기록하고 있다. 또한 「위서·동탁전」에는 "태위 장온은 당시 위위衛尉로 있었는데 평소에 동탁을 좋지 않게 여겼으며 동탁 또한 내심 그에게 원한을 품고 있었다. (…) 동탁은 사람을 시켜 장온이 원술과 내통했다고 무고하고는 태형笞刑으로 그를 때려 죽였다"고 기록하고 있다.

『후한서』「동탁전」에서는 "동탁은 사람을 시켜 위위 장온이 원술과 결탁했다고 무고하고는 저잣거리에서 곤장을 치고 채찍으로 후려쳐 그를 죽이고 천시의 변화에 순응한 것이라 했다. 장온은 자가 백신伯愼으로 젊어서부터 명예가 있었고 점차 진급하여 공경의 지위에 올랐다. 그는 은밀하게 사도 왕윤과 함께 동탁을 주살하고자 계획했으나 사정이 있어 행동으로 옮기지 못하다가 피살되었다"고 기록하고 있다.

동탁은 그동안 쌓여 있던 원한 관계로 장온을 죽인 것이지 소설의 내용처럼 일시적인 사건 때문이 아니었다. 그리고 장온이 죽임을 당했을 때의 직책은 사공이 아니라 '위위(진, 한 시기 구경 가운데 하나로 궁문의 보위를 관장했다)'였다.

❸

역사 기록에 따르면 왕윤은 상당히 강직했고 동탁을 두려워하면서도 도모하려는 뜻을 이루기 위해 굴욕을 참아가면서 동탁의 신임을 얻었던 것 같다. 『후한서』「왕윤전」에 따르면 "동탁이 아직 낙양에 머물고 있을 때 조정의 대소 정사는 모두 왕윤에게 위임하여 처리하도록 했다. 왕윤은 진심을 감춘 채 참고 견디면서 매번 동탁의 비위를 맞추며 빌붙었다. 동탁 또한 그를 성심으로 상대하며 의심하지 않았기 때문에 위험한 동난 중에서도 왕실을 도와주고 지원할 수 있었다. 군신들과 조정 내외 중 그에게 의지하지 않는 자가 없었다"고 기록하고 있다.

❹

여포에게 극을 던진 동탁

『삼국지』「위서·여포전」에 따르면 "동탁은 성격이 강하고 도량이 좁았으며 화가 나면 위험을 생각하지도 않았고 조그만 일에도 뜻대로 되지 않으면 수극手戟을 뽑아 여포에게 던졌다. 여포는 건장하고 민첩하여 그것을 피하고 동탁에게 사죄하면 동탁의 분노가 비로소 가라앉았다. 그러나 이 때문에 여포는 속으로 몰래 동탁에게 원망을 품었다"고 기록하고 있다. 『후한서』「여포전」에도 거의 같은 내용이 기록되어 있지만, 동탁이 여자 문제 때문에 여포에게 극을 던진 것은 아니었다.

초선은 실존 인물일까?

초선이란 인물과 왕윤이 연환계를 썼다는 것은 모두 허구다. 초선이란 이름은 역사 기록에 존재하지 않는다. 초선은 원래 한 왕조 내명부의 관직 명칭이었고 그 지위는 비빈妃嬪에 비해 훨씬 낮았다.

『삼국지』「위서·여포전」에는 "동탁은 항상 여포를 시켜 중합中閤(내실의 작은 문)을 지키게 했는데, 여포는 동탁의 시녀와 사통하여 그 일이 발각될까 마음이 불안했다"고 기록되어 있다. 『삼국지』에서는 시비侍婢(시녀)라고 표현했지만 『후한서』「여포전」에서는 '부비傅婢(따라다니는 시녀)'라고 기록하고 있다.

역사는 동탁과 여포 모두 여자를 좋아했다고 기록하고 있지만, 초선이란 인물은 존재하지 않았다. 초선은 아니어도 여포가 동탁의 시녀와 사통했다는 기록으로 보아 여포와 동탁 간에 여자로 인한 문제가 있었던 것은 사실인 듯하다.

동탁의 몰락

여포는 왕사도를 도와서 역적을 죽이고,
가후의 말을 들은 이각은 장안을 침범하다

除兇暴呂布助司徒,
犯長安李傕聽賈詡

동탁을 넘어뜨린 사람은 바로 이유였다. 이유가 즉시 동탁을 부축해 일으키고는 서원[1]으로 모셔 자리에 앉혔다. 동탁이 말했다.

"너는 어찌하여 여기에 왔느냐?"

이유가 말했다.

"마침 제가 승상부 문 앞에 왔을 때 태사께서 화를 내며 후원으로 들어가시기에 여포를 찾는다는 것을 알았습니다. 그래서 급히 달려오다가 마침 달아나는 여포를 만났는데, 그가 '태사께서 나를 죽이려 한다'고 말을 하기에 제가 화해시키려 황급히 후원으로 들어가다가 뜻하지 않게 실수로 은상[2]과 부딪친 것입니다. 죽을죄를 지었습니다! 죽을죄를 지었습니다!"

"그 역적 놈을 참을 수가 없다! 내 애첩을 희롱했으니 맹세코 그놈을 죽이리라!"

"은상께서 실수하시는 겁니다. 옛날 초나라 장왕은 '절영絶纓'의 모임 때 애첩을 희롱한 장웅蔣雄의 잘못을 묻지 않았기 때문에 후에 진나라 군사로 위태로울 때 그가 죽을힘을 다해 구원하여 벗어날 수 있었습니다. 지금 초선은 한낱 여자에 불과하지만 여포는 바로 태사님의 심복 맹장입니다. 태사께서 이번 기회에 초선을 여포에게 하사하신다면 여포는 큰 은혜에 감격하여 틀림없이 죽음으로써 태사께 보답할 것입니다. 태사께서는 청컨대 심사숙고 하십시오."❶

동탁이 한참 동안 깊이 생각하더니 입을 열었다.

"네 말도 맞구나. 내가 생각해보마."

이유가 감사하며 물러났다.

동탁이 후당으로 들어가 초선을 불러서 물었다.

"너는 어찌하여 여포와 사통했느냐?"

초선이 흐느끼며 말했다.

"첩이 후원에서 꽃을 구경하고 있는데 여포가 갑자기 다가왔어요. 제가 놀라 피하려는데 여포가 '나는 태사의 아들이니 피할 필요가 있겠느냐?'라고 말하더니 극을 들고 봉의정까지 쫓아오는 게 아니겠어요. 저는 그 마음이 불량한 것을 보고 욕을 당할까 두려워 연못으로 뛰어들어 자진하려고 했는데 도리어 이놈이 끌어안고 말았어요. 막 죽느냐 사느냐 하는데 마침 태사께서 오셔서 목숨을 구해주신 거예요."

"내가 지금 너를 여포에게 주려고 하는데 어떻게 생각하느냐?"

초선이 깜짝 놀라 소리 내어 울며 말했다.

"첩신이 이미 귀인을 섬겼는데 지금 갑자기 집 노비에게 하사하신다면 차라리 죽을지언정 욕을 보지는 않을 거예요!"

벽에 걸린 보검을 들어올리더니 스스로 목을 베어 자결하려 했다. 당황한 동탁은 검을 빼앗아 껴안으며 말했다.

"내가 너를 잠시 희롱한 것이다!"

초선은 동탁 품으로 쓰러지면서 얼굴을 파묻고 통곡하며 말했다.

"이것은 필시 이유의 계책일 거예요! 이유는 여포와 교분이 두터워 이런 계책을 쓴 것이지만 태사의 체면이나 천첩의 목숨은 소중히 여기지도 않는 거예요. 첩이 그놈의 살덩이를 생으로 씹고 말겠어요!"

"내가 어찌 잔인하게 너를 버리겠느냐?"

"비록 태사님의 사랑을 받고 있다 하더라도 이곳은 오래 살기에는 적당하지 않은 것 같아요. 틀림없이 여포에게 해를 당할까 두려워요."

"내가 내일 너와 미오로 돌아가서 함께 유쾌하게 보낼 것이니 걱정하거나 의심하지 말거라."

초선이 그제야 눈물을 거두고 절하며 감사했다.

이튿날 이유가 들어와서 말했다.

"오늘이 길일이니 초선을 여포에게 보내시지요."

동탁이 말했다.

"여포와 나는 부자의 구분이 있으니 주는 것은 마땅치 않다. 다만 내가 그 죄는 더 이상 따지지 않겠으니, 네가 내 뜻을 전하고 좋은 말로 위로해주거라."

"태사께서는 여자에게 현혹되시면 안 됩니다."

동탁이 안색을 바꾸며 말했다.

"그럼 너는 네 처를 기꺼이 여포에게 주겠느냐? 초선의 일은 다시 여러 말 하지 말거라. 또 말한다면 반드시 참수하겠다!"

이유는 물러나 하늘을 우러러보며 탄식했다.

"우리 모두 여자의 손에 죽겠구나!"

후세 사람이 책을 읽다가 이 대목에 이르러 탄식한 시가 있다.

사도 왕윤은 묘한 계책을 붉은 치마 두른 미녀에게 맡겨

방패, 창 같은 무기 사용 않고 군사 또한 쓰지 않았구나

세 영웅호걸 호뢰관 싸움에서 공연히 힘만 허비했으나

승리의 노래는 도리어 봉의정에서 연주되었도다

司徒妙算托紅裙, 不用干戈不用兵

三戰虎牢徒費力, 凱歌却奏鳳儀亭

그날로 동탁이 미오로 돌아가겠다고 명령을 하달하자 백관이 모두 나와 절하며 전송했다. 수레 위에 앉아 있던 초선은 여포가 많은 사람 틈 속에서 자신이 탄 수레를 간절하게 쳐다보는 것을 보았다. 초선은 옷자락으로 얼굴을 가리고 마치 통곡하는 듯 시늉을 했다. 여포는 말고삐를 늦춘 채 낮은 언덕에 올라 사라져가는 수레 뒤의 먼지를 바라보고 탄식하며 아쉬워하다 동탁을 원망했다. 이때 갑자기 등 뒤에서 누군가 물었다.

"온후께서는 어째서 태사를 따라가지 않고 여기서 멀리 바라보며 탄식만 하시오?"

여포가 돌아보니 바로 사도 왕윤이었다. 서로 인사를 마치자 왕윤이 말했다.

"늙은이가 요사이 잔병치레하느라 두문불출하여 오랫동안 장군을 만나지 못했소. 오늘 태사의 수레가 미오로 돌아간다기에 병든 몸을 견디며 나와 전송했는데 기쁘게도 장군을 만났구려. 그런데 장군께서는 왜 여기서 길게 탄식하고 계시오?"

"바로 공의 따님 때문이오."

왕윤이 놀란 척하며 말했다.

"시간이 많이 흘렀는데도 장군께 주지 않았단 말이오?"

"늙은 도적이 총애한 지 벌써 오래되었소!"

왕윤이 깜짝 놀란 체하며 말했다.

"그런 일이 있었다니 믿기 어렵소!"

여포가 그동안 있었던 일들을 일일이 왕윤에게 설명했다. 왕윤은 얼굴을 위로 젖히고 발을 동동 구르며 한참 동안 말을 잇지 못하다가 비로소 입을 열었다.

"태사가 이런 금수 같은 행동을 하다니 뜻밖이구려!"

여포의 손을 잡아끌며 말했다.

"잠시 내 집으로 가서 상의해봅시다."

여포는 왕윤을 따라 그의 집으로 갔다. 왕윤은 밀실로 안내하여 술상을 차리고 정성껏 대접했다. 여포는 다시 봉의정에서 초선을 만난 일을 자세하게 이야기했다. 왕윤이 말했다.

"태사는 내 딸을 간음하고 장군의 아내를 빼앗았으니 참으로 천하의 웃음거리가 되었소. 하지만 태사가 아니라 이 윤과 장군을 비웃을 것이오! 이 윤이야 늙고 무능한 무리라 말할 가치도 없겠지만, 절세의 영웅인 장군께서 이런 모욕을 당해야 한다니 참으로 애석할 따름이오!"

여포는 분노가 하늘로 치솟아 주먹으로 탁자를 치며 소리를 버럭 질렀다. 왕윤이 급히 말했다.

"늙은이가 실언한 것이니 장군은 화를 가라앉히시오."

"맹세코 이 늙은 도적을 죽여 나의 치욕을 씻고야 말겠소!"

왕윤이 급히 그의 입을 막으며 말했다.

"장군은 그런 말씀 마시오. 이 늙은이까지 연루될까 두렵소."

"대장부가 천지간에 태어나 살면서 어찌 답답하게 남의 밑에서 오래 지낼 수 있겠소!"

"장군의 재주야말로 확실히 동태사의 구속이나 받으면서 살아서는 안 되지요."

"내가 늙은 도적을 죽이고 싶지만 부자의 정 때문에 후세 사람들의 비난을 불러일으킬까 두려워 하지 못하는 것이오."

왕윤이 미소 지으며 말했다.

"장군의 본래 성은 여씨이고 태사는 동씨외다. 게다가 이미 창을 장군께 던졌는데 어찌 부자의 정이 있다고 하겠소?"

여포가 기세 좋게 말했다.

"사도의 말씀이 아니었다면 하마터면 스스로를 그르칠 뻔했소!"

왕윤은 여포가 뜻을 굳혔음을 보고 바로 말했다.

"장군이 한실을 지탱해준다면 바로 충신으로 청사³에 명성을 떨치고 그 향기가 영원히 전해질 것이나, 장군이 동탁을 돕는다면 바로 반역한 신하로 그 오명이 역사서에 실려 역겨운 냄새가 대대로 전해질 터이니 사람들의 손가락질을 받을 것이오."

여포가 자리를 비껴 일어나 절하며 말했다.

"나의 뜻은 이미 정해졌으니 사도께서는 의심하지 마십시오."

왕윤이 말했다.

"그러나 혹시라도 일이 성공하지 못해 도리어 큰 재난을 초래할까 두렵소."

여포가 차고 있던 칼을 뽑아 팔을 찌르더니 피를 흘리며 맹세했다. 왕윤이 무릎을 꿇고 감사하며 말했다.

"한나라의 향화香火(향과 등촉)가 깜박거리지 않는다면 모두 장군이 주신 것이오. 절대 누설하지 마시오! 기일이 되어 계책이 서면 서로 알리기로 합시다."

여포가 시원스럽게 승낙하고 돌아갔다.

왕윤은 즉시 복야⁴ 사손서土孫瑞와 사례교위 황완黃琬을 청해 상의했다. 사손서가 말했다.

"지금 주상께서 병환에 걸렸다가 완쾌하셨으니 말 잘하는 사람을 미오로 보내 의논할 정사가 있다고 동탁을 불러들이고, 다른 한편으로는 천자의 비밀 조서를 여포에게 넘겨주어 조문⁵ 안에 무장한 군사를 매복시켰다가 동탁을 이끌고 들어오면 그때 죽이는 것이 상책이오."

황완이 말했다.

"그런데 누가 감히 가려고 하겠소?"

사손서가 말했다.

"여포와 같은 군 출신인 기도위 이숙李肅은 동탁이 관직을 올려주지 않아서 몹시 원한을 품고 있소. 이 사람을 보낸다면 동탁이 틀림없이 의심하지 않을 것이오."

왕윤이 말했다.

"좋소."

여포를 청해 함께 의논했다. 여포가 말했다.

"지난날 내게 정건양丁建陽(정원)을 죽이도록 권한 자가 바로 이 사람이었소. 이번에 가지 않겠다고 하면 내가 먼저 그를 베어버리겠소."

사람을 시켜 몰래 이숙을 오게 했다. 여포가 말했다.

"이전에 공이 나에게 정건양을 죽이고 동탁에게 가라고 말했소. 그러나 지금 동탁은 위로는 천자를 기만하고 아래로는 백성을 가혹하게 학대하니 그 죄악이 가득 차서 신과 사람 모두 분노하며 원망하고 있소. 공이 미오로 가서 천자의 조서를 전달하고 동탁을 입조하게 하시오. 병사를 매복시켰다가 그를 죽이고 한실을 힘껏 지탱하여 함께 충신이 됩시다. 그대의 생각은 어떠시오?"

이숙이 말했다.

"나 또한 이 도적을 제거하려고 한 지 오래되었으나 마음을 함께할 사람이 없어 한스러웠을 따름이오. 지금 장군의 뜻이 그렇다면 이것은 하늘이 내리신 것이니 이 숙이 어찌 감히 두마음을 품겠소!"

바로 화살을 꺾어 맹세했다. 왕윤이 말했다.

"공이 이 일을 잘해낼 수만 있다면 높은 관직 얻는 것쯤이야 무슨 근심이겠소?"

이튿날 이숙은 기병 10여 기를 이끌고 미오로 갔다. 천자의 조서가 왔다고 보고하자 동탁이 불러들이게 했다. 이숙이 들어가 절하자 동탁이 말했다.

"천자께서 무슨 조서를 내리셨는가?"

이숙이 말했다.

"천자의 병환이 갓 완쾌되시어 미앙전[6]에 문무백관을 모아 태사께 선위[7]하는 문제를 의논하고자 이 조서를 내리셨습니다."

동탁이 말했다.

"왕윤의 뜻은 어떠한가?"

"왕사도는 이미 사람을 시켜 '수선대'[8]를 쌓게 하고 주공께서 오시기만을 기다리고 있습니다."

동탁이 크게 기뻐하며 말했다.

"지난밤 꿈속에서 한 마리의 용이 나를 감더니, 오늘 과연 이런 기쁜 소식을 받는구나. 때를 놓쳐서는 안 되겠지!"❷

즉시 심복 장수 이각李催, 곽사郭汜, 장제張濟, 번조樊稠에게 비웅군⁹ 3000명으로 미오를 방비하게 하고 자신은 그날로 장안으로 돌아가기 위해 수레를 준비시켰다. 동탁이 이숙을 돌아보며 일렀다.

"내가 황제가 되면 너는 집금오¹⁰를 맡도록 해라."

이숙은 절하며 감사드리고 스스로를 '신臣'이라 칭했다. 동탁은 안으로 들어가 어머니에게 작별 인사를 했다. 어머니의 나이는 이때 90여 세셨는데 동탁에게 물었다.

"내 아들이 어디로 간다고?"

동탁이 말했다.

"아들이 한나라 천자의 자리를 양위받으러 가니 어머니께서는 조만간 태후가 될 것입니다!"

"내가 요 며칠 살이 떨리고 심장이 놀라 두근거리니 좋은 징조가 아닌 것 같아 두렵구나."

"장차 국모가 되실 텐데 어찌 놀랄 징조가 미리 없겠습니까!"

즉시 어머니에게 작별하고 떠나려는데, 출발을 앞두고 초선에게 일렀다.

"내가 천자가 되면 너를 귀비¹¹로 삼을 것이다."

초선은 이미 상황을 분명하게 알고 기뻐하는 척하며 절하고 감사했다.

동탁이 미오를 떠나려 수레에 오르자 앞에서는 막고 뒤에서는 에워싸 호위하며 장안을 향해 출발했다. 그런데 30리를 못 가서 타고 있던 수레의 바퀴 하나가 갑자기 부러지는 바람에 동탁은 수레에서 내려 말을 타게 되었다. 다시 10리도 못 가 그 말이 포효하며 소리 높여 울부짖더니 고삐를 당겨 끊어버렸다. 동탁이 이숙에게 물었다.

"수레바퀴가 부러지고 말이 고삐를 끊는 것은 무슨 징조인가?"

이숙이 말했다.

"태사께서 한나라 제위를 선양받으시니 마땅히 옛것을 버리고 새것으로 바꾸라는 것으로, 장차 옥련¹²에 타고 황금 안장에 오르실 징조입니다."

동탁이 기뻐하며 그 말을 믿었다. 이튿날 한참 가고 있는데 별안간 광풍이 휘몰아치더니 어두컴컴한 안개가 하늘을 뒤덮었다. 동탁이 이숙에게 물었다.

"이것은 무슨 징조인가?"

"주공께서 황위에 오르시니 틀림없이 붉은빛과 자줏빛 안개로 황제의 위엄을 웅장하게 보이려는 것입니다."

동탁이 또 기뻐하며 의심하지 않았다. 장안성 밖에 당도하자 벌써 백관이 모두 나와 영접했다. 이유만이 병으로 집에 있었으므로 나와서 맞이할 수 없었다. 동탁이 성으로 들어가 승상부에 이르자 여포가 들어와서 축하했다. 동탁이 말했다.

"내가 구오九五(황제)에 오르면 네가 천하의 병마를 통솔해야 하느니라."

여포는 절하며 감사했고 장막 앞에서 묵었다. 이날 밤 10여 명의 아이들이 교외에서 노래를 부르는데 그 소리가 바람결에 실려 장막 안까지 들려왔다.

천리에 뻗은 풀이 어찌 푸르고 푸르리오

열흘도 못 넘겨 살 수 없다네

千里草, 何靑靑

十日卜, 不得生 ❸

노랫소리가 비통하고 애절했다. 동탁이 이숙에게 물었다.

"저 동요는 어떤 길흉을 예시하는가?"

"이것 또한 유씨가 멸망하고 동씨가 흥기한다는 의미입니다."

이튿날 해 뜰 무렵에 동탁이 의장과 호위 수행원을 늘어세우고 황제를 알현하러 갔다. 갑자기 푸른 도포에 흰 두건을 쓰고 손에 긴 장대를 든 한 도인이 나타났는데, 장대 위에는 1장 길이의 천이 묶여 있었고 양쪽 끝에 각각 '구ㅁ' 자가 적혀 있었다. 동탁이 이숙에게 물었다.

"이 도인이 하는 짓은 무슨 의미인가?"

"미친놈입니다."

장병들을 불러 쫓아냈다. 동탁이 알현하러 나아가자 군신들이 각자 조복을 갖춰 입고 길에서 영접하며 배알했다. 이숙은 손에 보검을 쥐고 수레에 붙어서 걸었다. 북쪽 액문掖門(궁전 정문 양쪽의 쪽문)에 당도하자 군병은 모두 문밖에서 저지당하고 수레를 모는 20여 명만 함께 들어가게 했다. 동탁이 멀리서 왕윤 등이 각자 보검을 잡고 궁전 문 앞에 서 있는 것을 보고는 놀란 얼굴로 이숙에게 물었다.

"검을 잡고 있는 것은 무슨 뜻이냐?"

그러나 이숙은 대답하지 않고 수레를 밀어 곧장 들어갔다. 이때 왕윤이 크게 소리쳤다.

"역적이 여기에 왔다. 무사들은 어디 있느냐?"

양쪽에서 100여 명이 나오며 극과 삭槊을 잡고 동탁을 찔렀다. 동탁은 도포 안에 부드럽고 질긴 호신용 갑옷을 입고 있어 창끝에 찔리지 않았고 팔만 다친 채 수레에서 굴러떨어지며 크게 소리 질렀다.

"내 아들 봉선은 어디 있느냐?"

수레 뒤에서 여포가 나오며 엄하게 꾸짖었다.

"역적을 치라는 황제의 조서가 있노라!"

여포가 극으로 단번에 동탁의 목구멍을 찌르자 이숙이 재빨리 머리를 잘라 손에 들었다. 여포는 왼손에 극을 잡고 오른손으로 품속의 조서를 꺼내 들고 크게 소리쳤다.

"조서를 받들어 역신 동탁을 쳤으니 나머지 사람에겐 죄를 묻지 않겠다!"

문무관원들이 만세를 불렀다. 후세 사람이 시를 지어 동탁을 탄식했다.

패업을 이루었을 때는 황제가 될 것이었지만
이루지 못해도 부잣집 대감 노릇은 했을 텐데
하늘의 뜻은 불공정이 없음을 누가 알았으랴
미오 별궁이 이루어졌으나 멸망하고 말았구나
伯業成時爲帝王, 不成且作富家郎
誰知天意無私曲, 郿塢方成已滅亡 ❹

다시 여포가 크게 소리 질렀다.

"동탁을 도와 포악한 짓을 하게 한 자는 바로 이유다! 누가 사로잡아 오겠느냐?"

이숙이 대답하며 가기를 원했다. 그때 별안간 조문 밖에서 고함치는 소리가 들리더니, 이유의 하인들이 이미 이유를 포박하여 바치러 왔다고 보고했다. 왕윤은 그를 묶어 시조[13]로 끌고 가서 참수하라 했고, 동탁의 시신 또한 큰길에 끌어내 백성에게 보였다. 동탁의 시체가 비대해 시체를 지키는 군사들이 제중[14]에 불을 붙여 등불로 삼으니 기름이 곳곳으로 흘러내렸다. 지나가는 백성 가운데 손으로 동탁의 머리를 치고 발로 시체를 짓밟지 않는 자가 없었다. 왕윤이 다시 여포에게 명하여 황보숭, 이숙과 함께 군사 5만 명을 거느리고 미오로 가서 동탁의 가산과 식구를 조사하여 몰수하게 했다.

이에 앞서 이각, 곽사, 장제, 번조는 동탁이 이미 죽었으며 여포가 온다는 소식을 듣자 즉시 비웅군을 거느리고 그날 밤 양주涼州로 달아났다.[15] 여포는 미오에 도착하자마자 먼저 초선을 찾았다. 황보숭은 성채에 잡혀 있던 양갓집 여자들을 모두 석방하라 명했다. 그러나 동탁의 친족들은 늙거나 어리거나 상관없이 모조리 도륙했다. 동탁의 어미 또한 죽임을 당했다. 동탁의 아우 동민, 조카 동황도 모두 참수하고 백성에게 보였다. 성채에 쌓인 것들을 몰수하니 황금이 수십만, 백금[16]이 수백만이었고 화려하고 진귀한 비단, 진주와 보석, 그릇과 식기, 양식이 이루 헤아릴 수 없을 정도로 많았다. 도성으로 돌아와 왕윤에게 보고하자 왕윤이 즉시 군사들을 크게 대접해 위로하고 도당에 연회를 베풀어 백관과 술을 마시며 경축했다.❺

한창 술자리를 벌이고 있는데 갑자기 한 사람이 와서 보고했다.

"동탁의 시체를 저잣거리에 내놓았는데 갑자기 어떤 사람이 시체에 엎드려 통곡하고 있습니다."

왕윤이 화를 내며 말했다.

"동탁이 사형되어 사대부와 일반 백성 중 축하하지 않는 사람이 없는데, 그 사람은 누구길래 감히 혼자 울고 있단 말이냐?"

무사를 불러 잡아 오라 명했다. 그 사람을 보고 놀라 두려워하지 않는 관원이 없었는데, 그는 다른 사람도 아닌 바로 시중 채옹이었다. 왕윤이 큰 소리로 꾸짖었다.

"동탁은 역적으로 오늘 사형에 처해졌으니 이는 나라의 커다란 행운이다.

그대는 한나라 신하가 되어 나라를 위해 경축하기는커녕 도리어 역적을 위해 울고 있으니 어찌된 일인가?"

채옹이 죄를 인정하며 말했다.

"제가 비록 재주는 없으나 대의는 알고 있는데 어찌 나라를 배반하고 동탁을 두둔하겠습니까? 다만 한때나마 저의 재능을 알아보고 중용해준 것을 고맙게 여겨 저도 모르게 한 번 울었습니다. 죄가 크다는 것을 알지만 원컨대 공께서 용서해주십시오. 이마에 먹으로 글자를 새기고 발꿈치를 자르는 형벌을 주시고, 쓰고 있는 한사漢史를 이어서 선조의 업적을 완성하게 해주신다면 그것이 바로 저의 행운일 것입니다."

모든 관원이 채옹의 재주를 안타까워하며 힘껏 그를 구원하려 했다. 태부 마일제 또한 남몰래 왕윤에게 말했다.

"백개伯喈(채옹의 자)는 당대에 견줄 자가 없는 걸출한 인재이니 한사를 계속 쓰게 하여 완성시킨다면 진실로 성대한 일이 될 것입니다. 게다가 효행으로 널리 알려져 있으니 그를 갑자기 죽인다면 뭇사람의 기대를 잃을까 두렵습니다."

왕윤이 말했다.

"옛날에 효무 황제(한 무제)가 사마천을 죽이지 않고 『사기』를 짓도록 했기 때문에 결국은 비방하고 공격하는 글을 후세에 전파하는 데 이르렀소. 지금은 국운이 기울고 조정이 혼란스러운 때인데 어린 군주 곁에 간신을 두어 붓을 쥐게 한다면 우리가 비방과 책망을 받을 터이니 안 될 일이오."

마일제는 말없이 물러나 관원들에게 은밀히 일렀다.

"왕윤은 후손을 두지 못할 것이오! 착한 사람은 나라의 기강이요, 역사를 기록하는 것은 국가의 예법이오. 기강을 없애고 예법을 폐기하니 어찌 오래

갈 수 있겠소?"

왕윤은 마일제의 말을 듣지 않고 채옹을 옥에 가두게 하고는 목매달아 죽였다. 갑작스러운 소식을 들은 사대부들은 눈물을 흘렸다. 후세 사람들은 채옹이 동탁을 위해 곡을 한 것은 물론 잘못이지만, 왕윤이 그를 죽인 것 또한 지나치다고 평가했다. 이를 탄식한 시가 있다.

동탁이 제멋대로 권력 휘둘러 어질지 못한데
채옹은 어찌하여 스스로 끝내 몸을 망쳤는가
그 당시 제갈량은 융중산[17]에 누워 있었으니
어찌 몸을 가벼이 하여 난신을 섬기려고 했겠는가
董卓專權肆不仁, 侍中何自竟亡身
當時諸葛隆中臥, 安肯輕身事亂臣 **❻**

한편 이각, 곽사, 장제, 번조는 섬서[18]로 도망갔으나 사람을 장안으로 보내 사면을 요청하는 표문을 올렸다. 왕윤이 말했다.

"동탁이 제멋대로 날뛴 것은 모두 이 네 놈이 도왔기 때문이다. 지금 비록 천하에 대사면을 실시하고 있다 하더라도 이놈들만큼은 용서할 수가 없다."

사자가 돌아와서 이각에게 보고했다. 이각이 말했다.

"사면을 요청해도 동의를 얻을 수 없으니 각자 알아서 도망가 살길을 찾는 수밖에 없게 되었소."

모사 가후賈詡가 말했다.

"여러분이 군사를 버리고 단독으로 행동한다면 일개 정장도 여러분을 포박할 수 있을 것이오. 차라리 섬陝 지역 사람들을 꾀어 모으고 본부 군마까지 더해 장안으로 쳐들어가서 동탁의 원수를 갚는 편이 낫겠소. 일이 성공하면 조정을 받들어 천하를 바로잡아야 하오. 승리하지 못하면 그때 달아나도 늦지 않을 것이오."

이각 등은 그 말을 옳다 여기고 서량주[19]에 다음과 같은 유언비어를 퍼뜨렸다.

"왕윤이 이 지방 사람들을 몰살하려 한다!"

사람들이 놀라 두려워하며 허둥댔다. 이에 다시 고의적으로 말을 퍼뜨렸다.

"달아나다 죽는 것은 아무런 이익이 없으니 우리를 따라 반란을 일으키는 것이 어떻겠는가?"

사람들이 따르기를 원했다. 그리하여 10여 만 명의 무리를 모으고 네 갈래로 나누어 장안으로 쳐들어갔다. 도중에 군사 5000명을 이끌고 장인의 원수를 갚겠다고 장안으로 가던 동탁의 사위 중랑장 우보牛輔를 만났다. 이각은 즉시 군사를 합치고 우보를 선봉으로 삼았다. 네 사람도 잇따라 출발했다. ❼

왕윤은 서량[20]의 군사가 몰려온다는 소식을 듣고 여포와 상의했다. 여포가 말했다.

"사도께서는 안심하십시오. 이런 쥐새끼 같은 놈들이야 많아 봐야 별거 아닙니다!"

즉시 이숙과 함께 군사를 거느리고 적과 맞서러 나갔다. 이숙은 적을 향해 앞장서 나가다가 우보와 마주치자 한바탕 싸워 크게 이겼다. 우보는 대적하지 못하고 패하여 물러갔다. 그러나 뜻밖에도 그날 밤 이경에 우보는 이숙이 대비하지 않은 틈을 이용해 군영을 기습했다. 이숙의 군사들은 어지럽게 이리저리 뛰어다니다 패하여 30여 리를 달아났고 군사 태반이 꺾인 채 여포에게로 왔다. 여포가 크게 성내며 말했다.

"너는 어찌하여 나의 예리한 기세를 꺾었느냐!"

즉시 이숙을 참수하고 머리를 군문에 내걸었다.

이튿날 여포는 군사를 진격시켜 우보와 대적했다. 우보가 어떻게 여포와 대적할 수 있겠는가. 다시 대패하여 달아났다. 이날 밤 우보는 심복인 호적아胡赤兒를 불러 상의했다.

"여포는 용맹하고 날래 만 명도 대적할 수 없다. 차라리 이각 등 네 명을 속여 황금과 진주를 숨기고 따르는 심복 서너 명만 데리고 달아나는 게 낫겠다."

호적아도 승낙했다. 그날 밤 황금과 진주를 수습해 군영을 버리고 도망쳤다. 강을 건너려 할 때 호적아는 황금과 진주를 차지하고 싶어 결국 우보를 죽이고 머리를 여포에게 바쳤다. 여포가 오게 된 이유와 사정을 묻자 심복 중 한 명이 고발했다.

"호적아가 우보를 계획적으로 죽이고 황금과 진주를 빼앗았습니다."

여포가 노하여 그 자리에서 호적아를 죽이고 군사를 이끌다 마침 이각의 군마와 마주쳤다.❽

여포는 그가 진을 펼치기도 전에 바로 극을 잡고 말에 박차를 가하며 군사와 함께 곧장 돌격했다. 이각의 군사들은 당해낼 수 없자 50여 리나 뒤로 달아나 산에 군영을 세우고 곽사, 장제, 번조를 불러 함께 상의하며 말했다.

"여포가 비록 용맹하나 지모가 없으니 근심할 필요가 없소. 내가 군사를 이끌고 산골짜기 입구를 지키면서 매일 그를 유인해 싸우겠소. 곽장군은 군사를 거느리고 그 뒤를 기습해 팽월彭越이 초나라 군사를 방해했던 전법[21]을 본받아 징이 울리면 군사를 전진시키고 북이 울리면 군사를 거두시오. 장공과 번공은 군사를 두 길로 나누어 곧바로 장안으로 쳐들어가시오. 그러면 저들은 머리와 꼬리가 서로 구원할 수 없어 반드시 크게 패할 것이오."

모두 그 계책을 쓰기로 했다.

한편 여포가 군사를 인솔해 산 아래에 당도하자 이각이 군사를 이끌고 나와 싸움을 걸었다. 여포가 분노하여 돌진해 들어가자 이각은 퇴각하여 산 위로 달아났다. 산 위에서 화살과 돌이 비 오듯 쏟아지자 여포의 군사들은 전진할 수가 없었다. 이때 갑자기 진 뒤에서 곽사가 쳐들어온다는 보고가 들어와 여포가 급히 싸우러 되돌아갔다. 그러나 북소리가 크게 진동하는 소리만 들릴 뿐 곽사의 군대는 이미 물러난 뒤였다. 여포가 군사를 거두려 할 때 징소리가 울리더니 이각의 군사들이 또 몰려왔다. 미처 대적하기도 전에 배후에서 곽사가 다시 군사를 인솔해 쳐들어왔다. 여포가 달려가자 또 북을 두드리며 군사를 거두고 물러갔다. 흥분한 여포는 분노가 끓어올라 가슴이 터질 것 같았다. 이런 일이 며칠간 잇따라 이어지자 싸우려 해도 싸울 수가 없었고 그만두려고 해도 그만둘 수가 없었다. 한창 분노하고 있는데 갑자기 말이 나는 듯이 달려와 장제, 번조의 군마가 두 갈래 길로 나누어 뜻밖에 장안을 침범하러 오고 있어 도성이 위급하다고 보고했다. 여포가 급히 군사를 이끌고 장안으로 돌아가려는데 배후에서 이각, 곽사가 쳐들어왔다. 여포는 승리에 연연하며 싸울 마음이 없어 단지 돌아보기만 하고 장안을 향해 내달리다 꽤 많은 인마를 잃고 말았다. 장안성 아래에 다다르니 적병이 비가 빽빽하게 끊이지 않고 쏟아지듯이 몰려들어 성벽과 해자를 빈틈없이 에워싸고 있었다. 여포의 군사들은 열심히 싸웠으나 곧 상황이 불리해졌다. 군사들도 여포가 괴팍하고 흉포해지자 두려워하여 적에 항복하는 자가 많아졌고 여포의 마음은 더욱 우울해졌다.❾

며칠 후 동탁의 잔당인 이몽李蒙과 왕방王方이 성안에서 적과 내통하여 성문을 몰래 열자 적군들이 네 개의 길로 일제히 밀어닥쳤다. 여포는 좌충우돌했으나 막아낼 수 없어 수백 명의 기병을 이끌고 청쇄문靑瑣門 밖으로 달려가 왕윤을 부르며 말했다.

"형세가 급합니다! 사도께서는 말에 오르시고 같이 관 밖으로 나가 다른 좋은 계책을 강구하도록 합시다."

왕윤이 말했다.

"사직社稷(지신과 곡신)의 영험을 입어 국가를 편안하게 할 수 있다면 그것이 내가 바라던 바요. 만일 그렇게 되지 못한다면 이 윤은 몸을 바쳐 죽을 따름이오. 나라가 위급할 때 구차하게 살아가는 것은 내 할 짓이 아니오. 나를 대신해 관동 여러 공께 감사하고 나라를 위하는 신념으로 노력해주시오!"

여포가 재삼 권했으나 왕윤은 떠나려 하지 않았다. 얼마 지나지 않아 각 성문에서 화염이 하늘로 치솟자 여포는 어쩔 수 없이 처자식마저 버린 채 기병 100여 명만 이끌고 달아나 관문을 나가서 원술에게 향했다.❿

이각과 곽사는 군사들을 풀어 마구잡이로 노략질했다. 태상경²² 충불种拂, 태복太僕 노규魯馗, 대홍려²³ 주환周奐, 성문교위 최열崔烈, 월기교위 왕기王頎 등이 모두 국란 중에 죽었다. 적병이 내정을 에워싸자 상황이 위급해졌고 천자를 가까이 모시던 신하들이 선평문²⁴에 올라 혼란을 중지해달라 요청했다. 이각 등은 멀리 황개²⁵가 오는 것을 보고 군사들을 단속해 멈추게 한 후

'만세'를 불렀다. 헌제가 이층 난간에 몸을 기대고 물었다.

"경들은 주청[26]하여 묻지도 않고 허락 없이 장안으로 들어와 무엇을 하겠다는 것이오?"

이각과 곽사가 얼굴을 쳐들고 아뢰었다.

"동태사는 폐하의 사직신社稷臣(국가 안위에 관계된 중신)이온데 아무 이유 없이 왕윤에게 계획적으로 살해되었기에 신 등이 특별히 원수를 갚으러 온 것이지 감히 모반을 하려는 것은 아닙니다. 왕윤만 보여주신다면 신들은 즉시 군사를 물리겠습니다."

왕윤은 이때 황제 곁에 있다가 이 말을 듣고 아뢰었다.

"신은 본래 사직을 위해 계책을 쓴 것입니다. 일이 이미 이 지경에 이르렀으니 폐하께서는 신을 아끼려다 나라를 잘못되게 해서는 안 됩니다. 청컨대 두 도적을 만나게 해주십시오."

황제는 왔다 갔다 하면서 망설이며 허락하지 않았다. 왕윤이 스스로 선평문 누각 위에서 아래로 뛰어 내려가며 크게 소리쳤다.

"왕윤이 여기 있노라!"

이각과 곽사가 검을 뽑으며 큰 소리로 꾸짖었다.

"동태사가 무슨 죄가 있다고 죽였느냐?"

왕윤이 말했다.

"역적 동탁의 죄는 하늘 가득하고 땅 곳곳에 이어져 이루 다 말할 수 없다! 처형당하던 날 장안의 사대부와 일반 백성이 모두 경축했는데 네놈들만 듣지 못했단 말이냐?"

이각과 곽사가 말했다.

"태사는 죄가 있다고 해도 우리에겐 무슨 죄가 있다고 사면하지 않았느냐?"

왕윤이 크게 욕을 했다.

"역적 놈들이 무슨 말이 그렇게 많으냐! 나 왕윤에겐 오늘 죽음만 있을 따름이다!"

두 도적이 손을 들어 왕윤을 문루 아래에서 죽였다. 사관이 왕윤을 찬탄한 시가 있다.

왕윤이 절묘한 계책을 사용하여
간사한 신하 동탁을 제거했다네
마음속엔 나라를 위한 한을 품고
미간은 조정 위한 근심 가득했지

호방한 기개 은하까지 이어졌고
충성은 두우[27] 사이 꿰뚫었도다
혼령과 넋이 지금에 이르러서도
황제 계신 봉황루 맴돌고 있구나

王允運機籌, 奸臣董卓休
心懷家國恨, 眉鎖廟堂憂
英氣連霄漢, 忠誠貫斗牛
至今魂與魄, 猶繞鳳凰樓

도적의 무리는 왕윤을 죽이는 한편 다시 사람을 보내 남녀노소 할 것 없이 왕윤의 종족들을 모두 살해했다. 사대부와 백성 가운데 눈물을 흘리지 않는 자가 없었다. 바로 그때 이각과 곽사가 곰곰이 생각하며 말했다.

"이미 여기까지 왔으니 천자를 죽이고 큰일을 도모하지 않으면 다시 어느 때를 기다린단 말인가?"

즉시 검을 잡고 크게 외치며 궁으로 쳐들어갔다.

우두머리가 벌을 받아 화를 없애는 듯했는데
부하 도적들이 날뛰어서 재앙이 다시 오는구나
巨魁伏罪災方息, 從賊縱橫禍又來

헌제의 목숨은 과연 어떻게 될까?❶

제9회 동탁의 몰락

❶

절영지회絶纓之會

춘추시대 때 초나라 장왕莊王이 군신들과 함께 야간 연회를 베풀었는데, 이때 촛불이 꺼졌고 어떤 사람이 그 틈을 이용해 왕후의 의복을 잡아 끌어당겼다. 왕후는 그의 갓끈을 끊어 장왕에게 범인을 찾아달라고 했으나 장왕은 도리어 군신들에게 갓끈을 끊으라 하고 결코 추궁하지 않았다. 이후에 오나라가 초를 공격했을 때 이 사람이 매우 용감하게 싸워 큰 공을 세웠다. 이 사람은 바로 그날 밤 연회에서 왕후가 갓끈을 끊었던 사람이었다. 갓끈을 끊었다고 하여 '절영지회'라고 부른다.

소설에서는 장웅蔣雄이라는 이름을 썼는데 이는 작가가 지어낸 것이며 또한 진나라가 아닌 오나라와 전쟁을 벌였다.

❷

동탁은 황제가 되려고 했을까?

『삼국지』「위서·동탁전」에 "동탁은 미오를 축조했는데 담장의 높이가 장안성과 같았으며 30년간 먹을 양식을 비축했다. 동탁은 스스로 '대사가 성공하면 천하에 웅거하고 성공하지 못하면 이곳 미오를 지키면서 일생을 마치겠다'고 말했다"는 기록이 있으며, 『후한서』 「동탁전」에도 같은 기록이 있다.

　역사 기록에 의하면 동탁이 반드시 황제가 되고자 했다고 말하기에는 부족하다. 동탁은 어떻게든 황제 자리를 차지하겠다는 생각을 갖지는 않은 듯하다.

❸

　헌제가 즉위한 첫해에 도성에 떠돌던 동요로 천리초千里草는 '동董'을 의미하며 십일복十日ト은 '탁卓'을 나타낸다. 동요는 동탁이 잔인하고 포악하여 인심을 얻을 수 없기에 반드시 실패할 것이라고 말한다.(『후한서』 「오행지五行志」)

❹

동탁이 죽는 과정

　동탁이 죽게 되는 과정은 『삼국지』 「동탁전」과 『후한서』 「동탁전」의 내용이 거의 같지만 『후한서』의 내용이 좀더 구체적이다. 『후한서』 「동탁전」에서는 동탁이 죽게 되는 과정을 다음과 같이 기록하고 있다.

　"초평 3년(192) 4월, 황제의 병세가 막 쾌유되자 미앙전未央殿에 군신들을 모았다. 동탁은 조복朝服을 입고 수레에 올랐는데 말이 놀라 동탁을 진흙탕 속으로 떨어뜨리는 바람에 집으로 돌아가 옷을 갈아입었다. 첩이 그를 만류했으나 동탁은 듣지 않고 바로 출발했다. 그가 거주하던 미오郿塢에서 황궁까지 군대를 도로 양쪽에 배열시켰는데 좌측은 보병, 우측은 기병이었고 호위하는 병사들이 주위를 에워쌌으며 여포 등에게 앞뒤에서 호위하도록 했다. 왕윤은 사손서士孫瑞와 함께 은밀히 헌제에게 동탁을 죽일 계획을 보고했고 헌제는 사손서에게 명하여 친필 조서를 여포에게 전달하도록 했다. 또한 기도위 이숙에게 여포와 마음을 같이하기로 한 용사 10여 명과 함께 위사衛士 복장을 입고 북액문北掖門 안에서 동탁을 기다리게 했다. 동탁이 당도했을 때 말이 놀라 앞으로 가지 않자 동탁은 기괴하게 여기고 두려워하며 돌아가려 했다. 그러자 여포는 동탁에게 황궁으로 들어가기를 권했고 마침내 북액문으로 들어갔다. 이숙이 극으로 동탁을 찔렀으나 동탁은 충갑衷甲(의복 안에 입는 갑옷)을 입고 있어 꿰찌르지 못했고 팔만 다친 채 수레 밑으로 떨어졌다. 동탁이 돌아보며 크게 소리 질렀다. '여포는 어디에 있느냐?' 그러자 여포가 말했다. '조서가 있으니 역신을 토벌하라.' 동탁은 '비천한 개 같은 놈이 감히 이럴 수 있단 말이냐?'라며 욕설을 퍼부었다. 여포는 그 말이 떨어지자마자 모矛로 동탁을 찔렀고 군사들에게 동탁을 참살하라 재촉했다."

⑤

동탁과 그의 가솔들의 죽음

『후한서』「동탁전」에 따르면 "조정에서는 황보숭에게 미오로 가서 동탁의 아우 동민卓旻을 공격하게 했고 황보숭은 그의 모친과 처자식을 죽였으며 동탁의 가족을 모조리 몰살했다"고 기록하여 소설과 같은 내용을 담고 있다. 그러나 『삼국지』「위서·동탁전」 배송지 주 『영웅기』에 따르면 "동민, 동황과 종족 노약자는 모두 미오에 있었는데 그들은 부하들에게 찍혀 죽었다. 동탁의 모친은 나이가 90세였는데 달아나다 미오 문에 이르러 '제발 살려주시오'라고 말했으나, 그 자리에서 목을 쳤다"고 기록하고 있어 동탁의 가솔들이 황보숭에게 죽임을 당한 것이 아니라 동탁 자신의 부하들에게 몰살당한 것으로 다르게 기록하고 있다.

⑥

채옹이 동탁 시신 앞에서 통곡했을까?

『후한서』「채옹전」에는 "동탁이 주살된 후 채옹은 왕윤과 함께 자리에 앉아 있었는데 동탁이 죽은 일에 대해 말하지 않고 탄식하며 안색이 조금 변했다. 왕윤이 벌컥 성을 내며 꾸짖었다. (…) 즉시 체포하여 정위廷尉(진, 한 시기에 중앙 최고 사법 행정 장관. 구경 가운데 하나로 형벌을 관장했다)에게 죄를 다스리게 했다. (…) 채옹은 끝내 옥중에서 죽었다"고 기록되어 있다.

채옹이 동탁으로부터 두터운 신임을 받았기 때문에 안타까운 마음을 가졌을지는 몰라도 동탁 시신 앞에서 통곡한 일은 없었다. 또한 옥중에서 죽었다고만 했지

소설의 내용처럼 목매달아 죽였는지에 대한 정확한 역사 기록은 없다.

그리고 『삼국지』 「위서·동탁전」에 "주부主簿 전경田景이 동탁의 시신 앞으로 달려 가자 여포가 또 그를 죽였다. 여포가 세 명을 죽이자 나머지 사람들은 감히 함부로 움직이지 못했다"고 기록되어 있는데, 이것은 여포가 동탁을 죽일 당시 현장에서 있었던 일로 전경이 동탁의 죽음을 목도하고 통곡하러 시신에 다가갔다고는 말하기 어렵다. 『후한서』 「동탁전」에서는 삼국지와 다르게 '전경田景'이 아닌 '전의田義'로 기록하고 있다.

❼

『후한서』 「왕윤전」은 다음과 같이 기록하고 있다.

"왕윤이 동탁의 부하들을 사면하고자 의논하기 시작했을 때 여포 또한 여러 차례 그에게 그렇게 하자고 권했다. 그러나 오래지 않아 왕윤이 다시 의심하며 말했다. '이 무리는 죄가 없고 단지 자신의 주인을 따랐을 뿐이오. 그러나 지금 만약 그들을 간악한 반란이라 칭하면서 특별히 그들을 사면한다면 그들로 하여금 의심을 품게 할 것이니 그들을 위로하는 좋은 방법이 아니오.' 동탁의 장교와 재직 중인 사람 대부분이 양주涼州 사람이었는데, 왕윤은 그 군대를 해산시키려고 했다."

❽

우보의 배반과 죽음

『삼국지』 「위서·동탁전」에 따르면 "우보의 군영에서 밤을 틈타 배반하고 도망치는 병사가 나오자 군영이 어지러워졌다. 우보는 군영의 병사들이 모두 반란을 일으키려 한다고 생각하여 금과 재물을 가지고 평소에 두텁게 대우했던 호적아 등 대여섯 명만 데리고 성벽을 넘어 북쪽으로 가서 황하를 건넜다. 호적아 등은 우보의 재물을 탐내 그의 머리를 베고 장안으로 보냈다"고 하여 소설의 내용과는 조금 다르게 기록하고 있다.

❾

『삼국지』「위서·여포전」 배송지 주 『영웅기』는 다음과 같이 기록하고 있다.

"곽사가 성 북쪽에 있을 때 여포는 성문을 열어 군대를 이끌고 나와 곽사에게 '잠시 군사를 물러나게 하고 일대일로 승부를 가리자'고 말했다. 곽사와 여포는 이에 단독으로 대결했는데 여포가 모로 곽사를 찔렀다. 곽사 뒤에 있던 기병이 앞으로 달려와 곽사를 구하자, 곽사와 여포 양쪽은 각자 군사를 거두었다."

❿

장안 함락 과정

소설에서는 이몽李蒙과 왕방王方이 내통하여 성문을 열었다고 했는데 『후한서』「동탁전」에는 장안 함락 과정을 소설과 다르게 기록하고 있다.

"이각은 길을 따라 흩어진 병사를 거두어들였고 장안에 당도했을 때는 이미 10만 명에 이르렀다. 동탁의 이전 부하였던 번조, 이몽 등과 연합하여 장안을 포위했다. 성지가 험준하여 공격할 수 없어 여드레를 포위하고 있었는데 여포 군중에서 촉병이 내부 반란을 일으키고는 이각의 인마를 성안으로 진입시켰다. 성이 붕괴되자 이각은 병사를 풀어 약탈했고 사망자가 1만여 명이었다."

여포와 왕윤

『삼국지』「위서·여포전」에는 "사도 왕윤은 여포가 동향 사람인 데다 건장했기 때문에 그를 특별히 후하게 대접했다"고 기록되어 있는데 이는 동탁을 도모하기 전에 여포를 끌어들이기 위한 하나의 수단이었다. 『후한서』「왕윤전」에 따르면 동탁을 죽인 다음에 "여포가 동탁의 재물을 공경들과 장교들에게 나누어주려고 하자 왕윤은 동의하지 않았다. 왕윤은 평소에 여포를 경시했고 그를 단지 검객으로만 취급했다. 여포는 자신의 공로가 크다고 자부하여 여러 차례 공훈을 뽐내는 바람에 이미 원하는 대로 될 수 없었고 점점 왕윤에게 불만을 품어 서로 화목하게 지내지 못했다"고 기록하고 있다.

⑪

왕윤의 죽음

왕윤의 죽음에 관한 역사 사실은 조금 다르다. 『후한서』 「왕윤전」에는 왕윤의 죽음에 대해 다음과 같이 기록하고 있다.

"당초에 왕윤은 같은 군 사람인 송익宋翼을 좌풍익左馮翊, 왕굉王宏을 우부풍右扶風으로 임명했다. 이때 삼보三輔 지구는 인구도 많고 번성했으며, 병기와 곡식도 풍부해 이각 등은 즉시 왕윤을 죽이려고 했으나 두 군郡이 군사를 일으켜 대항할까 두려워 먼저 사람을 보내 송익과 왕굉을 불러들였다. 왕굉이 사자를 파견해 송익에게 말했다. '곽사와 이각은 우리 두 사람이 도성 밖에 있기 때문에 감히 왕윤을 살해하지 못하는 것이오. 오늘 부름에 응했다가 내일 우리는 모두 멸족당할 것이오. 장차 어떻게 하면 좋겠소?' 그리고 왕굉은 송익에게 군사를 일으켜 함께 천자 주변의 악인들을 토벌한다면 산동山東(효산崤山 동쪽. 효산은 지금의 허난성 뤄닝洛寧 북쪽에 위치한다)의 의병들이 호응할 것이라 했으나 송익은 따르지 않았다. 왕굉은 독자적으로 행동할 수 없어 부름에 응해 함께 도성으로 갔고 정위廷尉에게 끌려갔다. 이각은 왕윤과 송익, 왕굉 세 사람을 체포했고 세 사람은 함께 피살되었다. 왕윤은 당시 56세였고 시중이었던 장남 왕개王蓋와 다른 두 아들 왕경王景, 왕정王定 및 종족 10여 명이 모두 피살되었다."

소설과 다르게 왕윤은 장안 점령과 함께 바로 살해된 것이 아니라 왕윤의 사람들이 도성인 장안 주변의 삼보 지구를 관할하고 있어 그들을 유인해 왕윤과 함께 살해한 것이다. 『후한서』 「동탁전」에서는 장안이 함락된 후 며칠 뒤에 죽임을 당했다고 기록하고 있다.

조조,
마침내 군대를 일으키다

마등은 왕실을 위해 봉기하고,
조조는 아비의 원수를 갚고자 군대를 일으키다

勤王室馬騰舉義,
報父仇曹操興師

이각과 곽사 두 도적이 헌제를 시해하려 하자 장제와 번조가 간언했다.

"안 되오. 오늘 황제를 죽이면 사람들이 우리에게 복종하지 않을까 두렵소. 예전처럼 그를 황제로 받들면서 제후들을 속여 관 안으로 끌어들인 후 먼저 그 날개인 도당들을 제거하는 것이 나을 것이오. 그런 다음에 황제를 죽이면 천하를 도모할 수 있을 것이오."

이각과 곽사는 그 말을 따르기로 하고 무기를 내려놓았다. 헌제가 문루 위에서 알아듣도록 타일렀다.

"왕윤이 이미 죽었는데 무슨 까닭으로 군마를 물리지 않는가?"

이각과 곽사가 아뢰었다.

"신 등이 왕실에 공이 있는데도 아직 작위를 하사받지 못했기에 감히 군사를 물리지 못하고 있습니다."

황제가 말했다.

"경들은 어떤 작위에 봉해지기를 원하는가?"

이각, 곽사, 장제, 번조 네 사람은 각자 관직명을 적어 바치고 적힌 것과 같은 관직의 등급을 강요했다.[1] 황제는 그 요구에 따를 수밖에 없어 이각은 거기장군 지양후池陽侯로 봉하고 사례교위를 겸하게 했으며 가절월[2]을 내렸다. 곽사는 후장군 미양후美陽侯로 봉해 역시 가절월을 내려 함께 조정의 정사를 주관하게 했으며, 번조는 우장군 만년후萬年侯, 장제는 표기장군[3] 평양후平陽侯로 봉하고 군사를 통솔하여 홍농[4]에 주둔하게 했다. 나머지 이몽, 왕방 등도 각각 교위로 임명했다. 그제야 은혜에 감사하고 군사를 인솔해 성을 나갔다. 또한 동탁의 시신을 찾으라는 영을 내려 흩어진 살가죽과 뼛조각을 모아 향나무로 형체를 만들고, 적절한 자리를 마련해 크게 제사 지냈으며 왕의 의관과 관곽棺槨[5]을 갖추고 길일을 택해 미오에 매장하기 위해 운구했다. 그러나 장사를 지내는 날에 천둥번개가 치며 비가 억수로 쏟아져 평지에도 물이 몇 척이나 고였고 벼락이 관을 쪼개 시체가 관 밖으로 드러났다. 이각이 날씨가 개기를 기다렸다가 다시 장사를 지내는데 그날 밤에 또다시 그런 일이 벌어졌다. 세 번째로 다른 묘지를 택해 안장하려 해도 장사를 지낼 수 없었다. 번갯불에 살가죽이 흩어지고 뼈가 부서지더니 결국 모조리 타버려서 없어졌다. 하늘도 동탁에 대한 노여움이 이처럼 심했다!❶

한편 이각과 곽사는 대권을 장악하자 백성을 잔혹하게 학대했을 뿐만 아니라 비밀리에 심복들을 보내 황제 곁에서 시중들면서 동정을 살피게 했다. 헌제는 이때 거동하는 것이 가시나무 숲에 있는 것처럼 어려웠다. 조정 관원들의 승진과 파면도 두 도적에 의해 좌우됐다. 백성의 기대를 얻어야 한다면서 특별히 주준을 조정으로 불러들여 태복으로 봉하고 함께 조정의 정사를 보도록 했다.

어느 날 서량태수[6] 마등馬騰과 병주자사[7] 한수韓遂 두 장수가 10여 만 명의 군사를 이끌고 역적을 토벌하겠다고 공언하며 장안으로 쳐들어온다는 보고가 들어왔다. 원래 두 장수는 미리 사람을 장안으로 들여보내 시중 마우馬宇, 간의대부諫議大夫 충소种邵, 좌중랑장左中郎將 유범劉範 세 사람과 내통하기로 되어 있었다. 세 사람은 은밀히 헌제에게 상주했고 헌제는 마등을 정서장군,[8] 한수를 진서장군[9]으로 봉했으며 각자 비밀 조서를 받아 힘껏 역적을 토벌하기로 했다.

바로 그때 이각, 곽사, 장제, 번조는 두 장수가 장차 장안에 당도할 것이라는 보고를 받고 함께 적을 막아낼 계책을 상의했다. 모사 가후가 말했다.

"두 군대는 멀리서 오기 때문에 도랑을 깊이 파고 보루를 높이 쌓아 성을 군건히 지키면서 그들을 막아내야 합니다. 그러면 100일도 못 되어 군량이 떨어져 반드시 스스로 물러날 것입니다. 그런 다음에 군사를 이끌고 그들을 추격한다면 두 장수를 사로잡을 수 있을 것입니다."

이몽과 왕방이 나서며 말했다.

"그것은 좋은 계책이 아닙니다. 정예병 1만 명만 빌려주신다면 즉시 마등과 한수의 머리를 베어 휘하[10]에 바치겠습니다."

가후가 말했다.

"지금 바로 싸운다면 반드시 대패할 것이오."

이몽과 왕방이 한목소리로 말했다.

"만일 우리 두 사람이 패한다면 목을 자르시오. 그러나 우리가 싸움에 이긴다면 공 또한 수급을 바쳐야 할 것이오."

가후가 이각, 곽사에게 일렀다.

"장안 서쪽 200리 떨어진 곳에 주질산[11]이 있는데 길이 험준하니 장제, 번조 두 장군은 이곳에 군사를 주둔하면서 보루를 더욱 견고히 지키게 하고, 이몽과 왕방은 각자의 군사를 이끌고 기다렸다가 적과 맞서는 것이 좋을 듯합니다."

이각과 곽사는 그의 의견을 따르기로 하고 1만5000명의 인마를 점검하여 이몽과 왕방에게 줬다. 두 사람은 즐거워하며 떠났고 장안에서 280리 떨어진 곳에 군영을 세웠다.

서량의 군대가 당도하자 두 사람은 군사를 이끌고 싸우러 나갔다. 서량의 군마들은 길을 막으며 진세를 펼쳤고 마등과 한수는 말고삐를 나란히 하고 나와서 이몽과 왕방을 가리키며 욕설을 퍼부었다.

"나라를 배반한 역적 놈들아! 누가 가서 저놈들을 사로잡겠느냐?"

말이 미처 끝나기도 전에 얼굴은 관옥[12]같이 잘생기고 눈은 유성처럼 반짝이며 호랑이 체격에 원숭이 팔, 표범의 배와 이리의 허리를 가진 한 소년이 손에 긴 창을 들고 준마에 올라타 진중에서 달려나오는 게 보였다. 그 장수는 마등의 아들 마초馬超로 자가 맹기孟起였는데, 이때 17세의 나이로 그 용맹을 대적할 자가 없었다. 왕방은 그의 나이가 어린 것을 얕잡아 보고 말에 박차를 가하며 맞붙었다. 싸운 지 몇 합이 못 되어 일찌감치 마초의 한 창에 찔려 말 아래로 떨어졌다. 마초는 고삐를 당겨 진으로 돌아갔다. 왕방이 창에 찔려 죽는 것을 본 이몽은 혼자서 말을 몰아 마초의 뒤를 쫓았다. 마초는 전혀 알지 못했다. 이때, 마등이 진문 아래에서 크게 소리 질렀다.

"등 뒤에 쫓는 놈이 있다!"

외치는 소리가 미처 끝나기도 전에 마초가 이미 이몽을 말 위에서 사로잡은 것이 보였다. 마초는 이몽이 쫓아오는 것을 뻔히 알면서 일부러 시간을 끌어 그의 말이 가까이 접근하기를 기다리고 있었다. 마초가 재빠르게 몸을 피하자 이몽은 허공을 찔렀고 두 말이 나란히 달릴 때 마초가 원숭이 같은 팔을 가볍게 뻗어 사로잡았다. 주인이 없어진 군사들은 고개를 쳐들고 먼 곳을 바라보며 달아났다. 마등과 한수는 기세를 몰아 뒤쫓으며 대승을 거두었고 곧바로 협곡의 입구로 돌진해 군영을 세우고는 이몽의 목을 베어 사람들에게 보였다.

이각과 곽사는 이몽, 왕방이 모두 마초에게 죽임을 당한 것을 알고는 가후에게 선견지명이 있음을 믿고 그 계책을 중용하여 단지 관을 굳게 지킬 뿐 싸움을 걸어와도 결코 나와 맞서지 않았다. 과연 서량의 군사들은 두 달도 되지 않아 군량과 마초가 모두 떨어져 회군을 상의하게 됐다. 마침 장안성 안에서는 마우의 가동家僮(미성년 하인)이 자기 집주인이 유범, 충소와 함께 밖의 마등, 한수와 내응하려 했다는 정황을 고발했다. 이각과 곽사는 크게 노하여 세 집안의 늙은이와 아이, 양민과 천민을 가리지 않고 모조리 잡아 저잣거리에서 참수하고 세 사람의 수급을 곧바로 성문에 걸어 사람들에게 보였다. 마등과 한수는 마침내 군량이 떨어진 데다 안에서 내응하기로 한 것까지 탄로 나자 군영을 뽑아 퇴각할 수밖에 없었다. 그러자 이각과 곽사는 장제에게 영을 내려 군사를 이끌고 마등을 쫓게 했고 번조에게는 군사를 거느리고 한수를 추격하게 했다. 결국 서량군은 대패하고 말았다. 마초는 뒤에서 죽기로 싸워 장제를 물리쳐 퇴각시켰다. 번조는 한수의 뒤를 쫓아 진창¹³ 근처에서 거의 다 따라잡았는데 한수가 고삐를 당겨 말을 세우고는 번조를 향해 말했다.

"나와 공은 한 고향 사람인데 오늘은 어찌하여 이토록 무정하오?"

번조 또한 고삐를 당겨 말을 세우고는 대답했다.

"상관의 명령이라 어길 수 없소!"

한수가 말했다.

"내가 이곳에 온 것도 국가를 위한 것이거늘 공은 어째서 이토록 심하게 핍박하는 것이오?"

그 말을 들은 번조는 말 머리를 돌려 군사를 거두고 군영으로 돌아갔고 한수는 그가 가도록 내버려뒀다. 그러나 이각의 조카 이별[14]이 번조가 한수를 놓아주는 것을 보고 돌아와 숙부에게 보고했다. 이각이 크게 노하여 즉시 군사를 일으켜 번조를 치려고 했다. 가후가 말했다.

"지금 인심이 안정되지 않았는데 빈번하게 병사를 움직이는 것은 매우 적절하지 않습니다. 그럴 바에는 잔치를 열어 장제와 번조의 공적을 치하하고 술자리에서 번조를 잡아 죽이면 털끝만큼도 힘을 허비하지 않을 것입니다."

이각은 크게 기뻐하며 즉시 연회를 베풀어 장제와 번조를 청했다. 두 장수가 흔쾌히 연회에 참석했다. 술자리가 반쯤 지나 취해갈 때쯤 이각이 갑자기 안색을 바꾸며 말했다.

"번조는 무슨 까닭으로 한수와 결탁하여 반역을 꾀했느냐?"

번조가 크게 놀라 미처 대답도 하기 전에 도부수가 한꺼번에 우르르 나오더니 일찌감치 술상 앞에서 번조의 목을 베었다. 자지러지게 놀란 장제가 땅바닥에 엎드려 머리를 숙였다. 이각이 부축해 일으키며 말했다.

"번조는 모반했으므로 이렇게 죽인 것이오. 공은 나의 심복인데 어찌 놀라 두려워할 필요가 있겠소?"

그러고는 번조의 군사를 장제에게 이동 배치하고 통솔하게 했다. 장제는 스스로 홍농으로 돌아갔다.❷

이각과 곽사가 싸움에서 서량의 군사를 패배시키자 제후들은 누구도 감히 어떻게 하지 못했다. 가후는 백성을 위로하고 현자와 호걸들과 친분을 맺으라고 누차 권했다. 이때부터 조정에는 약간의 생기가 돌았다. 그러나 뜻밖에도 청주의 황건이 다시 일어나 수십만의 무리를 모았고 두목이 같지는 않았으나 양민을 약탈했다. 태복 주준이 도적을 격파할 수 있는 사람을 추천했다. 이각, 곽사가 누구인지 물었다. 주준이 말했다.

"산동[15]의 도적을 격파하려면 조맹덕이 아니고는 불가할 것이오."

이각이 말했다.

"맹덕은 지금 어디에 있소?"

주준이 말했다.

"현재 동군태수를 맡고 있는데 많은 군사를 보유하고 있소. 이 사람에게 명하면 기한 내에 도적을 격파할 수 있을 것이오."

이각은 크게 기뻐하며 밤사이 조서를 기안하고 사람을 파견해 조조에게 제북상 포신鮑信과 함께 도적을 격파하라 명했다. 조조는 황제의 성지聖旨(황제의 명령)를 받들어 포신과 함께 군사를 일으키고 수양壽陽[16]에서 적들을 공격했다. 그러나 포신은 적진 안으로 깊숙이 쳐들어갔다가 적에게 죽임을 당했다. 조조가 적병을 추격하여 제북까지 이르자 항복한 자가 수만 명이었다. 조조가 즉시 항복한 적들을 선봉으로 앞세우니 병마가 이르는 곳마다 항복하여 귀순하지 않는 자가 없었다. 불과 100여 일 만에 항복병이 30여 만 명, 남녀가 100여 만 명이었다. 조조는 그중에서 정예병을 선발하여 '청주병靑州兵'이라 부르고 나머지는 모두 고향으로 보내 농사짓게 했다. 이때부터 조조는 나날이 명성을 떨치게 되었다. 승리를 알리는 첩보가 장안에 이르자 조정에서는 조조에게 관직을 더하여 진동장군[17]으로 임명했다. ❸

조조는 연주兗州에 있으면서 현자를 초빙하고 인재를 받아들였다. 숙질 두 사람이 조조를 찾아왔는데, 한 사람은 영천 영음[18] 사람으로 성이 순荀이고 이름이 욱彧, 자가 문약文若이며 순곤荀昆의 아들로 이전에 원소를 섬겼다가 원소를 버리고 조조에게 온 것이었다. 조조가 그와 이야기를 나누더니 크게 기뻐하며 말했다.

"이 사람은 나의 자방[19]이로다!"

즉시 순욱을 행군사마行軍司馬[20]로 임명했다. 그의 조카 순유荀攸는 자가 공달公達인데 나라의 유명한 인사로 일찍이 황문시랑[21]을 제수받았으나 후에 관직을 버리고 고향으로 돌아갔다가 이번에 숙부와 함께 조조에게 온 것이었다. 조조는 그를 행군교수行軍敎授[22]로 임명했다. ❹

순욱이 말했다.

"제가 듣기로는 연주에 현사 한 분이 있다고 하는데 지금 이 사람이 어디에 살고 있는지 모르겠습니다."

조조가 누구냐고 묻자 순욱이 말했다.

"바로 동군 동아[23] 사람으로 성이 정程이고 이름이 욱昱이며 자가 중덕仲德이라고 합니다."

조조가 말했다.

"나 또한 오래전부터 그 이름을 들었소."

즉시 사람을 향촌으로 보내 탐문하게 했다. 그가 산속에서 독서를 하고 있다는 것을 알아내고는 공손하게 청했다. 정욱이 만나러 오자 조조가 크게 기뻐했다. 정욱이 순욱에게 일렀다.

"저는 학문이 얕고 견문이 좁아 공의 천거를 감당하기에 부족하오. 공의 한 고향 사람으로 성이 곽郭이고 이름이 가嘉이며 자가 봉효奉孝라 하는 분이 당대의 현사인데 어찌하여 부르지 않소?"

순욱이 문득 정신이 들어 말했다.

"내가 하마터면 잊을 뻔했구나!"

즉시 조조에게 아뢰고 곽가를 연주로 초빙하여 함께 천하의 일을 논의했다. 곽가는 광무제의 직계 자손이자 회남 성덕[24] 사람이고 자가 자양[25]인 유엽劉曄을 추천했다. 조조는 바로 유엽을 초빙했고 유엽이 와서는 또 두 사람을 추천했다. 한 사람은 산양 창읍[26] 사람으로 성이 만滿이고 이름이 총寵이며 자가 백녕伯寧이었고, 다른 사람은 무성武城[27] 사람으로 성이 여呂이고 이름이 건虔이며 자가 자각子恪이었다. 조조 또한 평소에 이 두 사람의 명성을 알고 있어 바로 초빙하여 군중 종사로 임명했다. 만총과 여건이 함께 한 사람을 천거했는데 바로 진류 평구[28] 사람인 자가 효선孝先이라 하는 모개毛玠였다. 조조는 그 또한 초빙하여 종사로 삼았다. ❺

또 한 장수가 군사 수백 명을 이끌고 조조에게로 왔는데 태산 거평[29] 사람으로 성이 우于이고 이름이 금禁이며 자가 문칙文則이었다. 조조는 그 사람이 활쏘기와 말타기에 익숙하고 무예가 출중한 것을 보고 점군사마[30]로 임명했다. 어느 날 하후돈이 기골이 장대한 사람을 데리고 왔는데 조조가 어떤 사람이냐고 묻자 하후돈이 말했다.

"이 사람은 진류[31] 사람으로 성이 전典이고 이름이 위韋인데 용기와 힘이 남들보다 뛰어납니다. 이전에 장막張邈을 따랐는데 장막의 부하들과 화합하지 못해 맨손으로 수십 명을 때려죽이고 산속으로 도망쳐 숨었습니다. 제가 사냥을 나갔다가 이 사람이 호랑이를 뒤쫓으며 계곡을 건너가는 것을 보고 군중에 거두었습니다. 지금 특별히 공께 그를 추천하는 것입니다."

조조가 말했다.

"내가 이 사람을 보니 생김새가 우람하여 반드시 용기와 힘이 있겠구나."

하후돈이 말했다.

"이 사람이 지난날 친구를 위해 원수를 갚고자 사람을 죽였는데 죽인 사람의 머리를 들고 번화가로 나갔더니 수백 명이 감히 접근하지 못했다고 합니다. 지금 무게가 80근인 두 가닥의 철극鐵戟을 사용하는데 겨드랑이에 끼고 말에 올라 나는 듯이 휘두른답니다.”

조조가 즉시 전위에게 한번 시범을 보여달라고 분부했다. 전위는 극을 끼고 말을 질주하며 왔다 갔다 했다. 그때 별안간 바람이 불더니 군영 앞에 세워져 있던 큰 깃발이 금방이라도 넘어갈 듯했다. 군사들이 붙잡아 세우려 했으나 고정할 수 없었다. 전위가 말에서 내려 큰 소리로 군사들에게 물러나라 외치고는 한 손으로 깃대를 잡아 세우고 바람 속에서도 우뚝 서서 움직이지 않았다. 조조가 말했다.

“이 사람은 그 옛날의 악래³²로구나!”

즉시 명하여 장전도위³³로 임명하고 자신의 비단 도포를 벗어주고는 준마가 새겨진 말안장을 하사했다.❻

이때부터 조조의 부하에 문신으로는 지모가 뛰어난 모사들과 무신으로는 맹장들이 있어 그 위엄이 산동³⁴을 제압했다. 이에 태산태수 응소應劭를 낭야군³⁵으로 보내 부친 조숭을 모셔오게 했다. 조숭은 진류에서 피란하여 낭야에서 은거하고 있었는데, 서신을 받고 바로 아우 조덕³⁶ 및 일가 노소 40여 명과 하인 100여 명, 수레 100여 량을 거느리고 연주로 향했다. 그 길에 서주를 지나가게 되었는데 그곳 태수³⁷ 도겸陶謙은 자가 공조恭祖로 사람됨이 온화하고 관대하며 순박하고 독실했다. 조조와 친분을 맺고 싶었으나 그럴 이유가 없었던 중에 마침 조조의 부친이 지나간다는 것을 알고 서주 경계까지 나가 영접했다. 두 번 절하며 경의를 표하고 연회를 크게 열어 이틀 동안 정성껏 대접했다. 조숭이 떠나려 하자 도겸은 직접 곽 바깥까지 나가 전송하고 특별히 도위 장개張闓를 보내 소속 병사 500명으로 호송하게 했다. 조숭이 가솔을 인솔하여 화, 비³⁸ 사이에 이르렀을 때는 여름이 지난 초가을 무렵이었는데 갑자기 큰비가 내려 어쩔 수 없이 한 고찰로 찾아들어가 묵게 됐다. 사찰의 승려가 맞이하며 함께 들어갔다. 조숭은 가솔을 적절한 장소에서 쉬게 하고 장개에게 명하여 군마를 양쪽 복도에 주둔시켰다. 의복이 모두 비에 흠뻑 젖은 군사들은 한목소리로 한숨지으며 투덜거렸다. 장개가 수하 두목들을 조용한 곳으로 불러 상의하며 말했다.

"우리는 본래 황건의 살아남은 무리로 도겸에게 마지못해 굴복하여 따르고 있지만 아직 좋은 곳을 찾지 못했네. 지금 조씨 일가가 운반하는 수레는 수없이 많으니 너희가 부귀를 얻고자 한다면 어렵지 않을 것이다. 오늘 밤 삼경에 모두 쳐들어가 조숭 일가를 죽이고 재물을 빼앗아 함께 산속으로 들어가 도적이나 되세. 이 계책이 어떻겠느냐?"

모두 승낙했다. 그날 밤 비바람이 멈추지 않아 조숭은 그저 앉아만 있었는데 갑자기 사방 벽 너머에서 함성이 크게 일어났다. 조덕이 검을 잡고 살펴보다가 찔려 죽고 말았다. 조숭이 서둘러 첩 하나를 데리고 주지의 방 뒤로 달려가 담을 넘어 도망치려 했다. 그러나 첩이 너무 뚱뚱해 넘을 수 없었고 조숭은 황급히 첩과 함께 뒷간으로 몸을 피했으나 결국 어수선한 군사들에게 살해되고 말았다. 응소는 필사적으로 달아나 원소에게 의탁했다. 조숭의 온 집안사람을 죽인 장개는 재물을 차지하고 절을 불태우고는 500명과 함께 회남淮南으로 달아났다. 후세 사람이 이 일을 읊은 시가 있다.

조조가 간웅이라는 이름을 세상에 드러낸 것은
일찍이 여백사의 온 가족을 죽였기 때문이니라
지금에 이르러 온 집안사람이 죽임을 당했으니
하늘의 이치는 돌고 돌아 갚음에 착오가 없구나

曹操奸雄世所誇, 曾將呂氏殺全家

如今闔戶逢人殺, 天理循環報不差 ❼

바로 그때 응소의 부하 중에 목숨을 건진 군사가 조조에게 보고했다. 그 소식을 들은 조조는 통곡하다가 땅바닥에 엎어졌다. 사람들이 부축해 일으켰다. 조조가 이를 갈며 말했다.

"도겸이 군사들을 보내 나의 부친을 죽였으니 이 원수와는 같은 하늘 아래서 살 수 없다! 내 이제 대군을 모조리 일으켜 서주를 쓸어버리고 한을 풀고야 말겠다!"

마침내 순욱과 정욱에게 군사 3만 명을 통솔해 견성,³⁹ 범현,⁴⁰ 동아 세 현을 방비하게 하고 나머지는 모두 서주로 향해 내달리게 했는데, 하후돈, 우금, 전위를 선봉으로 삼았다. 조조는 성을 점령하기만 하면 성안의 백성을 모조리 도륙하여 부친의 원수를 갚으라고 명했다. 이때 구강⁴¹태수 변양邊讓은 도겸과 친분이 두터웠기 때문에 서주에 변란이 발생했다는 것을 알고 스스로 군사 5000명을 이끌고 구원하러 왔다. 그 소식을 들은 조조는 크게 노하여 하후돈을 시켜 오는 길을 저지하고 죽이라 했다. 당시 진궁은 동군의 종사로 도겸과도 교분이 두터웠는데 조조가 원수를 갚겠다며 군사를 일으켜 백성을 모조리 죽이려 한다는 소식을 듣고 그를 만나러 밤새 달려왔다. 조조는 도겸을 위해 말재간으로 설득하러 온 세객說客으로 여겨 만나고 싶어하지 않으나 지난날의 은혜로 말하기가 난처해 군막 안으로 청해서 만났다. 진궁이 말했다.

"지금 듣자 하니 명공⁴²께서 대군을 이끌고 서주로 가서 춘부장의 원수를 갚겠다며 이르는 곳마다 백성을 모조리 죽이겠다고 하신다기에 제가 말씀을 올리고자 특별히 왔습니다. 도겸은 인인군자[43]라 이익을 위해 의리를 저버리는 무리가 아니며, 춘부장께서 살해당하신 것은 장개의 악행이지 도겸의 죄가 아닙니다. 더욱이 주현의 백성이 명공께 무슨 원수진 일이 있겠습니까? 그들을 죽이는 것은 상서롭지 못한 일입니다. 재삼 심사숙고하고 행동하시기 바랍니다."

조조가 성내며 말했다.

"공은 지난날 나를 버리고 가더니 지금 무슨 면목이 있어서 다시 만나러 온 것이오? 도겸이 내 일가족을 죽였으니 맹세컨대 칼로 쓸개를 뽑아내고 심장을 도려내 내 원한을 풀고야 말겠소! 공이 비록 도겸을 위해 유세하러 왔으나 내가 듣지 않을 테니 어쩌겠소!"

진궁은 작별하고 나와 탄식했다.

"나 역시 도겸을 볼 면목이 없구나!"

말을 몰아 진류태수 장막에게 의탁하러 갔다. ❽

조조의 대군은 이르는 곳마다 백성을 살육했고 무덤을 파헤쳤다. 서주에 있던 도겸은 조조가 원수를 갚는다며 군사를 일으켜 백성을 도륙한다는 소식을 듣자 하늘을 우러러 대성통곡하며 말했다.

"내가 하늘에 죄를 지어 서주의 백성이 이런 큰 화를 당하는구나!"

급히 모든 관원을 불러 모아 상의했다. 조표曹豹가 말했다.

"조조의 군사가 이미 이르렀는데 어찌 손을 묶고 죽음을 기다리겠습니까! 원컨대 제가 사군[44]을 도와 그들을 격파하겠습니다."

어쩔 수 없이 도겸은 군사를 이끌고 맞서러 나갔다. 멀리서 바라보니 상복을 입은 조조의 군사들이 서리가 온 들판에 하얗게 펼쳐지고 눈보라가 일어난 듯했다. 중군에 세워진 두 폭의 백기에 '보구설한報仇雪恨(원수를 갚아 원한을 씻겠다' 네 글자가 크게 적혀 있었다. 군마를 늘어놓고 진세를 펼치자 조조가 말고삐를 놓고 진 앞으로 나와 상복을 입고 채찍을 휘두르며 욕설을 퍼부었다. 도겸 또한 말을 몰고 나와 문기 아래서 절하여 공경을 표하고 말했다.

"나는 본래 명공과 친해지고 싶어 장개에게 호송을 맡겼소. 뜻하지 않게 그 도적의 심보를 고치지 않아 이 지경에 이르게 하고 말았으니, 진실로 이 도겸과는 상관없는 일이오. 명공께서는 잘 살펴주시기 바라오."

조조가 욕설을 퍼부었다.

"늙어빠진 보잘것없는 놈아! 내 부친을 죽이고도 감히 함부로 지껄이느냐! 누가 저 늙은 도적놈을 사로잡겠느냐?"

하후돈이 대답과 동시에 뛰쳐나갔다. 도겸은 황급히 진 안으로 달아났다. 하후돈이 쫓아오자 조표가 창을 잡고 말에 박차를 가해 앞으로 달려나가 맞섰다. 두 말이 엎치락덮치락 하는데 별안간 광풍이 크게 불더니 모래가 날리고 돌이 굴러 양군이 모두 어지러워지자 각자 군사를 거두었다. 성으로 들어온 도겸은 관원들과 계책을 상의하며 말했다.

"조조의 군세가 대단해 맞서기 어려우니 내가 스스로 결박하여 그의 군영으로 가겠소. 나를 칼로 가르고 자르든 일체 그들에게 맡겨 서주 일군[45] 백성의 생명을 구해야겠소."

말을 미처 마치기도 전에 한 사람이 앞으로 나서며 말했다.

"부군[46]께서는 오랫동안 서주를 안정시켜 백성이 그 은혜에 감격하고 있습니다. 지금 조조의 군사가 비록 많지만 우리 성을 바로 격파할 수는 없을 것입니다. 부군께서는 백성과 함께 견고히 지키되 나가서 대적하지는 마십시오. 제가 비록 재주는 없으나 원컨대 작은 계책을 써서 조조가 죽어도 묻을 땅이 없도록 하겠습니다!"

　모두 크게 놀라 계책을 어떻게 꾸밀 것인지 물었다.

　본래는 친분을 맺고자 했는데 도리어 원수가 되었네

　죽을 위기에서 또 살길이 있을 줄이야 어찌 알았겠는가

　本爲納交反成怨, 那知絶處又逢生

　이 사람은 과연 누구일까?❾

제10회 조조, 마침내 군대를 일으키다

❶
동탁의 머리는 어디로 갔을까?

소설에서 동탁을 죽일 때 머리를 잘랐다고 했는데, 그 머리의 행방에 관한 역사 기록이 있다. 『후한서』 「여포전」은 다음과 같이 적고 있다.

"여포가 이각과 교전을 벌이다 패하자 수백 명의 기병을 이끌고 동탁의 머리를 말 안장에 묶어 무관武關(요충지 명칭. 산시陝西성 단펑丹鳳 동남쪽)을 나가서 남양으로 달아났다. 이에 원술이 그를 후하게 대접했다."

『자치통감』 권60 「한기 52」에도 위와 같은 내용을 기록하고 있다.

『삼국지』 「위서·여포전」에는 동탁의 머리에 관한 기록은 없고 "동탁이 죽은 후 60일이 지나 여포 또한 실패하여 수백 명의 기병을 이끌고 무관을 나가 원술에게 의탁하려고 했다. 여포는 자신이 동탁을 죽인 것은 원술을 위해 복수한 것이라고 생각했고, 그것으로 덕을 보고자 했다"고 기록되어 있다.

어쨌든 패한 이후 오갈 데 없었던 여포는 동탁과의 관계가 나빴던 원술에게 그의 머리를 바치고 몸을 의탁하기 위한 선물로 사용한 듯하다. 그러나 원술은 결국 여포를 받아들이지 않았다. 그리고 「위서·여포전」 배송지 주 『영웅기』에 "여포가 4월 23일 동탁을 죽이고 6월 1일 패해 달아났다. 이때 윤달은 없었다"고 기록된 것을 보면 동탁의 머리를 한 달 넘게 보관하고 있었다고 봐야 할 것이다.

❷

마등, 한수와의 전투

소설에서는 마등과 한수가 역적을 토벌하겠다며 군사를 일으키고 장안으로 진격하는데, 이는 역사적 사실과 많이 다르다. 『후한서』 「동탁전」은 다음과 같이 기록하고 있다.

"당초에 동탁이 관으로 진입했을 때 한수와 마등은 함께 산동을 진공하기로 약속했다. 한수와 마등은 천하가 어지러워지려는 것을 보고는 그들 또한 동탁에 의지해 군사를 일으키려 했다. 흥평興平 원년(194), 마등은 농우隴右(농산 서쪽 지구)로부터 조정으로 와서 황제를 알현하고 패교灞橋(산시陝西성 시안西安 동쪽 바수이灞水강)에 주둔했다. 당시 마등은 이각에게 사사로이 요구했는데 얻은 것이 없자 분노하여 결국 시중 마우馬宇, 우중랑장右中郎將 유범劉範, 전 양주涼州자사 충소种劭, 중랑장 두품杜稟의 군대를 합쳐 이각을 공격했고 연일 싸움을 벌였으나 승부를 가리지 못했다. 그 소식을 들은 한수는 무리를 이끌고 와서 마등과 이각을 화해시키려 했으나 도착한 이후에 다시 마등과 연합했다. 이각은 형의 아들인 이리李利(소설에서는 이각의 조카 이별李別로 나오지만 실제로는 이리다)를 파견해 곽사, 번조와 함께 마등 등과 장평관長平觀(산시陝西성 징양涇陽 서남쪽) 아래서 교전을 벌이게 했다. 한수와 마등은 패해 1만여 명이 참살되었으며 충소, 유범 등은 모두 전사했다. 한수와 마등은 도망쳐 양주涼州로 돌아갔고 번조 등이 다시 그들을 추격했다."

역사 기록에 따르면 마등, 한수, 동탁, 이각, 곽사 등은 본래 같은 무리였는데, 마등과 한수가 이각을 공격한 것은 마등과 이각 사이의 사적인 원한 관계 때문이었다. 역사에서는 충소와 유범도 전사한 것으로 기록하고 있다.

조조의 주력 부대 청주병

『삼국지』「위서·무제기」와 『자치통감』 권60 「한기 52」의 기록에 따르면 "초평 3년(192) 겨울, 태조가 황건의 항복한 군사 30여 만 명과 남녀 100여 만 명을 거두어들였는데 그중에서 정예 사병을 재편성하여 '청주병靑州兵'이라 불렀다"고 기록하고 있다.

조조와 순욱, 순유의 만남

조조와 순욱 그리고 순유의 만남에 관한 실제 역사 기록과 소설의 내용은 많이 다르다.

『삼국지』「위서·순욱전」에 따르면 순욱과 조조와의 만남은 동탁 사망(192) 1년 전인 초평 2년(191)으로 기록되어 있다. "순욱이 원소를 떠나 태조에게로 왔고, 사마司馬(장군부의 관리로 부중의 일을 관리하고 아울러 군사 계획에 참여하는 관직)로 임명했는데 그때 그의 나이 29세였다."

소설과 다르게 '행군사마'가 아닌 '사마'로 삼았다고 기록하고 있다. 그렇지만 『후한서』「순욱전」에는 "분무사마奮武司馬로 임명했고 그 이듬해에 다시 진동사마鎭東司馬로 임명했다"고 기록되어 있다. 초평 원년(190) 정월에 조조가 분무장군奮武將軍(전한 때 설치되었고 한 말기에 있었던 잡호장군雜號將軍 중 하나다. 삼국 시기에 각국에서 설치되었으며, 4품이다)을 대리했는데 분무사마는 바로 분무장군의 속관이며 군사 관련 일을 주관했다. 또한 건안 원년(196) 6월에 조조가 진동장군鎭東將軍(한, 위 시기에 진동鎭東, 진남鎭南, 진서鎭西, 진북장군鎭北將軍 각 한 명을 두었는데 '사진四鎭'이라 한다)으로 승진하게 되는데, 진동사마는 바로 진동장군의 속관이다.

순유는 「위서·순유전荀攸傳」에 따르면 "태조가 천자를 영접하고 도읍을 허현으로 옮긴 후 순유에게 편지를 보냈다. 그리고 순유를 불러 '여남태수'로 임명했다가 그가 입조하자 '상서'로 임명했고 다시 '군사'로 임용했다"고 기록되어 있다. 소설처럼 '행군교수行軍敎授'로 삼았다는 기록은 없으며 또한 '행군교수'라는 관직은 존재하지도 않았다.

결론적으로 조조와 순욱의 만남은 191년이었고, 순유와의 만남은 조조가 허창에 도읍을 정한 건안 원년, 즉 196년이므로 두 사람이 동시에 같이 온 것은 아니었다. 특히 순유는 제 발로 찾아온 것이 아니라 조조의 적극적인 초빙에 의해 온 것이었고, 그는 순욱의 조카였지만 순욱보다 여덟 살이 더 많았다.

❺

조조와 곽가의 만남

『삼국지』「위서·곽가전郭嘉傳」은 다음과 같이 기록하고 있다.

"순욱이 곽가를 추천했다. 태조는 그를 불러 만나보고 천하의 대사를 의논했다. 태조가 말했다. '내가 대업을 성취하게 할 이는 바로 이 사람이구나.' 곽가는 밖으로 나가서 역시 기뻐하며 말했다. '이분이 바로 진정한 나의 주인이로다!' 태조는 표를 올려 곽가를 사공군좨주司空軍祭酒(사공군사좨주司空軍師祭酒. 사공의 속관으로 건안 3년(198) 조조가 사공으로 임명되었을 때 설치했다)로 임명했다."

❻

깃발을 세운 전위와 우금과의 만남

전위가 깃발을 세운 이야기는 실제 역사와 다르다. 『삼국지』「위서·전위전典韋傳」에 따르면 "초평 연간에 장막이 의로운 군대를 일으키자 전위는 그의 사병이 되었고 사마 조총趙寵에게 예속되었다. 군영 문 입구의 아문기牙門旗가 매우 커서 세울 수 없었는데 전위가 한 손으로 깃발을 세우니 조총은 그의 재능과 힘을 매우 신묘하게 생각했다. 후에 하후돈에게 귀속되어 여러 차례 적을 참수하고 전공을 세워 사마에 임명됐다"고 기록하고 있다.

또한 『삼국지』「위서·우금전于禁傳」에 따르면 "태조가 연주자사를 겸임했을 때 우금은 자신의 부하들과 함께 태조를 만나 도백都伯(군관 명칭으로, 대장隊長이다. 고대군 편제에서 다섯 명이 1오伍였고 오에는 오장伍長이 있었다. 2오는 1십什이고 십에는 십장什長이 있었으며 십장의 위가 대장이다)에 임명되었고 장군 왕랑王朗에게 소속되었다. 왕랑은 그를 평범하게 여기지 않았고 우금의 재능이면 대장군을 담당할 만하다며 조조에게 추천했다'고 기록하고 있다.

❼

과연 누가 조숭을 죽였을까?

『삼국지』「위서·무제기」에 조숭의 죽음에 관한 내용이 기록되어 있다.

"태조의 부친 조숭이 관직을 버리고 초현으로 돌아왔는데, 동탁의 난으로 낭야로 피란을 갔다가 도겸에게 살해당했다."

배송지 주『세어』에는 다음과 같이 상세하게 기록되어 있다.

"조숭은 태산泰山 화현華縣에 있었다. 태조는 태산태수 응소應劭에게 명하여 가족을 찾아뵙고 연주로 보내도록 했는데, 응소의 군대가 이르기 전에 도겸은 은밀히 기병 수천 명을 보내 허술한 틈을 타 조숭의 가족을 사로잡으려 했다. 조숭의 가족은 응소가 영접하는 것으로 생각하고 준비하지 않았다. 도겸의 군사들이 도착하여 태조의 동생 조덕을 문중門中에서 죽였다. 조숭은 두려워 뒷담을 뚫고 첩을 먼저 나가게 했는데 첩이 뚱뚱하여 적들이 올 때까지 나갈 수 없게 되자 측간으로 도망갔다. 그러나 첩과 함께 살해되었으며 온 가족이 죽었다. 응소는 태조가 두려워 관직을 버리고 원소에게 의탁했다. 후에 태조가 기주를 평정했을 때 응소는 이미 죽은 뒤였다."

또한『후한서』「조등전」에 따르면 "조숭은 후에 그의 아들 조조가 군대를 일으켰을 때 따르지 않다가 작은 아들 조질曹疾(조덕曹德의 다른 이름)과 함께 전란을 피해 낭야군에 왔으나 서주자사 도겸에게 살해되었다"고 하여 도겸에게 살해당한 것으로 기록하고 있다.

소설은『삼국지』「위서·무제기」배송지 주 '위요韋曜의『오서吳書』'에 근거하고 있으며,『자치통감』권60「한기 52」는 "도겸의 별장別將이 음평陰平을 지키고 있었는데 사졸들이 조숭의 재산을 탐내어 화華와 비費 사이에서 습격하고 조숭과 그의 작은 아들을 죽였다"고 기록하고 있다. 그리고 '조덕'은 조숭의 동생이 아니라 조조의 동생이었다.

⑧

진궁이 조조를 배반한 이유

제4회에서 조조가 여백사를 죽이고는 "차라리 내가 천하를 저버릴지언정 천하 사람들이 나를 버리게 할 수는 없소"라고 말하자 진궁은 실망하여 조조를 떠나는 것으로 이야기를 전개했는데, 진궁이 조조를 배반한 진짜 이유를 역사 기록을 통해 추측해볼 필요가 있다.

우선 진궁이라는 사람을 보자.『삼국지』「위서·여포전」배송지 주 어씨魚氏의『전략』에 따르면 "진궁陳宮은 자가 공대公臺이고 동군東郡(치소는 허난성 푸양濮陽 서남쪽) 사람이다. 강직하고 장렬하여 젊어서부터 해내海內의 저명한 선비들과 서로 교류했다. 천하가 어지러워지자 처음에는 태조를 따르다가 후에 스스로 의심을 품고는 여포를 따르게 되었다. 여포를 위해 계획과 책략을 세웠으나 여포는 매번 그의 의견을 따르지 않았다"고 기록했다. 조조에 대해 의심을 품었다는 부분이 진궁이 조조를 배반한 이유라 할 수 있으며 그가 품었다는 그 '의심'은『자치통감』권61「한기 53」의 기록을 통해 알 수 있다.

"이전의 구강九江태수 진류 사람 변양邊讓은 일찍이 조조를 비판하고 조롱했는데 그 일을 들은 조조가 변양뿐 아니라 그의 처자식까지 죽였다. 변양은 평소에 재능이 있었기 때문에 연주 사대부가 모두 두려워했다. 진궁은 성정이 강직해 속으로 의심을 품고는 종사중랑從事中郎(삼공三公과 장군부將軍府에 설치되었고 지위는 장사長史와 사마司馬 아래였으며 참모를 관장했다) 허사許汜, 왕해王楷 및 장막의 동생인 장초와 공모하여 조조를 배반했다."

『삼국지』「여포전」과『자치통감』에 "태조가 처음에 진궁에게 군대를 이끌고 동군에 주둔하게 했는데 진궁은 그의 군대와 함께 동쪽으로 가서 여포를 영접하여 연주목으로 삼았으며 복양현濮陽縣(치소는 허난성 푸양濮陽 서남쪽)을 점거했다'고 기록되어 있어 진궁이 품었다는 의심은 바로 변양이 조조에게 살해당한 일임을 알 수 있다.

결국 조조의 서주 학살보다는 당시 명사로 유명했던 변양의 살해 사건과 역사에서 진궁의 성정이 '강직했다'는 기록을 통해 진궁이 조조를 배반한 결정적인 원인을 확인할 수 있다.

그리고 조조의 변양 살해 사건은 『후한서』 「변양전」에 "초평 연간(190~193)에 왕실이 크게 어지러워지자 변양은 관직을 사직하고 고향으로 돌아갔다.(변양은 진류군陳留郡 준의현浚儀縣 출신으로 지금의 허난성 카이펑開封이다.) 그는 자신에게 재능이 있음을 믿고 조조에게 굴복하지 않았으며 그에게 항상 무시하고 모욕하는 말을 했다. 건안 연간(196~220)에 그의 동향 사람이 조조에게 변양을 모함하자, 조조는 진류군에 통지하여 곧장 그를 집안에서 참살하도록 했다'고 기록되어 있다. 『후한서』의 기록에 따르면 변양 살해 사건이 건안 연간이라 했지만, 진궁의 배반 사건을 『자치통감』과 『삼국지』 「위서·무제기」 「위서·여포전」은 흥평 원년(194)으로 기록하고 있기 때문에 변양 살해 사건의 시기는 건안 연간이 아닌 최소한 흥평 원년 혹은 그 이전으로 판단된다.

❾

조조의 서주 대학살

서주 대학살에 관련된 상세한 역사 기록은 찾아보기 어렵지만 『수경주水經注』 권25 「사수泗水」에 "초평 4년(193), 조조는 서주를 공격해 격파하고 여慮, 수릉睢陵, 하구夏邱 등의 현을 점령해 취했다. 조조 부친이 피란하여 이곳에서 해를 입었기 때문에 조조가 남녀 10여 만 명을 도륙하니 사수泗水가 막혀 흐르지 못했다. 그 이후로 이 몇몇 현에서는 행인이 종적을 감추게 되었으니 이 또한 매우 잔학하도다. 사수는 또 동남쪽으로 흘러 수수구睢水口에 이르렀다'고 기록되어 있다. 『자치통감』 권60 「한기 52」에 따르면 "당초에 낙양에서는 동탁의 난을 만나 백성이 동쪽으로 옮겼는데 대부분이 서주 땅으로 달아났다. 이때 조조가 이르러 남녀 수십만 명을 사수에

생매장하니 사수가 막혀 흐르지 못했다. 조조는 담현郯縣을 포위 공격했으나 함락하지 못하자 그곳을 떠나 여, 수릉, 하구 세 현을 공격해 취하고 지나는 곳마다 모조리 도륙하여 닭, 개조차도 남아 있지 않았다. 폐허가 된 성에는 다시는 사람이 통행하지 않았다"고 기록하고 있다.

유비, 서주를 구하다

유황숙은 북해로 가서 공융을 구하고,
여온후는 복양에서 조조를 격파하다

劉皇叔北海救孔融,
呂溫侯濮陽破曹操

계책을 바친 사람은 바로 동해 구현[1]사람으로 성이 미[2]이고 이름이 축쓰이며 자가 자중子仲이었다. 미축은 집안 대대로 부호였다. 일찍이 낙양으로 장사를 갔다가 수레를 타고 돌아오는 길에 우연히 함께 수레를 타고 가기를 청하는 한 아름다운 부인을 만났는데, 미축은 즉시 수레에서 내려 그 부인을 수레에 앉히고 자신은 걸어갔다. 부인이 함께 타기를 청하자 미축은 수레에 타고는 단정히 앉아 곁눈질도 하지 않았다. 몇 리를 가서 부인이 작별 인사를 하며 미축에게 말했다.

"나는 남방의 화덕성군火德星君(전설 속의 불을 관장하는 신)인데 상제上帝의 칙명을 받들어 그대의 집에 불을 지르러 가는 중이오. 그대가 예로써 대우하기에 감명받아 분명하게 알려주는 것이오. 그대는 속히 돌아가 재물을 다른 곳으로 옮기시오. 오늘 밤 내가 갈 것이오."

말을 마치더니 어디론가 사라져버렸다. ❶

깜짝 놀란 미축은 집으로 나는 듯이 달려가 집 안에 있는 물건들을 서둘러 옮겼다. 그날 밤 과연 부엌에서 불이 나더니 집을 몽땅 태워버렸다. 이 일로 미축은 가산을 털어 가난하고 고통받는 사람들을 구원했고, 후에 도겸이 그를 초빙하여 별가종사³로 임명했다. 이날 계책을 바치며 말했다.

"제가 원컨대 직접 북해군⁴으로 가서 공융孔融에게 군사를 일으켜 구원해 달라고 요청할 것이니, 또 한 사람을 청주의 전해田楷에게 보내 구원을 청하십시오. 두 곳의 군마가 일제히 오기만 한다면 조조는 반드시 군사를 물릴 것입니다."

도겸은 그 말에 따라 즉시 편지 두 통을 써서 부하들에게 누가 감히 청주로 가서 구원을 요청하겠냐고 물었다. 한 사람이 대답하며 가기를 원했다. 모두 쳐다보니 광릉廣陵 사람으로 자가 원룡元龍인 진등陳登이었다. 도겸은 먼저 진원룡陳元龍을 파견하여 청주로 가서 일을 마무리하라고 떠나보낸 다음 미축에게는 북해로 가서 서신을 전달하라 명했다. 그리고 자신은 군사를 이끌고 성을 지키며 조조의 공격에 대비했다.

북해 공융은 자가 문거文擧이며 노국 곡부⁵ 사람으로 공자의 20대손이자 태산도위 공주孔宙의 아들이었다. 어려서부터 총명하여 10세 때 하남윤 이응李膺을 찾아뵈러 갔는데 혼인⁶이 들여보내지 않자 공융이 말했다.

"나는 이상⁷과는 대대로 교분이 있어 서로 왕래하는 집안에서 왔소."

결국 안으로 들어가서 만나니 이응이 물었다.

"네 조상과 나의 조상이 어찌하여 친한가?"

공융이 말했다.

"옛날에 공자께서 일찍이 노자⁸께 예를 물어보셨으니 저와 대감이 어찌하여 대대로 친밀하게 지내는 집안 사이가 아니겠습니까?"

이응은 공융을 매우 기이하게 생각했다. 잠시 후에 태중대부 진위陳煒가 왔다. 이응이 공융을 가리키며 말했다.

"이 아이는 기동奇童(재능이 특출한 아이)이외다."

진위가 말했다.

"어렸을 때 총명하다고 해서 커서도 반드시 총명해지는 것은 아니지요."

공융이 바로 응수했다.

"대감께서 말씀하신 대로라면 어렸을 때 필시 총명하셨겠습니다."

진위 등이 모두 웃으며 말했다.

"이 아이가 장성하면 틀림없이 당대의 위기[9]가 될 것이오."❷

이때부터 공융은 명성을 얻었다. 후에 중랑장이 되었고 여러 차례 승진하여 북해태수[10]가 되었다. 손님들을 매우 좋아하여 항상 말했다.

"자리에 손님들이 항상 가득 앉아 있고 술 단지에 술이 비어 있지 않는 것이 내 소원이오."

공융은 북해에서 6년을 보내는 동안 크게 민심을 얻었다.

그날도 손님과 앉아 있는데 한 사람이 서주에서 미축이 왔다고 보고했다. 공융이 들어오라 청하고 찾아온 이유를 물었다. 미축이 도겸의 편지를 꺼내며 말했다.

"조조가 포위하고 공격하는데 몹시 위급하니 명공께서 구원해주시길 바랍니다."

공융이 말했다.

"나와 도공조陶恭祖(도겸의 자)는 교분이 두터운 데다 자중子仲(미축의 자)께서 또 친히 여기까지 오셨는데 어떻게 가지 않겠소? 단지 조맹덕과 나는 원수진 일이 없으니 먼저 사람을 보내 서신을 통해 화해를 권하겠소. 그래도 그가 따르지 않는다면 그때 군사를 일으키겠소."

미축이 말했다.

"조조는 군대의 위력에 의지하기 때문에 결코 화해하려 들지 않을 것입니다."

공융은 군사를 점검하는 한편 사람을 시켜 서신을 보냈다. 한창 상의하고 있는데 갑자기 황건적 도당 관해管亥가 도적 수만 명을 이끌고 쳐들어온다는 보고가 들어왔다. 깜짝 놀란 공융은 급히 본부 인마를 점검하고 성을 나가 적과 맞섰다. 관해가 말을 타고 나오며 말했다.

"북해에 양식이 많다고 들었는데 1만 석을 빌려주면 즉시 군사를 물리겠다. 듣지 않으면 성을 깨뜨리고 늙은이건 어린이건 하나도 남겨두지 않겠다!"

공융이 큰 소리로 꾸짖었다.

"나는 대한나라의 신하로서 한나라 땅을 지키고 있는데 어찌 도적에게 줄 양식이 있겠느냐!"

관해가 크게 성내며 말에 박차를 가하고 칼을 춤추듯 휘두르며 곧장 공융에게 달려들었다. 공융의 장수 종보宗寶가 창을 잡고 달려나갔으나 싸운 지 몇 합이 못 되어 관해의 칼에 찍혀 말에서 떨어졌다. 공융의 군사는 크게 어지러워지면서 성안으로 달아났다. 관해가 군사를 나누어 사방으로 성을 에워싸자 공융은 마음이 답답하고 괴로웠다. 미축은 속으로 걱정하기만 하고 다시 말을 꺼낼 수가 없었다.

이튿날 공융이 성에 올라 멀리 바라보니 적의 형세가 거대하여 근심과 고민이 곱절로 늘었다. 그때 느닷없이 성 밖에서 한 사람이 창을 잡고 말에 박차를 가하며 적진을 뚫고 들어가는 게 보였는데, 좌충우돌하는 것이 마치 무인지경에 이른 듯했다. 곧바로 성 아래까지 가 크게 소리 질렀다.

"성문을 여시오."

공융은 그 사람이 누군지 몰라 감히 성문을 열지 못했다. 도적의 무리가 해자 근처까지 쫓아오자 그 사람은 몸을 돌려 연이어 10여 명을 찔러 말에서 떨어뜨렸다. 도적의 무리가 뒷걸음치자 공융은 그제야 급히 성문을 열라 명하고는 안으로 들였다. 그는 말에서 내리더니 창을 버리고 즉시 성 위로 올라와 공융을 알현했다. 공융이 성명을 묻자 대답했다.

"저는 동래 황현[11] 사람으로 성이 복성인 태사太史이고 이름이 자慈, 자가 자의子義라 합니다. 노모께서 그동안 부군의 관심과 보살핌을 많이 받았습니다. 제가 어제 요동[12]에서 노모를 문안하러 집으로 돌아갔다가 도적들이 성을 침략하는 것을 알았습니다. 노모께서 '여러 번 부군의 깊은 은혜를 받았으니 네가 마땅히 가서 구해드려야 한다'고 말씀하셨습니다. 그래서 단기單騎로 달려왔습니다."

공융은 크게 기뻐했다. 공융은 태사자와 만난 적은 없었지만 그가 영웅임을 알고 있었다. 그가 멀리 떠난 후 노모는 성 밖 20리 떨어진 곳에 살고 있었는데 공융이 항상 사람을 시켜 곡식과 피륙을 보내줬다. 이에 그의 모친은 공융의 덕에 감동하여 특별히 태사자를 보내 구원하게 한 것이었다. 공융은 바로 태사자를 정중하게 대접하고 갑옷, 말과 안장을 선사했다. 태사자가 말했다.

"저에게 정예병 1000명만 빌려주시면 성을 나가 도적들을 무찌르겠습니다."

공융이 말했다.

"그대가 비록 용맹하나 도적들의 형세가 매우 왕성하니 가볍게 나가서는 아니 되오."

"노모께서 부군의 후한 덕에 감동하여 일부러 이자를 보내셨는데, 포위를 풀 수 없다면 저 또한 모친을 뵐 면목이 없습니다. 원컨대 목숨을 걸고 결전을 벌이겠습니다!"

공융이 말했다.

"내가 듣기로는 유현덕이 당대의 영웅이라 하던데 그를 청해 서로 돕는다면 이 포위는 저절로 풀릴 것이나 보낼 사람이 없소."

태사자가 말했다.

"부군께서 편지를 써주시면 제가 서둘러 가겠습니다."

공융이 기뻐하며 편지를 써서 태사자에게 건넸다. 태사자는 갑옷으로 무장하고 말에 올라 허리에 활과 화살을 찼으며 손에는 철창을 잡았다. 그는 배불리 먹은 후 완전 무장을 갖추고 성문이 열리자마자 단기로 달려나갔다. 해자에 접근하자 적장이 무리를 이끌고 달려들었다. 태사자는 연달아 몇 명을 찔러 죽이고 포위를 뚫고 나갔다. 관해는 누군가가 성을 빠져나간 것을 알고는 틀림없이 구원병을 청하러 간 것으로 추측하고 즉시 수백 명의 기병을 직접 이끌고 쫓아와 도처를 에워쌌다. 태사자는 창을 기대어 두고 활에 화살을 얹으며 사방팔방으로 쏘아댔는데 시위 소리에 따라 말에서 떨어지지 않는 자가 없었다. 적의 무리가 감히 쫓아오지 못했다. ❸

추격에서 벗어난 태사자는 밤새 평원을 향해 달려가 유현덕을 만났다. 인사를 마친 후 공융의 북해가 포위당해 구원을 요청하는 일을 구체적으로 말하고 서찰을 올렸다. 현덕이 읽고 나서 태사자에게 물었다.

"그대는 누구시오?"

태사자가 말했다.

"저는 태사자로 동해의 들판에 사는 시골 사람입니다. 공융과는 골육 관계도 아니고 같은 고향 사람도 아니지만 특별히 서로 의기투합하여 걱정을 나누고 재난을 함께하고자 하는 뜻을 가지고 있습니다. 지금 관해의 폭동으로 북해가 포위되어 외롭고 곤궁한 상황에 처했지만 호소할 곳이 없어 그 위급함이 조석에 달려 있습니다. 부군께서는 인과 의가 내내 돋보이는 분이라 들었으니 남의 위급함을 구하실 수 있을 거라 여겨 특별히 저를 보내 칼날의 위험을 돌보지 않고 포위망을 뚫어 구원을 청하게 하셨습니다."

현덕이 엄숙한 표정으로 대답했다.

"북해 공융께서 세상에 유비가 있다는 것을 알고 계신다고요?"

이에 운장, 익덕과 함께 정예병 3000명을 점검하고 북해군으로 진군했다. 구원병이 오는 것을 멀리서 바라보던 관해는 직접 군사를 이끌고 대적하러 나왔고 현덕의 군사가 적은 것을 보고는 전혀 개의치 않았다. 현덕이 관우, 장비, 태사자와 함께 진 앞에 말을 세우자 관해가 분노하며 곧장 달려나왔다. 태사자가 막 앞으로 나가려는 순간 운장이 일찌감치 앞서 나가 관해에게 곧바로 달려들었다. 두 말이 서로 어우러지자 양쪽 군사가 모두 함성을 질렀다. 관해가 어떻게 운장을 대적하겠는가. 수십 합을 어울려 싸우다가 순간 청룡도가 솟구치더니 관해의 몸뚱이가 쪼개지면서 말 아래로 떨어졌다. 그러자 태사자와 장비의 두 말이 일제히 내달리며 두 자루의 창이 나란히 적진으로 쳐들어갔다. 현덕도 군사를 몰아 들이쳤다. 성 위에 있던 공융은 태사자가 관우, 장비와 함께 도적을 추격하는 모습이 마치 양떼 속으로 뛰어든 호랑이 같아 도적이 그 기세를 막지 못하는 것을 보고는 즉시 군사를 몰아 성을 나갔다. 양쪽으로 협공하여 도적들을 대패시키니 항복한 자가 무수히 많았고 잔당은 와해되어 뿔뿔이 흩어졌다.❹

공융은 현덕을 영접하고 성으로 들어와 예로써 상견한 다음 연회를 크게 베풀어 경축했다. 또 미축을 안내해 현덕을 만나게 하고 장개가 조숭을 살해한 일을 자세하게 설명했다.

"지금 조조가 군사들을 풀어 대규모로 약탈하고 서주를 포위했기에 특별히 구원을 청하러 온 것이라 합니다."

현덕이 말했다.

"도공조陶恭祖(도겸의 자)는 인인군자이신데 뜻하지 않게 이런 무고한 누명을 쓰셨구려."

공융이 말했다.

"공께서는 한실의 종친이십니다. 지금 조조가 백성을 잔혹하게 해치고 강성한 군사력에 의지해 약자를 업신여기고 있는데 어찌하여 저와 함께 가서 그를 구원하려 하지 않습니까?"

현덕이 말했다.

"제가 감히 거절하는 것이 아니라 병사는 적고 장수 또한 부족하여 가볍게 움직이기 어려워서 그렇소."

공융이 말했다.

"제가 도공조를 구하고자 하는 것은 비록 옛 우정 때문이지만 역시 대의를 위한 것이오. 공은 어찌 의리를 중시하는 마음이 없단 말이오?"

"이왕 이렇게 됐으니 문거文擧(공융의 자)께서 먼저 가시고 저는 공손찬에게 가서 3000~5000명의 인마를 빌려 바로 뒤따라가리다."

"공은 절대로 신의를 저버리지 마시오."

"공은 저를 어떤 사람으로 생각하시오? 성인께서 '예로부터 누구나 죽기 마련이지만 사람이 신용이 없으면 설 수 없다自古皆有死, 人無信不立'[13]고 말씀하셨소. 이 유비가 군사를 빌리든 빌리지 못하든 반드시 직접 갈 것이오."

공융은 승낙한 후 미축을 먼저 서주로 돌아가 알리게 하고 바로 군사를 수습해서 출발했다. 태사자가 예를 갖추어 감사드리며 말했다.

"제가 모친의 분부를 받들어 달려와 도와드렸는데 이제 다행히 걱정이 없습니다. 이자와 같은 군 출신인 양주자사 유요劉繇가 편지를 보내서 오라고 부르니 감히 가지 않을 수 없습니다. 다시 뵐 날이 있을 것입니다."

공융이 황금과 비단으로 노고에 보답하려 했지만 태사자는 받지 않고 돌아갔다. 모친이 그를 보고 기뻐하며 말했다.

"네가 북해에 보답했다니 나는 참으로 기쁘구나!"

마침내 태사자를 양주로 가게 했다.

공융이 군사를 일으키는 한편 현덕은 북해를 떠나 공손찬을 만난 뒤 서주를 구원하려는 일을 자세히 이야기했다. 공손찬이 말했다.

"조조와 그대는 원수진 일이 없는데 어찌하여 남을 대신하여 힘을 쓰는가?"

현덕이 말했다.

"제가 이미 허락했기에 감히 약속을 어길 수는 없습니다."

"내가 자네에게 마보군 2000명을 빌려주겠네."

"조자룡도 함께 갔으면 좋겠습니다."

공손찬이 허락했다. 현덕은 즉시 관우, 장비와 함께 본부 군사 3000명을 이끌어 선봉에 서고 자룡은 2000명의 군사를 이끌고 뒤를 따르게 하여 서주로 향했다.❺

한편 미축이 돌아와 도겸에게 보고하고 북해뿐만 아니라 유현덕에게도 청하여 도우러 온다고 이야기했다. 진원룡陳元龍(진등의 자) 역시 돌아와 청주의 전해가 흔쾌히 군사를 이끌고 도우러 온다고 보고하자 그제야 도겸이 안심했다. 그러나 공융, 전해의 두 군마는 조조의 맹렬한 군세를 두려워하여 멀리 산을 의지해 군영을 세우고 감히 가볍게 진군하지 못했다. 두 군마가 도

착한 것을 본 조조도 군세를 나누었고 감히 전진하여 성을 공격하지 못했다.❻

이런 상황에서 유현덕의 군대가 도착하여 공융을 만났다. 공융이 말했다.

"조조의 군세가 대단한 데다 군사를 부리는 것 또한 능숙하니 함부로 싸울 수 없소. 잠시 그의 동정을 살펴본 다음에 군사를 진격합시다."

현덕이 말했다.

"다만 성안에 양식이 없어 오래 버티기 어려울까 두렵소. 운장과 자룡에게 군사 4000명을 이끌고 공을 돕도록 하고, 나는 장비와 함께 곧장 조조의 군영으로 나는 듯이 내달려 서주에서 도사군을 만나 상의하겠소."

공융이 크게 기뻐하며 전해와 합류하여 '기각지세'14를 이루기로 하고, 운장과 자룡은 군사를 이끌고 양쪽에서 지원하기로 했다.

이날 현덕과 장비는 1000명의 인마를 이끌고 조조의 병영 옆으로 쳐들어 갔다. 한창 전진하고 있는데 군영 안에서 한차례 북소리가 울리더니 마군과 보군들이 조수가 물결치듯 한 장수를 둘러싸고 쏟아져 나왔다. 앞장선 대장은 바로 우금으로 고삐를 당겨 말을 세우고는 고함을 질렀다.

"어디서 온 미친놈들이냐! 어디로 가느냐!"

장비가 보더니 말도 걸지 않고 곧장 우금에게 달려들었다. 두 말이 서로 맞붙어 몇 합쯤 싸웠을 때 유비가 쌍고검을 뽑아 군사들을 지휘하며 진격하자 우금이 패하여 달아났다. 장비가 앞장서 뒤쫓으며 무찌르고 곧장 서주 성15 아래까지 이르렀다. 도겸은 성 위에서 멀리 바라보다 붉은 깃발에 흰 글씨로 '평원 유현덕'이라 크게 쓰여 있는 것이 보이자 급히 성문을 열라 명했다. 현덕이 성으로 들어오자 도겸이 맞이하여 함께 관아로 갔다. 예를 마치고 주연을 베풀어 대접하는 한편 군사들도 다른 한쪽에서 대접하고 위로했다. 도겸은 현덕의 풍채가 위풍당당하며 도량이 넓은 것을 보고 속으로 크게 기뻐하며 즉시 미축에게 서주의 패인[16]을 가져오게 하여 현덕에게 넘겨주려 했다. 현덕이 깜짝 놀라며 말했다.

"공께서는 무슨 뜻으로 이러십니까?"

도겸이 말했다.

"지금 천하가 혼란스러워 천자가 기강을 떨치지 못하고 있소. 공은 한실의 종친으로서 마땅히 힘을 다해 사직을 지탱해야 하오. 이 늙은이는 나이도 많고 무능하여 서주를 양보하고자 청하니 공은 사양하지 마시오. 내가 당연히 직접 표문을 써서 조정에 진술하리다."

현덕이 자리에서 벗어나 두 번 절하고 말했다.

"제가 비록 한나라의 후예라고 하나 공적이 미약하고 덕도 보잘것없이 적어 평원상이 되었어도 오히려 직분을 감당하지 못할까 두렵습니다. 지금은 대의를 위한 것이라 도와드리려고 온 것입니다. 공께서 이런 말씀을 하시는 것은 혹시 이 유비가 서주를 삼키려는 마음이 있다고 의심하시는 것은 아닌지요? 제가 그런 생각을 했다면 하늘이 돕지 않을 것입니다!"

도겸이 말했다.

"이것은 늙은이의 진실한 심정이오."

거듭 양보했으나 현덕이 어떻게 받아들이겠는가. 미축이 나서며 말했다.

"지금 적병이 성 아래에 이르렀으니 일단 적을 물리칠 계책부터 상의하시지요. 사태가 평온해지기를 기다렸다가 다시 양보하시는 것이 좋을 듯합니다."

현덕이 말했다.

"제가 조조에게 서신을 보내 화해를 권해보겠습니다. 조조가 따르지 않는다면 그때 싸워도 늦지 않을 것입니다."

이에 세 군영에 격문을 돌려 잠시 군사를 움직이지 못하게 한 다음 사람을 보내 조조에게 서신을 전달했다.

한편 조조는 군중에서 여러 장수와 공무를 의논하고 있었는데 서주로부터 전서[17]가 왔다는 보고가 들어왔다. 조조가 뜯어 살펴보니 바로 유비의 글이었다.

"이 비는 관외關外(도성 이외의 지역)에서 존안을 뵌 이후로 각기 하늘 아래 한쪽에 멀리 떨어져 모시지 못했습니다. 이전에 공의 부친이신 조후曹侯께서는 진실로 장개가 어질지 못하여 해를 입은 것이지 도공조의 잘못은 아닙니다. 지금 밖에서는 황건의 잔여 세력이 난을 일으키고 안으로는 동탁의 잔당이 둥지를 틀어 불법적으로 점거하고 있습니다. 원컨대 명공께서는 조정의 급한 일을 먼저 하시고 사사로운 원한은 나중에 갚으시길 바라며, 서주의 군대를 철수하고 국란을 구제하신다면 서주를 위해 다행한 일이고 더 나아가 천하의 커다란 행운이 될 것이외다!"

글을 읽은 조조가 욕설을 퍼부었다.

"유비가 어떤 놈이기에 감히 글로써 나를 타이른단 말이냐! 게다가 중간에 비꼬아 비난하는 의미도 있지 않느냐!"

편지를 가지고 온 사자의 목을 치라고 하는 한편 있는 힘을 다해 성을 공격하라 명했다. 곽가가 간언했다.

"유비는 멀리서 구원하러 왔기에 먼저 예를 갖춰 교섭하다가 안 되면 무력을 사용하여 해결하려는 것입니다. 주공께서 좋은 말로 답하시어 유비의 마음을 느긋하게 만드십시오. 그런 다음에 진군하여 공격하면 성을 깨뜨릴 수 있을 것입니다."

조조는 그 말에 따라 사자를 머물게 하여 대접하면서 답신을 쓸 때까지 기다리게 했다. 한창 상의하고 있는데 갑자기 유성마가 나는 듯이 달려와 위급한 소식을 알렸다. 조조가 그 까닭을 묻자 여포가 이미 연주를 급습하여 격파하고 복양[18]에 진입하여 점거했다는 소식이었다. 원래 여포는 이각과 곽사의 난을 만나자 무관을 나가 원술에게 갔었는데, 원술은 여포가 이랬다저랬다 배신을 반복하며 단정할 수 없는 사람이라 의심하고 거절하여 받아들이지 않았다. 다시 원소를 찾아가자 원소는 그를 받아들여 함께 상산[19]에서 장연張燕을 격파했다. 이 때문에 여포는 스스로 뜻을 이루었다 생각하고 원소 수하 장수와 사졸들에게 오만하게 굴었다. 원소가 그를 죽이려 하자 여포는 이에 장양에게 갔고 장양이 그를 받아들였다. 이때 장안 성안에 있던 방서龐舒가 여포의 처자식을 몰래 숨겨주고 있다가 여포에게 보냈다. 그 사실을 알게 된 이각과 곽사는 방서를 참수하고 장양에게 편지를 보내 여포를 죽이라고 했다. 결국 여포는 장양을 버리고 장막張邈에게 의탁했다. 때마침 장막의 아우 장초張超가 진궁을 데리고 장막을 만나게 하고 있었다. 진궁이 장막을 설득했다.

"지금 천하가 분열되어 와해되고 영웅들이 동시에 일어나고 있소. 공께서는 천리에 걸친 영토와 백성을 거느리고 있으면서 도리어 다른 사람의 통제를 받고 계시니 이 또한 비천하지 않겠습니까! 지금 조조는 동쪽으로 서주를 정벌하러 갔으니 연주는 텅 비어 있고, 여포는 당대의 용사이니 그와 함께 연주를 취한다면 패업을 도모할 수 있을 것입니다."

장막이 크게 기뻐하며 즉시 여포에게 연주를 기습하여 격파하고 뒤이어 복양을 점거하게 했다.[20] 견성, 동아, 범현 세 곳은 순욱과 정욱이 계책을 세워 죽기로 사수하여 온전할 수 있었지만 나머지는 모두 격파되었다. 조인이 여러 차례 싸웠으나 이길 수 없어 특별히 이렇게 위급함을 알린 것이었다.❼

보고를 들은 조조가 깜짝 놀라며 말했다.

"연주를 잃으면 나는 돌아갈 집이 없게 되니 조속히 대책을 강구해야겠구나!"

곽가가 말했다.

"주공께서는 이때 유비에게 인심을 쓰고 군사를 철수하여 연주를 회복하러 가셔야 합니다."

조조도 옳다 여기고 즉시 유비에게 답서를 보내 군영을 정리하며 퇴각했다.

한편 사자는 서주 성으로 돌아와 도겸에게 서찰을 올리며 조조의 군대가 이미 물러갔다고 말했다. 도겸이 크게 기뻐하며 공융, 전해, 운장, 자룡 등을 성으로 청해 연회를 크게 열었다. 주연을 마치자 도겸은 상좌로 현덕을 청하고 두 손을 맞잡고 인사하며 사람들에게 말했다.

"이 늙은이는 나이도 많고 두 아들도 재주가 없어 나라의 중임을 감당할 수 없소. 유공은 황실의 후예인 데다 덕이 넓고 재주가 뛰어나시니 서주를 통솔할 수 있소. 진정으로 바라건대 이 늙은이는 직무에서 물러나 요양이나 하려고 하오."

현덕이 말했다.

"공문거孔文擧(공융의 자)께서 저에게 서주를 구해달라고 한 것은 의리를 위해서 한 것이오. 지금 아무런 이유 없이 서주를 차지한다면 천하가 장차 저를 의리 없는 사람이라 여길 것이오."

미축이 말했다.

"지금 한실이 쇠약해져 나라 안이 온통 뒤집어졌으니 공훈과 업적을 세우기에는 바로 이때라 생각됩니다. 서주는 부유하고 호구도 100만이나 되니 유사군께서는 이곳을 통솔하시고 부디 사양하지 마십시오."

현덕이 말했다.

"이 일은 절대로 분부대로 따를 수 없소."

진등이 말했다.

"도부군[21]께서 병약하시어 공무를 돌볼 수 없으시니 명공께선 사양하지 마십시오."

현덕이 말했다.

"원공로袁公路(원술의 자)는 4대를 내려오며 삼공[22]을 지낸 집안으로 온 나라의 인심이 그에게 돌아가는 데다 가까운 수춘壽春[23]에 있는데 어찌하여 주를 그분에게 양보하지 않으시오?"

공융이 말했다.

"원공로는 무덤 속의 해골같이 죽은 사람과 마찬가지인데 어찌 입에 올릴 만한 가치가 있겠소! 오늘의 일은 하늘이 부여한 것이니 받지 않으면 후회해도 다시 따를 수 없을 것이오."

현덕은 고집을 부리며 받으려 하지 않았다. 도겸이 눈물을 흘리며 말했다.

"공이 나를 버리고 간다면 나는 죽어도 눈을 감지 못할 것이오!"

운장이 말했다.

"도공의 양보를 받아들이시고 형님께서 잠시나마 서주를 이끌어주십시오."

장비가 말했다.

"우리가 강제로 그의 주군을 요구하는 것도 아니고 그가 호의로 양보하는 것인데 그렇게 단호하게 사양할 필요가 있겠소!"

현덕이 말했다.

"너희가 나를 불의에 빠뜨리려고 하느냐?"

도겸이 두 번 세 번 양보하려 했으나 현덕은 결코 받지 않았다. 도겸이 말했다.

"현덕께서 그토록 따르려 하지 않으신다면 여기서 가까운 소패[24]라는 읍이 있는데 군사를 주둔시킬 만하니 현덕께서 잠시 이 읍에 군사를 주둔하고 서주를 보호해주십시오. 어떻습니까?"

모두 현덕에게 소패에 머물라고 권하니 현덕이 그것만은 따르기로 했다. 도겸이 군사들을 위로하고 나자 조운이 하직을 고했다. 현덕은 그의 손을 잡고 눈물을 훔치며 작별했다. 공융과 전해 또한 각자 작별하고는 군사를 이끌고 돌아갔다. 현덕은 관우, 장비와 함께 본부의 군사를 이끌고 소패로 가서 성벽을 보수하고 백성을 위로했다.

한편 조조가 회군하자 조인이 맞이하며 여포의 세력이 거대한 데다 진궁이 보좌하고 있어 연주와 복양[25]은 이미 잃었고 견성, 동아, 범현 세 곳은 순욱, 정욱 두 사람이 계책을 세워 서로 죽기로 성곽을 사수했다고 말했다. 조조가 말했다.

"내가 헤아리건대 여포는 용맹이 있으나 지모가 없어 걱정할 필요 없다."

군영을 세우고 방책을 설치하게 하고는 다시 상의했다.

여포는 조조가 회군하여 이미 등현[26]을 지난 것을 알고 부장 설란薛蘭과 이봉李封을 불러 말했다.

"내가 너희 두 명을 쓰려고 한 지가 오래다. 너희는 군사 1만 명을 거느리고 연주[27]를 굳게 지켜라. 나는 직접 군사를 인솔해 조조를 격파하겠다."

두 사람이 응낙했다. 진궁이 급히 들어와 말했다.

"장군께서는 연주를 버리고 어디로 가시려 합니까?"

여포가 말했다.

"나는 군대를 복양에 주둔시켜 정족지세[28]를 이루려고 하오."

진궁이 말했다.

"틀렸습니다. 설란은 틀림없이 연주를 지키지 못할 것입니다. 여기서 정남쪽으로 180리 떨어진 곳에 길이 험한 태산이 있는데[29] 그곳에 정예병 1만명을 매복시킬 수 있습니다. 조조군이 연주를 잃었다는 소식을 들었다면 반드시 두 배의 속도로 길을 재촉해 진격할 것이니 절반쯤 지나가기를 기다렸다가 공격하면 일격에 사로잡을 수 있을 것입니다."

여포가 말했다.

"내가 복양에 군대를 주둔시키는 것은 따로 좋은 계책이 있어서인데 그대가 어찌 그것을 알겠는가?"

결국 진궁의 계책을 쓰지 않고 설란에게 연주를 지키게 하고 복양으로 갔다. 조조의 군사가 태산의 험한 길에 이르자 곽가가 말했다.

"잠시 전진하지 마십시오. 이곳에 복병이 있을까 두렵습니다."

조조가 웃으면서 말했다.

"여포는 꾀가 없는 무리라 설란에게 연주를 지키게 하고 자신은 복양으로 갔을 텐데 어찌 이곳에 매복이 있겠소?"

조인에게 한 부대를 이끌고 연주를 포위하게 하고는 "나는 군사를 복양으로 진격시켜 신속하게 여포를 공격하겠다"고 말했다. 진궁은 조조의 군대가 근처에 이르렀다는 보고를 듣고 이에 계책을 바치며 말했다.

"지금 조조의 군사는 멀리서 오느라 피곤하니 속전에 유리합니다. 절대로 적의 기력을 회복하게 해서는 안 됩니다."

여포가 말했다.

"내가 필마단기로 천하를 종횡무진 달렸는데 어찌 조조 따위를 걱정하겠는가! 군영을 설치하고 주둔하기를 기다렸다가 내가 그놈을 사로잡겠소."

한편 조조는 복양 가까이 근접하여 군영을 세웠다. 이튿날 모든 장수를 이끌고 나와 들판에서 군사를 배치했다. 조조는 문기 아래에 말을 세우고 멀리 여포의 군사가 도착하는 것을 바라보았다. 둥글게 진을 치자 여포가 앞장서 말을 타고 나오는데 양쪽으로 여덟 명의 맹장이 늘어섰다. 첫 번째 장수는 안문 마읍30 사람 장료張遼로 자가 문원文遠이었고, 두 번째 장수는 태산 화음31 사람으로 장패臧覇라 하고 자가 선고宣高였다. ❽

두 장수는 각기 세 명의 용장을 거느렸는데 학맹郝萌, 조성曹性, 성렴成廉, 위속魏續, 송헌宋憲, 후성侯成이었다. 여포의 군사는 5만 명으로 북소리가 크게 진동했다. 조조가 여포를 가리키며 말했다.

"나는 너와 원수진 일이 없는데 어찌하여 나의 주군을 빼앗았단 말이냐?"

여포가 말했다.

"한나라의 성지를 여러 사람이 나누어 가지는 것이지 네가 전부 차지해야 한단 말이냐?"

즉시 장패를 내보내 싸움을 걸게 했다. 조조의 진영에서는 악진이 나가 맞섰다. 두 말이 어우러지면서 쌍창이 일제히 치솟았는데 30여 합을 싸웠는데도 승부를 가리지 못했다. 하후돈이 말에 박차를 가하고 싸움을 도우러 나가자 여포 진영에서도 장료가 저지하며 싸움이 벌어졌다. 답답해하던 여포가 화가 치밀어올라 극을 잡고 말고삐를 놓은 채 돌진했다. 하후돈, 악진이 모두 달아나고 여포가 그 뒤를 들이치니 조조군은 대패하여 30~40리를 물러났다. 여포도 군사를 거두었다.

한바탕 싸움에 진 조조는 군영으로 돌아와 제장들과 상의했다. 우금이 말했다.

"제가 오늘 산에 올라 둘러보니 복양 서쪽에 여포의 군영이 하나 있는데 군사가 그다지 많지 않았습니다. 오늘 밤 그쪽 장수는 우리 군대가 패주했다고 생각하고는 틀림없이 준비를 하지 않을 것이니 군사를 이끌고 그곳을 공격하는 것이 좋겠습니다. 그 군영을 빼앗아 얻으면 여포의 군사들이 반드시 두려워할 것입니다. 이것이 상책인 것 같습니다."

조조는 그 말을 따르기로 하고 조홍, 이전, 모개, 여건, 우금, 전위 등 여섯 장수를 데리고 마보군 2만 명을 선발해 그날 밤 오솔길로 출발했다.

한편 여포는 군영 안에서 군사들을 위로하고 있었다. 진궁이 말했다.

"서쪽 군영은 긴요한 곳인데 혹여 조조가 그곳을 기습하기라도 한다면 어찌합니까?"

여포가 말했다.

"그놈이 오늘 한바탕 깨졌는데 어찌 감히 오겠소!"

진궁이 말했다.

"조조는 용병에 매우 능숙한 사람이니 우리가 대비하지 않는 틈으로 그가 공격하는 것을 방비해야 합니다."

여포는 이에 고순과 위속, 후성을 뽑아 군사를 이끌고 서쪽 군영으로 가서 지키게 했다.

한편 조조는 해질 무렵에 군사를 이끌고 서쪽 군영에 이르러 사면으로 돌진해 들어갔다. 군영의 병사들은 막아낼 수 없자 사방으로 흩어져 달아났고 조조가 군영을 빼앗았다. 사경이 되어서야 고순이 군사를 이끌고 당도하여 처들어왔다. 조조가 직접 군마를 이끌고 나와 맞서는데 마침 고순과 맞닥뜨렸고 삼군이 뒤엉켜 혼전을 벌였다. 날이 밝아질 무렵 서쪽에서³² 북소리가 크게 울리더니 여포가 구원병을 직접 이끌고 왔다는 보고가 들어왔다. 조조는 군영을 버리고 달아났다. 배후에는 고순, 위속, 후성이 쫓아오고 코앞에서는 여포가 직접 군사를 이끌고 들이닥쳤다. 우금과 악진 두 사람이 양쪽으로 달려들어 여포와 싸웠으나 저지하지 못해 조조는 북쪽을 바라보며 달아났다. 그때 산 뒤에서 한 떼의 군사가 나타났는데 왼쪽은 장료, 오른쪽은 장패였다. 조조는 여건과 조홍을 시켜 싸우게 했지만 형세가 불리했다. 조조는 다시 서쪽을 향해 달렸다. 그런데 별안간 함성이 크게 진동하더니 한 떼의 군사가 몰려들었는데 학맹, 조성, 성렴, 송헌 네 장수가 가는 길을 막아섰다. 장수들이 죽을힘을 다해 싸우는 사이 조조는 앞서서 진지를 뚫고 나갔다. 그때 화살이 소나기처럼 날아들었다. 조조는 더 이상 나아갈 수도 없고 벗어날 방법도 없어 크게 소리 질렀다.

"누가 나 좀 구해다오!"

마군 대오 안에서 한 장수가 뛰어나왔는데 다름 아닌 전위였다. 그는 손에 쌍철극을 잡고는 크게 외쳤다.

"주공, 염려 마십시오!"

몸을 날려 말에서 내리더니 쌍극을 땅에 꽂고 10여 자루의 단극을 꺼내 손에 끼우더니 따르던 병사를 돌아보며 말했다.

"적이 열 보 거리로 다가오면 나를 불러라!"

즉시 걷기 시작하여 날아오는 화살을 무릅쓰고 성큼성큼 앞으로 나아갔다. 그들을 추격하던 여포의 기병 수십 기가 다가오자 병사가 크게 소리 질렀다.

"열 보요!"

전위가 말했다.

"다섯 보로 다가오면 나를 불러라!"

병사가 다시 크게 외쳤다.

"다섯 보요!"

그때 바로 전위가 극을 날렸는데 한 극에 한 사람씩 맞아 말에서 떨어졌다. 결코 한 차례도 빗나가는 일이 없었으며 순식간에 10여 명을 죽였다. 적군이 모두 달아났다. 전위는 다시 몸을 날려 말에 오르더니 한 쌍의 큰 철극을 잡고 적진을 뚫고 들어갔다. 학맹, 조성, 성렴, 송헌 네 장수는 막아낼 수 없자 각자 흩어져 달아났다. 전위가 적군을 죽여 군중을 흐트러뜨리고 조조를 구출했다. 장수들도 뒤따라 당도했고 길을 찾아 군영으로 돌아갔다. 그런데 날이 저물어갈 무렵 배후에서 함성이 일어나더니 여포가 극을 잡고 말을 몰아 쫓아오며 크게 소리 질렀다.

"조조 도적놈은 달아나지 마라!"

이때는 사람과 말이 모두 지쳐 기진맥진한 상태라 모두 서로 얼굴만 쳐다볼 뿐 아무도 소리를 내지 못하고 각자 살기 위해 달아나고 있었다.

비록 잠시나마 겹겹의 포위망을 벗어날 수는 있었지만
강한 적군의 추격을 감당하지 못할까 두려울 뿐이로다
雖能暫把重圍脫, 只怕難當勁敵追

조조의 목숨은 어떻게 될 것인가?❾

제11회 유비, 서주를 구하다

❶

이 이야기는 『삼국지』 「촉서·미축전麋竺傳」 배송지 주 『수신기搜神紀』에 기록되어 있는데 소설과는 약간 다르다.

"부인이 말하기를 '저는 천사입니다. 동해에 있는 미축의 집을 불태우러 가는 길인데, 그대가 수레를 태워준 것에 감사하여 알려주는 것입니다'라고 했다. 미축이 그녀에게 사사로이 청하자 그 부인이 말했다. '불태우지 않을 수는 없습니다. 그대는 빨리 가십시오. 저는 천천히 가겠습니다. 정오에 반드시 불이 날 것입니다.'"

❷

공융이 이응을 만나 했던 이야기는 『후한서』 「공융전」에 기록되어 있다. 소설의 내용과 역사 기록이 거의 같지만 『후한서』에서는 공융이 한 대답을 다음과 같이 기록하고 있다.

"저의 조상이신 공자와 대감의 조상이신 이로군李老君(이이李耳로 노자를 말한다)께서는 도덕이 서로 가깝고 인의가 상통하여 마침내 스승과 벗이 되셨습니다. 그렇다면 저는 대감과는 자연히 대대로 교분이 있어 항상 왕래하는 집안이라 하겠습니다."

❸

태사자는 어떻게 빠져나갔을까?

태사자 탈출에 관한 소설의 내용과 실제 역사 기록은 다르다. 『삼국지』 「오서·태사자전」에 다음과 같이 비교적 상세하게 기록되어 있다.

"태사자는 두 명에게 자신을 따르게 하고는 각자 과녁을 한 폭씩 가지게 한 채 성문을 열고 나갔다. 성 밖에서 포위하고 있던 인마들이 깜짝 놀라 병마를 출동시켰다. 태사자는 말을 끌고 성 밖 해자 안에 이르러 가지고 온 과녁을 세운 뒤 화살을 쏘았고 활쏘기를 마치자 곧장 성안으로 돌아갔다. 이튿날 아침에도 이와 같이 하니 포위하고 있던 적들 가운데 어떤 자는 일어서 있고 어떤 자는 누워 있었다. 태사자는 또 과녁을 세우고 활쏘기를 마친 다음 이전처럼 성안으로 돌아갔다. 사흘째 되는 날 아침에도 이와 같이 하니 다시 일어나는 자가 아무도 없었고, 태사자는 힘을 다해 말에 채찍질하여 포위망을 뚫고 나갔다. 적들이 깨달았을 때는 태사자는 이미 뚫고 지나간 뒤였다. 그는 또 몇 명을 화살로 쏘아 죽였는데 시위 소리와 함께 모두 쓰러졌고 감히 다시 추격해오는 자가 없었다."

소설에서는 한번에 탈출하지만 실제는 사흘에 걸쳐 적을 안심시킨 다음에 벗어났다.

❹

관해의 폭동과 유비의 지원

『후한서』 「공융전」에 따르면 "황건군이 다시 침범하여 약탈하자 공융은 출병하여 도창현都昌縣(북해국 속현으로 치소는 산둥성 창이昌邑 서쪽)에 주둔했으나 관해가 통솔하는 황건군에 포위당하고 말았다. 상황이 급박해진 공융은 동래군 사람 태사자를 파견해 평원상 유비에게 구원을 요청했다. 유비가 대단히 놀라며 '공북해孔北海가 천하에 유비가 있다는 것을 안다니 뜻밖이로다!'라고 말했다. 유비는 즉시 군사 3000명을 파견해 구원했고 황건군은 흩어져 달아났다"고 한다. 『삼국지』 「오서·태사자전」에도 같은 내용이 기록되어 있다.

5

『삼국지』「촉서·선주전」에 따르면 "조공(조조)이 서주를 토벌하자 서주목 도겸은 사자를 전해田楷에게 파견해 위급함을 알렸고 전해는 선주(유비)와 함께 도겸을 구원하러 갔다. 이때(194) 선주에게는 군사 1000여 명과 유주의 오환족烏丸族(북방 소수 민족)에 속하는 부족의 기병이 있었으며 굶주린 백성 수천 명을 빼앗은 상태였다. 서주에 당도한 후 도겸은 단양丹陽의 병사 4000명을 징발하여 선주에게 보태주었으며, 선주는 마침내 전해를 떠나 도겸에게 귀의했다"고 기록하고 있다. 『자치통감』권 61「한기 53」에는 "유비는 수천 명의 군사를 보유하고 있었고 도겸이 또 단양의 병사 4000명을 보태주었다"고 기록하고 있다. 어쨌든 유비는 공손찬의 지원이 아닌 도겸에 의해 군을 형성했다.

6

조조의 서주 공격

조조가 서주를 단번에 공격한 것으로 전개되지만 실제로는 두 차례에 걸쳐 서주를 공격했다. 역사 기록에 따르면 조조의 제1차 서주 공격은 조조의 부친 조숭이 살해되어 서주를 공격한 것으로 도겸은 청주자사 전해에게 알렸고 전해와 평원상 유비가 그를 구원했다. 1차 공격은 초평 4년(193) 가을로 『삼국지』「위서·무제기」에 따르면 "태조는 도겸을 정벌하고 10여 성을 함락시켰는데 도겸은 성을 굳게 지킬 뿐 감히 나와 싸우지 못했다"고 기록하고 있고, 『자치통감』권61「한기 53」의 기록에 따르면 그 이듬해인 "흥평 원년(194)에 조조군은 식량이 떨어져 군사를 이끌고 돌아갔다"고 기록하여 그 내용이 다르다.

조조의 제2차 서주 공격은 『자치통감』권61「한기 53」의 기록에 따르면 흥평 원년 4월에 "조조는 다시 도겸을 공격했고 낭야, 동해에 이르기까지 땅을 빼앗고 지나는 곳마다 학살하며 파괴했다. 돌아오는 길에 담현郯縣(산둥성 탄청郯城 북쪽) 동쪽에서 유비를 격파했다. 도겸은 두려워 단양으로 달아나려 했다. 이때 진류태수 장막이 조조를 배반하고 여포를 맞이했고 조조는 군사를 이끌고 돌아갔다"고 기록하고 있다.

이와 같이 두 차례에 걸친 조조의 서주 공격을 소설에서는 한 차례의 공격으로 묶어서 전개시켰다. 『삼국지』「위서·무제기」에도 두 차례에 걸쳐 조조가 서주를 공격한 것으로 기록되어 있다.

❼

『삼국지』「위서·여포전」 배송지 주 『영웅기』에 이때의 여포와 장양에 대한 기록이 있다.

"장양과 그의 부하 장수들은 모두 이각과 곽사가 내건 현상금을 차지하려고 함께 여포를 도모하고자 했다. 그 소식을 들은 여포는 장양에게 '나는 경과 같은 고향 사람이오. 경이 나를 죽이는 것은 아무것도 아니오. 차라리 나를 팔아 곽사와 이각에게 작위를 얻고 총애를 받는 것이 나을 것이오'라고 말했다. 장양은 이에 겉으로는 곽사와 이각의 뜻을 허락하는 척하면서 안으로는 실제로 여포를 보호했다. 곽사와 이각은 그것을 근심하여 더욱 높은 관직을 봉하고 조서를 내려 여포를 영천潁川(치소는 양적陽翟, 허난성 위저우禹州)태수로 임명했다."

장막과 조조와의 관계

사실 장막은 조조뿐만 아니라 원소와도 사이가 좋았다. 『삼국지』「위서·여포전」은 장막과 조조와의 관계를 다음과 같이 기록하고 있다.

"태조와 원소는 모두 장막의 친구였다. (…) 동탁의 난이 일어나자 태조는 장막과 함께 먼저 의병을 일으켰다. (…) 원소가 맹주가 되자 교만한 기색을 드러냈으므로 장막은 정당한 도리로써 엄정한 언사로 원소를 질책했다. 원소는 태조에게 장막을 죽이라고 했으나 태조는 듣지 않고 원소를 꾸짖으며 말했다.

'맹탁孟卓(장막의 자)은 우리의 절친한 친구이니 옳든 그르든 간에 마땅히 그를 받아들여야 하네. 지금 천하가 아직 평정되지 않았는데 우리끼리 서로 위험에 빠지게 해서는 안 되네.'

태조는 도겸을 정벌하러 갈 때 집안사람에게 알렸다.

'내가 만일 돌아오지 못한다면 맹탁에게 의탁하라.'

나중에 돌아와 장막을 만나자 서로 얼굴을 맞대고 눈물을 흘렸다. 그들의 친밀함은 이와 같았다.

장막은 결국 태조가 원소를 위해 자신을 공격할까 두려워서 마음이 불안했다."

장막은 자신의 휘하에 있던 조조의 영향력에 두려움을 느꼈다. 『자치통감』 권61 「한기 53」에도 같은 내용이 기록되어 있다.

❽

장패는 여포의 부하 장수가 아니었다

장패는 태산의 호족으로 동해로 망명했고 도겸을 따라 황건적을 격파하여 기도위에 임명된 사람이다. 『삼국지』 「위서·장패전臧霸傳」에 따르면 "장패는 서주에서 병사를 모아 손관孫觀, 오돈吳敦, 윤례尹禮 등과 함께 무리를 합쳤는데 장패는 총지휘자가 되어 개양開陽(현 명칭, 치소는 산둥성 린이臨沂 북쪽)에 주둔했다. 태조가 여포를 토벌할 때 장패 등은 군사를 이끌고 여포를 도왔다. 여포를 사로잡자 장패는 몸을 숨겼다. 태조는 사람을 모아 장패를 찾게 했고 결국 찾아내 장패를 보고는 매우 기뻐했다"고 기록하고 있는데, 역사 기록으로 보면 장패는 확실히 여포에 소속된 장수는 아니었다.

❾

전위의 용맹

포위망을 뚫고 조조를 구출하는 전위의 용맹에 관한 내용이 과장이라 여겨지겠지만 이는 사실이다. 『삼국지』 「위서·전위전」과 『자치통감』 권61 「한기 53」에 동일한 내용이 기록되어 있다.

『삼국지』 「위서·전위전」을 보면 조조가 얼마나 전위를 아끼고 좋아했는지 알 수 있다.

"태조는 전위를 자신의 곁에 두고 친병親兵 수백 명을 거느리고 항상 큰 군막을 돌며 지키게 했다. 전위는 건장하고 용감했는데 그가 거느리는 자는 모두 사졸 중에서 선발되었기 때문에 매번 전투에서 항상 먼저 적의 진영을 함락시켰다. 이로 인해 그는 교위로 승진되었다. 그의 성품은 충성스럽고 매우 신중하고 진중했으며 낮에는 항상 서서 모시고 밤이 되면 군막 옆에서 잠을 잤는데, 자신의 숙소로 돌아가서 자는 경우가 드물었다. 술과 음식을 좋아하여 식사량이 남보다 많았으며 태조는 매번 그의 앞에 음식을 내려 마음껏 먹고 마시게 했다. 좌우에서 연이어 식사할 수 있게 했고 몇 사람의 음식을 충분히 제공했으며 태조는 그의 늠름하고 웅장함을 칭찬했다. 전위는 커다란 쌍극과 긴 칼 등의 병기를 갖고 다니기를 좋아했으므로 군중에서 그를 '막하 장사 중에 전군典君(전위)이 있는데, 80근짜리 쌍극을 든다'고 말했다."

국國은 무엇인가?

후한의 기본 행정 구역은 주州-군郡-현縣인데, 소설과 정사 자료에 보면 '국國'이라는 행정 구역 명칭이 자주 등장한다. 예를 들면 중산국中山國, 북해국北海國 등이다.

'국國'은 어떤 군郡이 친왕親王의 봉지封地일 경우 그렇게 불렸다. 국왕은 세습할 수 있었으나 군수郡守는 세습할 수 없었다. 한, 위 시기에 군수를 태수太守라 칭했는데, 국일 경우에 국왕은 백성이 납부한 조세로 생활하지만 백성을 다스리지 않았으므로, 조정에서 임명한 국상國相(혹은 줄여서 상相이라 불렀다)이 국정을 다스렸고 왕이 올바른 길로 가도록 인도했으며 아울러 국왕을 감독했다. 국상은 직책과 권력이 군수와 같았지만, 만일 어떤 군이 국가의 국도國都가 되면 태수와 국상에 비해 군수를 조금 우대했다. 하남윤河南尹은 후한 시기 수도 낙양 부근의 21개 현을 합친 행정 구역이며 군수 칭호 또한 하남윤이었다.

도겸,
서주를 세 번 양보하다

도공조는 서주를 세 번 양보하고,
조맹덕은 여포를 대파하다

陶恭祖三讓徐州,
曹孟德大破呂布

조조가 한창 허둥대며 달아나는데 마침 남쪽에서 한 무리의 군사들이 당도했다. 바로 하후돈이 군사를 이끌고 구원하러 온 것으로 여포를 가로막고 크게 싸웠다. 싸움이 해질 무렵까지 이어지다 큰비가 억수로 쏟아지는 바람에 각자 군사를 이끌고 흩어졌다. 군영으로 돌아온 조조는 전위에게 후한 상을 내리고 영군도위[1]직을 더해 임명했다.

한편 군영으로 돌아온 여포는 진궁과 상의했다. 진궁이 말했다.

"복양성 안에 전씨田氏 성을 가진 부호가 있는데 가동[2]이 1000여 명이나 되고 군내에서 제일가는 부잣집입니다. 그에게 비밀리에 사람을 시켜 조조의 군영으로 보내 '여온후가 잔혹하고 어질지 않아 백성이 크게 원망하고 있습니다. 지금 군사를 여양[3]으로 이동시키려 하고 있어 성안에는 고순만이 남을 것입니다. 당일 밤으로 군사를 진격하시면 우리가 안에서 호응하겠습니다'라는 편지를 전달하게 하십시오. 만약 조조가 오면 그를 유인해 성안으로 들인 다음 네 개의 성문에 불을 지르고 성 밖에 군사를 매복시키십시오. 조조가 아무리 하늘을 날줄로 삼고 땅을 씨줄로 삼는 뛰어난 재능이 있다[4] 한들 이런 상황에서 어떻게 벗어날 수 있겠습니까?"

여포는 진궁의 계책에 따라 비밀리에 전씨에게 알려 즉시 사람을 조조 군영으로 보내게 했다.

막 패배한 조조는 어찌해야 할지 몰라 망설이고 있었는데 갑자기 전씨가 보낸 사람이 왔다는 보고가 들어왔다. 그가 올린 밀서에는 다음과 같이 적혀 있었다.

"여포는 이미 여양으로 가버렸고 성안은 텅 비어 있습니다. 속히 오시기를 삼가 바라오며 안에서 마땅히 호응하리다. 성 위에 큰 글씨로 '의義' 자를 쓴 흰 깃발이 꽂혀 있을 것이니 이것이 바로 암호입니다."

조조가 크게 기뻐하며 말했다.

"하늘이 나에게 복양을 얻도록 하시는구나!"

심부름 온 사람에게 후한 상을 내리는 한편 군사를 일으킬 준비를 했다. 유엽이 말했다.

"여포는 비록 꾀가 없으나 진궁은 계책이 많은 사람입니다. 그 속에 속임수가 있을까 두려우니 방비하지 않을 수 없습니다. 명공께서 가고자 하신다면 삼군을 세 부대로 나누어, 두 부대는 성 밖에 매복해 있다가 지원하고 다른 한 부대만 성으로 들어가는 것이 좋을 듯합니다."

조조는 그 말을 따르기로 하고 군사를 세 부대로 나누어 복양성 아래에 이르렀다. 조조가 먼저 가서 살펴보니 성 위에 온통 깃발이 세워져 있었는데 서문 귀퉁이에 '의' 자가 적힌 흰 깃발이 보이자 마음속으로 몰래 기뻐했다. 이날 정오쯤 성문이 열리자 두 명의 장수가 군사를 이끌고 출전했는데, 전군은 후성, 후군은 고순이었다. 조조는 즉시 전위를 내보내 후성을 취하도록 했다. 후성은 대적하지 못하고 말을 돌려 성안으로 달아났다. 전위가 조교[5] 근방까지 쫓아가자 고순 또한 막아내지 못하고 모두 물러나 성안으로 들어갔다. 그 안에서 나름대로 속셈이 있는 군인이 혼란한 틈을 타 진지를 지나 조조에게 와서 전씨가 보냈다고 하고는 밀서를 올렸다.

"오늘 밤 초경 무렵에 성 위에서 징이 울리는 것을 신호로 즉시 진격하십시오. 제가 성문을 열어 바치겠습니다."

조조는 하후돈에게 군사를 이끌어 왼쪽에 있게 하고, 조홍에게 군사를 거느리고 오른쪽에 있도록 배치한 후 자신은 하후연, 이전, 악진, 전위 등 네 장수를 이끌고 군사를 인솔해 성으로 들어가기로 했다. 이전이 말했다.

"주공께서는 잠시 성 밖에 계시고 저희가 먼저 성으로 들어가게 허락해주십시오."

조조가 크게 소리쳤다.

"내가 몸소 가지 않으면 누가 앞으로 가려 하겠느냐!"

결국 앞장서서 군사를 이끌고 곧바로 들어갔다.

이때는 시간이 대략 초경쯤으로 아직 달빛이 떠오르지 않았다. 서문 위에서 소라 부는 소리가 들리더니 갑자기 함성이 일어났고 성문 위에서 횃불이 어지럽게 뒤섞이며 성문이 활짝 열리고 조교가 내려왔다. 조조가 앞을 다투고 말에 박차를 가하며 들어갔다. 곧장 주 관아에 도달했으나 길에 아무도 보이지 않았다. 계책임을 알아챈 조조는 서둘러 말을 돌리며 크게 외쳤다.

"군사들을 퇴각시켜라!"

그때 주 관아 한가운데서 '쾅!' 하는 포성이 울리더니 네 개의 문에서 사나운 불길이 하늘을 찌를 듯이 치솟았고, 징과 북이 한꺼번에 울리며 강물이 소용돌이치고 바다가 들끓는 것 같은 함성이 일어났다. 동쪽 골목 안에서는 장료가 달려 나오고 서쪽 좁은 길 안에서는 장패가 달려 나오더니 협공하여 갑자기 들이쳤다. 조조가 북문으로 달아나자 길옆에서 학맹과 조성이 나오며 또 한바탕 들이쳤다. 조조가 급히 남문으로 도망가는데 고순과 후성이 앞을 막아섰다. 전위가 눈을 부릅뜨고 이를 갈며 목숨을 걸고 돌격했다. 고순과 후성은 거꾸로 성 밖으로 쫓겨 달아났다. 전위가 닥치는 대로 적들을 죽이며 조교까지 이르렀는데 고개를 돌려보니 조조가 보이지 않았다. 몸을 돌려 다시 적군을 죽이며 성으로 들어오다 성문 아래에서 이전과 마주쳤다. 전위가 물었다.

"주공은 어디 계신가?"

이전이 말했다.

"나 역시 찾았으나 보이지 않네."

전위가 말했다.

"자네는 성 밖에서 구원군을 재촉하게. 나는 성으로 들어가서 주공을 찾아보겠네."

이전이 떠나고 전위는 성안으로 치고 들어가서 조조를 찾았으나 보이지 않자 다시 성 밖 해자까지 치고받고 싸우며 나오다 악진과 마주쳤다. 악진이 말했다.

"주공은 어디 계시느냐?"

전위가 말했다.

"내가 두 번이나 성안을 갔다 왔는데 아무리 찾아도 보이지 않네."

악진이 말했다.

"같이 치고 들어가서 주공을 구하세!"

두 사람이 성문 근처에 이르렀는데 성 위에서 화포의 탄환이 굴러떨어져 악진의 말이 들어갈 수 없게 되었다. 전위는 짙은 연기를 뚫고 화염 속을 돌진해 다시 싸우면서 들어가 곳곳을 찾았다.

한편 조조는 전위가 뚫고 나가는 것을 봤지만 사방에서 인마들이 가로막아 남문으로 나갈 수 없었다. 다시 북문으로 돌아가다가 불빛 속에서 마침 극을 잡고 말에 박차를 가해 달려오는 여포와 맞닥뜨렸다. 조조는 손으로 얼굴을 가리고 말에 채찍을 가하며 빨리 달려 지나쳤다. 그러나 어느새 여포가 뒤에서 말에 박차를 가하며 쫓아와 극으로 조조의 투구를 툭 치고 물었다.

"조조는 어디에 있느냐?"

조조가 반대쪽을 가리키며 말했다.

"앞에 누런 말을 탄 자가 바로 조조입니다."

그 말을 들은 여포는 조조를 버리고 말고삐를 놓은 채 앞쪽으로 내달려 추격했다.❶

조조는 말 머리를 돌려 동문을 바라보며 달아나다 마침 전위를 만났다. 전위는 조조를 보호하며 죽을힘을 다해 한 갈래의 혈로를 열어 성문 근처까지 이르렀다. 화염이 몹시 세찬 데다 성 위에서 마른 장작과 건초더미를 밀어 떨어뜨리니 도처가 온통 불이었다. 전위는 극으로 밀어젖히고 나는 듯이 말을 몰아 짙은 연기 가운데 화염을 뚫고 먼저 돌진해 나갔고, 조조 또한 그 뒤를 따랐다. 막 문도⁶ 쪽에 이르렀을 때 성문 위에서 불붙은 들보 하나가 무너져 내리면서 마침 조조가 타고 있던 전마의 두 넓적다리 사이를 때려 말이 땅바닥으로 거꾸러졌다. 조조가 손으로 들보를 땅바닥으로 밀어 떨어뜨렸으나 그 바람에 수염과 머리카락이 전부 그을리고 팔뚝에 화상을 입었다. 전위가 말을 돌려서 조조를 구하려는데 때마침 하후연이 당도했다. 두 사람이 함께 조조를 구조해 화염을 뚫고 나갔다. 조조는 하후연의 말을 탔고 전위는 싸우면서 한 갈래의 큰길을 열어 달아났다. 날이 밝을 때까지 혼전이 계속되었으며 조조는 겨우 군영으로 돌아올 수 있었다.❷

모든 장수가 무릎 꿇고 엎드려 절하며 안부를 묻자 조조가 고개를 뒤로 젖히고 껄껄 웃으며 말했다.

"필부의 계책에 잘못 빠졌으니 반드시 원수를 갚겠노라!"

곽가가 말했다.

"계책을 속히 쓰셔야 합니다."

조조가 말했다.

"지금은 상대방의 계책을 미리 알아채고 그것을 역이용하는 장계취계將計就計를 써야 하니, 내가 화상을 입어 이미 죽었다고 거짓 소문을 퍼뜨리시오. 그러면 여포가 반드시 군대를 이끌고 공격하러 올 것이오. 우리는 마릉산7에 군사를 매복시키고 여포의 군사가 절반쯤 지나갈 때를 기다렸다가 치면 여포를 사로잡을 수 있을 것이오."

곽가가 말했다.

"정말 좋은 계책입니다!"

그리하여 군사들에게 영을 내려 상복을 입고 장사를 치르게 하고는 조조가 죽었다는 헛소문을 퍼뜨리게 했다. 어떤 사람이 일찌감치 복양에 있는 여포에게로 와서 조조가 온몸에 화상을 입고 군영으로 돌아오자마자 죽었다고 보고했다. 여포는 즉시 군마를 점검해 일으키고 마릉산으로 질주했다. 조조의 군영에 이르렀을 때 '둥둥둥' 북소리가 울리더니 복병들이 사방에서 쏟아져 나왔다. 여포는 죽을힘을 다해 싸워 탈출할 수 있었으나 수많은 인마가 꺾인 채 패하여 복양으로 돌아갔고 그곳을 굳게 지키기만 하면서 나오지 않았다. 그해에는 메뚜기떼가 갑자기 발생하여 벼를 모조리 먹어치웠다. 관동 일대에는 곡식 1곡의 가치가 돈 50관[8]에 육박했고 사람들이 서로를 잡아먹는 상황에까지 이르렀다.[9] 조조의 군중에도 양식이 떨어지자 군대를 이끌고 견성으로 돌아가 당분간 머물렀다. 여포 또한 군대를 이끌고 먹을거리를 구하러 산양으로 가서 주둔했다. 이로써 양측은 잠시 싸움을 멈췄다.

한편 서주에 있던 도겸은 이때 나이가 이미 63세였는데 갑자기 병에 걸리더니 증세가 갈수록 악화됐다. 미축과 진등을 불러 상의하니 미축이 말했다.

"조조의 군대가 물러간 것은 여포가 연주를 기습했기 때문입니다. 지금 흉년으로 수확이 나빠 싸움을 멈춘 것이지 내년 봄이 되면 반드시 다시 쳐들어올 것입니다. 부군께서 두 번이나 유현덕에게 자리를 양보하려 했으나 그때만 해도 부군께서 강건하셨으므로 현덕이 받으려 하지 않았던 것입니다. 지금은 병세가 이미 위중하시니 마침 이런 때에 양보하시면 현덕도 사양하지 못할 것입니다."

도겸이 크게 기뻐하며 사람을 소패로 보내 군대의 사무를 상의하고자 한다며 유현덕을 청했다. 현덕이 관우, 장비와 함께 수십 명의 기병을 거느리고 서주에 도착하자 도겸이 침실로 들어오기를 청했다. 현덕이 문안 인사를 마치자 도겸이 말했다.

"현덕공을 오시라 한 것은 다른 일이 아니오. 이 늙은이의 병세가 이미 위급하여 아침저녁을 장담하기 어려우니, 바라건대 명공께서 가련한 한나라의 성을 중히 여기시어 서주의 영패와 인신을 받아준다면 이 늙은이는 죽어도 눈을 감을 수 있을 것이오!"

현덕이 말했다.

"부군[10]께는 두 자제분이 있는데 어찌하여 그들에게 계승하지 않으십니까?"

"큰아들 상商과 작은아들 응應은 모두 이 일을 감당할 만한 자질이 못 됩니다. 이 늙은이가 죽은 뒤에 명공께서 가르치고 깨우쳐주시되 절대로 서주의 일을 관장하게 해서는 안 됩니다."

현덕이 말했다.

"단신으로 어찌 이런 큰일을 감당할 수 있겠습니까?"

도겸이 말했다.

"제가 공을 보좌할 만한 사람을 추천해드리겠소. 북해 사람으로 성이 손孫이고 이름이 건乾이요 자가 공우公祐라 하는데, 이 사람이라면 종사[11]로 삼아 부릴 만할 것입니다."❸

또 미축에게 일렀다.

"유공은 당대의 인걸이시니 자네가 잘 섬겨야 할 것이네."

현덕은 끝내 핑계를 대고 사양했지만 도겸은 손으로 자신의 가슴을 가리키면서 숨을 거두었다. 모든 군사가 애도를 마치자 즉시 영패와 인신을 받들어 현덕에게 바쳤다. 현덕은 단호하게 사양했다. 이튿날 서주 백성이 관부 앞에 한데 모여 소리 내어 울고 절하며 말했다.

"유사군께서 이 군[12]을 맡아 이끌어주시지 않는다면 우리는 모두 편안히 살 수가 없습니다!"

관우와 장비 두 공도 거듭 맡기를 권했다. 현덕은 이에 서주의 일을 잠시 맡아 이끌기로 허락하고, 손건과 미축을 보좌로, 진등을 막관[13]으로 삼았다. 소패의 군마를 모두 서주 성으로 불러들이고 방문을 내걸어 백성을 안정시키는 한편 장례를 준비했다. 현덕과 대소 군사가 모두 상복을 입고 성대하게 제물을 바치며 제사를 지낸 후 황하[14] 들판에 장사 지냈다. 그리고 도겸의 유표[15]를 조정에 올렸다. ❹

견성에 있던 조조는 도겸이 이미 죽었고 유현덕이 서주목을 겸임하여 다스린다는 소식을 듣고 크게 노했다.

"내가 아직 원수도 갚지 못했는데 네놈은 화살 반 대도 쓰지 않고 앉아서 서주를 차지했구나! 내 반드시 먼저 유비를 죽인 다음 도겸의 시체를 육시하여 돌아가신 부친의 원한을 씻겠노라."

즉시 기일을 정해 군대를 일으켜 서주를 치겠다는 명령을 전달했다. 순욱이 들어와 간언했다.

"옛날에 고조께서 관중을 보호하고[16] 광무께서 하내를 점거한[17] 것은 모두 뿌리가 깊어야 가지가 튼튼하듯이 근본을 다지는 것으로써 천하를 바로잡으려는 것으로, 나아가서는 족히 적에게 승리할 수 있었고 물러나서는 굳건히 지킬 수 있었으니 비록 곤경에 처함이 있었다 할지라도 끝내는 대업을 이룰 수 있었던 것입니다. 명공께서는 연주의 일을 우선적으로 주관하셔야 합니다. 더욱이 황하와 제수[18]는 천하의 요충지로 옛날의 관중, 하내와 다를 바가 없습니다. 지금 서주를 취하고자 하여 이곳 연주에 많은 군사를 남겨두면 쓸데가 없고 적게 남겨두면 여포가 빈틈을 노려 침략할 것이니 이는 연주를 완전히 잃는 것입니다. 더군다나 서주까지 얻지 못하게 된다면 명공께서는 어디로 돌아가시겠습니까? 지금 도겸이 비록 죽었다고는 하나 유비가 그곳을 지키고 있습니다. 서주의 백성은 이미 유비에게 복종하고 있어 반드시 그를 도와 죽기로 싸울 것입니다. 명공께서 연주를 버리고 서주를 취하는 것은 큰 것을 버리고 작은 것을 취하는 것이며 중요한 근본을 포기하고 부차적인 곁가지를 추구하는 것으로 이는 편안함을 위태로움으로 바꾸는 것입니다. 심사숙고하시기 바랍니다."

조조가 말했다.

"올해 흉년이 들어 양식이 부족한데 군사들이 여기에서 굳게 지키기만 하는 것도 결코 좋은 계책은 아니오."

순욱이 말했다.

"그럴 바에는 동쪽으로 진[19] 땅을 빼앗고 여남과 영천으로 가서 군사들에게 밥을 먹이는 편이 나을 듯합니다. 황건의 잔당인 하의何儀와 황소黃劭 등이 주군을 약탈하여 황금과 비단, 양식을 많이 가지고 있습니다. 이 도적은 격파하기도 쉬우니 그들을 쳐부수고 그 양식을 취해 삼군을 기른다면 조정에서도 기뻐하고 백성도 즐거워할 것이니 바로 하늘의 뜻에 순종하는 일입니다."

조조가 기뻐하며 그의 의견을 따르기로 하고 즉시 하후돈, 조인을 남겨 견성 등을 지키게 하고는 자신은 군사를 이끌고 먼저 진 땅을 빼앗고 여남과 영천으로 가기로 했다.

하의와 황소는 조조의 군대가 이르렀다는 것을 알고 무리를 이끌고 나와 맞서니 이들은 양산羊山에서 마주쳤다. 이때 적병은 비록 많기는 했으나 여우와 개떼 같은 너절한 무리로 대오나 행렬도 없었다. 조조가 강한 활과 단단한 쇠뇌를 쏘게 한 다음 전위를 출전시켰다. 하의는 부원수副元帥를 내보내 싸우게 했으나 3합도 싸우지 못하고 전위의 극에 찔려 말 아래로 떨어졌다. 조조는 군대를 이끌고 기세를 몰아 추격했고 양산을 지나서 군영을 세웠다. 이튿날 황소가 스스로 군사를 이끌고 왔다. 진의 배치가 끝나자 머리에 누런 수건을 싸매고 녹색 도포를 입은, 철봉을 든 한 장수가 걸어 나오면서 고함을 질렀다.

"내가 바로 절천야차截天夜叉 하만何曼이다! 누가 감히 나와 싸우겠느냐?"

조홍이 보고서 크게 호통을 치더니 나는 듯이 말에서 내려 칼을 잡고 걸어 나갔다. 두 사람이 진 앞에서 서로 싸우기를 40~50합에 이르렀지만 승부가 나지 않았다. 조홍이 거짓으로 패한 체하며 달아나자 하만이 뒤를 쫓았다. 조홍이 칼을 늘어뜨리고 달아나는 척하다가 갑자기 몸을 돌리더니 하만을 찍어 한칼에 죽여버렸다.[20] 이전이 승세를 타고 말을 나는 듯이 몰아 적진으로 곧장 쳐들어갔다. 황소는 미처 방비할 겨를도 없이 이전에게 사로잡히고 말았다. 조조의 군사들이 적의 무리에 들이쳐 수많은 황금과 비단, 양식을 빼앗았다. 형세가 고립된 하의는 수백 기를 이끌고 갈피[21]로 달아났다. 한창 달아나고 있는데 산 뒤쪽에서 한 무리의 군사가 돌진해왔다. 키가 8척에 10위[22]의 거대한 허리를 가진 한 장수가 손에는 대도를 잡고 가는 길을 막아섰다. 하의가 창을 잡고 나와 맞섰지만 단 1합에 그 장사에게 사로잡혀 겨드랑이에 끼이는 신세가 되고 말았다. 나머지 무리 또한 결박되자 그 장사가 모두 갈피 성채 안으로 몰아넣었다.

한편 하의를 추격하던 전위가 갈피에 당도했는데 그 장사가 군사를 이끌고 막아서며 맞섰다. 전위가 말했다.

"너도 황건적이냐?"

장사가 말했다.

"황건 수백 기는 모두 나한테 사로잡혀 성채 안에 있다!"

"어째서 바치지 않느냐?"

"네가 내 수중에 있는 보도를 빼앗으면 즉시 내주마!"

전위가 크게 노하여 쌍극을 잡고 달려들어 싸웠다. 두 사람이 진시辰時에 시작해 오시午時까지 싸웠으나 승부가 나지 않아 각자 잠시 쉬었다. 조금 지나서 그 장사가 다시 나와 싸움을 걸자 전위도 나갔다. 해질 무렵까지 줄곧 싸우다가 말들이 지쳐 잠시 멈췄다. 전위의 수하 군사가 나는 듯이 달려가 조조에게 보고했다. 깜짝 놀란 조조가 서둘러 장수들을 거느리고 싸움을 구경하러 왔다. 이튿날 장사가 다시 나와서 싸움을 걸었다. 조조는 그 사람의 늠름한 위풍을 보고 내심 몰래 기뻐하며 전위에게 오늘은 일단 지는 척하라고 분부했다. 전위가 명을 받들어 나가 싸웠는데 30합을 겨루다 패하자 진영으로 도망치듯이 돌아왔다. 장사가 진문 안까지 쫓아왔으나 활과 쇠뇌를 쏘자 돌아갔다. 조조는 급히 군사를 이끌고 5리 밖으로 물러나고는 은밀하게 사람을 시켜 함정을 파고 갈고리를 든 병사들을 몰래 매복시켰다. 이튿날 다시 전위에게 기병 100여 명을 이끌고 나가게 했다. 장사가 웃으며 말했다.

"패장이 어찌 감히 다시 왔느냐!"

바로 말고삐를 놓고 맞붙어 싸웠다. 전위가 대략 몇 합을 싸우고는 곧 말을 돌려 달아났다. 장사는 단지 앞만 바라보고 쫓느라 조심하지 않다가 그만 말을 탄 채 함정 속으로 떨어지고 말았고 갈고리를 든 병사들에게 포박당해 조조에게 끌려왔다. 조조는 군막을 내려가 큰 소리로 군사들을 꾸짖어 물리치고는 손수 결박을 풀어주고 급히 옷을 가져다주며 자리에 앉히고 고향과 이름을 물었다. 장사가 말했다.

"저는 초국 초현[23] 사람으로 성이 허許이고 이름이 저褚이며 자가 중강仲康입니다. 도적의 난리를 만나 종족 수백 명과 함께 성채에 보루를 더욱 견고히 축조하고 도적들을 막았습니다. 어느 날 도적들이 쳐들어오기에 사람들에게 돌멩이를 많이 준비시키고 제가 직접 돌팔매질로 그들을 공격하니 빗

나가는 것 없이 백발백중 맞히자 도적들이 비로소 물러갔습니다. 또 하루는 도적들이 다시 몰려왔는데 성채 안에 양식이 떨어져 결국 적들과 화해하고 밭갈이 소를 쌀로 바꾸기로 약속했습니다. 쌀을 가져다놓고 도적들이 소를 몰아 성채 밖으로 나갔는데 소들이 모두 달아나 다시 성채로 돌아왔기에 제가 양손에 소꼬리 하나씩 잡아당겨 100여 보를 뒷걸음질로 끌고 갔습니다. 도적들이 크게 놀라 소를 감히 가져가지 못하고 달아났습니다. 그래서 이곳을 아무 일 없이 지키고 있는 것입니다."

조조가 말했다.

"내가 그대의 명성을 들은 지 오래되었소. 그런데도 항복을 하겠소?"

허저가 말했다.

"본래부터 원하던 바입니다."

즉시 종족 수백 명을 불러 모아 설득시키고 항복했다. 조조는 허저를 도위로 임명하고 후하게 상을 내리며 위로했다. 뒤이어 하의와 황소를 참수했다. 그리하여 여남과 영천이 모두 평정되었다.

조조가 개선하니 조인과 하후돈이 접견했다. 근래에 정탐꾼의 보고에 따르면, 연주[24]의 설란과 이봉의 군사가 모두 노략질을 일삼아 성읍이 텅 비어 있어 승리한 군사들을 이끌고 그들을 공격하면 한번에 함락시킬 수 있을 것이라고 했다. 조조는 즉시 군대를 이끌고 연주로 달려갔다. 설란과 이봉은 뜻밖에 허를 찔리자 군사를 이끌고 성을 나와 적과 맞설 수밖에 없었다. 허저가 말했다.

"제가 원컨대 이 두 놈을 잡아다가 첫 인사의 예물로 삼을까 합니다."

조조가 크게 기뻐하며 즉시 나가 싸우라 명했다. 화극을 사용하는 이봉이 앞으로 나와 맞섰다. 말이 어우러지기를 2합 만에 허저가 이봉을 베어 말

아래로 떨어뜨렸다. 설란이 다급하게 달아나 진으로 돌아가는데 조교 가에서 이전이 앞을 막아섰다. 설란은 감히 성으로 돌아가지 못하고 군사를 이끌고 거야[25]로 달아나는데 여건이 나는 듯이 말을 몰아 쫓으며 화살 한 대로 설란을 말 아래로 떨어뜨리자 군사가 모두 뿔뿔이 흩어졌다.❺

조조가 다시 연주를 손에 넣자 정욱이 바로 군사를 진격시켜 복양을 취하도록 청했다. 조조는 허저와 전위를 선봉으로 삼고 하후돈과 하후연을 좌군, 이전과 악진을 우군으로 삼았다. 조조 자신은 중군을 거느리고 우금과 여건을 후군으로 삼아 지원하게 했다. 조조의 군대가 복양에 이르자 여포가 직접 나가 맞서려 했다. 진궁이 말렸다.

"나가 싸워서는 안 됩니다. 장수가 모두 모인 다음에 나가야 합니다."

여포가 말했다.

"누가 오든 내가 두려워하겠소?"

결국 진궁의 말을 듣지 않고 군사를 이끌고 진을 나가 극을 비껴들고 욕을 퍼부었다. 허저가 바로 뛰쳐나왔는데 20여 합을 싸워도 승부를 내지 못했다. 조조가 말했다.

"여포는 한 사람으로 이길 수 있는 상대가 아니다."

바로 전위를 내보내 싸움을 돕게 하여 두 장수가 협공했고 왼쪽에서는 하후돈과 하후연이, 오른쪽에서는 이전과 악진이 일제히 달려들어 여섯 장수가 함께 여포를 공격했다. 여포가 막아내면서 버틸 수 없자 말을 젖혀 성으로 돌아갔다. 이때 성 위에 있던 전씨는 여포가 패해 돌아오는 것을 보고는 급히 사람을 시켜 조교를 끌어 올리게 했다. 여포가 크게 소리 질렀다.

"성문을 열어라!"

전씨가 말했다.

"나는 이미 조장군에게 항복했다."

여포가 욕설을 퍼붓고는 군사를 이끌고 정도[26]로 달아났다. 진궁은 급히 동문을 열어 여포의 가족을 보호하며 성을 빠져나갔다. 조조는 마침내 복양을 얻었고 지난날 전씨의 죄를 용서했다. 유엽이 말했다.

"여포는 사나운 범으로 지금 그가 곤란하다 하여 너그럽게 봐줘서는 안 됩니다."

조조는 유엽 등에게 복양을 지키게 하고 자신은 군사를 이끌고 여포를 쫓아 정도에 이르렀다.

이때 여포와 장막, 장초는 모두 성안에 있었으나 고순, 장료, 장패, 후성은 해안 지방을 순시하며 양식을 빼앗느라 아직 돌아오지 않고 있었다. 정도에 당도한 조조의 군대는 여러 날 계속 싸우지 않고 군사를 이끌고 40리 밖으로 물러나 군영을 세웠다. 마침 제군[27]의 밀이 익을 시기라 조조는 즉시 군사들에게 밀을 베어 식량으로 삼게 했다. 정탐꾼이 이런 상황을 보고하자 여포가 군사를 이끌고 쫓아왔다. 조조 군영에 가까이 왔으나 멀리서 왼쪽에 수풀이 무성한 것이 보이자 복병이 있을까 두려워 돌아갔다. 조조는 여포의 군사가 돌아가는 것을 알고 이에 각 장수에게 일렀다.

"여포가 숲속에 복병이 있을까 의심하는 것 같으니 깃발을 많이 꽂아 의심하게 만들어라. 군영 서쪽 일대에 있는 물이 없는 긴 둑에 정예병을 모두 매복시킬 만하다. 내일 여포가 반드시 숲을 불태울 것이니 둑 안에 매복해 있던 군사들이 그 배후를 끊으면 여포를 사로잡을 수 있을 것이다."

이에 고수鼓手(북을 두드리는 사람) 50명만 남겨두고 군영 안에서 북을 두드리게 하고는 마을에서 잡아온 남녀들은 군영 안에서 함성을 지르게 했으며 정예병 대부분은 둑에 매복시켰다.

한편 여포가 돌아와서 진궁에게 상황을 이야기하자 진궁이 말했다.

"조조는 속이는 계략이 많은 사람이라 가볍게 대적해서는 안 됩니다."

여포가 말했다.

"내가 화공을 쓰면 복병을 깨뜨릴 수 있을 거요."

여포는 진궁과 고순에게 성에 남아 지키게 했다. 이튿날 여포는 대군을 이끌고 와서 멀리 숲속에 있는 깃발들을 보고 병사들을 크게 몰아 사방으로 불을 질렀으나 한 사람도 보이지 않았다. 군영으로 뛰어들어 가려는데 북소리가 크게 진동했다. 의심이 든 여포는 어떻게 해야 할지 몰라 하는데 갑자기 군영 뒤에서 한 떼의 군마가 뛰쳐나왔다. 여포는 말을 몰아 그들을 쫓아갔다. 그때 '쾅!' 하는 포성이 울리면서 둑 안에 매복해 있던 군사들이 한꺼번에 쏟아져 나왔고 하후돈, 하후연, 허저, 전위, 이전, 악진이 말을 몰아 달려들었다. 대적할 수 없다고 판단한 여포는 길을 버리고 황야로 달아났다. 따르던 장수 성렴成廉은 악진이 쏜 화살에 맞아 죽었다. ❻ 여포는 군사의 3분의 2를 잃고 말았다. 패잔병 하나가 돌아와 진궁에게 보고하자 진궁이 말했다.

"비어 있는 성은 지키기 어려우니 급히 달아나는 편이 낫다."

결국 고순과 함께 여포의 가족을 보호해 정도를 버리고 도망쳤다. 조조가 승리한 군사들을 몰아 성안으로 밀고 들어가는데 그 형세가 마치 대나무를 쪼개는 듯했다. 장초는 자결하고 장막은 원술에게 가서 의탁했다. ❼ 이리하여 산동 지역28이 모두 조조의 손아귀에 들어갔다. 조조가 백성을 안정시키고 성을 보수한 것은 말할 필요도 없다.

한편 여포는 한창 달아나다가 양식을 구하러 해안 지방에 갔다 돌아오던 장수들을 만났다. 진궁 또한 이미 돌아온 상태였다. 여포가 말했다.

"우리 군사가 비록 적으나 아직 조조를 격파할 만하다."

다시 군사를 이끌고 돌아왔다.

이기고 지는 것은 병가에서 흔히 있는 일이니
물러났다 다시 오니 그 승패를 알 수가 없도다
兵家勝敗眞常事, 卷甲重來未可知

여포의 승부는 어떻게 될까?

제12회 도겸, 서주를 세 번 양보하다

❶

역사는 소설과 약간 다르게 기록하고 있다. 『삼국지』 「위서·무제기」 배송지 주 원위袁暐의 『헌제춘추』와 『자치통감』 권61 「한기 53」의 기록은 다음과 같다.

"태조가 복양을 포위하자 복양의 권문세가인 전씨田氏가 밀정이 되어 태조는 성 으로 들어갈 수 있었다. 그러나 복양의 동문이 불에 타자 돌아갈 방법이 없었다. 양 군이 교전을 벌였으나 조조의 군대는 대패했고 여포의 기병이 태조를 체포했으나 그 를 알아보지 못하고 '조조는 어디에 있느냐?'라고 물었다. 태조는 '황색 말을 타고 도 망가는 자가 바로 조조요'라고 대답했다. 여포의 기병은 곧 태조를 풀어주고 황색 말 을 타고 가는 자를 추격했다. 성문에 불길이 치솟았지만 태조는 불길을 무릅쓰고 성 을 나갔다."

❷

조조의 탈출

복양성 전투 과정에 관한 역사 기록과 소설은 많은 차이점이 있다. 소설의 내용 은 『삼국지』 「위서·무제기」 배송지 주 『헌제춘추』의 내용과 비슷하지만 『삼국지』 본 문에는 조조가 계책에 속아 복양성 안으로 진입하는 과정이 없다. 「위서·무제기」에는 "여포가 출병하여 맞서 싸웠는데 먼저 기병들로 하여금 청주병을 뚫고 나가게 했다. 청주병이 달아나 흩어지자 태조의 진이 혼란스러워졌고 태조는 말을 내달려 불길을 뚫고 나오다 말에서 떨어져 왼쪽 손바닥에 화상을 입었다. 사마 누이樓異가 태조를 부축하여 말에 오르게 한 다음 데리고 빠져나왔다'고 기록되어 있다. 또한 이당시 조조를 구출한 사람은 전위와 하후연이 아닌 사마 관직에 있는 '누이'라는 무장으로 기록하고 있는데, 그에 관한 상세한 기록은 역사서에 보이지 않는다.

❸

도겸은 손건을 추천하지 않았다

『삼국지』「촉서·손건전」에 따르면 "선주가 서주를 다스릴 때 손건을 불러 종사로 삼았다'고 기록하고 있고 배송지 주『정현전鄭玄傳』에 따르면 "현덕이 주에서 손건을 천거했다. 손건은 부름을 받았고 현덕이 선발했다'고 기록하고 있어 손건은 도겸이 추천한 사람이 아니라 유비가 직접 임용한 사람임을 알 수 있다. 정현은 후한 말의 대학자로 노식과도 교우 관계에 있었고 현덕이 정현에게 배웠으므로 정현을 통해 임용된 듯하다.

❹

도겸이 유비에게 서주를 세 번 양보했다는 과정의 실체

『삼국지』「촉서·선주전」의 기록에 따르면 "공(조조)이 서주를 토벌하자 서주목 도겸은 사자를 전해에게 파견해 위급함을 알렸고 전해는 선주와 함께 도겸을 구원하러 갔다. (…) 유비는 마침내 전해를 떠나 도겸에게 귀의했다. 도겸은 표를 올려 선조를 예주豫州자사로 임명하고 소패小沛에 주둔시켰다. 도겸은 병이 악화되자 별가別駕(즉 별가종사別駕從事로 주州 자사의 속관) 미축에게 말했다. '유비가 아니면 이 서주를 안정시킬 수 없소.' 도겸이 죽자 미축은 주의 백성을 인솔하여 유비를 맞이하려 했지만 선주는 감히 감당할 수가 없었다"고 했다. 또한 진등과 공융도 서주를 맡아달라고 권유했으며, "그리하여 선주는 마침내 서주목을 잠시 겸임하게 되었다"고 기록하고 있다.

그리고 배송지 주 『헌제춘추』에 다음과 같은 내용이 기록되어 있다. "진등 등은 원소에게 사자를 파견해 말했다. '하늘이 재해를 내리시어 그 화가 본 주(서주)에까지 이르렀고 주장州將은 사망하여 백성은 주인이 없게 되었습니다. 간웅이 하루아침에 그 틈을 이용해 맹주(원소)께 해가 서쪽으로 기울어질 때까지 근심을 드릴까 두려워하고 있어, 항상 옛 평원상 유비를 종주宗主(자사刺史)로 모시고 백성에게 의지할 바가 있음을 알게 하고자 합니다. 지금 도적들이 종횡하여 갑옷 벗을 겨를도 없기 때문에 삼가 하리下吏(하급관리, 속리)를 파견하여 집사執事(상대방에 대한 존칭, 귀하)께 고합니다.' 원소는 말하기를, '유현덕은 고상하고 신의가 있으니, 지금 서주가 그를 받들어 모시려는 것은 나의 기대에 부합되는 것이오'라고 했다'고 기록하고 있다.

유비는 세 번 양보한 것이 아니라 실제로는 예의상 한 차례 양보했다고 봐야 할 것이다. 양보 횟수가 중요한 것이 아니라 서주를 유비에게 넘겨줬다는 사실과 이 이야기가 결코 허구가 아니라는 점이 중요하다.

도겸은 어떤 사람이었을까?

『삼국지』「위서·도겸전」은 도겸의 사람됨에 대해 다음과 같이 기록하고 있다.

"당시 서주 백성은 부유하여 곡식이 충분했으므로 많은 유민이 그곳으로 몰려들었다. 그러나 도겸은 정도를 위배하고 사사로운 정으로 제멋대로 했다. 광릉태수였던 낭야 사람 조욱趙昱은 서주의 명사로 충직했으나 그를 소홀히 대접했고, 조굉曹宏 등은 사악하고 아첨을 잘하는 소인배인데도 가까이하고 신임했다. 형벌과 정치는 조화를 잃었고, 선량한 사람 대부분이 해를 입었기 때문에 점점 동란이 발생했다. 하비 사람 궐선闕宣은 스스로 천자라 칭했는데 도겸은 처음에 그와 연합하여 도적질을 일삼았다. 후에 도겸은 궐선을 죽이고 그의 무리를 병합했다."

이 기록에 대한 논란은 있지만 어쨌든 기록에 따르면 도겸은 소설과 달리 인의군자와는 거리가 멀었다. 『후한서』「도겸전」에도 같은 내용이 기록되어 있다.

❺
설란과 이봉은 참수되었다

『삼국지』「위서·무제기」와 『자치통감』 권61 「한기 53」에 따르면 "여포의 부장 설란과 이봉이 거야현에 주둔했는데, 태조(조조)가 그들을 공격했다. 여포는 설란을 구원했으나 결국 설란은 대패했고 여포는 달아났으며 설란 등은 참살되었다"고 했다.

❻
성렴은 이때 죽지 않았다

『삼국지』「위서·무제기」에 따르면 "하비까지 진군하자 여포는 직접 기병을 이끌고 맞서 싸웠다. 조공은 여포를 대패시키고 여포의 용장 성렴을 사로잡았다"고 기록하고 있다. 소설에서는 흥평 2년(195) 여름의 사건이지만 역사에서는 3년 후인 건안 3년(198) 겨울 10월에 성렴이 조조에게 사로잡히는 것으로 기록하고 있다. 이후 성렴의 생사 여부는 역사에 기록되어 있지 않으며 소설의 내용처럼 악진의 화살에 맞아 죽은 것은 아니다.

❼
장막과 장초의 죽음

『삼국지』「위서·무제기」에 따르면 "흥평 2년(195) 여름, 장막은 여포를 따르면서 아우인 장초에게 가솔을 데리고 옹구雍丘(지금의 허난성 치현杞縣)를 지키도록 했다. 가을 8월, 태조는 옹구를 포위하고 공격했다. 12월, 옹구가 붕괴되자 장초는 자살했고, 태조는 장초의 삼족을 멸했다. 장막은 원술이 있는 곳으로 가서 구원을 요청하려 했으나 부하에게 살해되었다"고 기록하고 있다.

이각과 곽사의 난

이각과 곽사는 서로 크게 싸우고,
양봉과 동승은 함께 어가를 구하다

李傕郭汜大交兵,
楊奉董承雙救駕

조조가 정도에서 여포를 대파하자 여포는 해안가에서 패잔병을 끌어모았다. 장수들이 모이자 여포는 다시 조조와 결전을 벌이려 했다. 진궁이 말했다.

"지금 조조의 군세가 거대하니 그와 승부를 겨룰 수 없습니다. 먼저 몸을 의탁할 곳을 찾은 다음에 그때 다시 와도 늦지 않습니다."

여포가 말했다.

"내가 다시 원소에게 가보려고 하는데 어떻겠소?"

진궁이 말했다.

"우선 사람을 기주로 보내 소식을 알아본 다음 가는 것이 좋겠습니다."

여포가 그의 의견을 따르기로 했다.

한편 기주에 있던 원소는 조조와 여포가 서로 대치하고 있다는 소식을 들었다. 모사 심배審配가 나서며 말했다.

"여포는 승냥이와 호랑이 같은 흉악무도한 자라 연주를 차지하면 틀림없이 기주를 도모하려 들 것입니다. 조조를 도와 그를 공격해야 비로소 근심이 없을 것입니다."

원소는 즉시 안량을 파견해 군사 5만 명을 이끌고 조조에게 가서 돕게 했다. 정탐꾼이 이 소식을 탐지하여 즉시 여포에게 보고했다. 깜짝 놀란 여포는 진궁과 상의했다. 진궁이 말했다.

"듣자 하니 유현덕이 새로이 서주를 통솔한다고 하는데, 그곳으로 가시지요."

그 말에 따라 여포는 결국 서주로 향했다. 어떤 사람이 이 소식을 현덕에게 알렸다. 현덕이 말했다.

"여포는 당대의 용감하고 출중한 인사이니 나가서 그를 맞이해야겠소."

미축이 말했다.

"여포는 호랑이와 이리같이 흉포한 자이니 거두어서는 안 되고 받아들이면 사람을 상하게 할 것입니다."

현덕이 말했다.

"지난날 여포가 연주를 기습하지 않았다면 이 군[1]의 화를 어떻게 해결할 수 있었겠소? 지금 그가 곤궁해져서 내게로 오는 것이지 어찌 다른 마음이 있겠소!"

장비가 말했다.

"형님은 마음씨가 너무 좋으시오. 비록 그렇더라도 준비는 해야지요."

현덕이 많은 사람을 이끌고 성 밖 30리를 나가 여포를 맞이하고 말 머리를 나란히 하여 성으로 들어왔다. 주 관아에 도착하자 대청에 올라 인사를 마치고 자리에 앉았다. 여포가 말했다.

"나는 왕사도와 함께 계획하여 동탁을 죽인 후에 다시 이각과 곽사의 변란을 만나 관동 지방을 떠돌아다녔으나 대부분의 제후가 받아주지 않았소.

근래에는 조조 이 도적놈이 어질지 못하여 서주를 침범했을 때 사군께서는 힘써 도겸을 구원하셨고 그 때문에 내가 연주를 급습하여 그 세력을 양분했소. 그런데 뜻밖에도 간계에 빠져 군사들은 패하고 장수들이 꺾였소. 지금 사군께 의지하면서 함께 큰일을 도모하고자 하는데 고견은 어떠하신지요?"

현덕이 말했다.

"도사군께서 막 돌아가신 후 서주를 관할하고 통솔할 사람이 없었기 때문에 제가 잠시 주의 일을 대신하고 있습니다. 지금 다행히 장군께서 이곳에 오셨으니 양보하고 물러나는 것이 마땅한 듯합니다."

바로 영패와 인신을 가져다 여포에게 건넸다. 여포가 막 받으려 하다가 현덕의 뒤에서 분노의 표정을 짓고 있는 관우와 장비를 보았다. 여포는 이내 억지웃음을 지으며 말했다.

"일개 힘만 쓰는 용사인 내가 어찌 주목을 맡을 수 있겠소?"

현덕이 다시 양보했다. 진궁이 말했다.

"의지하러 온 자가 강하다 하더라도 자리는 주인 위에 있을 수 없다強賓不壓主'고 했으니, 사군께서는 의심하지 마십시오."

현덕이 비로소 더 권하지 않았다. 주연을 베풀어 대접하고 정원 딸린 주택을 정돈해 쉬게 했다.

이튿날 여포가 답례로 현덕을 초청하자 현덕이 관우, 장비와 함께 갔다. 술이 거나하게 취했을 때 여포가 현덕을 후당으로 청했고 관우와 장비가 뒤따라 들어갔다. 여포가 아내와 딸을 현덕에게 절을 시키겠다고 부르려 하자 현덕이 두세 번 겸손하게 사양했다. 여포가 말했다.

"아우님은 사양할 필요 없소."

그 말을 들은 장비가 눈을 부라리며 큰 소리로 꾸짖었다.

"우리 형님은 금지옥엽[2]이신데, 네놈이 어떤 놈이기에 감히 우리 형님한테 아우라 하느냐! 나와라! 내가 네놈과 300합을 겨뤄보겠다!"

현덕이 얼른 고함을 질러 그만두게 했고 관공은 장비를 타일러 내보냈다. 현덕이 여포에게 사과했다.

"미련한 아우가 취해서 지껄인 미친 소리이니 형께서는 책망하지 마십시오."

여포는 묵묵히 아무 말이 없었다. 잠시 후 자리를 파하고 여포는 현덕을 전송하러 문 밖으로 나왔는데 장비가 창을 비껴들고 말에 박차를 가하면서 달려와 크게 소리 질렀다.

"여포야! 내 너와 300합을 겨뤄보겠다!"

현덕이 급히 그만두도록 했다.

이튿날 여포가 와서 현덕에게 작별하며 말했다.

"사군은 나를 버리시지 않으나 아우님들이 용납하지 않아 두렵소. 나는 작별하고 다른 곳으로 가겠소."

현덕이 말했다.

"장군께서 떠나신다면 제 잘못이 큽니다. 미련한 아우가 무례를 저질렀으니 다른 날 적당한 때에 사과하도록 시키겠습니다. 근처에 소패라는 읍이 있는데 제가 바로 이전에 군대를 주둔시켰던 곳입니다. 장군께서 협소하다고 싫어하시지 않는다면 그곳에서 잠시 휴식을 취하는 것은 어떻겠습니까? 양식과 군수품은 삼가 공급해드리겠습니다."

여포가 현덕에게 감사하고 스스로 군사를 이끌어 발붙이고 살고자 소패로 갔다. 현덕이 직접 장비를 꾸짖은 것은 말할 필요도 없다.❶

한편 조조가 산동[3]을 평정하고 조정에 표문을 올리자 조조에게 건덕장군

비정후[4]의 관직을 더해줬다. 그때 이각은 스스로 대사마[5]가 되었고, 곽사는 대장군[6]이 되어 거리낌 없이 제멋대로 날뛰어도 조정에서는 감히 아무도 말하는 사람이 없었다. 태위 양표楊彪와 대사농[7] 주준이 은밀히 헌제에게 아뢰었다.

"지금 조조는 20여 만 명의 군사를 보유하고 있고 책사와 무장만 해도 수십 명을 두고 있으니 이 사람을 얻어 사직을 보살피고 간사한 무리를 제거한다면 천하를 위해 커다란 다행일 것입니다."

헌제가 눈물을 흘리며 말했다.

"짐이 두 도적에게 능욕을 당한 지가 오래요! 그들을 죽일 수만 있다면 진실로 큰 다행일 것이오!"

양표가 아뢰었다.

"신에게 한 가지 계책이 있는데, 우선 두 도적을 서로 해치게 한 다음 조조에게 조서를 내려 군대를 이끌고 와서 그들을 죽이고 도적의 무리를 깨끗하게 청소하여 조정을 편안하게 하라 하소서."

헌제가 말했다.

"어떻게 계책을 꾸미려 하오?"

양표가 말했다.

"신이 듣건대 곽사의 처는 질투가 아주 심하다고 하니 그녀에게 사람을 보내 반간계反間計(36계 가운데 하나, 이간책)를 쓴다면 두 도적은 자기편끼리 서로 해칠 것입니다."

헌제는 이에 비밀 조서를 써서 양표에게 넘겨줬다. 양표는 즉시 은밀하게 자신의 부인을 다른 일로 곽사 부중에 들어가게 했고, 양표의 부인은 기회를 보아 곽사의 처에게 알렸다.

"듣자 하니 곽장군께서 이사마(대사마 이각) 부인과 부정한 관계를 맺고 있다던데 그 정분이 아주 깊다고 하더군요. 사마께서 그것을 알기라도 한다면 반드시 큰 해를 입을 게 분명하겠죠. 부인께서 그 교제를 끊어버리는 것이 좋겠어요."

곽사의 처가 놀라며 말했다.

"그 사람이 집에 오지 않고 밖에서 자곤 하는 게 이상하다 했어요! 그런 뻔뻔스러운 짓을 하다니! 부인께서 말해주지 않았다면 모를 뻔했어요. 마땅히 못 하게 막아야지요."

양표의 부인이 작별 인사를 하자 곽사의 처가 거듭 감사하고 헤어졌다. 며칠 지나서 곽사가 또 이각의 부중에서 벌이는 연회에 가려고 했다. 처가 말했다.

"이각의 본성은 예측할 수 없는 데다 하물며 지금 두 영웅이 동시에 존재할 수 없으니 그 술에 독이라도 탔다면 저는 장차 어찌해야 합니까?"

곽사가 들으려 하지 않자 처가 거듭 못 가게 설득했다. 저녁때 이각이 사람을 시켜 연회에 썼던 가장 좋은 음식을 보내자 곽사의 처가 몰래 독을 타고는 들였다. 곽사가 먹으려 하자 처가 말했다.

"밖에서 들어온 음식인데 어찌 바로 드시려 하세요?"

그러고는 먼저 개에게 먹였더니 개가 그 자리에서 죽었다. 이때부터 곽사는 속으로 의심을 품기 시작했다.

어느 날 조회가 파하자 이각이 애써 곽사를 집으로 초청해 술자리를 가졌다. 밤이 되어서야 자리를 끝내고 곽사가 취해 돌아왔는데 우연히 복통이 생겼다. 처가 말했다.

"필시 독을 탔을 거예요!"

급히 똥물을 가져와 먹이고 한바탕 토하고 나서야 비로소 속이 편안해졌다. 곽사가 크게 노했다.❷

"내가 이각과 함께 큰일을 도모했는데 지금 아무런 이유도 없이 나를 모해하려 하는구나! 내가 먼저 움직이지 않으면 틀림없이 악랄한 수단에 걸려들겠구나."

즉시 본부의 무장 병사들을 은밀하게 정돈하고 이각을 공격하려 했다. 일찌감치 누군가 그 사실을 이각에게 보고했다. 이각 또한 몹시 성내며 말했다.

"곽아다⁸가 어찌 감히 이럴 수 있단 말이냐!"

즉시 본부의 무장 군사들을 점검하고 곽사를 치러 갔다. 양쪽의 군사를 합쳐 수만 명이었는데 장안성 아래에서 혼전을 벌였고 그 기세를 틈타 백성을 노략질까지 했다. 이각의 조카 이섬李暹이 군사를 이끌고 궁원⁹을 에워싸고는 수레 두 량을 이용해 한 량에는 천자를, 다른 수레에는 복황후伏皇后를 태우고는 가후와 좌령左靈에게 어가를 호송하게 하고 나머지 궁인과 내시는 모두 걸어가게 했다. 한꺼번에 우르르 후재문後宰門을 나오다가 마침 도착한 곽사의 군사들과 맞닥뜨렸는데 그들이 화살을 일제히 쏘아대자 화살에 맞아 죽은 궁인이 부지기수였다. 이각이 뒤따라 들이치니 곽사의 군사들이 물러났다. 어가가 위험을 무릅쓰고 성을 나가자 이각은 변명할 여지도 주지 않고 끝내 자신의 군영 안으로 모셨다. 곽사는 군사를 거느리고 궁으로 들어가 궁빈과 채녀¹⁰들을 모조리 잡아다 자신의 군영으로 끌고 갔고 궁전에는 불을 질렀다.

이튿날 곽사는 이각이 천자를 협박해 끌고 간 것을 알고 군사를 통솔하여 이각의 군영 앞에서 교전을 벌였다. 황제와 복황후 모두 놀라 두려워했다. 후세 사람이 이 일을 탄식한 시가 있다.

광무제가 한나라 왕조를 다시 일으켜 세웠으니
위아래로 계승하여 전한 지가 열두 황제였도다
무도한 환제와 영제로 인해 종묘사직은 무너지고
환관들 권세를 제멋대로 휘둘러 말세[11]가 되었네

지모 없는 어리석은 하진이 삼공 벼슬에 오르더니
쥐새끼[12] 환관들 제거하려다 간웅을 불러들였네
승냥이와 수달 몰아냈지만 호랑이 이리 몰려들고
서주 땅 반역의 무리 음흉한 마음을 품었도다[13]

왕윤은 충성의 마음을 미녀 초선에게 위탁하니
동탁과 여포를 이간시켜 서로 대립하게 되었네
반역의 수령 토벌되어 천하가 태평해야 할 텐데
이각과 곽사가 분노를 품을 줄 누가 알았겠는가

신주[14]의 가시나무 같은 분란과 다툼 어쩌할까
육궁[15]은 굶주림 속에서도 전쟁을 근심하는구나
백성의 인심이 멀어지자 천명 또한 가버렸으니
영웅들 할거하여 각기 강산을 나누어 차지했네

후대의 제왕들 이 일을 살펴 경계하고 조심하여

나라 강토를 잃거나 틈새가 없게 해야 하느니라

백성은 죽어 썩어가고 간장과 뇌수 널렸으니

황폐해진 산과 물은 원한과 피로 넘쳐났도다

지난 왕조 역사 살펴보고 슬픔을 이기지 못해

아득히 먼 고금 생각하며 망국[16]의 한 탄식하네

군주가 마땅히 나라의 견고한 토대[17] 지켜야 하니

누가 권력[18]을 잡아야 나라의 법도 온전해지려나

光武中興興漢世, 上下相承十二帝

桓靈無道宗社墮, 閹臣擅權爲叔季

無謀何進作三公, 欲除社鼠招奸雄

豺獺雖驅虎狼入, 西州逆豎生淫凶

王允赤心托紅粉, 致令董呂成矛盾

渠魁殄滅天下寧, 誰知李郭心懷憤

神州荊棘爭奈何, 六宮饑饉愁干戈

人心旣離天命去, 英雄割據分山河

後王規此存兢業, 莫把金甌等閑缺

生靈糜爛肝腦塗, 剩水殘山多怨血

我觀遺史不勝悲, 今古茫茫歎黍離

人君當守苞桑戒, 太阿誰執全綱維 ❸

한편 곽사의 군사가 당도하자 이각이 군영을 나가 맞서 싸웠다. 곽사군은
싸움에 불리해지자 잠시 물러갔다. 이각은 황제와 태후의 어가를 미오^{郿塢}

로 옮기고 조카 이섬을 시켜 감시했는데 내사[19]의 출입을 차단했으며 음식을 제대로 주지 않아 시신侍臣[20]이 모두 굶주린 기색이 역력했다. 이에 황제가 사람을 시켜 이각에게 쌀 5곡, 소뼈 5구[21]를 꾸리고 했다. 이각이 성내며 말했다.

"조석으로 진지를 올리는데 무엇을 또 요구한단 말인가?"

이에 썩은 고기와 부패한 양식을 주니 냄새가 지독하여 먹을 수가 없었다. 황제가 욕하며 말했다.

"역적 놈이 참으로 이렇게까지 기만하는구나!"

시중 양기楊琦가 급히 아뢰었다.

"이각은 본성이 잔인하고 포악합니다. 사태가 이 지경에 이르렀으니 폐하께서는 잠시 참으시고 그 칼날을 건드려서는 안 됩니다."

황제는 머리를 숙이고 말이 없었으나 눈물이 용포를 가득 적셨다.

그때 별안간 좌우에서 보고했다.

"한 떼의 군마가 나타났는데 창칼이 햇빛에 반사되어 번쩍이고 징소리와 북소리가 하늘을 뒤흔들며 곤경에 처한 황제를 구하러 왔다고 합니다."

황제가 누구인지 알아보라고 하니 다름 아닌 곽사였다. 황제의 마음이 우울로 가득 찼다. 성채 밖에서 크게 함성이 일어나는 소리만 들렸다. 알고 보니 이각이 군사를 이끌고 곽사와 맞서려고 나간 것이었다. 이각이 채찍으로 곽사를 가리키며 욕설을 퍼부었다.

"내가 네놈을 야박하게 대하지 않았는데, 너는 어찌하여 나를 모해하려드느냐!"

곽사가 말했다.

"네놈이 바로 역적인데 어찌 네놈을 죽이지 않겠느냐!"

이각이 말했다.

"내가 여기서 황제를 보위하고 있는데 어째서 역적이란 말이냐?"

"거기서 황제를 협박하는 것이지 무엇이 황제를 보호한단 말이냐?"

"여러 말 필요 없다! 우리 둘이 각자 군사를 쓸 필요 없이 단둘이서 승부를 가리자. 이기는 사람이 황제를 데려가기로 하자."

두 사람이 바로 진 앞에서 맞붙어 싸웠다. 연이어 10합을 싸웠지만 승부를 가리지 못했다. 양표가 말에 박차를 가하고 달려오면서 크게 소리 질렀다.

"두 장군께서는 잠시 멈추시오! 이 늙은이가 특별히 모든 관원을 청해 두 분을 화해시키려고 왔소."

이각과 곽사는 비로소 각자 자신의 군영으로 돌아갔다. 양표와 주준이 조정 관료 60여 명을 한데 모아 먼저 곽사 군영으로 찾아가서 화해를 권했다. 곽사는 뜻밖에도 관원들을 모조리 가두었다. 관원들이 말했다.

"우리는 좋게 말하려고 왔는데 어째서 이렇게 대접할 수 있단 말이오?"

곽사가 말했다.

"이각은 천자도 협박하는데 나라고 공경들을 위협하지 못한단 말이냐!"

양표가 말했다.

"한 사람은 천자를 겁박하고 다른 사람은 공경들을 위협하니 대체 무엇을 하려는 것이오?"

곽사가 크게 노하여 바로 검을 뽑아 양표를 죽이려 했다. 중랑장 양밀楊密이 힘껏 타이르자 곽사는 양표와 주준을 풀어주고 그 나머지 관원은 모두 군영 안에 가두었다. 양표가 주준에게 일렀다.

"사직신社稷臣이 되어 군주를 바로 보좌하지도 못하고 구할 수도 없으니 하늘과 땅 사이에서 헛되이 살았을 뿐이오!"

말을 마치고는 서로 끌어안고 통곡하다 혼절했다. 주준은 집으로 돌아가 그만 병을 얻어 죽고 말았다. 이때부터 이각과 곽사는 50여 일간 매일 맞붙어 싸웠고 죽은 자만 해도 헤아릴 수 없이 많았다.

한편 이각은 평소 좌도[22]와 황당무계하고 요사스러운 술법을 무척 좋아하여 자주 군중에서 무당을 시켜 북을 두드리고 신령을 부르게 했다. 가후가 여러 차례 간언했으나 듣지 않았다.❹

시중 양기가 은밀히 황제에게 아뢰었다.

"신이 살펴보건대 가후는 비록 이각의 심복이기는 하나 진실로 일찍이 군주를 잊은 적이 없는 것 같으니 폐하께서 그와 계책을 상의하는 것이 좋을 듯합니다."

한창 말하고 있는 사이에 마침 가후가 왔다. 황제가 바로 좌우를 물리치고는 흐느끼면서 가후에게 분부했다.

"경은 한나라를 불쌍히 여겨 짐의 목숨을 구해줄 수 있겠소?"

가후가 바닥에 무릎 꿇고 엎드려 절하며 말했다.

"본디 신이 원하던 바입니다. 폐하께서는 잠시 말씀하지 마시고 신이 알아서 강구하겠습니다."

황제가 눈물을 거두고 감사했다. 조금 지나자 이각이 찾아왔는데 검을 차고 있었다. 황제의 안색이 흙빛으로 변했다. 이각이 황제에게 일렀다.

"곽사가 신하로서의 예절과 도리를 지키지 않고 공경들을 감금하고 폐하를 협박하려고 합니다. 신이 아니었다면 어가를 빼앗겼을 겁니다."

황제가 두 손을 맞잡고 감사하자 이각이 비로소 나갔다.

이때 황보력皇甫酈(황보숭의 조카)이 들어와 황제를 알현했다. 황제는 황보력이 말솜씨가 좋고 또한 이각과 동향임을 알고는 조서를 양쪽으로 보내 화해시키게 했다. 황보력이 조서를 받들고 곽사의 군영으로 가서 타일렀다. 곽사가 말했다.

"이각이 천자를 보내주면 나도 바로 공경들을 풀어주겠소."

황보력이 즉시 이각을 만나서 말했다.

"지금 천자께서는 제가 공과 동향인 서량 사람[23]이라 특별히 저에게 두 공을 화해시키라 명하셨소. 곽사가 이미 조서를 받들었으니 공의 뜻은 어떠하시오?"

이각이 말했다.

"나는 여포를 물리친 커다란 공이 있는 데다 4년간 정사를 보좌하고 다스려 공적이 많다는 것을 천하가 모두 알고 있소. 곽아다야말로 말이나 훔치던 도적에 불과한데 감히 제멋대로 공경들을 협박하고 내게 대항하고 있으니 맹세코 그놈을 반드시 죽여버리겠소! 그대가 보기에 나의 방략과 병사라면 곽아다를 이기기에 충분할 것 같지 않소?"

황보력이 대답했다.

"그렇지 않소. 옛날 유궁국[24]의 후예[25]는 자신의 활솜씨만 믿고 우환과 재난을 생각하지 않다가 마침내 멸망에 이르렀소. 가깝게는 동태사의 강함을 그대도 직접 보았겠지만 여포가 은혜를 받고도 도리어 그를 도모하니 잠깐 사이에 동탁의 머리가 국문에 걸리고 말았소. 바로 견고함은 믿고 의지할 것이 못 되는 것이오. 장군은 상장의 신분으로 월鉞을 들고 부절符節을 쥐었으며 자손 종족이 모두 높은 지위에 올랐으니 나라의 은혜가 두텁지 않다고 말할 수 없소. 지금 곽아다는 공경들을 협박하고 있으나 장군은 지존을 위협하고 있으니 과연 누구의 죄가 가볍고 무겁다고 하겠소?"

이각이 크게 노하여 검을 뽑아 들고 큰 소리로 꾸짖었다.

"천자가 네놈을 보내 나를 욕하라 했느냐? 내가 네놈 머리부터 베어야겠다!"

기도위 양봉楊奉이 말렸다.

"지금 곽사도 제거하지 못했는데 천자의 사자를 죽인다면 곽사가 군대를 일으킬 명분이 생기는 것이니 제후들도 그를 도우려 할 것입니다."

가후 또한 힘껏 타이르자 이각의 분노가 잠시 수그러들었다. 가후가 바로 황보력을 떠밀어 내보냈다. 황보력이 크게 꾸짖었다.

"이각은 조서를 받들지 않고 군주를 시해하여 스스로 황제가 되려 한다!"

시중 호막胡邈이 황급히 그를 제지하며 말했다.

"그런 말은 하지 마시오. 신상에 이롭지 못할까 두렵소."

황보력이 그를 꾸짖으며 말했다.

"호경재胡敬才(호막의 자), 너 역시 조정의 신하가 되어 어찌 도적에게 붙었느냐? 군주가 치욕을 당하면 신하는 죽어야 한다고 했으니 이각한테 죽임을 당하는 것이 바로 나의 소임이니라!"

욕설을 그치지 않고 퍼부었다. 그 일을 알게 된 황제는 급히 영을 내려 황보력을 서량으로 돌아가게 했다.

한편 이각의 군사 대부분은 서량 출신인 데다 더욱이 강족羌族(쓰촨성 일대에 거주하는 소수 민족) 병사들의 도움에 의지하고 있었다. 황보력은 서량 사람들에게 큰 소리로 말했다.

"이각이 모반했으니 그를 따르는 자 역시 곧 도적으로 후환을 크게 입으리라."

서량 사람들은 황보력의 말을 듣고 사기가 점점 떨어졌다. 이각은 크게 노하여 호분虎賁[26] 왕창王昌을 보내 그의 뒤를 쫓게 했다. 그러나 왕창은 황보력이 충의의 인사라는 것을 알기에 결국 추격하지 않고 돌아와 보고했다.

"황보력이 이미 어디로 갔는지 알 수 없습니다."

가후도 강족 사람들에게 황제의 비밀 명령이라며 다음과 같이 말했다.

"천자께서는 너희의 충의와 너희가 오랜 전쟁으로 고생하는 것을 알고 모두 고향으로 돌아갈 수 있게 비밀 조서를 내리셨다. 나중에 후한 포상도 있을 것이다."

강족 병사들은 마침 이각이 벼슬과 상을 주지 않아 원망하던 차에 가후의 말을 듣고는 비로소 모두 군사를 이끌고 가버렸다. 가후는 또 은밀히 황제에게 아뢰었다.

"이각은 탐욕스러우나 꾀가 없는 데다 지금 군사들이 흩어져 두려워 움츠러들었으니 높은 작위를 미끼로 유인하소서."

이에 황제가 바로 조서를 내려 이각을 대사마로 봉했다. 이각이 기뻐하며 말했다.

"이것은 무당이 신령을 불러내고 기도한 공이로다!"

무당에게 후한 상을 내렸지만 군사와 장수들에게는 상을 주지 않았다. 기도위 양봉이 크게 노하여 송과宋果에게 일렀다.

"우리가 생사를 넘나들면서 화살과 돌을 무릅썼는데 공적이 도리어 무당보다 못하단 말인가?"

송과가 말했다.

"어찌 이 도적을 죽이고 천자를 구원하지 않는가?"

양봉이 말했다.

"자네가 중군에 불을 질러 신호로 삼으면 내가 군사를 이끌고 밖에서 호응하겠네."

두 사람은 그날 밤 이경에 거사하기로 약속했다. 그러나 뜻하지 않게 그 일이 새나가 누군가 이각에게 보고하고 말았다. 이각은 크게 노하여 사람을 시켜 먼저 송과를 사로잡아 죽였다. 양봉은 군사를 이끌고 밖에서 기다렸으나 불길이 보이지 않았다. 이각은 직접 군사를 거느리고 나오다가 공교롭게도 양봉과 마주쳤고 바로 군영 안에서 혼전이 벌어져 사경까지 이어졌다. 양봉은 이기지 못하고 군사를 이끌고 서안[27]으로 가버렸다.

　　이각의 군세는 이때부터 점점 쇠약해졌다. 더욱이 곽사가 와서 공격하는 바람에 죽는 자가 더욱 많아졌다. 어떤 사람이 와서 보고했다.

　　"장제張濟가 대군을 통솔하여 섬서[28]에서 왔는데 두 공을 화해시키겠다고 한답니다. 그 언명을 따르지 않는 자는 군사를 이끌고 공격하겠다고 합니다."

　　이각은 인심이나 쓰려고 먼저 장제 군중으로 사람을 보내 화해하는 것을 허락했다. 곽사 또한 승낙할 수밖에 없었다. 장제는 표문을 올려 천자의 어가를 홍농으로 행차하도록 요청했다. 헌제가 기뻐하며 말했다.

　　"짐이 동도(낙양)를 그리워한 지 오래되었소. 지금 이런 기회를 이용해 돌아갈 수 있다면 정말이지 천만다행이오!"

　　조서를 내려 장제를 표기장군으로 봉했다. 장제는 양식과 술과 고기를 내어 백관에게 제공했다. 곽사는 공경들을 풀어줘 군영에서 내보냈다. 이각이 어가를 수습해 동도로 가는데 데리고 있던 어림군 수백 명을 파견해 극을 잡고 호송하게 했다.❺

　　난여鑾輿(어가)가 신풍을 지나 패릉[29]에 이르렀을 때는 바야흐로 가을이 되어 금풍[30]이 불었다. 그때 별안간 함성이 크게 일어나더니 수백 명의 병사가 다리 위로 몰려와 어가를 막아서며 엄하게 물었다.

　　"오는 자는 누구냐?"

시중 양기가 말에 박차를 가하며 다리 위로 가서 말했다.

"성가³¹가 이곳을 지나는데 누가 감히 막는단 말이냐?"

두 장수가 나서며 말했다.

"우리는 곽장군의 명령을 받들어 이 다리를 지키면서 첩자를 방비하고 있소. 성가라고 말했지만 직접 황제를 뵈어야 비로소 믿을 수 있겠소."

양기가 주렴을 높이 쳐들었다. 황제가 분부했다.

"짐이 여기에 있거늘 경들은 어찌하여 물러나지 않는가?"

장수들이 모두 '만세'를 부르며 양편으로 갈라서자 어가가 비로소 지나갈 수 있었다. 두 장수가 돌아가 곽사에게 보고했다.

"어가가 이미 지나갔습니다."

곽사가 말했다.

"나는 장제를 속이고 어가를 위협해 다시 미오로 들어가려고 했는데 너희는 어찌하여 제멋대로 지나가게 놓아줬단 말이냐?"

바로 두 장수를 참수하고 군사를 일으켜 뒤를 쫓았다.

어가가 화음현에 이르렀을 때 뒤에서 큰 함성이 하늘을 진동했다.

"어가는 잠시 멈추어라!"

황제가 흐느끼며 대신들에게 고했다.

"이제 막 승냥이 굴을 벗어났다 했는데 다시 범의 아가리를 만났으니 어찌하면 좋소?"

모두 두려워 얼굴이 새파랗게 질렸다. 적군이 점점 가까이 다가왔다. 그러다 갑자기 사방이 온통 북소리로 가득 차더니 산 뒤에서 한 장수가 뛰쳐나오는데, '대한양봉大漢楊奉'이란 네 글자가 적힌 한 폭의 큰 깃발을 앞세우고 1000여 명의 군사를 이끌고 달려왔다. 양봉은 이각에게 패한 이래로 군사를 이끌고 종남산[32] 아래에 주둔하고 있다가 어가가 온다는 소식을 듣고 특별히 보호하러 온 것이었다. 즉각 진세를 펼쳤다. 곽사의 장수 최용崔勇이 말을 몰고 나와 양봉에게 '역적 놈'이라고 욕설을 퍼부었다. 양봉이 크게 노하여 진중을 돌아보며 말했다.

"공명公明은 어디에 있는가?"

한 장수가 손에 큰 도끼를 들고 화류마[33]를 나는 듯이 몰아 나오며 곧장 최용에게 달려들었다. 두 말이 서로 어우러지자마자 단 1합 만에 최용이 말에서 떨어졌다. 양봉이 기세를 몰아 들이치니 곽사의 군대는 대패하여 20여 리나 물러났다. 양봉이 바로 군사를 거두어 천자를 배알했다. 황제가 기쁘고 안심이 되어 말했다.

"경이 짐을 구했으니 그 공이 작지 않도다!"

양봉이 머리를 조아리며 감사를 드렸다. 황제가 말했다.

"방금 적장을 벤 사람은 누구인가?"

양봉이 즉시 그 장수를 데리고 와 수레 아래에서 절을 시키며 말했다.

"이 사람은 하동 양군[34] 사람으로 성이 서徐이고 이름이 황晃이요 자가 공명이라 합니다."

황제가 그를 위로했다. 양봉은 황제를 보위하며 화음에서 잠시 머물렀다.[35] 장군 단외段煨가 의복과 음식을 준비해 바쳤다. 이날 밤 천자는 양봉의 군영에서 묵었다.

한바탕 싸움에 패한 곽사는 이튿날 다시 군사를 점검하고 군영 앞까지 쳐들어왔다. 서황이 앞장서서 출전했다. 그러나 곽사의 대군이 사면팔방으로 에워싸며 좁혀오자 천자와 양봉을 겹겹이 둘러싸고는 한가운데로 몰아 곤경에 빠뜨렸다. 한창 위급한 상황이었는데 갑자기 동남쪽에서 함성이 크게 진동하더니 한 장수가 군사를 이끌고 밀고 들어왔다. 적의 무리가 붕괴되었다. 서황이 기세를 몰아 공격하여 곽사의 군대를 대패시켰다. 그 사람이 천자를 알현했는데 바로 외척인 동승董承이었다. 황제가 울면서 지난 일들을 하소연했다. 동승이 말했다.

"폐하께서는 걱정하지 마소서. 신이 양장군과 함께 맹세코 두 도적을 참수하여 천하를 안정시키겠습니다."

황제는 서둘러 동도로 가자고 명했다. 그날 밤으로 어가를 출발시켜 홍농으로 행차했다.

한편 곽사는 패잔병을 이끌고 돌아가다 이각과 마주치자 이야기했다.

"양봉과 동승이 어가를 구하고 홍농으로 가버렸소. 만일 저들이 산동³⁶에 당도하여 발을 붙이고 토대를 견고하게 마련한다면 반드시 천하에 포고하여 제후들과 함께 우리를 토벌할 것이니, 그렇게 된다면 우리는 삼족³⁷을 보전할 수 없을 것이오."

이각이 말했다.

"지금 장제의 군사가 장안을 점거하고 있기 때문에 가볍게 움직이지는 못할 것이오. 나와 그대가 이 기회를 이용해 군사를 한데 모아 홍농으로 가서 한나라 황제를 죽이고 천하를 공평하게 나눈다면 안 될 게 뭐가 있겠소!"

곽사가 기뻐하며 승낙했다. 두 사람이 군사를 합쳐 길에서 약탈하니 지나는 곳마다 아무것도 남지 않았다. 양봉과 동승은 적병이 멀리서 오고 있음을 알고 즉시 고삐를 당겨 군사를 되돌리고 동간³⁸에서 적들과 크게 싸웠다. 이각과 곽사 두 사람이 상의했다.

"우리는 숫자가 많고 저들은 적으니 혼전을 벌이면 이길 수 있을 것이오."

이에 이각이 왼쪽에서 곽사가 오른쪽에서 온 산과 벌판을 가득히 에워싸며 밀고 갔다. 양봉과 동승은 양쪽에서 죽을힘을 다해 싸워 가까스로 황제와 황후가 탄 수레를 보호하여 빠져나갔으나, 백관과 궁인, 부절과 서적 및 중요 문헌과 황제가 사용하는 물건들은 모두 내버렸다. 곽사는 군대를 이끌고 홍농으로 진입하여 약탈을 자행했다. 동승과 양봉은 황제를 보호하여 섬북[39]으로 달아났고 이각과 곽사는 군사를 나누어 그 뒤를 쫓았다.

동승, 양봉은 이각과 곽사에게 사람을 보내 화해를 청하는 한편 하동으로 성지를 전달해 급히 과거 백파[40]의 수령이었던 한섬韓暹, 이락李樂, 호재胡才 세 곳의 군병을 불러 달려와서 구원해달라고 했다. 이락이라는 자 역시 산림으로 패거리를 불러 모은 도적이었으나 다른 방도가 없었다. ❻

세 곳의 군사들은 천자가 죄를 사면하고 관직을 내린다는 소식을 들었는데 어찌 오지 않겠는가. 모두 본영의 군사들을 거느리고 달려와 동승과 약속을 정하고 일제히 다시 홍농을 탈환했다. 그때 이각과 곽사는 이르는 곳마다 백성을 약탈하고 노약자를 죽이고 건장한 자들은 군졸로 충당하고 있었다. 적과 마주치면 앞에서 민병을 몰아 나갔으니, 죽음을 각오하고 용감하게 싸운다고 하여 이들을 '감사군敢死軍'이라 불렀으며 이 도적의 기세는 엄청났다. 이들은 이락의 군사와 위양[41]에서 마주쳤다. 곽사는 군사들에게 의복과 물건들을 길에 버리게 했다. 이락의 군사들은 길바닥에 의복이 가득한 것을 보고 주우려 다투는 바람에 대오가 모두 흐트러졌다. 그때 이각과 곽사의 두 군사가 사면으로 달려들어 혼전을 벌이니 이락의 군대는 대패하고 말았다. 양봉과 동승이 막아내지 못하고 황제를 보위하여 북쪽으로 달아나는데 뒤에서 적군이 추격해왔다. 이락이 말했다.

"일이 급박하게 되었소! 천자께서는 말을 타고 먼저 가소서!"

황제가 말했다.

"짐은 백관을 버리고 갈 수는 없다."

모두 크게 소리 내어 울면서 뒤를 따랐다. 호재는 혼란에 빠진 군사들 속에서 죽임을 당했다. 동승과 양봉은 적의 추격이 급해진 것을 보고 천자에게 어가를 버릴 것을 요청했고 이들은 걸어서 황하 기슭에 이르렀다. 이락 등이 작은 배 한 척을 겨우 찾아내 나룻배로 삼아 강을 건너기로 했다. 때마침 날씨가 몹시 추워졌다. 황제와 황후는 가까스로 부축을 받아 강기슭에 이르렀으나 강가 언덕이 너무 높아 배로 내려갈 수 없었고 뒤에서는 추격병이 곧 다다르고 있었다. 양봉이 말했다.

"말고삐를 풀어 연결해서 황제의 허리를 동여매고 배로 내리도록 합시다."

무리 속에서 국구國舅(황후의 오라버니, 즉 황제의 처남) 복덕伏德이 흰 비단 10여 필을 겨드랑이에 끼고 와서 말했다.

"내가 어수선한 군사들 사이에서 이 비단을 주웠는데 연결하면 어가를 끌어당길 만할 것이오."

행군교위行軍校尉 상홍尙弘이 비단으로 황제와 황후를 싸매고 무리에게 먼저 황제를 걸어 내리게 하여 배에 태웠다. 이락이 검을 잡고 뱃머리에 섰다. 황후의 오라버니 복덕이 황후를 업고 배에 탔다. 언덕에서 배를 탈 수 없는 자들이 앞다퉈 닻줄을 잡아당기자 이락이 모두 찍어 물속으로 빠뜨렸다. 황제와 황후를 건네고는 다시 배를 띄워 다른 사람들을 건넸다. 건너려고 다투던 자들은 모두 손가락을 찍히니 그들의 울음소리가 하늘을 진동했다. 건너편 강 언덕으로 건너자 황제 좌우에는 단지 10여 명만 남아 있었다. 양봉이 소달구지 한 량을 얻어 황제를 태우고 대양42에 이르렀다. 양식이 떨어져 어느 기와집에서 밤을 지냈다. 시골 노인이 좁쌀 밥을 바쳐 황제가 황후와 함께 먹었으나 거칠어 삼킬 수가 없었다.

이튿날 조서를 내려 이락을 정북장군征北將軍으로 봉하고 한섬을 정동장군征東將軍으로 임명한 뒤 다시 앞으로 나아갔다. 어떤 두 대신이 찾아와 소달구지 앞에서 울며 절했는데, 바로 태위 양표와 태복 한융韓融이었다. 황제와 황후도 함께 울었다. 한융이 아뢰었다.

"이각과 곽사 두 도적은 신의 말을 자못 믿으니, 신이 목숨을 버리는 한이 있더라도 가서 두 도적에게 전쟁을 멈추도록 설득하겠습니다. 폐하께서는 부디 용체를 보존하소서."

한융이 떠나고 이락이 황제를 청하여 양봉의 군영으로 들어가 잠시 쉬었다. 양표는 황제에게 안읍현[43]에 도읍을 정하기를 요청했다. 어가가 안읍에 이르렀으나 높은 건물이라고는 전혀 없어 황제와 황후 모두 띠로 지붕을 인 허름한 모옥茅屋에서 기거했는데, 여닫을 문도 없어 사방에 가시나무를 꽂아 둘러막았다. 황제와 대신들은 모옥에서 공적인 일을 상의했고 제장들은 군사를 이끌고 울타리 밖에 주둔시켰다. 이때 이락 등이 권력을 장악하여 백관이 조금이라도 비위에 거슬리면 황제 앞에서도 때리고 욕했으며, 게다가 황제에게 일부러 탁주와 거친 음식을 보내 마지못해 그것을 받을 수밖에 없게 했다. 이락과 한섬은 또 추천인을 연명[44]하여 무뢰한, 부하 사병, 무의,[45] 끄나풀 등 200여 명에게 교위, 어사 등의 관직을 내리게 했다. 도장을 새길 겨를이 없어 송곳으로 파서 그리니 체통을 세울 수가 없었다.

한편 한융이 이각과 곽사 두 도적에게 이치에 부합하지 않음을 설명하자 두 도적이 그 말을 따라 즉시 백관과 궁인들을 풀어줘 돌려보냈다. 그해에 크게 흉년이 들어 백성이 모두 대추와 야채만 먹었고 굶어 죽은 자가 온 들판에 널렸다. 하내태수 장양이 쌀과 고기를 바쳤고 하동태수 왕읍이 비단과 직물을 바쳐 황제는 그나마 편안할 수 있었다. 동승과 양봉이 상의하여 사람을 보내 낙양 궁원을 수리하는 한편 어가를 모시고 동도로 돌아가려 했다. 그러나 이락은 따르지 않았다. 동승이 이락에게 일렀다.

"낙양은 본래 천자께서 도읍을 세운 곳이오. 안읍은 작은 지역인데 어떻게 어가를 받아들일 수 있겠소? 지금 어가를 모시고 낙양으로 돌아가는 것이 마땅한 도리요."

이락이 말했다.

"그대들이 어가를 모시고 가더라도 나는 여기에 있겠소."

동승과 양봉이 즉시 어가를 모시고 길을 나섰다. 그러자 이락은 은밀하게 이각, 곽사에게 사람을 보내 연합하여 함께 어가를 위협하기로 했다. 동승, 양봉, 한섬은 그 계획을 알아채고 그날 밤 군사들을 배치하여 어가를 호송하고 기관[46]으로 내달렸다. 이락은 계획이 들통난 것을 알고는 이각과 곽사의 군대가 도착하기 전에 직접 본부의 인마를 이끌고 추격해왔다. 사경쯤에 산 아래까지 쫓아와 크게 소리 질렀다.

"어가는 멈추어라! 이각과 곽사가 여기에 있다!"

자지러지게 놀란 헌제는 공포에 벌벌 떨며 두려워했다. 산 위에서 온통 불길이 일어났다.

지난번에는 두 도적이 나뉘어 둘로 갈라서더니
이번에는 세 도적이 힘을 합쳐 하나가 되었구나
前番兩賊分爲二, 今番三賊合爲一

천자는 어떻게 이 위기에서 벗어날 것인가?

제13회 이각과 곽사의 난

❶

여포와 유비의 나이

　여포의 정확한 나이를 알 수 있는 역사 기록은 없다. 다만 『삼국지』 「위서·여포전」 배송지 주 『영웅기』에 여포와 유비의 나이를 엿볼 수 있는 기록이 있는데, 여포가 조조에게 패한 후 서주로 달아났을 때 "유비를 장막 안으로 청해 부인의 침상에 앉히고 아내에게 절을 시키고 술잔을 따르며 음식을 먹게 하고는 유비를 아우라 했다. 유비는 여포가 말하는 것이 일관성 없이 수시로 바뀌는 것을 보고, 겉으로는 자연스럽게 대했지만 속으로는 기분이 좋지 않았다"고 기록하고 있으며, 「위서·여포전」 본문에는 "여포가 기령에게 '현덕은 이 여포의 아우요. 아우가 여러분 때문에 곤란에 처했으므로 내가 구하러 온 것이오'라고 말했다"고 기록하고 있다. 이때 유비의 나이가 35세였으니 여포는 유비보다 몇 살 더 많았을 것으로 추측된다.

❷

　『자치통감』 권61 「한기 53」과 『삼국지』 「위서·동탁전」 배송지 주 『전략』은 다음과 같이 기록하고 있다.

　"이각은 항상 술자리를 마련해 곽사를 청했고 어떤 때는 곽사를 머물게 하여 묵도록 했다. 곽사의 부인은 곽사가 이각의 비첩을 사랑할까 두려워 항상 그들을 이간시킬 방법을 생각했다. 마침 이각이 사람을 시켜 음식물을 보내오자 곽사의 부인은 두시豆豉(발효시킨 콩 조미료)를 이용해 만든 약을 곽사에게 보여주며 말했다.

'한 닭장 안에 두 마리의 수탉을 넣을 수 없는 법이니 저는 당신이 지나치게 이공李公(이각)을 믿는 것이 의심이 들어요.'

이후에 이각이 또 곽사를 연회에 초청했고 곽사는 만취하게 되었는데 음식에 독이 들어 있는 것으로 의심하여 똥물을 짜서 마셨다. 그리하여 그들은 각자 군대를 정비하고 서로 공격했다."

그러므로 양표가 자신의 부인을 시켜 곽사의 부인을 부추기게 하여 반간계를 썼다는 것은 허구다.

❸

이각과 곽사는 왜 싸우게 됐을까?

두 사람이 다투게 된 이유를 『자치통감』 권61 「한기 53」의 기록을 중심으로 요약하면 다음과 같다.

"동탁이 죽은 후 이각과 곽사, 번조는 서로 권력을 다투었고 여러 차례 상대방을 공격하려 했으나 가후가 매번 전반적인 국면 상황을 들어 그들을 꾸짖었기 때문에 비록 속으로는 화목한 관계를 유지하지 않았으나 겉으로는 서로를 용인했다. 번조가 마등과 한수를 공격하는데 이리李利(소설에서는 이각의 조카 이별李別로 등장)가 전력으로 싸우지 않자 번조가 그를 꾸짖었다. 마등과 한수가 패하여 달아나자 번조가 뒤를 쫓았고 한수는 번조에게 사적인 원한으로 싸우는 것도 아니며 같은 고향 사람이라는 것을 호소했다. 쌍방이 군사를 물린 다음 두 사람은 말 머리를 맞대고 팔을 잡으며 매우 오랫동안 대화를 나누었는데, 이리가 숙부인 이각에게 이 사실을 고해바쳤다. 이각은 번조가 용감하고 무리의 지지를 받자 속으로 꺼리게 되었다. 번조는 군대를 인솔하여 동쪽으로 관을 나가고자 이각에게 군대의 증원을 요청했는데 이각은 번조를 회의에 청해 좌중에서 죽이고 만다. 이때부터 장수들은 서로 의심하며 두 마음을 품게 된다. 또한 곽사의 부인이 곽사와 이각의 첩과의 관계를 의심해 둘 사이를 이간시킨다. 결국 두 사람은 각자 군대를 거느리고 서로 공격하게 된다."

소설에서는 곽사 부인의 이간질로 인해 두 사람이 다투게 되었다고 전개했지만 그것은 일부에 불과하다. 중요한 것은 서로 간의 권력 다툼과 이각이 번조를 살해한 사건 때문에 두 사람 사이에 본격적으로 다툼이 시작되었다고 볼 수 있다.

❹

이각의 미신 숭배 성향은 사실이었던 것 같다. 『삼국지』「위서·동탁전」 배송지 주 『헌제기거주獻帝起居注』에 따르면 "이각은 귀신과 요괴, 방술의 술법을 좋아하여 항상 도인과 무당을 불러 북치고 찬양하며 신을 부르고 귀신을 누르는 부적과 주문 그리고 염승厭勝(저주로 사람이나 악령을 굴복시키는 요술)을 갖추고 하지 않는 짓이 없었다. 또한 조정의 궁문 밖에 동탁을 위한 신주를 모셔놓고 소와 양의 희생물로 추모했다"고 기록하고 있고 『자치통감』 권61 「한기 53」에도 비슷한 기록이 있다.

❺

『자치통감』 권61 「한기 53」에는 이각 세력의 쇠퇴와 곽사와의 화해 과정을 이렇게 기록하고 있다.

"이각은 수천 명의 강인羌人과 호인胡人을 불러들여 먼저 황제의 물건과 채색 비단 그리고 궁인과 부녀자들을 그들에게 주기로 약속하고 곽사를 공격하게 하려 했다. (…) 이각과 곽사는 비로소 화해하기로 했고 서로 아들을 보내 인질로 삼기로 했다. 이각의 처는 자식을 매우 사랑하여 보내지 않았다. 이때 강인과 호인이 성문省門(궁문) 앞으로 빈번히 찾아와 정탐하며 물었다.

'천자가 이 안에 있느냐! 이각 장군이 우리한테 궁녀들을 주기로 했는데 지금 모두 어디에 있느냐?'

황제가 그것을 근심했다. (…) 가후는 이에 강인과 호인의 대수령을 불러 음식을 대접하고 봉상封賞(황제가 관직이나 재물을 신하에게 하사함)을 약속하자 강인과 호인이 모두 무리를 이끌고 떠났고 이때부터 이각의 세력은 쇠약해졌다. 이에 다시 어떤 사람이 화해의 계책을 말하여 이각이 그 말을 따랐고 이각과 곽사는 각기 딸을 인질로 삼았다."

『자치통감』의 기록에 따르면 이 당시 이각 세력이 쇠약해진 이유는 부장 양봉의 반란과 장제 군사의 진입 그리고 강인과 호인의 철수이며, 곽사와는 서로 딸을 인질로 삼는 조건으로 화해하게 된다고 기록하고 있다.

백파적白波賊

『후한서』「동탁전」에 따르면 "영제 말년에 황건의 잔당 곽태郭太 등이 서하西河(군 명칭으로 치소는 이석離石, 산시山西성 뤼량呂梁 리스구離石區), 백파곡白波谷(산시山西성 샹펀襄汾 서남쪽)에서 재차 군사를 일으키고 태원군太原郡을 약탈하고는 이어서 하동군河東郡을 공격하자 백성은 유랑하여 삼보지구로 전전했는데 그들을 '백파적'이라 불렀고 무리가 10여 만 명에 달했다"고 기록하고 있다. 이각의 부하 장수 양봉은 본래 백파적의 수령이었다.

제 14 회

허도로 천도하고
장비는 서주를 잃다

조맹덕은 어가의 행차를 허도로 옮기고,
여봉선은 밤을 이용하여 서주를 기습하다

曹孟德移駕幸許都,
呂奉先乘夜襲徐郡

이락이 군사를 이끌고 이각과 곽사를 사칭하면서 어가를 추격하자 천자는 크게 놀랐다. 양봉이 말했다.

"이자는 이락입니다."

즉시 서황에게 나가 맞서라고 명했다. 두 말이 어우러지나 싶더니 단 1합만에 이락이 서황의 도끼에 찍혀 말 아래로 떨어졌고, 서황은 남은 무리를 쳐서 흐트러뜨리고 어가를 보호하며 기관을 지나갔다.❶ 태수 장양이 좁쌀과 비단을 준비하고 지도[1]에서 어가를 영접했다. 황제가 장양을 대사마로 봉했다. 장양은 황제에게 하직하고 야왕[2]에 군사를 주둔시켰다.

황제가 낙양으로 들어가보니 궁궐은 모두 불타고 시가는 황량하여 풀만 무성했으며 눈에 보이는 것은 모두 잡초였고 궁원 안은 단지 무너진 담과 부서진 벽만 있을 뿐이어서 양봉에게 일단 소궁小宮을 짓게 하여 거처했다. 백관이 황제를 배알하고 경하할 때도 모두 가시나무 속에 서야 했다. 조서를 내려 연호를 흥평(194~195)에서 건안建安(196~220)으로 바꾸었다. 이해에도 큰 흉년이 들었다. 낙양에 거주하는 백성은 겨우 수백 호에 불과했지만 먹을 것이 없어서 모두 성 밖으로 나가 나무껍질을 벗기거나 풀뿌리를 캐서 연명했다. 상서랑 이하의 직급들은 모두 성을 나가 스스로 땔나무를 구해야 했으므로 무너진 담과 부서진 벽 사이에서 죽는 자가 많았다. 한나라 말년의 쇠약해진 운수가 이보다 더 심한 적은 없었다. 후세 사람이 이때를 탄식한 시가 있다.

망탕산[3]에서 흰 뱀 피를 흘리며 죽어나가자[4]
한고조 붉은 깃발 내세우고 천하를 누볐도다
진나라[5] 몰아내 쓰러뜨려 종묘사직 일으키고
초나라 항우마저[6] 무너뜨리고 강토 세웠노라

천자가 나약해지니 간사한 무리 일어나고
국운이 쇠락해지니 도적떼 미쳐 날뛰는구나
낙양과 장안 백성 그 고초를 직접 본다면
쇠로 만든 동상 눈물 없어도 마음 아파하리라
血流芒碭白蛇亡, 赤幟縱橫遊四方
秦鹿逐翻興社稷, 楚騅推倒立封疆
天子懦弱奸邪起, 氣色凋零盜賊狂
看到兩京遭難處, 鐵人無淚也凄惶

태위 양표가 황제에게 아뢰었다.

"지난번에 내리신 조서를 받았으나 아직 처리하지 못했습니다. 지금 산동[7]에 있는 조조는 군사들도 강하고 장수들도 왕성하니 조정으로 불러들여 왕실을 보좌토록 하는 것이 좋을 듯합니다."

황제가 말했다.

"짐이 전에 이미 조서를 내렸으니 경은 구태여 다시 상주할 필요 없이 지금 즉시 사람을 보내면 될 듯하오."

양표는 성지를 받들고 즉시 사자를 산동으로 보내 조조를 불러들이도록 했다.

한편 산동에 있던 조조는 어가가 이미 낙양으로 돌아갔다는 소식을 듣자 모사들을 모아놓고 상의했다. 순욱이 나서며 말했다.

"옛날에 진나라 문공이 주나라 양왕을 받아들이자 제후들이 복종했고,[8] 한나라 고조께서 의제를 위해 장례를 치르자 천하의 민심이 돌아왔습니다.[9] 지금 천자께서 난리를 당하여 밖에서 도망 다니고 계시니 장군께서 확실히 이때를 기회로 삼아 가장 먼저 앞장서서 의병을 제창하고 천자를 받들어 사람들의 여망을 따르신다면 세상에서 보기 드문 책략이 될 것입니다. 남들보다 앞서 도모하지 않으시면 다른 사람이 우리보다 먼저 꾀할 것입니다."

조조가 크게 기뻐했다. 막 군사를 일으키려 정리하고 있는데 갑자기 천자가 보낸 사자가 조서를 바치러 왔다는 보고가 들어왔다. 조서를 받아들인 조조는 기한을 정하고 군사를 일으켰다.

한편 낙양에 있던 황제는 만사가 제대로 갖추어지지 않아 성곽이 무너져 수리하고자 해도 할 수가 없었다. 게다가 이각과 곽사가 군사를 이끌고 조만간 닥칠 것이라는 보고까지 받았다. 크게 놀란 황제가 양봉에게 물었다.

"산동으로 보낸 사자가 아직 돌아오지도 않았는데 이각과 곽사의 군사들이 또 온다고 하니 어찌하면 좋겠소?"

양봉과 한섬이 말했다.

"신들이 적들과 결사 항전하여 폐하를 보호해드리겠습니다!"

동승이 말했다.

"성곽은 견고하지 못하고 쓸 수 있는 병사도 많지 않으니 싸움에서 이기지 못한다면 그때는 다시 어찌하겠소? 어가를 모시고 산동으로 가서 잠시 피하는 편이 나을 듯하오."

황제는 동승의 의견에 따라 그날로 어가를 출발시켜 산동을 향해 나아갔다. 백관은 타고 갈 말이 없어 모두 어가의 뒤를 따라 걸어갔다.

낙양을 출발해 화살 한 대 쏠 때만큼의 거리[10]도 가지 못했는데 먼지가 자욱하게 날리더니 해를 가리고 징소리와 북소리가 요란하게 들리며 수많은 인마가 끝없이 달려오는 것이 보였다. 황제와 황후는 벌벌 떨며 아무 말도 하지 못했다. 문득 한 기의 말이 달려오는 것이 보였는데 다름 아닌 이전에 황명을 받들고 산동으로 갔던 사자였다. 어가 앞에 이르러 절하며 삼가 아뢰었다.

"조장군이 조서를 받아들이고 산동의 군대를 모두 일으켜 오고 있습니다. 이각과 곽사가 낙양을 침범한다는 소식을 듣고 먼저 하후돈을 선봉으로 삼아 상장 10명과 정예병 5만 명을 이끌고 앞서가서 폐하를 보호하라 했습니다."

황제는 그제야 안심이 되었다. 잠시 후 하후돈이 허저, 전위 등을 거느리고 어가 앞에 이르러 황제를 대면했는데 모두 군례로 황제를 뵈었다. 황제가 위로를 마치자 별안간 동쪽에서 또 한 떼의 군사가 오고 있다고 보고했다. 황제가 즉시 하후돈에게 명하여 가서 알아보라고 했더니 돌아와서 아뢰었다.

"바로 조조 장군의 보군입니다."

잠깐 사이에 조홍, 이전, 악진이 와서 천자를 알현했다. 자신들의 성명을 고하고 조홍이 아뢰었다.

"신의 형(조조)이 적병이 가까이 이르렀음을 알고 하후돈 혼자 힘으로 대적하기 어려울 것이라 염려하여 다시 신 등을 보냈기에 서둘러 길을 재촉하여 도우러 왔습니다."

황제가 말했다.

"조장군이야말로 진정한 사직신이로다!"

즉시 천자를 호위하라 명하고 앞으로 나아갔다. 척후 기병이 달려와 보고했다.

"이각과 곽사가 군사를 이끌고 빠른 속도로 오고 있습니다."

황제는 하후돈에게 두 갈래로 나누어 그들에게 맞서라고 명했다. 하후돈은 즉시 조홍과 함께 군사를 양 날개를 펼친 듯 나누고 마군을 앞세우고 보군은 그 뒤를 따르게 하여 온 힘을 다해 공격했다. 이들은 이각과 곽사의 적병을 대패시켰는데 적군의 수급이 1만여 개나 되었다. 이에 황제에게 요청하여 낙양 옛 궁전으로 돌아갔다. 하후돈은 성 밖에 군대를 주둔시켰다.

이튿날 조조가 대부대의 인마를 거느리고 도착했다. 군영을 세우고 성으로 들어가 황제를 알현하는데 어전 섬돌 아래에서 무릎을 꿇고 절을 올렸다. 황제는 조조에게 몸을 일으키라고 베푼 다음 위로했다. 조조가 말했다.

"신은 나라의 은혜를 받은지라 은혜에 보답하리라 마음에 새기고 있었습니다. 지금 이각과 곽사 두 도적이 온갖 나쁜 짓을 다 하고 있으나 신에게는 정예병 20여 만 명이 있으며 천명에 순응하여 역적을 토벌하는 것이니 승리를 거두지 못할 이유가 없습니다. 폐하께서는 용체를 잘 보존하시고 사직을 중히 여기소서."

황제는 이에 조조를 사례교위로 봉한 후 가절월假節鉞을 하사하고 녹상서

사록尙書事를 겸하게 했다.

한편 이각과 곽사는 조조가 먼 길을 온 것을 알고 속전속결하기로 상의했다. 가후가 간언했다.

"안 됩니다. 조조의 군대는 정예병인 데다 장수들도 용감하니 오히려 항복하여 지은 죄를 면하게 해달라는 것이 나을 듯합니다."

이각이 성내며 말했다.

"네가 감히 나의 예리한 기세를 없애려 드느냐!"

검을 뽑아 가후를 베려고 했으나 장수들이 설득해 겨우 죽음을 모면했다. 그날 밤 가후는 단기로 고향으로 돌아가버렸다.❷

이튿날 이각의 군마가 나와 조조의 군대와 맞섰다. 조조가 먼저 허저, 조인, 전위에게 명하여 300명의 철기를 이끌고 이각의 진영 한가운데를 세 차례 부딪치게 한 다음에야 비로소 진을 펼쳤다. 진이 모두 갖추어지자 이각의 조카 이섬과 이별¹¹이 말을 몰아 진 앞으로 나왔으나 그들이 미처 말도 꺼내기 전에 허저가 나는 듯이 말을 몰고 나와 한칼에 먼저 이섬을 베어버렸다. 이별이 깜짝 놀라 말 아래로 떨어지자 다시 허저가 이별의 목을 베어버리고는 두 개의 수급을 끼고 진으로 돌아왔다. 조조가 허저의 등을 쓰다듬으며 말했다.

"그대는 진정 나의 번쾌樊噲로다!"❸

이어서 영을 내려 하후돈은 군사를 이끌고 왼쪽, 조인은 오른쪽으로 나가게 하고 조조 자신은 중군을 이끌고 적 진영을 부딪쳐 들어가기로 했다. 한바탕 북소리가 울리자 삼군이 일제히 진군했다. 적병은 대적하지 못하고 대패하여 달아났다. 조조는 직접 보검을 뽑아 들고 그 위세로 진영의 안정을 유지시키면서 군사를 통솔하여 밤새도록 추격하니 도륙된 자가 지극히 많왔고 항복한 자는 그 수를 헤아릴 수 없었다. 이각과 곽사는 목숨을 건지고 자 서쪽을 향해 달아나는데 허둥거리는 것이 마치 상갓집 개와 같았다. 몸을 맡길 데가 없음을 스스로 알고 있기에 산속으로 들어가 산적떼가 되는 수밖에 없었다.

조조는 회군하여 여전히 낙양성 밖에 주둔시켰다. 양봉과 한섬 두 사람이 서로 상의했다.

"지금 조조가 큰 공을 이루었으니 대권을 장악할 텐데 어떻게 우리를 받아들이겠는가?"

이에 궁으로 들어가 천자에게 아뢰어 이각과 곽사를 추격하여 죽이겠다는 명분으로 본부 군사를 이끌고 대량[12]으로 가서 주둔했다.❹

하루는 황제가 사람을 조조의 군영으로 보내 상의할 일이 있으니 조조는 입궁하라고 명했다. 조조는 천자의 사자가 당도했다는 보고를 듣고 안으로 청하여 만났다. 그 사람은 눈동자가 맑고 눈썹이 수려하며 활력이 충만했다. 조조가 속으로 생각했다.

'지금 동도(낙양)가 큰 흉년이라 관료와 군민 모두 굶주린 기색이 역력한데 이 사람은 어찌하여 혼자 토실토실 살이 쪘지?'

그 까닭을 물었다.

"공의 존안은 포동포동 풍만한데 어떻게 건강을 돌보기에 이렇소?"

그 사람이 대답했다.

"특별히 다른 방법은 없고 단지 30년 동안 기름지지 않은 담백한 음식만 먹었습니다."

조조가 이해했다는 듯이 고개를 살짝 끄덕이더니 다시 물었다.

"그대는 어떤 직책을 맡고 계시오?"

"저는 효렴으로 천거되어 원래는 원소와 장양의 밑에서 종사 노릇을 했었는데 지금 천자께서 환도하셨다는 소식을 듣고 특별히 알현하러 왔다가 정의랑[13]의 관직에 봉해졌습니다. 제음濟陰[14] 정도定陶 사람으로 성이 동董이고 이름이 소昭이며 자가 공인公仁이라 합니다."

조조가 자리에서 일어나 공경을 표하며 말했다.

"명성을 들은 지 오래되었소! 여기에서 만나 뵙다니 행운이오."

즉시 장막 안에서 술자리를 베풀어 대접하고 순욱을 불러 서로 만나게 했다. 그때 갑자기 사람이 와서 보고했다.

"한 부대의 군사들이 동쪽으로 가고 있는데 어떤 사람들인지 모르겠습니다."

조조가 급히 사람을 시켜 알아보게 했다. 동소가 말했다.

"이 사람들은 바로 이각의 옛 장수인 양봉과 백파군 수령인 한섬으로 명공께서 이곳에 오셨기 때문에 군사를 이끌고 대량으로 가는 것입니다."

조조가 말했다.

"혹시 저를 의심하는 것은 아닐까요?"

"이들은 지모가 없는 무리이니 명공께서는 염려하실 필요가 없습니다."

조조가 또 말했다.

"이각과 곽사 두 도적이 이번에 도망갔는데 어떠할 것 같소?"

동소가 말했다.

"발톱 없는 호랑이요, 날개 없는 새 신세인데 오래지 않아 명공께 사로잡힐 것이니 마음에 두실 필요가 없습니다."

조조는 동소가 말하는 것이 자신의 견해와 상통한 것을 보고 곧바로 조정의 대사를 물었다. 동소가 말했다.

"명공께서 의병을 일으켜 폭도를 제거하고 조정에 들어와 천자를 보좌하게 된 것은 바로 오패[15]의 공적과 같습니다. 그러나 제장들은 사람도 다르고 뜻도 같지 않을 것이니 반드시 명공께 복종하지는 않을 것입니다. 지금 이곳에 머무르신다면 불편함이 있을까 염려됩니다. 어가를 옮겨 허[16]도[17]로 행차하시는 것만이 상책일 것입니다. 그러나 조정이 의지할 곳을 잃고 떠돌아다니다 방금 도성으로 돌아왔기에 가깝든 멀든 사람들이 삼가 바라는 것은 오직 조정의 안정입니다. 지금 다시 어가를 옮긴다면 민심이 따르지 않을 것입니다. 무릇 예사롭지 않은 일을 실행해야 특별한 공적이 생기는 법이니, 원컨대 장군께서는 확고하게 결정하십시오."

조조가 동소의 손을 잡고 웃으며 말했다.

"그것이 본래 나의 뜻이오. 그러나 양봉이 대량에 있고 대신들은 조정에 있으니 다른 변고라도 발생하지 않겠소?"

동소가 말했다.

"그건 쉬운 일입니다. 양봉에게 서신을 보내 먼저 그 마음을 안심시키십시오. 대신들에게는 도성에 양식이 없어 어가를 허도로 행차하려는데, 그곳은 노양[18]과 가까워 양식이 모자라게 되는 근심은 거의 없을 것이라 명확하게 알리십시오. 대신들이 그 말을 들으면 당연히 기뻐하며 따를 것입니다."

조조가 크게 기뻐했다. 동소가 작별을 고하자 조조가 그의 손을 잡으며 말했다.

"무릇 내가 계획하는 것이 있으면 공께서 지도해주시오."

동소가 감사하다고 말하고는 떠났다.

조조는 그날 여러 모사와 비밀리에 천도의 일을 상의했다. 이때 시중 겸 태사령[19]인 왕립王立이 종정宗正[20] 유애劉艾에게 은밀히 일렀다.

"내가 천문을 살펴보니 지난봄부터 태백(금성)이 두우斗牛(북두성과 견우성) 사이에서 진성鎭星(토성)을 침범하여 천진21을 지나갔고, 형혹熒惑(화성) 또한 역행하여 태백과 천관天關(별 명칭)에서 만났으며, 금화金火(금성과 화성)가 만났으니 반드시 새로운 천자가 나오실 것이오.22 내가 보기에는 한나라의 명운이 장차 다할 것이니 틀림없이 진晉과 위魏의 땅에서 일어나는 자가 있을 것이오."

또 비밀리에 헌제에게도 아뢰었다.

"천명은 떠나가기도 하고 새로 오기도 하며 오행도 항상 왕성한 것이 아닙니다. 화를 대신하는 것은 토입니다. 한나라를 대신해 천하를 소유할 자는 위魏에 있습니다."

조조가 그것을 듣고서 사람을 시켜 왕립에게 요청했다.

"공이 조정에 충성하는 것은 알고 있으나 천도라는 것은 깊고 큰 것이니 여러 말 하지 마시오."

조조가 이 말을 순욱에게 설명했다. 순욱이 말했다.

"한나라는 화덕火德으로 왕이 되었으나 명공께서는 바로 토명土命이십니다. 허도는 토에 속하니 그곳으로 가시면 반드시 흥성할 것입니다. 화는 토를 낳을 수 있고 토는 목을 왕성하게 할 수 있으니 바로 동소와 왕립의 말에 부합됩니다. 훗날 반드시 일어나는 분이 있을 것입니다."

이튿날 조조는 입궁하여 황제를 알현하고 아뢰었다.

"동도는 황폐한 지 오래되었고 보수할 수도 없으며 더군다나 양식을 운송하기도 어렵고 고생스럽습니다. 허도는 노양과 가깝고 성곽과 궁궐, 금전과 양식, 백성과 물자가 충분히 갖추어져 있습니다. 신이 감히 어가를 허도로 행차하기를 청하오니 폐하께서는 따르시기 바랍니다."

황제는 감히 따르지 않을 수 없었다. 군신들도 모두 조조의 세력을 두려워했기에 감히 다른 의견을 낼 수가 없었다. 마침내 날을 잡아 출발했다. 조조는 군사를 이끌고 호위하며 수행했고 백관은 모두 그 뒤를 따라갔다.

얼마 가지 못해 한 높은 언덕에 이르렀다. 그때 갑자기 함성이 크게 일어나더니 양봉과 한섬이 군사를 이끌고 가는 길을 막았다. 서황이 앞장서서 나오며 고함을 질렀다.

"조조는 어가를 위협하여 어디로 가려 하느냐!"

조조가 말을 몰고 나와 서황을 보니 위풍이 늠름했다. 혼자 속으로 기묘함에 탄복하여 바로 허저에게 영을 내려 서황과 싸우게 했다. 칼과 도끼가 서로 어우러져 50여 합을 싸웠는데도 승부를 가릴 수 없었다. 조조가 즉시 징을 울려 군사를 거두고 모사들을 불러 상의하며 말했다.

"양봉과 한섬은 그야말로 말할 가치도 없지만 서황은 진실로 좋은 장수요. 내가 차마 힘으로 그를 굴복시키지는 못하겠고 계책을 써서 그를 불러야겠소."

행군종사[23] 만총滿寵이 말했다.

"주공께서는 염려 마십시오. 제가 서황과는 약간의 안면이 있으니, 오늘 밤 졸개로 변장해 몰래 그의 군영으로 들어가서 말로 설득하여 그가 마음을 다해 항복하게 만들겠습니다."

조조가 선뜻 그를 보냈다.

그날 밤 만총은 졸개로 가장해 서황의 군대 속으로 섞여 들어가 슬그머니 서황의 군막 앞으로 다가갔다. 서황이 손에 촛불을 들고 갑옷을 입은 채 앉아 있는 것이 보였다. 만총이 돌연 그의 앞으로 가서 읍하며 말했다.

"옛 친구는 작별한 후 별고 없으셨소!"

서황이 놀라 일어나며 만총을 자세히 보며 말했다.

"그대는 산양의 만백녕滿伯寧(만총의 자)이 아니시오! 여기는 어떻게 오셨소?"

만총이 말했다.

"나는 지금 조장군의 종사로 있소. 오늘 진 앞에서 옛 친구를 보고 한마디 드릴 말씀이 있어 일부러 죽음을 무릅쓰고 왔소."

서황이 바로 앉게 하고 찾아온 뜻을 물었다. 만총이 말했다.

"공의 용맹과 지략은 세상에 드문데 어찌하여 양봉과 한섬 같은 무리에게 몸을 굽히시오? 조장군은 당대의 영웅으로 현명한 사람을 좋아하고 학식 있는 선비를 예로써 대하는 것은 천하가 모두 알고 있는 바요. 오늘 진 앞에서 공의 용맹함을 보고 대단히 공경하고 사랑하게 되어 차마 맹장을 내보내 사활을 걸고 싸우게 할 수 없어 일부러 이 총을 보내 모시러 온 것이오. 공은 어찌하여 어둡고 나약한 주인을 버리고 밝고 현명한 주인에게 달려가 함께 대업을 이루려 하지 않으시오?"

서황이 한참 망설이더니 탄식하며 말했다.

"나도 원래부터 양봉과 한섬이 대업을 성취할 사람들이 아니라는 것을 알고 있으나 그들을 따른 지 오래되어 차마 버릴 수가 없소."

만총이 말했다.

"어찌 '좋은 새는 나무를 골라서 둥지를 틀고 현명한 신하는 주군을 가려 섬긴다'는 말도 듣지 못했소? 섬길 만한 주인을 만났는데도 팔이 서로 맞닿을 수 있는 좋은 기회를 잡지 못한다면 장부가 아니지요."

서황이 일어나 감사하며 말했다.

"공의 말씀을 따르겠소."

만총이 말했다.

"어찌하여 즉시 양봉과 한섬을 죽이고 만나 뵙는 예물로 삼지 않소?"

"신하로서 주인을 죽이는 것은 커다란 불의요. 나는 절대로 하지 않겠소."

"공은 진정으로 의로운 사람이구려!"

서황은 마침내 부하 수십 기를 이끌고 그날 밤으로 만총과 함께 조조에게로 갔다. 어느새 누군가 양봉에게 보고했다. 양봉이 크게 노하여 직접 1000명의 기병을 이끌고 추격해오며 고함을 질렀다.

"역적 서황은 달아나지 마라!"

한창 뒤를 쫓고 있는데 갑자기 '쾅!' 하는 포성이 들리더니 산 위아래에서 횃불이 일제히 밝혀지면서 복병이 사방에서 튀어나왔다. 조조가 직접 군사를 이끌고 앞장서며 크게 호통을 쳤다.

"내가 여기서 기다린 지 오래다. 도망가지 못하게 해라!"

양봉이 크게 놀라 급히 군사를 돌리려 했으나 이미 조조에게 포위되고 말았다. 때마침 한섬이 군사를 이끌고 구원하러 오자 양군이 혼전을 벌였고 그 사이에 양봉은 빠져나갔다. 조조는 적군이 혼란한 틈을 이용해 기세를 몰아 공격하니 양봉과 한섬의 군사 대부분이 항복했다. 양봉과 한섬은 군력이 약해지자 패잔병을 이끌고 원술에게 의지하고자 떠났다. 조조가 군사를 수습해 군영으로 돌아오자 만총이 서황을 데리고 들어와 만나게 했다. 조조가 크게 기뻐하며 후하게 대접했다.❺

그리하여 어가를 허도로 영접하여 궁전과 전당을 건축하고 종묘사직과 성省, 대臺, 사司, 원院의 아문衙門을 세웠으며 성곽과 창고를 수리했다. 동승 등 13인을 봉하여 열후로 삼았으며 공이 있는 자에게 상을 주고 죄를 범한 자에게 징벌하는 모든 결정은 조조의 처분을 받아야 했다. 조조는 스스로를 대장군, 무평후武平侯로 봉하고 순욱을 시중, 상서령, 순유는 군사,[24] 곽가는 사마좨주,[25] 유엽은 사공창조연司空倉曹掾, 모개毛玠와 임준任峻은 전농중랑장典農中郎將[26]으로 임명하여 돈과 양식을 재촉하고 감독하게 했으며, 정욱은 동평[27]상, 범성範成과 동소는 낙양현령, 만총은 허도현령[28]으로 임명했다. 하후돈, 하후연, 조인, 조홍은 모두 장군으로 삼았고, 여건, 이전, 악진, 우금, 서황은 모두 교위로 삼았으며, 허저, 전위는 모두 도위로 임명되었다. 나머지 장수도 각각 관직에 봉해졌다. 이때부터 대권은 모두 조조에게 돌아갔고 조정의 큰 업무는 먼저 조조에게 보고한 다음에야 비로소 천자에게 아뢰었다.

이미 대사를 결정한 조조는 후당에 주연을 베풀고는 모사들을 모아놓고 함께 의논하며 말했다.

"유비가 군대를 서주에 주둔시켜 스스로 주의 일을 통솔하고 있소. 또한 근래에는 패한 여포가 그곳에 의탁하자 유비가 소패에 머물게 했다고 하오. 두 사람이 마음을 합쳐 군사를 이끌고 침범하기라도 한다면 마음속의 큰 우환거리가 될 것이오. 공들에게는 그들을 도모할 수 있는 어떤 묘책이 있소?"

허저가 말했다.

"바라건대 정예병 5만 명만 빌려주시면 유비와 여포의 목을 베어 승상[29]께 바치리다."

순욱이 말했다.

"장군이 용기는 용맹하나 꾀를 쓸 줄은 모르오. 지금 허도가 이제 막 안정되었는데 경솔하게 군사를 부려서는 안 됩니다. 저에게 한 가지 계책이 있는데 두 호랑이가 다투어 서로 잡아먹는 '이호경식二虎競食'의 계략입니다. 지금 유비가 비록 서주를 통솔하고 있다고는 하지만 아직 황제의 명령을 받지 못했습니다. 명공께서 황제께 주청하여 유비를 서주목으로 제수하는 명령을 내리게 하고 동시에 한 통의 밀서를 보내 여포를 죽이라고 분부하십시오. 일이 성사되면 유비는 자신에게 도움이 되는 용사가 없어지게 되는 것이니 차차 도모할 수 있게 될 것이고, 성사되지 않더라도 여포는 반드시 유비를 죽일 것입니다. 이것이 바로 '이호경식'의 계책입니다."

조조가 그 말을 따르기로 하고 즉시 주청하여 사자를 통해 유비를 정동장군征東將軍, 의성정후[30]로 봉하고 서주목을 겸하도록 한다는 황제의 명령을 내리고는 아울러 밀서 한 통을 첨부했다.

한편 서주에 있던 유현덕은 황제가 허도로 행차했다는 소식을 듣고 마침 표문을 올려 경하하려던 참이었다. 그때 갑자기 천자의 사자가 왔다는 보고가 들어오자 곽을 나가 영접하고 군[31]으로 들어와 절을 올리며 은명[32]을 받은 다음 주연을 베풀어 사자를 대접했다. 사자가 말했다.

"군후[33]께서 이번에 은명을 받으셨는데 사실은 조장군이 황제 앞에서 보증하고 추천한 덕분입니다."

현덕이 감사하다고 말했다. 사자가 비로소 사서[34]를 꺼내 현덕에게 건넸다. 현덕이 보고 나서 말했다.

"이 일을 받아들일지 상의해봐야겠소."

술자리를 파하고 사자를 역관에서 편히 쉬게 했다. 현덕은 그날 밤 여러 사람과 이 일을 상의했다. 장비가 말했다.

"여포는 원래 의리 없는 놈이니 죽여도 무방할 것이오!"

현덕이 말했다.

"그는 형편이 궁해져 내게 의지하러 온 사람인데 그를 죽인다면 또한 의리가 아니네."

장비가 말했다.

"형님은 사람이 너무 좋아 일하기 어렵다니까!"

현덕은 따르지 않았다.

이튿날 여포가 축하하러 오자 현덕이 들어오라 청하고 만났다. 여포가 말했다.

"공께서 조정의 은명을 받으셨다고 하기에 특별히 축하드리려고 왔소."

현덕은 겸손하게 감사했다. 장비가 검을 끌고 대청에 오르더니 여포를 죽이려 들자 현덕이 황급히 막아섰다. 여포가 깜짝 놀라며 말했다.

"익덕은 무슨 까닭으로 나만 보면 죽이려 하오?"

장비가 고함을 질렀다.

"조조가 네놈이 의리 없는 놈이라고 말하면서 우리 형님보고 너를 죽이라고 했다!"

현덕이 연거푸 물러가라고 소리쳤다. 바로 여포를 끌어 함께 후당으로 들어가 그 까닭을 사실대로 설명하고 조조가 보낸 밀서를 여포에게 보여줬다. 여포가 읽고 나서 눈물을 흘리며 말했다.

"이것은 바로 조조 도적놈이 우리 두 사람을 분열시키려는 것이오!"

현덕이 말했다.

"형께서는 걱정하지 마십시오. 맹세컨대 이런 의롭지 못한 짓은 하지 않을 것이오."

여포가 재삼 절하며 감사했다. 유비는 여포를 머물게 하여 술을 마셨고 밤이 되어서야 비로소 돌아갔다. 관우와 장비가 말했다.

"형님께서는 무슨 까닭으로 여포를 죽이지 않습니까?"

현덕이 말했다.

"이것은 조맹덕이 나와 여포가 공모하여 자신을 칠까 두려워 계책을 쓴 것으로 우리 두 사람이 서로 집어삼키게 하려는 것이네. 중간에서 이익을 취하려는 것이니 어떻게 시키는 대로 한단 말인가?"

관공은 고개를 끄덕이며 맞는 말이라고 했다. 장비가 말했다.

"내가 이 도적놈을 죽여서 후환을 끊어버리겠소!"

현덕이 말했다.

"그건 대장부가 할 짓이 아니네."

이튿날 현덕이 사자를 도성으로 돌려보내면서 절하며 은혜에 감사하는 표문과 아울러 천천히 그 일을 도모하겠다는 말만 적힌 답신을 건넸다. 사자가 돌아와 조조에게 현덕이 여포를 죽이지 않은 일을 전했다. 조조가 순욱에게 물었다.

"이 계책이 성공하지 못했으니 어찌하면 좋겠소?"

순욱이 말했다.

"또 한 가지 계책이 있는데 호랑이를 몰아 이리를 집어삼키는 '구호탄랑驅虎吞狼'입니다."

"그 계책은 어떤 것이오?"

"은밀히 원술에게 사람을 보내 유비가 비밀리에 표문을 올려 남군[35]을 빼앗으려 한다는 소식을 전하십시오. 원술이 그 말을 들으면 반드시 노하여 유비를 공격할 것이고, 공께서는 즉시 유비에게 원술을 토벌하라 공개적으로 선포하십시오. 양편이 서로 맞서면 여포는 반드시 다른 마음이 생길 것입니다. 이것이 바로 '구호탄랑'의 계책입니다."

조조가 크게 기뻐하면서 우선 사람을 원술에게 보내고 다음으로 천자의 가짜 조서를 만들어 서주로 사람을 보냈다.

한편 서주의 현덕은 사자가 왔다는 소식을 듣고 곽을 나가 영접했다. 조서를 펼쳐 읽어보니 군사를 일으켜 원술을 토벌하라는 것이었다. 현덕은 명령을 받아들이고 먼저 사자를 돌려보냈다. 미축이 말했다.

"이것 또한 조조의 계책입니다."

현덕이 말했다.

"비록 이것이 계책일지라도 황명을 거역할 수는 없네."

결국 군마를 점검하고 기한을 정해 출발하기로 했다. 손건이 말했다.

"먼저 성을 지킬 사람을 정해야 합니다."

현덕이 말했다.

"두 동생 중에 누가 지키겠는가?"

관공이 말했다.

"이 아우가 성을 지키겠습니다."

"내가 아침저녁으로 자네와 일을 상의해야 하는데 어떻게 떨어져 있단 말인가?"

장비가 말했다.

"이 막내 아우가 이 성을 지키겠소."

현덕이 말했다.

"너는 이 성을 지킬 수 없을 것이다. 첫 번째로 술을 마시면 성격이 억세져서 사졸들을 채찍질할 것이고, 두 번째는 일을 제멋대로 하면서 남이 간언해도 따르지 않을 것이다. 내가 마음을 놓을 수가 없다."

"이 아우가 지금 이후로는 술을 마시지 않을 것이며 군사들도 때리지 않고 각종 제반 사항들은 다른 사람의 충고를 듣고 처리하겠소."

미축이 말했다.

"말과 본심이 다르다는 것이 염려될 따름입니다."

장비가 성내며 말했다.

"내가 여러 해 동안 형님을 따라다녔지만 약속을 어긴 적이 없는데 네가 어째서 나를 업신여기느냐!"

현덕이 말했다.

"아우가 비록 그렇게 말은 하고 있으나 내가 끝내 마음을 놓을 수 없네. 진원룡陳元龍(진등의 자)께 도움을 청하니 아침저녁으로 술을 적게 마시게 하고 일을 처리하는 데 실수가 없도록 해주시오."

진등이 승낙했다. 현덕은 맡아야 할 것들을 분부하고 마보군 3만 명을 통솔하여 서주를 떠나 남양[36]을 향해 진군했다.

한편 원술은 유비가 표문을 올려 자신의 주현을 삼키려 한다는 말을 듣고 크게 노했다.

"너 같은 돗자리 짜고 미투리나 삼던 필부 놈이 지금 큰 군[37]을 점거하여 제후들과 같은 서열에 있구나. 내가 네놈을 치려고 했는데 네놈이 도리어 나를 도모하려 하다니 매우 괘씸하구나!"

즉시 상장 기령紀靈을 시켜 군사 10만 명을 일으키고 서주로 쳐들어가게 했다. 양군이 우이[38]에서 마주쳤다. 현덕의 군사는 숫자가 적어 산을 의지하고 물 가까이에 군영을 세웠다. 기령은 산동 사람으로 무게가 50근 나가는 삼첨도三尖刀를 사용했다. 이날 군사를 이끌고 진을 나와 욕설을 퍼부었다.

"촌놈 유비야, 어찌 감히 우리 경계를 침범했느냐!"

현덕이 말했다.

"나는 천자의 조서를 받들어 신하의 절개를 지키지 않고 신하의 도리에 부합하지 않는 자를 토벌하러 온 것이다. 네가 지금 감히 마주하여 저항하니 그 죄가 무거워 죽여도 시원찮도다!"

기령이 크게 노하여 말에 박차를 가하고 칼을 춤추듯 휘두르며 현덕에게 곧장 달려들었다. 관공이 크게 고함을 질렀다.

"필부 놈아, 위세 부리지 말거라!"

말을 몰고 나가 기령과 치열하게 맞붙었다. 연거푸 30합을 싸웠는데도 승부가 나지 않았다. 기령이 잠시 쉬자고 크게 소리 지르자 관공이 바로 말을 돌려 진 앞에서 말을 세우고 기다렸다. 그런데 기령이 부장 순정荀正을 내보냈다. 관공이 말했다.

"기령에게 나오라 해라. 그놈과 자웅을 가려야겠다!"

순정이 말했다.

"너는 이름 없는 하찮은 장수이니 기장군의 적수가 아니다!"

관공이 크게 노하여 곧바로 순정에게 달려들었고 말이 어우러지자마자 단 1합 만에 순정을 찍어 말 아래로 떨어뜨렸다. 현덕이 군사들을 휘몰아쳐 들어가니 기령이 대패하여 회음39 하구河口까지 물러나 지키기만 하고 감히 맞붙어 싸우지 못했고, 단지 군사들을 내보내 현덕의 진영을 기습했으나 모두 서주 병사들에게 패했다. 양군이 서로 대치했음은 말할 필요도 없다.

한편 장비는 현덕이 출발한 이후부터 일체의 잡다한 일들을 모두 진원룡에게 넘겨 관리하게 하고 군사 기밀의 큰 업무만 사정을 참작하여 결정했다. 어느 날 연회를 열어 관원들에게 참석하도록 청했다. 사람들이 자리를 잡고 앉자 장비가 입을 열었다.

"우리 형님이 떠나실 때 나보고 일을 처리하는 데 실수가 있을까 염려해 술을 적게 마시라고 분부했소. 그러니 여러분은 오늘 다 같이 한 번만 취하고 내일부터는 모두 각자 술을 끊고 나를 도와서 성을 지킵시다. 오늘 하루만 모두 가득 따라 마음껏 마십시다."

말을 마치자 몸을 일으키고는 관원들에게 술을 따라주었다. 술이 조표曹
豹 앞에 이르자 조표가 말했다.

"나는 천계[40]를 따라 술을 마시지 않소."

장비가 말했다.

"싸워야 할 사나이 대장부가 어째서 술을 마시지 않느냐? 내가 너에게 기
필코 한 잔 마시게 하겠다."

조표는 두려워 마실 수밖에 없었다. 장비는 관원들에게 두루 따라주고
자신은 큰 광[41]에 따라 연거푸 수십 잔을 마셨다. 느끼지 못할 정도로 크게
취한 장비는 다시 몸을 일으켜 관원들에게 술을 따랐다. 술이 조표에 이르
자 조표가 말했다.

"저는 참으로 술을 마실 수가 없습니다."

"조금 전에는 마시더니 지금은 어찌하여 물리느냐?"

조표가 거듭 마시지 않았다. 취하면 성질을 부리는 장비는 바로 성내며
말했다.

"네가 나의 장령을 어겼으므로 100대는 맞아도 싸다!"

즉시 큰 소리로 군사들에게 잡으라고 명했다. 진원룡이 말했다.

"현덕공이 떠나실 때 그대에게 뭐라고 분부하셨소?"

"너는 문관이니 오로지 문관의 일만 돌보고 내 일에는 관여하지 마라!"

조표는 어찌해볼 도리가 없어 부탁하는 수밖에 없었다.

"익덕공, 내 사위의 얼굴을 봐서라도 나를 용서해주시오!"

"네 사위가 누구냐?"

"여포가 바로 내 사위요."

장비가 크게 성내며 말했다.

"내가 원래는 너를 때리려고 하지 않았는데 네가 여포를 내세워 나를 위협하니 기어코 너를 때려야겠다! 내가 너를 때리는 것은 바로 여포를 때리는 것이다!"

여러 사람이 만류했으나 막을 수 없었다. 조표를 채찍으로 때리기를 50대에 이르자 사람들이 간절하게 용서를 빌어 겨우 멈췄다. 술자리가 파하고 돌아간 조표는 장비를 깊이 증오하며 그날 밤으로 편지 한 통을 써서 사람을 시켜 소패에 있는 여포에게 전달하게 하고 장비의 무례함을 상세히 설명했다. 게다가 이르기를 "현덕은 이미 회남으로 갔으니 오늘 밤 장비가 취한 틈을 이용해 군사를 이끌고 서주를 내습하되 이 기회를 놓쳐서는 안 되네"라고 적었다.

여포가 편지를 읽고 바로 진궁을 청해 상의했다. 진궁이 말했다.

"소패는 원래 오래 머물러 살 만한 곳이 아닙니다. 지금 서주의 약점을 이용할 기회가 생겼는데 이를 놓치고 취하지 않는다면 후회해도 늦을 것입니다."

여포는 진궁의 말에 따라 즉시 갑옷과 투구를 착용하고는 말에 올라 500명의 기병을 이끌고 먼저 출발했다. 진궁에게는 대군을 거느리고 뒤이어 출발하게 했으며 고순 또한 뒤따라 진격시켰다. 소패는 서주로부터[42] 40~50리의 거리에 불과해 말에 오르자마자 바로 도착했다. 여포가 성 아래에 도착했을 때는 마침 사경이라 달빛이 맑고 깨끗했으나 성 위에서는 여포가 온 것을 알아채지도 못했다. 여포가 성문 근처에 이르러 소리 질렀다.

"유사군께서 기밀이 있어 보낸 사람이 왔소."

성 위에 있던 조표의 군사가 보고하자 조표가 성에 올라 살펴보고 바로 군사들에게 성문을 열게 했다. 여포가 한마디 암호를 대자 군사들이 일제히 성으로 밀고 들어가며 크게 함성을 질렀다. 장비는 취해서 부중府中에 누워 있었는데 좌우에서 황급히 흔들어 깨우며 보고했다.

"여포가 속임수로 성문을 열게 하고 쳐들어왔습니다!"

장비가 크게 노하여 허둥지둥 갑옷을 입고 투구를 쓰고는 장팔사모를 움켜쥐었다. 부문府門(관부, 관서 혹은 관청 문)을 나가 말에 올랐을 때 여포의 군사들이 이미 도달해 서로 맞닥뜨리게 되었다. 장비는 이때 술이 아직 덜 깬 상태라 온 힘을 다해 싸울 수가 없었다. 여포는 원래 장비의 용맹을 아는 터라 역시 감히 접근하지 못했다. 18기의 연장燕將[43]들이 장비를 보호하며 동문을 뚫고 나갔으나, 부중에 있던 현덕의 가솔을 모두 돌아볼 겨를이 없었다.

한편 조표는 단지 10여 명만이 장비를 호위하는 것을 본 데다 그가 취한 것을 얕잡아 보고는 즉시 100여 명을 이끌고 뒤를 쫓았다. 조표를 본 장비가 크게 노하여 말에 박차를 가하며 맞섰다. 3합 만에 조표는 패하여 달아났다. 장비가 강가까지 쫓아가 조표의 등 복판을 찌르자 조표는 타고 있던 말과 함께 강물에 빠져 죽었다. 장비는 성 밖에서 사졸들을 불러 모았고 성을 나온 자들은 모두 장비를 따라 회남으로 갔다. 여포는 성으로 들어와 백성을 위로하고 군사 100명을 시켜 현덕 저택의 문을 지키게 하고 다른 사람들이 제멋대로 들어가는 것을 허락하지 않았다.

한편 장비는 수십 기를 이끌고 곧장 우이로 가서 현덕을 만나 조표와 여포가 안팎에서 서로 호응하여 서주를 야습한 일을 자세히 설명했다. 모두 얼굴이 새파랗게 질렸다. 현덕이 탄식하며 말했다.

"얻었다고 하여 기뻐할 필요도 없고, 잃었다고 한들 무엇을 근심하랴!"

관공이 말했다.

"형수님들은 어디에 계시느냐?"

장비가 말했다.

"전부 성안에 계십니다."

현덕은 입을 다문 채 말이 없었다. 관공이 발을 동동 구르고 원망하며 말했다.

"네가 애초에 성을 지키겠다고 했을 때 뭐라고 했느냐? 형님께서 네게 뭐라고 분부하셨느냐? 오늘 성지도 잃고 형수님들마저 함정에 빠지셨으니 어찌하면 좋단 말이냐!"

그 말을 들은 장비는 부끄럽고 황송무지하여 검을 뽑아 스스로 목을 베어 자결하려고 했다.

술잔을 들어 통쾌하게 마실 때의 즐거움은 어디에 두었느냐
검을 뽑아 스스로 목숨 내던지려 하니 후회해도 이미 늦었네
擧杯暢飮情何放, 拔劍捐生悔已遲

장비의 목숨은 어떻게 될까?❻

제14회 허도로 천도하고 장비는 서주를 잃다

❶

호재와 이락의 죽음

호재는 13회에서 혼란에 빠진 군사들 속에서 죽임을 당했고, 이락은 서황에게 죽임을 당하는 것으로 소설에서는 묘사했지만, 역사에서는 그들의 죽음을 다르게 기록하고 있다. 『후한서』 「동탁전」에 따르면 "호재와 이락은 하동군河東郡에 머물렀는데, 호재는 원수 집안에게 살해되었고, 이락은 병으로 사망했다"고 기록하고 있다.

❷

가후가 이각과 곽사를 떠난 상황을 역사는 소설과 다르게 기록하고 있다. 『삼국지』 「위서·가후전」에 따르면 "이각과 곽사 등이 장안에서 다투고 있을 때 이각은 또다시 가후를 청해 선의장군宣義將軍에 임명하려고 했다. 이각 등은 화해했으며 천자를 구출하고 대신들을 보호하는 데 가후가 큰 힘을 발휘했다. 천자가 이미 구출되자 가후는 즉시 인수를 바쳤다. 당시 단외段煨가 화음현華陰縣(산시陝西성 화인華陰 동남쪽)에 주둔하고 있었는데, 가후와는 같은 군郡 출신이라 가후는 이각을 떠나 단외에게 의탁했다"고 기록하고 있다.

조조가 허저를 번쾌에 비유한 것은 이때가 아니었다

『삼국지』「위서·허저전」에 따르면 "태조가 회수淮水와 여수汝水 일대를 공략하자, 허저는 무리를 이끌고 태조에게 귀순했다. 태조는 허저를 보고 그의 강건하고 용맹함을 칭찬하며 말했다. '이 사람은 나의 번쾌로다!' 그날로 [허저를] 도위都尉로 임명하고 숙식하며 호위하게 했다. 허저를 따르는 협객들을 모두 호사虎士(궁중 보위를 담당하는 무사)를 담당하게 했다"고 했다.

❹

조조는 이각, 곽사와 전투를 벌이지 않았다

역사에는 이 당시 조조가 이각, 곽사와 전투를 벌였다는 기록은 없으며, 조조는 헌제를 영접하려 꾀했으나 몇 번의 곡절을 거쳐서 비로소 양봉과 동승의 지지 하에 낙양으로 온 것이었다.

『삼국지』「위서·무제기」에는 "조홍에게 군사들을 이끌고 서쪽으로 가서 천자를 영접하도록 했으나 위장군衛將軍 동승과 원술의 부하 장수 장노萇奴가 요충지를 막고 있었으므로 조홍의 군대는 전진할 수가 없었다"고 기록되어 있고, 『삼국지』「위서·동소전董昭傳」에는 다음과 같은 기록이 있다.

"마침 천자가 낙양으로 돌아오자 한섬, 양봉, 동승, 장양은 서로 뜻이 맞지 않아 대립하며 불화가 생겼다. 동소는 양봉의 병마가 가장 강하지만 지원해줄 수 있는 무리가 적다고 생각하고 이에 태조의 명의로 양봉에게 서신을 보냈다.

'장군께서 마땅히 도성 안에서 주관하시면 저는 장군을 위해 외부 지원이 되겠습니다. 지금 제게는 양식이 있고 장군께는 군사가 있으니 있고 없음이 서로 통하여 충분히 서로를 구제할 수 있습니다.'

양봉은 편지를 받은 후 매우 기뻐하면서 여러 장수에게 말했다.

'연주의 군대는 허현에 가까이 있는 데다 그들에게 병사와 식량이 있으니 국가는 응당 그에게 의지해야 하오.'

즉시 공동으로 표문을 올려 태조를 진동장군鎭東將軍으로 임명하고 그 부친의 작위인 비정후費亭侯를 계승하게 했으며 동소를 부절령符節令(관직 명칭으로 병부兵符, 관부官府, 부절符節 등을 관리, 책임졌다)으로 승진시켰다."

『후한서』「동탁전」에 따르면 "한섬이 자신의 공적을 과시하며 제멋대로였고 정사에 간섭하고 어지럽히자 동승은 그것을 근심하여 은밀하게 연주목 조조를 불러들였다"고 기록하고 있고, 또한『자치통감』권62「한기 54」에서도 "한섬은 어가를 보호한 공적에 의지하여 제멋대로 했으며 동승은 그것을 근심하여 사사로이 조조를 불러들였고 조조는 이에 군사를 이끌고 낙양으로 들어왔다"고 기록하고 있다.

❺

서황은 어떻게 조조에게로 왔을까?

소설과 실제 역사와는 많은 차이가 난다. 『삼국지』「위서·서황전徐晃傳」에 서황이 조조에게 귀의하게 된 내용이 기록되어 있다.

"이각과 곽사가 장안을 어지럽히자 서황은 양봉에게 천자와 함께 낙양으로 돌아갈 것을 권했고 양봉은 그의 계책을 따랐다. 낙양에 도착한 후로 한섬과 동승이 매일 다투었으므로, 서황은 양봉에게 태조에게 귀의하라고 권했고 양봉은 그의 건의를 따르려고 하다가 나중에 마음이 변했다. 태조가 양현梁縣에서 양봉을 토벌하자 서황은 마침내 태조에게 귀의했다"고 하여 서황은 만총의 권유로 조조에게 간 것이 아니라 스스로 귀의했다고 할 수 있다.

❻

장비는 어떻게 서주성을 잃었을까?

장비가 서주성을 잃게 된 상황을 역사는 다음과 같이 기록하고 있다.

『삼국지』「촉서·선주전」에는 "선주와 원술이 서로 대치하기를 한 달여가 넘자 여포가 그 빈틈을 이용해 하비를 습격했다. 하비를 지키던 장수 조표가 배반하여 비밀리에 여포를 맞아들였다. 여포는 선주의 처자식을 포로로 잡았고 선주는 군대를 돌려 해서현海西縣(치소는 지금의 장쑤성 관난灌南 동남쪽)으로 갔다'고 기록하고 있다. 배송지 주『영웅기』에는 "유비가 장비를 남겨 하비를 지키게 했다. (…) 도겸의 옛 장수 조표가 하비에 있었는데 장비가 그를 죽이려고 했다. 조표의 무리는 군영을 굳게 지키면서 사람을 시켜 여포를 불러들였다. 여포는 하비를 취했고 장비는 패하여 달아났다. 소식을 들은 유비가 군사를 이끌고 하비로 돌아왔으나 군사들은 뿔뿔이 흩어진 다음이었다. 흩어진 군사들을 수습해 동쪽으로 가서 광릉廣陵(장쑤성 양저우揚州 서북쪽 촉강蜀岡)을 취하고자 원술과 싸웠으나 다시 패하고 말았다'고 기록하고 있다.

「위서·여포전」 배송지 주『영웅기』에도 장비가 서주성을 빼앗긴 과정을 다음과 같이 기록하고 있다.

"여포는 수륙양면으로 동쪽으로 내려가 하비성 서쪽 40리 지점에 이르렀다. 유비의 중랑장 단양丹楊(치소는 안후이성 쉬안청宣城) 사람인 허탐許耽은 밤에 사마 장광章誆을 여포에게 보내 '장익덕이 하비성의 상相 조표와 싸우다가 장비가 조표를 죽이자 성안은 크게 혼란스러워져 서로 믿지 못할 지경이 되었습니다. 단양군의 병사 1000여 명은 서쪽 백문성白門城 안에 주둔하고 있는데 장군이 동쪽으로 온다는 소식을 듣고 모두 껑충껑충 뛰며 다시 살아난 듯이 기뻐하고 있습니다. 장군께서 성의 서쪽 문으로 오시면 단양군의 군대는 즉시 성문을 열고 장군을 안으로 모실 것입니다'라고 말하게 했다. 여포는 마침내 밤에 진격하여 새벽에 성문 아래에 이르렀다. 날이 밝자 단양군의 군사들이 성문을 열고 여포의 군사들을 안으로 들였다. 여포는 성문 위에 앉아 있었고 보병과 기병들은 불을 지르고 장비의 군대를 대파했으며 유비의 처자식과 군용 물자 및 부하와 관리의 가족을 모조리 포로로 붙잡았다."

그리고『자치통감』권62「한기 54」에는 "원술은 유비를 공격해 서주를 다투었고 유비는 사마 장비로 하여금 하비를 지키게 했다. (…) 하비상 조표는 도겸의 옛 장수로 장비와 사이가 나빠졌는데 장비가 그를 죽이자 성안에 반란이 발생했다. 원술은 여포에게 편지를 보내 하비를 습격하도록 권했고 그에게 군량을 지원하겠다고 약속했다. 여포가 크게 기뻐하며 군사를 이끌고 수륙양면으로 동진했다. 유비가 임명한 중랑장 단양 사람인 허탐이 성문을 열고 여포를 맞이했다. 장비는 싸움에 패하고 달아났으며 여포는 유비의 처자식과 관리들의 가솔을 포로로 잡았다"고 기록하고 있다.

소설의 내용처럼 장비가 조표에게 술을 강제로 권하고 매질로 인해 서주성을 잃었다는 이야기는 허구이며, 더군다나 조표는 도겸의 장수였지 여포의 장인은 아니었다. 여포의 처자식에 관한 상세한 기록은 존재하지 않는다. 다만 부인이 있었고 딸 하나에 아들은 없었다고 전해지고 있으나 이것 또한 상세하지 않다.

역사 기록에 '하비下邳'라고 기록하고 있는데, 서주는 주 명칭이고 주의 치소는 '하비'였다. 소설의 서주성은 잘못된 표현으로 '하비'라는 지명의 표현이 올바르다.

소패왕 손책과 태사자

태사자는 소패왕과 격렬하게 전투를 벌이고,
손백부는 엄백호와 크게 싸우다

太史慈酣鬪小霸王,
孫伯符大戰嚴白虎

장비가 검을 뽑아 자신의 목을 베려 하자 현덕이 달려들어 장비를 껴안고 검을 빼앗아 땅에 던져버리며 말했다.

　"옛사람이 말하기를 '형제는 손발과 같고 처자식은 의복과 같다兄弟如手足, 妻子如衣服'고 했다. 의복은 찢어지면 꿰맬 수 있어 그런대로 괜찮지만 손발이 절단되면 어찌 이을 수 있단 말이냐? 우리 세 사람이 도원에서 결의할 때 같은 해 같은 달 같은 날에 태어나지는 못했으나 같은 해 같은 달 같은 날에 함께 죽기를 원했다. 지금 비록 성지와 처자식을 잃었으나 어찌 모질게 형제를 중도에서 죽게 할 수 있단 말이냐? 하물며 성지도 본래는 나의 것이 아니었고, 가솔이 비록 함정에 빠졌다고는 하나 틀림없이 여포가 해치려고 하지는 않을 테니 계책을 세워 구해낸다면 그런대로 괜찮을 것이다. 한때 잘못을 했다고 어찌 당황하여 목숨을 버릴 지경에 이르려 하느냐!"

　말을 마치더니 통곡을 했다. 관우와 장비도 감동하여 함께 눈물을 흘렸다.

　한편 원술은 여포가 서주를 기습했다는 것을 알고 밤사이 여포에게 사람을 보내 군량미 5만 곡,[1] 말 500필, 금은 1만 량, 채색 비단 1000필을 줄 테니 유비를 협공하자고 했다. 여포가 기뻐하며 고순을 시켜 군사 5만 명으로 현덕의 배후를 기습하게 했다. 이 소식을 들은 현덕은 장마를 틈타 군사를 철수시켜 우이를 버리고 달아났는데, 동쪽의 광릉을 취할 생각이었다. 고순의 군사가 이르렀을 때 현덕은 이미 떠난 뒤였다. 고순이 기령을 만나서 주기로 약속한 물건을 요청하자 기령이 말했다.

"공은 일단 회군하시오. 내가 주공을 만나 그것을 계산해달라고 하겠소."

고순은 이에 기령과 작별하고 회군하여 여포에게 기령이 말한 것을 상세히 설명했다. 여포가 한창 망설이며 의심하고 있는데 갑자기 원술로부터 편지가 당도했다.

"고순이 비록 왔다고는 하나 유비를 제거하지 못했으니 일단 유비를 사로잡을 때까지 기다렸다가 그때 주기로 약속한 물건들을 보내주겠소."

여포가 노하여 원술이 약속을 어긴 것을 욕하며 군대를 일으켜 치려고 하자 진궁이 말했다.

"안 됩니다. 원술은 수춘을 점거하고 있고 군사도 많으며 양식도 충분하여 가볍게 대적할 수 없습니다. 차라리 현덕을 돌아오도록 청해 소패에 주둔시키고 우리 날개로 삼는 것이 좋을 듯합니다. 훗날 현덕을 선봉으로 삼아 그때 원술을 먼저 취하고 이후에 원소를 쳐서 얻는다면 천하를 종횡무진할 수 있을 것입니다."

여포는 그 말을 듣고 사람을 시켜 현덕에게 편지를 전달하고 그를 맞이해 돌아오도록 했다.❶

한편 현덕은 군사를 이끌고 동쪽의 광릉을 취하려 했으나 원술에게 군영을 빼앗겨 군사의 태반이 꺾인 상태였다. 돌아오다가 마침 여포의 사신을 만났는데 그가 서찰을 올리자 현덕이 크게 기뻐했다. 관우와 장비가 말했다.

"여포는 의리 없는 자라 믿을 수 없습니다."

현덕이 말했다.

"그가 이미 깊은 인정으로 나를 대하는데 어떻게 그를 의심한단 말이냐!"

결국 서주로 갔다. 여포는 현덕이 의심을 품을까 염려하여 먼저 사람을 시켜 가솔을 보내줬다. 감甘, 미糜 두 부인이 현덕을 만나자, 여포가 군사들을 시켜 저택의 대문을 지키고 다른 사람들이 들어올 수 없게 제지했으며, 또 항상 시첩들을 시켜 필요한 물건들을 보내주어 부족한 적이 없었다고 자세히 이야기했다. ❷ 현덕이 관우와 장비에게 일렀다.

"나는 여포가 분명히 나의 가솔을 해치지 않을 것을 알고 있었네."

그리하여 성으로 들어가 여포에게 감사했다. 장비는 여포를 원수로 여기는 터라 따라가지 않고 두 형수를 모시고 먼저 소패로 갔다. 현덕이 들어가 여포를 만나 절하며 감사를 표했다. 여포가 말했다.

"내가 성을 빼앗으려고 한 것이 아니라 여기에 있던 아우 장비가 술에 의지해 사람을 죽이려 한다고 하기에 혹시 일을 처리하는 데 실수가 있을까 염려되어 지키러 왔을 뿐이오."

현덕이 말했다.

"제가 형께 양보하려 한 지가 오래되었습니다."

여포가 겉치레로 여전히 현덕에게 양보하려 하자 현덕은 극구 사양하고 소패로 돌아가 주둔했다. 관우와 장비는 마음속에 분이 가라앉지 않았으나 현덕이 말했다.

"몸을 굽혀 자기 본분을 지키면서 하늘이 내려주는 기회를 기다려야지 목숨을 걸고 다투어서는 아니 되네."

여포는 사람을 시켜 곡식과 비단을 보내줬고 이로부터 양쪽 진영은 화목한 관계를 유지했다.

한편 원술은 수춘에서 장수와 사졸들을 위해 주연을 크게 베풀고 있었다. 그때 여강²태수 육강陸康을 정벌하러 간 손책이 승리를 거두고 돌아왔다는 보고가 들어왔다. 원술이 손책을 부르자 손책이 대청 섬돌 아래에서 절을 올렸다. 원술은 손책을 위로하고 안부를 물은 다음 바로 술자리로 불러자기 곁에 앉게 했다. 원래 손책은 부친이 죽은 뒤로 강남³에 물러가 지내면서 재능 있고 덕이 있는 인사들을 예로써 대접하며 불러 모으고 있었는데, 외삼촌인 단양⁴태수 오경吳景이 도겸과 불화가 생기는 바람에 모친과 가솔을 곡아曲阿로 옮겨 거주시키고 자신은 원술에게 온 것이었다. 원술은 손책을 매우 아끼고 사랑하여 항상 탄식하며 말했다.

"나에게 손랑孫郞 같은 아들이 있다면 죽는다 한들 또 무슨 한이 있겠는가!"❸

손책을 회의교위⁵로 임명하고 군사를 이끌어 경현⁶의 대사⁷ 조랑祖郞을 공격하게 했더니 승리를 얻었다. 원술이 손책의 용맹함을 보고 다시 육강을 치게 했는데 이번에도 승리하고 돌아온 것이었다.❹

그날 연회가 끝나고 손책은 군영으로 돌아왔다. 술자리에서 원술이 대접하는 예의가 심히 오만한 것을 보고 마음속이 답답하고 우울하여 중정⁸의 달빛 아래에서 산책을 하다가, '부친 손견은 뛰어난 영웅이셨는데 나는 지금 어쩌다 이 지경까지 전락했단 말인가'라는 생각이 들자 자기도 모르게 그만 울음이 터지고 말았다. 그때 갑자기 밖으로부터 한 사람이 들어오더니 껄껄 웃으며 말했다.

"백부伯符(손책의 자)께서는 무슨 까닭으로 그러시오? 그대의 부친께서 살아 계셨을 때는 일찍이 나를 많이 쓰셨소. 그대가 지금 결단을 내리지 못하는 일이 있다면 어찌하여 내게 물어보지 않고 혼자 울고 있소!"

손책이 보니 바로 단양 고장[9] 사람인 성이 주朱이고 이름이 치治, 자가 군리君理인 손견의 옛 종사관[10]이었다. 손책이 눈물을 거두고 그를 자리로 청하고는 말했다.

"내가 우는 것은 부친의 뜻을 계승할 수 없는 것이 한스럽기 때문이오."

주치가 말했다.

"그대는 어찌하여 원공로袁公路(원술의 자)에게 거짓을 고하여 오경을 구원한다는 명분으로 군사를 빌리고 실제로는 강동에서 대업을 도모할 생각은 하지 않으시오? 남의 밑에 있으면서 오래도록 곤궁에 빠질 생각이오?"[5]

한창 상의하고 있는데 한 사람이 갑자기 들어오더니 말했다.

"공이 계획하는 바를 내가 이미 알고 있소. 내 수하에 힘센 장사 100명이 있는데 잠시 백부를 위해 한 마리 말의 힘이라도 도와주겠소."

손책이 그 사람을 보니 바로 원술의 모사[11]인 여남 세양[12] 사람으로 성이 여呂이고 이름이 범範이요 자가 자형子衡이었다.[6]

손책이 크게 기뻐하며 자리로 청해 함께 의논했다. 여범이 말했다.

"단지 원공로가 군사를 빌려주지 않을까 걱정이오."

손책이 말했다.

"나한테 돌아가신 부친께서 남겨주신 전국새가 있는데 그것을 저당 잡힐 생각이오."

여범이 말했다.

"공로가 그것을 욕심낸 지 오래되었지요! 그것을 저당 잡히면 반드시 군사를 내어줄 것이오."

세 사람의 협의가 이미 정해졌다.

이튿날 손책이 원술을 만나 울면서 절하고 말했다.

"부친의 원수도 갚지 못했는데 지금 외삼촌 오경이 또 양주자사 유요劉繇에게 핍박받고 있다고 합니다. 제 노모와 처자식이 모두 곡아에 있으니 틀림없이 해를 당할 것입니다. 감히 정병 수천 명을 빌려 강을 건너가서 고난으로부터 구제하고 모친을 찾아뵐까 합니다. 그러나 명공께서 믿지 않으실까 두려워 망부께서 남기신 옥새를 당분간 맡기고자 합니다."

원술이 옥새가 있다는 말을 듣고 받아서 살펴보고는 크게 기뻐하며 말했다.

"내게 너의 옥새가 필요한 것은 아니지만 지금 잠시 여기에 두고 가거라. 군사 3000명과 말 500필을 네게 빌려주겠다. 안정시킨 후에 속히 돌아오도록 해라. 너의 직위가 보잘것없어 대권을 주관하기 어려울 것이다. 내가 표문을 올려 너를 절충교위折衝校尉, 진구장군殄寇將軍으로 임명할[13] 테니 기한을 정해 군사를 통솔해 가도록 하라."❼

손책이 절하며 감사하고 드디어 군마를 이끌어 주치, 여범과 옛 장수인 정보, 황개, 한당 등을 데리고 날을 잡아 군사를 일으켰다. 역양[14]에 이르렀을 때 한 떼의 군사가 당도했다. 앞장선 사람은 자태가 출중하고 용모가 수려했는데 손책을 보자 말에서 내려 바로 절을 올렸다. 손책이 그 사람을 살펴보니 바로 여강 서성[15] 사람으로 성이 주周이고 이름이 유瑜, 자가 공근公瑾이었다. 원래는 손견이 동탁을 토벌할 때 서성으로 집안을 옮겼었는데 그때 나이가 같은 주유와 손책은 우정이 매우 두터워져 의형제까지 맺게 되었다. 손책이 주유보다 두 달 먼저[16] 태어났기 때문에 주유는 손책을 형으로 모셨다. 이때 주유는 그의 숙부 주상周尙이 단양태수로 임명되었기에 문안하러 가다가 그곳에서 손책과 마주쳤다. 손책은 주유를 보고 크게 기뻐하며 마음속 감정을 하소연했다. 주유가 말했다.

"제가 개와 말의 힘이라도 다하여 함께 큰일을 도모하겠습니다."

손책이 기뻐하며 말했다.

"내가 공근을 얻었으니 큰일은 다 이루어진 것이나 마찬가지네!"

바로 주치, 여범 등과 인사를 시켰다. 주유가 손책에게 일렀다.

"형님께서 큰일을 성취하고자 하시는데 강동에 두 장張씨가 있다는 것을 아시는지요?"

"어떤 두 장씨를 말하는가?"

"한 사람은 바로 팽성[17]의 장소張昭로 자가 자포子布라 하고, 다른 사람은 광릉廣陵의 장굉張紘으로 자가 자강子綱이라 합니다. 두 사람 모두 하늘을 날줄로 삼고 땅을 씨줄로 삼아 천하를 다스릴 수 있는 재주가 있는데 환란을 피해 이곳에 은거하고 있습니다. 형님께서는 어찌하여 그분들을 모셔오지 않습니까?"

손책이 기뻐하며 즉시 사람을 시켜 예물을 바치고 모셔오게 했으나 두 사람 모두 사양하고 오지 않았다. 손책이 직접 집으로 찾아가 그들과 이야기를 해보고 크게 기뻐하며 힘껏 그들을 모시니 그제야 두 사람이 승낙했다. 손책은 즉시 장소를 장사 겸 무군중랑장[18]으로 삼고, 장굉은 참모 정의교위[19]로 임명하고는 함께 유요를 공격할 일을 상의했다. ❽

유요는 자가 정례正禮이고 동래東萊 모평[20] 사람으로 한실의 종친이며 태위 유총劉寵의 조카이자 연주자사 유대劉岱의 동생이었다. 이전에 양주자사였을 때[21] 수춘에 주둔했었는데 원술에게 쫓겨 강동으로 건너가 곡아로 온 것이었다. 바로 그때 손책의 군대가 온다는 소식을 듣고 급히 장수들을 모아 상의했다. 부하 장수 장영張英이 말했다.

"제가 한 부대의 군사를 거느리고 우저[22]에 주둔하면 설령 100만 명의 군사가 있어도 근접할 수 없을 것입니다."

미처 말이 끝나기도 전에 군막 안에서 한 사람이 소리 높여 고함을 쳤다.

"원컨대 제가 앞장서 선봉이 되겠습니다!"

사람들이 바라보니 다름 아닌 동래 황현 사람 태사자였다. 태사자는 북해의 포위를 푼 뒤에 유요에게 왔는데 유요는 그를 부하로 머물게 했다. 이날 태사자는 손책이 왔다는 소리를 듣고 앞장서 선봉이 되기를 원했다. 유요가 말했다.

"너는 아직 나이가 어려 대장이 될 수는 없으니 내 곁에서 명령이나 듣도록 하여라."❾

태사자는 의기소침해 물러났다. 장영이 군사를 이끌고 우저에 당도하여 저각[23]에 양식 10만 곡[24]을 쌓아두었다. 손책이 군사를 거느리고 당도하자 장영이 나가 맞섰고 두 군대가 우저 여울에서 대치했다. 손책이 말을 몰아 나가자 장영이 욕설을 퍼부었고 황개가 즉시 달려나가 장영과 싸웠다. 싸운 지 몇 합이 못 되었을 때 별안간 장영 군중이 크게 어지러워졌는데 군영 안에서 누군가가 불을 질렀다는 보고가 들어왔다. 장영이 급히 회군했다. 손책이 군사를 이끌고 앞장서며 기세를 몰아 들이치자 장영은 우저를 버리고 깊은 산중으로 달아났다. 알고 보니 장영의 군영 후방에 불을 지른 사람은 바로 두 맹장으로, 한 사람은 구강九江 수춘 사람으로 성이 장蔣이고 이름이 흠欽이며 자가 공혁公奕이라 했고, 또 다른 사람은 구강 하채[25] 사람으로 성이 주周이고 이름이 태泰이며 자가 유평幼平이라 했다. 두 사람 모두 전란을 만나 양자강²⁶에서 무리를 모으며 약탈을 생업으로 삼았다. 오래전부터 손책이 강동의 호걸이며 현인을 초빙하고 인재를 받아들인다는 소식을 들었기에 일부러 그 패거리 300여 명을 이끌고 의기투합하러 온 것이었다. 손책이 크게 기뻐하며 그들을 쓰기로 하고 군전교위軍前校尉로 임명했다. 우저 저각(창고)의 양식, 병기와 아울러 항복한 군졸 4000여 명을 거두고 마침내 신정²⁷으로 진군했다.❿

한편 장영이 패하고 돌아와 유요를 만나자 유요가 노하여 장영을 참수하려 했다. 모사 착융笮融과 설례薛禮가 타일러 만류해 군사를 영릉성²⁸에 주둔시키고 다시 적을 막게 했다. 유요는 직접 군사를 거느리고 신정 고개 남쪽에 군영을 세웠고, 손책은 고개 북쪽에 군영을 세웠다. 손책이 그곳 원주민에게 물었다.

"이 근방 산에 한나라 광무제를 모신 사당이 있느냐?"

"고개 위에 사당이 있습니다."

손책이 말했다.

"간밤 꿈속에서 광무제께서 나를 부르시기에 만났는데 마땅히 가서 참배해야겠소."

장사 장소가 말했다.

"안 됩니다. 고개 남쪽은 바로 유요의 군영인데 복병이라도 있으면 어찌하시겠습니까?"

"신선께서 나를 보호하실 텐데 내가 무엇을 두려워하리오!"

결국 갑옷과 투구를 착용하고 창을 잡고는 말에 올라 정보, 황개, 한당, 장흠, 주태 등 모두 13기의 장수만 거느리고 군영을 떠나서 고개에 올랐고 사당에 이르러 향을 살랐다. 말에서 내려 참배를 마치자 손책은 앞으로 나가 무릎을 꿇고 축원했다.

"강동에서 대업을 이룩하고 선친의 기업基業을 다시 일으킬 수 있도록 해 주신다면 사당을 중수하여 춘하추동으로 제사를 받들어 올리겠습니다."

축원을 마치고 사당을 나와 말에 오르며 장수들에게 말했다.

"내가 고개를 넘어 유요의 군영을 살펴봐야겠소."

모두 안 된다고 했으나 손책은 듣지 않았다. 결국 함께 고개에 올라 남쪽의 촌락과 수풀을 살폈다. 일찌감치 길에 매복해 있던 졸개가 유요에게 보고했다. 유요가 말했다.

"이것은 틀림없이 손책이 우리를 유인하려는 계책이니 쫓아서는 안 된다."

태사자가 펄쩍 뛰며 말했다.

"지금 손책을 사로잡지 못한다면 다시 어느 때를 기다리겠습니까!"

마침내 태사자는 유요의 군령을 기다리지 않고 결국 무장하고 말에 올라 창을 잡고는 군영을 나가서 고함을 질렀다.

"담력과 용기가 있는 자들은 모두 나를 따르라!"

장수들이 아무도 움직이지 않는데 한 하급 무관이 나서며 말했다.

"태사자는 진정한 맹장이다! 내가 그를 돕겠노라!"

그는 말에 박차를 가하고 태사자를 따라갔다. 장수들이 비웃었다.

한편 손책은 한참 동안 살펴보다가 비로소 말을 돌렸다. 막 고개를 다시 넘어 돌아가려는데 고개 위에서 외치는 소리가 들렸다.

"손책은 달아나지 마라!"

손책이 고개를 돌려 바라보니 두 필의 말이 나는 듯이 고개를 내려오고 있었다. 손책은 장수 13기를 일제히 벌여 세웠다. 손책은 창을 비껴잡은 채 고개 아래에서 말을 세우고 태사자를 기다렸다. 태사자가 소리 높여 외쳤다.

"누가 손책이냐?"

손책이 말했다.

"너는 누구냐?"

"내가 바로 동래의 태사자다. 특별히 손책을 잡으러 왔다!"

손책이 껄껄 웃으며 말했다.

"내가 바로 손책이다. 너희 두 녀석이 동시에 달려들어도 두렵지 않다! 내가 네놈들을 겁낸다면 손백부가 아니다!"

태사자도 말했다.

"네놈들이 한꺼번에 달려들어도 나 또한 두렵지 않다!"

말고삐를 놓고 창을 비껴들고 손책에게 곧장 달려들었다. 손책도 창을 잡고 나와 맞섰다. 두 말이 엉켜서 50합을 싸워도 승부를 내지 못했다. 곁에서 보고 있던 정보 등의 장수들이 속으로 놀라워하며 탄복했다. 태사자는 손책의 창 쓰는 솜씨가 한 치의 빈틈도 없는 것을 보고는 거짓으로 패한 척하며 손책이 뒤를 쫓도록 유인했다. 태사자는 물러나며 왔던 길인 고개로 올라가지 않고 산 뒤쪽으로 돌아 달아났다. 손책이 추격하며 크게 호통쳤다.

"달아나는 것은 사내대장부가 아니다!"

태사자는 속으로 판단했다.

'저놈한테는 따르는 자들이 12명인데 난 단지 1명에 불과하니 그를 사로잡는다 해도 그 무리에게 빼앗길 것이다. 일정한 거리를 더 끌고 가서 이놈을 찾을 수 없어지면 그때 손을 쓰는 게 좋겠다.'

그리하여 싸우면서 달아났다. 손책은 포기하지 않고 계속 뒤쫓아 평야까지 이르렀다. 태사자가 말을 빙 돌리더니 다시 붙어 50합이 되도록 싸웠다. 손책이 한 창으로 찌르자 태사자가 재빨리 피하면서 그 창을 옆구리에 꽉 끼웠고, 태사자 역시 창으로 찌르니 손책도 잽싸게 비키면서 창을 옆구리에 끼우고 놓지 않았다. 두 사람은 있는 힘을 다해 서로 끌어당기다 둘 다 같이 말 아래로 굴러떨어졌다. 말들은 어디로 뛰어갔는지 알 수가 없었다. 두 사람이 창을 버리고 서로 꽉 붙잡으며 맞붙어 싸우니 전포가 조각조각 찢어졌다. 손놀림이 빠른 손책이 날쌔게 태사자의 등에 꽂혀 있던 단극을 빼어 들자 태사자 또한 순식간에 손책이 쓰고 있던 투구를 벗겼다. 손책이 단극으로 태사자를 찌르려고 하자 태사자가 투구로 막았다. 그때 갑자기 뒤에서 함성이 일어나더니 대략 1000여 명의 유요 지원군이 달려왔다. 손책이 당황하여 쩔쩔매는데 정보 등 12기의 장수들이 맹렬하게 달려왔다. 손책과 태사자는 그제야 비로소 손을 놓고 그만뒀다. 태사자는 군중에서 한 필의 말을 빌려 타고 창을 얻어 다시 쫓아왔다. 손책의 말은 정보가 바로 거두어들였으므로 손책 역시 창을 얻고는 말에 올랐다. 1000여 명의 유요 군사와 정보 등 12명의 장수가 혼전을 벌이며 서로 이리저리 밀고 밀리며 구불구불 이어진 신정 고개 아래까지 이르렀다. 그때 함성이 일어나더니 주유가 군사를 이끌고 달려왔다. 유요도 직접 대군을 이끌고 고개 아래로 달려 내려왔다. 날이 해질 무렵에 다다르고 비바람까지 몰아치자 양쪽은 각자 군사를 거두었다.❶

이튿날 손책이 군사를 이끌고 유요의 군영 앞까지 이르렀고 유요도 군사를 거느리고 나가 맞섰다. 양쪽이 진영을 둥글게 배치하자 손책이 창끝에다 태사자의 소극을 꿰어 진 앞에서 들어올리고 군사들을 시켜 외치게 했다.

"태사자가 잽싸게 도망치지 못했다면 벌써 창에 찔려 죽었을 것이다!"

태사자 또한 손책의 투구를 진 앞에 내걸고 군사들에게 고함치게 했다.

"손책의 대가리가 여기 있다!"

양군이 서로 큰 소리로 외치는데 이쪽에서 이겼다고 자랑하면 저쪽에서는 자기들이 더 세다고 했다. 태사자가 말을 몰고 나가 결판을 내려고 하자 손책도 나가려고 했다. 정보가 말했다.

"주공께서 수고할 필요가 없습니다. 제가 사로잡아 오겠습니다."

정보가 진 앞으로 나가자 태사자가 말했다.

"너는 나의 적수가 못 되니 손책에게 나오라고 전해라!"

정보가 크게 노하여 창을 잡고 태사자에게 달려들었다. 두 말이 서로 어우러져 30합을 싸웠을 때 유요가 갑자기 징을 울려 군사를 거두었다. 태사자가 말했다.

"제가 이제 막 적장을 사로잡으려고 했는데 무슨 까닭으로 군사를 거두셨습니까?"

유요가 말했다.

"주유가 군사를 통솔하며 곡아를 기습하고 빼앗으려 했는데, 여강 송자[29] 사람으로 자가 자열子烈이라는 진무陳武가 주유와 호응하여 성으로 끌어들였다는 보고가 들어왔다. 우리 집안의 기반인 곡아를 이미 잃었으니 이곳에서 오래 머무를 수가 없다. 속히 말릉[30]으로 가서 설례, 착융의 군마를 모아 급히 곡아를 지원하러 가야겠다."

태사자는 유요를 따라 군사를 물렸고 손책도 추격하지 않고 인마를 거두었다. 장사 장소가 말했다.

"주유가 곡아를 기습하고 빼앗아 저들이 승리에 연연하여 싸울 마음이 없어졌으니 오늘 밤 적진을 습격하기에 좋습니다."

손책이 그렇게 하기로 했다. 그날 밤 군사를 다섯 길로 나누어 파죽지세로 쳐들어갔다. 유요의 군사들이 대패하여 모두 사방으로 흩어지고 어지러워졌다. 태사자는 혼자 힘으로 감당하기 어렵게 되자 10여 기만 이끌고 밤새 경현으로 가버렸다.

한편 손책은 또 진무를 얻어 돕도록 했는데, 그 사람은 키가 7척에 얼굴은 황색이고 눈동자는 붉은색으로 생김새가 괴상했다. 손책은 그를 매우 경애하여 교위로 임명하고 선봉으로 삼아 설례를 공격하게 했다. 진무가 10여 기만 이끌고 갑자기 진으로 돌진하여 50여 개의 머리를 베어내니 설례는 성문을 닫고 감히 나오지 못했다. 손책이 막 성을 공격하려고 하는데 갑자기 어떤 사람이 유요가 착융과 합세해 우저를 치러 갔다고 보고했다. 크게 화가 난 손책은 직접 대군을 인솔하여 우저로 달려갔다. 유요와 착융 두 사람이 출전하여 맞섰다. 손책이 말했다.

"내가 여기까지 왔는데 너는 어찌하여 항복하지 않느냐?"⓬

유요 뒤에서 한 사람이 창을 잡고 말을 몰아 나오는데 바로 부하 장수 우미³¹였다. 손책이 싸운 지 3합도 못 되어 우미를 사로잡아 말을 돌려 진으로 물러났다. 유요의 장수 번능樊能이 우미가 사로잡히는 것을 보고 창을 잡고 쫓아왔다. 창으로 막 손책의 등을 찌르려 하는데 손책의 진에서 군사들이 소리 질렀다.

"등 뒤를 몰래 노리는 놈이 있습니다!"

그제야 손책이 머리를 돌리니 별안간 번능의 말이 다가오는 것이 보였다. 손책은 크게 호통을 쳤는데 그 소리가 마치 거대한 천둥소리 같았다. 번능이 깜짝 놀라 그대로 몸이 뒤집히며 말 아래로 떨어지더니 머리가 깨져 죽었다. 손책이 문기 아래에 당도하여 우미를 내던졌으나 이미 옆구리에 끼여서 죽은 상태였다. 삽시간에 한 장수를 옆구리에 끼워 죽이고 또 다른 장수는 호통을 쳐서 죽이니 이때부터 사람들이 모두 손책을 '소패왕'³²이라고 불렀다.⓭

이날 유요의 군대는 대패하여 인마의 태반이 손책에게 항복했다. 손책이

베어낸 수급만 1만여 개였다. 유요는 착융과 함께 유표에게 몸을 의탁하러 예장³³으로 달아났다.⓮

손책은 군사를 돌려 다시 말릉을 공격했고 직접 해자 근처에 이르러 설례에게 투항을 권했다. 그때 성 위에서 누군가 몰래 숨어서 화살 한 대를 쏘았는데 손책의 왼쪽 넓적다리에 명중하여 손책이 말에서 떨어졌다. 장수들이 급히 구하여 일으키고 군영으로 돌아와 화살을 뽑고 금창약³⁴을 발랐다. 손책은 군중에 주장主將(주요 장수)이 화살에 맞아 죽었다고 헛소문을 퍼뜨리게 했다. 군중이 곡을 하며 애도하고 군영을 정리하여 일제히 떠났다. 손책이 이미 죽었다는 소식을 들은 설례는 그날 밤 성안의 군사들을 일으키고 사납고 날랜 장수 장영, 진횡陳橫과 함께 성을 나와 손책의 군사들을 추격했다. 그런데 갑자기 사방에서 복병이 일어나더니 손책이 앞장서 말을 몰아오며 크게 소리 질렀다.

"손랑孫郎이 여기 있다!"

군사들이 모두 놀라 창칼을 전부 버리고 땅바닥에 엎드려 절을 올렸다. 손책은 한 사람도 죽이지 못하게 했다. 장영은 말을 돌려 달아나다 진무의 창에 찔려 죽었고, 진횡은 장흠이 쏜 화살 한 대에 맞아 죽었다. 또한 설례는 혼란에 빠진 군중에서 죽었다. 손책은 말릉으로 들어가 백성을 위로하고 군사들을 경현으로 이동시켜 태사자를 사로잡으려 했다.⓯

한편 태사자는 건장한 장정 2000여 명을 불러 모아 본부 군사로 편입시키고 유요의 원수를 갚기로 했다. 손책은 주유와 함께 태사자를 사로잡을 계책을 상의했다. 주유는 삼면으로 경현을 공격하면서 동문만 남겨두어 달아날 길을 열어주었다. 성에서 25리³⁵ 떨어진 곳에 세 길로 각기 한 무리의 군사를 매복시켰는데 태사자가 그곳에 당도할 때면 사람과 말이 모두 기진맥진할 테니 반드시 사로잡을 수 있을 것이라 했다. 원래 태사자가 불러 모은 군사들은 태반이 산과 들판에서 살던 백성이라 기율을 알지 못했으며 또한 경현의 성벽도 그다지 높지 않았다. 그날 밤 손책은 진무에게 간편한 옷차림에 칼을 지니고 먼저 성을 기어올라가 불을 지르게 했다. 태사자는 성 위에서 불길이 일어나는 것을 보고 말에 올라 동문을 향해 달아났고 뒤에서는 손책이 군사를 이끌고 추격했다. 태사자가 한창 달아나는데 30리쯤 이르자 추격군이 더 이상 쫓아오지 않았다. 태사자가 50리를 달리니 사람과 말이 모두 지쳐 더 이상 달릴 수 없는 상태였는데 갈대숲에서 별안간 함성이 일어났다. 태사자가 급히 달아나려 하는데 양쪽 갈대숲에서 반마삭絆馬索 (적의 말을 걸어 넘어뜨리고 암살하는 밧줄)을 일제히 걸어 말을 넘어뜨리고 태사자를 사로잡아 본영으로 끌고 갔다. 손책은 태사자가 붙잡혀 온다는 것을 알고 직접 군영을 나가 사졸들에게 고함쳐 물리치고는 손수 결박을 풀어주며 자신의 비단 도포를 입혀주고 군영 안으로 청했다.

"나는 자의子義(태사자의 자)가 진정한 대장부라는 것을 알고 있소. 아둔하고 미련한 유요가 그대를 대장으로 삼아 쓰지 않았기에 패하여 이 지경이 된 것이오."

손책이 매우 후하게 대접하는 것을 본 태사자는 마침내 항복을 받아줄 것을 청했다. 손책은 태사자의 손을 잡고 웃으며 말했다.

"신정에서 서로 싸웠을 때 공이 나를 잡았다면 해치기야 했겠소?"

태사자가 웃으며 말했다.

"알 수 없습니다."

손책이 껄껄 웃으며 군막 안으로 청해 상좌에 앉히고 주연을 베풀어 환대했다. 태사자가 말했다.

"유군劉君(유요)이 방금 패했기 때문에 사졸들의 마음도 그로부터 떠났습니다. 제가 가서 나머지 무리를 수습해 명공을 도우려 하는데 저를 믿어주시겠습니까?"

손책이 일어나 감사하며 말했다.

"그것이 바로 내가 원하던 바요. 이제 공과 약속하건대, 내일 정오까지 공이 돌아오기를 기대하겠소."

태사자가 승낙하고 떠났다. 장수들이 말했다.

"태사자가 이번에 가면 틀림없이 돌아오지 않을 것입니다."

손책이 말했다.

"자의는 신의를 지키는 사람이라 절대로 나를 배신하지 않을 것이오."

그러나 장수들은 모두 믿지 않았다. 이튿날 군영 문 앞에 장대를 세워두고 해그림자를 살펴봤다. 해가 하늘 한복판에 이르렀을 때 바로 태사자가 1000여 명을 이끌고 군영에 당도했다. 손책은 크게 기뻐했고 모두 그의 사람을 알아보는 안목에 감복했다.❶⑥

이리하여 손책은 수만 명의 무리를 모아 강동으로 내려가서 백성을 위로하고 성심으로 귀순하게 하니 찾아오는 사람이 무수히 많았다. 강동의 백성은 모두 손책을 '손랑'이라고 불렀다. 그러나 손랑의 군대가 온다는 소식만 들으면 모두 간담이 서늘해져 달아났다. 그렇지만 손책의 군사가 당도하면 결코 한 사람도 약탈하지 않고 닭과 개도 놀라지 않으니 백성이 모두 기뻐하여 소와 술을 바치고 군영으로 와서 군사들을 위로했다. 손책이 황금과 비단으로 답례하자 환호 소리가 온 들판에 퍼졌다. 유요의 옛 군사들도 따르기를 원하는 자들은 받아줬으나 원치 않는 자들에게는 상금을 줘서 고향으로 돌아가 농사를 짓도록 했다. 강남의 백성 중에 손책을 우러러 칭송하지 않는 자가 없었다. 이로 말미암아 손책의 군세는 더욱 강성해졌다. 손책은 모친, 숙부와 동생들을 모두 곡아로 돌아오게 했다. 아우 손권에게 주태와 함께 선성[36]을 지키게 했고 자신은 군대를 통솔하여 오군[37]을 취하기 위해 남쪽으로 향했다.

이때 엄백호嚴白虎라는 자가 있었는데, 스스로 '동오덕왕東吳德王'이라 칭하고 오군을 점거하여 부하 장수를 오정과 가흥[38]으로 파견해 지키고 있었다. 그날 손책의 군대가 이르렀다는 소식을 들은 엄백호는 아우 엄여嚴興를 출병시켰고 양군은 풍교[39]에서 맞닥뜨렸다. 엄여가 칼을 비껴들고 다리 위에 말을 세웠다. 누군가 중군으로 들어와 보고하자 손책이 즉시 나가려고 했다. 그러자 장굉이 간언했다.

"무릇 삼군의 목숨은 주장에게 달려 있는데 보잘것없는 도적을 대적하고자 가볍게 움직여서는 안 됩니다. 원컨대 장군께서는 자중하십시오."

손책이 감사하며 말했다.

"선생의 말씀은 금석[40]에 새겨둘 만합니다만, 내가 직접 화살과 돌을 무릅쓰지 않는다면 장수와 사병들이 목숨을 다해 싸우지 않을까 염려됩니다."

결국 한당을 출전시켰다. 한당이 다리 위에 이르렀을 때 장흠, 진무가 일찌감치 작은 배를 몰고 강기슭을 따라 목숨 걸고 다리 아래를 지나면서 언덕 위에 있던 적군들에게 어지럽게 화살을 쏘아댔다. 두 사람이 나는 듯이 언덕에 올라 칼과 도끼를 휘두르며 죽이자 엄여가 달아났다. 한당이 군사를 이끌고 창문[41] 아래까지 쳐들어가자 적들은 물러나 성으로 들어가버렸다. 손책은 군사를 나누어 수로와 육로로 동시에 진격하고 오성吳城을 에워쌌다. 사흘을 포위했는데도 성을 나와 싸우는 자가 없었다. 손책은 군사들을 이끌고 창문 밖에 이르러 투항하라는 명령을 전했다. 성 위에서 비장裨將(부장) 하나가 왼손으로는 들보를 감싸 몸을 가리고 오른손으로는 성 아래를 가리키며 욕설을 퍼부었다. 태사자는 즉시 말 위에서 활을 집고 화살을 시위에 먹이고는 군중의 주장主將을 돌아보며 말했다.

"내가 저놈의 왼손을 쏴서 맞추는 것을 구경하시오!"

미처 그 말이 끝나기도 전에 활시위 소리가 울리더니 과연 명중하여 그 장수의 왼손을 뚫고 들어가 몸을 보호해주던 들보에 단단히 박혔다. 성 아래에서 이 광경을 본 사람들 중에 갈채를 보내지 않는 자가 없었다. 사람들이 그 장수를 구해 성 아래로 내려갔다. 엄백호가 크게 놀라 말했다.

"저들 중에 이런 사람이 있다면 어찌 대적할 수 있겠는가!"

마침내 상의하여 강화를 요청하기로 했다.❼ 이튿날 엄여를 시켜 성을 나가 손책을 만나게 했다. 손책은 엄여를 군막으로 청해 술을 마셨다. 술이 거나하게 취하자 엄여에게 물었다.

"그대 형님의 뜻은 어떠하오?"

엄여가 말했다.

"장군과 강동을 공평하게 나누고자 합니다."

손책이 크게 노하여 말했다.

"쥐새끼 같은 무리가 어찌 감히 나와 대등하단 말이냐!"

엄여의 목을 베라고 명했다. 엄여가 검을 뽑고 일어나자 손책이 검을 날려 찍어버리니 엄여는 그대로 쓰러졌고 그의 수급을 잘라 성으로 보냈다. 엄백호는 대적할 수 없다고 판단해 성을 버리고 달아났다. 손책은 군사들을 진격시켜 기습했고 황개는 가흥을 공격해 빼앗았으며 태사자는 오정을 취하여 여러 주42가 모두 평정되었다. 엄백호는 여항43으로 달아나며 길에서 노략질하다 토착민인 능조凌操가 마을 사람들을 이끌고 대항하여 싸우는 바람에 패하여 회계를 향해 달아났다. 능조 부자 두 사람이 와서 손책을 맞이하자 손책이 능조를 종정교위從征校尉[44]로 임명하고 함께 군사를 이끌며 강을 건넜다. 엄백호는 도적들을 모아 서진도[45] 입구에 나누어 배치했으나 정보와 싸워 다시 크게 패하고 그날 밤 회계까지 추격당했다.

회계태수 왕랑王朗이 군사를 이끌고 엄백호를 구하려고 하자 갑자기 한 사람이 나서며 말했다.

"안 됩니다. 손책은 어질고 의로운 군대이지만 엄백호는 포악하고 흉학한 무리이니 엄백호를 사로잡아 손책에게 바치는 것이 마땅합니다."

왕랑이 보니 바로 회계 여요[46] 사람으로 성이 우虞이고 이름이 번翻, 자가 중상仲翔이라 했는데 그때 군리[47]로 있었다. 왕랑이 노하여 꾸짖자 우번이 길게 탄식하며 나갔다.⓲

왕랑은 결국 군사를 이끌고 엄백호와 합류해 함께 산음[48]의 들판에 군대를 배치했다. 양쪽 진영이 대원[49]을 이루자 손책이 말을 몰고 나와 왕랑에게 일렀다.

"내가 인의의 군대를 일으켜 절강[50]을 안정시키려는데 너는 무슨 까닭으로 도적을 돕는가?"

왕랑이 욕설을 퍼부었다.

"네놈이야말로 탐욕스럽기가 한이 없구나! 이미 오군을 차지했으면서 또 나의 경계까지 강제로 합병하려고 하는구나! 오늘 특별히 엄씨의 원수를 갚아주겠노라!"

손책이 크게 노하여 맞붙어 싸우려는데 태사자가 벌써 뛰어나갔다. 왕랑이 말에 박차를 가하고 칼을 춤추듯 휘둘렀다. 몇 합이 채 안 되어 왕랑의 장수 주흔周昕이 싸움을 도우려 달려나왔다. 손책의 진중에서는 황개가 나는 듯이 말을 몰아 주흔을 잡아놓고 맞붙어 싸웠다. 양편에서 북소리가 크게 진동했고 서로 격렬한 전투를 벌였다. 그때 별안간 왕랑의 진 후방이 먼저 혼란해졌는데 손책의 군사들이 배후에서 느닷없이 짓쳐들어왔다. 왕랑이 크게 놀라 급히 말을 돌려 달려 맞섰다. 알고 보니 주유가 정보와 함께 군대를 이끌고 측면을 치고 들어와 앞뒤에서 협공한 것이었다. 왕랑은 중과부적이라 엄백호, 주흔과 함께 죽을힘을 다해 혈로를 뚫고 성안으로 달아나 조교를 끌어올리고 성문을 굳게 닫았다. 손책의 대군은 기세를 몰아 성 아래까지 추격하여 모든 군사를 나누어 배치하고 네 개의 성문을 공격했다. 왕랑은 성안에서 손책이 성을 몹시 세차게 공격하는 것을 보고 다시 군사를 내어 생사를 걸고 마지막 승부를 겨루고자 했다. 엄백호가 말했다.

"손책의 군세가 매우 대단하니 족하께서는 도랑을 깊게 파고 보루를 높이 쌓아 견고하게 지키면서 나가지 마시오. 한 달도 못 되어 저들은 양식이 떨어져 저절로 물러날 것이오. 그때 허점을 이용해 습격하면 싸우지 않고도 격파할 수 있을 것이오."

왕랑은 그 의견에 따라 회계성[51]을 지키기만 하고 나가지 않았다. 손책이 연거푸 며칠을 공격했으나 성공하지 못하자 장수들과 상의했다. 손정이 말했다.

"왕랑은 견고함에 의지해 성을 방어하고 있으니 빠른 시간 내에 함락시키기는 매우 어려울 걸세. 회계의 돈과 양식은 대부분 사독[52]에 비축해두고 있는데, 그곳은 여기서 겨우 수십 리밖에 되지 않으니 군사를 보내 먼저 그 안쪽을 점거하는 것이 나을 듯하네. 이것이 소위 '방비가 없는 곳을 공격하고 뜻하지 않은 곳에서 나타난다攻其無備, 出其不意'고 하는 것이네."[53]

손책이 크게 기뻐하며 말했다.

"숙부님의 기묘한 계책이라면 적들을 깨뜨리기에 충분합니다!"

즉시 명령을 하달하여 각 문에 불을 붙이고 형식적으로만 깃발을 꽂아 의병疑兵을 배치하게 하고 그날 밤으로 성의 포위를 풀어 남쪽으로 갔다. 주유가 나서며 말했다.

"주공의 대군이 일제히 일어나 떠나면 왕랑이 반드시 성을 나와 뒤를 쫓을 터이니 그때 기습 부대를 써야 이길 수 있을 것입니다."

손책이 말했다.

"내가 지금 준비해놨네. 성을 취하는 것은 오늘 밤뿐이라네."

즉시 군마를 출발시켰다.

한편 왕랑은 손책의 군마가 물러갔다는 소리를 듣고는 사람들을 거느리고 적루54에 올라 살펴보았다. 성 아래에는 연기와 불길만 일어나고 깃발들이 뒤섞여 있지 않아 속으로 의심하여 머뭇거렸다. 주흔이 말했다.

"손책이 달아났습니다. 일부러 이런 계책을 써서 우리를 의심하게 만든 것뿐입니다. 군사를 내보내 기습해야 합니다."

엄백호도 말했다.

"손책이 혹시 사독으로 간 것은 아닐까요? 우리가 본부 군사들을 이끌고 주장군과 함께 그 뒤를 쫓도록 하겠소."

왕랑이 말했다.

"사독은 우리가 양식을 저장해둔 곳이라 반드시 방비해야 하오. 그대들은 먼저 군사를 이끌고 가도록 하고 나는 뒤따라가면서 호응하리다."

엄백호는 주흔과 함께 5000명의 군사를 이끌고 성을 나가 손책의 뒤를 쫓았다. 초경이 가까워질 무렵 성에서 대략 20여 리 떨어진 울창한 숲속에서 한바탕 북소리가 울리더니 횃불이 일제히 밝혀졌다. 엄백호가 깜짝 놀라 즉시 말에 채찍질하며 돌아서 달아났다. 그때 한 장수가 앞을 가로막았는데 불빛 속에서 그를 보니 바로 손책이었다. 주흔이 칼을 춤추듯 휘두르며 나가 맞섰지만 결국 손책의 창에 찔려 죽고 말았다. 나머지 무리는 모두 항복했다. 엄백호는 죽을힘을 다해 한 갈래 혈로를 뚫고 여항을 향해 달아났다. 왕랑은 앞선 군사들이 이미 패했다는 소식을 듣고 감히 성으로 들어가지 못하고 부하들을 이끌어 바닷가 근처 지방으로 달아났다.⑲

손책은 다시 대군을 이끌고 돌아와 기세를 몰아 성지를 취하고 백성을 안정시켰다. 하루도 지나지 않아 어떤 사람이 엄백호의 수급을 가지고 손책의 진지 앞으로 와서 헌납했다. 손책이 그 사람을 살펴보니 8척의 키에 얼굴은 네모지고 입은 컸다. 이름을 물어보니 회계 여요餘姚 사람으로 성이 동董이고 이름이 습襲, 자가 원대元代라고 했다. 손책이 기뻐하며 그 사람을 별부사마로 임명했다. 이로부터 동쪽 각 지방이 모두 평정되자 숙부 손정으로 하여금 그곳을 방비하도록 하고 주치를 오군태수로 임명한 다음 군사를 거두어 강동으로 돌아갔다.

한편 손권은 주태와 더불어 선성을 지키고 있었는데 난데없이 도적들이 발동하여 사방으로 쳐들어왔다. 그때는 한밤중이라 도적들을 막을 수 없어 주태는 손권을 안고 말에 올랐다. 수십 명의 도적들이 칼을 휘두르며 들이쳤다. 주태는 벌거벗은 채 걸어가면서 칼로 도적들 10여 명을 찍어 죽였다. 뒤이어 한 도적이 말에 박차를 가해 창을 잡고 곧장 주태에게 달려들었으나 주태가 그자의 창을 잡고 끌어당겨 말 아래로 끌어내리고 창과 말을 빼앗아 한 줄기 혈로를 뚫으며 손권을 구출했다. 나머지 도적은 멀리 도망쳤다. 열두 군데나 창상을 입은 주태는 상처가 부어올라 생명이 경각에 달렸다. 손책이 그 소식을 듣고 깜짝 놀랐다. 그때 군막 안에 있던 동습이 말했다.

"제가 일찍이 해적들과 상대하다 몸에 여러 군데 창상을 입은 적이 있었습니다. 회계군의 한 어진 군리 우번虞翻이란 사람이 의원을 추천해줬는데 보름 만에 완쾌되었습니다."

손책이 말했다.

"우번이라면 혹시 우중상虞仲翔(우번의 자)이 아니오?"

"그렇습니다."

"그 사람은 현사지요. 내가 그를 불러다 쓰리다."

즉시 장소와 동습에게 명하여 함께 가서 우번을 모셔오게 했다. 우번이 도착하자 손책은 예로써 후하게 대접하고 공조[55]로 임명했다. 의원을 구하고 있었다는 뜻을 말하자 우번이 말했다.

"그 의원은 패국 초군[56] 사람으로 성이 화華이고 이름이 타佗, 자가 원화元化라 하는데 참으로 당대의 신의神醫라 할 수 있습니다. 그를 데려다 만나 보시지요."

하루도 못 되어 화타를 데리고 왔다. 손책이 그 사람을 보니 얼굴은 어린아이 같은데 머리털은 학처럼 하얀 백발로 세속을 벗어난 초연한 자태였다. 바로 귀빈으로 모시고 주태의 상처를 살펴봐달라고 청했다. 화타가 말했다.

"이 사람은 치료하기 쉽습니다."

약을 쓰자 한 달 만에 완치됐다. 손책이 크게 기뻐하며 화타에게 깊이 감사했다. 그러고는 군사들을 진격시켜 산적들을 소탕하니 강남이 모두 평정되었다.❷⓿

손책은 장수와 병사들을 각각 파견하여 각처의 험준하고 중요한 요새지를 방비하는 한편, 표문을 올려 조정에 아뢰어 조조와도 친분을 맺었다. 또 한편으로 사람을 시켜 원술에게 서신을 보내고 옥새를 가져오도록 했다.

한편 원술은 암암리에 황제가 될 마음이 있어 바로 회신을 보내면서 구실을 만들어 거절하고 옥새를 돌려주지 않았다. 그러고는 급히 장사 양대장,[57] 도독 장훈張勳, 기령紀靈, 교유橋蕤, 상장 뇌박雷薄, 진란陳蘭 등 30여 명을 불러 모아 상의했다.

"손책이 우리 군마를 빌려 일으키더니 지금 강동 일대를 모조리 손아귀에 넣었다고 하오. 그런데 은혜에 보답할 생각은 하지 않고 도리어 옥새를 찾으니 참으로 무례하기 이를 데 없소. 어떻게 해야 그자를 도모할 수 있겠소?"

장사 양대장이 말했다.

"손책은 장강의 험준한 지역을 차지했고 정예한 군사와 양식도 풍부하여 도모할 수 없습니다. 지금으로서는 먼저 유비를 정벌하여 지난날 이유 없이 우리를 공격한 원한을 갚은 다음에 손책을 도모하여 취해도 늦지 않을 것입니다. 제가 유비를 당장에 사로잡을 수 있는 계책을 바치겠습니다."

강동의 사나운 범을 도모하러 갈 생각은 않고
도리어 서주[58]로 와서 교룡蛟龍과 싸우려 드네
不去江東圖虎豹, 却來徐郡鬪蛟龍

그 계책은 무엇일까?

제15회 소패왕 손책과 태사자

❶

여포가 유비를 다시 받아들인 것은 진궁의 계책이 아니라 여포 자신의 계책이었다

『삼국지』「촉서·선주전」 배송지 주 『영웅기』에서는 "유비의 군대는 광릉에 있었는데 굶주림과 곤란한 처지에 몰렸고 관병들이 곤궁과 굶주림을 견딜 수 없게 되자 소패로 돌아가고 싶어 결국 관리를 보내 여포에게 항복을 청했다. 여포는 유비를 주州로 돌아오게 해서 세력을 합병하여 원술을 공격하려 했기 때문에 유비를 위해 자사刺史의 거마와 하인을 갖추어 유비의 처자식과 부하의 가족들을 사수로 보내고 조도祖道(길을 떠나는 자를 위해 노신路神에 제사를 지내고 주연을 베풀어 전송하는 것을 말함)를 거행하고 서로 즐겼다"고 했고, 『위서』에서는 "여러 장수가 여포에게 '유비는 수차례 태도를 바꿨으므로 길들이기 어려우니 일찌감치 그를 도모해야 합니다'라고 말했으나 여포는 듣지 않았고 상황을 유비에게 말했다. 유비는 내심 불안하여 의탁하고자 했고 사람을 시켜 여포를 설득하면서 소패에 주둔할 수 있도록 청했다. 여포는 이에 유비를 소패로 보냈다"고 기록하고 있다.

『자치통감』 권62 「한기 54」에는 "유비가 여포에게 항복을 하겠다고 하자 여포 또한 원술이 식량을 보내지 않은 것에 분노했기 때문에 유비를 불러들였고 유비를 예주자사로 임명했으며 함께 연합하여 원술을 공격하려 했다. 유비를 소패에 주둔하도록 했고 여포 자신은 서주목을 칭했다"고 기록하고 있다.

❷

미麋부인은 이때 여포에게 잡히지 않았다

『삼국지』「촉서·미축전」에 따르면 "건안 원년(196), 여포는 선주가 출정하여 원술에게 저항하는 틈을 이용해서 하비를 습격하고 선주의 처자식을 포로로 삼았다. 선주는 군사를 이끌고 광릉군廣陵郡 해서현海西縣(치소는 지금의 장쑤성 관난灌南 동남쪽)으로 돌아가 주둔했다. 미축은 이때 누이동생을 선주에게 보내 부인이 되게 했다"고 기록하고 있어, 여포가 하비성을 점령한 후에 미부인이 유비에게 출가한 것으로 볼 수 있다.

❸

원술이 "내게 손랑孫郎 같은 아들이 있다면 죽는다 한들 또 무슨 한이 있겠는가!"라고 말한 것은 역사에 기록되어 있는 사실이다. 그리고 원술과 손책에 관한 이야기가 『삼국지』「오서·손책전」과 『자치통감』권61 「한기 53」에 소개되어 있다.

"흥평 원년(194), 손책은 원술에게 귀의했다. 원술은 그를 특별하게 중시했고 손견의 부대를 그에게 돌려주었다. 손책의 기병이 죄를 짓고 원술의 군영으로 도망쳐 마구간에 숨었다. 손책은 사람을 보내 그를 베어 죽였고 일이 끝난 뒤 원술을 찾아가 사죄했다. 원술이 말했다. '군사들은 쉽게 배신하느니라. 마땅히 함께 그들을 근심해야 하거늘 어찌하여 사죄하는가?' 이로부터 군중에서는 점점 더 손책을 두려워하게 되었다."

손랑孫郎이란 칭호에 대해 배송지 주 『강표전』에 따르면 "손책은 이때 나이가 어린데도 작위와 명호名號가 있었기 때문에 군사와 백성이 모두 손랑이라 불렀다"고 기록하고 있다.

❹

『삼국지』「오서·손책전」과 『자치통감』 권61 「한기 53」에서는 손책이 육강을 토벌한 내용을 다음과 같이 기록하고 있다.

"원술은 서주를 공격하려 했고 여강廬江태수 육강陸康에게 쌀 3만 곡을 요청했다. 육강이 주지 않자 원술은 크게 화가 났다. 손책이 이전에 육강을 방문했지만 육강은 만나주지 않고 주부主簿를 시켜 손책을 접대하게 했고 이에 손책은 원한을 품었다. 원술은 손책을 파견해 육강을 공격하도록 하면서 일렀다. '지금 만일 육강을 잡는다면 여강은 진정 경의 소유가 될 것이다.' 손책이 육강을 공격해 여강을 함락시켰지만 원술은 그의 옛 관리였던 유훈劉勳을 그곳 태수로 임명했으므로 손책은 더욱더 실망했다."

이후 유훈은 건안 3년(198)에 손책에게 격퇴되어 조조에게 귀의한다.

❺

『삼국지』「오서·주치전朱治傳」에 따르면 "마침 손견이 세상을 떠났으므로 주치는 손책을 보좌하여 원술에게 가서 의탁하게 되었다. 나중에 주치는 원술이 정사와 덕행에 신경 쓰지 않는 것을 알아차리고는 곧바로 손책에게 군사를 돌려 강동을 평정하도록 권유했다"고 기록하고 있다.

❻

여범은 원술의 모사가 아니었다

『삼국지』「오서·여범전」에 따르면 "여범은 난리를 피해 수춘으로 갔는데 손책은 그를 보고 기이하다고 생각했다. 여범도 마침내 손책을 친근하게 여겨 식객 100명을 이끌고 손책에게로 귀의했다"고 기록하고 있다. 여범이 수춘에 있었던 것은 사실이지만 원술의 모사로 있었던 적은 없다.

❼

『삼국지』「오서·손책전」에서는 다음과 같이 기록하고 있다.

"이전에 유요가 양주자사로 임명되었는데 양주의 옛 치소는 수춘壽春에 있었다. 수춘은 원술이 이미 점거했으므로 유요는 바로 장강을 건너 곡아曲阿를 치소로 삼았다. 당시 오경은 여전히 단양丹陽에 있었고 손책의 종형인 손분 또한 단양도위로 임명되었는데 유요가 당도하자 그들을 모두 쫓아냈다. 오경과 손분은 물러나 역양歷陽에서 거주했다. 손책은 즉시 원술을 설득하여 오경 등을 도와 강동을 평정하겠다고 요청했다. 원술은 표문을 올렸고 손책은 절충교위折衝校尉로 임명되었으며 진구장군殄寇將軍을 대리하게 됐다. 병사는 1000여 명, 전마는 수십 필이며 빈객으로 따르기를 원하는 자가 수백 명이었다. 역양에 도착한 뒤에는 병사가 이미 5만6000명이나 되었다."

또한 배송지 주 『강표전』과 『자치통감』 권61 「한기 53」에서는 다음과 같이 기록하고 있다. "손책이 원술에게 말했다. '저희 집안은 강동에 옛 은혜가 있어 원컨대 외숙을 도와 횡강橫江을 토벌하고자 합니다. 횡강을 점령하고 기회를 틈타 본토에서 병마를 모집하면 3만 명을 얻을 수 있으니 그들을 사용하여 사군使君께서 시세를 바로잡아 한실을 구제하는 데 보좌하고자 합니다.'(『자치통감』에서는 "사군께서 천하를 평정하는 데 보좌하고자 합니다"로 기록하고 있다.) 원술은 그의 원한을 알고 있었으나 유요가 곡아를 점거하고 있고 왕랑이 회계를 지키고 있기 때문에 손책이 그들을 평정할 수 없을 것이라 여기고 그의 요청을 허락했다."

손책이 원술에게 군사를 빌리면서 옥새를 맡겼을까?

『삼국지』「오서·손견전」 배송지 주 『산양공재기山陽公載記』에 따르면 "원술이 본분을 뛰어넘어 황제라 칭하려 했는데, 손견이 전국새傳國璽를 가지고 있다는 소리를 듣고는, 이에 손견의 부인을 구금하고 전국새를 빼앗았다"고 했다. 그러나 노필盧弼의 『삼국지집해三國志集解』에 따르면 "원술이 건안 2년(197)에 참칭僭稱했는데, 이때 손책은 이미 부릉阜陵(현 명칭, 양주 구강군九江郡에 속했으며 지금의 안후이성 취안자오全椒

동남쪽)으로 가서 모친을 맞이하여 곡아에 이르렀다. 원술이 어떻게 그녀를 구금할 수 있겠는가?"라고 했다.

❽

장소와 장굉을 주유가 추천했다는 기록은 없으며 손책과의 만남도 비교적 간략하게 기록하고 있다. 『삼국지』「오서·장소전」에 "한나라 말기에 천하가 크게 혼란스러워 서주 일대의 사인士人(선비, 지식인)과 백성 대부분이 양주 일대로 피란을 갔으며 장소 등의 사람도 모두 남쪽으로 장강을 건넜다. 손책이 기업을 창건했을 때 장소를 장사長史, 무군중랑장撫軍中郎將으로 임명했다. 후당으로 들어가 장소의 모친을 뵈었는데 손책을 장소의 동년배 친구처럼 여겼다. 정사와 군무를 전부 장소에게 위임하여 처리하게 했다"고 기록하고 있고, 「오서·장굉전」에는 "강동으로 피란 갔다가 손책이 창업하자 곧 그에게 귀순했다. 손책은 표문을 올려 장굉을 정의교위正議校尉로 임명했고 그는 손책을 수행하여 단양을 토벌했다"고 간략하게 기록하고 있다.

❾

유요와 태사자의 만남

『삼국지』「오서·태사자전」에서는 다음과 같이 기록하고 있다.

"양주자사 유요는 태사자와 같은 군郡 사람이다. 태사자가 요동에서 돌아왔을 때에는 아직 유요를 만나지 못했다. 오래지 않아 장강을 건너 곡아로 가서 유요를 만나려 했는데, 아직 떠나지 않았을 때 마침 손책이 군대를 이끌고 당도했다. 어떤 사람이 유요에게 태사자를 대장군으로 임명할 만하다며 권유하자, 유요가 말했다.

'내가 만일 자의子義(태사자의 자)를 중용한다면 허자장許子將(허소許劭를 말한다. 후한의 명사로 인물을 품평하기로 유명했다)이 나를 비웃지 않겠소?'

그는 태사자에게 적군의 진위와 허실을 정찰하는 임무를 맡겼다."

⑩

장흠과 주태가 손책을 따르게 된 정확한 시기와 계기에 관한 상세한 역사 기록은 없으며 다음과 같이 짧게 기록하고 있다.

『삼국지』「오서·장흠전」에서는 "손책이 원술을 습격했을 때 장흠은 그를 수행하여 일을 처리했다. 손책이 동쪽으로 건너자 장흠을 별부사마別部司馬로 임명했고 그에게 병사를 줬다. 그는 손책과 함께 사방을 돌아다니며 싸웠고 세 군을 평정했으며, 또 그를 수행하여 예장豫章을 평정했다"고 기록하고 있고,「오서·주태전周泰傳」에서는 "주태는 장흠과 함께 손책을 좌우로 수행했으며 손책을 섬기며 공경했고, 여러 차례 싸움에 나가 공로를 세웠다. 손책은 회계로 진입한 후에 그를 별부사마로 임명하고 그에게 병사를 주었다"고 기록하고 있다.

⑪

손책과 태사자의 싸움

소설에서의 손책과 태사자의 결투는 과장되었지만 사실이다.『삼국지』「오서·태사자전」과『자치통감』권61「한기 53」의 내용은 소설과 같다.

"태사자는 기병 1명을, 손책은 기병 13명을 데리고 있었는데 길에서 맞닥뜨리게 되었다. 태사자는 싸우다가 손책과 정면으로 대적하게 되었는데 손책은 태사자의 말을 찌르고 수극手戟(소극小戟)을 빼앗았고 태사자도 손책의 투구를 빼앗았다."

⑫

손책과 진무의 만남은『삼국지』「오서·진무전」에 "손책이 수춘에 있을 때 예물로써 손책을 배알했다. 그때 그는 18세로 키가 7척 7촌이었다. 그는 손책을 따라 장강을 건너 토벌하여 공을 세웠으므로 별부사마로 임명되었다"고 간략하게 기록되어 있다.

착융과 설례

소설에서는 착융과 설례가 유요의 모사로 등장하고 유요와 함께 손책에 대항하는 것으로 나오지만 실제 역사는 소설과 상당히 다르다.

『삼국지』「오서·유요전」에는 "손책이 동쪽으로 장강을 건너 장영과 번능 등을 격파했다. 유요는 단도丹徒(현 명칭, 장쑤성 전장鎭江 동남쪽)로 달아났다가 즉시 강을 거슬러 올라가 강남의 예장군을 보호하고자 팽택彭澤(현 명칭, 장시성 후커우湖口 동쪽)에 주둔했다. 그런데 착융이 먼저 당도하여 예장태수 주호朱皓를 죽이고 성으로 들어가 군郡을 점거하고 있었다. 유요는 진격하여 착융을 토벌하려다가 오히려 격파되고 말았다. 그러나 그는 또다시 부속 현의 병력을 불러 모아 착융을 공격하여 격파했다"고 기록하고 있다. 『삼국지』「오서·손책전」 배송지 주 『강표전』에는 "손책이 장강을 건너 유요의 우저牛渚 군영을 공격하여 저각邸閣의 양곡, 전쟁 도구 등을 모조리 획득했는데 이때가 흥평 2년(195)이었다. 이때 팽성상彭城相 설례와 하비상 착융은 유요를 맹주로 삼았으며 설례는 말릉성秣陵城을 차지하고 있었고 착융은 말릉현 남쪽에 주둔하고 있었다"고 기록하고 있다.

⑬

『삼국지』「오서·손책전」 배송지 주 『강표전』에는 "손책이 먼저 착융을 공격하자 착융은 군사를 이끌고 나와 맞붙어 싸웠으나 손책이 베어낸 수급이 500여 명이 넘자 착융은 즉시 성문을 닫고 감히 움직이지 못했다. 강을 건너 설례를 공격하자 설례는 달아났고 번능과 우미 등이 다시 무리를 규합해 우저를 습격해 빼앗았다. 그 소식을 들은 손책은 번능 등을 공격하여 격파했고 남녀 1만여 명을 사로잡았다"고 기록하고 있다.

역사에는 우미와 번능을 손책이 격파했다는 기록은 있어도 소설의 내용처럼 겨드랑이에 끼어서 죽거나 호통 소리에 놀라 죽었다는 기록은 없다. 손책을 부각시키기 위한 지나친 과장인 듯하다.

⑭

『후한서』「허소전」에 따르면 "손책이 동오를 평정하자 허소는 유요와 함께 남쪽 예장으로 도망쳤다"고 했고 『삼국지』「오서·유요전」에 따르면 "유요는 병으로 42세에 죽었다"고 기록하고 있다. 『삼국지』「오서·태사자전」에 "나중에 유요가 예장에서 죽자 그 수하의 병사와 백성 1만여 명은 의지할 곳이 없게 되었다. 손책은 태사자에게 가서 그들을 위로하도록 명했다"고 기록하고 있다.

소설에서는 유요가 착융과 함께 유표에게 몸을 의탁하러 예장豫章으로 갔다고 했는데, 예장은 양주에 속했고 유표는 형주 양양襄陽에 주둔하고 지키고 있었다. 예장과 양양은 거리가 상당히 멀다.

⑮

착융과 설례는 어떻게 죽었나?

『삼국지』「오서·유요전」에 따르면 "유요에게 패한 착융은 산속으로 달아났지만 백성에게 살해되었다"고 기록하고 있으며, 또한 설례의 죽음에 대해서는 "처음에 팽성상 설례는 도겸에게 핍박을 받아 말릉에 주둔하고 있었다. 착융은 광릉의 백성을 탐내어 술에 취한 틈을 타 조욱趙昱을 죽이고 병사를 풀어 크게 약탈한 다음 가득 싣고 떠났다. 말릉을 지나다 설례를 죽이고 그 다음에 주호를 죽였다"고 기록하고 있어 소설과는 많은 차이가 있다.

⑯

태사자가 돌아온 것에 대해 소설의 내용은 배송지 주 『오력吳歷』에 근거했지만 『삼국지』「오서·태사자전」에서는 다음과 같이 기록하고 있다.

"나중에 유요가 예장에서 죽자 그 수하의 병사와 백성 1만여 명은 의지할 곳이 없게 되었다. 손책은 태사자에게 가서 그들을 위로하도록 명했다. 그러자 주위 사람들이 모두 말했다.

'태사자가 북쪽으로 가면 틀림없이 돌아오지 않을 것입니다.'

손책이 말했다.

'자의子義(태사자의 자)가 나를 버리고 떠나면 다시 누구에게 의탁할 수 있겠소?'

창문昌門(창문閶門을 말하며, 춘추시대 오나라의 서곽문西郭門)에서 태사자를 전송할 때 손책은 그의 손목을 잡고 말했다.

'언제 돌아올 수 있겠소?'

태사자가 대답했다.

'60일을 넘지는 않을 것입니다.'

과연 태사자는 기약한 대로 돌아왔다."

⑰
태사자의 활쏘기 솜씨는 이때 드러난 것이 아니었다

『삼국지』「오서·태사자전」에는 다음과 같은 기록이 있다.

"태사자는 키가 7척 7촌이며 수염이 아름다웠고 원숭이같이 팔이 길어 활쏘기를 잘했는데, 헛방을 쏘는 일이 없었다. 일찍이 손책을 수행하여 마둔麻屯(지금의 후베이성 훙후洪湖 동북쪽 장강 북쪽 연안)과 보둔保屯(지금의 후베이성 훙후洪湖와 자위嘉魚 사이)의 도적을 토벌하러 갔는데, 어떤 적이 성보城堡 안에서 성루로 올라가 욕설을 퍼붓고는 손으로 성루의 들보를 잡고 있었다. 태사자가 활을 당겨 쏘자 화살촉이 그의 손을 뚫고 들보에 박혔다. 성보 밖의 많은 사람 중에 칭찬하지 않은 이가 없었다. 그의 활쏘기 솜씨는 이와 같이 신묘했다."

⑱
우번은 왕랑에게 항복을 권하지 않았다

『삼국지』「위서·왕랑전」에 "왕랑의 공조功曹 우번은 힘으로는 대항할 수 없으므로 피하는 것이 낫다고 생각했다"고 기록하고 있고 「오서·우번전」에도 "우번은 왕랑에게 손책을 피하도록 권유했다"고 기록하고 있다.

⑲

왕랑의 행적

『삼국지』「오서·우번전」에 따르면 "손책에게 대항해 싸우다가 대패하여 바닷가로
달아나 떠돌아다녔다"고 기록하고 있고 「위서·왕랑전」에는 "왕랑은 자신이 한나라
관리이므로 마땅히 성읍을 보호해야 한다고 생각하고는 마침내 군사들을 인솔하여
손책과 싸웠는데 결국 패하여 바닷가를 떠돌다가 동야東冶(현 명칭으로 치소는 푸젠성
푸저우)에 이르렀다. 손책은 다시 추격하여 왕랑을 크게 격파했다. 왕랑은 곧 손책을
찾아갔다. 손책은 그를 박식한 선비로 여겨 꾸짖기만 하고 해치지는 않았다"고 기록
하고 있다. 『자치통감』 권62 「한기 54」에도 "손책에게 패한 왕랑은 도망쳤고 우번이
왕랑을 보호하며 뒤를 따라 바닷가를 떠돌다가 동야에 이르렀으나 손책이 그 뒤를
추격하여 대패시키자 왕랑은 손책에게 항복했다"고 기록하고 있다.

⑳

이때 주태의 용맹에 대해 『삼국지』「오서·주태전」에서는 다음과 같이 기록하고
있다.

"손권은 주태의 사람됨을 좋아했으므로 손책에게 주태를 자신이 지휘할 수 있도
록 해달라고 요청했다. 손책이 여섯 개 현의 산적을 토벌할 때 손권은 선성宣城에 주
둔해 있었는데 신변에 호위하는 병사가 1000명도 되지 않았고, 대의大意를 소홀히
하여 주위를 방어하는 울타리를 세우지 못했을 때 산적 수천 명이 갑자기 들이닥쳤
다. 손권이 막 말에 올랐을 때는 산적의 칼날이 그의 좌우에서 뒤얽히고 있었다. 그
중 어떤 것은 그의 말안장을 찍기까지 했으며 냉정을 유지할 수 있는 사람이 없었
다. 오직 주태만이 용기를 내어 적들을 공격했고 몸을 돌보지 않고 손권을 보호했는
데 담력과 용기가 보통 사람의 배나 되었다. 주태의 행동은 손권 주변 사람들을 격려
하게 했고 모두 나아가 싸울 수 있었다. 적군이 물러간 뒤에 주태는 몸에 열두 군데
의 상처를 입었고 매우 오랜 시간이 지나서야 되살아났다."

그러나 화타가 주태를 치료했다는 역사 기록은 없다.

원문의 극을 쏘아 맞춘 여포

여봉선은 원문에서 극을 쏘고,
조맹덕은 육수에서 적과 싸워 패하다

呂奉先射戟轅門,
曹孟德敗師淯水

양대장은 계책을 바쳐 유비를 공격하고자 했다. 원술이 말했다.

"계책을 어떻게 내려는가?"

양대장이 말했다.

"소패에 군대를 주둔시키고 있는 유비는 비록 쉽게 취할 수는 있지만 호랑이가 웅크리듯 서주에서 버티고 있는 여포는 어찌할 수 없습니다. 지난번 그에게 주기로 약속한 황금과 비단, 양식과 말을 지금까지 주지 않았으므로 그가 유비를 도울까 염려됩니다. 지금 사람을 시켜 양식을 보내서 그의 마음을 묶어두고 군사를 움직이지 못하게 한다면 유비를 사로잡을 수 있을 것입니다. 먼저 유비를 사로잡은 다음에 여포를 도모한다면 서주를 차지할 수 있을 것입니다."

원술이 기뻐하며 즉시 20만 곡[1]의 양식을 준비하고 한윤韓胤을 시켜 밀서를 가지고 여포에게 가게 했다. 여포는 몹시 기뻐하며 한윤을 극진히 대접했다. 한윤이 돌아와 원술에게 보고하자 원술은 마침내 기령을 대장으로 삼고 뇌박과 진란을 부장으로 삼아 군사 수만 명을 소패로 진격하게 했다.

이런 소식을 들은 현덕은 사람들을 모아놓고 상의했다. 장비가 나가 싸우려 하자 손건이 말했다.

"지금 소패는 양식도 부족하고 군사도 미약한데 어떻게 적을 막아내겠습니까? 편지를 써서 여포에게 위급함을 알리는 것이 좋겠습니다."

장비가 말했다.

"그놈이 어째서 오려고 하겠는가!"

현덕이 말했다.

"손건의 말이 맞네."

즉시 편지를 써서 여포에게 보냈다.

"엎드려 생각건대 장군께서 배려해주신 덕분에 제가 소패에서 몸을 의지하게 되었으니 참으로 높은 하늘 같은 덕에 감사드립니다. 그런데 지금 원술이 사사로운 원한을 갚겠다고 기령을 시켜 군대를 이끌고 본 현을 치려 하여 이 소패의 위급함이 조석에 달려 있으니 장군이 아니면 구원해줄 수 없습니다. 바라건대 일려[2]의 군사들을 몰고 오셔서 거꾸로 매달린 이 위급함을 구원해주시면 이보다 다행일 수 없을 것입니다!"

편지를 읽은 여포가 진궁과 계책을 상의하며 말했다.

"지난번에 원술이 양식과 편지를 보낸 것은 아마도 나로 하여금 현덕을 구원하지 못하게 하려는 것이오. 지금 현덕이 다시 구원해달라고 하는데 내 생각에는 현덕이 소패에 군대를 주둔시키고 있는 것이 꼭 우리한테 해가 되지는 않을 것이오. 만약에 원술이 현덕을 합병한다면 북으로 태산의 여러 장수와 연계하여 장차 나를 도모할 텐데, 그러면 내가 베개를 제대로 놓고 편안히 잘 수 없을 것이오. 현덕을 구원하는 편이 나을 듯하오."

마침내 군사를 점검하고 출발했다.

한편 군사를 일으킨 기령은 신속하게 진격하여 패현 동남쪽에 군영을 세웠다. 낮에는 늘어놓은 깃발들이 산과 시내를 덮었고, 밤에는 횃불을 밝히고 전고³를 두드려 천지를 진동하며 환하게 밝혔다. 현덕의 현에는 고작 5000여 명으로 간신히 현을 나와 진을 치고 군영을 꾸렸다. 그런데 갑자기 여포가 군사를 이끌고 현에서 1리 떨어진 서남쪽에 군영을 세웠다는 보고가 들어왔다.❶

기령은 여포가 유비를 구원하러 군사를 거느리고 왔다는 것을 알고 급히 사람을 시켜 여포에게 편지를 보내 신의가 없음을 꾸짖었다. 여포가 웃으면서 말했다.

"내게 계책이 하나 있는데 원술과 유비 두 집안이 모두 나를 원망하지 않을 것이다."

그러고는 기령과 유비의 군영으로 사신을 보내 두 사람을 술자리에 청했다.

여포가 청한다는 말을 들은 현덕은 즉시 가려고 했다. 관우와 장비가 말했다.

"형님께서는 가시면 안 됩니다. 여포에게 틀림없이 다른 마음이 있을 것입니다."

현덕이 말했다.

"내가 그 사람을 야박하게 대하지 않았으니 그도 나를 해치지는 않을 것이네."

결국 말에 올라 여포에게 갔다. 관우와 장비도 뒤따랐다. 여포의 군영에 이르러 들어가자 여포가 말했다.

"내가 지금 특별히 공의 위급함을 풀어드리려 하오. 후일 뜻을 얻더라도 잊어서는 아니 될 것이오!"

현덕이 감사했다. 여포는 현덕을 자리에 앉도록 청했다. 관우와 장비는 검을 어루만지며 뒤에 시립했다. 그때 기령이 당도했다는 보고가 들어오자 현덕이 깜짝 놀라 자리를 피하려고 했다. 여포가 말했다.

"내가 특별히 두 분을 청하여 회의를 하려는 것이니 의심하지 마시오."

현덕은 그 의미를 알지 못해 마음이 몹시 불안했다. 이때 말에서 내려 군영으로 들어오던 기령은 군막에 현덕이 앉아 있는 것을 보고는 크게 놀라 몸을 빼서 돌아가려 했다. 좌우에 있던 사람들이 만류했으나 멈추지 않고 나가버렸다. 여포가 나가서 덥석 잡아끌고 오는데 마치 어린아이를 데리고 오는 듯했다. 기령이 말했다.

"장군은 이 기령을 죽이려 하오?"

여포가 말했다.

"아니오."

"그러면 혹시 저 '귀 큰 아이'를 죽일 테요?"

"그것도 아니올시다."

"그렇다면 뭘 하자는 거요?"

"현덕과 나는 형제지간인데 지금 장군 때문에 곤경에 처했다고 하기에 내가 구원하러 왔소."

"그렇다면 나를 죽이겠다는 것 아니오?"

"그럴 리가 있나. 나는 평생 싸우는 것을 좋아하지 않고 오로지 싸움을 말리는 것만 좋아하오. 그래서 내가 지금 두 집안을 화해시키려 하오."

"무슨 방법으로 화해시키겠다는 것이오?"

"내게 한 가지 방법이 있기는 한데 하늘이 결정해주실 것이오."

즉시 기령을 군막으로 끌고 들어와 현덕과 만나게 했다. 그러나 두 사람은 각자 의심을 품고 우려했다. 여포는 이내 가운데 자리에 앉았다. 기령을 왼쪽에, 현덕을 오른쪽에 앉히고는 주연을 베풀고 술을 권했다.

술이 몇 순배 돌자 여포가 말했다.

"그대들 두 집안은 내 체면을 보아 각기 군대를 물려주시오."

현덕은 말이 없었다. 기령이 말했다.

"나는 주공의 명령을 받들어 오로지 유비를 잡고자 10만 명의 군사를 인솔해 왔는데 어떻게 그만둘 수 있겠소?"

장비가 크게 노하여 검을 뽑아 들고 큰 소리로 꾸짖었다.

"우리가 비록 군사는 적지만 너희는 어린애 장난쯤으로 볼 따름이다! 너는 100만 황건과 비교해서 어떻다는 것이냐? 네놈이 감히 우리 형님을 상하게 하겠다는 것이냐?"

관공이 급히 말리며 말했다.

"여장군이 어떤 생각을 가지고 있는지 찬찬히 본 다음에 그때 각자 군영으로 돌아가 싸워도 늦지 않네."

여포가 말했다.

"나는 두 집안의 다툼을 화해시키려고 청한 것이니, 그대들이 싸우지 못하도록 하겠소!"

이쪽에서는 기령이 화가 잔뜩 나 있고 저쪽에서는 장비가 죽일 듯이 하고 있었다. 여포가 크게 성내며 좌우에 "내 극을 가져와라" 하고 소리치고는 화극을 손에 들자 기령과 현덕이 모두 새파랗게 질렸다. 여포가 말했다.

"내가 싸우지 말라고 권한 것은 모두 하늘이 명령한 것이오."

측근에게 화극을 건네주면서 멀리 원문[4] 밖에 가져가 꽂으라고 했다. 그러고는 기령과 현덕을 돌아보며 말했다.

"원문은 중군에서 150보 떨어져 있소. 내가 만일 화살 한 대로 극의 소지[5]를 맞추면 그대들은 군사를 물리시오. 맞추지 못하면 각자 군영으로 돌아가 싸울 준비를 하시오. 그러나 내 말을 따르지 않는 자가 있다면 따르는 자와 협력하여 대항하겠소."

기령은 속으로 미루어 생각했다.

'극이 150보 밖에 있는데 어떻게 명중시킬 수 있겠는가? 일단 응낙하고 맞추지 못하기를 기다렸다가 그때 내 의지대로 싸우면 되겠구나.'

즉시 한마디로 승낙했다. 현덕은 당연히 승낙할 수밖에 없었다. 여포는 모두 자리에 앉히고 다시 한 잔씩 마시게 했다. 그러고는 활과 화살을 가져오게 했다. 현덕은 몰래 기원했다.

'원컨대 그가 쏴서 명중하게 해주소서!'

여포는 도포의 소매를 걷어 올리고 화살을 활시위에 걸어 힘껏 당기더니 외마디 소리를 질렀다.

"맞아라!"

당겨진 활 펼쳐지니 가을 달이 하늘을 가는 듯하고
화살이 날아가니 땅으로 유성이 떨어지는 듯하네
弓開如秋月行天, 箭去似流星落地

화살은 그대로 화극의 소지에 명중했다. 군막 위아래에 있던 장교들이 한

목소리로 갈채를 보냈다. 후세 사람이 이 일을 찬탄한 시가 있다.

귀신과 같은 온후의 활솜씨 세상에서 찾아보기 드문데
일찍이 원문을 향해 홀로 유비의 위급함을 풀어줬도다
해를 떨어뜨린 후예[6]의 활솜씨 과연 얕잡아 볼 만하고
원숭이 울부짖게 한 명궁 양유기[7] 솜씨보다도 낫구나

활 펼치는 순간 호랑이 심줄로 만든 시위 소리 울리니
독수리 단단한 깃처럼 날아간 화살 꽂혔던 그때로구나
표범의 꼬리 흔들리면서 날아간 화살 화극을 꿰뚫으니
출정한 정예 군사 십만 명이 갑옷을 벗고 돌아가노라
溫侯神射世間稀, 曾向轅門獨解危
落日果然欺后羿, 號猿直欲勝由基
虎筋弦響弓開處, 雕羽翎飛箭到時
豹子尾搖穿畫戟, 雄兵十萬脫征衣

화극의 소지를 명중시킨 여포가 하하 크게 웃으면서 활을 땅바닥에 내던
지고 기령과 현덕의 손을 잡으며 말했다.
"이것은 하늘이 그대들 두 집안에게 군사를 물리라고 하는 것이오!"
군사들에게 크게 소리를 질렀다.
"술을 따르거라. 각자 큰 굉觥으로 마시거라!"
현덕은 속으로 요행이라 했다. 기령은 한참 동안 묵묵히 있다가 여포에게
고했다.

"장군의 말씀을 감히 듣지 않을 수는 없소. 그러나 이 기령이 그냥 돌아가면 주인께서 어떻게 믿으려 하시겠소?"

"내가 직접 편지를 써서 대답하면 될 것이오."

술이 다시 몇 순배 돌자 기령이 편지를 써달라고 요구하고 먼저 돌아갔다. 여포는 현덕에게 일렀다.

"내가 아니었으면 공은 위험에 처할 뻔했소."

현덕은 절하며 감사했고 관우, 장비와 함께 돌아갔다. 이튿날 세 곳의 군마가 모두 해산했다.❷

현덕은 소패로 들어가고 여포는 서주로 돌아갔음은 말할 필요도 없다. 한편 회남으로 돌아가 원술을 만난 기령은 여포가 원문의 극을 활로 쏘아 맞혀 화해하게 된 일을 말하고 서신을 올렸다. 원술이 크게 노했다.

"여포가 나의 허다한 양식을 받아먹고는 도리어 그런 어린애 같은 장난으로 유비를 두둔하는구나. 내 몸소 막강한 군대를 인솔하여 친히 유비를 치고 아울러 여포도 토벌하겠노라!"

기령이 말했다.

"주공께서는 경솔하게 대군을 일으켜서는 안 됩니다. 여포는 용기와 힘이 남보다 뛰어난 데다 서주의 땅까지 차지하고 있습니다. 만일 여포와 유비가 머리와 꼬리가 되어 서로 연계한다면 도모하기 쉽지 않습니다. 제가 듣건대 여포의 처 엄씨에게 여식이 하나 있는데 이미 출가할 나이가 되었다고 합니다. 주공께는 아드님이 계시니 여포에게 사람을 보내 혼인을 청하십시오. 여포가 주공께 딸을 시집보내기만 한다면 반드시 유비를 죽일 것이니, 이것이 바로 관계가 소원한 사람이 관계가 친밀한 사람을 이간시킬 수 없다는 '소불간친疏不間親'[8]의 계책입니다."

원술이 그 말을 따르기로 하고 그날로 한윤을 중매쟁이로 삼아 예물을 가지고 서주로 가서 혼인을 청하게 했다.

서주에 당도한 한윤이 여포를 만나서 말했다.

"주공께서 장군을 경모하여 장군의 영애令愛(따님)를 며느리로 맞이하여 춘추 시기의 진秦과 진晉의 양국이 대대로 혼인 관계를 맺어 우호 관계를 유지했듯이 장군과 영원히 화목한 관계를 맺고자 하십니다."

여포는 안으로 들어가 엄씨와 상의했다. 원래 여포에게는 두 명의 처가 있었고 첩 하나를 두고 있었는데, 먼저 엄씨에게 장가들어 본처로 맞아들였고 나중에 초선을 첩으로 들였으며, 소패에 기거할 때 다시 조표의 딸을 둘째 부인으로 맞아들였다. 조씨는 일찍 죽어 자식이 없었고 초선 또한 자식을 낳지 못해 오로지 엄씨만이 딸 하나를 두었는데 여포가 지극히 애지중지하며 사랑했다. 엄씨가 여포에게 말했다.

"제가 들으니 원공로가 오랫동안 회남을 안정시켜 군사도 많고 양식도 풍부하여 조만간 천자가 될 것이라고 하더이다. 대업을 이룬다면 우리 딸이 황후나 비빈을 바라볼 수 있을 것이에요. 그런데 몇 째 아들인지 모르겠네요?"

"외아들 하나뿐이라네."

"그렇다면 당장 허락해야지요. 황후가 되지 못한다 하더라도 우리 서주는 걱정 없을 것 아녜요."

여포는 마침내 뜻을 결정한 후 한윤을 후하게 대접하고 혼사를 승낙했다.

한윤이 돌아와 원술에게 보고했다. 원술은 즉시 약혼 예물을 준비하고 한윤을 다시 서주로 보냈다. 여포가 예물을 받고 술자리를 베풀어 대접하고는 역관에 머물러 편히 쉬게 했다. ❸

이튿날 뜻밖에 진궁이 역관으로 가서 한윤을 만났다. 예를 마치고 자리에 앉았다. 진궁이 좌우를 꾸짖어 물리치고는 한윤에게 말했다.

"누가 이 계책을 바쳐 원공으로 하여금 봉선과 혼인 관계를 맺게 했습니까? 유현덕의 머리를 취하려는 뜻입니까?"

한윤이 아연실색하여 자리에서 일어나 사죄했다.

"제발 공대公臺(진궁의 자)께선 누설하지 말아주십시오!"

"나야 스스로 누설하지는 않지만 그 일이 지체되기라도 하면 틀림없이 다른 사람이 눈치채어 일이 중간에 바뀌기라도 할까 염려되오."

"그렇게 되면 어떻게 합니까? 원컨대 공께서 가르쳐주시지요."

"내가 봉선을 만나 당장에 딸을 보내 결혼을 시키게 하면 어떻겠소?"

한윤이 크게 기뻐하며 감사했다.

"그렇게만 된다면 원공께서도 공의 밝은 덕에 깊이 감복하실 것이오!"

진궁은 한윤과 작별하고 여포에게 가서 말했다.

"듣자 하니 공의 따님을 원공로 집안으로 출가시키기로 하셨다니 참으로 잘하셨습니다. 그런데 어느 날 혼인을 치르기로 하셨습니까?"

여포가 말했다.

"천천히 상의해서 결정할 것이오."

"옛날에는 신랑 측의 예물을 받고 나서 결혼하기까지의 기간에는 각기 관례가 있었는데, 천자는 1년, 제후는 반년, 대부는 한 계절이며 서민은 한 달만에 하는 것으로 되어 있었지요."

여포가 말했다.

"원공로는 하늘이 국보인 옥새를 내리시어 조만간 황제가 될 것이니 천자의 예를 따라하는 것은 어떻소?"

"안 됩니다."

"그렇다면 제후의 예를 따르는 것은 어떻소?"

"그것 또한 안 됩니다."

"그것도 아니라면, 경대부의 예를 따르는 것은 어떻소?"

"역시 안 됩니다."

여포가 웃으며 말했다.

"공은 어찌하여 내게 서민의 예를 따르라고 하는 것이오?"

"아닙니다."

"그렇다면 공의 뜻은 도대체 무엇이오?"

진궁이 말했다.

"바야흐로 지금의 천하는 제후들이 서로 패권을 다투고 있는 상황입니다. 지금 공께서 원공로와 사돈 관계를 맺으시면 제후 중에 시기하는 마음을 품은 자가 없다고 어떻게 보장하시겠습니까? 만일 혼례의 날짜를 길게 잡았다가 혹시라도 우리의 길일을 틈타서 도중에 누군가의 복병이라도 나타나 신부를 빼앗는 일이라도 생기면 어떻게 하시겠습니까? 지금의 계책은 허락을 하지 않았다면 그만이지만, 이미 승낙한 이상 제후들이 알아채지 못한 틈을 이용해 즉시 따님을 수춘으로 보내시고 별관에 따로 기거하다가 나중에 길일을 택해 혼례를 치르도록 하는 것이 만에 하나라도 실수가 없을 것입니다."

여포가 기뻐하며 말했다.

"공대의 말씀이 지극히 타당하오."

바로 안으로 들어가 엄씨에게 알리고 그날 밤으로 혼수를 갖춰 훌륭한 말과 화려한 수레를 수습해 송헌宋憲과 위속魏續에게 한윤과 함께 신부를 모시고 가게 했다. 하늘이 떠나가듯 악기를 요란하게 연주하며 성 밖으로 떠나

보냈다.

이때 진원룡의 부친 진규陳珪는 연로하여 집에서 요양하고 있었는데 요란한 연주 소리를 듣고는 좌우에 물었다. 주변 사람들이 그 까닭을 알려주자 진규가 말했다.

"이것은 바로 '소불간친'의 계책이다. 현덕이 위급해지겠구나."

진규는 즉시 병을 무릅쓰고 여포를 찾아가 만났다. 여포가 말했다.

"대부께서는 무슨 일로 오셨소?"

"장군께서 돌아가셨다는 말을 듣고 일부러 문상하러 왔소."

여포가 놀라 말했다.

"무슨 말씀이시오?"

"지난번에 원공로가 황금과 비단을 공께 보내면서 유현덕을 죽이려 하자 공께서 극을 쏘아 그것을 해결했지요. 그런데 이번에 갑자기 혼사를 청하는 것은 공의 따님을 인질로 삼은 다음 현덕을 공격해 소패를 차지하려는 것입니다. 소패가 망하면 서주도 위태로워집니다. 게다가 저들이 양식을 꾸어달라 군사를 빌려달라 할 터인데 공께서 그것에 응하신다면 따르느라 분주해져 피곤해질 것이고 또한 다른 사람들과도 원한을 맺게 될 것입니다. 그러나 만일 따르지 않기라도 한다면 친족 관계를 저버렸다고 하여 싸움을 일으킬 빌미를 줄 것입니다. 하물며 원술이 황제에 오를 뜻이 있다고 들었는데 이것은 모반입니다. 저들이 모반을 하면 공께서는 바로 역적의 친족이 되는데 천하에 어느 누가 용납하겠습니까?"❹

여포가 깜짝 놀라 말했다.

"진궁이 나를 그르쳤구나!"

급히 장료에게 명하여 군사를 이끌고 추격해 30리 밖에서 딸을 빼앗아 돌아오게 했고, 한윤뿐만 아니라 나머지도 모조리 잡아오게 하여 감금하고 돌려보내지 않았다. 그러고는 사람을 시켜 원술에게는 딸의 혼수가 아직 갖추어지지 않아 준비를 마치는 대로 보내겠다는 답신을 전달하게 했다. 진규가 다시 여포에게 한윤을 허도로 압송하도록 했으나 여포가 망설이면서 결정하지 못했다. 그때 갑자기 어떤 사람이 보고했다.

"현덕이 소패에서 군사를 모집하고 말을 사들이는데 무슨 의도인지 모르겠습니다."

여포가 말했다.

"그것이야 장수된 자의 본분인데 어찌 괴이하다고 하겠느냐."

말하고 있는 사이에 송헌과 위속이 와서 여포에게 고했다.

"우리 두 사람이 명공의 명령을 받들어 말을 사러 산동으로 가서 좋은 말 300여 필을 구입했는데, 돌아오다가 패현 인접 지역에서 강도들에게 절반을 강탈당했습니다. 알아봤더니 유비의 아우 장비가 산적으로 가장해 마필을 약탈해갔다고 합니다."

그 말을 들은 여포는 크게 노하여 즉시 군사들을 점검하고 장비와 싸우러 소패로 갔다.

소식을 들은 현덕이 깜짝 놀라 허둥지둥 군사를 이끌고 나가 맞았다. 양쪽이 둥그렇게 진을 갖추자 현덕이 말을 몰아 나가며 말했다.

"형장께서는 무슨 까닭으로 군사를 이끌고 이곳에 오셨소?"

여포가 손가락질하며 욕했다.

"내가 원문에서 극을 쏘아 너를 큰 환란에서 구원해줬는데 너는 무슨 까닭으로 나의 마필을 빼앗아갔느냐?"

"무슨 말씀이오? 말이 부족하여 사람을 시켜 사방에서 사들이고는 있지만 어찌 감히 형의 마필을 빼앗겠소!"

"네가 장비를 시켜 내 좋은 말 150필을 빼앗고도 잡아뗄 작정이냐!"

장비가 창을 잡고 말을 몰아 나오며 말했다.

"오냐, 내가 네놈의 좋은 말을 빼앗았다! 그래서 네놈이 지금 어쩌겠다는 것이냐?"

여포가 욕을 퍼부었다.

"이런 고리 눈깔 도적놈아! 네놈이 수도 없이 나를 깔보았겠다!"

"내가 네놈의 말을 빼앗았다고 지랄하는데, 네놈은 우리 형님의 서주를 강탈하고도 입 한번 뻥긋 안 하는구나!"

여포는 극을 잡고 말을 몰아 장비와 싸우러 나왔고 장비 또한 창을 잡고 나와 맞섰다. 두 사람이 격렬하게 100여 합을 싸웠으나 승부를 보지 못했다. 현덕은 장비가 실수라도 할까봐 염려되어 급히 징을 울려 군사를 거두고 성으로 들어갔다. 여포는 군사를 나누어 사방으로 에워쌌다. 현덕은 장비를 불러 꾸짖었다.

"모든 것이 네가 그의 마필을 빼앗았기에 이런 사달이 났구나! 마필은 지금 어디에 있느냐?"

"모두 각 사원 안에 맡겨두었소."

현덕은 사람을 성 밖 여포의 군영으로 보내 마필을 돌려줄 테니 서로 군사를 물리자고 청했다. 여포가 따르려 했으나 진궁이 말했다.

"지금 유비를 죽이지 않으면 나중에 반드시 해가 될 것입니다."

여포는 그 말을 듣고 유비의 청을 거절하고 더욱 급하게 공격했다. 현덕은 미축, 손건과 더불어 상의했다. 손건이 말했다.

"조조가 증오하는 자는 여포입니다. 차라리 성을 버리고 허도로 가서 조조에게 몸을 의탁하고 군사를 빌려 여포를 치는 것이 상책인 듯합니다."

현덕이 말했다.

"누가 앞장서서 포위망을 깨고 나가겠는가?"

장비가 말했다.

"청컨대 이 아우가 목숨을 걸고 싸우겠소!"

현덕은 장비를 앞세우고 운장은 뒤를 따르게 하며 자신은 그 중간에서 가족을 보호하기로 했다. 그날 밤 삼경에 달빛이 밝은 틈을 이용해 북문을 나가 달아났다. 마침 송헌, 위속과 마주쳤으나 익덕이 한바탕 싸워 물리쳐 겹겹의 포위망을 뚫고 나갈 수 있었다. 뒤에서 장료가 추격했으나 관공이 막아 저지했다. 여포는 현덕이 달아나는 것을 보고도 뒤쫓지 않고 바로 성으로 들어가서 백성을 안정시키고 고순을 시켜 소패를 지키게 하고는 자신은 서주로 돌아갔다.❺

한편 현덕은 허도로 도망쳐서 성 밖에 군영을 세웠다. 먼저 손건에게 조조를 만나 여포에게 핍박받아 쫓겨나 특별히 의탁하러 왔다는 뜻을 전하게 했다. 조조가 말했다.

"현덕은 나와 형제지간이다."

그러고는 성으로 들어와 만나기를 청했다. 이튿날 현덕은 관우와 장비를 성 밖에 머물게 하고 손건과 미축을 데리고 성으로 들어가서 조조를 만났다. 조조는 귀빈의 예로써 대접했다. 현덕이 여포의 일을 자세히 이야기하자 조조가 말했다.

"여포는 의리 없는 무리이니 내 아우님과 함께 온 힘을 다해 그를 죽여야지요."

현덕이 감사했다. 조조는 주연을 베풀어 대접했고 저녁이 되어서야 보내

주었다. 순욱이 들어와 말했다.

"유비는 영웅입니다. 지금 일찌감치 도모하지 않으면 나중에 틀림없이 우환거리가 될 것입니다."

조조가 대답하지 않았다. 순욱이 나가자 곽가가 들어왔다. 조조가 말했다.

"순욱은 나보고 현덕을 죽이라고 권하는데 어찌하면 좋겠소?"

곽가가 말했다.

"안 됩니다. 주공께서 의병을 일으킨 것은 백성을 위해 포악한 무리를 제거하기 위함이니 오로지 신의에 의거해 준걸들을 부르시되 그들이 오지 않을까 두려워하듯이 공손하게 하셔야 합니다. 지금 현덕은 평소에 영웅의 명성이 있는 자로서 곤궁하여 의지하러 온 것이니 그를 죽인다면 어진 이를 해치는 것입니다. 천하의 지모 있는 인사들이 그것을 듣고서 스스로 의심하여 발을 멈추고 머뭇거리며 주공께 오지 않는다면 주공께서는 누구와 더불어 천하를 평정하시겠습니까? 한 사람의 우환거리를 제거하려다가 사해의 기대를 막을 것이니 안전함과 위험함의 시기를 잘 살피셔야 합니다."

조조가 크게 기뻐하며 말했다.

"그대의 말이 내 마음과 딱 들어맞소."

이튿날 즉시 표문을 올려 유비를 예주목으로 천거했다. 정욱이 간언했다.

"유비는 결국에는 남의 밑에 있을 사람이 아니니 일찌감치 그를 도모하시는 것이 낫습니다."

조조가 말했다.

"지금은 영웅을 등용해 쓸 시기이니 한 사람을 죽여서 천하의 인심을 잃을 수는 없소. 곽봉효郭奉孝(곽가의 자)도 나와 같은 의견이오."❻

결국 정욱의 말을 듣지 않고 군사 3000명, 양식 1만 곡⁹을 현덕에게 보내고 현덕에게 예주로 가서 도임한 다음 소패에서 흩어졌던 병사를 소집해 여포를 공격하라고 했다. 현덕은 예주에 이르러 사람을 보내 조조와 만날 약속을 했다.

조조가 군사를 일으켜 직접 여포를 정벌하러 가려는데 갑자기 유성마가 보고했다.

"장제張濟가 관중에서 군사를 이끌고 남양을 공격하다가 난데없이 날아온 화살에 맞아 죽었습니다. 장제의 조카 장수張繡가 그 무리를 통솔하게 되었는데 가후를 모사로 삼고 유표와 연맹하여 완성에 군사를 주둔시키고 군사를 일으켜 궁궐을 침범하고 있으며 어가를 빼앗으려 합니다."

조조가 크게 노하여 군사를 일으켜 그를 토벌하려 했으나 여포가 허도를 침략하러 올까 염려되었다. 이에 순욱에게 계책을 물었다. 순욱이 말했다.

"이것은 쉬운 일입니다. 여포는 지모가 없는 무리라 이익을 보면 틀림없이 기뻐할 것입니다. 명공께서는 사자를 서주로 파견해 관직을 더해주고 상을 내리시며 현덕과 화해하라 하십시오. 여포는 기뻐할 것이고 곧 원대한 계획도 생각하지 않을 것입니다."

조조가 말했다.

"좋소."

즉시 봉군도위奉軍都尉[10] 왕칙王則에게 관고[11]와 화해의 서신을 가지고 서주로 가서 일을 마무리하게 하는 한편 하후돈을 선봉으로 삼고 군사 15만 병을 일으켜 직접 장수를 토벌하기 위해 군사를 세 길로 나누어 진격했다. 군마가 육수[12]에 이르자 군영을 세웠다. 가후가 장수에게 권했다.

"조조의 군세가 대단하여 대적할 수 없으니 차라리 투항하는 편이 좋을 듯합니다."

장수는 그 말을 따르기로 하고 가후를 조조의 군영으로 보내 좋은 말로 화해하고 항복했다. 가후가 물 흐르듯 유창하게 응답하는 것을 본 조조는 그를 매우 아껴 모사로 등용하고 싶어했다. 가후가 말했다.

"저는 과거에 이각을 따르면서 천하에 죄를 지었습니다. 지금은 장수를 따르는데 어떠한 말이나 계책이라도 모두 받아들이니 차마 그를 버릴 수가 없습니다."

이내 작별하고 가버렸다. 이튿날 장수를 데리고 와서 조조를 만나게 했고 조조는 그를 매우 후하게 대접했다. 조조는 군사를 이끌고 완성으로 들어가 주둔하고 나머지 군사는 나누어 성 밖에 주둔시켰는데 군영과 목책이 10여 리나 이어졌다. 며칠 머무는 동안 장수가 매일 주연을 베풀어 조조를 청했다.

하루는 조조가 취하여 침소로 들어와서는 좌우에 살짝 물었다.

"이 성안에 기녀가 있는가?"

조조의 형의 아들인 조안민曹安民[13]이 조조의 뜻을 알아채고 이내 은밀하게 대답했다.

"지난밤 이 조카가 관사의 곁을 엿보다 한 부인이 있는 것을 보았는데 생긴 것이 대단히 아름다웠습니다. 물어보니 장수의 숙부 장제의 처였습니다."

그 말을 들은 조조는 즉시 조안민을 시켜 50명의 갑병으로 그녀를 잡아오게 했다. 잠시 후 군중으로 잡아왔는데 조조가 살펴보니 과연 아름다웠다. 성을 물어보자 그 부인이 대답했다.

"첩은 바로 장제의 처로 추씨鄒氏라 합니다."

"부인은 나를 아시오?"

"승상의 명성을 들은 지는 오래되었는데 오늘 밤에야 우러러 절을 올리게 되어 다행입니다."

"내가 부인 때문에 특별히 장수의 항복을 받아들였소. 그렇지 않았다면 멸족시켰을 거요."

추씨가 절하며 말했다.

"진실로 다시 태어나게 해주신 은혜에 감사드리겠습니다."

"오늘 부인을 만나게 된 것은 천만다행이오. 오늘 밤 잠자리를 같이하고 싶은데 나를 따라 도성으로 돌아가서 편히 부귀를 누리는 것은 어떻소?"

추씨가 절하며 감사했고, 그날 밤 군막에서 함께 잤다. 추씨가 말했다.

"성중에 오래 머물러 기거하면 장수가 반드시 의심할 것이고 또한 바깥사람들 입에 오를까 염려되어요."

조조가 말했다.

"내일 부인과 함께 군영으로 가서 머물도록 하지요."

이튿날 성 밖으로 옮겨 잠자리에 들었고 전위를 불러 중군 군막 밖에서 숙식하며 호위하게 하면서 부름을 받지 않은 다른 사람이 제멋대로 들어오는 것을 허락하지 않았다. 이 때문에 안팎이 소통되지 못했다. 조조는 매일 추씨와 쾌락을 즐겼고 돌아갈 생각도 하지 않았다.

이때 장수의 일가 사람이 은밀히 장수에게 보고했다. 장수가 노하여 말했다.

"조조 도적놈이 나를 이토록 심하게 모욕하는구나!"

즉시 가후를 불러 상의했다. 가후가 말했다.

"이 일은 새나가서는 안 됩니다. 내일 조조가 군막으로 나와서 공무를 의논할 때를 기다렸다가 이렇게 저렇게 하십시오."

이튿날 조조가 군막에 앉아 있는데 장수가 들어가 고했다.

"새로 항복한 병사들 중에 도망가는 자가 많으니 중군을 옮겨 주둔하고

자 합니다."

조조가 허락했다. 장수는 군사들을 옮겨 주둔시키고 네 개의 군영으로 나눈 다음 기한을 정해 거사하기로 했다. 그러나 전위의 용맹이 두려워 순식간에 접근하기 어려워지자 편장偏將(부장) 호거아胡車兒와 상의했다. 호거아는 힘이 대단하여 500근을 짊어질 수 있었고 하루에 700리를 걷는 이인異人(기인)이었다. 이때 호거아가 장수에게 계책을 바쳤다.

"전위가 두려운 것은 쌍철극 때문입니다. 주공께서 내일 그에게 술 마시자고 청한 다음 잔뜩 취하게 만들어 돌아가게 하십시오. 그때 제가 바로 그를 따라온 군사들 속에 섞인 다음 몰래 군막으로 들어가 먼저 그 극을 훔치면 이 사람은 두려워할 필요가 없습니다."

장수가 매우 기뻐하며 미리 활과 화살, 갑옷과 병기를 준비해놓고 각 군영에 알렸다. 거사일에 이르자 가후를 시켜 호의를 보내면서 전위를 군영으로 청해 정성스럽게 술을 대접했다. 전위가 밤이 되어서야 취한 채 돌아가자 호거아는 따르던 무리의 대열에 섞여 본영으로 곧장 들어갔다.❼

그날 밤 조조는 군막에서 추씨와 함께 술을 마시고 있었는데 갑자기 군막 밖에서 사람들 소리와 말이 울부짖는 소리가 들렸다. 조조가 사람을 시켜 알아보게 하니 장수의 군사들이 야간 순찰을 하고 있다고 보고했다. 조조는 이내 의심하지 않았다. 시각이 이경에 가까워졌을 때 별안간 군영 안에서 고함치는 소리가 나더니 건초 수레에 불이 붙었다는 보고가 들어왔다. 조조가 말했다.

"군사들이 실수로 불을 낸 것 같으니 놀라지 마라."

잠시 후 사방에서 불길이 일어나자 조조는 비로소 서두르며 다급하게 전위를 불렀다. 그때 전위는 취해 누워서 자고 있었는데 꿈속에 징소리, 북소리, 고함치는 소리가 들리자 그제야 몸을 벌떡 일으켜 쌍극을 찾았으나 어디에도 보이지 않았다. 적병이 이미 원문까지 들이닥쳤을 때 전위는 급히 보졸의 요도[14]를 손에 잡았다. 원문 앞을 보니 무수히 많은 군마가 각자 장창을 들고 군영 안으로 들이치고 있었다. 전위는 필사적으로 앞으로 나가면서 20여 명을 찍어 죽였다. 마군이 비로소 물러나자 이번에는 또 보군이 들이닥치니 양쪽으로 늘어선 창들이 마치 갈대숲 같았다. 전위는 한 조각의 갑옷조차 입지 않은 상태라 몸 위아래 수십 군데를 창에 찔렸지만 여전히 사력을 다해 싸웠다. 칼이 무뎌져 쓸 수 없게 되자 전위는 즉시 칼을 버리고 양손으로 한 명씩 병사 둘을 들어올려 적을 막으니 쳐서 죽인 자가 8~9명이었다. 적들의 무리가 감히 접근하지 못하고 단지 멀리서 화살만 쏘아댔는데 화살이 소나기처럼 쏟아졌다. 전위는 죽기를 각오하고 군영 문을 막았지만 군영 뒤로 적군들이 이미 몰려들어와 전위의 등을 창으로 찔렀고 그는 마침내 몇 마디 크게 소리를 지르면서 땅바닥에 가득히 피를 흘리며 죽었다. 전위가 죽은 지 한참이 지나도록 어느 누구도 앞문으로 감히 들어오는 자가 없었다.❽

　한편 조조는 전위가 군영 문을 막고 버티고 있는 사이 군영 뒤로 나가서 말에 올라 달아났는데 단지 조안민만 걸어서 따라올 뿐이었다. 조조는 오른팔에 화살 한 대를 맞았고 말 또한 화살 세 대를 맞았으나 다행히 그 말은 대원大宛[15]의 좋은 말로, 통증을 견디며 빠르게 내달렸다. 간신히 육수 강변까지 달려왔으나 적군이 추격해왔고 조안민을 찍어내려 고깃덩어리로 만들어버렸다. 조조는 다급하게 말을 달려 물결을 가르고 강을 건너 겨우 기슭에 올랐다. 그러나 적병이 쏜 화살 한 대가 말의 눈에 정통으로 맞아 말은 땅바닥에 쓰러져 그만 죽고 말았다. 조조의 장자 조앙曹昻이 즉시 자신이 타고 있던 말을 조조에게 바쳤다. 조조는 말에 올라 급히 달아났지만 조앙은 어지럽게 날아오는 화살에 맞아 죽었다. 조조는 비로소 추격에서 벗어났다. 길에서 여러 장수를 만났고 패잔병을 끌어모았다.❾

이때 하후돈이 통솔하던 청주의 병사들이 혼란한 틈을 이용해 마을로 내려가 민가를 약탈했다. 평로교위[16] 우금이 즉시 본부의 군사들을 이끌고 길에서 그들을 소탕해 죽인 후 마을 백성을 위로했다. 청주병들이 도망쳐 돌아가다가 조조를 만나자 땅바닥에 엎드려 울면서 절하고 우금이 반란을 일으켜 청주의 군마들을 쫓으며 죽였다고 말했다. 조조는 깜짝 놀랐다. 잠시 후 하후돈, 허저, 이전, 악진이 모두 당도했다. 조조가 우금이 반란을 일으켰으니 군사들을 정돈하여 그와 맞서라고 말했다.

한편 우금은 조조 등이 모두 도착한 것을 보고는 이내 군사들을 이끌고 진 대형의 양쪽 날개에 사수들을 배치하는 한편 참호를 파고 군영을 세웠다. 누군가 그에게 일렀다.

"청주의 병사들이 장군께서 반란을 일으켰다고 말하고 있습니다. 지금 승상께서 도착하셨는데, 어찌하여 해명은 하지 않고 먼저 군영부터 세웁니까?"

우금이 말했다.

"지금 적의 추격병이 뒤에 있어 불시에 들이닥칠 텐데 먼저 준비하지 않으면 어떻게 적을 막아내겠소? 해명하는 것은 작은 일이고 적을 물리치는 것이 큰일이오."

군영을 세우자마자 장수의 군사들이 두 갈래로 쳐들어왔다. 우금이 앞장서서 군영을 나가 적과 맞서자 장수는 급히 군사를 물렸다. 좌우의 장수들은 우금이 앞으로 나가는 것을 보고 각자 군사들을 이끌고 공격하여 장수의 군대를 대패시키고 100여 리를 추격하며 물리쳤다. 세력이 약해진 장수는 패잔병을 이끌고 유표에게 의지하러 갔다.

조조가 군사를 거두고 장수들을 점검하는데 우금이 들어와 자세하게 이야기했다.

"청주의 병사들이 제멋대로 행동하고 약탈하여 백성의 기대를 크게 잃었으므로 제가 그들을 죽였습니다."

조조가 말했다.

"내게 보고하지 않고 먼저 군영을 세운 것은 무엇 때문이냐?"

우금은 앞서 말한 대로 대답했다. 조조가 말했다.

"장군은 매우 급한 상황에서도 군사를 정돈하고 보루를 견고히 하며 남의 비방을 견뎌내고 고생스러움을 감당하여 패배를 승리로 바꾸었소. 비록 옛날의 명장이라 하더라도 어찌 이보다 더할 수 있겠소!"

이에 황금 그릇 한 벌을 하사하고 익수정후益壽亭侯[17]로 봉했으며, 군사를 엄하게 다스리지 못한 하후돈의 과오를 책망했다. 또한 제수 용품을 차려놓고 전위를 제사 지내는데 조조는 친히 곡을 하며 제물을 올리고는 제장들을 돌아보며 말했다.

"나의 큰아들과 사랑하는 조카가 죽었지만 그 고통과 슬픔은 깊지 않소. 오로지 전위를 위해 크게 소리 내어 우는 것이오!"

모두 감탄했다. 이튿날 조조는 군대를 철수시키라는 명령을 하달하고는 허도로 회군했다.

한편 왕칙이 조서를 바치러 서주에 이르니 여포가 영접했다. 부중으로 들어가 조서를 낭독하니, 자신을 평동장군[18]에 봉하고 특별히 인수를 하사한다는 내용이었다. 또 조조의 비밀 편지를 꺼냈다. 왕칙이 여포 면전에서 조공이 지극히 여포를 존경한다는 뜻을 말하자 여포가 크게 기뻐했다. 이때 갑자기 원술이 사람을 보냈다는 보고가 들어오자 여포는 그를 불러들여 오게 된 까닭을 물었다. 사신이 말했다.

"원공께서 조만간 황제로 즉위하시고 동궁을 세우려 하니 황비皇妃[19] 마마를 조속히 회남에 올 수 있도록 재촉하십니다."

여포가 크게 성내며 말했다.

"역적이 어찌 감히 이럴 수 있단 말이냐!"

즉시 사자를 죽이고 한윤에게 칼을 씌워 못을 박았다. 그리고 진등에게 사표[20]를 주면서 왕칙과 함께 한윤을 압송하여 허도로 가서 은혜에 감사하도록 했다. 게다가 익수정후益壽亭侯를 통해 조조에게 답서를 보내면서 서주목에 제수해주기를 요청했다. 조조는 여포가 원술에게 혼인을 거절한 것을 알고 크게 기뻐하며 한윤을 저잣거리에서 참수시켰다. 진등이 조조에게 은밀히 권고했다.

"여포는 승냥이와 이리 같은 자라 용맹하기는 하나 지모가 없고 행동거지가 경솔하니 일찌감치 그를 도모해야 합니다."

조조가 말했다.

"나도 평소에 여포가 이리 새끼의 야성이 있어 진실로 오래 기르기 어렵다는 것을 잘 알고 있었소. 공의 부자가 아니라면 그 정황을 캐낼 수 없으니 공은 내게 일을 꾸며주시오."

진등이 말했다.

"승상께서 행동하신다면 제가 안에서 호응하겠습니다."

조조가 기뻐하며 표를 올려 진규에게는 중이천석中二千石[21]의 봉록을 증정하고 진등은 광릉태수로 임명했다. 진등이 하직을 고하자 조조가 진등의 손을 잡으며 말했다.

"동방(서주)의 일은 서로 돕는 데 있소."

진등이 고개를 끄덕이며 승낙하고 서주로 돌아와 여포를 만났다. 여포가 묻자 진등이 말했다.

"아버님께서는 녹봉을 받으시고 저는 태수가 되었습니다."

여포가 크게 노하여 말했다.

"너는 나를 위해 서주목을 요청하지 않고 너희의 작위와 녹봉만 요구했구나! 네 아비가 나더러 조공과 협력하고 공로公路(원술의 자)와의 혼인을 거절하라고 하더니 지금 내가 요구하는 것은 하나도 얻지 못했구나. 너희 부자만 지위가 높고 귀해졌으니 너희 부자를 위해 나를 팔아먹었을 뿐이로구나!"

검을 뽑아 진등을 베려고 했다. 그러자 진등이 껄껄 웃으며 말했다.

"장군께서는 어찌하여 그토록 사리에 밝지 못하시오!"

"내가 어째서 밝지 못하단 말이냐?"

"나는 조공을 만나 장군을 기르는 것은 비유컨대 호랑이를 기르는 것으로 고기를 배불리 먹어야지 배부르도록 먹지 못하면 장차 사람을 물 것이라고 말했소. 그랬더니 조공이 웃으면서 말하기를 '경의 말은 맞지 않소. 내가 온후를 매를 기르듯 대할 뿐이오. 여우와 토끼가 아직 없어지지 않았는데 감히 매를 먼저 배불릴 수는 없으니, 굶주리면 쓸 곳이 있으나 배부르면 높이 날아가버리는 것이 바로 매올시다'라고 했소. 그래서 제가 '누가 여우고 토끼입니까?'라고 물었더니 조공이 '회남의 원술, 강동의 손책, 기주의 원소, 형양荊襄[22]의 유표, 익주益州[23]의 유장劉璋, 한중[24]의 장로張魯가 모두 여우고 토끼요'라고 말했소."

여포가 검을 내던지고 웃으며 말했다.

"조공이 나를 알아주는구나!"

말하고 있는 사이에 갑자기 원술의 군대가 서주를 취하려 한다는 보고가 들어왔다. 그 말을 들은 여포는 아연실색했다.

진秦과 진晉처럼 어울리지 못하고 오吳와 월越처럼 싸우니
혼인을 맺으려 했던 일이 결국은 전쟁을 일으키고 말았구나
秦晉未諧吳越鬪, 婚姻惹出甲兵來

결국 뒷일은 어떻게 될 것인가?❿

제16회 원문의 극을 쏘아 맞춘 여포

❶

『삼국지』「위서·여포전」에 이 당시 군세에 관한 기록이 있다. "원술이 장수 기령 등과 보병과 기병 3만 명을 보내 유비를 공격하게 하자 유비는 여포에게 구원을 요청했다"고 기록하고 있으며, 여포는 "즉시 보병 1000명과 기병 200명을 갖추고 유비가 있는 곳으로 신속하게 달려갔다"고 기록하고 있다.

❷

여포가 화극을 쏘아 맞춘 사건은 실제 있었던 일이다

『삼국지』「위서·여포전」은 다음과 같이 기록하고 있다.

"여포는 문후門候(군영 대문의 경비를 책임지는 군관)에게 영문 한가운데에 극 하나를 세우라고 명하고는 말했다.

'여러분은 이 여포가 극의 소지小支를 쏘는 것을 보시오. 한 번 쏘아 중심을 맞추면 여러분은 마땅히 철군하여 떠나야 하고 맞지 않으면 남아서 싸워도 되오.'

여포가 활을 들어 극에 쏘니 소지에 명중했다. 장수들이 놀라워하며 말했다.

'장군께서는 하늘의 위엄을 갖추고 있소!'

이튿날 다시 즐겁게 모여서 마신 후에 각자 흩어졌다."

『후한서』「여포전」 및 『자치통감』 권62 「한기 54」에도 같은 기록이 있어 여포가 극의 소지를 쏘아 맞춘 일은 사실인 듯하다.

❸
원술이 여포에게 혼인 관계를 요청한 일

『삼국지』「위서·여포전」에서는 "원술은 여포와 교분을 맺어 구원 세력으로 삼고 싶어서 이내 자신의 아들과 맺어주기 위해 여포의 딸을 달라고 요청했고 여포는 이를 수락했다"고 기록하고 있고, 『자치통감』 권62 「한기 54」와 『후한서』「여포전」에서는 "원술은 여포가 자신에게 해가 될까 두려워하여 자신의 아들과 여포 딸과의 혼인을 요청했고 여포는 이를 허락했다. 원술은 기령을 시켜 보병, 기병 3만 명을 이끌고 유비를 공격하도록 했고 유비는 여포에게 구원을 요청했다"고 기록하고 있다.

역사에서는 원술이 먼저 여포에게 혼인 관계를 요청했고 여포가 극을 쏘아 맞춘건 그다음이었다. 순서가 뒤바뀐 상황이다.

❹
이때 진규가 여포에게 했다는 말은 사실일까?

『후한서』「여포전」과 『삼국지』「위서·여포전」은 다음과 같이 기록하고 있다.

"패국沛國의 상相 진규는 원술과 여포가 혼인 관계를 맺으면 서주와 양주가 연합하게 되며, 이는 장차 국란이 될 것이라 여겨 여포에게 나아가 말했다. '조공(조조)은 천자를 받들어 영접하고 국가의 정사를 보좌하며 거들고 있으므로 그 위세가 이미 세상에 유명해졌으니 장차 사해를 정벌할 것입니다. 그러므로 장군께서는 마땅히 조조와 협력하여 책략을 꾀하시어 태산과 같은 안정을 도모해야 합니다. 지금 원술과 혼인 관계를 맺으시면 천하에 의롭지 못한 명성을 얻게 되어, 반드시 계란을 쌓아놓은 것과 같은 위험에 처할 것입니다.'"

진규의 말은 결코 유비를 위한 것은 아니었으며 조조는 "진등으로 하여금 은밀하게 무리를 규합해 내응하도록 했다"고 기록하여 여포와 원술의 혼인 관계는 진규 부자가 조조를 위해 쓴 간계라 하겠다.

❺

정말 장비가 말을 훔쳐 여포가 쳐들어갔을까?

『삼국지』「촉서·선주전」과 『자치통감』 권62 「한기 54」에 따르면 "유비는 소패로 돌아와 다시 병사 1만여 명을 모집했다. 여포는 이를 꺼려 직접 군사를 이끌고 나와 유비를 공격했다"고 기록하고 있어, 유비의 군사 증강에 대해 우려한 여포가 공격했던 것이지 장비와는 무관한 일이다.

❻

"지금은 영웅을 등용해 쓸 시기이니 한 사람을 죽여서 천하의 인심을 잃을 수는 없다"는 말에 대해 『삼국지』「위서·무제기」는 다음과 같이 기록하고 있다.

"정욱이 태조에게 말했다.

'제가 보기에 유비는 영웅의 재능을 가졌고 인심을 많이 얻고 있으니 끝내 다른 사람 밑에 있을 인물이 아닙니다. 일찌감치 그를 도모하는 것이 좋을 듯합니다.'

태조가 대답했다.

'바야흐로 지금은 영웅을 끌어모을 시기인데, 이때 한 사람을 죽여 천하 사람들의 인심을 잃는 일은 옳지 않소.'"

그러나 『자치통감』 권62 「한기 54」에는 곽가가 유비를 죽여서는 안 된다고 간언했고 조조가 그 말을 따랐다고 기록하고 있다.

❼

장수가 조조를 공격한 이유

『삼국지』「위서·장수전張繡傳」에는 "태조가 장제의 처를 맞아들이자 장수가 원한을 품었다. 태조는 장수가 불쾌하게 여긴다는 말을 듣고 비밀리에 장수를 죽일 계획을 세웠다. 그러나 계획이 누설되어 장수가 태조를 급습했다"고 했고, 『자치통감』 권62 「한기 54」에는 "조조가 장수의 맹장 호거아에게 황금을 보내자 장수가 알아채고는 의심하여 조조의 군대를 급습했다"고 기록하고 있다. 그리고 장제의 처에 관한 자세한 기록은 보이지 않는다.

❽

전위가 전사하는 장면

『삼국지』 「위서·전위전典韋傳」에서는 전위가 전사하는 상황을 비교적 상세하게 기록하고 있다.

"전위가 군영 문 가운데서 맞서 싸웠으므로 적군은 들어올 수 없었다. 적군은 결국 흩어져 다른 문으로 들어왔다. 당시 전위에게는 철저한 점검을 거친 수하 10여 명이 있었는데 모두 죽을 각오로 싸워 한 사람이 열 명을 감당해냈다. 적군은 앞뒤로 점점 많아졌고 전위는 긴 극으로 좌우를 공격했는데 극으로 한 번 막으면서 들어가면 10여 개의 모矛가 부러졌다. 그의 부하는 대부분 죽거나 부상당했다. 전위도 수십 군데 상처를 입었는데 길이가 짧은 병기를 쥐고 맞붙어 싸우자 적들이 앞으로 와서 그를 덮쳐 잡으려고 했다. 전위가 두 명의 적을 양 겨드랑이에 끼워 죽이자 나머지 적군은 감히 앞으로 다가오지 못했다. 전위는 다시 적군에게 돌진하여 몇 명을 죽였으나 상처가 더욱 심해져 눈을 부릅뜨고 큰 소리로 욕을 하며 죽었다. 적은 그제야 감히 앞으로 나와 그의 머리를 베어 돌려 보았고 전군을 전멸시킨 다음에야 그의 시체를 보았다."

❾

『삼국지』 「위서·무제기」에 따르면 "태조는 장수와 전투를 벌이다가 패하여 날아든 화살에 맞았고, 장남 조앙과 조카 조안민을 잃었다"고 했으나, 「위서·장수전」에는 "태조의 군대는 패하고 두 아들이 죽었다"고 기록하고 있다. 또한 『자치통감』 권62 「한기 54」에는 "조조의 큰아들 조앙을 죽였다"고 기록하고 있는데, 「무제기」의 기록대로 큰아들 조앙과 조카 조안민을 잃은 것이 사실인 듯하다.

당시 조조가 타고 있던 말에 관한 기록이 있는데, 배송지 주 『위서』에 따르면 "공(조조)이 타고 있던 말의 이름은 절영絶影이라고 하는데 날아온 화살에 맞아 뺨과 다리에 상처를 입었고 공 또한 오른쪽 팔에 화살을 맞았다"고 기록하고 있다.

⑩

한 시기의 봉록 기준

한 시기의 봉록은 관료의 등급을 '석石'으로 표시하고 '질秩(화禾는 오곡五穀, 봉록俸祿을 가리키고, 실失의 의미는 '활동 상태의 순서 배열'로 관원 봉록의 활동에 따른 순서를 나타낸다)'이라 불렀는데 이는 관직에 대응하는 것이다. 최고의 질은 2000석(그 이상의 삼공, 대장군과 어사대부는 질 명칭이 없음)이고, 2000석 다음에 다시 중中, 진眞, 비比, 공共을 더해 4등급이 된다.

비이천석比二天石 이상은 은인청수銀印靑綬(은 인장과 푸른 끈, 인수印綬는 인신印信, 즉 도장과 인신을 묶는 명주 끈), 비육백석比六白石 이상은 동인흑수銅印黑綬(구리 인장과 검은색 끈), 비이백석比二百石 이상은 동인황수銅印黃綬(구리 인장과 누런색 끈), 이백석二百石 이하는 소관인小官印 즉 반통半通(반인半印으로 하급 관리가 사용)을 사용했다.

육백석六白石 이상은 고급 관료, 삼백석三白石을 기준으로 중급과 하급 관원으로 나뉜다. 전한 시기에 봉록은 돈 위주로 지급했으나 왕망이 집정한 시기에는 주로 곡식을 주었고 후한 시기에 와서는 돈과 곡식을 반씩 지급했다.

황제를 자칭한 원술

원공로는 일곱 갈래 길로 크게 군대를 일으키고,
조맹덕은 세 장수를 한데 모으다

袁公路大起七軍,
曹孟德會合三將

한편 원술은 넓은 땅에 양식도 풍부한 회남에 머물고 있었는데 손책으로부터 저당 잡은 옥새까지 가지고 있어 마침내 본분을 벗어나 황제로 칭할 생각을 하게 되었다. 부하들을 모두 소집하고는 상의했다.

"옛날에 한고조는 사상[1]의 일개 정장[2]에 불과했는데도 천하를 소유했다. 400년이 지난 지금은 명운이 이미 다했기에 나라 안이 끓는 가마솥처럼 동란으로 불안한 상태로다. 나의 가문은 4대에 걸쳐 삼공을 지낸 집안이라 백성이 귀순하는 바다. 내가 천명에 순응하고 인심에 부합하고자 황제의 자리에 오르려 하는데, 그대들은 어떻게 생각하는가?"

주부主簿 염상閣象이 말했다.

"안 됩니다. 옛날에 주나라 후직[3]은 덕을 쌓고 공적이 많아 문왕에 이르러서는 천하의 3분의 2를 차지하고도 여전히 은나라를 섬겼습니다. 명공의 가세가 비록 귀하다고는 하나 주나라의 왕성함만 못하고, 한실[4]이 비록 미약하다고는 하나 은나라의 주왕처럼 포악하지는 않습니다. 이 일은 절대로 해서는 안 됩니다."

원술이 노하여 말했다.

"우리 원씨 성은 진[5]에서 나왔다. 진은 바로 순임금의 후예다. 토로써 화를 계승하는 것은 그 운명에 순응하는 것이다. 또한 예언에 '한나라를 대신할 자는 당도고當塗高'라 했고 나의 자가 공로公路니 그 예언과 바로 맞아떨어진다. 게다가 전국새까지 있으면서 군주가 되지 않는다면 천도天道를 저버리는 것이다. 내 이미 뜻을 결정했으니 여러 말 하는 자는 목을 베리라!"❶

마침내 연호를 중씨仲氏라 하고 대臺와 성省 같은 조정의 부서를 설립했으며 황제가 사용하는 용봉련龍鳳輦을 타고 남북 교외에 나가 제사를 지냈다.[6] 풍방馮方의 딸을 세워 황후로 삼고 아들을 동궁으로 세웠으며 여포의 딸을 동궁비로 삼고자 사자를 보내 재촉했다.❷

그러나 여포가 이미 한윤을 허도로 압송했고 한윤이 조조에게 참수당했다는 소식을 듣고는 크게 노했다. 마침내 장훈을 대장군으로 임명하고 20만여 명의 대군을 일곱 길로 나누어 서주를 정벌하게 했다. 제1로는 대장 장훈으로 중군을 맡고, 제2로는 상장 교유橋蕤로 좌측을 맡고, 제3로는 상장 진기陳紀로 우측을 맡고, 제4로는 부장 뇌박雷薄으로 좌측을 맡고, 제5로는 부장 진란陳蘭으로 우측을 맡고, 제6로는 항장降將 한섬韓暹으로 좌측을 맡고, 제7로는 항장 양봉楊奉으로 우측을 맡았다. 각기 부하 맹장을 거느리고 기한을 정해 출발했다. 원술은 연주자사 김상金尚을 태위로 삼아 1~7로의 군대에 돈과 군량을 보급하고 감독하도록 명했다. 그러나 김상이 따르지 않자 원술은 그를 죽여버리고 기령을 칠로도구응사七路都救應使로 삼았다. 원술은 자신이 직접 군사 3만 명을 이끌었고 이풍李豐, 양강梁剛[7]과 악취樂就를 진군을 재촉하는 최진사催進使로 삼아 칠로의 군사들을 지원하게 했다.❸

여포가 사람을 시켜 알아보게 했더니 장훈의 군대는 큰길로 서주를 향해 곧장 오고 있고, 교유의 군대는 소패를 취하러 오고 있으며, 진기의 군대는 기도近都[8]로, 뇌박의 군대는 낭야琅琊로, 진란의 군대는 갈석碣石[9]으로, 한섬의 군대는 하비로, 양봉의 군사는 준산[10]을 취하러 오고 있는데, 칠로의 군마가 하루에 50리씩 달려오면서 길에서 노략질한다고 보고하자 여포는 다급하게 모사들을 모아놓고 상의했다. 진궁과 진규 부자도 왔다. 진궁이 말했다.

"서주의 재앙은 바로 진규 부자가 불러온 것으로 작위와 녹봉을 구하고자 조정에 빌붙어 아첨했기 때문에 오늘 장군께 화를 옮긴 것입니다. 두 사람의 머리를 베어 원술에게 바치면 그의 군대는 스스로 물러날 것입니다."

여포가 진궁의 말을 듣고서 즉시 진규와 진등을 붙잡으라고 명했다. 진등이 껄껄 웃으며 말했다.

"어찌하여 이토록 겁이 많으십니까? 제가 보기에 칠로의 군사들은 일곱 더미의 썩은 짚풀에 불과하니 신경 쓸 필요도 없습니다!"

여포가 말했다.

"네게 적을 깨뜨릴 계책이 있다면 너의 죽을죄를 용서해주마."

진등이 말했다.

"장군께서 이 늙은이의 말대로 한다면 서주는 근심 없이 보전하실 수 있을 것입니다."

여포가 말했다.

"말해보시오."

진등이 말했다.

"원술의 군사가 비록 많으나 모두가 오합지졸에 불과하고 평소에 자기들끼리 가까이하거나 신임하지도 않습니다. 우리가 주력 부대로 지키면서 기습 부대로 공격하면 이길 수 있으니 성공하지 못할 리가 없습니다. 더욱이 계책이 하나 더 있는데 서주의 안전을 보증하는 데 그치지 않고 원술까지도 사로잡을 수 있을 것입니다."

여포가 말했다.

"어떤 계책을 내실 것이오?"

진등이 말했다.

"한섬과 양봉은 한나라의 옛 신하로 조조를 두려워하여 달아났다가 의지할 집이 없어 잠시 원술에게 간 사람들입니다. 원술이 틀림없이 그들을 가볍게 여기고 그들 또한 원술을 위해 쓰이는 것을 달가워하지 않을 것입니다. 서신을 보내 안에서 호응하도록 결성하고 또한 유비와 연계하여 밖에서 협력한다면 반드시 원술을 사로잡을 수 있을 것입니다."

여포가 말했다.

"그대가 직접 한섬과 양봉에게 가서 편지를 전하시오."

진등이 승낙했다.❹

여포는 이에 표문을 지어 허도로 올리고 아울러 예주에도 편지를 보낸 다음 진등에게는 몇 명의 기병을 이끌고 먼저 하비로 가는 길에서 한섬을 기다리게 했다. 한섬이 군대를 이끌고 당도하여 군영을 세우자 진등이 들어가 만났다. 한섬이 물었다.

"그대는 여포의 사람인데 무슨 상관이 있어 여기에 왔소?"

진등이 웃으면서 말했다.

"저는 대한의 공경인데 어찌하여 여포의 사람이라고 말하시오? 장군 같은 사람이야말로 한나라의 신하이거늘 지금 역적의 신하가 되어 지난날 관중에서 황제를 보위한 공적이 헛수고가 되게 생겼으니 삼가 장군께서 취할 바가 아닌 듯하오. 게다가 원술은 의심이 매우 많은 성품을 지녀 장군께 훗날 반드시 해를 입힐 것이오. 지금 일찌감치 도모하지 않으면 후회해도 소용없을 것이오!"

한섬이 한탄하며 말했다.

"나도 한나라로 돌아가고 싶지만 연줄이 없는 것이 한스러울 따름이오."

진등이 이에 여포의 편지를 내놓았다. 한섬이 읽고 나서 말했다.

"무엇을 의미하는지 이미 알았소. 공께서는 먼저 돌아가시고 내가 양장군과 함께 창끝을 돌려 원술을 공격하리다. 불길이 일어나는 것을 신호로 온 후께서 군대를 이끌고 와서 호응해주면 되겠소."

한섬과 작별한 진등은 급히 돌아와 여포에게 보고했다.

여포는 이에 군사를 다섯 길로 나누었는데, 고순은 일군을 이끌고 소패로 진격하여 교유를 대적하고, 진궁은 기도로 진격해서 진기를, 장료와 장패는 낭야로 진격해서 뇌박을, 송헌과 위속은 갈석으로 진격해서 진란을, 여포 자신은 큰길로 나가서 장훈을 대적하기로 했다. 이들에게 각기 1만 명의 군사를 거느리게 하고 나머지는 성을 지키게 했다. 여포는 성을 나가서 30리 밖에 군영을 세웠다. 장훈의 군대가 도착했으나 여포를 대적할 수 없다고 판단해 20리를 물러나 주둔하고 사방의 군사들이 와서 지원해주기를 기다렸다. 이날 밤 이경 무렵에 한섬과 양봉이 군사를 나누어 도처에 불을 질렀고 여포의 군사가 군영으로 들어오도록 거들었다. 그러자 장훈의 군사들이 큰 혼란에 빠졌다. 여포가 기세를 몰아 들이치자 장훈은 패하여 달아났다. 여포는 날이 밝아질 때까지 뒤를 쫓다가 마침 지원하러 온 기령과 맞닥뜨렸다. 양군이 서로 마주쳐 막 맞붙어 싸우려는데 한섬과 양봉이 두 길로 몰려들었다. 기령이 대패하여 달아나자 여포가 군사를 이끌고 추격하며 무찔렀다. 그때 산 뒤에서 한 떼의 군마가 나타났는데 문기가 열리면서 한 부대의 군마가 보였다. 용봉일월龍鳳日月 깃발과 사두오방四斗五方의 큰 기치, 금과[11]와 은부殷斧, 황월[12]과 백모[13]를 들어올리고 누런 명주의 황금색 술이 달린 산개[14] 아래에 황금으로 장식한 갑옷을 입고 팔목에 두 자루의 칼을 건 원술이 진 앞에 말을 세우고는 욕설을 퍼부었다.

"여포야, 주인을 배반한 노비 놈아!"

성난 여포가 창을 잡고 앞으로 나아갔다. 원술의 장수 이풍李豐이 창을 잡고 나와 맞섰지만 3합도 싸우지 못하고 여포에게 손을 찔려 다치자 이풍은 창을 버리고 그대로 달아났다. 여포가 군사들을 호령하며 부딪쳐 들어가니 원술의 군사들이 크게 어지러워졌다. 여포는 군사를 이끌고 그 뒤를 추격하며 수많은 마필과 갑옷을 빼앗았다. 원술은 패잔병을 이끌고 달아나는데 몇 리도 못 가 산 뒤에서 나타난 한 떼의 군마가 가는 길을 막아섰다. 앞장선 장수는 다름 아닌 관운장이었다. 관운장이 크게 소리를 질렀다.

"이 역적 놈아! 아직도 죽음을 받아들이지 않느냐!"

원술이 허둥대며 달아나자 나머지 무리는 사방으로 흩어져 도망쳤고 관운장은 한바탕 크게 무찔렀다. 원술은 패잔병을 수습해 회남으로 도망쳐 돌아갔다.

승리를 거둔 여포는 운장과 양봉, 한섬 등 일행의 인마를 서주로 초청하여 크게 잔치를 열고 대접했으며 군사들을 위로하고 포상했다. 이튿날 운장이 작별하고 돌아갔다. 여포는 한섬을 기도沂都목, 양봉은 낭야목[15]으로 임명하겠다고 보장하고는 두 사람을 서주에 머물게 하려고 상의했다. 진규가 말했다.

"안 됩니다. 한섬, 양봉 두 사람이 산동을 점거하고 있으면 1년이 못 되어 산동의 성곽들은 모두 장군께 귀속될 것입니다."

여포도 옳다 여겨 즉시 두 장수를 기도와 낭야 두 곳으로 보내 잠시 군대를 주둔하게 하고 은명恩命(관직을 승급시키는 황제의 명령)을 기다리게 했다. 진등이 부친 진규에게 몰래 물었다.

"어찌하여 두 사람을 서주에 머물게 하여 여포를 죽일 근거로 삼지 않으셨습니까?"

진규가 말했다.

"두 사람이 여포에게 협조한다면 도리어 호랑이에게 발톱과 이빨을 보태주는 꼴이다."

진등이 부친의 고견에 감복했다.

한편 패하고 회남으로 돌아온 원술은 강동 손책에게 사람을 보내 원수를 갚고자 병사를 빌려달라고 했다. 손책이 노해서 말했다.

"네놈이 나의 옥새에 의지해 제멋대로 황제라 부르고 한실을 배반했으니 대역무도한 놈이로다! 내가 이제 무력으로 진격해 그 죄를 물으려 했는데 어찌 도리어 역적을 돕는단 말이냐!"

즉시 편지를 써서 거절했다. 사자가 돌아와 원술에게 편지를 올렸다. 편지를 읽은 원술이 노발대발했다.

"갓 젖 뗀 어린놈이 뭘 안다고 어찌 감히 이럴 수 있단 말이냐! 내 먼저 이놈부터 치리라!"

장사 양대장이 극력으로 말리자 그제야 멈췄다.❺

한편 손책은 편지를 보낸 후 원술의 군대가 쳐들어올 것을 대비해 군사를 점검하고 장강 입구를 지켰다. 그때 갑자기 조조의 사신이 당도하여 손책을 회계會稽태수로 임명하고 군대를 일으켜 원술을 정벌하게 했다. 손책이 즉시 상의하고 군대를 일으키려 했다. 장사 장소가 말했다.

"원술이 비록 이번에 패했다고는 하지만 군사가 많고 양식도 풍족하니 가볍게 대적할 수는 없습니다. 차라리 조조에게 편지를 보내 그에게 남쪽을 정벌하라고 권하고 우리는 뒤에서 호응하는 것이 좋겠습니다. 양군이 서로 지원한다면 원술의 군대는 반드시 패할 것입니다. 만에 하나 실수가 생기더라도 또한 조조의 지원을 기대할 수 있습니다."

손책이 그 말을 따르기로 하고 사신을 보내 이러한 뜻을 조조에게 전달했다.

한편 조조는 허도로 돌아와 전위를 잊지 못해 사당을 세워 제사 지내며, 그의 아들 전만典滿을 중랑[16]으로 임명하고 승상 부중에서 맡아 키웠다. 바로 이때 손책의 사자가 서신을 가지고 왔다는 보고가 들어왔다. 조조가 편지를 읽고 있는데, 또 식량이 부족해진 원술이 진류陳留[17]를 약탈하고 있다는 보고가 들어왔다. 조조는 그 틈을 이용해 원술을 공격하고자 드디어 군사를 일으키고 남쪽 정벌에 나섰다. 조인에게 허도를 지키게 하고 나머지 군사는 모두 출정시키니, 마보군 17만 명이었고 군량과 물자를 실은 수레가 1000여 량이었다. 한편으로 먼저 손책과 유비, 여포에게 사람을 보내 한곳에 모이게 했다. 조조의 군대가 예주 경계에 이르렀을 때 현덕이 일찌감치 군사를 이끌고 맞이하러 왔고 조조는 군영 안으로 청했다. 서로 대면을 마치자 현덕이 수급 두 개를 바쳤다. 조조가 놀라 말했다.

"이것이 누구의 수급이오?"

"바로 한섬과 양봉의 수급이오."

"어떻게 그것을 얻었소?"

"여포가 두 사람을 기도와 낭야 두 현에 잠시 머물게 했는데, 뜻밖에 두 사람이 군사를 풀어 민가를 약탈하는 바람에 백성이 탄식하며 원망이 많았소. 그래서 제가 상의할 일이 있다는 구실로 주연을 베풀어 술을 마시는 사이에 잔을 던지는 것을 신호로 하여 관우와 장비 두 아우를 시켜 그들을 죽이고 그 무리의 항복을 받아냈소. 그래서 지금 특별히 와서 죄를 청하는 것이오."

"그대가 나라를 위해 제거한 것이니 바로 커다란 공이지 어찌하여 죄라고 말씀하시오!"

바로 현덕을 두텁게 위로하고 군사를 합쳐 서주 경계에 당도했다.❻

여포가 맞이하러 나오자 조조는 좋은 말로 위로하면서 좌장군에 봉하고 도성으로 돌아가면 인수를 바꿔주겠다고 하자 여포는 크게 기뻐했다. 조조는 즉시 여포의 부대를 왼쪽에, 현덕의 부대를 오른쪽에 나누어 두었다. 자신은 중군에 있으면서 대군을 통솔했고 하후돈과 우금을 선봉으로 삼았다.

조조의 군대가 이르렀다는 것을 알게 된 원술은 대장 교유에게 군사 5만 명을 이끌고 선봉에 서게 했다. 양군이 수춘 경계 입구에서 마주쳤다.[18] 교유가 먼저 말을 타고 달려나와 하후돈과 싸웠으나 3합을 넘기지 못하고 하후돈에게 찔려 죽었다. 원술의 군대는 대패하여 달아나 성으로 돌아갔다. 그때 별안간 손책이 배를 타고 강변 서쪽을 공격 중이고, 여포는 군사를 이끌고 동쪽을, 유비는 관우, 장비와 함께 군사를 이끌고 남쪽을, 조조는 군사 17만 명을 이끌고 북쪽을 공격한다는 보고가 들어왔다. 깜짝 놀란 원술은 황급히 문무백관을 모아놓고 상의했다. 양대장이 말했다.

"수춘은 여러 해 동안 수해와 가뭄으로 인해 백성 모두 식량이 부족한데, 지금 또 군대를 출동시켜 피해를 주면 백성이 이미 원망하고 있기에 병사들이 이르더라도 막아내기 어렵습니다. 차라리 군사를 수춘에 머물게 하여 싸우지 않고 저들의 군량이 떨어지기를 기다린다면 반드시 변고가 생길 것입니다. 폐하께서 잠시 어림군을 통솔하여 회수淮水를 건너가신다면 첫째로 익은 곡식을 얻고 둘째로는 잠시 그들의 예기를 피하실 수 있습니다."

원술은 그 말을 따르기로 하고 이풍, 악취, 양강, 진기 네 명에게 군사 10만 명을 나누어 수춘을 단단히 지키게 하고, 나머지 장졸과 창고에 간직해둔 금과 옥, 진귀한 보물을 모조리 수습해 회수를 건너갔다.

한편 조조의 군사 17만 명은 하루에 소비하는 양식이 엄청나게 많은 데 비해 여러 군이 다시 기근과 가뭄에 시달려 군량을 공급하지 못하는 상태였다. 조조가 군사들을 재촉해 속전속결하려 했지만 이풍 등이 성문을 걸어 잠그고 나오지 않았다. 조조의 군사들은 한 달여 동안 대적하다 보니 양식이 모두 떨어져 손책에게 편지를 보내 10만 곡의 군량을 빌려 배포했으나 그것으로도 부족했다. 군량을 관리하는 관원 임준任峻의 부하 중에서 창고를 관리하는 왕후王垕가 들어와 조조에게 보고했다.

"병사는 많고 양식은 적은데 어찌하오리까?"

조조가 말했다.

"소곡[19]이라도 주어 잠시나마 급한 것을 면해야지."

왕후가 말했다.

"병사들이 원망하면 어찌하오리까?"

"나한테 계책이 있느니라."

왕후가 명에 따라 소곡을 나누어줬다. 조조가 은밀하게 사람을 시켜 각 군영을 알아보게 했는데 탄식하며 원망하지 않는 곳이 없었고 모두 승상이 속였다고 하고 있었다. 조조는 이에 몰래 왕후를 들어오라 하고 말했다.

"내가 너한테 물건 하나를 빌려 군사들의 마음을 진정시키려 하는데 네가 내놓는 것을 꺼려서는 안 된다."

"승상께서는 어떤 물건을 쓰시려 하십니까?"

"네 머리를 빌려 군사들에게 보이려 할 뿐이다."

왕후가 소스라치게 놀라 말했다.

"저에게는 실로 죄가 없습니다!"

조조가 말했다.

"나 또한 네가 죄가 없음을 알고 있으나 너를 죽이지 않으면 군심이 바뀌게 될 것이다. 네가 죽은 다음에 네 처자식은 내가 부양할 터이니 너는 염려하지 말거라."

왕후가 다시 말하려고 하는데 조조가 벌써 도부수를 불러 문밖으로 끌어내고 한칼에 베어버리게 한 후 머리를 장대에 높이 걸고 방문을 붙여 분명하게 알렸다.

"왕후가 고의로 소곡을 주고 관량[20]을 도둑질했기에 군법에 따라 처형한다."

그리하여 군사들의 원망이 비로소 해소되었다.❼

이튿날 조조는 각 군영의 장령들에게 명령을 전달했다.

"사흘 이내로 힘을 다해 성을 깨뜨리지 못하면 모두 참수하겠노라!"

조조는 직접 성 아래로 나가 군사들의 흙과 돌을 나르고 해자를 메우며 도랑을 막는 일을 감독했다. 성 위에서 화살과 돌이 비 오듯 쏟아지자 두 명의 비장裨將(부장)이 두려워 피하면서 돌아왔다. 그러자 조조는 검을 들어 성 아래에서 베어버리고는 즉시 말에서 내려 직접 흙을 나르고 구덩이를 메웠다. 이에 대소장수와 사병들 중에 앞으로 나가지 않는 자가 없었으니 군대는 크게 위세를 떨쳤다. 성 위에서는 그 기세를 막아낼 수가 없었다. 조조의 군사들이 앞다투어 먼저 성으로 올라가 빗장을 벗기고 자물쇠를 끊자 대부대가 성안으로 밀어닥쳤다. 조조는 이풍, 진기, 악취, 양강을 모두 사로잡은 후 저잣거리에서 참수하라 영을 내렸다. 도성을 본떠서 지은 궁궐과 전당, 일체의 법을 어긴 물건들은 불태웠고 수춘²¹ 성안을 약탈하고 모두 거두어들여 포성은 빈터가 되고 말았다. 조조는 군대를 진격시켜 회수를 건너 원술을 추격하고자 상의했다. 순욱이 간언했다.

"근년 이래로 기근과 가뭄으로 양식을 구하기가 어려운 데다 더욱이 군대를 진격시키신다면 군사들은 힘들고 백성은 다치게 될 것이니 유리한 바가 없을 것입니다. 잠시 허도로 회군했다가 봄에 밀이 익어 군량이 충분히 준비되면 그때 도모하시는 것이 좋을 듯합니다."

조조는 망설이며 결정하지 못했다. 그때 별안간 보마報馬(말을 타고 소식을 보고하는 사람)가 달려와 보고했다.

"유표에게 의탁했던 장수가 다시 제멋대로 날뛰고, 남양과 강릉²²의 각 현도 다시 모반을 했습니다. 조홍이 막아내지 못하고 연거푸 패했기에 특별히 와서 위급함을 보고드립니다."

조조는 바로 손책에게 긴급히 서신을 전해 장강을 건너가서 진을 치도록 하여 유표가 의병疑兵(적을 속이기 위해 가짜로 만들어 배치한 군대)으로 여겨 감히 함부로 행동하지 못하게 하고, 조조 자신은 그날로 군대를 철수시켜 별도로 장수를 정벌할 일을 의논하기로 했다. 회군을 앞두고 현덕에게 종전하는 대로 군사를 소패에 주둔시키고 여포와 형제를 맺어 서로 도와주며 다시는 침략하는 일이 없도록 했다. 여포는 군대를 이끌고 서주로 돌아갔다. 조조는 은밀하게 현덕에게 일렀다.

"내가 그대에게 소패에 군사를 주둔시키라고 한 것은 바로 함정을 파서 호랑이를 기다리는 '굴갱대호掘坑待虎'의 계책이오. 공은 진규 부자와 상의해서 실수만 없도록 하면 되는 것이오. 나도 마땅히 공을 위해서 밖에서 지원하리다."

말을 마치고는 작별했다.

한편 조조가 군사를 이끌고 허도로 회군하자 단외段煨가 이각을 죽이고 오습伍習이 곽사를 죽여 머리를 바치러 왔다는 보고가 들어왔다. 단외는 아울러 이각의 전 가족 노소를 막론하고 200여 명을 모조리 산 채로 허도로 압송해 왔다고 했다. 조조는 각 성문에서 가족을 나누어 참수시키고 그 수급을 곳곳에 보내 사람들에게 보이게 하니 백성이 통쾌해했다. 천자는 대전에 올라 문무백관을 모아놓고 태평 연회를 베풀었다. 단외를 탕구장군,[23] 오습을 진로장군殄虜將軍[24]으로 임명하여 각기 군사를 이끌고 장안을 방어하도록 했다. 두 사람은 은혜에 감사하고 장안으로 떠났다.❽

조조는 즉시 장수가 난을 일으켰으니 군대를 일으켜 그를 토벌해야 한다고 상주했다. 천자는 난여鑾輿(천자의 수레)를 준비시켜 친히 조조의 출병을 전송했으니, 이때가 건안 3년(198) 4월이었다.

조조는 순욱을 허도에 남기고 사졸과 장수들을 파견해주었으며 자신은 대군을 통솔해 진군했다. 행군하면서 도중에 밀이 이미 익은 것이 보였는데 백성은 군사들이 이르자 바깥으로 피하면서 감히 밀을 베지 못했다. 조조는 사람을 시켜 원근의 마을 어르신들과 각처에 경계를 지키는 관리들에게 두루 알렸다.

"나는 천자의 영명한 조서를 받들어 역적을 토벌하고 백성에게 해로운 것을 제거하러 출병했다. 바야흐로 지금 밀이 익을 시기이나 부득이하게 군사를 일으켰으니 대소장교들 중 무릇 밀밭을 지나면서 함부로 밟는 자가 있다면 모두 참수하겠노라. 군법이 심히 엄격하니 백성은 놀라거나 의심하지 마라."

백성은 조조가 하달한 지시를 듣고서는 기뻐하며 칭송하지 않는 자가 없었고 멀리 먼지가 보이면 길을 막고 절을 했다. 관군들도 밀밭을 지나갈 때는 모두 말에서 내려 밀이 넘어가지 않도록 손으로 짚고 차례대로 서로 넘겨주며 지나갔고 감히 밟는 자가 없었다. 조조가 말을 타고 한창 가는데 별안간 밭 한가운데서 비둘기 한 마리가 놀라 날아올랐고 조조가 타고 가던 말이 그만 밀밭으로 마구 뛰어들어가 커다란 밀밭 덩이 하나를 짓밟아 망쳐놨다. 조조가 즉시 행군주부行軍主簿를 불러 밀을 밟은 자신의 죄를 논의하게했다. 주부가 말했다.

"승상께 어찌 죄를 논할 수 있겠습니까?"

조조가 말했다.

"내 자신이 법을 만들어놓고 내 스스로 그것을 어겼으니 어떻게 군사들을 복종시키겠는가?"

그 자리에서 차고 있던 검을 뽑아 들고 스스로 자기 목을 베려 했다. 사람들이 급히 제지했다. 곽가가 말했다.

"옛날 『춘추』의 뜻에 '존귀한 분에게는 법으로써 따지지 않는다'[25]고 했습니다. 승상께서는 대군을 통솔하는데 어찌 자결하실 수 있겠습니까?"

조조가 한참 망설이더니 비로소 입을 열었다.

"『춘추』에 '존귀한 분에게는 법으로써 따지지 않는다'는 뜻이 있다고 하니 내 잠시 죽음을 면하겠네."

그러고는 바로 검으로 자신의 머리카락을 잘라 땅바닥에 던지며 말했다.

"머리카락을 자르는 것으로 잠시 머리를 대신하겠다."

사람들을 시켜 머리카락을 삼군에 전달해 보이게 하고 아래와 같이 말하게 했다.

"승상께서 밀을 밟았으니 본래는 머리를 베어 사람들에게 보이는 것이 마땅하나 지금은 머리카락을 잘라 그것을 대신하노라."

이에 삼군이 소름 끼치도록 두려워하며 군령을 엄격하게 따르지 않는 자가 없었다. 후세 사람이 이 일을 논평한 시가 있다.

십만의 용맹한 군대가 십만의 마음을 가졌으니
한 사람의 호령으로 군사를 제지하기 어렵다네
칼을 뽑아 들어 머리카락 잘라 머리를 대신하니
대단한 조조의 깊은 속임수를 여기서 보는구나
十萬貔貅十萬心, 一人號令衆難禁
拔刀割髮權爲首, 方見曹瞞詐術深

장수는 조조가 군대를 이끌고 오는 것을 알고 급히 유표에게 편지를 보내 뒤에서 호응하게 하는 한편, 뇌서雷敍와 장선張先 두 장수와 함께 성을 나가 적과 맞섰다. 진세가 원형으로 펼쳐지자 장수가 말을 몰아 나와 조조를 가리키며 욕을 했다.

"너는 인의를 가장한 염치없는 놈이니 금수와 무엇이 다르겠느냐!"

조조가 크게 노하여 허저를 내보냈다. 장수는 장선에게 나가 싸우라 명했다. 단 3합 만에 허저는 장선을 말 아래로 떨어뜨렸고 장수의 군대는 대패했다. 조조는 군사를 이끌고 남양성[26] 아래까지 쫓아갔는데 성으로 들어간 장수는 성문을 닫고 나오지 않았다. 조조는 성을 에워싸고 공격했으나 성의 해자가 매우 넓고 물살도 깊어 성에 빠르게 접근하기 어려웠다. 이에 군사들에게 명하여 흙을 날라 해자를 메우게 했고, 또 흙 포대와 장작, 짚단을 섞어 성 옆에 계단을 만들게 했으며, 다시 운제雲梯(성을 공격할 때 성벽을 타고 오르는 긴 사다리)를 세우고 성안을 엿보게 했다. 조조 자신은 말을 타고 성을 돌며 살펴봤다. 이렇게 사흘이 지났다. 마침내 군사들에게 서문 모퉁이에다 장작을 쌓게 하고 제장들을 그곳으로 모아 성을 오르라는 명령을 전달했다. 성안에 있던 가후가 이런 광경을 보고는 장수에게 일렀다.

"조조의 의도를 알아냈습니다. 지금 적의 계책을 역이용하는 '장계취계將計就計'를 써야 합니다."

강한 자 가운데 언제나 더 강한 자가 있기 마련이니
속임수 쓰려다가 도리어 알아채는 사람 만나게 된다
强中自有强中手, 用詐還逢識詐人

그 계책은 어떤 것일까?

제17회 황제를 자칭한 원술

❶

소설에서 원술이 했던 말은 『삼국지』 「위서·원술전」 배송지 주 『전략』에 그대로 기술되어 있다. 또한 『자치통감』 권62 「한기 54」에는 원술이 "원씨의 조상은 진국陣國에서 나왔으므로 순임금의 후예다. 황색黃色(순舜은 토덕土德이므로 황색)이 적색赤色(한나라는 화덕火德으로 적색)을 대신하니 이것은 오행 운행의 순서다"라고 말했다는 기록이 있다. 또한 『후한서』 「원술전」에서는 "원술은 젊었을 때 일찍이 예언서에서 '한나라를 대신할 자는 당도고當塗高'라는 예언을 보고는 자신의 이름이 이것에 상응한다고 여겼다. 그는 또 원씨袁氏가 진성陳姓에서 나왔으므로 순임금의 후예이며 황을 숭상하는 토덕이 적을 숭상하는 화덕의 한나라를 대신하는 것은 오덕五德이 윤회하여 흥성하고 쇠퇴하는 규율에 부합되므로 이에 본분을 뛰어넘어 자신이 황제가 되어야 한다는 찬역의 마음을 품었다"고 기록하고 있다.

"한나라를 대신할 자는 당도고"에서 '도塗'는 '도途(길, 도로)'와 통하는 것으로 원술의 자는 '공로公路'이고 원술의 '술術'은 성안 도로의 의미이기 때문에 '술術(이름)'과 '로路(자)'와 '도塗'는 의미가 상통한다. 그러므로 원술은 자신이 한나라를 대신할 것이라 생각했다. 그러나 '당도고'는 한대의 예언서에 등장하는 은어로 후대에서는 위魏를 가리켰다. 위는 궁문 앞의 누각이기 때문에 도로路에 우뚝 솟아 있다는 의미다.

그리고 주나라 무왕은 상나라를 멸망시킨 후 순임금의 후손인 규만嬀滿을 진국陳國의 국군國君으로 봉하고 자신의 맏딸을 그에게 시집보냈다. 규만의 시호는 진호공陳胡公으로 그의 후대는 진을 성씨로 삼았다. 진호공의 후대 중에 원도도轅濤塗(원씨袁氏 성의 시조)가 진국의 대부였는데 후대가 '원轅'을 성씨로 삼았고 원轅은 또한 '원袁' '원爰'이라고도 했다. 또한 한나라는 화덕, 적색으로 오행 중에 화火는 황색인 토土를 낳는데 원술은 원씨 집안이 토덕土德이므로 한나라를 대신해야 한다고 생각했다.

❷

원술이 황후로 삼았다던 풍방의 딸은 어떤 여자였을까?

『삼국지』「위서·원술전」 배송지 주『구주춘추』에 그녀에 대한 기록이 있다.

"사례司隸 풍방馮方(풍방馮芳으로 의심됨)의 딸은 국색國色(나라에서 용모가 가장 뛰어난 여자)이었는데, 양주로 피란 왔다. 원술이 성에 올랐다가 그녀를 보고서 기뻐하며 마침내 맞아들이고 매우 총애했다. 원술의 다른 여러 부인은 원술이 그녀를 총애하는 것을 싫어했고, 원술은 그녀가 항상 눈물을 흘리고 있어 더욱 가엾게 여겼다. 여러 부인이 함께 그녀를 측간 들보에 걸어 목매달아 죽였다. 원술은 진실로 뜻을 얻지 못하고 죽었다고 여겨 후하게 장례를 치러주었다."

❸

원술의 서주 공격 당시 여포의 군세에 관하여『자치통감』권62「한기 54」에는 다음과 같이 기록하고 있다.

"원술은 자신의 대장 장훈, 교유 등을 파견해 한섬, 양봉의 세력과 연합하여 보병, 기병 수만 명을 하비로 향하게 했는데 일곱 길로 나누어 여포를 공격했다. 여포는 그때 단지 3000명의 병사와 400필의 말만 있어 자신의 역량으로 대적할 수 없음을 두려워했다."

❹

『삼국지』「위서·여포전」에서는 원술을 격파할 계책을 다음과 같이 기록하고 있다. "진규가 대답했다. '한섬, 양봉과 원술은 갑자기 연합한 군대일 뿐이며 평소에 계책을 결정해두지 않았기 때문에 서로 연합을 유지할 수 없을 것입니다. 제 아들 진등에게 계책이 있는데, 비유하자면 닭이 한군데 모이면 함께 깃들여 살지 못하고 뿔뿔이 흩어지는 것과 같은 이치입니다.' 여포는 진규의 계책을 받아들여, 한섬과 양봉에게 사람을 보내 자신과 힘을 합쳐 함께 원술의 군대를 공격하자며 가지고 있던 군수 물자를 모두 한섬과 양봉에게 보내주었다. 한섬과 양봉은 여포를 따랐고 장훈은 크게 패했다."

그러므로 역사 기록에 따르면 위의 말은 진등이 아니라 진규가 한 것이다.

❺

『삼국지』「오서·손책전」에 따르면 "원술이 본분을 뛰어넘어 황제를 칭하자 손책은 편지를 써서 꾸짖고 그와 관계를 끊었다. 조조는 표문을 올려 손책을 토역장군討逆將軍(이때 설치되기 시작했고 후에 조위曹魏가 5품으로 결정했다)으로 임명하고 오후吳侯로 봉했다"고 기록하고 있다. 소설은 원술이 여포를 공격해 패하자 손책에게 군사를 빌려달라는 것으로 전개했지만 『자치통감』권62 「한기 54」에 따르면 196년에 손책은 원술이 황제로 칭하려 하는 것을 꾸짖으며 결별했고 그 이듬해인 197년에 원술이 여포를 공격한 것으로 기록하고 있다.

오후는 한나라 말기 열후의 작위 명칭이다. 한 시기에 후작侯爵은 현후縣侯, 향후鄕侯, 정후亭侯 세 등급이었다. 오후는 현후다. 봉지는 양주 오군吳郡의 오현吳縣(장쑤성 쑤저우)으로 오국吳國으로 명칭이 변경되었다.

❻

한섬은 유비에게 죽지 않았다

『삼국지』「위서·동탁전」에 따르면 "태조(조조)는 천자를 영접하여 허현에 도읍을 정했다. 한섬과 양봉은 조정의 법률과 기율을 준수할 수 없다며 각기 달아나 서주와 양주 일대에서 도적질을 하다 유비에게 살해당했다"고 했고, 『후한서』「동탁전」에서는 "좌장군左將軍 유비가 양봉을 유인해 죽였다. 한섬은 두려워하여 병주로 도주했으나 도중에 다른 사람에게 살해당했다"고 기록하고 있다. 그러나 배송지 주『영웅기』에는 "유비는 양봉을 유인하여 만나고는 그 자리에서 체포했다. 한섬은 양봉을 잃고 세력이 고립되어 도망쳐서 병주로 돌아가려 했으나 저추杼秋(현 명칭, 안후이성 당산碭山 동남쪽)에 주둔해 있던 장수 장선張宣에게 살해되었다"고 기록하고 있다. 『자치통감』 권62 「한기 54」에도 『영웅기』와 같은 내용으로 기록되어 있지만 한섬을 죽인 '장선'을 저추현의 현령이라 기록하고 있다는 점이 다르다.

역사 기록에 따르면 양봉이 유비에게 살해당한 것은 확실하나 한섬은 유비에게 죽임을 당하지 않은 듯하다.

❼

『삼국지』「위서·무제기」 배송지 주『위서』에 다음과 같은 기록이 있다.

"항상 적을 토벌할 때 양식이 부족하자 사사로이 양식을 관리하는 자에게 일렀다.

'상황은 어떠한가?'

관리자가 말했다.

'소곡小斛으로 배급하면 충분합니다.'

'좋다.'

나중에 군중에서 태조가 속였다는 말이 나오자 태조는 관리자에게 말했다.

'특별히 그대를 죽여서 군사들을 만족시키려 한다. 그렇지 않으면 일을 해결할 수 없구나.'

그러고는 그를 참수하고 머리를 취하여 군사들에게 알렸다.

'소곡을 배급하고는 관리가 곡식을 도적질하여 군문에서 참수하노라.'

그의 잔학함과 속임수가 모두 이런 식이었다."

소설에서는 왕후王垕라고 했지만 역사 기록에서는 누구였는지 알 수 없다. 그리고 소설에서는 '압壓'이라 하여 군심을 진정시킨다는 의미지만 역사에서는 '염厭' 자를 사용하여 군심을 만족시킨다는 의미로 기록되어 있다.

❽

이각, 곽사, 장제의 죽음

이각, 곽사, 장제의 죽음에 대해 역사는 다음과 같이 기록하고 있다. 『삼국지』「위서·동탁전」에 따르면 "건안 2년(197), 조정에서는 알자복야謁者僕射(관직 명칭으로 알자대謁者臺의 장관) 배무裵茂를 파견하여 관서關西 지역의 각 장수를 인솔하여 이각을 죽이고 삼족을 멸하도록 했다. 곽사는 자신의 부하 장수 오습五習에게 습격을 받아 미현郿縣에서 죽었다. 장제는 굶주려 남양 일대에서 노략질을 하다가 양현穰縣 주민들에게 살해되었고, 조카인 장수가 그의 무리를 대신 통솔했다"고 기록하고 있다. 그러나 『후한서』「동탁전」과 『자치통감』 권62 「한기 54」에서는 다르게 기록하고 있는데, 우선 『삼국지』와는 다르게 건안 3년(198) 4월로 기록하고 있고 "관중關中의 여러 장수 단외段煨 등에게 이각을 토벌하고 삼족을 멸하게 했다. 단외를 안남장군安南將軍으로 임명하고 문향후閿鄕侯로 봉했다"고 하여 '단외'라는 인물을 명시했다.

또한 『삼국지』「위서·동탁전」 배송지 주 『전략』에서는 "이각의 머리가 도착하자 천자는 조서를 내려 높이 매달아 대중에게 보이게 했다"고 기록하고 있다.

곽가의
십승십패론

가문화는 적을 헤아려 승리를 결정하고,
하후돈은 화살을 뽑아 눈알을 먹다

賈文和料敵決勝,
夏侯惇拔矢啖睛

조조의 의도를 짐작해서 알아챈 가후는 바로 '장계취계'를 쓰고자 장수에게 일렀다.

"성 위에서 조조가 사흘 동안 성을 돌면서 관찰하는 것을 보았습니다. 그가 성 동남쪽 귀퉁이 흙벽돌의 색깔이 새것과 오래된 것이 섞여 일정하지 않고 녹각[1] 대부분이 파손된 것을 보았을 테니 이곳으로 공격해올 것입니다. 그런데 도리어 서북쪽에 짚단을 쌓아 위엄과 기세를 부리는 척하는 것은 우리를 속여서 우리가 시끌벅적하게 군사를 철수시켜 서북쪽을 지키게 만들어놓고 저들은 어두워진 밤을 틈타 틀림없이 동남쪽 귀퉁이로 기어올라서 진격해올 것이기 때문입니다."

장수가 말했다.

"그렇다면 어떻게 해야 하오?"

가후가 말했다.

"쉽습니다. 내일 건장한 병사들을 배불리 먹이고 간편한 복장으로 동남쪽에 있는 가옥 안에 모두 숨어 있게 하십시오. 그리고 백성은 군사로 꾸며서 서북쪽을 지키는 척하게 만드십시오. 야간에 그들이 성 동남쪽 귀퉁이 위를 기어오르도록 내버려뒀다가 성을 넘어 들어올 때를 기다려 포 소리를 신호로 복병들이 일제히 일어난다면 조조를 사로잡을 수 있을 것입니다."

장수가 기뻐하면서 그 계책을 따르기로 했다. 어느 결에 정찰 기병이 달려와 조조에게 보고하기를, 장수가 서북쪽 귀퉁이로 군사들을 모조리 철수시킨 후 함성을 지르며 성을 지키고 있고 동북쪽은 텅 비어 있다고 했다. 조조가 말했다.

"내 계책에 걸려들었구나!"

마침내 군중에 명하여 은밀하게 가래와 곡괭이, 성을 기어오르는 데 필요한 기구들을 준비시키고 대낮에는 군사를 이끌어 서북쪽 귀퉁이만 공격했다. 이경이 되자 정예병을 이끌고 동남쪽 귀퉁이를 기어올라 해자를 지난 다음 녹각을 찍어 치우며 길을 열었다. 성안에 아무런 낌새도 없자 군사들이 일제히 밀고 들어갔다. 이때 '쾅!' 하는 포성이 울리더니 복병들이 사방에서 일어났다. 조조의 군사들이 급히 물러나려 하는데 뒤에서 장수가 직접 용감하고 굳센 군사들을 몰아치며 들어왔다. 조조의 군사들은 대패하여 성 밖으로 수십 리나 달아났다. 장수는 날이 밝아올 무렵까지 쫓으며 죽이다가 군사를 거두어 성으로 들어갔다. 조조가 패한 군사들을 점검해보니 5만여 명이나 꺾였고 군수 물자를 실은 수레도 잃어버린 게 셀 수 없이 많았다. 여건과 우금도 각기 부상을 당했다.

한편 조조가 패하여 달아나는 것을 본 가후는 급히 유표에게 서신을 보내 군사를 일으켜 조조의 퇴로를 끊게 하라고 장수에게 권했다. 유표가 편지를 읽고 즉시 군대를 일으키려고 했다. 그때 갑자기 정찰 기병이 달려와 손책이 호구[2]에 군사를 주둔시켰다고 보고했다. 괴량이 말했다.

"손책이 호구에 군대를 주둔시킨 것은 바로 조조의 계책입니다. 지금 조조가 방금 패했으므로 이 틈을 이용해 그를 공격하지 않으면 나중에 반드시 우환거리가 될 것입니다."

유표는 이에 황조에게 영을 내려 요새를 견고히 지키게 하는 한편 자신은 군대를 안중현[3]으로 이끌어 조조의 퇴로를 끊고 장수와 만나기로 약속했다. 유표가 이미 군대를 일으켰다는 것을 알고 장수는 즉시 가후와 함께 군사를 이끌고 조조를 습격했다.

한편 조조의 군사들은 느릿느릿 걸어서 양성[4]에 당도하여 육수에 이르렀는데 그때 별안간 조조가 말 위에서 통곡을 했다. 사람들이 놀라 그 까닭을 묻자 조조가 말했다.

"내가 작년에 이곳에서 나의 대장 전위를 잃은 것을 생각하다가 나도 모르게 울었을 따름이네!"

즉시 명령을 하달해 군마를 주둔시키고는 제물을 크게 차려놓고 제사를 지내 전위의 영혼을 애도했다. 조조가 친히 분향하고 곡을 하며 절을 올리니 삼군 가운데 감탄하지 않는 자가 없었다.❶

전위의 제사를 마친 다음 조카 조안민과 큰아들 조앙을 제사 지내고 아울러 전몰한 군사들의 제사도 지내주었다. 이어서 그때 화살에 맞아 죽은 대원마大宛馬 또한 제사를 지내줬다.

이튿날 갑자기 순욱이 사람을 보내 보고했다.

"유표가 장수를 도와 안중에 군대를 주둔시키고 우리의 돌아가는 길을 끊으려 합니다."

조조는 순욱에게 답장을 보냈다.

"내가 하루에 고작 몇 리를 행군하는 것은 적들이 나를 추격하는 것을 몰라서 그러는 것이 아니오. 내가 이미 계획을 세웠으니 안중에 도달하면 반드시 장수를 격파할 것이오. 그대들은 의심하지 마시오."

즉시 군사들을 재촉해 안중현 경계에 이르렀다. 유표의 군사들은 이미 요충지를 지키고 있었고 장수는 뒤따라 군사를 이끌며 추격해오고 있었다. 조조는 이에 군사들에게 명하여 컴컴한 밤에 험한 곳을 뚫어 길을 열게 하고 은밀하게 기습 부대를 매복시켰다. 날이 희미하게 밝아올 무렵 유표와 장수가 군사를 한데 모아놓고 바라보니 조조 군사들의 숫자가 적었다. 이들은 조조가 도망쳤다고 의심하여 군사들을 이끌고 험한 곳으로 쳐들어가 공격했다. 그때 조조가 기습 부대를 풀어 양쪽의 군사들을 대파했다. 조조의 군사들은 안중의 협곡 입구를 나와 요충지 밖에 군영을 세웠다. 유표와 장수는 각기 패잔병을 정돈하고 만났다. 유표가 말했다.

"도리어 조조의 간계에 빠질 줄이야 어찌 생각이나 했겠는가!"

장수가 말했다.

"다시 시도해보시지요."

그리하여 양군이 안중에 같이 모였다.

한편 순욱은 원소가 군대를 일으켜 허도를 침범하려 한다는 것을 탐지하고 밤사이 조조에게 서신을 보내 알렸다. 편지를 읽은 조조는 마음이 급해져 그날로 군대를 철수시켰다. ❷

정탐꾼이 장수에게 보고하자 장수가 추격하려 했다. 가후가 말했다.

"쫓아서는 안 됩니다. 그를 추격하면 반드시 패할 것입니다."

유표가 말했다.

"지금 추격하지 않으면 앉아서 기회를 잃을 것이오."

유표가 극력 권하자 장수는 군사 1만여 명을 이끌고 유표와 함께 조조를 추격했다. 10여 리쯤 뒤를 쫓았을 때 조조의 후군을 따라잡을 수 있었다. 그러나 조조의 군사들은 필사적으로 접전을 벌였고 장수와 유표의 양군은 크게 패하고 돌아왔다. 장수가 가후에게 일렀다.

"공의 말을 듣지 않아 정말 이렇게 패하고 말았소."

가후가 말했다.

"지금 군사를 정돈해서 다시 추격하십시오."

장수와 유표가 함께 말했다.

"지금 이미 패한 상태인데 어찌 다시 추격할 수 있겠소?"

가후가 말했다.

"이번에 추격하면 반드시 대승을 거둘 것입니다. 그렇게 하지 못하면 그때 저의 머리를 베어버리십시오."

장수는 가후의 말을 믿었으나 유표는 의심하고 염려하여 함께 가려 하지 않았다. 하는 수 없이 장수는 스스로 일군을 거느리고 조조의 뒤를 쫓았다. 조조의 군사들은 과연 대패했고 군마와 군수 물자를 실은 수레들을 이르는 곳마다 흩어버린 채 달아났다. 장수가 막 앞으로 나아가며 쫓으려 하는데 별안간 산 뒤에서 한 떼의 군사들이 몰려나오자 장수는 감히 더 이상 앞으로 추격하지 못하고 군사를 거두어 안중으로 돌아왔다. 유표가 가후에게 물었다.

"이전에는 정예병으로 패잔병을 추격했는데 공이 반드시 패할 것이라고 말했고, 나중에는 패한 군졸로 승리한 군사들을 공격해도 반드시 이긴다고 했는데, 어쨌든 공의 말대로 됐소. 어떻게 그 상황이 서로 다른데 모두 예상대로 됐소? 원컨대 공께서 명쾌하게 설명해주시오."

가후가 말했다.

"그것은 어렵지 않습니다. 장군께서 비록 용병에 능숙하다고 해도 조조의 적수는 아닙니다. 조조의 군대가 비록 패했다고는 하지만 틀림없이 힘센 장수를 후전[5]으로 삼아 추격군을 방비할 것이니, 우리 군사들이 날래더라도 그들을 당해낼 수는 없으므로 반드시 패할 것으로 알고 있었지요. 무릇 조조가 급하게 군사를 물리는 것은 필시 허도에 무슨 일이 생긴 것으로, 우리 추격군을 이미 격퇴했기 때문에 틀림없이 간편한 수레로 속히 돌아가느라 다시 방비를 하지는 않았을 것입니다. 제가 그 준비하지 않은 틈을 이용해 다시 추격하게 했으므로 승리할 수 있었습니다."

유표와 장수는 가후의 높은 식견에 감탄했다. 가후는 유표에게 형주로 돌아가게 하고 장수는 양성[6]을 지키게 하면서 서로 입술과 이같이 돕도록 권했다. 양군은 각기 해산했다.

한편 조조는 한창 행군하는 중에 후군이 장수에게 쫓기고 있다는 보고를 듣고는 급히 장수들을 거느리고 뒤로 돌려 구원하러 왔으나 장수군은 이미 물러난 뒤였다. 패잔병이 돌아와 조조에게 보고했다.

"산 뒤쪽에서 한 갈래의 인마가 달려나와 도중에 막고 저지하지 않았다면 저희는 모두 사로잡혔을 것입니다."

조조가 어떤 사람이냐고 물었다. 그 사람이 창을 움켜쥐고 말에서 내려 조조를 알현했다. 바로 진위중랑장[7]으로 그 사람은 강하 평춘[8] 사람이며 성이 이李, 이름이 통通이고 자가 문달文達이라 했다. 조조가 어떻게 오게 됐냐고 묻자 이통이 말했다.

"근래에 여남을 방비하고 있었는데 승상께서 장수, 유표와 교전을 벌이신다는 소식을 듣고 일부러 지원하러 왔습니다."

조조가 기뻐하며 그를 건공후[9]에 봉하고 여남 서쪽 경계를 지키면서 유표와 장수를 방어하게 했다. 이통이 절하고 감사하며 떠났다.❸

허도로 돌아온 조조는 표문을 올려 손책의 공적을 상주하여 토역장군으로 봉하고 오후[10]라는 작위를 하사했다. 그러는 한편 사자를 강동으로 보내 조서를 전하고 유표를 방어하면서 섬멸하라고 명령했다. 승상부로 돌아온 조조가 관원들의 알현을 마치자 순욱이 물었다.

"승상께서는 천천히 행군하시면서 안중에 이르셨는데 어떻게 반드시 적군에게 승리할 것이라고 아셨습니까?"

조조가 말했다.

"저들은 물러나려 해도 돌아갈 길이 없기에 반드시 죽을 각오로 싸울 것이니, 천천히 그들을 유인하면서 은밀히 도모하면 반드시 우리가 이길 것이라고 알았소."[11]

순욱이 탄복했다.

이때 곽가가 들어오자 조조가 물었다.

"공은 어찌하여 늦게 왔소?"

곽가가 소매에서 한 통의 서신을 꺼내며 조조에게 보고했다.

"원소가 사람을 시켜 승상께 서찰을 보냈는데 공손찬을 공격하기 위해 특별히 군량과 군사를 빌리러 왔다고 합니다."

조조가 말했다.

"내가 듣기로는 원소가 허도를 도모하고자 했다더니 지금 내가 돌아온 것을 보고는 또 다른 생각을 하는 모양이군."

즉시 편지를 뜯어 읽어보는데 그 어조가 교만하자 이내 곽가에게 물었다.

"원소가 이토록 예의 없이 제멋대로 지껄이니 내가 그놈을 치고는 싶은데 힘이 미치지 못하는 것이 한스럽소. 어찌하면 좋겠소?"

곽가가 말했다.

"유방이 항우의 적수가 되지 못한 것은 공께서도 아시는 바입니다. 고조께서는 오로지 지혜로써 승리하셨고 항우가 비록 강했지만 결국은 사로잡히게 되었습니다. 지금 원소에게는 패할 조건이 열 가지이고 공께서는 열 가지의 승리할 조건을 가지고 계시니, 원소의 군대가 비록 강성하나 두려워할 필요는 없습니다. 첫째로 원소는 예절과 의식이 번거롭게 많지만 공께서는 자연스러움에 맡기시니 이것은 도로써 이기는 것이고, 둘째로 원소는 천자의 뜻을 거스르며 행동하지만 공께서는 천자의 뜻을 순응하며 받드시고 천하를 거느리시니 이것은 의로써 이기는 것이며, 셋째로 환제와 영제 이래로 거듭된 실정은 모든 것이 느슨했기 때문인데 원소는 또 느슨하고 연약하게 구제하려 했지만 공께서는 맹렬함으로 바로잡으시니 이것은 치(治)로써 이기는 것이고, 넷째로 원소는 겉으로는 관대하나 속은 시기하는 마음이 있어 많은 일을 친척에게 맡기지만 공께서는 겉으로는 단순하지만 속은 영명하시기에 오직 재주로만 인재를 등용하시니 이것은 도량으로써 이기는 것이며, 다섯째로 원소는 지모는 많으나 결단력이 부족하지만 공께서는 계책을 얻으시면 바로 실행하시니 이것은 지모로써 이기는 것이고, 여섯째로 원소는 오로지 명성으로만 인재를 받아들이지만 공께서는 지극한 정성으로 사람을 상대하시니 이것은 덕으로써 이기는 것이며, 일곱째로 원소는 가까운 사람만 자상하게 보살피고 멀리 있는 사람은 등한시하지만 공께서는 전반적으로 모든 사람을 염려하시니 이것은 인으로써 이기는 것이고, 여덟째로 원소는 비방하는 말을 듣고 마음이 흐려져 혼란스럽지만 공께서는 물이 점점 스며들

듯이 부추겨 이간해도 통하지 않으시니 이것은 분명함으로써 이기는 것이며, 아홉째로 원소는 옳고 그름이 뒤섞여 헷갈리지만 공께서는 법도가 엄격하고 명확하시니 이것은 문文으로써 이기는 것이고, 열째로 원소는 허세 부리는 것을 좋아하여 용병의 방법을 모르지만 공께서는 적은 숫자로도 많은 무리를 이기고 군사를 부림에 신과 같이 하시니 이것은 무로써 이기는 것입니다. 공께서는 이와 같이 열 가지 승리할 조건을 가지고 계시니 원소를 패배시키는 것은 어렵지 않습니다."❹

조조가 웃으면서 말했다.

"공의 말씀이 어찌 타당하다고 하겠소!"

순욱이 말했다.

"곽봉효郭奉孝(곽가의 자)가 말한 십승십패는 바로 제 의견과 부합합니다. 원소의 군사가 비록 많다고는 하나 두려워할 필요는 없습니다!"

곽가가 말했다.

"서주의 여포는 참으로 마음속의 큰 우환거리입니다. 지금 원소가 공손찬을 정벌하러 북쪽으로 간다고 하니 우리는 그가 멀리 나가 있는 틈을 이용해 먼저 여포를 취하여 동남쪽을 쓸어버린 다음에 원소를 도모하는 것이 상책입니다. 그렇게 하지 않고 우리가 원소를 공격하면 여포는 틀림없이 빈틈을 타고 허도로 침범해올 것이니 그 피해가 적지 않을 것입니다."

조조는 그 말을 옳다 여기고 마침내 동쪽으로 여포를 정벌할 일을 상의했다. 순욱이 말했다.

"먼저 유비에게 사람을 보내 약속을 하고 그 화답을 기다렸다가 군사를 움직여야 합니다."

조조는 그 말에 따라 현덕에게 서신을 보내는 한편 원소의 사자를 후하게 대접해 보내면서 천자께 상주하여 원소를 대장군, 태위[12]로 봉하고 기주, 청주, 유주, 병주 네 주의 도독을 겸하게 했다. 또한 밀서로 그에게 "공께서는 공손찬을 토벌하시오. 내 마땅히 도우리다"라고 답했다. 원소는 편지를 받고 크게 기뻐하며 즉시 공손찬을 토벌하러 진군했다. ❺

한편 서주에 있던 여포는 언제나 손님들과 연회를 베풀었는데 그때마다 진규 부자는 여포의 덕을 극구 칭찬했다. 불만에 찬 진궁은 틈을 이용해 여포에게 고했다.

"진규 부자가 장군과 직접 마주하여 아첨을 떠는데 그 마음을 예측할 수 없으니 마땅히 잘 대비하셔야 합니다."

여포가 큰 소리로 꾸짖었다.

"그대는 터무니없이 남을 헐뜯어 좋은 사람을 해치려 하오?"

진궁은 한숨 쉬며 탄식했다.

"충언을 받아들이지 않으니 이제 우리는 틀림없이 화를 당하겠구나!"

여포를 버리고 다른 곳으로 가고 싶었으나 차마 그러지도 못하겠는 데다 사람들의 비웃음거리가 되는 것이 두려워 하루 종일 마음이 답답하고 울적했다. 어느 날 답답한 마음을 달래기 위해 몇 명을 데리고 소패 관내로 몰이 사냥을 갔는데 갑자기 관도[13]로 역마[14] 한 기가 나는 듯이 앞으로 달려가고 있었다. 의심이 든 진궁은 사냥터를 버리고 말 탄 수행원을 이끌어 오솔길로 쫓아 따라잡으며 물었다.

"너는 어느 곳의 명령을 받든 사자냐?"

그 사자는 여포의 부하인 것을 알고 당황하며 대답을 못 했다. 진궁이 몸을 뒤지게 하니 현덕이 조조에게 회답하는 밀서 한 통이 나왔다. 진궁이 즉시 사람과 편지를 모두 끌어다 여포에게 보여주었다. 여포가 까닭을 묻자 사신이 대답했다.

"조승상께서 저를 보내 유예주께 서신을 드렸는데 지금 답신을 받아가는 길입니다. 편지 내용에 무슨 일이 적힌지는 모릅니다."

여포가 편지를 뜯어 자세히 읽었는데 대략 다음과 같은 내용이었다.

"명명15을 받들어 여포를 도모하고자 하니 어떻게 감히 밤낮으로 마음을 쓰지 않겠습니까. 그러나 제 병사가 미약하고 장수도 적어 감히 가볍게 움직이지 못하고 있습니다. 승상께서 대군을 일으키신다면 제가 마땅히 선봉이 되고자 합니다. 삼가 군사와 병장기를 엄격히 정돈하며 오직 명령만 기다리겠습니다."

편지를 읽은 여포는 욕설을 퍼부었다.

"조조, 이 도적놈이 어찌 감히 이럴 수 있단 말이냐!"

즉시 사자의 목을 베어버렸다. 그러고는 먼저 진궁, 장패를 시켜 태산의 도적들인 손관孫觀, 오돈吳敦, 윤례尹禮, 창희昌豨 등과 연계하여 동쪽으로 산동 연주16의 각 군을 취하게 했고, 고순과 장료에게는 패성을 취하고 현덕을 공격하게 했으며, 송헌과 위속에게는 서쪽으로 여남과 영천을 취하게 했고, 여포 자신은 중군을 통솔하면서 세 길의 부대를 지원하기로 했다. ❻

한편 고순 등이 군대를 이끌고 서주를 나와 곧 소패에 이르는데 어떤 사람이 현덕에게 보고했다. 현덕이 급히 사람들과 상의했다. 손건이 말했다.

"조조에게 속히 위급함을 알리시지요."

현덕이 말했다.

"누가 허도로 가서 위급함을 알리겠소?"

계단 아래에서 한 사람이 나서며 말했다.

"원컨대 제가 가겠습니다."

모든 사람이 보니 바로 현덕과 동향 사람으로 성이 간簡이고 이름이 옹雍, 자가 헌화憲和라 하는데 이때 현덕의 막료로 있었다. 현덕은 즉시 편지를 써서 간옹에게 건네고 밤새 허도로 달려가 구원을 요청하게 하는 한편, 성을 방비할 기구들을 정돈했다. 현덕 자신은 남문을 지키고, 손건은 북문을, 운장은 서문을, 장비는 동문을 지키게 했으며 미축에게는 그의 아우인 미방糜芳과 함께 중군을 수호하게 했다. 원래 미축에게는 누이동생이 한 명 있었는데 현덕에게 시집을 가서 두 번째 처가 되었다. 현덕이 그 형제와 처남 매부의 관계였으므로 중군을 지키면서 처자식을 보호하게 한 것이었다. ❼

고순의 군대가 이르자 현덕이 적루 위에서 물었다.

"내가 봉선과 소원해진 적이 없는데 무슨 까닭으로 군사를 이끌고 이곳까지 오셨소?"

고순이 말했다.

"너는 조조와 연계하여 우리 주인을 해치려 했다. 지금 이미 일이 드러났거늘 어찌하여 결박을 받지 않느냐!"

말을 마치자마자 군사를 휘몰아 성을 공격했다. 현덕은 성문을 닫고 나가지 않았다.

이튿날 장료가 군사를 이끌고 서문을 공격했다. 운장이 성 위에서 그에게 일렀다.

"공의 기품은 속되지 않은데 무슨 까닭으로 도적에게 절개를 굽혔소?"

장료는 머리를 숙이고 말을 하지 않았다. 운장은 장료에게 충의의 기개가 있음을 알았기에 더 이상 거친 말을 하지 않았고 역시 나가 싸우지 않았다. 장료가 군사를 이끌고 물러나 동문에 이르자 장비가 바로 나와 맞서 싸웠다. 일찌감치 어떤 사람이 관공에게 이런 사실을 보고했다. 관공이 급히 동문으로 와서 살펴보니 장비는 막 성을 나갔으며 장료의 군사들은 이미 물러난 뒤였다. 장비가 그 뒤를 쫓으려 하자 관공이 급히 성으로 불러들였다. 장비가 말했다.

"저놈이 두려워서 물러나는데 어째서 추격하지 못하게 하는 것이오?"

관공이 말했다.

"저 사람의 무예가 자네나 나보다 못하지 않네. 내가 바른말로 그를 느끼게 했더니 자못 스스로 뉘우치는 마음이 생겨 우리와 싸우려 하지 않는 것뿐이라네."

장비가 이내 깨닫고 사졸들에게 성문을 굳게 지키게 하고는 다시 나가 싸우지 않았다.

한편 간옹은 허도에 당도하여 조조를 만나 있었던 일들을 자세히 설명했다. 조조는 즉시 모사들을 모아놓고 상의했다.

"내가 여포를 치려고 하는데 원소가 팔꿈치를 잡아당겨 방해하는 것은 걱정되지 않지만 유표와 장수가 우리 배후를 도모하는 것은 염려스럽소."

순유가 말했다.

"두 사람은 얼마 전에 패했기 때문에 감히 쉽게 움직이지는 못할 것입니다. 그러나 여포는 용감하고 날랜 데다 더욱이 원술과 연합하여 회수와 사수 지역에서 종횡한다면 급히 도모하기 어려울 것입니다."

곽가가 말했다.

"지금 그가 배반한 지 얼마 되지 않아 민심이 아직 따르지 않으니 그 틈을 이용해 신속하게 그를 쳐야 합니다."

조조는 그 말을 따르기로 하고 즉시 하후돈에게 하후연, 여건, 이전과 함께 군사 5만 명을 거느리고 먼저 떠나게 했다. 자신은 대군을 통솔하여 잇따라 출발했으며 간옹도 함께 따라갔다. 일찌감치 정찰 기병이 이 사실을 고순에게 알렸고 고순은 즉시 여포에게 보고했다. 여포는 먼저 후성, 학맹, 조성으로 하여금 200여 기의 기병을 이끌고 고순을 지원하여 패성沛城에서 30리 떨어진 곳에서 조조의 군대와 맞서게 했으며 자신은 대군을 이끌고 뒤에서 호응하기로 했다. 소패성 안에서 고순이 물러나는 것을 본 현덕은 조조의 군대가 당도했음을 알고 이에 손건을 남겨 성을 지키게 하고 미축과 미방에게는 가족을 보호하게 했다. 자신은 관우와 장비 두 공과 함께 군사를 모조리 일으켜 성 밖으로 나가 각기 군영을 세우고 조조의 군대를 지원하기로 했다.❽

한편 하후돈은 군사를 이끌고 전진하다가 마침 고순의 군사와 맞닥뜨리자 바로 창을 잡고 말을 몰아 싸움을 걸었다. 고순도 질세라 맞섰다. 두 말이 어우러져 40~50합을 싸우자 고순이 당해내지 못하고 패하여 자신의 진으로 달아났다. 하후돈이 말고삐를 놓고 뒤를 쫓자 고순은 진을 돌면서 달아났다. 하후돈이 놓치지 않으려고 역시 진을 돌아 그를 추격했다. 진 안에서 그런 광경을 보고 있던 조성曹性이 슬그머니 활을 집어 화살을 얹고 실눈을 뜨며 노려보다가 하후돈과 근접해지자 화살을 날렸는데 그만 하후돈 왼쪽 눈에 정통으로 화살이 박히고 말았다. 하후돈이 크게 외마디 소리를 지르며 급히 손으로 화살을 뽑았더니 뜻밖에도 눈알이 같이 뽑혔다. 이내 크게 소리쳤다.

"아버지의 정기와 어머니의 피로 이루어진 것이니 버릴 수가 없도다!"

바로 입안에 넣어 눈알을 삼켜버리고는 여전히 다시 창을 잡고 말고삐를 놓으며 조성에게 곧장 달려들었다. 조성이 미처 막을 새도 없이 벌써 창에 얼굴이 뚫려 말 아래로 떨어져 죽고 말았다. 이 광경을 보고 있던 양군 중에 놀라지 않는 자가 없었다. 하후돈은 조성을 죽이고 말을 몰아 돌아왔다. 이 때 고순이 배후로 군사들을 지휘하며 추격하고 일제히 달려들자 조조의 군 대가 크게 패했다. 하후연은 자신의 형을 구원해 달아났고 여건과 이전은 패 잔병을 이끌고 물러나 제북濟北17에 군영을 세웠다. 승리한 고순은 군사를 이끌고 돌아와 현덕을 공격했다. 그때 마침 여포의 대군이 당도했는데 여포 는 장료, 고순과 함께 군사를 세 갈래로 나누어 현덕, 관우, 장비의 군영 세 곳을 공격했다.❾

눈알을 먹은 맹장이 비록 싸울 수 있다 하더라도
화살에 맞은 선봉은 오래도록 지탱하기 어렵다네
啖睛猛將雖能戰, 中箭先鋒難久持

현덕의 승부는 장차 어떻게 될 것인가?

제18회 곽가의 십승십패론

❶

『삼국지』「위서·전위전」에 따르면 "태조의 수레가 매번 양읍襄邑(허난성 쑤이현睢縣)을 지날 때마다 항상 중뢰中牢(고대에 제사 때 희생물을 사용했는데 소, 양, 돼지 세 가지 희생물을 갖춘 것을 태뢰太牢라 하고, 양과 돼지를 사용하는 것을 소뢰少牢, 단지 돼지 한 가지만을 사용하는 것을 특생特牲이라 했다. 소뢰는 중간에 있으므로 중뢰中牢라고도 한다)로 그를 제사 지냈다"고 기록하고 있다. 그리고 전위가 전사했을 당시 조조는 "전위가 죽었다는 소식을 듣고 눈물을 흘렸으며, 사람들을 모집해 그의 시신을 남몰래 가져오게 하여 친히 그의 시신 앞에서 곡을 했고, 사람을 파견해 그의 시신을 고향 양읍으로 보내 안장하도록 했다"고 기록하고 있다. 정사에는 조조에 대한 전위의 충성심과 조조의 깊은 애정을 엿볼 수 있는 기록이 많다.

❷

조조가 철군하게 된 배경

『삼국지』「위서·가후전」에서는 "태조가 연속해서 장수를 정벌했는데 어느 날 새벽에 돌연 군사를 이끌고 물러났다"고 기록하고 있고, 『후한서』「원소전」에 따르면 "원소는 황제의 조서를 받을 때마다 자신에게 불리한 내용이 있어 근심했다. 그리하여 천자를 자신에게 가까운 곳으로 옮기려고 조조에게 사람을 파견해 견성甄城(산 둥성 쥐안청鄄城)으로 천도하기를 설득했으나 조조는 그의 건의를 거절했다. 전풍田豐 이 원소에게 '천도의 계책이 이미 채용되지 않았으니 마땅히 서둘러 허도를 공격해 천자를 맞아들이고 천자의 조령詔令(황제 명의로 발포한 공문의 통칭)을 가탁하여 해내 海內를 호령하는 것이 상책입니다. 그렇지 않으면 끝내는 다른 사람에게 사로잡히게 될 것이고 그때는 다시 후회해도 소용없습니다'라고 권했으나 원소는 그의 의견을 받아들이지 않았다'라고 기록하고 있다.

『자치통감』 권62 「한기 54」에는 "마침 이때 원소로부터 도망친 병사가 전풍이 원 소에게 허도를 기습하자고 건의했다고 말하자 조조는 바로 양성의 포위를 풀고 철 군했고 장수가 군사를 이끌고 추격했다"고 기록하고 있다. 『삼국지』 「위서·무제기」 배송지 주 『헌제춘추』에도 비슷한 내용이 기록되어 있다.

조조는 결코 장수와 공성전에 의해 패한 것이 아니며 원소가 허도를 기습할 것이 라는 정보에 의해 급히 철군한 것임을 알 수 있다. 조조가 패한 것은 철군하는 과정 에서 장수에게 패한 것이었다. 그리고 소설에는 '남양성'에서의 전투로 나와 있지만 역사에는 '양성穰城'을 포위한 것으로 기록되어 있다.

❸

이통의 활약

『삼국지』 「위서·이통전李通傳」에 따르면 "태조가 장수를 토벌할 때 유표가 군대를 파견해 장수를 원조했으므로 태조의 군대가 불리해졌다. 이통이 병사를 이끌고 밤 에 와서 태조를 배알했으며 태조는 다시 출전하여 이통을 선봉으로 세우고 장수의 군대를 크게 격파했다"고 기록하고 있다.

❹

곽가의 '조조의 열 가지 승리 조건'의 논리는 『삼국지』 「위서·곽가전」 배송지 주 『부자傅子』와 『자치통감』 권62 「한기 54」에 기록되어 있다. 소설 속의 내용과 역사 기록이 완벽하게 일치하지는 않지만 대체로 비슷하다. 그러나 『삼국지』 「위서·순욱전」에서는 다음과 같이 기록하고 있다.

"태조가 천자를 영접한 후에 원소는 내심 의심을 품으며 복종하지 않았다. 원소가 이미 하삭河朔(황하 이북 지역)을 병합한 후에 천하 사람들은 그의 강대함을 두려워했다. 태조는 동쪽으로는 여포가 근심거리였고, 남쪽으로는 장수를 막아내고 있었는데 장수가 원현宛縣(허난성 난양南陽)에서 태조의 군대를 격퇴했다. 이렇게 되자 더욱 거만해진 원소는 태조에게 편지를 보냈는데 그 언사가 오만하고 무례했다. 태조는 크게 노하여 행동거지가 보통 때와 달라졌는데, 사람들은 장수와의 싸움에서 패했기 때문이라고 여겼다. 종요鍾繇가 순욱에게 이 일에 대해서 묻자 순욱이 대답했다.

'공은 총명하여 지난 일을 후회하지 않으니 혹여 다른 근심거리가 있는 듯하오.'

순욱이 태조를 뵙고 그 까닭을 물으니 태조는 원소의 편지를 보여주며 말했다.

'지금 내가 이 불의한 자를 토벌하고자 해도 그를 대적할 역량이 없으니 어떻게 하면 좋겠소?'

그러자 순욱은 열 가지 승리 조건이 아닌 조조가 우수한 네 가지 승리 조건, 즉 도度(도량), 모謀(모략), 무武(용병), 덕德(덕행)을 말한다."

❺

『후한서』 「원소전」에서 "조정에서 원소를 태위로 임명하고 업후鄴侯로 봉했다. 당시 조조는 이미 자신을 대장군으로 봉했기 때문에 원소는 자신의 직위가 조조 아래에 있다고 여기고는 짐짓 표문을 올려 사양하고 임명을 받아들이지 않았다. 이것에 대해 조조는 매우 두려워하여 대장군의 직위를 원소에게 양보했다. 건안 2년(197), 조정에서는 장작대장將作大匠 공융을 파견해 부절符節을 지니고 원소를 대장군으로 임명했고 아울러 그에게 궁시弓矢(활과 화살)와 권력을 상징하는 절월節鉞(부절符節과 부월斧鉞), 그리고 호분虎賁(용맹한 전사) 100명을 하사하는 동시에 그를 기주, 청주, 유주, 병주의 군사 정무를 겸하여 통솔하게 하자 그제야 원소는 조정의 임명을 받아들였다"고 기록하고 있고, 『삼국지』「무제기」에서는 "건안 원년(196) 겨울 10월, 조정에서는 원소를 태위로 임명했지만 원소는 관직이 조공(조조)의 아래에 놓이는 것을 치욕스럽게 생각하고 받아들이지 않았다. 그러자 조공은 단호하게 사양하고 대장군의 직위를 원소에게 양보했다. 천자는 조공을 사공으로 임명하고 거기장군을 대리하게 했다"고 했다.

그리고 『삼국지』「원소전」 배송지 주 『헌제춘추』에서는 "원소는 직위의 순서가 태조 아래에 놓이는 것을 치욕스럽게 생각하고는 성내며 말했다. '조조는 여러 차례 죽을 뻔했었는데 내가 언제나 구해줬거늘, 지금 은혜를 저버리고 천자를 끼고 나를 호령하려 드는구나!' 그 말을 들은 태조는 대장군의 직위를 원소에게 양보했다"고 기록하고 있다.

❻

여포가 유비를 공격한 이유

『삼국지』「촉서·선주전」에 따르면 유비가 "패현에 당도하여 흩어진 병사를 모으려 하므로 [조조는] 그에게 군량을 공급하고 병력을 늘려주어 동쪽으로 여포를 공격하게 했다. 여포가 고순을 파견해 선주(유비)를 공격하자 조공(조조)은 하후돈을 파견했지만 구하지 못하고 고순에게 패했다. 고순은 다시 선주의 처자식을 포로로 잡아 여포에게 보냈다. 조공은 직접 동쪽으로 정벌을 나가 선주를 도우며 하비에서 여포를 포위했다"고 기록하고 있다. 또한 배송지 주 『영웅기』에는 "건안 3년(198) 봄, 여포는 사람을 시켜 황금을 주고 하내로 가서 말을 사오게 했으나 유비의 군사에게 몰수당했다. 여포는 중랑장 고순과 북지北地태수 장료 등을 보내 유비를 공격하게 했다. 9월, 마침내 패성沛城을 격파했고 유비는 단신으로 달아났으며 그 처자식을 포로로 잡았다. 11월, 조공이 직접 여포를 정벌했다"고 기록하고 있다.

여포가 유비를 공격한 것은 유비가 다시 흩어진 패잔병을 모으려 한 데다 여포가 사들인 말들을 유비의 군사들이 빼앗으면서 비롯됐다고 볼 수 있다. 16회의 장비가 말을 훔친 사건이 이때 비로소 발생하는데, 장비가 아닌 유비의 군사들로 기록되어 있고 유비의 처자식은 이때 두 번째로 여포의 포로가 된다. 소설의 내용처럼 조조와 유비 간의 편지 교환이 진궁에게 발각된 것은 아니었다.

❼

『삼국지』「촉서·미축전」에 따르면 "미축의 조상은 대대로 상공업을 경영하여 집 안에 동객僮客(토지를 상실한 유랑 농민들이 전란을 피하거나 의식을 해결하기 위해 호족에 몸을 의탁한 인구로 그들은 주인을 위해 집안일을 하거나 무장 사병에 충당되기도 했으며 생 산 활동에 종사하기도 했다. 사회적 지위는 매우 낮았으며 거의 노예와 비슷했기 때문에 노객 奴客 혹은 동객이라 불렀다)이 1만여 명이나 되었고 재산은 억대에 이르렀다"고 했고, 또한 "미축은 여동생을 선주에게 보내 부인이 되게 했고, 또 노비 2000명을 보내고 금은 재화를 주어 군용 물자를 해결하는 데 도움이 되도록 했다. 그 당시 인원과 물 자가 궁핍했던 [유비는] 미축의 도움에 힘입어 다시 떨치고 일어나게 되었다"고 기록 하고 있다.

미縻는 고대 국가의 명칭이었는데 국명이 바로 성姓이 된 것으로 미축은 동해東海 의 명문대가였으며 유비의 든든한 후원자였다.

❽

조조의 여포 공격

『삼국지』「위서·순유전」 배송지 주『위서』에 따르면 "의논하는 자들은 유표와 장 수가 배후에 있는데 여포를 습격하면 반드시 위험에 빠지게 될 것이라고 말했다. 그 러나 순유는 유표와 장수가 막 패했기 때문에 함부로 행동하지 못할 것이고, 여포는 용맹하고 당당하며 또 원술에게 의지하고 있으므로 만약 회수淮水와 사수泗水 사이 에서 종횡한다면 천하의 호걸들이 반드시 그에게 호응할 것이라고 생각했다. 그리고 지금 그들은 배반한 지 얼마 되지 않아 민심이 통일되지 않았으므로 가기만 하면 격 파할 수 있다고 했다. 태조는 '좋소'라고 말하고는 출병했다. 여포는 유비를 패배시켰 으며 장패 등이 여포에게 호응했다"고 기록하고 있다.

⑨

하후돈에 관한 역사 기록

『삼국지』「위서·하후돈전」에 따르면 하후돈은 조조를 따라 "태조가 서주로부터 돌아오자 하후돈은 [조조를] 수행하여 여포를 정벌했는데 날아온 화살에 맞아 왼쪽 눈에 부상을 입었다"고 기록하고 있으며, 배송지 주 『위략』에 따르면 "이때 하후연과 하후돈은 모두 장군이 되었는데 군중에서는 하후돈을 맹하후盲夏侯라고 불렀다. 하후돈은 그렇게 불리는 것을 몹시 싫어했으며 매번 거울에 얼굴을 비춰보다가 스스로 원망하고 화를 내며 거울을 즉시 바닥에 내동댕이쳤다"고 기록하고 있다.

역사 기록에 따르면 하후돈이 이때 한쪽 눈을 잃은 것은 사실이나 눈알을 삼켰다는 기록은 존재하지 않으며, 더욱이 조성이 화살을 쏘았고 하후돈에 의해 조성이 죽임을 당했다는 기록도 없다. 그리고 소설에서는 하후돈이 실명한 때를 198년의 일로 묘사하고 있으나 사실은 4년 전인 194년의 일로 기록되어 있다.

여포, 최후를 맞다

조조는 하비성에서 격렬한 전투를 벌이고,
여포는 백문루에서 목숨을 잃다

下邳城曹操鏖兵,
白門樓呂布殞命

고순은 장료를 이끌고 관공의 군영을 공격했고 여포 자신은 장비의 군영을 공격했다. 관우와 장비는 각기 나가서 맞서 싸웠고 현덕은 군사를 양쪽 길로 이끌어 지원했다. 그러나 여포가 군사를 나누어 배후로부터 치고 들어오자 관우와 장비 양군이 모두 궤멸되었고 현덕은 수십 명의 기병만 이끌고 달아나 소패성으로 돌아가려 했다. 여포가 추격해오자 현덕은 급히 성 위의 군사들에게 조교를 내리라고 외쳤으나 여포가 뒤를 바짝 따라붙어 성에 도착했다. 성 위에서는 막 화살을 쏘려 했으나 현덕이 맞을까 두려워하며 망설이는 사이에 여포가 성문으로 들이닥쳤다. 성문을 지키던 장병들은 대적하지 못하고 모두 사방으로 흩어졌다. 여포는 군사들을 불러 성안으로 진입했다. 현덕은 형세가 이미 급박해진 것을 보고는 집에 들를 사이도 없이 처자식마저 버린 채 성을 가로질러 서문으로 달려나가 홀로 화를 피해 도망쳤다. 여포가 서둘러 현덕의 집으로 가자 미축이 나와 맞이하며 여포에게 고했다.

"제가 듣건대 대장부는 남의 처자식을 죽이지 않는다고 했소. 이제 장군과 천하를 다툴 사람은 조공뿐입니다. 현덕은 항상 원문의 극을 쏘아 맞춘 은혜를 생각하며 감히 장군을 배반하려 하지 않았습니다. 지금 마지못해서 조공의 비위를 맞춘 것이니 장군께서는 가엾게 여겨주십시오."

여포가 말했다.

"현덕과 나는 오래 사귄 친구로서 어찌 차마 그의 처자식을 해치겠는가."

여포는 바로 미축에게 현덕의 처자식을 데리고 서주¹로 가서 편히 쉬도록 했다. 그리고 여포 자신은 군사를 이끌고 산동 연주 경계²로 향하면서 고순과 장료를 남겨 소패를 지키게 했다. 이때 손건은 이미 성 밖으로 도망간 후였고 관우와 장비 두 사람 또한 각자 얼마간의 인마를 수습해 산속으로 들어가 머물고 있었다.

한편 홀로 난을 피해 도망친 현덕이 한참 달려가고 있는데 등 뒤에서 한 사람이 따라붙기에 보니 바로 손건이었다. 현덕이 말했다.

"지금 두 아우는 죽었는지 살았는지도 모르겠고 처자식도 뿔뿔이 흩어졌으니 어찌하면 좋단 말인가?"

손건이 말했다.

"차라리 조조한테 가서 잠시 몸을 의탁하셨다가 나중의 계책을 도모하시는 것이 좋을 듯합니다."

현덕은 손건의 말을 따르기로 하고 오솔길을 찾아 허도로 향했다. 가는 도중에 먹을 것이 떨어져 촌락으로 가서 먹을 것을 구했는데, 가는 곳마다 유예주란 말을 듣고는 모두 앞다퉈 음식을 바쳤다. 어느 날 한 집에 이르러 투숙하게 되었는데 그 집 젊은이가 나와 절을 올리기에 그 성명을 물으니 바로 사냥꾼 유안劉安이라 했다. 유안은 예주목이 왔다는 말을 듣고는 바로 들짐승을 찾아 식사로 제공하고 싶었으나 갑자기 구할 수가 없어 자신의 처를 죽여 그 고기를 식사로 대접했다.

현덕이 물었다.

"이것은 무슨 고기인가?"

유안이 말했다.

"바로 이리 고기입니다."

현덕은 의심하지 않고 즉시 밥 한 끼 배불리 먹고는 밤이 되어서야 잠자리에 들었다. 동틀 무렵에 떠나려고 말을 찾으러 후원으로 갔는데 난데없이 부엌에 한 부인이 죽어 있는 것이 보였다. 팔의 살은 이미 잘려나간 상태였다. 놀란 현덕은 유안에게 물어보고서야 비로소 어제저녁에 먹은 것이 바로 그 처의 고기였음을 알았다. 현덕은 슬픔과 비애를 이기지 못하고 눈물을 흘리며 말에 올랐다. 유안이 현덕에게 고했다.

"본래는 사군을 따라가고 싶었지만 노모께서 집에 계셔서 감히 멀리 떠나지 못하겠습니다."

현덕은 감사의 인사를 하고 유안과 작별하고는 길을 잡아 양성梁城³으로 향했다. 그때 별안간 먼지가 자욱하게 일어나 해를 가리더니 한 떼의 대군이 달려오는 것이 눈에 들어왔다. 현덕은 조조의 군대임을 알아보고 손건과 함께 중군 깃발 아래로 달려가 조조를 만나서 소패성을 잃은 것과 두 아우와 헤어지고 처자식마저 적의 수중에 떨어진 일들을 자세하게 이야기했다. 조조 또한 눈물을 흘렸다. 현덕이 또 유안이 자신의 아내를 죽여 대접한 일을 말하자 조조는 즉시 손건에게 명하여 황금 100냥을 그에게 하사하게 했다.

조조의 대군이 제북에 당도하자 하후연 등이 영접해 군영으로 모시고 자신의 형 하후돈이 눈 하나를 잃어 병석에 누워 있는데 아직 병이 완쾌되지 않았다고 자세하게 보고했다. 조조는 하후돈이 누워 있는 곳으로 가서 살펴본 다음 먼저 허도로 돌아가서 조리하라고 분부했다. 그러는 한편 사람을 시켜 여포가 현재 어디에 있는지 알아보게 했다. 척후 기병이 돌아와 보고했다.

"여포는 진궁, 장패와 함께 태산에 있는 도적과 연합하여 연주의 각 군을 공격하고 있습니다."

조조는 즉시 조인에게 3000명의 군사를 이끌고 소패성을 공격하라 명하고, 자신은 직접 대군을 거느리고 현덕과 함께 여포와 싸우러 갔다. 산동에 이르러 소관[4]이 가까워진 길에서 마침 태산의 도적들인 손관, 오돈, 윤례, 창희가 군사 3만여 명을 이끌고 가는 길을 막고 있었다. 조조가 허저에게 맞서 싸우라고 명하자 네 명의 장수도 일제히 말을 몰고 나왔다. 허저가 죽을힘을 다해 싸우자 네 명의 장수는 대적하지 못하고 각자 패해서 달아났다. 조조가 기세를 몰아 들이치며 소관까지 추격했다. 척후 기병이 나는 듯이 달려가 여포에게 이런 사실을 보고했다.

이때 여포는 이미 서주로 돌아간 후였는데 진등과 함께 소패를 구하고자 진규에게 서주를 지키게 했다.[5] 진등이 떠나려 할 때 진규가 일렀다.

"지난날에 조공이 동방의 일은 모두 너에게 부탁한다고 말했다. 이제 여포가 패할 것이니 그를 도모하는 것이 좋겠다."

진등이 말했다.

"바깥일은 제가 알아서 하겠습니다. 여포가 패해서 돌아오면 아버님께서는 즉시 미축을 불러 함께 성을 지키시고 여포를 성으로 들이지 마십시오. 저는 스스로 빠져나올 계책이 있습니다."

진규가 말했다.

"여포의 처자식이 여기에 있고 심복들도 자못 많은데 그들을 어찌해야 좋겠느냐?"

진등이 말했다.

"그것도 제게 계책이 있습니다."

이내 진등은 들어가 여포를 만나서 말했다.

"서주는 사면으로 적의 공격을 받기 쉬운 곳이라 조조는 틀림없이 온 힘을 다해 공격할 것입니다. 그러니 우리는 마땅히 빠져나갈 퇴로를 미리 생각해둬야 합니다. 장군께서 돈과 양식을 하비로 옮기시면 서주가 포위되더라도 그때 하비에 양식이 있어 구할 수 있을 것입니다. 주공께서는 어찌하여 서둘러 계책을 세우지 않으십니까?"

여포가 말했다.

"원룡의 말이 맞소. 내 처자식도 옮겨야겠소."

즉시 송헌과 위속을 시켜 처자식을 보호하고 돈, 양식과 함께 하비로 옮기게 했다. 그러는 한편 자신은 군대를 이끌고 진등과 함께 소관을 구하러 떠났다. 도중에 진등이 말했다.

"제가 먼저 소관[6]으로 가서 조조의 허실을 알아본 다음에 주공께서 진군하시는 것이 좋을 듯합니다."

여포가 허락했다.

진등이 이에 먼저 소관에 당도했고 진궁 등이 접견했다. 진등이 말했다.

"온후께서는 공 등이 앞으로 나아가려 하지 않는 것이 매우 의심쩍어 처벌하시려 합니다."

진궁이 말했다.

"지금 조조의 군세가 대단하여 가볍게 대적할 수 없소. 우리는 요새지를 견고하게 지킬 테니 주공께는 소패성을 두텁게 보위하는 것이 상책이라 권해주시오."

진등은 "예, 예"라고만 대답했다. 저녁에 관 위로 올라가 살펴보니 조조의 군대가 관 아래까지 돌진해 있어 이에 밤을 틈타 연거푸 편지 세 통을 써서 화살에 묶어 관 아래로 쏘아 보냈다. 이튿날 진궁과 작별한 진등은 나는 듯이 말을 몰아 여포에게 달려와서 말했다.

"손관 등이 모두 관을 바치려 하기에 제가 진궁을 남겨두어 지키게 했습니다. 장군께서는 해질 무렵에 가서서 구원하십시오."

여포가 말했다.

"공이 아니었으면 이 관을 빼앗길 뻔했소."

즉시 진등에게 먼저 관으로 올라가 진궁과 내응하기로 약속하고 불을 질러 신호로 삼도록 했다. 진등은 바로 진궁에게 달려가 보고했다.

"조조의 군사들이 이미 지름길로 질러 관 안으로 들어왔으니 서주를 잃을까 염려되오. 공 등은 빨리 서주로 돌아가야 하오."

진궁은 마침내 무리를 이끌고 관을 버린 채 달아났다. 진등은 즉시 관 위로 올라가 불을 붙였다. 여포는 어둠을 타고 들이쳤고 진궁의 군사와 여포의 군사들이 어둠 속에서 자기편끼리 서로 죽이며 싸웠다. 조조의 군사들은 신호 불길을 보고 일제히 들이치더니 기세를 몰아 공격했다. 손관 등은 각자 사방으로 흩어져 달아났다.

여포는 날이 밝을 때까지 싸우고서야 비로소 계책에 빠졌음을 알고 급히 진궁과 함께 서주로 돌아갔다. 성 가까이 이르러 성문을 열라고 소리치자 성위에서 어지럽게 화살이 쏟아졌다. 미축이 적루 위에서 고함을 질렀다.

"네가 우리 주인의 성을 빼앗았으나 이제 당연히 우리 주인께 돌려드려야 하느니라. 너는 다시는 이 성안으로 들어올 수 없느니라."

여포가 크게 노했다.

"진규는 어디에 있느냐?"

미축이 말했다.

"내가 이미 죽였다."

여포가 진궁을 돌아보며 말했다.

"진등은 어디에 있소?"

진궁이 말했다.

"장군께선 아직도 깨닫지 못하시고 그 간사한 도적놈을 물어보십니까?"

여포가 군중에서 그의 행방을 찾도록 했으나 보이지 않았다. 진궁이 여포에게 급히 소패로 가자고 권하자 여포가 그렇게 하기로 했다. 길을 반쯤 갔을 때 군사들이 쏜살같이 달려오는 것이 보였는데 다름 아닌 고순과 장료였다. 여포가 까닭을 묻자 대답했다.

"진등이 와서 주공께서 포위되셨으니 저에게 빨리 가서 구원하라고 했습니다."

진궁이 말했다.

"이것 또한 그 간사한 도적놈의 계책입니다."

여포가 노해서 말했다.

"내 이 도적놈을 반드시 죽이리라!"

급히 말을 몰아 소패에 이르렀다. 그러나 소패성 위에는 온통 조조군의 깃발만이 꽂혀 있었다. 알고 보니 조조가 이미 조인을 시켜 성을 습격하고 군사를 이끌어 지키게 했던 것이다. 여포가 성 아래에서 진등에게 욕설을 퍼부었다. 진등은 성 위에서 여포를 가리키며 욕했다.

"한나라의 신하로서 어찌 너 같은 역적을 섬길 수 있단 말이냐!"

잔뜩 화가 난 여포가 성을 공격하려는데 별안간 배후에서 함성이 크게 일어나더니 한 무리의 인마가 몰려왔다. 앞장선 장수는 바로 장비였다. 고순이 말을 몰고 맞서 대적했지만 이길 수 없었다. 여포가 직접 접전을 벌였다. 한창 싸우고 있는 사이에 진 밖에서 다시 함성이 일더니 조조가 직접 대군을 통솔하여 진을 뚫고 들어왔다. 도저히 대적하기 어렵다고 판단한 여포는 군사를 이끌고 동쪽으로 달아났다. 조조의 군사들이 뒤를 따라 추격했다. 여포는 달아나느라 사람과 말이 모두 기진맥진했는데 별안간 다시 한 떼의 군사들이 갑자기 나타나 가는 길을 가로막았다. 앞장선 장수가 말을 세우고 칼을 비껴들더니 크게 호통을 쳤다.

"여포는 달아나지 마라! 관운장이 여기 있노라!"

여포가 허둥대며 맞붙어 싸웠다. 그때 등 뒤로 장비가 쫓아왔다. 여포는 싸울 마음이 없어져 진궁 등과 함께 죽기로 한 갈래 길을 열어 하비성으로 곧장 달아났다. 후성이 마침 군사를 이끌고 지원하러 왔다.

관우와 장비는 만나서 각자 눈물을 흘리며 뿔뿔이 헤어진 일을 이야기했다. 운장이 말했다.

"나는 해주⁷ 길가에 군사를 주둔하고 있다가 소식을 듣고 이곳으로 온 것이네."

장비가 말했다.

"이 아우는 망탕산⁸에서 머물고 있었는데 오늘에야 다행히 만나게 되었구려."

이야기를 마친 두 사람은 함께 군사를 이끌고 현덕을 찾아가 땅바닥에서 울며 절을 올렸다. 희비가 교차한 현덕은 두 사람을 데리고 조조를 만나게 했고 즉시 조조를 따라 서주로 들어갔다. 미축이 맞이하며 가솔은 모두 무사하다고 말하자 현덕은 매우 기뻐했다. 진규 부자 또한 와서 조조를 배알했다. 조조는 잔치를 크게 베풀어 장수들을 위로했다. 조조 자신은 한가운데에 앉고 진규는 오른쪽에, 현덕을 왼쪽에 앉히고 나머지 장수는 각자 순서에 따라 앉게 했다. 연회가 끝나자 조조는 진규 부자의 공을 칭찬하며 10개 현의 봉록을 더해주고 진등에게는 복파장군[9]을 수여했다.❶

한편 서주를 얻은 조조는 내심 크게 기뻐하며 군대를 일으켜 하비를 공격할 일을 상의했다. 정욱이 말했다.

"여포는 지금 하비성 하나밖에 없어 너무 급하게 공격하면 반드시 죽을힘을 다해 싸울 것이고 결국은 원술에게 갈 것입니다. 여포가 원술과 연합하면 그 세력은 공격하기 어려울 것입니다. 지금 일처리에 유능한 사람을 시켜 회남淮南으로 가는 길을 지키게 하면서 안으로는 여포를 방비하고 밖으로는 원술을 저지해야 합니다. 더군다나 산동[10]에는 아직도 장패와 손관의 무리가 귀순하지 않고 있기 때문에 그들을 방비하는 것 또한 소홀히 할 수 없습니다."

조조가 말했다.

"내가 직접 산동의 모든 길을 담당할 것이오. 회남으로 통하는 길은 청컨대 현덕께서 맡아주시지요."

현덕이 말했다.

"승상께서 내리시는 군령인데 어찌 감히 어기겠습니까."

이튿날 현덕은 미축과 간옹을 서주에 남겨두고 손건과 관우, 장비와 함께 군대를 이끌어 회남으로 가는 길을 방비하러 갔다. 조조는 직접 군대를 이끌고 하비성을 공격했다.

한편 하비성에 있던 여포는 양식도 충분히 준비된 데다 사수[11]의 험준한 형세에 의지하고 있어 안심하며 앉아서 지키기만 해도 보전할 수 있다고 믿고 근심 없이 지냈다. 진궁이 말했다.

"조조의 군사들이 이제 막 왔으니 미처 군영과 방어용 울타리를 설치하지 못한 틈을 이용해 공격한다면, 이것은 충분히 휴식을 취한 군대가 피곤해 지친 군대를 치는 것으로 이기지 못할 사람이 없습니다."

여포가 말했다.

"내가 여러 차례 패했기 때문에 함부로 나가서 싸울 수 없소. 그들이 쳐들어오기를 기다렸다가 공격한다면 모조리 사수에 빠져 죽을 것이오."

결국 진궁의 말을 듣지 않았다. 며칠이 지나자 조조의 군사들이 군영을 모두 세웠다. 조조는 장수들을 거느리고 성 아래에 이르러 크게 소리 질렀다.

"여포는 대답하라!"

여포가 성 위로 올라섰다. 조조가 여포에게 일렀다.

"듣자 하니 봉선이 또 원술과 사돈 관계를 맺고자 한다기에 내가 군대를 이끌고 이곳으로 왔소. 원술은 반역한 대죄가 있으나 공은 동탁을 토벌한 공이 있는데 지금 어찌하여 스스로 이전에 세운 공적을 버리고 역적을 따르려 하오? 성이 단번에 깨지기라도 한다면 후회해도 늦을 것이오! 일찌감치 내려와 항복하고 나와 함께 황실을 떠받든다면 이미 봉해진 제후의 지위는 잃지 않게 될 것이오."

여포가 말했다.

"승상께서는 잠시 물러가 계시오. 상의를 좀 해봐야겠소."

곁에 있던 진궁이 욕설을 퍼부었다.

"조조, 간사한 역적 놈아!"

화살 한 대를 쏘아 휘개[12]를 맞추었다. 조조는 진궁을 가리키며 증오했다.

"내 맹세코 네놈을 죽이리라!"

마침내 군사를 이끌고 성을 공격했다. 진궁이 여포에게 일렀다.

"조조는 멀리서 왔기에 그 기세를 오래 지탱할 수 없을 것입니다. 장군께서 보군과 기병을 거느려 밖에 주둔하시면 저는 안에서 나머지 군사를 데리고 성문을 닫고 지키겠습니다. 만일 조조가 장군을 공격한다면 이 궁이 군사를 이끌고 나가 그 뒤를 칠 것이고, 성을 공격해온다면 그때는 장군께서 뒤에서 구원해주십시오. 그렇게 한다면 열흘을 넘기지 못하고 조조군은 군량이 떨어질 것이고 그때는 북 한 번 두드려 적을 격파할 수 있을 것입니다. 이것이 바로 사슴을 잡을 때 앞에서는 뿔을 잡고 뒤에서는 다리를 붙잡는 '기각지세掎角之勢'입니다."

여포가 말했다.

"공의 말씀이 지극히 옳소."

즉시 부중으로 돌아가서 군장을 꾸렸다. 이때는 바야흐로 추운 겨울이라 하인에게 솜옷을 많이 준비하라고 분부했다. 여포의 아내 엄씨가 소식을 듣고 나와서 물었다.

"대감께선 어디로 가려고 하십니까?"

여포가 진궁의 계책을 일러줬다. 엄씨가 말했다.

"대감께서 성 전체를 맡기시고 처자식도 내버린 채 고립무원의 군대로 멀리 나가셨다가 하루아침에 변고라도 생긴다면 첩이 어찌 장군의 처가 되겠습니까?"

여포는 망설이고 결정을 내리지 못한 채 사흘 동안이나 밖으로 나오지 않았다. 진궁이 들어가서 여포를 만나 말했다.

"조조의 군대가 사면으로 성을 포위했는데 속히 나가지 않으시면 틀림없이 곤란한 처지에 처할 것입니다."

여포가 말했다.

"내 생각에는 멀리 나가느니 차라리 견고하게 지키는 것이 좋을 듯하오."

진궁이 말했다.

"근래에 듣자 하니 조조의 군대가 군량이 부족하여 사람을 허도로 보내 가지고 온다고 하던데 조만간 당도할 것입니다. 장군께서 정예병을 이끌고 가서 그 군량 보급로를 끊으십시오. 이것은 대단히 기묘한 계책입니다."

진궁의 말이 옳다고 생각한 여포는 다시 안으로 들어가 엄씨에게 이 일을 이야기했다. 엄씨는 눈물을 흘리며 말했다.

"장군께서 나가시면 진궁과 고순이 어찌 성을 결연히 지키겠어요? 실수라도 생기면 후회해도 소용없을 거예요! 옛날에 장안에 있을 때 첩이 이미 장군한테 버림받았으나 운 좋게도 방서麻舒가 첩신을 숨겨주어 다시 장군을 만나게 되었지요. 지금 다시 첩을 버리고 가실 줄을 누가 알았겠어요? 장군께서는 앞길이 만 리 같으시니 청컨대 첩 같은 것은 생각지도 마시지요!"

말을 마치고는 통곡했다. ❷

그 말을 들은 여포는 걱정하고 우울해하며 결정을 내리지 못하고 초선에게 들어가 이 사실을 알렸다. 초선이 말했다.

"장군께서는 첩을 책임지셔야 합니다. 경솔하게 나가지 마세요."

여포가 말했다.

"너는 걱정하지 말거라. 내게는 화극과 적토마가 있는데 누가 감히 나한테 접근하겠느냐!"

이에 밖으로 나와 진궁에게 일렀다.

"조조의 군량이 온다는 것은 우리를 속이는 것이오. 조조는 간계가 많은 자라 내가 쉽게 움직여서는 안 될 것이오."

진궁은 밖으로 나와 탄식하며 말했다.

"우리는 죽어도 묻힐 땅조차도 없겠구나!"

이로부터 여포는 종일 나오지 않고 단지 엄씨, 초선과 함께 술만 마시며 답답한 마음을 달랬다. 모사인 허사許汜와 왕해王楷가 들어와서 여포에게 계책을 올렸다.

"지금 회남에 있는 원술은 명성과 위세를 크게 떨치고 있습니다. 장군께서 지난날 그와 혼인을 약속했으니 지금 다시 요청하시는 것은 어떻습니까? 저들의 군대가 당도하여 안팎으로 협공한다면 조조를 격파하는 것은 어렵지 않을 것입니다."

여포는 그 계책을 따르기로 하고 그날로 편지를 써서 두 사람에게 주고 가도록 했다. 허사가 말했다.

"한 부대가 길을 뚫어 인도해줬으면 좋겠습니다."

여포는 장료와 학맹 두 사람에게 군사 1000명을 이끌고 협곡의 입구를 나가게 했다. 그날 밤 이경에 장료가 앞서 나가고 학맹은 뒤에서 허사와 왕해를 보호하며 성 밖으로 치고 나왔다. 현덕의 군영을 스쳐 지나가자 여러 장수가 뒤를 쫓았으나 따라잡을 새도 없이 이미 협곡의 입구를 빠져나간 후였다. 학맹은 500명을 거느리고 허사, 왕해를 따라갔다. 장료가 나머지 군사 절반을 이끌고 오던 길로 되돌아오는데 협곡 입구에 이르렀을 때 운장이 막아섰다. 맞붙어 싸우기도 전에 고순이 군사를 이끌고 성을 나와 구원했고 성 안으로 함께 들어가버렸다.

한편 허사와 왕해는 수춘에 이르러 원술을 알현하고 서신을 바쳤다. 원술이 말했다.

"지난번에 명령을 받든 나의 사자를 죽이고 나와의 혼인 약속을 저버리며 발뺌하더니, 지금 다시 와서 그 일을 물어보는 것은 무엇 때문이냐?"

허사가 말했다.

"그것은 조조의 간계에 걸려들어 그르친 것으로 바라건대 명상[13]께서는 살펴주소서."

원술이 말했다.

"너의 주인이 조조의 군대로 인해 곤란하고 위급해지지 않았다면 어찌 딸을 내게 보내려 했겠느냐?"

왕해가 말했다.

"명상께서 지금 구원해주시지 않는다면 입술이 없어져 이가 시릴 것이 염려됩니다. 또한 명상께 복이 되는 일도 아닙니다."

원술이 말했다.

"봉선은 이랬다저랬다 변덕스러워 믿을 수가 없으니 먼저 딸을 보낸다면 그다음에 군대를 파견하겠노라."

허사와 왕해는 하직만 고하고 학맹과 함께 돌아왔다. 현덕의 군영 근처에 이르자 허사가 말했다.

"대낮에는 지나갈 수가 없소. 한밤중에 우리 두 사람이 먼저 지나갈 테니 학장군이 뒤를 끊어주시오."

상의를 마쳤다. 밤에 현덕의 군영을 지나는데 허사와 왕해가 먼저 지나갔다. 학맹이 다음 차례로 지나가려는데 장비가 군영에서 나와 길을 가로막았다. 학맹의 말과 어우러지자마자 단 1합 만에 학맹이 장비에게 사로잡혔고 500명의 인마가 모조리 죽임을 당하거나 흩어졌다. 장비가 학맹을 끌고 와서 현덕에게 보여주었고 현덕은 다시 본영으로 압송하여 조조에게 보여주었다. 학맹은 원술에게 구원을 요청하기 위해 딸의 혼사를 허락했다는 일을 자세하게 설명했다. 조조는 크게 노하여 학맹을 군문軍門에서 참수시키고,

사람을 각 군영에 보내 신중하게 방비하라는 지시를 하달하는 한편, 여포나 저들의 군사들이 통과하는 것을 놓치는 자가 있다면 군법에 따라 처벌하겠다고 했다. 지시를 받은 각 군영은 소름이 돋을 정도로 두려워했다. 현덕이 군영으로 돌아와 관우와 장비에게 분부했다.

"우리가 바로 회남으로 통하는 요충지를 담당하고 있네. 그러니 두 아우는 부디 조심하고 조공의 군령을 범하는 일이 없도록 하게나."

장비가 말했다.

"적장 한 명을 잡았는데 조조는 포상은 하지도 않으면서 도리어 겁이나 주고 있으니 어찌된 일이오?"

현덕이 말했다.

"아닐세. 조조는 많은 군대를 통솔하고 있어 군령이 아니면 어찌 사람들을 복종시키겠느냐? 아우는 군령을 범하지 말게."

그제야 관우와 장비가 승낙하고 물러났다. ❸

한편 허사와 왕해는 돌아와 여포를 만나서 원술이 먼저 딸부터 얻은 다음에야 군대를 일으켜 구원해주겠다고 한 말을 자세하게 전했다. 여포가 말했다.

"어떻게 보낸단 말이오?"

허사가 말했다.

"지금 학맹이 사로잡혔기 때문에 조조는 틀림없이 우리 사정을 알고 미리 준비를 할 것입니다. 장군께서 친히 호송하지 않으신다면 누가 능히 겹겹의 포위망을 돌파해서 나갈 수 있겠습니까?"

여포가 말했다.

"그렇다면 오늘 바로 보내는 것은 어떻소?"

허사가 말했다.

"오늘은 흉신[14]이 있는 날이니 가서는 안 됩니다. 내일이 대길이니 술시戌時나 해시亥時를 이용해서 가십시오."

여포가 장료와 고순에게 명했다.

"3000명의 군마를 이끌고 작은 수레 한 량을 준비하라. 내가 친히 200리 밖까지 호송할 테니 그다음은 너희 두 사람이 호송해 가도록 해라."

이튿날 밤 이경쯤에 여포는 딸을 솜으로 둘둘 휘감고 갑옷으로 덮어 싸서 등에 업은 다음 극을 들고 말에 올랐다. 성문을 열고 여포가 앞장서서 성을 나갔고 장료와 고순이 뒤를 따랐다. 막 현덕의 군영 앞에 이르렀을 때 '둥둥 둥' 북소리가 울리더니 관우와 장비 두 사람이 가는 길을 막아서며 크게 소리 질렀다.

"달아나지 마라!"

싸워서 승리할 마음이 없던 여포는 단지 길을 찾아 달아나기만 했다. 이때 현덕이 직접 군사를 이끌고 몰려오자 양군이 혼전을 벌이게 되었다. 여포가 비록 용맹하다고는 하지만 딸을 몸에 묶은 상태라 딸이 다칠까 두려워 감히 겹겹이 에워싼 포위망을 뚫고 나갈 수가 없었다. 게다가 뒤에서 서황과 허저까지 모조리 달려들었다. 군사들이 크게 고함을 질렀다.

"여포를 달아나게 해서는 안 된다!"

여포는 군사들이 매우 다급하게 쫓아오는 것을 보고는 성으로 들어갈 수밖에 없었다. 현덕은 군사를 거두었고 서황 등도 각기 군영으로 돌아갔으나 여포의 군사들은 끝내 단 한 사람도 통과하지 못했다. 성안으로 돌아온 여포는 마음이 침울해져 단지 술만 마실 뿐이었다. ❹

한편 조조는 성을 공격하는데 두 달이 넘도록 함락시키지 못했다. 그때 갑자기 보고가 들어왔다.

"하내태수 장양이 동시[15]로 출병하여 여포를 구하려 했는데, 부하 장수 양추楊醜가 그를 죽이고 승상께 장양의 머리를 바치고자 했으나 도리어 장양의 심복 휴고眭固에게 살해되었습니다. 휴고는 견성[16]으로 가버렸습니다."

보고를 들은 조조는 즉시 사환史渙을 시켜 휴고를 추격하고 목을 베라고 명했다.❺

장수들을 모아놓고 말했다.

"장양이 비록 다행스럽게도 자멸했다고는 하나 북쪽에는 원소의 근심이 있고 동쪽에는 유표와 장수[17]의 우환거리가 있소. 하비성을 오랫동안 포위해도 이기지 못하고 있으니 나는 여포를 버리고 허도로 돌아가 잠시 싸움을 멈추고 싶은데 어떻겠소?"

순유가 급히 말리며 말했다.

"안 됩니다. 여포가 여러 차례 패했기에 날카로운 기세가 이미 바닥에 떨어진 상태이고 장수를 주인으로 섬기는데 장수가 쇠약해지면 군사들은 싸울 마음이 없어집니다. 진궁이 비록 지모가 있다고는 하나 이미 늦었습니다. 지금 여포의 기세는 회복되지 않았고 진궁의 모략도 아직 결정되지 않았으니 이러한 때에 신속하게 공격한다면 여포를 사로잡을 수 있을 것입니다."

곽가가 말했다.

"저에게 하비성을 즉시 깨뜨릴 수 있는 한 가지 계책이 있는데 20만 명의 군사보다도 나을 것입니다."

순욱이 말했다.

"혹시 기수[18]와 사수의 제방을 터뜨리자는 것은 아니오?"

곽가가 웃으며 말했다.

"바로 그런 뜻입니다."

조조가 크게 기뻐하며 즉시 군사들에게 영을 내려 두 강의 물길을 터뜨리게 했다. 조조의 군사들은 모두 높은 언덕에 앉아서 하비성이 물바다가 되는 것을 구경했다. 하비성 동문을 제외한 나머지 문은 모두 물바다가 되었다. 군사들이 나는 듯이 달려가 여포에게 보고했다. 여포가 말했다.

"내게는 적토마가 있어 강물을 평지처럼 건너는데 무엇을 두려워하겠느냐!"

여전히 날마다 처첩과 더불어 마음껏 좋은 술을 마셨다. 주색이 지나쳤기 때문에 몰골이 수척해졌다. 어느 날 거울에 자신을 비춰보고는 놀라 말했다.

"내가 주색으로 상했구나! 오늘부터는 마땅히 끊겠노라."

그러고는 즉시 성안에 명을 내려 술을 마시는 자는 모조리 참수시키겠다고 했다.❻

후성에게는 열다섯 필의 말이 있었는데 말을 기르는 잡부가 그 말들을 도둑질해서 현덕에게 바치려고 했다. 그것을 알아차린 후성이 그 잡부를 쫓아가 죽이고 말을 도로 빼앗아 돌아오자 여러 장수가 후성을 축하했다. 후성은 대여섯 곡의 술을 빚어 여러 장수와 모여서 마시고 싶었으나 여포가 탓할까 두려워 이에 먼저 술 다섯 병을 들고 여포의 부중으로 가서 배알하고 아뢰었다.

"장군의 호랑이 같은 위엄에 의지하여 잃어버린 말을 찾아왔더니 여러 장수가 와서 축하해줬습니다. 약간의 술을 빚었는데 감히 제멋대로 마실 수 없어 특별히 먼저 장군께 바치고자 하니 보잘것없는 성의를 받아주시기 바랍니다."

여포가 버럭 화를 내며 말했다.

"내가 술을 금지하라고 했는데 네가 도리어 술을 빚어 모여서 마신다니 혹시 함께 꾸며서 나를 치려는 것은 아니냐!"

그러고는 끌어내 후성의 목을 베라고 명했다. 송헌, 위속 등 제장들이 모두 들어와 용서를 빌었다. 여포가 말했다.

"일부러 나의 명을 어겼으므로 마땅히 참수를 해야 이치에 맞는다. 그러나 오늘은 여러 장수의 얼굴을 보아 곤장[19] 100대만 때리겠다!"

장수들이 다시 간청했으나 그래도 곤장 50대를 때린 다음에 풀어줬다. 장수들은 의기소침하지 않을 수 없었다. 송헌과 위속이 후성의 집으로 병문안을 오자 후성이 눈물을 흘리며 말했다.

"공들이 아니었다면 나는 죽었을 것이오!"

송헌이 말했다.

"여포는 자기 처자식만 생각하고 우리는 초개같이 여기고 있소."

위속이 말했다.

"적군은 이미 성을 포위했고 물은 해자 옆까지 돌고 있으니 우리가 죽을 날도 멀지 않았소!"

송헌이 말했다.

"여포는 인의가 없는 인간이니 그를 버리고 달아나는 것은 어떻소?"

위속이 말했다.

"그건 대장부가 할 짓이 아니오. 그럴 바에야 차라리 여포를 사로잡아 조공께 바치는 것이 낫겠소."

후성이 말했다.

"내가 말을 쫓는 바람에 벌을 받았으나 여포가 의지하는 것은 적토마뿐이오. 그대 두 사람이 과연 여포를 사로잡고 성을 바칠 수 있다면 내가 먼저 적토마를 훔쳐 조공을 만나겠소."

세 사람은 상의하여 결정했다. 그날 밤 후성은 은밀하게 마원馬院(말을 기르는 뜰)에 가서 적토마를 훔치고 동문으로 나는 듯이 달아났다. 위속은 즉시 성문을 열어 그를 나가게 해주고는 도리어 거짓으로 뒤를 쫓는 시늉을 했다. 후성은 조조의 군영에 이르러 말을 바치고 송헌과 위속이 백기를 꽂는 것을 신호로 삼아 성문을 바칠 준비를 하고 있다고 자세하게 말했다. 이 소식을 들은 조조는 즉시 자신이 서명한 포고문 수십 장을 성안으로 쏘아 보냈다. 그 포고문의 내용은 다음과 같다.

"대장군 조조는 특별히 영명한 조서를 받들어 여포를 정벌하노라. 대군에 항거하는 자가 있다면 성을 격파하는 날 온 집안이 살육당하리라. 위로는 장교에서 아래로는 서민까지 여포를 사로잡아 바치거나 혹은 그 수급을 바치는 자에게는 무거운 상을 내리고 관직을 더해주리라. 이 포고문으로 분명하게 알리니 각자 잘 알고 명심하도록 하여라."

이튿날 새벽에 성 밖에서 함성이 땅을 진동했다. 여포가 깜짝 놀라 극을 잡고 성에 올라 성문을 하나씩 살펴보았는데 위속이 도망치는 후성을 놓쳐 전마를 잃은 것을 알게 되었다. 여포는 그를 꾸짖는 한편 그 죄를 다스리려고 했다. 그때 성 아래에 있던 조조의 군사들이 성 위의 백기를 보고 있는 힘을 다해 성을 공격하자 여포는 직접 대항하는 수밖에 없었다. 싸움은 새벽부터 시작해 한낮까지 계속되다가 조조의 군사들이 비로소 잠시 물러났다. 그사이 여포는 문루에서 잠깐 휴식을 취한다는 것이 자기도 모르게 의자에서 잠이 들고 말았다. 송헌은 여포의 주변 사람들을 쫓아 물리치고 먼저 화극을 훔친 다음 바로 위속과 함께 일제히 손을 써서 여포를 밧줄로 묶고는 꼼짝 못하도록 꽁꽁 얽어맸다. 꿈속에 빠져 있다가 깜짝 놀라 잠에서 깬 여포가 급히 좌우 측근들을 불렀으나 도리어 송헌과 위속 두 사람에게 모두 죽임을 당하거나 흩어졌다. 두 사람이 백기를 들어 휘두르자 조조의 군사들이 일제히 성 아래로 몰려들었다. 위속이 크게 소리 질렀다.

"여포를 사로잡았다!"

하후연은 여전히 믿지 않았다. 송헌이 성 위에서 여포의 화극을 아래로 내던지고 성문을 활짝 열자 조조의 군사들이 한꺼번에 밀고 들어왔다. 서문에 있던 고순과 장료는 물로 둘러싸여 나오지 못하다가 조조의 군사들에게 사로잡혔다. 진궁은 남문으로 달아났지만 서황에게 붙잡히고 말았다.❼

조조는 성으로 들어오자마자 명을 전하여 터뜨린 물길을 돌려놓도록 하는 한편 방문을 붙여 백성을 안정시켰다. 그러고는 현덕과 더불어 백문루²⁰ 위에 함께 앉았고 관우와 장비는 곁에서 시립했다. 조조는 사로잡은 일련의 사람들을 끌고 오게 했다. 여포는 비록 체격이 거대했지만 밧줄에 한 덩어리로 꽁꽁 묶여 움직일 수 없었다. 여포가 소리를 질렀다.

"너무 세게 묶었으니 조금 느슨하게 해주시오!"

조조가 말했다.

"호랑이를 묶었으니 단단하게 하지 않으면 안 되지."

여포는 후성, 위속, 송헌이 모두 조조 곁에 서 있는 것을 보고는 그들에게 일렀다.

"내가 여러 장수를 야박하게 대접하지 않았는데 너희가 어떻게 모조리 배신할 수 있단 말이냐?"

송헌이 말했다.

"처첩의 말만 듣고 장수들의 계책은 듣지 않았으면서 어찌 야박하게 대하지 않았다고 말하는 것이오?"

여포는 묵묵히 말이 없었다. ❽

잠시 후 군사들이 고순을 에워싼 채 끌고 왔다. 조조가 물었다.

"그대는 무슨 할 말이 있는가?"

고순이 아무런 대답도 하지 않았다. 화가 난 조조가 참수하라 명했다. ❾

서황이 진궁을 압송했다. 조조가 말했다.

"공대公臺(진궁의 자)는 헤어진 후로 별고 없으셨소?"

진궁이 말했다.

"그대의 심보가 바르지 않았기에 내가 일부러 그대를 버렸노라!"

조조가 말했다.

"내 마음이 바르지 못하다면서 공은 어찌하여 오직 여포만 섬겼소?"

"여포가 비록 지모가 없다고는 하지만 그대같이 교활하거나 흉악하고 간사하지는 않소."

"공은 스스로 지모가 많다고 하더니 지금은 끝내 어떻게 되었소?"

진궁이 여포를 돌아보며 말했다.

"이 사람이 내 말을 따르지 않은 것이 한스럽소! 내 말을 듣고 따랐다면 사로잡히지는 않았을 것이오."

조조가 말했다.

"오늘 일은 어찌하면 좋겠소?"

진궁이 큰 소리로 말했다.

"오늘은 죽음만이 있을 뿐이오!"

"공이 그렇게 된다면 공의 노모와 처자식은 어찌하오?"

"내가 듣건대 효로써 천하를 다스리는 자는 남의 부모를 해치지 않으며, 천하에 어진 정치를 베푸는 자는 남의 제사를 끊지 않는다고 했소. 노모와 처자식의 죽고 사는 것 또한 명공에게 달려 있을 따름이오. 나는 이미 사로잡힌 몸이니 청컨대 마음에 두지 마시고 즉시 죽이시오."

조조에게는 미련이 남아 있었으나 진궁은 문루 아래로 곧장 내려갔다. 좌우 사람들이 그를 끌어당겼지만 그는 걸음을 멈추지 않았다. 조조는 일어나서 눈물을 흘리며 그를 배웅했으나 진궁은 전혀 돌아보지 않았다. 조조가 수행원에게 일렀다.

"즉시 공대의 노모와 처자식을 허도로 모시고 가서 봉양토록 하라. 태만히 하는 자는 목을 베리라."[10]

진궁은 그 말을 들었으나 역시 입을 열지 않았고 목을 내밀어 형벌을 받았다. 모든 사람이 눈물을 흘렸다. 조조는 관과 곽을 준비해 그의 시신을 담고 허도로 옮겨 장사 지냈다. 후세 사람이 그를 찬탄한 시가 있다.

살아서든 죽어서든 두마음 없었으니
대장부가 무엇을 장하다 말하겠는가
금석같이 귀한 계책 따르지 않았으니
대들보 같은 인재를 헛되이 버렸구나

주인을 보좌하면서 진실로 공경했거늘
혈육과 작별하는 모습 너무 가엾구나
백문루에서 그가 죽음을 맞이하던 날
공대와 같은 사람 또 누가 있겠는가

生死無二志, 丈夫何壯哉

不從金石論, 空負棟梁材

輔主眞堪敬, 辭親實可哀

白門身死日, 誰肯似公臺

조조가 진궁을 전송하러 문루를 내려가자 여포가 현덕에게 고했다.

"공은 귀빈이 되어 자리에 앉아 있고 나는 죄수로 계단 아래에 있는데 어찌하여 조조에게 너그럽게 살펴달라는 한마디 말씀조차 없소?"

현덕은 대답 대신 고개만 끄덕였다. 조조가 다시 문루로 올라오자 여포가 소리 질렀다.

"명공의 우환거리로 나보다 더한 것이 없는데, 오늘 내가 이미 굴복했소. 공께서 대장이 되시고 내가 부장을 맡는다면 천하를 평정하기 어렵지 않을 것이오."

조조가 현덕을 돌아보며 말했다.

"어찌하면 좋겠소?"

현덕이 대답했다.

"공께서는 정건양과 동탁의 일을 보지 못하셨습니까?"

여포는 현덕을 똑바로 쳐다보며 말했다.

"이 녀석이 가장 믿을 수 없는 놈이로구나!"

조조는 문루 아래로 끌어내 목매달아 죽이라 했다. 여포는 현덕을 돌아보며 말했다.

"이 귀 큰 놈아! 원문 밖의 극을 쏘아 맞춘 일을 그새 잊었느냐?"⓫

이때 한 사람이 갑자기 크게 소리를 질렀다.

"여포 이 필부 놈아! 죽게 되면 죽을 뿐이지 무엇을 두려워하느냐!"

모두 바라보니 도부수들에게 둘러싸여 장료가 끌려오고 있었다. 조조는 여포를 목매달아 죽이라 명한 후 효수[21]했다. 후세 사람이 그를 탄식한 시가 있다.

큰물이 세차게 굽이쳐 흘러 하비성이 잠기니
그때가 바로 여포가 사로잡히게 된 해였구나
천리를 달린다는 적토마만 헛되이 남겨졌고
한 자루 방천화극도 이젠 쓸모가 없어졌구나

묶인 호랑이 결박을 느슨하게 해달라니 나약해졌고
굶주린 매가 쓸모 있다[22]는 옛말이 옳았구나
처첩의 정 때문에 진궁의 간언 듣지 않더니
귀 큰 아이 은혜 모른다고 공연히 욕하는구나

洪水滔滔淹下邳, 當年呂布受擒時
空餘赤兔馬千里, 漫有方天戟一枝
縛虎望寬今太懦, 養鷹休飽昔無疑
戀妻不納陳宮諫, 枉罵無恩大耳兒

또한 현덕을 논평한 시도 있다.

사람 해치는 굶주린 호랑이[23] 단단히 묶어야지
동탁과 정원의 피가 아직도 마르지 않았노라

현덕은 이미 아비 잡아먹는 여포를 알았는데

어찌 살려두어 조조를 해치게 하지 않았는가

傷人餓虎縛休寬, 董卓丁原血未乾

玄德旣知能啖父, 爭如留取害曹瞞 ⑫

한편 무사들이 장료를 에워싸서 끌고 왔다. 조조가 장료를 가리키며 말했다.

"이 사람은 꽤 낯이 익구나."

장료가 말했다.

"일찍이 복양성에서 만난 적이 있는데 어찌 잊겠소?"

조조가 웃으며 말했다.

"그대가 기억하고 있었군!"

"애석하게 생각할 따름이오!"

"무엇이 그리 애석하오?"

"그날 불이 크게 일어나지 않아 너 같은 국적을 태워 죽이지 못한 것이 애석하다!"

조조가 버럭 화를 내며 말했다.

"패한 장수가 어찌 감히 나를 모욕하느냐!"

검을 뽑아 손에 들고 직접 장료를 죽이려 들었다. 장료는 전혀 두려워하는 기색 없이 목을 내밀어 죽기를 기다렸다. 그때 조조의 등 뒤에서 한 사람이 조조의 팔을 잡아끌었고 또 한 사람이 조조의 면전에 무릎을 꿇고 말했다.

"승상께서는 잠시 손을 멈춰주십시오!"

살려달라 애걸한 여포는 구해줄 사람 없었는데

국적이라 욕설을 퍼부은 장료는 도리어 사는구나

乞哀呂布無人救, 罵賊張遼反得生

장료를 구해준 사람은 누구인가?⓭

제19회 여포, 최후를 맞다

❶

조조는 팽성彭城에서 학살을 자행했다

『삼국지』「위서·무제기」에는 "건안 3년(198), 10월 팽성에서 마구잡이로 살육하고 팽성국의 상 후해侯諧를 사로잡았다. 하비까지 진군하자 여포는 직접 기병을 이끌고 나와 맞서 싸웠다. 조공은 여포를 대패시키고 여포의 용장 성렴成廉을 사로잡았다"고 기록하고 있다.

소설에서는 계속 서주徐州라는 표현을 사용하지만 서주는 주의 명칭이다. 서주는 5개 군, 국과 62개의 현, 읍, 후국을 관할했다. 후한 시기에 치소는 담현郯縣(산둥성 탄청郯城)이었고 후한 말기에 치소를 하비(장쑤성 쑤이닝睢寧 서북쪽 고비진占邳鎭 동쪽)로 옮겼으며 삼국 조위曹魏 때 치소를 팽성(장쑤성 쉬저우徐州)으로 옮겼다. 장쑤성 양쯔 강揚子江 이북과 산둥성 동남부 지구를 관할했다.

❷

여포는 진궁을 믿지 않았다

『삼국지』「위서·여포전」과 『후한서』「여포전」에는 "태조는 친히 여포 토벌에 나서 하비성 아래에 이르렀고 여포에게 서신을 보내 그에게 이로움과 해로움을 설명하며 투항을 권했다. 여포가 투항하려 하자 진궁 등은 자신들이 지은 죄가 깊음을 생각하여 여포의 계획을 저지했다"고 기록되어 있고, 『후한서』 「여포전」과 『자치통감』 권62 「한기 54」에는 "여포의 처가 말했다. '과거에 조씨(조조)가 공대公臺(진궁의 자)를 자신의 친아들같이 대했는데 조조를 버리고 우리에게 귀의했어요. 지금 장군께서 공대를 대접하기를 조씨만큼 못 해주는데 성 전체를 그에게 맡기고 처자식을 버린 채 고립무원의 군대를 이끌고 멀리 나가시겠다는 거예요? 만약 하루아침에 변고라도 생기면 첩은 어찌 다시 장군의 처가 될 수 있겠어요?' 그리하여 여포는 계획을 그만두었다"고 기록하고 있어 여포와 진궁은 확실히 서로에 대한 믿음이 강하지 않았음을 알 수 있다.

또한 『삼국지』 「위서·여포전」은 "여포는 비록 용맹했지만 모략이 없는 데다 시기심이 많아 부하를 통제할 수 없었으며 단지 몇 명의 장수들만 믿었다. 그러나 장수들은 각기 의견이 달라 서로 의심했으므로 싸울 때마다 대부분 실패했다"고 기록하고 있다.

❸

학맹의 반란

소설에서는 학맹이 장비에게 사로잡히고 조조에게 참수당하지만, 이는 역사 사실과 상당히 거리가 멀다. 『삼국지』 「위서·여포전」 배송지 주 『영웅기』의 기록에 따르면 학맹은 여포가 조조와 대치하기 2년 전(196)에 이미 죽임을 당했다. 역사는 다음과 같이 기록하고 있다.

"건안 원년(196) 6월, 한밤중에 여포의 장수 하나河內 사람 학맹郝萌이 반란을 일으켜 군사들을 이끌고 여포가 있는 치소인 하비의 부중으로 쳐들어왔다. 관부의 공무를 처리하는 대청 합문閤門(정문 옆의 작은 문) 밖에 이르러서는 함께 함성을 지르며 합문을 공격했는데, 문이 견고해 진입할 수 없었다. 여포는 누가 반란을 일으켰는지 몰랐기에 곧바로 부인을 데리고 관도 쓰지 못한 상투를 드러내고 윗도리도 걸치지 못한 채 측간으로 들어가 벽을 밀어 무너뜨리고 빠져나왔다. 도독都督인 고순高順

의 군영으로 곧장 달려가 군영 문을 밀고 들어갔다. 고순이 물었다. '장군께서 말씀하지 않은 것이 있지 않습니까?' 여포가 '하내 놈의 말소리였소'라고 말했다. 그러자 고순이 '이자는 학맹이군요'라고 말했다. 고순은 즉시 병력을 배치하고 부중으로 들어가 학맹의 무리에게 활과 쇠뇌를 쏘았다. 모두 어지러워지며 달아났는데 날이 밝아서야 그들의 군영으로 돌아갔다. 학맹의 장수 조성曹性이 학맹을 배반하고 대적하자 학맹은 조성을 찔러 상처를 입혔고 조성은 학맹의 한쪽 팔을 찍었다. 고순은 학맹을 참수하고 조성을 수레에 눕혀 여포가 있는 곳으로 보냈다. 여포가 조성에게 묻자 조성은 '학맹이 원술의 술수와 모략을 받아들였습니다'라고 말했다. 여포가 '꾀한 자가 누구인가?'라고 묻자 조성이 '진궁이 공모했습니다'라고 했다. 당시 좌중에 앉아 있던 진궁은 얼굴이 붉어졌는데 곁에 있는 사람들이 모두 알아차릴 정도였다. 여포는 진궁이 대장이었기 때문에 더 이상 묻지 않았다. 조성이 '학맹이 항상 이것에 대해 물었으나 이 조성은 여장군은 대장으로 신령스러움이 있어 공격할 수 없다고 말했습니다. 그런데 뜻하지 않게 학맹이 실성하여 사리를 이해하지 못하고 그만두지 않았습니다'라고 말했다. 여포가 조성에게 '경이 건아健兒요!'라고 말했다. 여포는 조성을 잘 치료하고 보살펴줬다. 상처가 낫자 조성에게 학맹의 옛 군영을 위로하고 그 무리를 통솔하게 했다."

원술은 여포를 도와줬다

『삼국지』「위서·여포전」과 『후한서』「여포전」에 따르면 "여포가 사람을 파견하여 원술에게 구원을 요청하니, 원술은 직접 1000여 명의 기병을 이끌고 출전했다. 그러나 싸움에 패하여 달아나 돌아가서는 성을 지키면서 감히 나와 싸우려 하지 않았다. 원술 또한 여포를 구원할 수 없었다"고 기록하고 있어 원술이 전혀 모른 척한 것은 아니었다.

『자치통감』 권62 「한기 54」와 『삼국지』「위서·여포전」 배송지 주 『영웅기』에 따르면 "원술을 만난 허사와 왕해가 여포가 격파되면 원술도 격파될 것이라 설득하자 원술이 군대를 정비하여 출정했다"고 기록하고 있고 또한 "여포는 딸을 보내지 않으면 원술이 구원병을 안 보낼까 걱정되어 직접 비단으로 딸을 둘둘 말고 말에 올라 밤에 성을 나갔으나 조조의 수비병과 맞닥뜨렸고 날아드는 화살이 너무 많아 성으로 돌아왔다"고 기록하고 있어 원술이 딸을 보내주는 조건으로 구원병을 보내기로 약속한 것은 아니었다.

❺

여포와 장양과의 관계

『삼국지』「위서·장양전」은 당시 상황을 다음과 같이 기록하고 있다.

"장양은 여포와 관계가 매우 좋았다. 태조가 여포를 포위하고 공격했을 때 장양은 여포를 구원하려 했지만 갈 수가 없었다. 이에 출병하여 동시東市에 주둔하고 멀리서나마 여포를 위해 성원을 보내줬다. 장양의 부하 장수 양추楊醜가 장양을 살해하고 태조에게 호응했다. 장양의 부하 장수 휴고睢固(처음에 흑산군黑山軍의 수령이었다가 나중에 장양에 귀의했다)가 양추를 살해하고 그의 무리를 이끌고 북방의 원소와 연합하려고 했다."

조조는 결국 휴고를 죽였다

『삼국지』「위서·장양전」은 조조가 "사환史渙을 파견하여 차단하고 공격했다. 견성犬城에서 그들을 격파하고 휴고를 참수했으며 그의 무리를 모두 거두어들였다"고 기록하고 있으며, 배송지 주『전략』에 따르면 "휴고는 자가 백토白兎로 양추를 살해하고 군대를 사견射犬에 주둔시켰다. 당시 무당이 휴고에게 충고하며 '장군은 자가 토兎이고 이 읍의 이름이 견犬이라, 토끼가 개를 만나면 그 형세가 반드시 놀랄 것이니 급히 군대를 이동시켜 떠나시오'라고 말했지만, 휴고는 듣지 않다가 결국 전사하고 말았다"고 기록하고 있다.

기수와 사수의 제방을 무너뜨린 것은 순유와 곽가의 계책이었다

『삼국지』「위서·순유전」은 다음과 같이 기록하고 있다.

"그해(198), 태조가 원현宛縣으로부터 진군하여 여포를 정벌하러 하비에 이르렀는데, 패퇴한 여포는 성을 굳게 지키기만 했다. 태조는 공격해도 함락시키지 못하고 연속적으로 작전을 벌이기만 하니 사병들이 피로해져 철군하려고 했다. 순유와 곽가가 태조를 설득했다.

'여포는 용맹하지만 모략이 없고 지금까지 세 차례 교전을 벌여 모두 패했으니 그의 날카로운 기운도 이미 쇠약해졌습니다. 삼군은 장수를 중심으로 삼는데 주장의 기운이 쇠약해지면 군대는 투지가 없어집니다. 진궁은 비록 지모는 있지만 계책을 내는 데 느리고, 지금 여포의 날카로운 기세가 아직 회복되지 않았으니 진궁의 모략이 정해지지 않은 틈을 이용하여 박차를 가해 진공한다면 여포는 패할 것입니다.'

그리하여 기수와 사수의 물을 끌어 하비로 흘러가게 했다. 하비성은 붕괴되었고 여포를 사로잡았다."

또한『삼국지』「위서·무제기」에서도 "순유와 곽가의 계책을 채용하여 사수와 기수의 둑을 터뜨려 하비성으로 흘러가게 했다"고 기록하고 있다.

여포의 항복

『삼국지』「위서·여포전」에는 조조가 "도랑을 파고 해자를 포위한 지 석 달 만에 여포의 군대는 위아래로 군심이 분열되어 장수 후성, 송헌, 위속 등이 진궁을 묶고는 무리를 이끌고 [조조에게] 투항했다. 여포와 휘하 부하들이 백문루白門樓에 올랐으나 조조 군사들의 포위 공격이 긴박해지자 성을 내려가 투항했다"고 기록하고 있다.

『후한서』「여포전」과『자치통감』권62「한기 54」에서는 아래와 같이 기록하고 있다.

"조조가 성을 에워싸며 도랑을 파고 기수와 사수의 물을 막아 하비성을 침수시키

고 쌍방이 대치한 지 3개월 만에 여포 군대의 군심이 흐트러졌다. 여포의 부하 장수 후성이 문객을 시켜 여포의 명마를 방목하게 했는데 그 문객이 도리어 배반하여 말을 타고 도망치고 말았다. 후성이 뒤를 쫓아 말을 빼앗아 돌아오자 각 장수가 함께 예물을 준비해 후성을 축하했다. 후성은 좋은 술과 고기를 나누어주고 먼저 여포에게 가서 보고했다.

'장군의 신비한 위력을 받아 잃어버린 말을 되찾아 돌아오니 제장들이 일제히 축하했으나 감히 앞서 맛볼 수 없어 가장 먼저 장군께 바칩니다.'

여포가 성내며 말했다.

'내가 금주를 명했거늘 경이 술을 양조한 것은 설마 술로 이 여포를 해치려 한 것이 아니냐?'

후성은 분노하며 두려워했고 그리하여 장수들과 함께 진궁과 고순을 잡고는 군대를 인솔하여 조조에게 투항했다. 여포는 휘하 부하들을 이끌고 백문루에 올랐다. 조조군의 포위 공격이 급박해지자 여포는 좌우에 자신의 머리를 베어 조조에게 보내라고 명했다. 좌우 사람들이 차마 하지 못하자 이에 성을 내려가 투항했다."

소설의 내용처럼 여포가 부하들에게 묶여서 사로잡힌 것은 아니었으며 진궁도 서황에게 사로잡힌 것은 아니었다.

❽

여포가 부하들을 후하게 대접했을까?

『삼국지』「위서·여포전」 배송지 주 『영웅기』에 다음과 같은 기록이 있다.

"여포가 태조에게 '이 여포가 장수들을 후하게 대접했는데 장수들이 사태가 다급해지자 모두 이 여포를 배반한 것일 뿐이오'라고 말하자, 태조가 '경은 자신의 아내를 배반하고 부하 장수들의 부인을 사랑해놓고 어찌하여 후하게 대접했다고 생각하오?'라고 답했다. 여포는 묵묵히 말이 없었다."

❾

고순은 누구인가?

『삼국지』「위서·여포전」배송지 주『영웅기』는 고순에 대해 다음과 같이 기록하고 있다.

"고순高順은 사람됨이 청렴결백하고 위엄이 있었으며 술을 마시지 않고 선물도 받지 않았다. 700여 명의 군사를 거느렸는데 천인千人이라 불렸고 갑옷과 투구가 모두 정련하고 정제되었으며 공격할 때마다 격파하지 못하는 경우가 없어 '함진영陷陳營'이라 이름 지었다. 고순이 매번 여포에게 간언하길 '무릇 집안을 망치고 나라를 망하게 하는 것은 충신과 현명한 자가 없어서가 아니라 다만 그들이 쓰이지 못하기 때문입니다. 장군께서 거동하실 때 세밀하게 생각하지 않으려 하고 항상 틀렸다고 말씀하기를 좋아하시니 그런 잘못이 셀 수 없이 많습니다'라고 했다. 여포는 그의 충성을 알았으나 쓰지 못했다. 여포는 학맹의 반란 사건 이후에 더욱 고순을 소원하게 대하고 위속이 친족이라 고순이 거느리던 군사들을 모두 빼앗아 위속에게 넘겨줬다. 전투가 벌어지자 위속이 거느리던 군사를 고순이 통솔하게 했는데 고순은 끝내 원망하는 기색이 없었다."

❿

『삼국지』「위서·여포전」과『후한서』「여포전」의 기록에 따르면 조조와 진궁과의 마지막 대화는 소설과 거의 같은 내용으로 이는 사실인 듯하다. 그리고『삼국지』「위서·여포전」에 따르면 "태조는 진궁의 노모를 불러서 남은 일생을 봉양해주었으며 딸도 시집보냈다"고 기록하고 있다.

⓫

누가 여포를 죽이라고 했을까?

『삼국지』「위서·여포전」에는 "유비가 진언했다. '명공께서는 여포가 정건양丁建陽(정원)과 동태사董太師(동탁)를 섬기는 것을 보지 못하셨습니까!' 이 말을 듣고 태조는 고개를 끄덕였다"고 기록되어 있어 유비가 직접적으로 여포를 죽이라고 건의하지는 않았다고 할 수 있다. 그리고 배송지 주『헌제춘추』의 기록을 보면 "태조는 여포를 살려주고자 하여 결박을 느슨하게 하라 명했다. 그때 주부主簿 왕필王必이 급히 걸어 나오며 '여포는 강한 포로입니다. 그 무리가 밖에 가까이 있으니 관대하게 해서는 안 됩니다'라고 말하자, 태조가 말했다. '본래는 서로 느슨하게 하려고 했었는데 주부가 듣지 않으니 어찌하면 좋겠소?'"라고 기록되어 있다.

여포를 죽인 것은 조조지만 왕필이 여포를 죽이라고 건의한 것으로 보인다.

⑫

『후한서』「여포전」에 따르면 "여포와 진궁, 고순은 모두 목매달아 죽임을 당했고 그들의 수급은 허도로 보내져 백성에게 보이게 했다"고 기록하고 있다.

⑬

조조가 여포를 토벌할 수 있었던 일등 공신은 순유였다

『삼국지』「위서·순유전」 배송지 주『위서魏書』는 다음과 같이 기록하고 있다.

"의론하는 자들은 유표와 장수가 배후에 있으므로 멀리 여포를 습격하면 반드시 위험하게 될 것이라고 말했다. 그러나 순유는 유표와 장수가 패한 지 얼마 되지 않아 그 세력으로는 함부로 행동하지 못할 것이며, 여포가 날래고 용맹하며 또 원술에 의지하고 있으므로 만일 사수와 회수 사이에서 종횡하면 호걸들이 반드시 그에게 호응할 것이라고 여겼다. 더구나 지금 모반한 지 얼마 되지 않아 민심이 통일되지 않았으므로 정벌하러 간다면 격파할 수 있다는 것이었다. 태조가 '좋소'라고 말하고는 실행에 옮겼다. 이때 여포는 유비를 패배시켰으며, 장패 등이 여포에게 호응했다."

옥대 속의 비밀 조서

조아만은 허전에서 몰이사냥을 하고,
동국구는 내각에서 조서를 받다

曹阿瞞許田打圍,
董國舅內閣受詔

조조가 검을 뽑아 들고 장료를 죽이려 하자 현덕이 조조의 팔을 잡아끌었고 운장은 면전에서 무릎을 꿇었다. 현덕이 말했다.

"이런 진심 어린 사람은 마땅히 살려두어 써야 합니다."

운장이 말했다.

"제가 평소에 문원文遠(장료의 자)이 충의의 인사라는 것을 알고 있으니 바라건대 제 목숨으로써 그를 보증하겠습니다."

조조가 검을 내던지더니 껄껄 웃으며 말했다.

"나 역시 문원의 충의를 알고 있소. 장난 좀 친 것뿐이오."

그러고는 묶었던 결박을 손수 풀어주고 입었던 옷을 벗어 입혀주며 그를 청해 상좌에 앉혔다. 그 뜻에 감동한 장료는 마침내 항복했다.❶

조조는 장료를 중랑장에 임명하고 관내후¹의 작위를 하사하며 장패를 귀순하도록 했다. 여포가 이미 죽었고 장료도 항복했다는 소식을 들은 장패도 결국 본부의 군사들을 이끌고 투항했으며 조조는 그에게 후한 상을 내렸다. 장패는 또 손관, 오돈, 윤례를 항복하게 했으나, 유독 창희만은 귀순하려 하지 않았다. 조조는 장패를 낭야의 상으로 봉하고 손관 등에게도 역시 각자 관직을 더해주어 청주와 서주의 연해 지방을 지키게 했다. 그리고 여포의 처첩을 수레에 싣고 허도로 돌아오면서 삼군을 크게 대접해 위로하고 군영을 빼서 회군했다. 서주를 지나는 길에 백성이 향을 사르고 길을 막아서며 유사군劉使君(유비)을 목으로 삼아 서주에 남게 해달라고 간청했다. 조조는 말했다.

"유사군의 공이 크니 황제를 알현하고 작위에 봉해진 다음에 돌아와도 늦지 않을 것이다."

백성은 머리를 조아리며 감사했다. 조조는 거기장군 차주車冑를 불러 서주를 잠시 다스리게 했다. 조조의 군대가 허창²으로 돌아온 후 조조는 출정한 인원들에게 관직과 재물을 상금으로 내리고 현덕은 승상부 왼쪽 근처 주택에서 머물며 쉬게 했다.

이튿날 헌제가 조회를 열자 조조는 표문을 올려 현덕의 군공을 아뢰었고 현덕을 이끌어 황제를 배알하게 했다. 현덕이 조복을 갖추고 단지³에서 절을 올렸다. 황제는 어전으로 오르게 한 뒤 물었다.

"경의 조상은 누구인고?"

현덕이 아뢰었다.

"신은 중산정왕中山靖王의 후손으로 효경 황제 각하의 현손이며 유웅의 손자이자 유홍의 아들입니다."

황제는 종족세보宗族世譜를 가져오게 하여 종정경⁴에게 읽게 했다.

"효경 황제께서는 열네 분의 아드님을 두셨습니다. 일곱 번째 아드님이 바로 중산정왕 유승劉勝입니다. 승이 육성정후 유정劉貞을 낳으셨고,⁵ 정이 패후沛

侯 유앙劉昻을 낳으셨고, 앙이 장후漳侯 유록劉祿을 낳으셨고, 녹이 기수후沂水
侯 유련劉戀을 낳으셨고, 연이 흠양후欽陽侯 유영劉英을 낳으셨고, 영이 안국후
安國侯 유건劉建을 낳으셨고, 건이 광릉후廣陵侯 유애劉哀를 낳으셨고, 애가 교
수후膠水侯 유헌劉憲을 낳으셨고, 헌이 조읍후祖邑侯 유서劉舒를 낳으셨고, 서가
기양후祁陽侯 유의劉誼를 낳으셨고, 의가 원택후原澤侯 유필劉必을 낳으셨고, 필
이 영천후潁川侯 유달劉達을 낳으셨고, 달이 풍령후豐靈侯 유불의劉不疑를 낳으
셨고, 불의가 제천후濟川侯 유혜劉惠를 낳으셨고, 혜가 동군범령東郡范令 유웅
을 낳으셨고, 웅이 유홍을 낳으셨는데, 홍은 벼슬을 하지 않았으며 유비가 바
로 유홍의 아들입니다."

황제가 세보를 따져보니 현덕이 바로 황제의 아저씨뻘이었다. 헌제가 크게
기뻐하며 편전6으로 청해 들이고는 숙질간의 예로써 대면했다. 황제는 속으
로 생각했다.

'조조가 권력을 휘두르고 있어 모든 국사를 짐이 주재하지 못하고 있다.
이제 이런 영웅 같은 숙부를 얻었으니 짐에게 도움이 되겠구나!'

즉시 현덕을 좌장군, 의성정후7로 봉했다. 주연을 베풀어 환대를 마치자
현덕은 은혜에 감사하고 조정에서 물러났다. 이때부터 사람들은 모두 유비
를 '유황숙劉皇叔'이라고 불렀다. ❷

조조가 승상부로 돌아오자 순욱 등 모사들이 우르르 들어와서 말했다.

"천자께서 유비를 숙부로 인정하시니 명공께 아무런 도움이 되지 않을까
염려됩니다."

조조가 말했다.

"그가 이미 황숙으로 인정받았으니 내가 천자의 조서로 명을 내리면 더욱

복종하지 않을 수 없을 것이오. 내가 이곳 허도에 그를 머물게 했기에 명색은 비록 황제와 가깝다 할지라도 실제는 내 손아귀에 들어 있는 것이니 내가 무엇을 두려워하겠소? 오히려 내가 염려하는 것은 태위 양표楊彪로 그는 원술과 친척 관계이니 만일 원술, 원소와 왕래하며 안에서 호응한다면 그 해가 얕지 않을 것이오. 즉시 그를 제거함이 마땅할 것이오."

이에 은밀하게 사람을 시켜 양표가 원술과 결탁했다고 무고하게 하고는 마침내 양표를 잡아 하옥하고 만총에게 명하여 그를 조사하고 처벌했다. 이때 허도에 있던 북해태수 공융[8]이 이 일로 조조에게 간언했다.

"양공은 4대째[9] 고결한 품성으로 유명한 가문인데 어찌 원씨 때문에 그를 벌하는 것이오?"

조조가 말했다.

"그것은 조정의 뜻이오."

공융이 말했다.

"가령 성왕이 소공[10]을 죽이려 하는데 주공[11]이 나는 모른다고 말할 수 있겠소?"

조조는 마지못해 양표를 관직에서 해임하고 시골로 추방했다.❸ 의랑 조언趙彦이 조조의 전횡에 분개하여 상소를 올려 조조가 황제의 명령을 받들지도 않고 제멋대로 대신을 구금한 죄로 탄핵했다. 크게 노한 조조는 즉시 조언을 잡아들이고 그를 죽였다. 그리하여 두려워하지 않는 백관이 없었다. 모사 정욱이 조조를 설득하며 말했다.

"지금 명공의 명성이 날로 왕성해지는데 어찌하여 이런 때를 이용해 왕패[12]의 업을 실행하지 않으십니까?"

조조가 말했다.

"조정에는 황제가 수족처럼 신임하는 신하가 많으니 함부로 행동해서는 아니 되오. 내가 천자께 사냥을 나가자고 청해서 그때 동정을 살펴봐야겠소."

그리하여 좋은 말, 이름난 매, 출중한 개를 고르고 활과 화살을 모두 갖추어 먼저 성 밖에 군사들을 모이게 한 다음 조조는 궁으로 들어가서 천자께 사냥을 나가자고 청했다. 황제가 말했다.

"사냥은 아마도 바른길이 아닌 듯하오."

조조가 말했다.

"옛 제왕들께서는 춘수春蒐, 하묘夏苗, 추선秋獮, 동수冬狩[13]라 하여 사계절마다 교외로 나가 천하에 무예를 드날리셨습니다. 지금은 사해가 소란스러운 때이니 마땅히 사냥을 통해 무예를 닦으셔야 합니다."

황제는 감히 따르지 않을 수 없어 바로 소요마逍遙馬에 올라 보조궁[14]과 황금으로 촉을 만든 비전[15]을 휴대하고 난가鸞駕(천자의 수레)를 갖추어 성을 나섰다. 현덕은 관우, 장비와 함께 엄심갑掩心甲을 입고 활과 병기를 챙겨 수십 명의 기병을 이끌고는 어가를 따라 허창을 나갔다. 조조는 눈처럼 하얀 몸통에 누런 발굽의 조황비전마爪黃飛電馬를 타고 10만 명의 무리를 거느리고는 천자와 더불어 허전[16]에서 사냥을 했다. 군사들이 사냥터를 둘러쌌는데 그 둘레가 200여 리나 되었다. 조조는 천자와 말을 나란히 하며 달렸는데 단지 말 머리 하나 정도의 차이를 두었을 뿐이었다. 뒤에 따르는 자는 모두 조조의 심복 장교였다. 문무백관은 멀리서 모시고 따라갈 뿐 누구도 감히 접근하지 못했다. 그날 헌제가 말을 달려 허전에 당도했을 때 유현덕이 길가에서 문후를 올렸다. 황제가 말했다.

"짐은 오늘 황숙의 사냥 솜씨를 보고 싶소."

현덕이 명을 받들어 말에 올랐는데, 그때 별안간 풀 속에서 토끼 한 마리가 튀어나왔다. 현덕이 화살 한 대로 그 토끼를 쏘아 맞혔다. 황제가 갈채를 보냈다. 비탈을 돌아가는데 갑자기 가시나무 속에서 커다란 사슴 한 마리가 뛰쳐나왔다. 헌제는 연달아 화살 세 대를 쏘았지만 맞추지 못하자 조조를 돌아보며 말했다.

"경이 쏘아보시오."

조조가 바로 천자의 보조궁과 황금 화살촉의 비전을 달라고 하며 활을 힘껏 당겨 쏘자 화살이 사슴의 등에 정통으로 꽂혔고 사슴은 풀 속에 쓰러졌다. 군신들과 장교들은 황금 화살촉의 비전을 보고는 천자가 쏘아 맞힌 줄 알고서 다 같이 껑충껑충 뛰며 황제를 향해 '만세'를 불렀다. 그때 조조가 말고삐를 놓고 곧장 앞으로 나가더니 천자의 앞을 막아서고 그 만세 소리를 받았다. 사람들의 얼굴이 새파랗게 질렸다. 현덕의 뒤에 있던 운장이 크게 노하여 잠자는 누에처럼 생긴 눈썹을 치켜세우고 봉황의 눈을 부릅뜨더니 칼을 들고 말에 박차를 가하며 달려나가 조조를 베려고 했다. 그 모습을 본 현덕은 황망히 손사래를 치며 눈짓을 보냈다. 형의 이런 모습을 본 관공은 함부로 움직이지 못했다. 현덕은 조조를 향해 몸을 숙여 공경을 표시하고 축하했다.

"승상의 활솜씨는 신과 같아 세상에서 보기 드문 바입니다!"

조조가 웃으며 말했다.

"이것은 천자의 크나큰 복일 따름이지요."

이에 말을 돌려 천자에게 축하했으나 끝내 보조궁은 도로 바치지 않고 자신이 가지고 갔다. 사냥을 마치자 허전에서 주연을 베풀었다. 주연이 끝난 후 어가는 허도로 돌아왔고 사람들도 각자 돌아가 쉬었다. 운장이 현덕에게 물었다.

"조조 역적 놈이 황제를 기만하기에 제가 그놈을 죽이고 나라를 위해 해로움을 제거하고자 했는데 형님께서는 어찌하여 저를 말리셨습니까?"

현덕이 말했다.

"쥐를 잡고 싶어도 주변의 그릇을 깰까봐 염려해서 그랬다네. 조조는 황제와 단지 말 머리 하나 정도의 거리밖에 안 되는 데다 심복들이 주변을 에워싸고 있었네. 내 아우가 일순간의 분노를 참지 못하고 경솔하게 움직였다가일은 성사되지도 못하고 천자께서 다치시기라도 한다면 그 죄는 도리어 우리한테 올 것이네."

운장이 말했다.

"오늘 이 역적 놈을 죽이지 못했으니 나중에 틀림없이 화가 될 것입니다."

현덕이 말했다.

"잠시 그 일은 비밀로 하고 함부로 말해서는 안 되네."❹

한편 궁으로 돌아온 헌제는 울면서 복황후伏皇后에게 일렀다.

"짐이 즉위한 이래로 간웅들이 한꺼번에 일어났소. 처음에는 동탁의 재앙을 입었고 다음으로는 이각과 곽사의 난을 만났소. 평범한 사람들이라면 겪지도 못할 고난을 내가 그대와 함께 당했소. 나중에 조조를 얻어 사직신으로 여겼건만 뜻하지 않게 국정을 쥐고 권력을 휘둘러 제멋대로 남용하고 있소. 짐이 그놈을 볼 때마다 등 뒤에 가시가 있는 듯하오. 오늘 사냥터에서 만세 소리를 자기가 나서서 받으니 무례함이 이미 극에 달했소! 조만간 틀림없이 다른 일을 꾸밀 것이니 우리 부부는 언제 어디서 죽을지 모르게 되었소!"

복황후가 말했다.

"조정에 가득한 공경들이 모두 한나라의 녹을 먹고 있거늘 끝내 국난을 구원할 수 있는 사람이 한 명도 없다는 말입니까?"

말을 미처 끝내기도 전에 갑자기 한 사람이 밖에서 들어오며 말했다.

"폐하와 황후께서는 근심하지 마소서. 신이 나라의 해로움을 제거할 수 있는 한 사람을 추천하겠습니다."

황제가 보니 바로 복황후의 부친인 복완伏完이었다. 황제는 눈물을 가리며 물었다.

"황장皇丈(황제의 장인)께서도 역적 조조의 전횡을 알고 계시오?"

복완이 말했다.

"허전에서 사슴을 쏜 일을 누군들 보지 못했겠습니까? 다만 조정에 가득한 신하들 중에 조조의 종족이 아니라면 그 문하들인데, 국적國賊이 아니고서야 누가 충성을 다해 역적을 토벌하려 들지 않겠습니까? 이 늙은 신하는 권력이 없어 이 일을 실행하기 어렵습니다. 하지만 거기장군 국구國舅 동승董承이라면 맡길 만합니다."

황제가 말했다.

"동국구가 여러 번 국난에 온몸을 던진 것은 짐이 평소에 잘 알고 있는 바요. 궐로 불러들여 함께 대사를 의논해봅시다."

복완이 말했다.

"폐하의 좌우에서 모시는 자들은 모두 역적 조조의 심복이니 일이 새나가기라도 한다면 그 화가 결코 얕지 않을 것입니다."

황제가 말했다.

"그렇다면 어찌하면 좋겠소?"

"신에게 계책이 있사온데, 폐하께서 옷 한 벌을 만들고 옥대 한 개를 취해서 은밀히 동승에게 하사하시되, 옥대 안의 안감 속에 비밀 조서를 넣고 꿰

맨 다음 그에게 하사하면서 집에 돌아가 조서를 보라고 하신다면 귀신도 알아채지 못하게 밤낮으로 방도를 마련할 것입니다."

황제가 그렇게 하겠다고 하자 복완은 하직하고 나왔다.

황제는 이에 친히 손가락 끝을 깨물어 혈서를 써서 한 통의 비밀 조서를 작성하고 은밀하게 복황후를 시켜 옥대 자주색 비단 안감 안에 넣어 꿰매게 한 다음 비단 도포를 입고 그 옥대를 차고는 내사[17]에게 명하여 동승을 입궁하게 했다. 동승이 천자를 알현하고 예를 마치자 황제가 말했다.

"짐이 어제 황후와 더불어 패하[18]에서 겪었던 고난을 이야기하다가 국구의 큰 공이 생각나기에 특별히 노고를 위로하고자 입궁하시라고 했소."

동승이 머리를 조아리고 감사를 올렸다. 황제는 동승을 데리고 어전을 나와 태묘[19]에 이르러서는 공신각功臣閣으로 발길을 돌리고 안에 올랐다. 황제는 향을 사르고 예를 마친 다음 동승을 데리고 화상畫像(초상화)들을 둘러보았다. 중간에 한고조의 용모가 그려져 있었다. 황제가 말했다.

"우리 고조 황제께서는 어디에서 일어나셨지요? 어떻게 창업을 하셨지요?"

동승이 깜짝 놀라 말했다.

"폐하께서는 신을 놀리십니까! 성조[20]의 일을 어찌 모르십니까? 고황제께서는 사상[21]의 정장으로 계실 때 3척의 검으로 흰 뱀을 베어 죽이고 정의를 받들어 군사를 일으켜 사해를 종횡하시며 3년 만에 진나라를 멸망시키고 5년 만에 초나라를 소멸시켜 마침내 천하를 얻으시고 만세의 기업[22]을 세우셨습니다."

황제가 말했다.

"선조께서는 이토록 영웅이셨는데 자손은 이렇게 유약하니 어찌 탄식하지 않을 수 있겠소!"

그러고는 좌우를 보좌했던 두 명의 신하 초상을 가리키며 말했다.

"이 두 사람은 유후留侯 장량張良과 찬후酇侯 소하蕭何가 아닌가요?"

동승이 말했다.

"그렇습니다. 고조께서 개국의 위업을 시작하실 때 진실로 이 두 사람의 힘이 컸습니다."

황제가 뒤돌아보니 좌우에 모시는 시종이 비교적 멀리 떨어져 있자 동승에게 몰래 일렀다.

"경 또한 이 두 사람같이 짐의 곁에 서 있어야 할 것이오."

동승이 말했다.

"신은 하찮은 공조차도 없는데 어찌 이런 일을 감당하겠습니까?"

"짐은 경이 서도西都(장안)에서 어가를 구원해준 공을 조금도 잊은 적이 없었지만 하사할 것이 없구려."

기회를 틈타 입고 있던 도포와 옥대를 가리키며 말했다.

"경은 짐이 입고 있는 이 도포를 입고 옥대를 차 항상 짐의 곁에 있는 것처럼 해주시오."

동승은 머리를 조아리며 감사했다. 황제는 도포와 옥대를 벗어 동승에게 하사하며 은밀하게 말했다.

"경은 돌아가거든 이것들을 자세히 살펴보고 짐의 뜻을 저버리지 마시구려."

황제의 의중을 깨달은 동승은 도포를 입고 옥대를 차고는 황제께 하직하고 공신각에서 내려왔다.

어느 결에 누군가 조조에게 이 일을 보고했다.

"황제께서 동승과 함께 공신각에 오르셔서 이야기를 나누고 계십니다."

조조는 즉시 조정으로 들어가서 알아봤다. 동승은 공신각을 나와 막 궁문을 지나가다 공교롭게도 들어오고 있던 조조와 마주쳤고, 급히 몸을 피할 곳도 없어 하는 수 없이 길옆으로 서서 인사를 했다. 조조가 물었다.

"국구께서는 어떻게 오셨소?"

"천자께서 부르셔서 알현했더니 비단 도포와 옥대를 하사하셨습니다."

조조가 물었다.

"무슨 까닭으로 하사하셨소?"

"지난날 서도에서 제가 어가를 구원한 공이 생각나시어 이것을 하사하신다고 말씀하셨습니다."

"옥대를 풀어서 내게 한번 보여주시오."

도포와 옥대에 틀림없이 비밀 조서가 있다는 것을 아는 동승은 조조가 알아챌까 두려워 시간을 질질 끌며 풀지 않았다. 조조가 좌우를 큰 소리로 꾸짖었다.

"빨리 풀어 가져오거라!"

한참 살펴보더니 웃으며 말했다.

"과연 좋은 옥대로다! 이왕이면 비단 도포도 벗어서 보여주시오."

동승은 속으로 두려웠으나 따르지 않을 수 없어 마침내 도포를 벗어서 바쳤다. 조조는 직접 손으로 비단 도포를 들어 올리고 햇빛에 비추며 자세히 살펴보았다. 그러더니 도포를 입고 옥대를 차고는 좌우를 돌아보며 말했다.

"길이가 어떠하냐?"

좌우 사람들이 잘 어울린다고 말했다. 조조는 동승에게 일렀다.

"국구께서 이 도포와 옥대를 내게 주는 것은 어떻소?"

동승이 고했다.

"황제께서 하사하신 은혜라 감히 드릴 수 없으니 제가 별도로 만들어서 바치겠습니다."

조조가 말했다.

"국구께서 이 도포와 옥대를 받으신 것은 설마 어떤 일을 꾸미고 있는 것은 아니겠지요?"

동승이 놀라며 말했다.

"제가 어찌 감히 그럴 수 있겠습니까? 승상께서 필요하시다면 당장 놓고 가겠습니다."

"공께서 황제로부터 하사받은 것인데 내가 어찌 빼앗겠소? 잠시 농담한 것일 뿐이오."

바로 도포와 옥대를 벗어서 동승에게 돌려줬다.

조조와 작별하고 집으로 돌아온 동승은 밤까지 홀로 서원書院에 앉아 도포를 거듭 살펴보았으나 아무것도 없었다. 동승은 생각했다.

'천자께서 내게 도포와 옥대를 하사하시면서 자세히 살펴보라고 명하신 것은 틀림없이 무슨 뜻이 있을 것인데, 아무런 흔적도 보이질 않으니 도대체 어찌된 일인가?'

이어서 옥대를 들고 살펴보니 백옥을 정교하게 갈아서 만든 작은 용이 꽃을 뚫고 지나가는 문양이 있고 뒷면은 자주색 비단으로 안감을 대어 단정하게 깁고 꿰매져 있을 뿐 역시 아무것도 없었다. 의심이 든 동승은 옥대를 탁자 위에 놓고 거듭 살펴보았다. 한참 지나자 몹시 피곤해졌다. 작은 탁자에 엎드려 막 자려고 할 때 갑자기 등잔불 심지 끝이 타서 맺힌 불똥이 옥대에 떨어져 뒷면의 안감을 태우고 말았다. 동승이 놀라 불똥을 비볐으나 이미 한 군데를 태워버렸다. 안으로 하얀 비단이 살짝 드러났는데 희미하게 핏자국이 보였다. 급히 칼로 뜯어보니 바로 천자가 혈서로 쓴 비밀 조서였다.

"짐이 듣건대 가장 큰 인륜은 아비와 자식의 관계가 먼저고, 높고 낮음의 차이로는 군주와 신하 사이를 가장 중하게 여긴다고 했도다. 그러나 근래에 역적 조조가 권력을 휘두르고 군주와 아비를 업신여기며 억압하고, 도당과 결탁하여 조정의 기강을 손상시키고, 작위를 봉하고 상과 벌을 내리는 것을 짐이 주재하지 못하고 있도다. 짐은 날마다 근심하며 천하가 장차 위태로워질까 염려되노라. 경은 나라의 대신이고 짐의 가장 가까운 친족이니 마땅히 고조 황제께서 창업하시던 어려움을 생각하여 충성스럽고 의리 있는 열사들을 규합한 후 간사한 무리를 전멸시키고 사직을 다시 편안케 한다면 선조들께 커다란 다행이겠노라! 손가락을 깨물고 피를 뿌려 조서를 써서 경에게 부탁하노니 거듭 삼가 조심하고 짐의 뜻을 저버리지 말지어다! 건안 4년 춘삼월 조서를 내리노라."

조서를 읽고 난 동승은 눈물 콧물 죄다 흘리며 밤새 잠을 이룰 수가 없었다. 새벽에 일어나 다시 서원으로 가서 두 번 세 번 조서를 읽었으나 아무런 대책이 없었다. 조서를 작은 탁자 위에 놓고는 조조를 멸할 계책을 깊이 생각했다. 이리저리 꼼꼼히 따져보아도 정해지지 않자 작은 탁자에 기대어 잠이 들고 말았다. 그때 느닷없이 시랑[23] 왕자복王子服이 왔다. 문을 지키는 아역은 왕자복이 동승과 교분이 두텁다는 것을 알고 감히 출입을 막지 못했다. 왕자복이 보니 동승은 작은 탁자에 엎드려 자고 있었는데 소매 밑에 눌린 하얀 비단에 '짐朕' 자가 살짝 밖으로 드러난 것이 보였다. 의심이 든 자복은 조용히 그것을 읽어보고는 소매 속에 감추고 동승을 불렀다.

"국구께서는 참 편안하시네! 어떻게 이렇게 주무실 수 있소!"

놀라 깨어난 동승은 조서가 보이지 않자 혼비백산하여 팔다리를 허둥거렸다. 자복이 말했다.

"네가 조공을 죽이려 하는구나! 내가 마땅히 고발해야겠다."

동승이 울면서 고했다.

"형이 그렇게 한다면 한실은 끝장이오!"

자복이 말했다.

"농담한 것뿐이오. 나도 조상 대대로 한나라 녹을 먹었는데 어찌 충성스러운 마음이 없겠소? 원컨대 팔 하나의 보잘것없는 힘이라도 형을 도울 테니 함께 국적을 죽입시다."

"형에게 그런 마음이 있다니 나라의 커다란 다행이오!"

"밀실에서 함께 충의를 맹세하는 의장儀狀(충의를 표시하는 서약서)을 쓰고 각자 삼족을 버리는 한이 있더라도 한나라 천자께 보답합시다."

동승은 몹시 기뻐하며 한 폭의 하얀 비단을 가져와 먼저 이름을 쓰고 수결했다. 자복 또한 즉시 자신의 이름을 적고 수결했다. 서명을 마치자 자복이 말했다.

"장군 오자란吳子蘭은 나와 지극히 두터운 사이니 함께 도모할 만하오."

동승이 말했다.

"만조 대신들 중에 오직 장수교위24 충집种輯과 의랑議郎 오석吳碩이 나의 심복인데 틀림없이 나와 함께 일을 할 수 있을 것이오."

한창 상의하고 있는 사이에 가동家僮(미성년 하인)이 들어와 충집과 오석이 찾아왔다고 했다. 동승이 말했다.

"이것은 하늘이 나를 돕는 것이오!"

자복을 잠시 병풍 뒤에 숨게 했다. 동승은 두 사람을 맞이해 서원으로 들어와 자리에 앉고 차를 마셨다. 충집이 말했다.

"허전에서 사냥했던 일을 그대 또한 한스럽게 생각하시오?"

동승이 말했다.

"한스럽게 생각은 하지만 어찌해볼 도리가 없소."

오석이 말했다.

"내가 맹세코 이 역적 놈을 죽여야겠는데 나를 도와줄 사람이 없는 것이 한스러울 따름이오!"

충집이 말했다.

"나라를 위해 해로운 것을 제거하는데 비록 죽는다 한들 원망할 것도 없소!"

이때 왕자복이 병풍 뒤에서 나오며 말했다.

"너희 두 사람이 조승상을 죽이려 하는구나! 내가 마땅히 고발할 것이니 동국구가 바로 증인이다."

충집이 노해서 말했다.

"충신은 죽음을 두려워하지 않는다! 우리는 죽어서 한나라 귀신이 될지언정 너처럼 국적에 빌붙어 아첨하지는 않는다!"

동승이 웃으며 말했다.

"우리도 바로 이 일 때문에 두 공을 만나려고 했소. 왕시랑의 말씀은 농담일 뿐이오."

바로 소매에서 조서를 꺼내 두 사람에게 보여줬다. 두 사람은 조서를 읽더니 눈물을 훔치며 멈추지 못했다. 동승이 마침내 서약서에 서명을 요청했다. 자복이 말했다.

"두 공께서는 여기에 잠시 계시오. 내가 가서 오자란을 청하리다."

밖으로 나간 자복이 얼마 지나지 않아 오자란과 함께 왔고, 여러 사람과 상견례를 하며 역시 수결을 마쳤다. 동승은 후당으로 청하여 술을 마셨다. ❺

그때 별안간 서량태수[25] 마등馬騰이 찾아왔다. 동승이 말했다.

"내가 병이 있어서 만날 수 없다고 해라."

문을 지키는 아역이 돌아가 알리자 마등이 크게 노했다.

"내가 어제 동화문東華門 밖에서 그분이 비단 도포와 옥대를 가지고 나가는 것을 직접 봤는데 무슨 까닭으로 병을 핑계 삼느냐! 내가 일없이 온 것도 아닌데 어찌하여 나를 거부하는가!"

문을 지키는 아역이 다시 들어와서 마등이 화가 났다고 알리자 동승이 일어서며 말했다.

"공들께서는 잠시 기다리시오. 내가 잠시 나가봐야겠소."

바로 대청으로 나가 맞이했다. 예를 마치고 자리에 앉자 마등이 말했다.

"제가 입조하여 천자를 알현하고 돌아가려던 차에 작별 인사를 드리려 왔거늘 어찌하여 만나는 것을 거절하셨습니까?"

동승이 말했다.

"이 천한 몸에 갑자기 병이 생겨 먼저 나가서 영접을 못 했으니 죄가 크오!"

마등이 말했다.

"얼굴에 홍조를 띠고 있는 것이 병색은 보이지 않소."

동승은 대답할 말이 없었다. 마등은 화가 나서 옷소매를 뿌리치고 일어나 계단을 내려가며 탄식했다.

"모두 나라를 구할 사람은 아니구나!"

동승은 그 말에 감동을 느껴 그를 만류하며 물었다.

"공은 어떤 사람보고 나라를 구할 사람이 아니라고 말하는 것이오?"

마등이 말했다.

"허전에서 사냥하던 일을 생각하면 아직도 가슴이 터질 것 같은데, 공은 나라의 가장 가까운 친족이면서 주색에만 빠져 역적을 토벌할 생각은 하지 않으니 어찌 황실을 환란에서 구제하고 일으킬 사람이라 하겠소!"

동승은 속임수일까 염려되어 놀란 체하며 말했다.

"조승상은 바로 나라의 대신인 데다 조정에서도 의지하고 믿는 분인데 공은 어찌하여 그런 말을 내뱉소?"

마등이 버럭 화를 내며 말했다.

"너는 아직도 역적 조조를 좋은 사람이라 생각하느냐?"

"남의 이목이 가까이 있으니 공은 목소리를 좀 낮추시오."

마등이 말했다.

"목숨을 아끼고 죽음을 두려워하는 무리와는 대사를 논할 가치가 없지!"

말을 마치더니 다시 몸을 일으키려고 했다. 동승은 마등의 충성스러움과 의리를 알고 말했다.

"공은 잠시 노여움을 푸시오. 공께 보여드릴 물건이 있소."

마침내 마등을 서원으로 청해 들어가서는 조서를 가져다 그에게 보여줬다. 읽고 난 마등은 머리카락을 곤추세우고 이를 깨물고 입술을 씹으며 온 입에 피를 흘리면서 동승에게 일렀다.

"공이 거사만 하면 내 즉시 서량²⁶의 군대를 통솔하여 밖에서 호응하겠소."

동승이 마등을 청해 여러 공을 만나게 했고 맹세 서약서를 꺼내 마등에게 서명하게 했다. 마등은 이내 술을 가져와 피를 타서 마시며 맹세했다.

"우리는 죽어도 약속을 저버리지 않겠다고 맹세합시다!"

그러고는 앉아 있던 다섯 사람을 가리키며 말했다.

"열 사람만 얻으면 큰일을 할 수 있을 것이오."

동승이 말했다.

"충의의 인사들을 많이 얻기는 불가하오. 그렇지 않은 사람을 얻었다가는 도리어 해가 될 것이오."

마등은 관원들의 명부인 '원행노서부'²⁷를 가져오게 하더니 자세히 살펴보았다. 유씨 종족을 찾아보더니 이내 손뼉을 치며 말했다.

"어찌하여 이 사람과 함께 상의해보지 않소?"

모두 누구냐고 물었다. 마등은 당황하지 않고 침착하게 그 사람에 대해 말했다.

본래는 국구 동승이 영명한 조서를 받들었는데

다시 황실 종친이 한나라 조정을 돕게 되는구나

本因國舅承明詔, 又見宗潢佐漢朝

마등은 어떤 말을 할 것인가?❻

제20회 옥대 속의 비밀 조서

①

장료는 포로가 되어 항복한 것이 아니다

『삼국지』「위서·장료전張遼傳」에 따르면 "장료는 처음에 정원에 의해 발탁되었고 하진이 환관에게 패한 다음에는 동탁에게 귀의했다가 다시 동탁이 패망한 후에는 병사를 이끌고 여포에게 귀의했다"고 기록하고 있으며, "태조가 하비에서 여포를 격파하자 장료는 그 무리를 이끌고 [조조에게] 투항했다"고 기록하고 있다. 장료는 포로로 잡힌 다음 항복한 것이 아니라 스스로 투항한 것이다.

②

유비를 정말 황숙이라 불렀을까?

역사에는 유비를 황숙이라 불렀다는 기록이 존재하지 않는다.

『삼국지』「촉서·선주전」을 보면 유비는 "한나라 경제의 아들 중산정왕中山靖王 유승劉勝의 후손이다. 유승의 아들 유정劉貞이 원수元狩 6년(기원전 117)에 탁현의 육성정후陸城亭侯에 봉해졌지만 주금酎金의 규정을 위반하여 작위를 박탈당했기 때문에 탁현에서 가정을 꾸렸다. 선주의 할아버지 유웅劉雄, 아버지 유홍劉弘은 일생 동안 주군州郡에서 벼슬을 지냈다"고 기록하고 있어, 유비가 중산정왕의 후예라는 것은 확실하지만 몇 대 후손인지에 대한 기록은 없으며 그 이후 조상에 대한 자세한 기록도 전해지지 않는다. 또한 「촉서·선주전」에서 배송지는 "선주는 비록 효경제孝景帝의 후손이라고 말하지만 가계의 촌수가 아주 멀기 때문에 종묘에서 배열 순위를 분명히 하기가 어려웠다. 이미 한나라 제위를 계승했으면서도 어떤 황제를 원조로 하여 조묘祖廟를 세워야 할지 몰랐다"고 평가하고 있다.

소설에서 유비의 세보가 정확하다면 헌제인 유협은 장사정왕長沙定王 유발劉發의 후예로 유발부터 유협까지는 13대를 내려왔고 유발의 형제인 중산정왕 유승에서부터 유비까지는 17대가 내려오게 되는 것이니, 유비는 헌제의 아저씨뻘이 아니라 오히려 유비가 헌제의 증손자뻘이 된다. 결국 위의 세보에 따른다 하더라도 '황숙'의 칭호는 앞뒤가 맞지 않는다. 또한 유비가 정말 헌제보다 1대가 높다 하더라도 황숙이라는 칭호는 불가능하며 그런 칭호는 고대에 존재하지도 않았다.

❸

양표 사건과 만총

『삼국지』「위서·최염전」 배송지 주 『속한서續漢書』에 따르면 "태위 양표가 원술과 사돈 관계를 맺었는데, 원술이 본분을 뛰어넘어 황제로 칭하자 태조와 양표 사이에 틈이 생겼고, 이 때문에 양표를 잡아 죽이려 했다"고 기록하고 있으며 양표 문제에 관한 공융과 조조의 대화 또한 소설과 대체로 비슷하게 기록하고 있다. 또한 「위서·만총전」에 다음과 같은 기록이 있다.

"태위 양표가 체포되어 허현 감옥으로 보내지자 상서령尙書令 순욱과 소부少府 공융 등이 함께 만총에게 부탁했다.

'단지 그가 어떻게 죄를 지었는지 살피기만 하고 혹독한 고문으로 자백을 강요하지는 말아주시오.'

만총은 어떠한 대답도 하지 않고 법에 의거해 심문했다. 며칠 후 만총은 태조에게 뵙기를 요청하고는 다음과 같이 말했다.

'양표를 심문했지만 다른 말은 없었습니다. 죽여야 할 사람이라면 응당 먼저 그의 죄상을 명확하게 선포해야 하는데, 이 사람은 사해에 명성이 있어 만일 죄상이 명확하지 않은데도 그를 죽인다면 반드시 민심을 크게 잃을 것입니다. 삼가 명공明公(명예와 지위가 높고 존귀한 자에 대한 존칭) 때문에 애석해하고 있습니다.'

태조는 그날로 양표를 사면하여 석방시켰다. 당초에 순욱과 공융은 양표가 엄하게 심문받는다는 소식을 듣고 모두 분노했지만, 이러한 결과를 얻게 되자 도리어 만총을 칭찬했다."

❹

허전許田에서의 사냥

허전에서 조조가 황제와 사냥을 했다는 역사 기록은 없다. 그러나 『삼국지』「촉서·관우전」 배송지 주 『촉기蜀記』는 다음과 같이 기록하고 있다.

"처음에 유비가 허현許縣에 있을 때 조공과 함께 사냥을 한 적이 있었다. 사냥 중에 무리가 흩어지자 관우가 유비에게 조공을 죽이라고 권했지만 유비는 따르지 않았다. 하구夏口에 이르러 위태롭게 모래섬을 떠돌아다닐 때 관우가 화를 내며 말했다.

'지난날 사냥할 때 저의 말을 따랐다면 오늘같이 곤란한 처지는 없었을 것입니다.'

유비가 말했다.

'그때 또한 국가를 위해 그를 소중히 여겼을 뿐이네. 만약 천도天道를 바로잡는 것을 돕는다면 어찌 이것이 복을 위한 것이 아님을 알겠는가!'"

❺

헌제의 비밀 조서

『삼국지』「촉서·선주전」에 따르면 "헌제의 구舅(장인)인 거기장군 동승이 허리띠속에 감춰진 헌제의 비밀 조서를 받은 것이 밝혀졌는데 조공을 죽이라는 것이었다"고 기록하고 있으며 배송지 주에 "동승은 한 영제의 어머니 동태후의 조카로서 헌제에게는 장인丈人이다. 옛날에는 장인이라는 말이 없었으므로 구라고 되어 있다"고 기록하고 있다. 또한 『후한서』「헌제기」에도 "건안 5년(200) 정월, 거기장군 동승, 편

장군 왕복王服, 월기교위 충집种輯이 비밀 조서를 받고 조조를 죽이려 했다"는 기록이 있다. 헌제의 비밀 조서와 동승의 조조 제거를 위한 시도는 사실이지만 조서의 내용은 전해지지 않는다.

조조를 제거하기 위한 시도에 마등은 참여하지 않았다

『삼국지』「촉서·선주전」과 『후한서』「헌제기」와 『자치통감』 권63 「한기 55」의 기록을 보면 동승, 유비, 장군 왕자복, 장수교위 충집, 장군 오자란, 의랑 오석의 이름은 나오지만 마등이 참여했다는 기록은 없다.

주

제1회 도원결의

1 한 광무제 유수劉秀가 후한 왕조를 건립하여 유씨 한 왕조를 부흥시킨 것을 말한다. 역사 관련 서적에서 '광무제 중흥中興'이라는 표현을 사용하는데, 육유陸遊의 『남당서南唐書』 「소 엄전蕭儼傳」에 따르면 "제왕 자신이 잃고 자기가 얻는 것을 반정反正이라 하고, 자기가 잃지 않았는데 얻는 것을 중흥中興이라 한다"고 했다.

2 후한 환제桓帝와 영제靈帝 시기에 일어난 '당고지화黨錮之禍'를 가리킨다. 사대부와 귀족 등 이 환관에 반대하여 격렬한 당쟁을 벌였고 결과적으로 환관 집단이 득세하면서 '당인黨人' 의 죄명으로 사대부들을 종신토록 구금하여 얻어진 명칭이다. 후에 비록 석방되었다 하더 라도 관직에 진출하는 것을 허락하지 않았기에 '금고禁錮'라 불렸다.

3 태부太傅: 주나라 때 시작되었고 천자를 보좌하여 국가를 통치하던 중신. 진나라 때 폐지되 었다가 한나라에 와서 다시 설치되었다. 후한 시기에 태부는 상공上公으로 지위는 삼공三 公(태위太尉, 사도司徒, 사공司空)의 위였다. 후한 시기에는 주나라 때의 삼공(태사太師, 태 부, 태보太保)이었던 태사, 태보는 설치하지 않았다.

4 『후한서後漢書』 「효령제기孝靈帝紀」에 따르면 "건녕建寧 원년(168) 9월 신해辛亥일, 중상시 中常侍 조절이 황제의 조령詔令을 가탁하여 태부 진번, 대장군 두무와 상서령尙書令 윤훈尹 勳, 시중侍中 유유劉瑜, 둔기교위屯騎校尉 풍술馮述을 주살하고 그들의 족속을 주멸했다"고 기록하고 있다.

5 건녕建寧: 후한 영제靈帝 유굉劉宏의 첫 번째 연호로 168년 정월正月에서 172년 5월까지 사용되었다.

6 오류. 4월 망일望日(보름날). 망일은 음력으로 매월 15일을 가리키나, 『후한서』 「효령제기」에 는 "4월 계사癸巳일에 큰 바람이 불고 우박이 내렸다"고 기록하여, 이해의 4월 계사는 음력 4월 15일이 아닌 4월 22일이었다. 『자치통감資治通鑑』 권58 「한기漢紀 48」에도 4월 22일로

기록되어 있다.

7 백관百官: 고대에는 공경公卿 이하의 관원을 가리켰으나, 이후에는 일반적으로 각급 관리를 가리켰다.

8 광화光和: 후한 영제 유굉의 세 번째 연호로 178~184년에 사용되었다.

9 『후한서』「효령제기」에 따르면 "광화 원년(178), 여름 4월, 병진丙辰일에 지진이 발생했다. 시중侍中 관서 내에서 암탉이 수탉으로 변했다"고 기록하고 있다.

10 오류. 6월 초하루朔. 삭朔은 음력으로 매월 초하루를 가리키나, 『후한서』「효령제기」에는 "6월 정축丁丑, 검은 기운이 황제가 계신 온덕전 정원 한가운데 떨어졌다"고 기록하여, 이 해의 6월 정축은 6월 초하루가 아니라 6월 29일이다. 『자치통감』 권57 「한기 49」에도 6월 29일로 기록되어 있다.

11 오원五原: 군郡 명칭으로 전한 시기에 설치되었다. 병주并州에 속했으며 치소治所(지방 행정 기구 소재지)는 구원九原(내몽고內蒙古 바오터우包頭 서북쪽)이었다. 후한 말년에 군이 폐지되었다.

12 조령詔令: 황제 명의로 발포한 공문의 통칭. 민간에서는 일반적으로 '성지聖旨'라고 부른다.

13 의랑議郎: 전한 때 설치되었고 낭관郎官 중에 지위가 비교적 높았으며 광록훈光祿勳에 속했다. 고문顧問과 응대應對를 관장했으며 후한 시기에는 지위가 더욱 높아져 조정에 참여했다.

14 상소上疏: 조정의 관원들이 전문적으로 황제에게 상주上奏하는 일종의 문서 형식. 상서上書는 신하와 백성이 황제에게 진언할 때 사용하는 가장 흔한 형식이고, 상봉사上封事는 황제에게 진언하는 기밀 문서를 말한다.

15 고대 미신 관념으로 무지개의 색채가 선명한 안쪽은 홍虹이라 불러 수컷을 나타내고, 색채가 어두운 바깥쪽은 예蜺라 불러 암컷을 나타낸다. 본문에서는 암컷을 나타낸다.

16 원문에는 '부사婦寺'라 했는데, 부는 황태후, 황후, 황제의 유모 같은 궁중의 여자 시종을 가리키고, 사는 사인寺人(관직 명칭, 시인侍人이라고도 함)으로 황제를 시중드는 환관을 말한다.

17 원문에 '주奏'라고 표기했는데, '주'는 '나아가다進'라는 의미로 신하가 황제에게 의견을 진술하거나 상황을 설명하는 것으로 주장奏章(신하가 제왕에게 진언하는 문서)을 말한다. 역자는 이하 '상주하다' 혹은 '상주문'으로 번역했음을 밝혀둔다. 상주上奏는 신하가 구두 혹은 서면으로 제왕에게 의견을 진술하거나 상황을 설명하는 것이다. 상上은 지위가 높은 데 있으면서 아래와 상대하는 것이고, 주奏는 신하가 황제에게 의견이나 설명을 진술하는 것이다.

18 거록군巨鹿郡(거록군鉅鹿郡): 군, 국 명칭으로 진시황 25년(기원전 222)에 군을 설치했다. 진, 전한 시기에 치소는 거록(허베이성 핑샹平鄉 서남쪽)이었다. 후한 시기에 치소를 영도廮陶(허베이성 닝진寧晉 서남쪽)로 옮겼다. 기주冀州에 속했다.

19 수재秀才: 한나라 때 시작된 효렴과孝廉科와 함께 실행되었던 과거의 과목. 후한 광무제 때 그의 휘諱가 '수秀'였으므로 피휘避諱(고대 제왕이 등급 제도의 존엄을 유지하기 위해 직접 군주, 부모의 이름을 부르거나 쓰는 것을 피하는 것)하기 위해 '무재茂才'라 했다.

20 『태평요술太平要術』: 『태평경太平經』을 말하며 도교의 경전이다. 『태평청령서太平淸領書』라고도 한다. 황로도黃老道의 주요 경전으로 사료에서는 170권으로 기재되어 있지만 57권

만 현존한다. 『후한서』「양해전襄楷傳」에 따르면 "당초 순제順帝 시기에 낭야국琅邪國의 궁숭宮崇이 도성으로 와서는 자신의 스승인 간길干吉이 곡양현曲陽縣 샘물에서 얻은 신서 170권을 바쳤다. 모두가 한결같이 청백색의 얇은 비단으로 되어 있었고 붉은색 테두리 선, 푸른색 표지, 붉은색 제목이 적혀 있었는데, 『태평청령서』라 했다. 책의 내용은 음양오행을 기본으로 삼았으며 동시에 많은 귀신을 부르고 악귀를 쫓거나 부적을 삼켜 병을 없애는 방술이 섞여 있었다. 유관부서에서 궁숭이 바친 책은 요망하며 상식적인 도리에 부합되지 않는다고 상주하자 이에 그것을 거두어 보관해뒀다. 후에 장각이 이 책을 손에 넣었다"고 기록하고 있다. 『삼국지연의』에서 말하는 『태평요술』은 바로 장자가 저술한 『남화경南華經』, 즉 『장자莊子』를 말한다.

21 중평中平: 영제 유굉의 네 번째 연호로 184~189년에 사용되었다.

22 부수符水: 도교 용어로 부적을 그을리거나 부적을 태운 물을 마시면 병을 치료할 수 있다고 한다.

23 『후한서』「황보숭전皇甫嵩傳」 이현李賢 주석에 따르면 "대현낭사大賢郎師"라고도 했다.

24 대방大方, 소방小方: 황건 봉기군의 군 편제 명칭.(『후한서』「황보숭전」)

25 거수渠帥: 대두목大頭目을 말한다. 거渠는 대大의 의미다. 거수라 부르는 것은 대부분 폄하하는 의미다.

26 장군將軍: 춘추시대 때 진나라가 경卿을 군장으로 삼았기 때문에 장군의 칭호가 있었다. 전국시대 때 무관의 관직 명칭으로 시작되었다. 한나라 시기에는 대장군, 표기장군驃騎將軍, 거기장군車騎將軍, 위장군衛將軍, 전, 후, 좌, 우장군 등이 있었다. 임시로 출정하는 통수권자에게 별도로 칭호를 부여하기도 했는데 누선장군樓船將軍, 재관장군材官將軍, 도료장군度遼將軍 등이 있다.

27 창천蒼天: 한나라 왕조를 가리킨다. 한대의 관원과 군대의 의복으로 푸른색을 주로 사용했다.

28 황천黃天: 장각의 자칭. 황건黃巾 봉기군을 가리킨다.

29 『후한서』「황보숭전」에 따르면 "백토로 도성 각 관서의 문과 주군州郡의 관부官府 안에 모두 갑자라는 두 글자를 썼다"고 기록하고 있다.

30 성중省中: 황궁 안의 공경 대신들이 사무를 처리하는 장소로, 황제가 기거하는 곳을 금중禁中이라 했다. 성중과 금중을 구분 짓지 않았는데, 효원황후孝元皇后(왕정군王政君으로 원제元帝 유석劉奭의 황후이고 성제成帝 유오劉驁의 생모다)의 부친인 왕금王禁의 이름을 피하기 위해 성중省中으로 변경했다. 채옹의 『독단獨斷』에서도 "천자가 기거하는 곳을 금중이라 하고 나중에 성중이라 했다"고 했다. 그러나 다시 성중과 금중을 구분하기 시작했는데, 이선李善의 『문선주文選注』에 조조의 『위무집魏武集』을 인용하면서 "한나라 제도에 왕이 기거하는 곳을 금중이라 하고, 여러 공이 기거하는 곳을 성중이라 한다"고 했다. 곧 금중은 황제의 생활 구역이며, 성중은 궁궐 내의 대신들이 사무를 처리하는 곳이었다. 이 이후에 다시 두 명칭을 합쳐 금성禁省이라 했는데 이는 황궁을 말한다.

31 대장군大將軍: 장군 중의 최고 칭호로 전국시대에 설치되기 시작했고 대부분 귀족이 담당했다. 대장군 앞에 다른 명호를 붙여 직무 범위와 신분 지위를 표시했는데 예를 들면 표기대장군驃騎大將軍 등과 같다.

32 중랑장中郞將: 진나라 때 중랑이 설치되었고 전한 때 오관五官, 좌우 관서로 나뉘었으며 각
    기 중랑장을 설치하여 황제의 시위侍衛(호위병)를 통솔했다. 광록훈光祿勳에 속했으며 지위
    는 장군 다음이었다. 후한 시기에는 동서남북 사중랑장四中郞將으로 증설하여 사방을 정벌
    했으며 장군과 유사했다.

33 유주幽州: 11개 군, 국과 90개의 현, 읍, 후국을 관할했다. 후한 때 치소가 계현薊縣(지금의 베
    이징 서남쪽)이었다. 지금의 베이징, 허베이성 북부, 랴오닝성 남부 및 한국 서북부 지역이다.

34 오류. 주州 장관은 자사刺史 혹은 목牧이라 하며, 군郡 장관을 태수太守라고 한다. 자사는
    무제 원봉元封 5년(기원전 106) '자사십삼부刺史十三部(주州)'를 설치했는데, 도성京師 부근
    7군郡을 제외한 13개 구역으로 나누어 자사를 설치하여 군국郡國을 감독했고 관직이 군
    수郡守보다 낮았다. 성제成帝 수화綏和 원년(기원전 8)에 주목州牧으로 변경했다가 후한 광
    무제 건무建武 18년(42)에 다시 자사가 되었다. 영제 때 자사를 없애고 주목을 설치했는데
    지위가 군수의 위였다. 이때부터 단순한 감찰관에서 지방 군사와 정치 대권을 총괄하는 군
    정장관이 되었다. 태수는 전한 경제景帝 때 군수를 태수로 변경, 설치했다. 군의 최고 행정
    장관으로 민정, 사법, 군사, 재무 등을 관장했다. 또한 『삼국지』「촉서蜀書·유언전劉焉傳」의
    기록에 따르면 유언은 기주冀州자사, 남양南陽태수는 역임했으나 유주에서는 관직에 있었
    던 적이 없었다. 『후한서』「효령제기」와 『자치통감』 권58 「한기 50」의 기록에 따르면 이 당
    시 유주자사는 곽훈郭勳이었다. 여기에서는 유주태수 유언이 아니라 유주자사(혹은 목) 유
    언이라 해야 맞다.

35 강하江夏 경릉竟陵: 강하는 군 명칭으로 전한 고제高帝 6년(기원전 201)에 설치되었다. 형주
    에 속했으며 치소는 서릉西陵(후베이성 우한戉漢 신저우구新洲區 서쪽)이었다. 삼국 시기 위
    魏와 오吳가 각기 강하군을 설치했는데, 위의 강하군은 처음에 치소가 석양石陽(우한武漢
    황피구黃陂區 동쪽)이었다가 후에 상창성上昶城(후베이성 윈멍雲夢 서남쪽)으로 옮겼다. 오의
    강하군은 처음에 치소가 사선沙羨(우한 장샤구江夏區 진커우가金口街)이었다. 손권이 공안公
    安에서 악鄂에 도읍을 정한 후 무창군武昌郡을 세웠고 강하군의 치소를 무창(어저우鄂州)
    이라 했다. 경릉은 현 명칭으로 전국시대 초나라의 읍이었고 진나라 때 현을 설치했다. 후
    한 때는 후국侯國이 되었다. 형주 강하군에 속했으며 치소는 후베이성 첸장潛江 서북쪽이
    었다.

36 노공왕魯恭王: 유여劉餘를 말한다. 전한 경제의 아들로 처음에는 회양왕淮陽王으로 봉해졌
    다가 나중에 노왕魯王으로 변경되었다. 시호諡號는 '공恭'이다.

37 교위校尉: 중국 역사상 중요한 무관 관직으로 '교校'는 군사 편제 단위이고 '위尉'는 군관을
    말한다. 교위는 부대장部隊長의 의미다. 전국 시기 말년에 이미 이런 관직이 있었고 진대에
    는 중급 군관이었다. 한나라 전성기에 이르러서는 그 지위가 각 장군의 다음이었다. 한 무
    제 때 장안성의 방어를 강화하기 위해 중루中壘, 둔기屯騎, 보병步兵, 월기越騎, 장수長水,
    호기胡騎, 사성射聲, 호분虎賁의 팔교위八校尉를 설치했다.

38 탁현涿縣: 현 명칭으로 진나라 때 설치되었다. 유주 탁군涿郡의 치소였고 허베이성 줘저우
    涿州다.

39 중산정왕中山靖王 유승劉勝: 전한 경제의 아들로 중산왕中山王으로 봉해졌고, 방탕하고 사
    치가 심해 자식이 120여 명이나 되었다. 시호는 '정靖'이고 유비의 13대 선조다.

40 각하閣下: 고대에는 존귀하고 명성이 혁혁한 사람에 대한 경칭으로 많이 사용했으나 나중에는 상대방에 대한 경칭으로 범용되었다.

41 오류.『삼국지』「촉서·선주전」에는 "원수元狩 6년(기원전 117), 탁현 육성정후陸城亭侯로 봉해졌다"고 기록되어 있다.

42 주금酎金은 한나라 황제가 종묘에 제사 지낼 때 제후들이 금을 헌납해야 하는 규정으로 한 문제가 번왕藩王의 봉지封地와 제후 작위의 박탈을 계획한 것이다. 이때 취한 조치가 바로 조묘祖廟(유방의 묘) 제사에 참가하는 제후들이 금을 바치고 제사 때 사용하는 순주醇酒를 마시는 것이었는데, 각기 봉읍封邑 인구수에 따라 황금을 바쳐 성심을 표시했다. 만약 황금의 분량이 적거나 순도가 떨어지면 예법을 위반했다고 하여 제후의 작위를 박탈했다. 이러한 조치는 이후의 황제들이 답습했다.

43 효렴孝廉: 효는 효자를 가리키고 렴은 청렴한 인사를 말한다. 효렴은 한대의 관리 선발 과목 중 하나로 한 무제 원광元光 원년(기원전 134) 군국郡國에 효孝와 염廉 한 명씩 추천했다. 후에 합쳐서 효렴이라 했다. 효렴의 선발은 각 군국에 소속된 관리와 백성 중에서 천거했는데, 20만 명이 효렴 한 명을 천거했다. 명목상으로는 봉건 윤리를 표준으로 삼았지만 실제로는 권문세족에 의해 조종되었고 그들은 서로 치켜세우고 기만하여 진정한 효렴의 인사는 도리어 선발되지 못했다. 효렴은 종종 낭에 임명되기도 했다.

44 거개車蓋: 고대 수레 위에 비를 막고 해를 가리는 덮개로 형상이 우산과 같고 자루가 있다.

45 오류.『삼국지』「촉서·선주전」의 기록을 통해 추산해보면 유비는 161년에 태어나 223년에 죽었다. 이때는 184년이므로 유비의 나이는 24세였다.

46 오류. 소설에서는 장비의 자를 익덕翼德으로 서술하고 있지만,『삼국지』「촉서·장비전」에 따르면 익덕翼德의 '익翼'이 아니라 '익益'으로 기록되어 있다. 남송南宋 사람 장예張預의『십칠사백장전十七史百將傳』5권에서 "장비張飛라는 자가 익덕翼德으로 탁군涿郡 사람"이라고 하여 장익덕張翼德으로 서술했는데 이를 나관중이 차용한 듯하다. 익翼 자는 당연히 익益 자보다 생동감 있고 마치 호랑이에 날개翼를 단 듯한 의미를 가진다.

47 장전莊田: 봉건 사회에서 황실, 귀족, 지주, 관료, 사원 등이 점유하고 경영하는 넓은 토지.

48 오류.『삼국지』「촉서·관우전」에는 '하동河東 해현解縣 사람'으로 기록되어 있다. 해량解良은 해량解梁을 말하며 금대金代의 지명이다. 하동은 군 명칭으로 사례주司隸州에 속했다. 치소는 안읍安邑(산시山西성 사현夏縣 서북쪽)이었다. 해현은 춘추 시기 진晉나라의 해량성解梁城이었고 한나라 때 해현을 설치했다. 치소는 산시山西성 린이臨猗 서남쪽이었다.

49 오우烏牛(검은 소), 백마는 옛사람들에게 매우 존숭을 받는 것으로 천지에 제사 지낼 때 사용했으며 맹약을 체결하고 맹세를 할 때 성스럽고 위엄이 있음을 표시했다.

50 중산中山: 군, 국 명칭. 본래는 주나라의 제후국 명칭이었으나 전국시대 때 중산국中山國이 되었다. 한고조 때 군을 설치했다가 경제 3년(기원전 154)에 제후국을 설치했다. 한나라의 왕국은 군에 맞먹었다. 기주에 속했으며 치소는 노노盧奴(허베이성 딩저우)였다.

51 후한 시기의 무게 단위는 아래와 같다.

1수銖	1냥兩 = 24수	1근斤 = 16냥	1균鈞 = 30근	1석石 = 4균
0.57그램	13.8그램	220그램	6600그램	2만6400그램

52 창은 장비의 장팔점강모이고, 칼은 관우의 청룡언월도를 가리킨다.
53 청주靑州: 한 무제가 설치한 '13개 자사부' 중 하나로 6개의 군, 국과 65개의 현을 관할했다. 후한 때 치소는 임치臨淄(산둥성 쯔보淄博 린쯔구臨淄區 북쪽)였다. 산둥성 더저우德州, 핑안平安, 가오탕高唐 동쪽, 허베이성 우차오吳橋와 산둥성 마자강馬頰河 이남, 지난濟南, 린추臨朐, 안추安丘, 지모卽墨, 라이양萊陽 이북 지구에 해당된다.
54 오류. 주州 장관은 태수가 아니라 자사 혹은 목이다. 청주자사로 해야 맞다.
55 리里 단위: 주, 진, 한 시기에 1리는 415.8미터였다.
56 하채下寨: 하는 설치하다, 세우다의 의미이고, 채는 방어용 울타리(혹은 군영)를 말한다. 하채는 군영(병영)을 설치하고 주둔한다는 의미다. 역자는 이하 '군영을 설치하고 주둔하다' 혹은 '군영을 설치하다'로 번역했음을 밝히며, 또한 소설에서는 '영營'과 '채寨'가 개별적으로 혹은 글자가 합쳐져 '영채'라는 표현이 상당히 많이 등장하는데, '영채'라는 표현이 독자들에게 익숙하지 않을 듯하여 일괄적으로 '군영'으로 번역했음을 밝혀둔다.
57 오류. 청주는 주州의 명칭이지 구체적인 성城의 이름이 아니다. 주의 치소인 임치臨淄성(산둥성 쯔보淄博 린쯔구臨淄區 북쪽)을 말한다.
58 두 호랑이(이호二虎)는 관우와 장비를 가리키며, 한 마리 용(일용一龍)은 유비를 가리킨다.
59 광종廣宗: 전한 시기에 후국侯國을 설치했고 후한 때 현이 되었다. 기주 거록군에 속했으며 치소는 허베이성 웨이현威縣 동쪽이었다.
60 영천潁川: 군 명칭으로 진나라 때 설치되었다. 예주에 속했으며 치소는 양적陽翟(허난성 위저우禹州)이었다.
61 장사長社: 현 명칭. 전국시대 때 위읍魏邑이었다가 후에 진에 속했으며 현을 설치했다. 예주 영천군潁川郡에 속했으며 치소는 허난성 창거長葛 동북쪽이었다.
62 기도위騎都尉: 한 무제 때 설치되었고 광록훈의 속관이다. 황궁의 금위군禁衛軍 중의 우림기사羽林騎士를 통솔했다. 후한 시기에는 10명이 있었다.
63 패沛: 군, 국 명칭으로 진나라 때 사수군泗水郡을 설치했고 한고조 때 패군으로 변경했으며 후한 때 패군을 패국으로 변경했다. 예주에 속했으며 옛 치소는 상현相縣(안후이성 수계濉溪 서북쪽)이었다.
64 오류. 패국은 왕국으로 군과 동등한 행정 규모로 아래로 현을 관할하므로 '패국 초군'이 아니라 '패국 초현譙縣(안후이성 보저우亳州)'으로 해야 한다. 『삼국지』「위서·무제기」에도 초현으로 기록되어 있다.
65 중상시中常侍: 황제 주변의 시종으로 진나라 때 설치되었다. 황제의 명령을 전달하거나 문서를 관리하고 자문과 응대 역할을 했다. 후한 시기에는 환관이 전담했다.
66 교현橋玄: 자는 공조公祖, 수양睢陽(허난성 상추商丘 남쪽) 사람으로, 태위를 역임했다.
67 남양南陽: 군 명칭으로 전국시대 때 설치되었다. 형주에 속했으며 치소는 완현宛縣(허난성 난양南陽)이었다. 허난성 숭얼산熊耳山 남쪽과 후베이성 다훙산大湖山 북쪽 지구를 관할했다. 후한 시기에 광무제 유수가 남양에서 군사를 일으켰기 때문에 남양을 '제향帝鄕'이라 불렀다.
68 한실漢室: 한은 대한조大漢朝로 유방이 창립한 한조漢朝, 실室은 천하의 의미다. 즉 한실은 대한천하大漢天下다.

69 여남汝南: 군 명칭으로 전한 고제 4년(기원전 203)에 설치되었고 예주에 속했으며 치소는
상채上蔡(허난성 상차이上蔡 서남쪽)였으나 후한 때 평위平興(허난성 핑위平興 북쪽)로 옮
겼다.

70 낭郎: 관직 명칭. 일반적으로 궁궐의 시종직으로 한나라 때는 의랑議郎, 중랑中郎, 시랑侍郎,
낭중郎中 등 관직을 통틀어 낭이라 했다. 흔히 처음 관직에 임용되면 낭이 되는데 기타 중
요 관직으로 옮겨가는 출발점이었다.

71 낙양洛陽 북부위北部尉: 후한 시기에 현령 아래에 위尉를 설치했는데, 작은 현에는 한 명,
큰 현에는 두 명을 두고 치안을 유지하고 도적을 잡는 일을 관장했다. 낙양은 큰 현이었으
므로 두 명의 위를 두고 남부와 북부를 나누어 관리했다. 원서의 오류로 『삼국연의』 원문
에는 '북도위北都尉'로 기록되어 있지만, 『삼국지』 「위서·무제기」에는 '북부위'로 기록되어
있어 『삼국지』에 근거하여 '북부위'로 변경했다.

72 돈구頓丘: 현 명칭으로 연주兗州 동군東郡에 속했으며 치소는 허난성 칭펑清豐 서남쪽이었
다. 현령은 현의 행정 장관으로 1만 호 이상의 현을 관할할 때는 현령이라 했고, 1만 호 이
하는 현장縣長이라 했다.

73 마보군馬步軍: 고대의 군대 통칭으로 기병인 마군과 보병인 보군을 합쳐서 마보군이라 칭했
다.

74 함거檻車: 대나무, 나무 쇠막대 등으로 만든 울타리로 폐쇄한 수레. 죄인을 가두거나 맹수
를 싣는 데 사용했다. 『후한서』 이현李賢 주석에 따르면 "함거는 판자로 사면을 울타리로
만든 것으로 보이지 않는다"고 했다.

75 황문黃門: 원래는 궁정의 금문禁門을 말하는 것인데, 후에 환관과 태감太監의 대칭이 되었
다. 황제의 시종을 책임지고 문서를 전달하거나 궁 내외를 연계하거나 배례拜禮 등의 궁정
사무를 담당했다. 후한 때 황문의 명칭으로 된 관직은 황문시랑黃門侍郎, 소황문小黃門, 황
문령黃門令, 황문서장黃門署長, 중황문中黃門이 있었다.

76 원서에는 '시廝'로 나와 있다. 고대에 허드렛일에 종사하는 남자 노예를 '시'라 했다. 일종의
모욕적인 칭호로 욕하는 말이다. 역자는 '시'를 '놈'이라 표현했다. 이하 동일.

제2회 독우를 매질한 장비

1 농서隴西 임조臨洮: 농서는 군 명칭으로 진나라 때 설치되었다. 농산隴山 서쪽에 있어 농서
라는 지명을 얻었다. 양주涼州에 속했으며 치소는 적도狄道(지금의 간쑤성 린타오臨洮 남쪽)
였다. 임조는 현 명칭으로 진나라 때 설치되었다. 치소는 간쑤성 민현岷縣이었다.

2 하동河東: 군 명칭으로 사례주司隸州에 속했으며 진나라 때 설치되었다. 치소는 안읍安邑
(산시山西성 샤현夏縣 서북쪽)이었다.

3 곡양曲陽: 『후한서』 「군국지郡國志」에 따르면 "하곡양下曲陽"이라 했다. 여기서의 곡양은 하
곡양을 말하며 전국시대 때 연나라의 땅이었다. 전한 때 현을 설치했고 기주 거록군에 속
했으며 진저우晉州 서북쪽이었다. 또한 기주 중산국에 속한 상곡양上曲陽이 있는데 지금의
허베이성 취양曲陽이다.

4   양성陽城: 옛 양성읍陽城邑이었고 전한 시기에 현을 설치했다. 예주 영천군潁川郡에 속했으
     며 지금의 허난성 덩펑登封 동남쪽이다.

5   육시효수戮屍梟首: 고대의 혹형 중 하나로 죽은 자의 생전 행위를 징벌하는 것으로 무덤을
     파헤쳐 관을 열고 시체를 효수하며 치욕을 주고 사람들에게 보이는 것이다. 육시는 바른 형
     벌이 아니라 일종의 분풀이다. 효수는 사람의 머리를 잘라 높은 막대에 걸어 사람들에게
     보이는 것이다.

6   도성京師:『공양전公羊傳』「환공桓公 9년」에 따르면 "도성은 천자가 거주하는 곳"이라 했다.
     위魏, 진晉 시기에는 사마사司馬師를 피휘하기 위해 경도京都로 변경했다. 역자는 알기 쉽
     게 경사를 '도성'으로 표현했음을 밝혀둔다. 이하 동일.

7   오류.『후한서』「황보숭전」의 기록에 따르면 '거기장군車騎將軍'이 아닌 '좌거기장군左車騎將
     軍' '기주목牧'으로 임명하고 괴리후槐裏侯로 봉했다고 했다. 거기장군은 한나라 장군의 명
     호로 고조 초기에 실시되었다. 대장군과 표기장군 다음 직책이었고 위장군과 전후좌우 장
     군의 위에 있었으며 상경上卿 다음이었다. 원정을 나가 토벌하는 일을 관장했다. 후한 말년
     에 상설 장군의 관직 명칭이었고 당나라 이후에 폐지되었다.

8   기주冀州: 한 무제가 설치한 13개 자사부 중 하나로 9개 군, 국과 100개의 현, 읍, 후국을 관
     할했다. 후한 때 치소가 고읍高邑(지금의 허베이성 바이샹柏鄉 북쪽)이었으나 말기에 업현鄴
     縣(지금의 허베이성 린장臨漳 서남쪽)으로 옮겼다. 지금의 허베이성 중남부, 산둥성 서쪽 및
     허난성 북단 지역에 해당된다.

9   목牧: 주 장관을 자사 혹은 목이라 했다. 직급은 군수의 위였으며 한 주州의 군사와 정치권
     력을 장악했다.

10   원문에 '표주表奏'라고 표기되어 있는데, 표表(혹은 표문表文)는 황제에게 올리는 주장奏章
     (신하가 제왕에게 진언하는 문서)을 말한다. 표주는 표를 올려 황제에게 상황을 진술하거나
     보고하는 것이다. 또한 '표表' '표문表文' '상표上表' '상표주上表奏' 등의 표현도 자주 등장하
     는데, 이를 일일이 구분하지 않고 간단하게 '표' 혹은 '표문'으로 표현했음을 밝혀둔다.

11   제남상濟南相: 제남국의 상相을 말한다. 제남은 왕국 명칭이고 상은 군의 태수와 동등한 지
     위를 말한다. 제남은 군, 국 명칭으로 전한 초기에 박릉군博陵郡을 변경해 군을 설치했고
     치소는 동평릉東平陵(산둥성 지난濟南 장추章丘구 서쪽)이었다. 나중에 제남국이 되었다가
     군을 되찾았으나 후한 때 다시 제남국이 되었다. 청주에 속했다.

12   수급首級: 급級은 고대에 잘라낸 사람의 머리에 사용되었다. 진나라 법에 따르면 전쟁 중에
     적의 머리 하나를 벨 때마다 1급級(등급)의 작위를 하사했으므로 수급首級이라 했다.

13   헌첩獻捷: 승전 후에 획득한 포로와 전리품을 바치는 것을 말한다.

14   오류.『후한서』「주준전」에는 손중이 아닌 '손하孫夏'로 기록되어 있으며, "원성에 주둔한 손
     하를 주준이 급히 공격하자 손하는 달아났고 서악정산西鄂精山(서악은 현 명칭으로 남양군
     南陽郡에 속했으며 치소는 난양南陽 북쪽, 정산은 난양)까지 쫓아가 주준이 그를 격파했다"고
     기록되어 있다.

15   완성宛城: 원현의 현성을 말한다. 형주 남양군(허난성 난양) 군치郡治였다. 역자는 이하 '완
     현'이 아닌 '원현', '완성'으로 표기했음을 밝혀둔다.

16   철기鐵騎: 철갑을 두른 전마 혹은 정예 기병을 말한다.

17 출전은 『맹자』「공손추公孫丑 하」로, 시간은 같지 않으며 상황이 변했음을 의미한다. 그때의 일은 그때고, 지금의 일은 지금이므로 그때와 지금은 다르다는 뜻이다.

18 『후한서』「주준전」과 『자치통감』 권58 「한기 50」에 따르면 이 말은 유비가 한 말이 아니라 주준이 사마司馬 장초張超에게 한 말이다. 주준은 처음에 공격하다가 함락시킬 수 없음을 알고 성의 포위를 풀어 한충이 성 밖으로 나오게 만든 것이었다.

19 오군吳郡 부춘富春: 오군은 후한 순제順帝 영건永建 4년(129) 회계군會稽郡을 나누어 설치했다. 양주에 속했으며 치소는 오현吳縣(장쑤성 쑤저우)이었다. 부춘은 전한 때 현을 설치했고 저장성 항저우杭州 푸양富陽구를 말한다.

20 손무자孫武子: 손무孫武로 자가 장경長卿이다. 춘추 시기의 저명한 군사가, 정치가로 높여서 '손자孫子'라 칭한다.

21 전당錢塘: 현 명칭으로 진나라 때 설치되었다. 치소는 저장성 항저우 서쪽이었다.

22 오류. 『삼국지』「오서·손견전」에 따르면 '부소서가위府召署假尉'로 기록하여 "부군府君(군 태수)이 그를 불러 군 도위都尉를 대리하게 했다"고 했다.

23 회계會稽: 군 명칭으로 양주에 속했다. 진나라 때 설치되었으며 치소는 오현(장쑤성 쑤저우 蘇州)이었다. 후한 순제 영건 4년(129)에 저장성 서쪽을 나누어 오군을 설치했고 회계군의 치소를 산음山陰(저장성 사오싱紹興)으로 옮겼다.

24 요적妖賊: 요사스러운 말로 대중을 현혹하여 반란을 일으킨 사람을 가리킨다.

25 허창許昌: 그의 부친인 허생許生이 '월왕越王'이라 자칭했다.(『후한서』「효령제기」)

26 오류. 소설에서는 '견여군사마堅與郡司馬' 즉 '손견이 군사마와 함께'지만 『삼국지』「오서·손견전」에는 '與' 대신 '以'를 사용하여 '견이군사마堅以郡司馬' 즉 '손견이 군사마의 신분으로서'로 기록되어 있다. 아마도 소설에서 '與(yu)'와 '以(yi)'의 음이 비슷해 잘못 사용한 듯하다. 군사마는 군 태수의 속관이다. 군에는 본래 '사마'라는 직책이 없는데, 한나라 말엽 농민군의 진압과 전쟁에 의해 군 태수가 임시로 이러한 군직을 설치했고, 손견도 이 직책을 담당했던 것이다.

27 자사刺史: 관직 명칭. 무제 원봉元封 5년(기원전 106) 부部(주州) 자사를 설치하여 군국을 감독했는데 관직이 군수보다 낮았다. 성제成帝 수화綏和 원년(기원전 8)에 주목州牧으로 변경했다. 후한 광무제 건무 18년(42)에 다시 자사가 되었다. 영제 때 자사를 없애고 주목을 설치했는데 지위가 군수의 위였다. 이때부터 단순한 감찰관에서 지방 군사와 정치 대권을 총괄하는 군정 장관이 되었다.

28 염독승鹽瀆丞: 염독현鹽瀆縣의 현승縣丞. 염독은 현 명칭으로 전한 때 설치되었다. 서주徐州 광릉군廣陵郡에 속했으며 지금의 장쑤성 옌청鹽城이다. 승丞은 관직 명칭으로 대부분 보좌관의 칭호다. 한나라의 어사중승御史中丞은 어사대부御史大夫의 보좌였고 구경九卿의 보좌관도 승이라 했다. 소속된 관서 또한 승을 영令의 보좌로 삼았고 지방 정부의 현령에도 승이 있었는데 바로 현승이다.

29 우이승盱眙丞: 우이현의 현승. 우이는 현 명칭으로 진나라 때 설치되었다. 서주 하비국下邳國에 속했으며 지금의 장쑤성 쉬이盱眙 동북쪽이다. 하비승은 하비현의 현승이다. 하비는 현 명칭으로 같은 시기에 설치되었다. 서주 하비국에 속했으며 치소는 쑤이닝睢寧 서북쪽이다. 후한 때 하비국 치소였다.

30 회淮, 사泗: 회수(화이허淮河강)와 사수(쓰허泗河강) 유역을 가리키며 이곳은 하비국 관할이
   었다. 회수는 허난성 퉁바이산桐柏山에서 발원하여 안후이성, 저장성을 경유하여 훙쩌호洪
   澤湖에 유입된다. 사수는 산둥성 쓰수이泗水에서 발원하여 산둥성 중부, 장쑤성 북부를 거
   쳐 훙쩌호 가장자리에 이르러 회수에 유입되는데 회수 하류의 가장 큰 지류다.
31 오류.『후한서』「주준전」의 기록에 따르면 이때 주준은 거기장군 하남윤河南尹이 아닌 '우
   거기 장군右車騎將軍'을 제수받았다. 후한 시기에 수도 낙양洛陽 부근의 21개 현을 합쳐 하
   나의 행정 구역으로 했는데, 하남윤이라 불렀다. 본래는 진秦 시기에 삼천군三川郡이었으나
   전한 고조 2년(기원전 205)에 명칭이 하남군河南郡으로 변경되었다. 광무제가 낙양에 도읍
   을 정하고 건무 15년(39)에 한남윤으로 명칭을 변경했다. 치소는 낙양현雒陽縣(뤄양洛陽 동
   북쪽)이었고, 그 장관長官 또한 하남윤이라 칭했다. 윤은 다스리는 것으로 이 또한 관직 명
   칭이다. 상商, 서주西周 시기에 보필하는 관직이었으며 춘추 시기에 초나라 장관을 대부분
   윤尹이라 칭했다. 한대에는 경성의 행정 장관을 윤이라 칭하기 시작했고 경조윤京兆尹, 하
   남윤河南尹이 있었다.
32 오류.『삼국지』「오서·손견전」에 따르면 '별군사마'가 아니라 '별부사마別部司馬'로 임명된
   것으로 기록되어 있다. 별부사마는 대장군 속관으로 군사마軍司馬가 있었고 그중에 별도
   로 군영을 통솔하는 속관을 별부사마라 했다. 또한 주준이 이때 유비의 공적을 조정에 알
   렸다는 기록은 없다.
33 오류.『후한서』「효령제기」에는 낭중이 아닌 '시중侍中'으로 기록되어 있으며, 장균이 황제에
   게 환관의 죄상을 아뢰었다가 하옥되어 죽음에 처해졌다고 기록하고 있다. 낭중은 본래 관
   직 명칭으로 제왕의 시종관의 통칭이었다. 전국시대 때 시작되었고 진, 한 시기에도 설치되
   었다. 궁궐 문, 전차와 전마 등의 일을 관장했다. 안으로는 호위를 담당했고 밖으로는 작전
   에 종사했다. 장관은 낭중령郎中令이었다.
34 남교南郊: 도성 남쪽 지구를 가리키며 고대 천자가 도성 남쪽 교외에 환구圜丘(황제가 하늘
   에 제사 지내는 의식을 거행하던 곳)를 축조하여 하늘에 제사를 지내는 대례大禮를 가리키
   기도 한다. 교郊는『이아爾雅』「석지釋地」에 따르면 "읍邑(수도) 밖을 교郊라 하고, 교 밖을
   목牧이라 하고, 목 밖을 야野라 하며, 야 밖을 임林이라 하고, 임 밖을 동坰이라 한다"고 했
   다. 주나라는 국도國都(수도)에서 100리 혹은 50리, 30리, 10리 떨어진 곳을 교郊라 했는데
   나라의 크기에 근거하여 결정했다. 곽박郭璞은 "가령 100리의 국가라면 50리의 경계인데
   경계는 각 10리다"라고 했다. 역자는 편하게 '남교南郊'를 '남쪽 교외', '교郊'를 '교외'로 번역
   했음을 밝혀둔다. 이하 동일.
35 오류. 정주定州 중산부中山府 안희현安喜縣은 잘못된 지명이다. 후한 삼국시대에 이런 지명
   은 없었다.『후한서』「군국지」에 따르면 안희가 아닌 '안희安憙(허베이성 딩저우定州 동남쪽)'
   로 기록되어 있고 기주 중산국 속현屬縣이었다. 서진西晉 때 안희安喜로 개명되었는데『삼
   국지』「촉서·선주전」에는 '안희安喜'로 기록되어 있다. 북위北魏 때 정주定州가 되었다가 송
   대에 정주가 중산부中山府로 되었고, 다시 명나라 초기에 정주定州으로 개칭되었으므로 소
   설『삼국지연의』에서 이렇게 섞어 부른 것이다. '기주冀州 중산국中山國 안희현安憙縣'으로
   고쳐야 한다.
36 장리長吏: 지위가 비교적 높은 현급縣級 관리를 장리라 했고, 또 지위가 비교적 높은 관원

을 가리키기도 한다. 한 시기에는 질육백석秩六百石 이상의 관리를 장리라 했고, 『한서』 「백관공경표百官公卿表」에 따르면 "질사백석秩四百石에서 이백석二百石까지 장리長吏라 했다"고 한다. 한 시기의 봉록은 관료의 등급을 '석石'으로 표시하고 '질秩(화禾는 오곡五谷, 봉록俸祿을 가리키고, 실失의 의미는 '활동 상태의 순서 배열'이란 의미로 관원 봉록의 활동에 따른 순서를 나타낸다)'이라 불렀는데 이는 관직에 대응하는 것이다. 최고의 질秩은 2000석(그 이상의 삼공, 대장군과 어사대부는 질 명칭이 없다)이고, 2000석 다음에 다시 중中, 진眞, 비比, 공共을 더해 4등급이 된다.

37 독우督郵: 독우서연督郵書掾, 독우조연督郵曹掾의 간칭이다. 군 태수의 속관으로 군에 속한 현을 감찰하고 관리의 근무 성적을 심사하는 일을 담당했으며 송사訟事와 도망간 자를 체포하는 일 등도 겸했다. 한 군에는 약간의 부部를 설치했는데, 부마다 독우를 두었다. 『후한서』 이현 주석 『속한지』에 따르면 "군은 현을 감독하는데 오부五部가 있었고 각 부에는 독우연督郵掾이 있어 각 현을 조사했다"고 했다.

38 곽郭: 성 밖에 추가로 둘러싸며 축조한 성벽으로, 외성外城이다. 내성內城은 성城이라 부른다. 성곽城郭이라 하는 것은 내성과 외성을 말한다.

39 현위縣尉: 관직 명칭으로 현령 혹은 현장의 아래로 치안과 도적 잡는 일을 담당했다. 일반적으로 큰 현에는 두 명, 작은 현에는 한 명을 두었다.

40 인수印綬: 인신印信(도장)과 인신을 묶는 명주 끈으로 몸에 달고 있었다.

41 오류. 정주가 아니라 중산국中山國으로 고쳐야 하며 국의 장관은 상相이므로 '정주태수'를 '중산상中山相'으로 고쳐야 한다.

42 오류. 대주代州는 잘못된 지명이다. 대주는 수나라 때 설치된 행정 구역으로 후한 삼국시대에 이런 지명은 없었고 대군代郡이라는 지명은 있었다.

43 유회劉恢: 후한 시기에 대군은 있었으나 대주는 없었으므로 유회는 소설 속 허구 인물이다.

44 오류. 『후한서』 「효령제기」에 따르면 '조충 등이'가 아닌 "조충을 거기장군으로 임명했다"고 기록하고 있다.

45 장사長沙: 군, 국 명칭. 전국시대 때 진이 초를 멸하고 설치했다. 전한 초기에 장사국長沙國을 설치했고 옛 치소는 임상臨湘(후난성 창사)이었다. 후한 시기에 와서 관할 지역이 축소되어 군으로 변경됐다. 형주에 속했다.

46 어양漁陽: 군 명칭. 전국시대 때 연나라가 설치했고 진한 시기에 치소는 어양漁陽(베이징 미윈密雲구 서남쪽)이었다. 유주幽州에 속했다.

47 표장表章: 신하가 제왕에게 제출하여 의견을 진술하는 글이다.

48 간의대부諫議大夫: 관직 명칭으로 진나라 때 설치되었으며, 한나라 때는 광록훈에 속했다. 의론을 전담했다.

49 사도司徒: 서주西周 시기에 시작되었고 국가의 토지와 백성의 일을 주관했다. 전한 애제哀帝 때 승상을 대사도大司徒로 변경했다. 후한 시기에 와서 삼공 중 하나가 되었다.

50 사직社稷: 고대 제왕이 토지신土地神과 곡신穀神에게 제사를 지내던 곳으로, 나중에는 국가 정권을 가리키는 데 사용했다.

51 오류. 『삼국지』 「오서·손견전」에 따르면 '강하'가 아닌 '장사'로 기록되어 있다. 그리고 앞부분에서도 장사에서 구성이 반란을 일으켰다고 했다.

52 오정烏程: 현 명칭으로 진나라 때 설치되었다. 양주 오군(저장성 후저우湖州 남쪽)에 속했다.

53 도위都尉: 관직 명칭으로 장군보다 조금 낮은 무관이다. 진나라와 한나라 초기에 군마다 군위郡尉를 설치했는데 태수를 보좌하여 군사를 주관했다. 경제景帝 때 도위로 명칭이 변경되었다. 후한 광무제 때 폐지되거나 임시로 설치되기도 했으며 변경의 군, 속국에 종종 도위를 설치하기도 했다.

54 하밀승下密丞: 하밀의 현승. 하밀은 현 명칭으로 전한 때 설치되었다. 청주靑州 북해국北海國에 속했으며 치소는 산둥성 창이昌邑 동남쪽이었다.

55 오류. 고당위高堂尉는 고당의 현위. 고당은 잘못된 지명이다. 『삼국지』 「촉서·선주전」에 근거하면 고당高唐이다. 고당은 옛 평원읍으로 전한 때 현을 설치했다. 청주 평원군平原郡에 속했으며 산둥성 위청禹城 서남쪽이다.

56 평원平原: 현 명칭. 청주 평원군에 속했으며 치소는 산둥성 핑위안平原 서남쪽이다.

57 귀인貴人: 황제 비빈妃嬪 봉호封號 가운데 하나로 광무제 때 설치되었으며 지위는 황후皇后 다음이었다.

58 왕미인王美人: 미인은 후궁 칭호 가운데 하나로 왕미인은 미인 왕씨를 의미한다.

59 짐살鴆殺: 전설상의 독조毒鳥인 짐鴆새는 깃털에 맹독이 있어 그 깃털을 담근 술(짐주鴆酒)을 마시면 즉사한다고 했는데, 이 술을 이용하여 독살하는 것을 말한다.

60 동태후董太后: ?~189. 동씨이며 하간河間 사람이다. 한 영제의 생모로 영제가 즉위하자 존호를 효인황후孝仁皇后라 했다. 정치에 참여하여 관직을 팔아 재물을 모았으며 외척을 임용했다. 영제가 붕어한 후 하태후와 정권 다툼에 실패한 후 우울증을 앓다가 죽었다. 동태후는 중국 역사상 가장 특이한 황태후인데, 그의 남편은 황제가 아니라 일개 번왕藩王이었다.

61 사마司馬: 관직 명칭으로 속관 중에 사마로 불리는 자가 매우 많았다. 한 시기에 궁문宮門 및 대장군, 장군, 교위의 속관으로 모두 사마가 있었고 변경의 군에도 1000여 명의 사마가 설치되었는데 군사의 일을 관장했다. 사는 '관장하다'라는 의미이고 '마'는 전마, 출정의 일을 말한다.

62 충제沖帝, 질제質帝: 한나라 충제 유병劉炳(144~145)과 질제 유찬劉纘(145~146)이다.

63 전군교위典軍校尉: 서원팔교위西園八校尉 중 하나다.

64 『후한서』 「효령제기」에 따르면 "중평 6년(189) 4월, 병진丙辰일에 황제 유굉劉宏이 남궁南宮 가덕전嘉德殿에서 붕어했는데, 34세였다"고 기록하고 있다.

65 오류. 『후한서』 「원안전袁安傳」의 기록에 따르면 '사도司徒'가 아니라 '사공司空'이었다.

66 사례교위司隸校尉: 한나라부터 위진魏晉 시기까지 도성과 지방을 감독하는 감찰관이었다. 한 무제 정화征和 4년(기원전 89)에 시작되었고 성제成帝 원연元延 4년(기원전 9)에 폐지되었다가 애제哀帝 때 다시 설치되었는데 사례司隸라 불렸다. 후한 때 다시 사례교위로 불리게 되었다. 사례교위는 도성의 치안을 유지했고, 도성의 삼공을 제외한 백관의 법을 위반하는 자를 규찰했으며 사례주가 관할하는 각 군을 다스렸다. 한나라 말기에 어사중승御史中丞, 상서령尙書令과 함께 조회 때 전용석에 앉았다고 하여 '삼독좌三獨坐'라 했다.

67 어림군御林軍: 우림군羽林軍이라고도 하는데, 중국 역사상 가장 유명하고 유구한 역사를 지닌 황제의 금군禁軍이다. 황제와 황가皇家, 황성皇城을 호위하는 특수 군대로 한 무제 때

시작되었다. 한 무제 유철劉徹이 제위에 올랐을 때 모계 친척들의 압제를 받아 실권이 없게 되자 유철은 무사들을 이끌고 사냥을 하는 것으로 가장하고 실제로는 자신의 명령을 따르는 군대로 훈련했는데, 이것이 바로 우림군의 내력이다.

68 전지傳旨: 황제의 명령을 전달하다.

69 녹상서사錄尙書事: 처음에는 영상서사領尙書事라 칭했다. 전한 후기에 설치되었고 후한 삼국시대 최고의 문직文職 칭호였다. 녹은 통괄, 통솔의 의미로 녹상서사는 대권을 독점했다.

70 오류.『후한서』「효인동황후기孝仁董皇后紀」에 따르면 "중평 5년(188), 조정에서는 동황후 오빠의 아들인 위위衛尉 수후脩侯 동중을 표기장군으로 임명하고 군사 1000여 명을 통솔하게 했다"고 기록하고 있다. 영제 유굉이 붕어한 때는 중평 6년(189)으로 동중은 영제가 붕어하기 이미 1년 전에 표기장군에 임명되었다. 표기장군은 정벌을 관장했다. 한 무제 원수元狩 2년(기원전 121)에 표기장군을 설치하기 시작했고 원수 4년(기원전 119)에 무제는 법령을 정해 표기장군의 등급과 봉록을 대장군과 대등하게 했으며 황금 인장에 자주색 인끈을 하사했고 지위는 삼공三公과 같았다. 후한 이후에도 이어서 설치되었고 어떤 때는 '대大'를 붙여 '표기대장군驃騎大將軍'이라 했다.

71 번비藩妃: 제후왕(한대에 황자皇子로 왕으로 봉해진 자)의 처를 말한다.

72 하간河間: 군, 봉국封國 명칭. 전한 고제 때 군을 설치했고 문제 때 국으로 변경됐다. 치소는 낙성樂成(허베이성 셴현獻縣 동남쪽)이었으며 기주에 속했다. 동태후는 원래 하간에 거주했었다.

73 국문國門: 경사京師(도성)의 성문이다.

74 무양군舞陽君: 봉호封號, 성명 미상.

75 오류.『후한서』「효령제기」에 따르면 "효령제를 문릉文陵에 안장하고 효인孝仁황후는 하간河間 신릉愼陵에 묻었다"고 기록되어 있다. 효령은 후한 11대 황제인 영제의 사후 시호이며 문릉은 낙양 서북쪽 가두촌家頭村 부근에 있다.

76 부곡部曲: 한나라 군대 편제 명칭.『속한서』「백관지百官志」에 "대장 군영에 오부五部가 있었고 부에 교위校尉 한 명을 두었으며 부部 아래에 곡曲이 있었다"고 했다. 이 때문에 군대를 부곡이라 부른다. 위魏, 진晉 이후에는 무장 사병을 부곡이라 했다. 부곡은 군대 혹은 사병을 대표하는 것으로도 불리는데 여기에서는 하진 형제들이 통솔하는 군대를 가리킨다.

77 진鎭: 군사 거점으로 변경에 군사를 주둔하며 지키는 것을 진이라 했다. 진의 장수는 군무를 관리했는데, 민정을 겸해서 관리하기도 했다.

78 주부主簿: 후한 삼국 시기에 중앙과 주군 장관에 설치된 속관으로 문서와 장부 및 인감을 관리했다.

79 엄목이포연작掩目而捕燕雀: 새를 잡는데 새가 보고 날아갈까 두려워 자기의 눈을 가리고 잡는다는 뜻으로 자기 자신을 기만하는 것을 비유한다.

80 고하재심高下在心: 높이 하는 것도 낮게 하는 것도 모두 자신의 마음에 달려 있다. 원래의 의미는 '돌아가는 상황을 헤아려 적당한 방법을 강구하다'인데 나중에는 '흉유성죽胸有成竹' 즉, 대나무를 그리기 전에 이미 마음속에 완성된 대나무의 형상이 있다는 의미로 일을 처리하기 전에 이미 모든 준비가 되어 있음을 형용한다. 여기서는 마음 가는 대로 일을 처리한다는 뜻이다.

제3회 여포, 동탁의 품으로

1 전장군前將軍: 후한 삼국 시기에 상설한 고급 장군 명칭. 도성 방위와 변방의 경계를 책임
 졌다. 지위는 구경九卿 다음이었고 기타 임시로 설치한 잡호장군雜號將軍보다 더 높았다.

2 오류. 오향후鰲鄕侯는 소설 『삼국지연의』에서 잘못 사용한 작위 명칭이다. 『삼국지』 「위서·
 동탁전」에 따르면 "조정에서는 동탁을 전장군으로 임명하고 태향후鰲鄕侯로 봉했으며 병
 주목으로 임명했다"고 기록하고 있어 오향후는 아니었다. 태향은 사례주 우부풍右扶風 미
 현郿縣에 있었다. '태향후 병주목'으로 해야 맞다.

3 오류. 서량西涼은 지구 명칭. 후한 삼국 시기에 이 지구는 양주涼州라 불렸다. 송대 초에 양
 주涼州를 서량부西涼府라 했고 치소는 지금의 간쑤성 우웨이武威에 있었다. 동탁은 서량자
 사가 아닌 병주목이었다. 양주는 12개 군과 98개의 현縣, 도道, 후관侯官을 관할했다. 후한
 때 치소는 농현隴縣(지금의 간쑤성 장자촨家川 후이족回族 자치현自治縣)이었으며, 삼국三
 國 조위曹魏가 치소를 고장현姑臧縣(지금의 간쑤성 우웨이武威)으로 옮겼다. 지금의 간쑤성,
 닝샤 후이족 자치구와 칭하이성青海省 황수이潢水강 유역, 산시陝西성 딩볜定邊, 우치吳起,
 평현鳳縣, 뤄양略陽과 네이멍구 어지나기額濟納旗 일대에 해당된다.

4 서주西州: 진, 한, 위나라 시기에 양주涼州, 삭방朔方(일설에는 삭방을 포함시키지 않는다)을
 서주라 했는데 중원의 서쪽이라 해서 서주라는 명칭을 얻었다. 지금의 간쑤성 중부와 서북
 부 일대에 해당된다.

5 오류. 섬서陝西는 옛 지명으로 지금의 허난성 싼먼샤三門峽 산저우陝縣구 서쪽 지역이다. 섬
 서가 행정 구역이 된 것은 송대이고 후한 삼국 시기에 이런 지명은 없었다. 『삼국지』 「위서·
 동탁전」에는 섬서가 아니라 섬현陝縣으로 기록되어 있다.

6 천상天常: 하늘의 상도. 여기서는 군신 상하 존비의 도를 가리킨다. 상은 봉건 시기의 강상
 綱常(삼강오륜) 윤리를 말한다.

7 시어사侍御史: 진秦 시기에 설치되기 시작했으며 어사대부御史大夫의 속관이다. 백관의 위
 법 행위를 감찰하고 사신이 되어 지정된 임무를 집행했다.

8 민지澠池: 현 명칭. 사례주 홍농군弘農郡에 속했으며 치소는 허난성 몐츠澠池 서쪽.

9 장락궁長樂宮: 전한 고제 때 진나라 흥락궁興樂宮을 개조하여 건축했다. 미앙궁未央宮, 건
 장궁建章宮과 함께 한나라의 3대궁이다. 한나라 초기에 황제가 이곳에서 정무를 보았으나
 혜제惠帝 이후에 태후가 기거했다. 장락궁의 뜻은 '장구쾌락長久快樂'이며, 장안성 내 동남
 쪽 근처에 위치해 있다.

10 부장部將: 일반적으로 부하 장수나 군관을 가리킨다. 또한 고대에 군대 내에서 한 부서를
 통괄하는 우두머리 관원을 가리키기도 한다.

11 북궁北宮: 궁전 명칭으로 낙양의 양대 궁전 중 하나다. 궁성 북쪽에 위치해 있으므로 북 궁
 이라 불렸으며 남궁과 서로 대칭된다. 북궁은 남북으로 길이가 대략 1500미터이고, 동서
 폭은 1200미터이며 면적은 대략 1.8제곱킬로미터다. 궁 안의 주요 건축물로는 덕양전德陽
 殿, 덕양전전德陽前殿, 온명전溫明殿, 증희관增喜觀, 백호관白虎觀 등이 있다. 지금의 허난성
 뤄양 동쪽 바이마사白馬寺 일대다.

12 소제少帝에는 세 가지 뜻이 있다. 폐위된 황제, 새로 등극한 황제, 영제의 아들인 유변劉辯

모두 소제다. 유변의 재위 기간은 189년 4~9월로 역자는 첫 번째, 두 번째 뜻을 혼합하여 '새로 등극한 황제 소제'로 표현했다.

13 북망산北邙山: 망산을 말하는 것으로, 허난성 뤄양洛陽 북쪽에 위치해 있다.

14 하남중부연河南中部掾 민공閔貢: 하남중부연은 하남윤河南尹에 소속된 중부 지구 각 현의 사무를 관장하는 연사掾史의 관직이다. 민공에 대한 역사 기록은 상세하지 않다. 『후한서』 「하진전」에 따르면 "왕윤王允이 민공을 파견해 노식의 뒤를 따르게 했다"고 기록되어 있다.

15 오류. 『후한서』 「왕윤전王允傳」에 따르면 이때 왕윤은 하남윤이었고, 헌제 즉위 후에 태복太僕에 봉해지고 이듬해에 사도로 봉해진다. 『후한서』 「양진전楊震傳」에 첨부된 『양표전楊彪傳』에 따르면 양표는 이때 '위위衛尉'였고 흥평興平 원년(194)에 비로소 태위가 된다. 『후한서』 「효령제기」 주석 『산양공재기山陽公載記』에는 조융趙融을 조군좌교위助軍左校尉로 삼고 순우경을 우교위右校尉로 삼았다고 기록하고 있다. 『삼국지』 「위서·동탁전」에는 '기도위騎都尉 포신'으로 기록되어 있다. 『삼국지』 「위서·원소전」에 따르면 원소는 이때 '사례교위司隸校尉'였다.

16 『삼국지』 「위서·동탁전」 배송지 주 『헌제춘추』에 같은 내용으로 기록되어 있다.

17 폐립廢立: 제왕이 황후, 태자, 제후를 폐하거나 혹은 대신들이 군주를 폐위시키고 새로운 군주를 세우는 것을 말한다.

18 전국옥새傳國玉璽: 전국새傳國璽라고도 하며 중국 고대 황제의 신물信物이다. 진시황이 육국을 멸하고 중국을 통일한 후 화씨벽和氏璧(미옥美玉)을 얻었는데 그 옥을 다듬어 전국옥새를 만들었다. 역대 왕조 정통의 상징이 되었다.

19 태산泰山: 군 명칭으로 전한 고제 때 설치되었다. 연주에 속했으며 치소는 박현博縣(산둥성 타이안泰安 동남쪽)이었으나 원봉 이후에 치소를 봉고奉高(산둥성 타이안 동쪽)로 옮겼다.

20 온명원溫明園: 경극 제목으로 「참정원斬丁原」이라고도 한다. 천극川劇(쓰촨四川 지방의 전통극)에도 이런 제목이 있다.

21 공경公卿: 삼공구경三公九卿의 줄임말이며, 넓게는 일반적으로 고관을 가리킨다.

22 오류. 『삼국지』 「위서·여포전」에 따르면 정원은 '형주자사'가 아닌 '병주자사'를 하다가 낙양에 온 이후로는 '집금오執金吾'로 임명되었다. 형주荊州는 한 시기에 설치된 13개 자사부 중 하나로 7개 군郡과 117개의 현縣, 읍邑, 후국侯國을 관할했다. 후한 때의 치소는 한수漢壽(지금의 후난성 창더常德 동북쪽)였고 후한 말에 양양현襄陽縣(지금의 후베이성 샹양襄陽)으로 옮겼다. 지금의 후베이성, 후난성의 대부분 지역과 허난성, 구이저우성貴州省, 광둥성廣東省, 광시성廣西省 등의 일부분에 해당된다.

23 태갑太甲: 상나라의 국왕으로 탕湯의 적장손嫡長孫이다. 즉위 후에 법도를 파괴하고 국정에 신경 쓰지 않다가 이윤伊尹에 의해 동궁桐宮으로 쫓겨났으나 3년 후 개과천선하자 복위復位되었다.

24 동궁桐宮: 허베이성 린장臨漳에 있으며, 탕왕의 장지葬地라 전해진다.

25 창읍왕昌邑王: 한 무제의 손자 유하劉賀를 말하며, 소제昭帝의 조카로 소제 사후에 자식이 없었기 때문에 곽광霍光 등의 대신들이 그를 황제에 앉혔다. 그러나 그는 황음무도하여 즉위한 지 27일 만에 폐위되었다.

26 오류. 동탁은 병주목으로 병주는 '군郡'이 아니라 '주州'다.

27 시중侍中: 진秦 시기에 설치되었고 본래는 승상의 속리屬吏였다. 전한 때는 정규 관직 외가관加官(원래 있던 관직 외에 직함을 더함)의 하나였다. 황제를 모시고 궁정을 출입하며 조정에 참여했기 때문에 점점 신임받는 중요한 직분이 되었다.

28 극戟: 과戈와 모矛의 합성체로 직날과 횡날이 있어 '십十' 자 혹은 '복卜' 자 형태로 걸고, 쪼고, 찌르고, 자르는 등 다용도로 사용되었으며 살상력은 과와 모보다 더 우수하다.

29 주공主公: 신하의 군주에 대한 호칭 혹은 하인의 주인에 대한 존칭이다.

30 대원對圓: 양군이 싸움에 임하기 전에 각자 대열을 반원형으로 진세를 이루어, 서로 마주하면 원형으로 이루어져 대원이라 했다.

31 당예唐猊: 당이唐夷를 말하며 고대 전설 속의 맹수로, 가죽이 단단하고 두꺼워 갑옷으로 만들었다. 후에 '훌륭하고 좋은 갑옷'을 말할 때 사용했다.

32 사만보대獅蠻寶帶: 고대 고급 무관용의 요대를 말한다. 사만은 고대 무관의 요대 갈고리에 사자, 만왕蠻王(남방 소수 민족의 수령)의 형상이 장식되어 있기 때문에 무관 요대를 가리킨다.

33 호분중랑장虎賁中郞將: 진나라 때 설치되었으며 한나라 때는 광록훈의 속관으로 호분虎賁 기병을 통솔했다. 궁궐의 숙위宿衛를 관장했고 천자를 수행하며 호위했다.

34 현제賢弟: 자기보다 나이는 어리지만 항렬이 같은 사람을 존대하여 이르는 말로 이하 '아우님'으로 표현했다.

35 읍揖: 인사 예법 가운데 하나로, 두 손을 맞잡고 얼굴 높이로 들어 올리며 허리를 구부렸다가 몸을 펴면서 손을 내린다.

36 화룡火龍: 전설 속에 등장하는 온몸에 불을 띤 신룡神龍. 정철생鄭鐵生의 『삼국지 시가 감상』에서는 화룡이 '화성火星'을 가리킨다고 주석을 달았다.

37 자무紫霧: 자색 운무를 말하며 고대에는 상서로운 기운으로 여겼고 제왕이나 성현 등이 출현하는 징조로 사용되었다.

38 출전은 『좌전左傳』 「애공哀公 11년」으로 다음과 같이 적고 있다. "공문자孔文子가 태숙질太叔疾을 공격하려고 할 때 공자에게 의견을 물었다. 공자가 말하기를, '제사의 일은 내 일찍이 배운 적이 있지만, 전쟁의 일은 들어본 적이 없소'라고 했다. 공자가 나가서 사람을 시켜 수레를 타고 가면서 말했다. '새는 나무를 선택할 수 있지만, 나무가 어떻게 새를 선택할 수 있겠는가鳥則擇木, 木豈能擇鳥.'"

39 『후한서』 「동탁전」에 따르면 "동탁은 승진하여 태위가 되었고 전장군의 일도 겸하여 통솔했다"고 기록하고 있다.

40 호鄠: 현 명칭. 하夏대의 호扈이고 진나라 때 명칭이 호鄠로 변경되었으며 전한 때 현을 설치했다. 사례주 우부풍右扶風에 속했으며 치소는 지금의 산시陝西성 후현戶縣이었다.

41 오류. 『삼국지』 「위서·여포전」에 따르면 동탁은 여포를 처음에 기도위로 삼았다가, 나중에 중랑장 도정후로 승진시켰기에 여기에서 '기도위'는 생략해야 맞다.

제4회 조조의 동탁 암살 계획과 여백사

1 절節(부절符節)을 동문 위에 거는 것은 관직을 버린다는 뜻이다. 절은 특수한 신분을 표시하는 의장물로 용도가 다양하며 종류도 많다. 절을 소지한 사신은 황제와 국가를 상징하며 이에 상응하는 권력을 행사할 수 있다. 후한 중엽 이후, 지방이 안정되지 않자 황제는 중앙 통제를 증대시키기 위해 지방 장령들에게 절을 더해줬다.

2 산동山東: 효산崤山(샤오산산, 허난성 뤄닝洛寧 북쪽에 위치한 산) 동쪽. 고대에는 중원에서 관중關中으로 진입하는 요충지였다. 일반적으로 황하 유역을 가리키며 어떤 때는 전국시대 진나라 이외의 육국 영토를 가리킨다. 여기서의 산동은 관동關東을 말하며 또한 중원 지구를 가리킨다.

3 발해渤海: 군 명칭으로 진한 때 설치되었다. 기주에 속했으며 초기에 치소는 부양浮陽(허베이성 창저우滄州 동남쪽)이었다가 후한 때 남피南皮(허베이성 난피南皮 동북쪽)로 옮겼다.

4 책문策文: 책명문서策命文書. 제왕이 관원 등을 임명하고 해임하는 명령을 적은 간책簡策(선진시대의 주요한 서적 형식으로 깎아서 만든 좁고 긴 형태의 대나무 판을 '간'이라 하고 새끼를 사용하여 엮어 이은 것을 '책'이라 한다)으로 관직을 봉하고 작위를 수여하는 문서다.

5 위의威儀: 고대 제향祭享 등 의식의 예법 및 사람을 대하는 예절.

6 영락태후永樂太后: 동태후를 가리킴. 영락궁永樂宮에서 기거했으므로 영락태후라 칭한다.

7 상간象簡: 상홀象笏을 말하며, 상아로 만든 수판手板이다. 고대에 품계가 비교적 높은 관원이 군주를 알현할 때 쥐고 있는 것으로 일이 있으면 상면에 써서 해야 할 일을 잊지 않도록 준비하는 것이다.

8 상서尙書: 관직 명칭으로 전국시대 때 시작됐다. 진秦 시기에는 소부少府의 속관이었다. 한 무제 때 황권이 높아졌기 때문에 상서는 황제 주위에서 사무를 처리했고 상주문을 관장하여 지위가 점차 중요해졌다. 한漢 성제成帝 때 상서 5인이 설치되어 부서를 나누고 일을 처리하기 시작했다. 수장이 상서령尙書令이었고 상서복야尙書僕射는 상서령의 보좌였다. 후한 시기에 와서 정식으로 황제의 정무 처리를 돕는 관원이 되었다.

9 사신死神: 신화와 전설 속에서 죽음을 주관하는 신이다.

10 초평初平: 헌제獻帝 유협劉協의 연호로 190~193년에 사용되었다.

11 상국相國: 한나라 조정 대신의 최고 직무다. 전국시대 때 '상방相邦'이라 했는데, 고조 유방이 즉위하자 피휘하기 위해 상국으로 변경했다. 한나라 상국의 최초는 소하蕭何가 담당했고 이후에는 조참曹參이 계승했다. 조참 이후에는 설치하지 않았다가 여치呂雉 사후에 그의 조카인 여산呂産이 한때 담당했다. 이후 후한 말에 와서 동탁이 상국으로 취임했다.

12 찬례贊禮: 의식을 거행할 때 사회자가 의례의 순서를 선창하고 사람으로 하여금 예를 행하도록 하는 것을 말한다.

13 성명을 부르지 않고, 종종걸음으로 빨리 걷지도 않으며 패검을 차고 신발을 벗지 않는다는 것은 직위가 가장 존귀한 대신을 위한 특별 대우다. 그러나 이런 우대를 자기 마음대로 한다는 것은 신하로서의 본분을 지키지 않는다는 의미로 야심이 있다는 표현이다.

14 낙수洛水: 산시陝西성에서 발원하여 황하로 흘러 들어가는 황하 하류 남쪽 연안의 대지류.

15 수주壽酒: 장수를 기원하는 술 혹은 생신을 축하하는 술이다.

16 황천후토皇天后土: 황천은 푸른 하늘, 천신을 말하고 후토는 땅, 지신을 말한다. 여기서 황천은 소제, 후토는 당비 자신을 가리킨다.

17 양성陽城: 옛 양성읍. 전한 때 현을 설치했다. 예주 영천군潁川郡에 속했으며, 지금의 허난성 덩펑登封 동남쪽이다.

18 사새社賽: 고대에 신을 맞이하는 행사로 농민들이 토신에게 제사 지내는 풍속이다. 매년 봄, 가을에 각각 한 차례씩 했다.

19 월기교위越騎校尉: 한 무제 때 설치되었고 팔교위 가운데 하나다. 월기越騎를 관장했으며 속관으로 승丞과 사마司馬가 있고 군사 700명을 통솔했다. 대략 장군의 다음 위치였다. 월기는 남월南越 사람으로 조성된 기병을 의미하며 일반적으로는 말을 타고 활을 잘 쏘며 힘세고 용감한 기병을 가리킨다.

20 거열車裂: 오마분시五馬分屍라 하며 고대 혹형의 일종으로 머리와 사지를 다섯 수레에 묶은 뒤 다섯 마리의 말이 수레를 끌고 동시에 달리게 하여 사지를 찢어 죽이는 것을 말한다.

21 시반侍班: 고대에 신하가 궁내에서 교대로 군왕을 수행하며 모시고, 일을 기록하거나 혹은 기타 사무를 처리하는 것을 말한다. 즉 입직入直(관원이 입궁하여 당직을 맡아 근무하는 것)을 말한다.

22 축수祝壽: 장수를 축원하다. 생신을 축하하다.

23 효기교위驍騎校尉: 후한 시기 도성에 금위군禁衛軍 5영營을 주둔했는데 북군北軍이라 통칭했다. 영마다 교위 한 명을 설치하여 지휘하게 했는데 효기교위는 그 가운데 하나였다. 후에 둔기교위屯騎校尉로 변경됐다.

24 피석避席: 상대방에 대한 존경과 자신의 겸손을 표시하는 고대의 예절로 바닥에 자리를 깔고 앉아 있다가 공경을 표시하기 위해서 자리를 떠나 일어서야 했는데, 이것을 '피석'이라 한다.

25 상부相符: 한나라 때 승상이 업무를 관리하는 공관.

26 오류. 『삼국지』 「위서·동탁전」에 따르면 동탁은 승상이 아닌 상국相國이 되었다.

27 오류. 후한 삼국 시기에 이 지구는 양주涼州라 했고, 송대 초기에 양주涼州가 서량부가 되었다. 양주는 12개 군과 98개의 현, 도, 후관을 관할했다. 후한 때 치소는 농현(간쑤성 장자촨 후이족 자치현), 삼국 조위가 치소를 고장姑臧(간쑤성 우웨이)으로 옮겼다. 간쑤성, 닝샤 후이족 자치구와 칭하이성 황수이강 유역, 산시성 딩볜, 우치, 평현, 뤠양과 네이멍구 어지나기額濟納旗 일대에 해당된다.

28 은상恩相: 송원宋元 시기의 관장官長에 대한 존칭으로 상은 상공相公의 줄임말이다.

29 오류. 승상이 아닌 상국相國이다.

30 오류. 『후한서』 「군국지」에 따르면 당시에 초군譙郡은 없었고 패국沛國 관할로 단지 초현譙縣만 있었다. 건안 18년(213)에 초군이 설치되었고 건안 22년(217)에 초譙를 봉국으로 삼기 시작했다. 초현(안후이성 보저우亳州)은 예주 패국沛國에 속했으며 조조의 고향이다.

31 중모현中牟縣: 한 시기에 설치되었고, 사례주 하남윤에 속했으며 지금의 허난성 중머우中牟 동쪽이다.

32 오류. 승상이 아닌 상국相國이다.

33 동군東郡: 군 명칭으로 전국시대 말기 진秦이 설치했다. 치소는 복양濮陽(허난성 푸양濮陽

서남쪽)이었다가 후한 이후에 관할 구역이 축소되었고 치소를 동무양東武陽(산둥성 선현莘縣 서남쪽)으로 옮겼으며 연주에 속했었다. 『후한서』 「여포전」에 따르면 "흥평興平 원년 (194), 조조가 동쪽으로 도겸陶謙을 공격했는데 그의 장수 무양武陽 사람 진궁을 동군에 주둔시켰다"고 기록하고 있다. 진궁은 동군 무양 사람으로 무양은 즉 동무양東武陽이다. 동무양은 현 명칭으로 치소는 지금의 산둥성 선현莘縣 남쪽이다.

34 성고成皐: 현 명칭. 사례주 하남윤에 속했으며 허난성 싱양滎陽 쓰수이진汜水鎭 서쪽에 성고 옛 성이 있다.

35 진류陳留: 현 명칭으로 진나라 때 진류현陳留縣을 설치했다. 연주 진류국陳留國에 속했으며 치소는 허난성 카이펑開封 동남쪽 천류성陳留城이다.

36 사군使君: 한나라 자사에 대한 별칭으로 쓰였고, 후한 이후에는 주군 장관의 존칭으로 쓰였다.

37 준樽은 고대의 술을 담는 용기로 정해진 규격은 없다. 술을 담는 데 사용하는 것으로 술을 마시는 데 쓰는 술잔은 아니며 일반적으로 크기가 크다.

제5회 여포와 어우러진 세 호걸

1 오류. 역사에서는 '위홍衛弘'이 아닌 '위자衛妓'로 기록하고 있다.

2 양평陽平 위국衛國: 양평은 군 명칭으로 위 문제文帝 황초黃初 2년(221)에 위군魏郡을 나누어 설치했고 치소는 원성元城(허베이성 다밍大名 동쪽)이었다. 위국은 원래 옛 공국公國이었는데 후에 현이 되었다. 허난성 칭펑淸豐 동남쪽에 위치하고 있다.

3 오류. 『삼국지』 「위서·이전전李典傳」에 '산양山陽 거야鉅野 사람'으로 기록되어 있다. 산양은 군, 국 명칭으로 전한 경제景帝 중원中元 6년(기원전 144)에 양국梁國을 분리해 산양국山陽國을 설치했고 무제 건원建元 연간에 군으로 변경되었다. 연주에 속했으며 치소는 창읍昌邑(지금의 산둥성 진샹金鄕 서북쪽)이었다. 거야는 현 명칭으로 치소는 산둥성 쥐예巨野 동북쪽이었다. 본문의 기록은 기주에 속했다.

4 장전리帳前吏: '장하리帳下吏'라고도 부르며, 군중의 군관으로 행군 시 대부분을 군막에 기거하므로 이렇게 불렀다. 군중의 문서, 회계 등의 일을 했다.

5 하후영夏侯嬰: 전한前漢 개국 공신 중 한 명으로 유방과는 어렸을 때부터 친구 관계로 유방을 따라 기의하여 전공을 세웠으며, 후에 여음후汝陰侯로 봉해졌다.

6 족제族弟: 고조高祖가 같고 증조曾祖가 다른 같은 항렬을 '족형제族兄弟'라 하고 그중에서 연장자가 나이가 어린 자에게 '족제族弟'라 한다. 즉 자기보다 나이 어린 같은 항렬을 말한다. 또한 일반적으로 동족 동년배 중에 비교적 나이가 어린 자를 일컫기도 한다.

7 화하華夏: 원래는 중원을 가리켰으나 후에 중국 전체 영토를 지칭하게 되었다.

8 후장군後將軍: 한대에 전, 후, 좌, 우 네 장군을 설치했는데 상경上卿 다음의 지위였다. 도성 방비와 변경에 주둔해 경계했으며 군대를 통솔해 정벌에 나섰다.

9 오류. 『삼국지』 「위서·무제기」에는 '기주자사 한복'이 아니라 '기주목 한복'으로 기록하고 있다. 『자치통감』 권59 「한기 51」에도 같은 기록이 있다.

10 예주豫州: 한 무제가 설치한 13개 자사부 중 하나로 6개 군, 국과 99개의 현, 읍, 공, 후국을 관할했다. 지금의 허난성 중부와 안후이성 북부, 장쑤성 북부 일대에 해당된다. 치소는 초현譙縣으로 지금의 안후이성 보저우亳州다.

11 연주兗州: 한 무제가 설치한 13개 자사부 중 하나로 8개 군, 국과 80개의 현, 읍, 공, 후국을 관할했다. 지금의 산둥성 서남부와 허난성 동부 지역 일대에 해당된다. 후한 시기에 치소는 창읍현昌邑縣(지금의 산둥성 진샹金鄉 서북쪽)이었다.

12 하내군河內郡: 군 명칭. 춘추전국시대 때 황하 이북을 하내라 했는데 대략 허난성 황하 이북 지역에 해당된다. 황하 이남은 하외河外라고 했는데 이는 허난성 황하 남쪽 지구에 해당된다. 전한 고제 2년(기원전 205)에 허난성 황하 이북 지구에 군을 설치했는데 치소는 회현懷縣(허난성 우즈武陟 서남쪽)이었다. 사례주에 속했다.

13 제북濟北: 왕국 명칭. 후한 화제和帝 영원永元 2년(90) 태산군泰山郡 서부 지구를 나누어 설치했다. 연주에 속했으며 치소는 노현盧縣(산둥성 지난濟南 창칭長淸구 남쪽)이었다.

14 북해北海: 국 명칭으로 전한 경제 때 군을 설치했고 치소는 영릉營陵(산둥성 창러昌樂 동남쪽)이었다. 후한 때 국으로 변경되었고 치소를 극현劇縣(산둥성 서우광壽光 남쪽)으로 옮겼다. 건안 11년(206)에 다시 군이 되었다.

15 오류.『후한서』「공융전孔融傳」에 따르면 동탁이 공융을 북해 상相으로 천거했다고 기록하고 있으며, 또한 북해는 왕국에 속하므로 그 행정 장관은 태수가 아닌 '상'이 된다.

16 광릉廣陵: 군 명칭으로 전한 때 설치되었다. 서주에 속했으며 치소는 광릉廣陵(장쑤성 양저우揚州 서북쪽)이었다.

17 서주徐州: 5개 군, 국과 62개의 현, 읍, 후국을 관할했다. 후한 시기에 치소는 담현郯縣(지금의 산둥성 탄청郯城)이었고 후한 말에 치소를 하비下邳(지금의 장쑤성 쑤이닝睢寧 서북쪽 구피진古邳鎭 동쪽)로 옮겼으며 삼국三國 조위曹魏 때 치소를 팽성彭城(지금의 장쑤성 쉬저우徐州)으로 옮겼다. 지금의 장쑤성 양쯔강揚子江 이북과 산둥성 동남부 지구를 관할했다.

18 오류. 후한 시기에 '서량'이라는 지명은 없고 '양주涼州'만 있었다. '주' 장관은 '자사'이므로 '서량태수 마등'이 아닌 '양주涼州자사 마등'으로 고쳐야 맞으며, 마등은 토벌대에 참여하지도 않았다.

19 오류.『삼국지』「위서·공손찬전公孫瓚傳」의 기록을 보면 '북평北平'이란 지명은 없고 '우북평右北平'이라는 지명만 나온다.『후한서』「군국지」에 따르면 후한 시기에는 '우북평'이란 지명만 존재했으며 유주에 속해 있었다. 또한『삼국지』「위서·공손찬전」에 따르면 공손찬이 보병 기병 1만여 명을 통솔하며 우북평에 주둔했다는 기록은 있어도 '태수'였다는 기록은 없다.

20 상당上黨: 군 명칭으로 전국시대 한韓이 설치했다. 진나라 때 치소는 호관壺關(산시山西성 창즈長治 북쪽)이었고 전한 때 치소를 장자長子(산시山西성 장쯔長子 서남쪽)로 옮겼다가 후한 말에 다시 호관壺關으로 옮겼다. 병주에 속했다.

21 오류.『삼국지』「위서·원소전」과『후한서』「원소전」에는 동탁이 원소를 '기향후祁鄕侯'가 아닌 '항향후邟鄕侯 발해태수'로 임명했다고 기록하고 있다.

22 오류.『후한서』「군국지」에 따르면 평원현平原縣은 청주 평원군平原郡에 속했다는 기록이 있다. 평원현은 산둥성 핑위안平原 서남쪽이다. 덕주德州는 수隋대의 지명이다.

23 오방五方은 동, 서, 남, 북, 중앙을 가리키며 오방기는 청, 적, 백, 흑, 황 오색을 사용하여 동, 서, 남, 북, 중앙의 다섯 방향을 나타내는 깃발이다.

24 백모白旄: 고대 군기의 일종. 대나무 장대 머리에 야크(소의 일종) 꼬리로 장식하여 전군을 지휘할 때 사용한다.

25 황월黃鉞: 황금으로 장식한 도끼이며 천자의 의장으로 정벌할 때 사용한다.

26 병부兵符: 고대에 명령을 전달하거나 병력을 이동하고 장수를 파견할 때 사용한 증빙이다. 구리, 옥 혹은 나무와 돌로 제작되었고 호랑이 형상이라 호부虎符라고도 부른다. 두 개로 나누어 제작했는데 오른쪽은 국군國君에 남겨두고 왼쪽은 통솔자에게 교부했다. 군대를 파견할 때 반드시 두 개를 합친 후에야 비로소 효력이 발생할 수 있었다. 전국시대, 진나라, 한나라 때 성행했다.

27 황강皇綱: 삼황오제의 기강 혹은 조정의 기강을 말한다.

28 삽혈歃血: 고대에 동맹을 맺을 때의 의식으로 맹약을 낭독한 후 참가자들이 희생물의 피를 마시는 것으로 성의를 표시한다. 일설에는 피를 묻혀 입 주변을 바르는 것을 가리킨다.

29 사수관汜水關: 호뢰관虎牢關을 말하며 당나라 이후에 사수로 이름이 바뀌었다. 즉, 수나라 이전에는 호뢰관이라 했고 당나라 이후에는 사수관이라 불렸다. 사수관은 허난성 싱양滎陽 서쪽의 사수진을 말한다. 사수는 황하의 지류로 허난성 싱양성滎陽城 서쪽에서 황하로 유입된다.

30 오류. 이 당시 동탁은 상국相國이었으므로 '승상부'가 아닌 '상국부'로 해야 맞다.

31 오류. 『삼국지』「위서·여포전」에 따르면 여포는 동탁을 죽인 후 정후亭侯에서 현후縣侯로 승진했다가 온후溫侯에 봉해진다.

32 관서關西: 함곡관函谷關 혹은 동관潼關 서쪽 지역을 가리킨다. 즉 지금의 허난성 싼먼샤三門峽 서쪽, 산시陝西성 웨이허渭河강 평원과 그 서쪽 구역을 말한다.

33 현재 전해지는 『삼국지』에서는 '화웅'이라 기록되어 있으나, 청대 역사학자인 반미潘眉는 『광운廣韻』의 기재에 근거하여 『삼국지고증三國志考證』에서 화웅을 '섭웅葉雄'이라 해야 한다고 했다. 송나라 판본에서 '도위都尉 섭웅葉雄'이라 했고 호삼성胡三省의 『자치통감음주資治通鑑音注』에서도 '도위 섭웅'이라 기록하고 있으며, 그 외의 여러 자료에서도 '섭웅'이라 기록하고 있어 '화웅'이 아닌 '섭웅'이 맞는 듯하다.

34 도독都督: 관직 명칭으로 감찰과 아울러 군대를 지휘하는 장관이다. 손오孫吳는 궁정의 금위군과 장강 연안의 군사 요지에 독督을 설치했는데 도독이라고도 불렀다. 전군을 통솔하는 자를 대독大督 혹은 대도독大都督이라 불렀다.

35 우북평右北平 토은土垠: 우북평은 군 명칭으로 즉 우북평군이다. 전국시대 연나라 때 설치되었고 치소는 상세하지 않다. 진나라 때 치소는 무종無終(톈진天津 지저우薊州구)이었다. 전한 때 치소는 평강平剛(네이멍구 자치구 닝청寧城 서남쪽)이었고, 후한 때의 치소는 토은土垠(허베이성 탕산唐山 펑룬구豐潤區 동남쪽)이었다. 유주에 속했다.

36 철척사모鐵脊蛇矛: 장모長矛(긴 창)로 자루가 철로 주조되었다.

37 오류. 『삼국지』「오서·황개전黃蓋傳」에 따르면 황개는 영릉零陵 천릉泉陵 사람이다. 영릉은 군 명칭으로 전한 원정元鼎 6년(기원전 111)에 계양군桂陽郡을 분리해 설치했다. 형주에 속했으며 치소는 영릉(광시성 싱안興安 동북쪽)이었다가 후한 때 치소를 천릉(후난성 융저우永

州 링링零陵구)으로 옮겼다. 영릉이 아니라 '천릉'이라 해야 맞다.

38 요서遼西 영지令支: 요서는 군 명칭으로 전국시대 연이 설치했다. 진, 한 시기에 치소는 양
     락陽樂(랴오닝성 이현義縣 서쪽)으로 유주에 속했다. 영지는 현 명칭으로 진 시기에 설치되
     었다. 허베이성 첸안遷安 서쪽에 위치하고 있다.

39 양동梁東: 양현梁縣 동쪽을 말하며, 양현은 현 명칭으로 전한 시기에는 하남군에 속했고,
     후한 시기에는 사례주 하남윤에 속했다. 치소는 허난성 루저우汝州 동쪽이었다.

40 강동江東: 지구 명칭. 장강長江은 서쪽에서 동쪽으로 흘러 지금의 안후이성 경계에 이르면
     북쪽으로 기울어 흐르다가 장쑤성 전장鎭江에 이르러서는 다시 동쪽으로 흘러가기 때문
     에 옛날에는 이러한 강 항로의 동쪽 지구를 강동(즉 지금의 장쑤성 장강 이남, 저장성과 안후
     이성 장강 이남 지구)이라 했고 서쪽 지구를 강서江西(즉 지금의 안후이성 장강 이북과 회하淮
     河 하류 일대)라 했다.

41 차수叉手: 고대의 예절로 두 손을 가슴 높이 앞에서 맞잡고 공손과 예의를 표하는 것으로
     자제, 손아랫사람 혹은 시종 등의 사람이 시립하고 있을 때 이러한 자세를 취한다.

42 원문轅門: 군대를 통솔하는 장수 군영의 문을 말한다.

43 소와 술은 우주牛酒로 고대에 선물, 위로, 제사에 사용하는 물품이다.

44 호령號令: 범인을 사형 집행하여 백성에게 보이는 것을 말한다.

45 자금관紫金冠: 태자회太子盔라고도 한다. 대부분 왕자나 나이 어린 장수가 사용했다. 앞쪽
     은 부채꼴로 장식을 붙였고 뒤쪽은 둥근 투구 형태의 꼭대기에 작은 과일처럼 둥글게 틀어
     올린 머리 같은 장식을 붙였다. 좌우로는 긴 술을 늘어뜨렸고, 뒤쪽에는 짧은 술을 한 줄로
     나란히 붙여 늘어뜨렸다.

46 오류. 후한 시기에는 서천西川이란 지명이 없었으므로 '서촉西蜀'으로 바꿔야 한다.

47 여포에 대한 천칭이다. 여포의 본래 성은 여씨인데, 정원을 섬겼고 또 동탁을 양아버지로
     삼았기 때문에 이렇게 부르는 것이다.

48 산개傘蓋: 고대의 일종의 긴 자루에 달린 돔 형태로 우산 바깥면의 가장자리를 늘어뜨리는
     술이 달려 있는 의장용 물품이다.

제6회 전국새를 손에 넣은 손견의 야망

1 본채本寨: '본 군영'의 의미로 이하 '본영本營'으로 번역했음을 밝혀둔다.

2 애장愛將: 총애하고 신임하는 고급 장교(심복)다.

3 구족九族: 자기를 중심으로 위로 부친, 조부, 증조부, 고조부, 아래로 자식, 손자, 증손, 현손
     까지를 구족이라 한다.

4 조당朝堂: 한나라 때 관원들이 정치를 논의하던 곳. 넓게 조정을 가리킨다.

5 낙양洛陽: 낙洛은 본래 낙雒이었는데 삼국시대 위魏 시기에 변경했다. 낙수雒水(지금의 허
     난성 뤄허강洛河)의 북쪽에 위치해 있어 낙양이라 했다. 진秦나라 때 현을 설치하여 삼천
     군三川郡의 치소였다. 전한 때 하남군河南郡 치소였다가 후한 때 이곳에 도읍을 정했다. 후
     한, 삼국三國 위魏, 서진西晉, 북위北魏(효문제孝文帝 이후), 수隋(양제煬帝), 무주武周, 오대五

代 당唐이 이곳에 도읍을 정했고, 신新, 당唐, 오대五代 양梁, 진晉, 한漢, 주周, 북송北宋, 금金(선종宣宗 이후)이 모두 이곳을 부도部都로 삼았다.

6 관중關中: 옛날 지역 명칭으로 가리키는 범위가 일치하지 않는다. 함곡관函谷關 서쪽인 전국시대 말엽 진나라의 옛 영토(어떤 때는 진령秦嶺 이남의 한중漢中, 파촉巴蜀이 포함되고 어떤 때는 섬북陜北 농서隴西가 아울러 포함된다)를 가리키기도 하고, 혹은 관關(동 함곡函谷, 남 무관武關, 서 산관散關, 북 숙관肅關)의 중심 지역을 가리키기도 한다(지금의 산시陜西성 웨이허渭河강 유역 일대).

7 전한의 평제를 독살하고 서기 8년에 유영을 몰아내어 한나라를 멸망시키고 국호를 '신新'이라 하며 황제가 됨으로써 선양 혁명에 성공했다. 건국한 지 15년 만에 멸망하고, 한 왕조의 혈통인 유수(광무제)에 의해 후한이 건국되었다.

8 적미赤眉의 난: 서기 18년 산동에서 번숭樊崇이란 자가 반란을 일으켰는데, 눈썹을 붉게 물들였기 때문에 적미의 무리라 불렀다. 경시更始는 경시제更始帝 유현劉玄의 연호로 23~25년에 사용되었다. 원래는 왕망이 봉한 장군 칭호였고 농민군 유현이 그 칭호를 이어받아 경시장군更始將軍이 되었으며 황제를 칭한 후에 경시를 연호로 삼았다.

9 관동關東: 지구 명칭. 진, 한 시기에 관중 지구에 도읍을 정했기 때문에 함곡관函谷關 혹은 동관潼關 동쪽 지구를 관동이라 불렀다.

10 함곡관을 말한다. 전국시대 때 진나라가 건축한 군사 요새. 깊고 험한 함函 같은 산골짜기에 건설되어 함곡관이라 했다. 동쪽에서 진으로 들어가는 중요한 길목으로 허난성 링바오靈寶 동북쪽에 위치해 있었고, 한 무제 때는 허난성 신안新安 동쪽에까지 이르렀다. 큰 산중간의 깊은 골짜기와 매우 높은 절벽이 있는 사이에 통로가 있어 마치 움푹 들어간 가축의 구유 같아 형세가 험준한 요새였다.

11 농우隴右: 고대 지명으로 농산隴山 서쪽 지구를 가리킨다. 고대에는 서쪽을 오른쪽으로 했기에 농우라 한 것이다. 대략 간쑤성 류판산六盤山 서쪽으로 황하 동쪽 일대다.

12 오류.『후한서』「헌제기」에 따르면 순상의 직책은 사도司徒가 아니라 '사공司空'이었다.

13 성문교위城門校尉: 전한 때 설치되었다. 도성 성문의 주둔병을 관리했고 도성을 호위하는 직책을 담당했으며 낙양 성문 12곳을 관장했다. 아래에 사마司馬 한 명을 설치하여 사병을 주관했다. 12성문에는 문마다 후候 한 명을 설치하여 시간에 맞춰 성문을 열고 닫았다. 교위는 양한 시기에 병사를 거느린 무관 가운데 하나로 지위는 대략 장군 다음이었다.

14 입관入官: 죄인의 재산을 몰수하여 관부로 들이는 것을 가리킨다.

15 형양榮陽: 현 명칭. 전국시대 때 한韓나라 형양읍榮陽邑이었고 진나라 때 현을 설치했다. 사례주 하남윤에 속했으며 치소는 허난성 싱양榮陽 동북쪽이었다. 형양은 낙양 동쪽에 위치해 있고 동탁은 낙양 서쪽에 위치한 장안으로 천도를 했기 때문에 형양을 지나갈 리가 없다.『삼국지』「위서·무제기」에 따르면 조조와 서영이 형양에서 교전을 벌인 것은 사실이나 장안으로 천도하는 동탁을 추격하는 상황에서 서영과 교전을 벌인 것은 아니었다.

16 오류.『삼국지』「위서·공손도전公孫度傳」에 따르면 서영은 태수가 아닌 "동탁의 중랑장으로 임명되었다"고 기록되어 있다.

17 태묘太廟: 황제가 선조를 제사 지내기 위해 세운 사당으로 제왕의 조묘다.

18 태뢰太牢: 고대 최고 등급의 제수 용품으로 소, 양, 돼지 세 가지 희생물을 준비하는 것을

말한다.

19 자미원紫微垣: 성관星官의 명칭으로 삼원三垣 중 하나다. 중국 고대에는 별을 인식하고 천체 현상을 관측했는데 약간의 항성에 다소 일정하지 않은 조합을 만들었고 하나의 조합을 성관이라 했다. 모든 성관 중에 삼원(자미원, 태미원太微垣, 천시원天市苑)과 28수 별자리는 점성에 있어 중요한 위치였다. 자미원은 15개의 별을 가지고 있는데 두 줄로 나뉘어 있고 북극을 중심으로 병풍과 울타리 형상으로 이루어졌다.

20 제성帝星: 옛날 별 이름으로 천제를 칭하기도 하고 자미성을 지칭하며 황제를 상징하는 데 사용했다.

21 궁양宮樣: 황궁에서 성행한 옷차림새, 초상을 치르는 용구 등의 양식을 말한다.

22 전국새傳國璽: 진나라 이후 황제가 대대로 전하는 인장. 진새秦璽라고도 칭하며, 당대에는 전국보傳國寶로 개칭했다.

23 형산荊山: 후베이성 난장南漳 서쪽이다.

24 순수巡狩: 천자가 각 군국郡國을 순행하며 시찰하는 것으로 각기 지키는 임무를 순시했다. 수수巡狩는 수수巡守와 같은데 천자가 제후를 봉하여 경계 울타리로 삼았고 제후는 천자를 위해 국가를 수호했으므로 수수守라 칭한다.

25 화음華陰: 현 명칭. 사례주 홍농군에 속했으며 산시陝西성 화인華陰 동남쪽에 있었다.

26 자영子嬰: 진나라 2대 황제인 호해胡亥의 조카로 진의 마지막 왕이다. 조고趙高가 2대 황제를 죽이고 그를 세워 진왕으로 세웠으나 46일 만에 유방에게 투항했고 후에 항우에게 죽임을 당했다.

27 효원孝元 황태후皇太后: 전한 원제元帝 유석劉奭의 황후이며 왕망의 고모다.

28 의양宜陽: 현 명칭. 전국시대 때 한韓나라 읍邑이었고 전한 때 설치되었다. 사례주 홍농군에 속했으며 치소는 허난성 이양宜陽 서쪽이다.

29 구오九五: 『역경』에서 괘卦와 괘를 이루는 효爻의 위치명이다. 구는 양효陽爻라 하고 오는 제5효第五爻라하여 괘상卦象이 아래에서 위로 다섯 번째 위치를 가리킨다. 여기서는 황제를 가리킨다.

30 맹진孟津: 후한 시기 낙양 동북쪽 황하의 중요한 나루터로 쟁탈의 요지였다. 허난성 멍진孟津 동북쪽이다. 후한 때 맹진관孟津關은 낙양 주위의 팔관八關 가운데 하나였다.

31 산조酸棗: 춘추시대 때 정읍鄭邑이었고 진한 시기에 현을 설치했다. 연주 진류군에 속했으며 치소는 허난성 옌진延津 서남쪽이었다.

32 오창敖倉: 진나라 때 설치된 중요한 곡식 저장 창고로 허난성 싱양滎陽 북쪽 아오산敖山에 위치해 있다. 황하와 지수이濟水강이 갈라져 흐르는 곳으로 중원의 조세로 징수되어 배로 운송되던 곡식이 이곳에서 관중과 북부 지구로 운송됐다. 한, 위 시기에도 여전히 이곳에 창고를 설치했다.

33 환원轘轅, 태곡太谷: 후한 낙양 동남쪽의 험준한 요충지다.

34 단수현丹水縣과 석현析縣: 단수현은 옛 약국鄀國으로 진나라 때 설치됐다. 형주 남양군에 속했으며 허난성 시촨淅川 서쪽 단장丹江강 동쪽 기슭이다. 석현은 춘추시대 때 초나라 석읍析邑이었고 진나라 때 석현을 설치했다. 형주 남양군에 속했으며 치소는 허난성 시샤西峽였다.

35 무관武關: 관문 명칭으로 산시陝西성 단평丹鳳 동남쪽. 전국시대 때 진의 남쪽 관문으로, 동쪽 관문인 함곡관과 서로 호응하여 진으로 들어가는 문호였다. 기원전 207년 유방이 이곳을 통해 진으로 진입했다.

36 삼보三輔: 지구 명칭으로 도성 지구의 합칭이다. 한 경제 2년(기원전 155)에 좌내사左內史, 우내사右內史와 주작중위主爵中尉로 나누고 도성인 장안성을 함께 다스렸으며 도성 지구를 관할했으므로 삼보라 불렀다. 무제 시기에 좌우내사, 주작도위를 나누어 경조윤京兆尹, 좌풍익左馮翊, 우부풍右扶風이라 개칭했다. 관할 구역은 산시陝西성 관중關中 지구에 해당된다.

37 양주揚州: 즉 양주楊州를 말한다. 왕염손王念孫의 고증에 따르면 한 시기의 비석에 새긴 '양楊' 자는 모두 부수를 '목木'으로 사용했는데, 부수를 '수手'로 사용한 것은 후세 사람이 고친 것이라 했다. 양주는 전한 무제 때 설치한 '13개 자사부' 중 하나다. 6개 군郡과 92개의 현, 읍, 후국을 관할했다. 후한 때 치소는 역양歷陽(지금의 안후이성 허현和縣), 말년에는 수춘壽春(지금의 안후이성 서우현壽縣), 합비合肥(지금의 안후이성 허페이合肥 서북쪽)로 옮겼다. 관할 구역은 지금의 안후이성 화이허淮河강과 장쑤성 장강長江 이남, 장시성江西省, 저장성浙江省, 푸젠성福建省, 후베이성 잉산英山, 우쉐武穴, 황메이黃梅, 허난성 구스固始, 상청商城 등이다. 『춘추원명포春秋元命苞』에 따르면 "땅에 오리나무赤楊가 많아 양주楊州라 했다"고 하여 '양楊'이 바른 글자다. 후세에 양楊과 양揚을 병용해서 사용했으며 지금은 대부분 양揚이라 한다.

38 오류.『삼국지』「위서·무제기」에 유대劉岱는 태수가 아닌 '연주자사'로 기록되어 있다. 본문 5회에도 자사로 나온다.

39 고평高平: 후국 명칭으로 후한 때 탁현橐縣을 변경해 설치했다. 연주 산양군에 속했으며 치소는 산둥성 웨이산微山 서북쪽이었다.

40 오류.『삼국지』「위서·유표전劉表傳」 배송지 주『한말명사록漢末名士錄』에 따르면 '강하팔준江夏八俊'이 아니라 '팔우八友'로 나와 있다.

41 여남汝南: 군 명칭으로 예주에 속했으며 37개 성을 관할했다. 치소는 상채上蔡(허난성 상차이上蔡 서남쪽)였으나, 후한 시기에 평여平輿(허난성 핑위平輿 북쪽)로 옮겼다.

42 노국魯國: 춘추시대 때의 제후국 명칭이다. 본래는 서주에 속했으나 광무제가 후한을 건립한 후 예주로 변경, 귀속시켰다. 도읍은 노현魯縣(산둥성 취푸曲阜)이었다.

43 오류.『후한서』「당고열전黨錮列傳」에 따르면 '범강范康'이 아닌 '원강苑康'으로 기록되어 있다.

44 오류.『삼국지』「위서·유표전」 배송지 주 사마표司馬彪『전략』에 따르면 '연평延平'이 아니라 '중여인中廬人 괴량, 괴월'로 기록되어 있다.

45 양양襄陽: 현 명칭으로 전한 때 현을 설치했다. 이 당시 형주 남군에 속했으나 후에 양양군襄陽郡(후베이성 샹양) 치소가 되었다.

46 호심경護心鏡: 고대에 갑옷 가슴과 등 부위에 박아 넣어 화살을 막기 위해 사용된 구리거울을 말한다.

제7회 반하 전투와 손견의 죽음

1 『삼국지』 「오서·손견전」에 따르면 손견은 군사를 이끌고 돌아가 노양魯陽(치소는 지금의 허난성 루산魯山)에 주둔했다. 당시 손견은 아직 강동을 점유하지 못했으며 손책이 강동을 통일한 시기는 건안 원년(196)으로 이때 손견은 이미 사망한 뒤였다.

2 연燕과 대代: 유주를 말한다. 유주는 춘추시대 때 연, 대 두 나라의 땅이었다. 허베이성 북부와 랴오닝성 서부 일대를 말한다.

3 오류.『삼국지』 「위서·원소전」과『후한서』 「원소전」에는 '별가別駕 민순閔純'으로 기록되어 있다. 별가는 한나라 때 설치되었고 사례교위와 모든 주 장관 자사의 속관으로 별가종사別駕從事라고도 한다. 자사가 외지로 순시를 나갈 때 별도의 수레로 모시며 인도했기 때문에 별가종사라 했다.

4 장사長史: 관직 명칭으로 진나라 때 설치되었다. 전한 때 승상, 태위, 어사대부 속관으로 장사가 있었고 후한 때도 태위, 사도, 사공 삼공부에도 장사가 있었다. 여러 부서의 일을 대리했으며 직무가 중요해 삼공보좌三公輔佐라 불렸다. 여러 부와 장군부將軍府에도 장사 한 명을 설치했다. 또한 소수 민족이 인접한 각 군 태수의 속관으로 장사가 있었는데 태수를 보좌했으며 군의 병마를 관장했다.

5 분위장군奮威將軍: 전한 시기의 잡호장군雜號將軍이었다. 대장군, 표기장군, 거기장군, 위장군, 좌우전후장군을 중호장군重號將軍이라 하여 최고급 무관에 속했고 그 외에는 '잡호장군'이다.

6 진류陳留: 군 명칭으로 전한 원수元狩 원년(기원전 122)에 설치되었다. 연주에 속했으며 치소는 진류陳留(허난성 카이펑開封 동남쪽)였다.

7 가장家將: 옛날 부호 관료 집안에 고용된 무장 하인이다.

8 반하磐河:『후한서』 「원소전」 이현 주석에 따르면『이아爾雅』에서 기재하기를 "구하九河가 있는데 구반하鉤盤은 그 가운데 하나"라고 했다. 반하는 구반하鉤盤河를 말하며, 산둥성 더저우德州 링청陵城구 부근이다. 산둥성 핑위안平原에서 발원하여 동북쪽으로 우디無棣까지 흘러 바다로 유입된다.

9 상산常山 진정眞定: 상산은 군, 국 명칭으로 진나라 때 항산군恒山郡을 설치했다. 전한 시기 문제 유항劉恒을 피휘하기 위해 상산군으로 변경했다. 고후高后, 경제, 무제 때 국이 되었다가 후에 다시 군이 되었다. 기주에 속했으며 치소는 원씨元氏(허베이성 위안스元氏 서북쪽)였다. 진정은 전국시대 때 중산국 동원읍東垣邑이었다. 한고조 때 진정으로 명칭을 변경했고 무제 원정 4년(기원전 113)에 진정국 치소를 이곳에 세웠다. 허베이성 정딩正定 남쪽이었다.

10 오류.『후한서』 「공손찬전」에는 '오환烏桓'으로 기록되어 있다.

11 계교界橋: 역사 기록에 따르면 원소와 공손찬이 싸움을 벌인 곳은 반하가 아니라 실제로는 계교(다리 명칭으로 허베이성 웨이현威縣 동북쪽)였다. 반하와 계교는 같은 곳에 있지 않다. 소설에서는 반하교磐河橋를 사이에 두고 전투를 벌이는 것으로 묘사되어 있는데, 공교롭게도 실제 역사에서 전투를 벌인 '계교界橋'라는 단어를 사용한다. 소설에서 쓰인 '계교'는 실제 전투가 벌어진 '계교'가 아니라 양군의 전투에서 경계 역할을 한 반하의 다리로 '경계인 다리'라는 표현이 맞다.

12 태사太師: 서주 때 설치되었고 국군을 보필하는 신하로 태사, 태부, 태보를 삼공이라 했다. 전한 시기에도 원제元帝 평시平始 원년(1)에 태사를 설치하기 시작했는데 삼공과 태부의 위에 위치했다. 후대에는 대부분 '태자태사太子太師'를 가리키며 태자를 보좌하며 지도하는 관직이었다.

13 원소와 공손찬이 실제로 전투를 벌였던 장소는 계교(허베이성)지만 소설에는 반하(산둥성)로 나온다. 소설에 따르면 두 사람은 하북이 아닌 산둥으로 가야 한다.

14 곡斛: 용량 단위의 하나로, 후한 시기의 용량 단위는 다음과 같다.

1촬撮=4규圭	1약龠=5촬撮	1합合=2약龠	1승升=10합合	1두斗=10승升	1곡斛=10두斗
2밀리리터	10밀리리터	20밀리리터	200밀리리터	2리터	20리터

15 전마戰馬: 훈련을 통과해 작전에 사용하는 말이다.

16 번성樊城: 옛 성보城堡 명칭으로, 형주荊州 양양현襄陽縣 성 북쪽(후베이성 샹양 한수이漢水 강 북쪽 언덕)에 있었다.

17 등성鄧城: 등현鄧縣으로 춘추시대 때 등국鄧國의 땅이었고 진나라 때 등현을 설치했다. 형주 남양군에 속했으며 치소는 후베이성 샹양 서북쪽이었다.

18 한수漢水: 장강의 최대 지류로 한강이라고도 부른다. 친링秦嶺산맥 남쪽 기슭 산시陝西성 닝창寧強에서 면현沔縣(몐현勉縣)을 경유해 흐르는 것을 면수沔水라 하고 동쪽으로 흘러 한중漢中에 이르렀을 때 한수漢水(한수이강)라 부른다.

19 현산峴山: 산 명칭. 후베이성 샹양 남쪽이고 동쪽으로는 한수에 인접해 있다.

20 오류.『후한서』「유표전」에 따르면 '남동생'으로 기록되어 있다.

21 장성將星: 옛사람들은 제왕, 장수, 재상과 하늘의 별자리가 상응하는 것으로 인식했기 때문에 장성은 즉 대장의 별자리를 상징한다.

22 분야分野: 중국 고대 점성술 중의 봉건 미신 관념이다. 지상의 각 주군州郡과 국가를 하늘의 일정한 구역에다 인사人事와 연관시켜, 그 하늘 구역에 발생하는 천문 현상이 대응하는 지방의 길흉을 예견한다고 인식했다. 행정 지구(한대에는 13개의 주, 부)를 28개의 별에 끌어다 붙여 어떤 주(부)가 어떤 별에 상응하도록 구분한 것을 분야라 한다. 천문으로 말하면 '분성分星'이라 하고 지면으로 말하면 '분야'라 했다.

23 오류.『삼국지』「위서·환계전桓階傳」에 따르면 "군의 공조功曹로 임명되었다가 태수 손견이 효렴으로 천거하여 상서랑尚書郎에 임명했다"고 기록하고 있다. 손견이 장사태수일 때 환계는 공조였다.

제8회 초선

1 곡아曲阿: 현 명칭. 양주 오군에 속했으며 치소는 장쑤성 단양丹陽이었다.

2 강도江都: 현 명칭. 전국시대 때 초나라 광릉읍廣陵邑이었고 전한 때 현을 설치했다. 서주 광릉군에 속했으며 장쑤성 양저우揚州 서남쪽이었다.

3 상보尙父: 주 무왕이 여망呂望(강태공)을 '상보'라 존칭했는데 아버지처럼 존경한다는 의미

다. 후세에 대신을 존중하는 칭호로 사용됐다. 여기에서 동탁은 스스로 여망에 비유해 황제보다 위에 있으려 했다.

4 미오郿塢: 후한 초평 3년(192)에 동탁이 미郿에 성채를 축조했는데 높이와 두께가 7장으로 장안성과 같아 '만세오萬歲塢'라 불렸으며 세상에서는 '미오'라 칭했다. 미오는 산시陝西성 메이현眉縣 동북쪽 웨이허강 북쪽 기슭에 있다. 『삼국지』 「위서·동탁전」 배송지 주 『영웅기』에 따르면 "미오는 장안에서 260리 떨어져 있다"고 했다.

5 횡문橫門: 한나라 장안성 북서쪽의 첫 번째 문으로 서역으로 향하는 대로가 있다.

6 북지北地: 군 명칭으로 전국시대 진나라가 설치했다. 양주涼州에 속했으며 전한 때 치소는 마령馬嶺(간쑤성 칭양慶陽 서북쪽 마링진馬嶺鎭)이었고 후한 시기에는 부평富平(닝샤 우중吳忠 서남쪽)으로 옮겼다. 산시陝西성 중부 서북 방면으로 간쑤성과 인접한 일대에 해당된다.

7 성대省臺: 조정의 여러 성省과 어사대의 병칭이며 일반적으로 중앙정부를 가리키기도 한다.

8 사공司空: 서주 때 설치되었고 지위는 삼공의 다음이었으며 육경에 상당하여 수리水利와 공사를 담당했다. 춘추전국 시대 때도 설치되었으며 전한 성제 때 어사대부를 대사공으로 변경했다.

9 도미荼蘼: 도미는 낙엽이 작은 관목으로 땅에서 줄기가 번식하며 줄기에 갈고리 모양의 가시가 있다. 흰색 꽃이 피고 향기가 난다.

10 가기歌伎: 노래 부르고 춤추는 것을 업으로 삼는 여자를 말한다.

11 푸른 옷(청의靑衣)은 시녀를 가리키는 말로, 대부분 푸른 옷을 입어서 붙은 이름이다.

12 전청前廳: 주요 방을 통행하는 전면에 위치한 방이다.

13 이伊, 주周: 이는 이윤伊尹으로 탕왕을 보좌하여 하나라 걸을 멸망시켰고 상을 건립했다. 주는 주공을 말하며 주 무왕의 동생으로 무왕을 도와 상을 멸하고 무왕 사후에 또 성왕을 보좌하여 국가를 통치했다.

14 건상乾象: 하늘의 별자리 모양. 고대의 미신 관념으로 별이 총총한 하늘의 자연현상과 사회의 정치, 인사와 관련이 있다고 인식했다.

15 교방敎坊: 궁정 음악을 관리하는 기관. 아악 이외의 음악, 무도, 잡기의 지도, 무대 연습, 연출 등의 사무를 관장했다. 삼국시대에는 없었고 당 무덕武德 이후에 설치되었다.

16 소양궁昭陽宮: 한나라 성제가 조비연趙飛燕을 총애하여 그녀를 위해 지었다. 후에 조비연이 황후가 되어 소양궁은 후궁의 정궁이 되었다. 조비연은 전한 성제의 황후이며 애제 때의 황태후다. 본명은 조의주趙宜主로 가무에 뛰어났다고 전해진다. 통상적으로 자태가 유연하고 연약한 미녀에 비유된다.

17 양주梁州: 「양주령梁州令」으로 당나라의 곡조 명칭이다.

18 화당畵堂: 채화로 장식한 안채, 대청이다.

19 홍아紅牙: 악기 이름. 박달나무로 만든 박판拍板으로 악곡의 박자를 조절하는 데 사용한다.

20 행운行雲: 무산巫山 선녀의 전고를 인용. 여기서는 초선을 가리킨다.

21 천금千金: 옛날에 다른 사람의 딸에 대한 공손한 칭호 혹은 존칭이다.

22 전국시대 초나라 양왕. 호색한으로 이름이 났으며, 여기서는 동탁의 호색을 가리킨다.

23 양춘곡陽春曲: 「양춘백설陽春白雪」로 초나라의 가곡명이다.

24 전거氈車: 모전毛氈(양모 등을 압축하여 만든 두꺼운 편직물로 바닥에 깔거나 신발 등을 만들 때 사용한다)으로 덮은 수레를 말한다.

25 필匹: 방직물을 세는 단위로 4장丈(924센티미터)을 1필이라 한다.

26 문리門吏: 직위 명칭으로 문을 지키는 사람이다. 성문 혹은 아문衙門을 지키는 것이지 집 문을 가리키는 것은 아니다. 매우 낮은 관직이다.

제9회 동탁의 몰락

1 서원書院: 송나라에서 청나라에 이르기까지 개인 혹은 관부에 설립하여 사람들에게 독서, 학술 강연을 제공하던 장소로 전담자가 주관했다.

2 은상恩相: 송원 시기의 관장에 대한 존칭으로 상은 상공의 줄임말이다.

3 청사靑史: 고대에 죽간으로 사실을 기록했고 대나무는 푸른색이라 사적史籍을 청사라 했다.

4 복야僕射: 진나라 때 시작되었고, 한나라 성제 때 상서 5명을 두었는데 그중 한 사람을 복 야로 삼았다. 지위는 상서령 다음이었다. 황제 명령의 개봉과 화폐, 곡식 등의 사무를 처리 했다. 헌제 건안 4년(199)에 좌우복야가 설치되었다.

5 조문朝門: 천자 궁전의 정문. 이 문으로 들어와야 정조正朝(군주가 신하의 알현을 받던 곳)였 기 때문에 조문이라 한다.

6 미앙전未央殿: 미앙궁을 말하며 한나라 때 황제가 조회하던 궁이다.

7 선위禪位: 천자가 살아서 다른 사람에게 제위를 물려주는 것을 말한다.

8 수선대受禪臺: 제위를 선양하기 위해 쌓아놓은 대를 가리킨다.

9 비웅군飛熊軍: '비웅'은 원래 현인賢人과 은사隱士를 가리킨다. 비웅군은 『삼국지연의』 소설 에 등장하는 동탁의 개인 정예 부대로 옆구리에 두 날개가 달려 날고 있는 곰의 도안이 기 치에 수놓아져 있고 동탁의 심복 대장인 이각 등이 통솔했다.

10 집금오執金吾: 진한 시기에 금군禁軍을 인솔하여 경성과 궁성을 호위하던 관원이다. 본래 명칭은 중위中尉였는데 전한 무제 때 집금오로 바뀌었고 삼보三輔 지구의 치안을 감독했 다. 금오金吾는 양 끝이 금으로 칠해진 구리 몽둥이로 그것을 쥐고 있음으로써 권위를 드 러냈다.

11 귀비貴妃: 황후 다음가는 비빈의 지위로 삼국시대에는 없었고 남조 송 효무제 때 시작되 었다.

12 옥련玉輦: 천자가 타는 수레로 옥으로 장식되어 있다.

13 시조市曹: 시내 상업 중심 지역으로 고대에는 항상 이런 번화한 곳에서 범인을 처형했다.

14 제중臍中: 경맥에 속한 혈 명칭으로 복부 중앙에 있으며 배꼽 중앙이다.

15 오류. 『삼국지』 「위서·동탁전」의 기록을 보면 이들은 양주凉州가 아닌 동탁의 사위였던 우 보가 있는 섬현陝縣으로 갔다. 섬현은 현 명칭으로 치소는 허난성 싼먼샤三門峽 서쪽 산저 우陝州였다.

16 백금白金: 고대에는 은을 가리켰다. 한대에 은과 주석을 섞어 주조한 화폐를 '백금'이라고도

불렀다.

17 융중산隆中山: 후베이성 샹양襄陽 서쪽에 있으며 한수를 끼고 있다. 제갈량이 이곳에 은거하고 있었다.

18 오류. 섬서가 아닌 섬현陝縣이다.

19 오류. 이들은 서량주가 아닌 섬현에 있었다. 그렇지만 그 부하들 대부분은 양주涼州 사람이었다.

20 오류. 서량이 아닌 양주涼州의 군사들이다.

21 팽월요초彭越撓楚: 팽월은 한나라 초기의 대장으로 초와 한이 대치했을 때 항상 초의 후방을 습격하고 교란하여 유방을 도왔다.

22 태상경太常卿: 구경九卿 가운데 하나로 종묘 제례, 예악의 제반 사무를 관장했다. 진나라 때 봉상奉常이라 칭했고, 한나라 경제景帝 중원中元 6년(기원전 144) 태상太常으로 개명했다. 남조 양梁나라 때 비로소 '태상경'이라 칭했다.

23 대홍려大鴻臚: 구경 가운데 하나로 소수 민족 접대, 왕래 및 제후왕의 입조를 맞아들이고 전송하며, 조회와 작위 수여 등의 예절과 의식 사무를 관장하던 관원이다.

24 선평문宣平門: 장안성 동쪽으로 나와 북쪽 방면의 첫 번째 문으로 동도문 혹은 도문이라 부르며 줄여서 선평이라 칭했다.

25 황개黃蓋: 황색 양산 혹은 황색 마차 차양으로, 항상 황제의 어가를 가리킨다.

26 주청奏請: 상주하여 지시를 바라다 혹은 상주하여 요청하다라는 뜻이다. 고대에 하급자가 상급자에게 지시를 바라거나, 어떤 일을 요청하는 것을 말하는 것으로 공경의 뜻이 포함되어 있다.

27 두우斗牛: 북두성과 견우성.

제10회 조조, 마침내 군대를 일으키다

1 오류. 이각과 곽사 등은 바로 아래 내용에서 보면 관직뿐만 아니라 관직과 작위도 요구했다.

2 가절월假節鉞: 절과 월은 황제의 신물이다. '절'은 황제를 대표하는 신분으로 절을 소지한 사신은 황제와 국가를 상징하며 상응하는 권력을 행사할 수 있다. 무장에게 '가절假節'이란 자신의 군중에서 군령에 저촉된 사졸을 참살할 수 있다는 뜻이다. '월'은 '부월斧鉞'로 도끼와 같은 형태로 일종의 형구이며, 군왕의 전속으로 간혹 신하에게 잠시 빌려줄 수 있는데 이것을 '가절월'이라고 칭한다. 군왕이 소유한 권한을 부여하는 것 중에서 '가절월'의 규격은 지극히 높으며 '가절월'을 보유하면 마음대로 군령에 저촉된 사졸을 참살할 수 있을 뿐만 아니라 군주를 대신해 출정할 수 있으며 절을 소지한 대장을 참살할 수 있는 권력을 소유했다.

3 『삼국지』「위서·동탁전」에는 본문과 같이 '표기장군'이라고 했지만, 『후한서』「헌제기」와 「동탁전」에는 '진동장군鎭東將軍'으로 기록되어 있다. 본문 13회에 가서 장제는 비로소 표기장군에 임명된다.

4 홍농弘農: 군 명칭으로 사례주에 속했다. 치소는 홍농弘農(허난성 링바오靈寶 동북쪽 황하 연안)이었다. 허난성 서부와 산시陝西성 인접 지구로 함곡관 소재지 주변의 구역을 말한다.

5 관곽棺椁: 내관과 외관을 말한다. 시신을 염하여 입관하는 기구로 곽椁은 관 밖을 덮는 외 관인데 바로 관 외면을 덮어씌우는 큰 관을 말한다.

6 오류. 양주涼州자사로 해야 맞다.

7 병주幷州: 한 무제가 설치한 13개 자사부 중의 하나로 9개 군과 98개 현, 읍, 후국을 관할했 다. 산시山西성 대부분, 허베이성 및 네이멍구 일부분에 해당되었는데, 후에 확장되어 지금 의 산시山西성 대부분, 산시陝西성 북부와 네이멍구 랑산狼山, 인산陰山 이남 지구에 상당 했다. 후한 시기에 치소는 진양晉陽(지금의 산시山西성 타이위안太原 서남쪽)이었다.

8 정서장군征西將軍: 후한 말기에 설치된 장군 명칭. 정동, 정서, 정남, 정북 등 '사정四征' 장군 가운데 하나다.

9 진서장군鎭西將軍: 후한 말기에 설치된 장군 명칭. 진동, 진서, 진남, 진북 등 '사진四鎭' 장군 가운데 하나다.

10 휘하麾下: 본래의 뜻은 부하를 가리키나 여기서는 장수에 대한 경칭으로 사용되었다.

11 주질산盩厔山: 산시陝西성 저우즈周至다.

12 관옥冠玉: 모자를 장식하는 아름다운 옥으로 남자의 준수한 외모를 형용한다.

13 진창陳倉: 현 명칭으로 진나라 때 설치되었다. 사례주 우부풍右扶風에 속했으며 치소는 산 시陝西성 바오지寶雞 동쪽이다. 관중과 한중 사이의 교통 요충지로 역사적으로 전략 요지 였다.

14 오류. 『삼국지』 「위서·동탁전」 배송지 주 『구주춘추』에 "형의 아들 리뮈子利"로 기록되어 있 다. '이별李別'이 아니라 '이리李利'로 해야 맞다. 『후한서』 「동탁전」에도 형의 아들 이리로 기 록되어 있다.

15 오류. 산동은 효산崤山(샤오산산, 허난성 뤄닝洛寧 북쪽에 위치한 산) 동쪽 지구를 가리킨다. 앞 문장에 근거하여 '청주, 연주'라고 해야 맞다.

16 오류. 『삼국지』 「위서·무제기」에는 '수장壽張'으로 기록되어 있다. 수장은 전국시대 제나라 의 수읍이었다. 한나라 때 수량壽良을 설치했고 후한 때 수장으로 명칭이 변경됐다. 연주 동평국에 속했으며 산둥성 둥핑東平 서남쪽이다.

17 오류. 『삼국지』 「위서·무제기」와 『자치통감』 권61 「한기 53」의 기록에는 '연주목兗州牧'으로 기록되어 있다. 조조가 제북濟北에서 황건을 토벌한 일은 초평初平 3년(192)의 일이고 연주 목에 임명된 것은 흥평興平 2년(195) 겨울 10월의 일이다. 또한 소설에서처럼 진동장군에 임명된 것은 건안 원년(196) 여름 6월의 일이다. 각기 시간 차가 있다.

18 영천潁川 영음潁陰: 영천은 군 명칭으로 진나라 때 설치되었다. 예주에 속했으며 치소는 양 적陽翟(허난성 위저우禹州)이었다. 영음은 현 명칭으로 전한 때 설치되었다. 예주 영천군(허 난성 쉬창許昌)에 속했다.

19 자방子房: 한고조 유방을 보좌한 책사 장량의 자다.

20 오류. 『삼국지』 「위서·순욱전荀彧傳」의 기록에 따르면 '행군사마'가 아닌 '사마'로 임명했다.

21 황문시랑黃門侍郎: 황문랑黃門郎으로도 부른다. 진秦 시기에 처음으로 설치되었고 황문黃 門(궁문) 안에서 일을 처리하는 낭관郎官이라 황문시랑이라 했다. 황제를 가까이 모시는 신

하로 황제의 명령을 전달했다.

22 오류.『삼국지』「위서·순유전荀攸傳」에 따르면 "순유를 불러 여남태수로 임명했다가 입조하자 상서로 임명했고 다시 군사로 임용했다"고 기록되어 있다. '행군교수'라는 관직은 존재하지 않았다.

23 동군東郡 동아東阿: 동군은 군 명칭으로 전국시대 말기 진나라 때 설치했다. 치소는 복양濮陽(허난성 푸양濮陽 서남쪽)이었다가 후한 이후에 관할 구역이 축소되었고 치소를 동무양東武陽(산둥성 선현莘縣 서남쪽)으로 옮겼다. 연주에 속했다. 동아는 산둥성 양구陽谷 동북쪽이다.

24 회남淮南 성덕成德: 성덕은 현 명칭으로 전한 때 설치되었고 안후이성 서우현壽縣 동남쪽이었다. 회남은 왕국 명칭으로 양주에 속했으며 치소는 수춘壽春(안후이성 서우현)이었다.

25 오류.『삼국지』「위서·유엽전劉曄傳」의 기록에 따르면 그의 자는 '자양子陽'이 아니라 '자양子揚'으로 기록하고 있다.

26 창읍昌邑: 현 명칭으로 진나라 때 설치되었고 한나라 때 창읍 왕국이었다. 연주 산양군에 속했으며 산둥성 진샹金郷 서북쪽에 있었다.

27 오류.『삼국지』「위서·여건전呂虔傳」의 기록에 따르면 여건은 '임성任城(치소는 산둥성 지닝濟寧 동남쪽)' 출신으로 기록되어 있다.

28 평구平丘: 본래는 전국시대 때 위읍衛邑이었고 한나라 때 평구平丘를 설치했다. 연주 진류군에 속했으며 허난성 평추封丘 동쪽이었다.

29 거평鉅平: 후국 명칭. 전한 때 거평鉅平을 설치했고 후한 때 후국으로 변경되었다. 연주 태산군에 속했으며 산둥성 타이안泰安 남쪽이었다.

30 오류.『삼국지』「위서·우금전于禁傳」의 기록에는 조조가 우금을 '점군사마點軍司馬'가 아닌 '군사마軍司馬'의 관직을 줬다고 했다. 또한 우금은 스스로 찾아온 것이 아니라 왕랑이 조조에게 대장군감이라고 추천한 사람이다.

31 오류.『삼국지』「위서·전위전典韋傳」에 따르면 전위는 '진류군 기오己吾(허난성 닝링寧陵 서남쪽)' 사람으로 기록되어 있다.

32 악래惡來: 상나라 주왕의 신하로 용기와 힘이 세기로 유명했다.

33 오류.『삼국지』「위서·전위전」에 따르면 '장전도위帳前都尉'가 아닌 "하후돈에게 귀속되어 사마로 임명됐다"고 기록하고 있다.

34 오류. 앞쪽 내용에 근거하여 산둥이 아닌 '연주'로 해야 맞다.

35 오류. 낭야琅琊는 군이 아니라 왕국 명칭으로 서주에 속했으며 치소는 개양開陽(산둥성 린이臨沂 북쪽)에 있었다. 낭야국으로 고쳐야 맞다. 고대에는 낭야琅邪로 적었으며 낭야琅玡라고도 했다.

36 오류.『삼국지』「위서·무제기」 배송지 주『세어』에는 조덕曹德을 조숭의 동생이 아닌 조조의 동생으로 기록하고 있다. 또한『후한서』「조등전曹騰傳」에 따르면 "작은아들 조질曹疾(조덕의 다른 이름)"이라고 기록하고 있다.

37 오류. 주의 장관은 '자사' 혹은 '목'이다.『삼국지』「위서·도겸전」에 동탁의 난이 일어났을 때 도겸을 "서주목으로 임명했다"고 기록하고 있다.

38 화華, 비費: 화는 현 명칭으로 전한 때 설치되었고 후한 때 비에 편입됐다. 비는 후작 봉지

의 명칭으로 연주 태산군에 속했으며 치소는 산둥성 페이현費縣 북쪽에 있었다.

39 견성鄄城: 현 명칭. 춘추시대 때 위衛 견읍鄄邑이었고 후에 제읍齊邑이 되었다. 진나라 때 견성을 설치했다. 연주 제음군濟陰郡에 속했으며 산둥성 쥐안청鄄城 북쪽에 있었다.

40 범현范縣: 현 명칭으로 한나라 때 범현이 설치되었다. 연주 동군에 속했으며 치소는 허난성 판현范縣 동남쪽에 있었다.

41 구강九江: 군 명칭. 진나라 때 설치되었고 처음에 치소는 수춘壽春(안후이성 서우현)이었다. 후한 시기에 치소를 음릉陰陵(안후이성 딩위안定遠 서북쪽)으로 옮겼으며 양주에 속했다.

42 명공明公: 명성이 높은 위치에 있는 사람에 대한 존칭이다.

43 인인군자仁人君子: 착한 마음씨를 가진 단정한 사람을 말한다.

44 사군使君: 한나라 때는 자사의 존칭이었으나 한대 이후에는 주군 장관의 존칭으로 사용되었다.

45 오류. 서주는 군이 아니라 주이며 다섯 개의 군과 국을 관할했다.

46 오류. 군의 장관은 태수로 존칭은 '부군府君'이고, 주의 장관은 '자사' 혹은 '목'이며 존칭은 '사군'이었다. 서주는 '주'이므로 '사군'이라 해야 한다.

제11회 유비, 서주를 구하다

1 동해東海 구현朐縣: 동해는 군 명칭으로 진나라 때 설치되었다. 서주에 속했으며 치소는 담현郯縣(산둥성 탄청郯城 북쪽)이었다. 구현은 현 명칭으로 진나라 때 설치되었다. 장쑤성 롄윈강連雲港 서남쪽에 있었다.

2 오류. 『삼국지』「촉서·미축전糜竺傳」에 따르면 미축의 성 한자는 '미糜'가 아니라 '미麋'로 기록되어 있다.

3 별가종사別駕從事: 한나라 때 설치되었고 사례교위와 모든 주 장관 자사의 속관으로 자사가 외지로 순시를 나갈 때 별도의 수레로 모시며 인도했기 때문에 별가종사라 했다.

4 오류. 북해는 군이 아니라 왕국 이름으로 청주에 속했다. 후한 때 국으로 변경되었고 치소를 극현劇縣(산둥성 서우광壽光 남쪽)으로 옮겼다. 건안 11년(206)에 다시 군이 되었다.

5 노국魯國 곡부曲阜: 산둥성 취푸曲阜. 노국은 춘추시대 때의 제후국 명칭이다. 본래는 서주에 속했으나 광무제가 후한을 건립한 후 예주로 변경, 귀속시켰다. 도읍은 노현(산둥성 취푸)이었다. 『후한서』「공융전」에 따르면 공융은 '노국' 사람으로만 기록하고 있다.

6 혼인閽人: 주나라 때 관직명으로 아침저녁으로 궁문을 열고 닫는 일을 담당했는데 후세에는 문을 지키는 사람을 '혼인'이라 통칭했다.

7 오류. 『후한서』「공융전」에 따르면 이상李相이 아닌 '이군李君'으로 기록되어 있다. 당시 이응은 직분이 '하남윤'이었다. 후한 시기 수도 낙양 부근의 21개 현을 합쳐 하나의 행정 구역으로 한 것을 하남윤이라 불렀다. 치소는 낙양雒陽(뤄양洛陽 동북쪽)이었다. 그 장관 또한 하남윤이라 칭했다.

8 노자老子: 춘추시대의 사상가로 도가 학파의 창시자. 성은 이李, 이름은 이耳로 여기 이응과 같은 이씨다.

9 위기偉器: 대기大器와 같은 말로 큰일을 감당할 만한 인재를 말한다.

10 오류. 북해는 '군'이 아니라 '국'이었으므로 장관은 태수가 아닌 '상'이 되어야 맞다. 이하 동
   일. 『속한서續漢書』에 따르면 공융은 이때 나이 38세였다고 한다.

11 동래東萊 황현黃縣: 동래는 군 명칭으로 전한 때 설치되었다. 청주에 속했으며 치소는 액현
   掖縣(산둥성 라이저우·萊州)이었고 후한 때 치소를 황현黃縣(산둥성 룽커우龍口 동남쪽)으로
   옮겼다. 황현은 춘추시대 때 내자국萊子國이었다. 진나라 때 황현이 설치되었다. 전한 때는
   동래군에 속했다. 산둥성 룽커우 황성진黃城鎭 동쪽이었다.

12 요동遼東: 군 명칭으로 전국시대 연나라 때 설치되었다. 유주에 속했으며 치소는 양평襄平
   (랴오닝성 랴오양遼陽)이었다.

13 출전은 『논어論語』 「안연顔淵」이다. 소설과 다르게 원문은 "예로부터 사람은 누구나 죽기
   마련이지만 백성이 믿지 않으면 나라가 세워지지 못하느니라自古皆有死, 民無信不立"다.

14 기각지세掎角之勢: '기'는 사슴을 잡을 때 다리를 잡는 것을 가리키며 '각'은 뿔을 잡는 것
   으로 원래는 양쪽 방향에서 적을 협공한다는 의미였으나 현재는 병력을 나누어 적들을 견
   제하거나 혹은 상호 지원하는 형세를 비유한다.

15 오류. 서주는 주 명칭이지 어떤 구체적인 성의 명칭이 아니다. 한나라 말엽에 서주의 치소를
   '하비下邳(장쑤성 쑤이닝睢寧 서북쪽)'로 옮겼으므로 여기서는 서주 성이 아닌 '하비 성'으로
   해야 맞다.

16 패인牌印: 영패令牌(군사행동 중 군사 장관에게 권한을 부여하는 것을 표명하는 일종의 증빙)와
   인신印信(인장)을 가리키며 관원 신분을 검증하는 것이다.

17 전서戰書: 적대적인 상대방에게 교전을 통지하는 문서다.

18 복양濮陽: 현 명칭으로 진나라 때 설치되었다. 연주 동군에 속했으며 치소는 허난성 푸양濮
   陽 서남쪽이었다.

19 상산常山: 군, 국 명칭으로 진나라 때 항산군恒山郡을 설치했다. 전한 때 문제 유항劉恒을
   피휘하기 위해 상산군으로 변경했다. 고후, 경제, 무제 때 국이 되었다가 후에 다시 군이 되
   었다. 기주에 속했으며 치소는 원씨元氏(허베이성 위안스元氏 서북쪽)였다.

20 오류. 『삼국지』 「위서·여포전」과 『후한서』 「여포전」에 따르면 "여포를 맞이하여 연주목으로
   세우고 복양을 점거했다"고 기록하고 있다.

21 오류. 서주는 '주'이므로 장관은 자사가 되고 존칭은 '사군'이다. 부군은 군 태수의 존칭이다.

22 삼공三公: 후한 시대의 삼공은 태위, 사도, 사공이었다.

23 수춘壽春: 전국시대 때 초읍이었고 진나라 때 현을 설치했다. 양주 구강군九江郡에 속했으
   며 군치 소재지였다. 안후이성 서우현壽縣이었다.

24 소패小沛: 한고조는 본래 사수군泗水郡 패현 사람이다. 천하를 손에 넣은 후 사수군을 패
   군으로 변경했는데 소패는 즉 패현을 말한다. 패현은 후한 시기에 예주 패국에 속했으며
   장쑤성 페이현沛縣이다. 당시 패현 남쪽에 패국이 있었기 때문에 소패라 불렸다.

25 오류. 복양은 연주에 속한 성이다. 연주와 나란히 병기하는 것은 맞지 않다.

26 오류. 등현滕縣은 주나라 때 국이었고 전국시대 때는 제나라 땅이었다. 후한 삼국 시기에는
   번현蕃縣이라 불렀으며 수나라 때 다시 등현으로 개명됐다. 이때는 등현이 아닌 공구公丘
   라 해야 맞다. 산둥성 텅저우滕州 서남쪽이며 예주 패국에 속했다.

27 오류. 여기에서는 연주 전체가 아닌 연주의 치소인 창읍昌邑(산둥성 진샹金鄕 서북쪽)으로 해야 맞다. 연주는 한 무제가 설치한 13개 자사부 가운데 하나로 8개 군, 국과 80개의 현, 읍, 공, 후국을 관할했다. 대략 산둥성 서남부와 허난성 동부 지역에 해당된다. 후한 시기에 치소는 창읍昌邑(산둥성 진샹金鄕 서북쪽)이었다. 이하 동일.

28 정족지세鼎足之勢: 세 발 달린 솥처럼 삼각 구도를 이루어 세 방면이 병립하는 형세를 말한다.

29 오류. 태산은 창읍昌邑과 복양의 동북쪽에 있다. 조조가 서주로부터 철군했기에 태산을 거쳐갈 필요가 없었다.

30 안문雁門 마읍馬邑: 안문은 군 명칭으로 전국시대 조나라 무령왕武靈王이 설치했다. 진, 전한 시기에는 치소가 선무善無(산시山西성 유위右玉 남쪽)였으나 후한 때 치소를 음관陰館(산시山西성 다이현代縣 서북쪽)으로 옮겼으며 병주에 속했다. 마읍은 현 명칭으로 진나라 때 설치되었다. 옛 치소는 산시山西성 쉬저우朔州였다.

31 오류. 태산군은 산둥성에 있었고 화음현은 산시陝西성에 있었다. 서로 맞지 않는다. 『삼국지』「위서·장패전臧霸傳」에 따르면 장패는 태산군 화현華縣(산둥성 페이현費縣 동북쪽) 사람으로 기록되어 있다.

32 오류. 내용상 동쪽으로 해야 맞다. 서쪽 군영을 공격했으니 여포의 구원병은 당연히 동쪽에서 와야 한다.

제12회 도겸, 서주를 세 번 양보하다

1 오류. 『삼국지』「위서·전위전」에는 '영군도위領軍都尉'가 아닌 '도위'로 기록되어 있다.

2 가동家僮: 사가私家 노복의 통칭이다.

3 여양黎陽: 현 명칭으로 전한 때 설치되었다. 치소는 허난성 쉰현浚縣 동쪽이었다. 후한 때 여양영黎陽營을 이곳에 설치했는데 당시 군사 요지였다. 기주 위군魏郡에 속했다.

4 경천위지지지재經天緯地之才: 재능이 지극히 뛰어난 사람으로 마치 천지를 안배할 수 있는 것과 같음을 말한다. 경은 날실을 베틀에 건다는 의미이고 위는 씨실로 직물의 가로 짜인 실이나 선을 말한다. 경천위지는 하늘로써 날줄로 삼고 땅으로써 씨줄로 삼는다는 뜻으로, 본래는 천지로 법도를 삼는다는 의미였으나 후에 천하를 경영하고 국정을 다스리는 것을 말했다.

5 조교弔橋: 교량 바닥의 전부 혹은 일부분을 들어 올렸다 내릴 수 있는 다리로 대부분 해자垓字나 군사 거점에 사용했다.

6 문도門道: 성문 안쪽의 지붕이 있는 통로다.

7 마릉산馬陵山: 허난성 판현范縣 서남쪽. 『삼국지』「위서·무제기」의 기록에 따르면 조조와 여포가 마릉산에서 전투를 벌였다는 기록은 없다.

8 관貫: 고대에 동전을 묶는 끈으로 1000개의 동전을 묶은 것을 1관이라 했다.

9 『삼국지』「위서·무제기」에 따르면 "이해에 곡식 1곡斛의 가치가 50여 만 전에 이르러 사람이 사람을 잡아먹는 일이 발생했고, 이에 태조(조조)는 새로 모집한 관원과 사병을 해산하

여 돌려보냈다"고 했다.

10 서주는 '주'이므로 장관은 자사가 되고 존칭은 '사군'이다. 부군은 군 태수의 존칭이다. '사군'
이라 해야 맞지만 본문에서 '부군'으로 계속 표현했기 때문에 여기서도 부군이라 했다.(11회
주석 참조)

11 종사從事: 관직 명칭으로 종사사從事史다. 주 자사의 속리屬吏로 별가종사사別駕從事史, 치
중종사사治中從事史 등으로 나뉘며 주요 책무는 문서를 주관하고 불법을 감찰하는 것이었
다. 후에 종사는 참군으로 변경됐다.

12 오류. 서주는 '군'이 아니라 '주'다. 그리고 '유사군께서'로 표현했듯이 '사군'은 '주' 장관의 존
칭이므로 앞뒤가 안 맞는 표현이다.

13 막관幕官: 막직관幕職官의 간칭. 송나라 지방 장관의 부하가 막직관이 되었다. 막료를 말
한다.

14 오류. 도겸은 하비下邳에서 죽었으니 황하와는 거리가 멀다. 사수泗水가 가깝다.

15 유표遺表: 고대의 대신이 임종 전에 적은 장표章表로 죽은 후에 상주했다.

16 고조보관중高祖保關中: 초와 한이 서로 다툴 때 유방이 소하蕭何에게 명하여 관중을 지키
게 했는데 후에 근거지가 됐다.

17 광무거하내光武據河內: 유수(광무제)가 황하 이북 지역에서 통치하고 있을 때 구순寇恂을
하내 태수로 삼아 군수 공급을 확보하게 했다.

18 황하와 제수濟水 두 물줄기가 합쳐지는 곳이 연주다. 제수는 허난성 지위안濟源에서 발원
하여 허난성, 산둥성을 경유하여 발해로 유입된다.

19 진陳: 왕국 명칭. 후한 장화章和 2년(88)에 설치되었다. 예주에 속했으며 치소는 진현陳縣(허
난성 화이양淮陽)이었다.

20 타도계拖刀計: 무장이 칼을 늘어뜨리고 거짓으로 패한 척하며 달아나다가 적이 대비하지
못한 틈을 이용해 갑자기 고개를 돌려 공격하는 계책이다.

21 갈피葛陂: 옛날 호수의 명칭으로 허난성 신차이新蔡 북쪽에 있었으나 이 호수는 이미 매몰
되었다.

22 위圍: 원주를 계산하는 대략적인 단위. 양팔을 벌려 껴안은 길이를 가리키기도 하고 양손
의 집게뼘을 합친 길이를 나타내기도 하는데 정확하게 정해진 수는 없다. 1척을 1위라고도
하고, 5촌을 1위라고도 한다.

23 오류. 『후한서』 「군국지」에 따르면 당시에 초국譙國은 없었고 패국沛國 관할로 단지 초현譙
縣만 있었다. 건안 18년(213)에 초국이 설치되었고 건안 22년(217)에 초를 봉국으로 삼기
시작했다. 초현은 진나라 때 설치되었고 안후이성 보저우亳州에 있었다.

24 오류. 여기에서는 연주 전체가 아닌 연주의 치소인 '창읍昌邑'으로 해야 맞다. 이하 동일.

25 거야鉅野(巨野): 현 명칭. 연주 산양군에 속했으며 치소는 산둥성 쥐예巨野 동북쪽이었다.

26 정도定陶: 현 명칭으로 진나라 때 정도定陶가 설치되었다. 연주 제음군濟陰郡에 속했으며
치소는 산둥성 허쩌菏澤 딩타오定陶구 서북쪽이었다.

27 오류. 『후한서』 「군국지」에 따르면 제북국濟北國, 제음군은 모두 연주에 속했으나 제군濟郡
은 없었다.

28 오류. '연주 지역'이라고 해야 맞다.

제13회 이각과 곽사의 난

1 오류. 서주는 '군'이 아니라 '주'다.

2 금지옥엽金枝玉葉: 원래는 아름다운 꽃나무의 가지와 잎을 형용했으나 후에는 대부분 황족의 자손을 가리켰다. 현재는 출신이 고귀하거나 혹은 여리고 유약한 사람을 비유한다.

3 오류. 산동이 아닌 '연주'라 해야 맞다.

4 오류. 『삼국지』 「위서·무제기」에 따르면 건안 원년(196) 2월에 "건덕장군建德將軍에 봉해지고 6월에 진동장군鎭東將軍에 천거되고 비정후費亭侯에 봉해졌다"고 기록하고 있다. 건덕장군은 조조에게 상을 주기 위해 임시로 설치한 잡호장군으로 이후에 수여받은 사람이 없었다. 진동장군은 장군 명호 중의 하나로 후한 말에 진동鎭東, 진남鎭南, 진서鎭西, 진북장군鎭東將軍이 각 한 명씩 있었는데 '사진四鎭'이라 불렀다.

5 대사마大司馬: 중국 고대 중앙정부의 무관 직무 중에서 최고 장관의 호칭이다. 한 무제 때 태위를 없애고 대사마를 설치했다. 전한 시기에는 항상 권력을 장악한 외척에게 이 관직을 수여했고 대부분 대장군, 표기장군, 거기장군과 연계해 불렀다. 후한 초기에는 삼공 중 하나로 태위로 돌렸다가 말년에 다시 별도로 대사마를 설치했는데 삼공의 지위보다 높았다.

6 오류. 『후한서』 「헌제기」에 따르면 곽사는 스스로 '거기장군'이 되었다고 했는데, 이때는 이미 이각과 곽사가 서로 공격할 때였다.

7 대사농大司農: 한나라 때 설치되었으며 국가 재정과 경제를 관장했고 구경 가운데 하나였다.

8 곽아다郭阿多: '다'는 곽사의 다른 이름이며 '아'는 성이나 이름 앞에 붙여 친밀함을 나타내는 표현이다. 『후한서』 「동탁전」과 『영웅기英雄記』에 따르면 "곽사는 일명 다多라 했다"고 했다.

9 궁원宮院: 황제 후비后妃(황후와 후궁)가 기거하는 가옥, 정원을 말한다.

10 채녀采女: 한나라 때 육궁의 칭호로 민가에서 선발했기에 '채녀'라 했다. 후에는 궁녀의 통칭으로 사용했다.

11 숙계叔季: 본래는 춘추 후기에 노나라 정권을 장악한 귀족 숙손씨叔孫氏와 계손씨叔孫氏를 가리킨다. 또한 형제의 서열은 백伯, 중仲, 숙叔, 계季 순인데 숙과 계는 서열 가운데 마지막 단계로 말세의 시대를 비유한다.

12 사서社鼠: 사社(지신地神을 모신 곳)와 종묘에 사는 쥐. 권력에 의지하는 소인배를 비유하는 말로 여기서는 환관을 의미한다.

13 서주西州는 양주涼州를 가리키고 반역의 무리는 동탁을 말한다.

14 신주神州: 중국을 '적현신주赤縣神州'라고 한 것에서 유래된 것으로 중국을 가리킨다.

15 육궁六宮: 본래는 황후의 침궁을 가리켰으나 황후가 거처하는 곳이기 때문에 황후를 가리키기도 한다. 당대에 이르러서는 후비를 가리켰다.

16 서리黍離: 『시경·왕풍王風』의 편명으로 국가 패망의 정경을 비유한다.

17 포상계苞桑戒: 포상은 뽕나무의 근본 줄기로, 포상계는 정권의 토대를 견고하게 해야 한다는 훈계다.

18 태아太阿: 고대 보검 명칭으로 권력을 비유한다.

19 내사內使: 황제의 명령을 전달하는 내감이다.

20 시신侍臣: 황제를 모시는 정신廷臣(조정 내의 대관大官)이다.

21 구具: 관, 시체, 일부 기물 등을 세는 단위다.

22 좌도左道: 전통이 아닌 무고巫蠱(무당이 요사스러운 술법을 사용하여 사람에게 해를 끼치는 것), 방술 등을 가리킨다.

23 오류. 양주涼州 사람이라고 해야 맞다.

24 유궁국有窮國: 하夏대의 국명. 산둥성 더저우德州 남쪽에 있었다.

25 후예後羿: 전설에 따르면 하나라의 동이족東夷族 수령이나 원래는 궁씨窮氏(산둥성 더저우) 부락의 수령이었고 활쏘기의 명수였다. 하나라 왕 태강을 전복시켜 스스로 왕이 되었으나 사냥을 좋아하여 정사와 백성을 돌보지 않다가 그 신하인 한착寒浞에게 살해당했다.

26 호분虎賁: 궁궐을 수비하고 군주를 호위하는 전문 인원. 호분중랑장虎賁中郎將이 호분虎賁 기병을 통솔했다.

27 오류. 서안은 '장안'을 말하는 것으로 미오의 동쪽에 있었다. 명대에 비로소 '서안부西安府'가 설치되었으므로 여기서는 서안이 아닌 동쪽으로 갔다고 해야 맞다.

28 오류. 섬서陝西가 아닌 섬현陝縣으로 해야 한다.

29 신풍新豐 패릉覇陵: 고조가 패현沛縣 풍읍豐邑 사람이었는데 그의 부친이 장안에 거주했지만 고향으로 돌아가고 싶어했으므로 풍읍 사람을 이곳으로 옮겨 현을 세웠는데 이를 신풍이라고 했다. 사례주 경조윤京兆尹에 속했으며 치소는 산시陝西성 시안西安 린퉁臨潼구 동북쪽에 있었다. 패릉은 현 명칭으로 진나라 때 지양芷陽을 설치했다. 한 문제 9년(기원전 171), 이곳에 패릉을 건축했고 아울러 현 명칭도 패릉으로 변경했다. 사례주 경조윤에 속했으며 치소는 산시陝西성 시안西安 동북쪽이었다. 문제는 사후에 이곳에 매장되었다.

30 금풍金風: 서풍, 추풍을 말한다. 오행으로 사방과 사시를 배치했는데, 서쪽 방향과 가을이 금에 속했기 때문에 서풍, 가을바람 혹은 금풍이라 했다.

31 성가聖駕: 황제 혹은 조정에 나오는 황후의 수레이며 황제나 황후를 비유해서 사용하기도 한다. 지금은 대부분 풍자나 비유에 사용된다.

32 종남산終南山: 남산이라고도 부르며 친링秦嶺(중국 중부를 가로지르는 큰 산맥) 주봉主峯 가운데 하나로 산시陝西성 시안西安 남쪽에 있다.

33 화류마驊騮馬: 전설에 주 목왕穆王의 여덟 준마 가운데 하나로 후에는 적색의 좋은 말을 화류라 했다. 일반적으로 준마를 가리킨다. 목왕의 여덟 준마는 다음과 같다. 적기赤驥, 도려盜驪, 백의白義, 유륜踰輪, 산자山子, 거황渠黃, 화류驊騮, 녹이綠耳.

34 오류. 『삼국지』 「위서·서황전徐晃傳」에 따르면 서황은 양군楊郡이 아니라 '양현楊縣' 사람으로 기록되어 있다. 후한 시기에 양현이란 지명은 있었으나 양군이란 지명은 없었다. 하동 양군은 하동군 양현으로 산시山西성 홍퉁洪洞 동남쪽에 있었다.

35 '화음華陰에 이르러 주필駐蹕했다'로 주필은 황제가 순시를 나가 도중에 잠시 머무르거나 숙박한다는 의미이며, '필蹕'은 경계하고 거리를 청소하며 사람의 통행을 금지한다는 의미다.

36 오류. 헌제가 동도로 가자고 했으니 '동도(낙양)'로 해야 맞다.

37 삼족三族: 부父, 자子, 손孫 혹은 부족父族, 모족母族, 처족妻族을 가리킨다.

38 동간東澗: 강 이름으로 지금의 허난성 링바오靈寶 동북쪽에 위치해 있다.

39 섬북陝北: 섬현陝縣 이북을 말한다.

40 백파白波: 한 영제 중평中平 5년(188) 황건의 잔여 세력인 곽태郭太 등이 서하군 백파곡白波谷(지금의 산시山西성 샹펀襄汾 서남쪽)에서 기의하여 백파적이라 불렸다.

41 오류. 『삼국지』 「위서·동탁전」과 『후한서』 「동탁전」에 따르면 위양이 아니라 '조양曹陽(허난성 링바오靈寶 동북쪽)'으로 나온다. 위양渭陽은 위하渭河의 남쪽이다.

42 대양大陽: 현 명칭. 사례주 하동군에 속했으며 치소는 산시山西성 핑루平陸 서남쪽이다.

43 안읍현安邑縣: 현 명칭. 전국시대 초, 위나라가 이곳에 도읍을 정했고, 진나라 때는 현을 설치했다. 사례주 하동군에 속했으며 치소는 산시山西성 샤현夏縣 서북쪽이었다.

44 연명連名: 여럿이 동일한 문서에 연합으로 서명하여 공동 책임을 표명하는 것을 말한다.

45 무의巫醫: 기도나 혹은 약간의 약물을 겸용하여 액땜을 하거나 병을 치료하는 사람을 말한다.

46 기관箕關: 옛 요충지 명칭으로 사례주 하동군과 하내군이 인접한 곳으로 허난성 지위안濟源 서쪽이다.

제14회 허도로 천도하고 장비는 서주를 잃다

1 지도軹道: 옛 도로 명칭으로 사례주 하동군 지현軹縣(허난성 지위안濟源 남쪽)에 있었다.

2 야왕野王: 현 명칭으로 전한 때 설치되었다. 사례주 하내군에 속했으며 치소는 허난성 친양沁陽이었다.

3 망탕산芒碭山: 망산芒山과 탕산碭山의 합칭. 안후이성 당산碭山 동남쪽과 허난성 융현永城의 접경 지역이다.

4 한고조 유방이 흰 뱀을 죽인 일로 적제(한나라)가 백제(진나라)를 죽였다는 고사다.

5 진록秦鹿: 진나라의 제위를 가리킨다. 녹록은 제위를 비유한다.

6 초추楚騅: 초패왕 항우가 타던 오추마烏騅馬를 말한다.

7 오류. 산동이 아닌 '연주'라고 해야 맞다. 이하도 '연주'로 표현해야 한다.

8 진나라 문공文公(기원전 697~기원전 628)은 춘추오패 가운데 하나로 본명은 중이重耳다. 주나라 양왕襄王이 왕자대王子帶에게 내쫓기자 제후들과 연합하여 왕자대를 패배시켜 난을 평정하고 양왕을 복위시켰다.

9 의제義帝(?~기원전 206)의 이름은 미심芈心 혹은 웅심熊心이라 하며 전국시대 말기 초 회왕懷王의 손자다. 기원전 208년 항량과 항우가 초를 다시 세운 뒤에 회왕으로 옹립되었다가 뒤에 의제로 개칭했다. 반진反秦 세력의 상징적인 맹주 구실을 했지만, 진이 멸망한 뒤에 항우에게 살해되었다. 유방은 의제의 장례를 치르고 항우를 토벌할 때 의제의 암살을 중요한 정치적 명분으로 내세웠다.

10 일전지지一箭之地: 화살을 쏠 때 쓰는 길이로 매 화살의 거리는 대략 130보 정도다. 거리가 매우 가까움을 말한다.

11 오류. 『삼국지』 「위서·동탁전」 배송지 주 『구주춘추』와 『후한서』 「동탁전」에 '이별'이 아닌

'이리李利'로 기록되어 있다.

12 오류. 『삼국지』「위서·무제기」에 따르면 대량大梁이 아닌 양현梁縣에 주둔했다고 기록하고 있다. 대량은 전국시대 위나라의 도읍이었다. 연주 진류군陳留郡에 속했으며 허난성 카이펑開封 서북쪽이었다. 양현은 현 명칭으로 전한 시기에는 하남군에 속했고, 후한 시기에는 사례주 하남윤에 속했다. 치소는 허난성 루저우汝州 동쪽이었다.

13 오류. 『삼국지』「위서·동소전董昭傳」에 따르면 정의랑正議郎이 아닌 '의랑議郎'에 제수되었다고 기록하고 있다.

14 제음濟陰: 군, 국 명칭으로 한 경제景帝 중원中元 6년(기원전 144)에 양국梁國을 나누어 국을 설치했고 후에 군으로 변경됐다. 연주에 속했으며 치소는 정도定陶(지금의 산둥성 허쩌딩타오구 서북쪽)였다.

15 오패五霸: 춘추시대에 가장 세력이 강성했던 다섯 제후로 제齊 환공桓公, 진晉 문공文公, 진秦 목공穆公, 송宋 양공襄公, 초楚 장왕莊王을 말한다. 그들은 주나라 천자를 존경하고 추앙한다는 구호로 자신들의 세력을 확장했다.

16 허許: 허창許昌. 현 명칭으로 춘추시대 때 허국이었다. 진나라 때 허현을 설치했고 후한 건안 원년에 조조가 헌제를 영접하여 이곳에 도읍을 정했다. 예주 영천군에 속했으며 허난성 쉬창許昌 동쪽이었다.

17 오류. 여기서는 마땅히 '허' 혹은 '허현'으로 해야 맞으며 '허도許都'는 헌제가 이주한 이후의 명칭으로 조조가 헌제를 영접하고 이곳을 도읍으로 정했기 때문에 허도라 했다.

18 노양魯陽: 옛 노현魯縣이고 춘추시대 때 초읍楚邑이었다. 전한 때 노양魯陽을 설치했다. 형주 남양군에 속했으며 치소는 허난성 루산魯山이었다.

19 태사령太史令: 태사로도 부르며 하나라 말에 이미 이 관직이 존재했다고 전해진다. 서주, 춘추시대 때 태사는 문서의 초안 작성과 제후, 경대부의 책명策命(책봉策書로 관직을 봉하고 작위를 수여함), 역사적 사실 기재, 사서 집필을 관장했으며 아울러 국가의 전적, 천문 역법, 제사 등을 관리했는데 조정의 대신이 담당했다. 진, 한 시기에 태사령을 설치했는데 직위가 점차 낮아졌다.

20 종정宗正: 관직 명칭으로 진 시기에 설치되었다. 전한 시기에도 설치되었으며 구경九卿 중 하나였다. 황족이 담당했고 황족을 위한 사무 기관의 장관이었다. 한, 위 이후에는 모두 황족이 담당했다.

21 천진天津: 북방 7수宿(두斗, 우牛, 여女, 허虛, 위危, 실室, 벽壁) 중에서 여수의 북쪽에 위치하며 은하의 지류에 위치해 있다.

22 봉건시대 통치 계급은 항상 별자리에 상응하는 인물이라고 말하면서 자신을 신격화하고 백성을 기만한다.

23 오류. 『삼국지』「위서·만총전滿寵傳」에 따르면 조조가 '행군종사'가 아닌 '종사'로 삼았다고 기록하고 있다.

24 군사軍師: 관직 명칭으로 후한, 삼국, 진晉 시기에 모두 설치되었고 군사 사무 감찰을 관장했다. 삼국 시기에 오나라는 주연朱然을 우군사右軍師로 삼았고 촉나라는 제갈량을 군사장군軍師將軍으로 삼았다.

25 오류. 『삼국지』「위서·곽가전郭嘉傳」에 따르면 '사공군좨주司空軍祭酒'로 삼았다고 기록하고

있다. 사공군좨주는 사공군사좨주司空軍師祭酒로 사공司空의 속관이다. 건안 3년(198) 조조가 사공에 임명되었을 때 설치했는데, 군사 참모다.

26 오류. 『삼국지』 「오서·모개전毛玠傳」에 따르면 조조가 사공, 승상이 되었을 때 모개를 '동조연東曹掾'로 삼았다고 기록하고 있다. 동조연은 태위, 승상의 속관이다.

27 동평東平: 군, 국 명칭으로 원래 전한 때 동평국이었고 후에 군으로 변경되었다. 연주에 속했으며 치소는 무염無鹽(산둥성 둥핑東平 동쪽)이었다.

28 오류. 『삼국지』 「위서·만총전」에 따르면 허도 현령이 아닌 '허령許令(허현 현령)'으로 삼았다고 기록하고 있다.

29 조조는 허도로 도읍을 옮긴 후 대장군에 임명되었고, 얼마 후 대장군을 원소에게 양보했으며, 자신은 사공이 되어 거기장군을 대리했다. 건안 13년(208)에야 비로소 승상丞相에 임명된다. 승상은 전국시대에 시작되었으며 백관百官의 수장이었다. 상방相邦이라고도 했으며 진 이후의 봉건 관료 중 최고 관직이다. 황제를 보좌하고 전국의 정무를 총괄했다. 한고조가 즉위하자 승상 한 자리를 설치했다가 11년(기원전 196)에 상국相國으로 명칭을 변경했고 후에 다시 승상으로 바뀌었다. 전한 말에 대사도大司徒로 변경되었다가 후한 말에 다시 승상을 설치했다.

30 오류. 『삼국지』 「촉서·선주전」에 따르면 이때 유비를 '정동장군'이 아닌 "진동장군鎭東將軍으로 삼고 의성정후로 봉했다"고 기록하고 있다.

31 오류. 서주는 '군'이 아니라 '주'이기 때문에 '주부로 들어오다'가 맞다.

32 은명恩命: 제왕이 하달한 관직의 승급, 죄의 사면과 같은 유의 조명詔命(황제의 명령)을 말한다.

33 군후君侯: 진, 한 시기에는 열후와 승상이 된 자에 대한 칭호였으나 한 이후에는 고관과 귀인에 대한 경칭으로 사용했다.

34 사서私書: 은밀하고 공개되지 않은 서신을 가리킨다.

35 오류. 남군은 형주에 속했으며 유표의 관할이다. 이때 원술은 회남淮南을 점거하고 있었다. 이하 남군이 아닌 회남이 맞다.

36 오류. 회남을 향해 진군했다고 해야 맞다.

37 오류. 서주는 군이 아니라 주다.

38 우이盱眙: 현 명칭으로 진나라 때 설치되었다. 서주 하비국에 속했으며 장쑤성 쉬이盱眙 동북쪽이다.

39 회음淮陰: 현 명칭으로 진나라 때 설치되었다. 서주 하비국에 속했으며 장쑤성 화이안 화이인淮陰구 서남쪽이다.

40 천계天戒: 타고난 성격이 몇 가지 기호나 취미를 철저하게 끊는 것으로 예를 들면 음주 같은 것이다.

41 굉觥: 들소 뿔로 만든 큰 술잔으로 중심이 타원형으로 위에 손잡이가 있고 아래에는 다리가 둘러져 있으며 짐승 머리 형태의 덮개에 부수적으로 작은 국자가 달려 있다. 나중에는 구리와 도기로도 제작했으며 주기酒器로 사용했는데 항상 벌주罰酒의 주기로 사용되었다.

42 오류. 서주는 주의 명칭이고 주 도읍은 '하비'였다. 서주가 아닌 하비라 해야 맞다.

43 십팔기연장十八騎燕將: 연운십팔기燕雲十八騎라고도 하는데, 유연幽燕(지금의 허베이성 북부

와 랴오닝성 일대의 옛 명칭) 땅의 용맹스럽고 싸움을 잘하는 호걸을 가리킨다. 출전은『진서晉書』「석륵재기石勒載記」다. 방한복을 입고 허리에는 칼날이 흰 칼을 찼으며, 얼굴에는 마스크를 끼고 머리에는 검은 두건을 쓰고는 단지 두 눈만 노출시켰다. 또한 호인胡人의 승마화를 신고 신발에는 비수를 감추어두었으며 큰 활과 18개의 화살을 등에 지고 있었는데, 대체로 사막에서 활동했다.

제15회 소패왕 손책과 태사자

1 1곡斛은 20리터, 대략 13.5킬로그램이다. 5만 곡은 약 675톤이다.
2 여강廬江: 군 명칭으로 초한 사이에 구강군九江郡을 나누어 설치했다. 양주에 속했으며 치소는 서현舒縣(안후이성 루장廬江 서남쪽)이었다. 후한 말기에 폐지되었는데 후한 시기에는 안후이성 차오후巢湖, 수청舒城, 훠산霍山 남쪽, 장강 이북, 후베이성 잉산英山, 우쉐武穴, 황메이黃梅와 허난성 상청商城 등을 관할했다.
3 강남江南: 지구 명칭으로 장강長江 이남 지구를 가리킨다. 그러나 시대별로 지역이 다른데 동주東周, 진한秦漢 시기에는 일반적으로 지금의 후베이성 강남 지역과 후난성, 장시江西성 일대를 가리킨다.
4 단양丹陽: 군 명칭으로 전한 원수元狩 2년(기원전 121)에 장군鄣郡을 단양군丹陽郡으로 변경했다. 옛 치소는 완릉宛陵(안후이성 쉬안청宣城)이었다. 후한 건안 25년(220) 손권이 군치를 건업建業(장쑤성 난징南京)으로 옮겼으며 이는 양주에 속했다.
5 회의교위懷義校尉: 후한 삼국 시기에 임시로 설치된 무관 직책으로 손책 한 사람만이 이 직책에 임명되었다.
6 경현涇縣: 한나라 초기에 현을 설치했고 양주 단양군의 군치였다. 안후이성 징현涇縣 서쪽이었다.
7 『삼국지』「오서·비빈전妃嬪傳」의 기록에는 경현涇縣 산적山賊 조랑祖郎이라 했고,『삼국지』「오서·손책전」 배송지 주『강표전江表傳』의 기록에는 경현 대사大師로 나와 있어 '도적의 우두머리'였던 것 같다.
8 중정中庭: 건축 내부의 정원 공간을 가리키는데, 특징은 실외 공간이다.
9 고장故鄣: 진나라 때 장군鄣郡을 설치했으나 전한 때 군이 폐지되고 고장현故鄣縣이 되었다. 양주 단양군에 속했으며 저장성 안지安吉 서북쪽이었다.
10 오류.『삼국지』「오서·주치전朱治傳」에 따르면 종사관이 아니라 "손견이 표문을 올려 독군교위督軍校尉를 대리하게 했다"고 기록하고 있다. 독군교위는 오吳가 설치했고 직위는 장군과 중랑장 아래다.
11 오류.『삼국지』「오서·여범전呂範傳」에 따르면 여범이 수춘에 있었던 것은 사실이지만 원술의 모사는 아니었다.
12 세양細陽: 현 명칭으로 전한 때 설치되었다. 예주 여남군에 속했으며 치소는 안후이성 푸양阜陽 서북쪽이었다.
13 오류.『삼국지』「오서·손책전」에 따르면 "절충교위로 임명하고 진구장군을 대리하게 했다"

고 기록하고 있다. 절충교위는 임시로 설치된 무관으로 손책과 주연朱然이 이 직분에 임명되었다. 진구장군은 임시로 설치된 잡호장군이다.

14 역양歷陽: 진나라 때 현을 설치했고 후한 때 후국이 되었다. 양주 구강군九江郡에 속했으며 치소는 안후이성 허현和縣이었다.

15 서성舒城: 서현舒縣을 말하며 춘추시대 때 서국舒國이었고 전한 때 서현을 설치했다. 양주 여강군廬江郡에 속했으며 치소는 안후이성 루장廬江 서남쪽이었다.

16 오류. 『삼국지』 「오서·주유전」 배송지 주 『강표전江表傳』에 따르면 "손권의 모친이 말했다. '공근(주유)과 백부(손책)는 같은 해에 태어났고 공근이 한 달 늦을 뿐이다"라고 하여 손책이 두 달이 아닌 한 달 먼저 태어났다.

17 팽성彭城: 춘추시대 때 송읍宋邑이었다가 진나라 때 팽성彭城을 설치했다. 서주 팽성국에 속했으며 치소는 장쑤성 쉬저우徐州였다.

18 무군중랑장撫軍中郎將: 한나라 제도에 따르면 중랑장中郎將에 명호를 더해 밖에서 군사를 통솔하는 장령에게 수여했는데, 무군중랑장은 손책이 창업했을 때 이러한 제도를 모방하여 설치한 것이다.

19 오류. 『삼국지』 「오서·장굉전張傳紘」에 따르면 손책은 장굉을 '참모 정의교위正議校尉'로 삼은 것이 아니라 '정의교위'로 임명했다고 기록하고 있다. 교위는 장군보다 아래의 직급으로 정의교위는 역사상 여기에서 단 한 차례 나온다.

20 모평牟平: 현 명칭으로 전한 때 설치되었다. 청주 동래군에 속했으며 치소는 산둥성 평라이蓬萊 동남쪽이었다.

21 오류. 유요는 이때도 여전히 양주자사로 있었다.

22 우저牛渚: 우저산을 말한다. 안후이성 마안산馬鞍山 서남쪽에 위치해 있다. 이 산은 강 한 가운데에 튀어나와 있어 우저기牛渚磯라고도 한다. 예부터 장강 남북의 중요 나루터로 군사 요지였다.

23 저각邸閣: 고대에 관부에 설치하여 양식 등의 물자를 저장하는 창고다.

24 10만 곡斛은 1350톤 정도다.

25 하채下蔡: 현 명칭으로 전한 때 설치되었다. 양주 구강군九江郡에 속했으며 안후이성 펑타이鳳台였다.

26 양자강洋子江: 양자강揚子江을 말하며 또한 장강의 별칭이다.

27 신정神亭: 장쑤성 진탄金壇 서북쪽에 위치하고 있다.

28 오류. 영릉零陵은 유표가 관할하는 형주에 속했으며 말릉은 양주 단양군에 속했다. 말릉성秣陵城으로 해야 맞다.

29 송자松滋: 현 명칭으로 치소는 안후이성 첸산潛山 서남쪽이었다.

30 말릉秣陵: 현 명칭으로 진나라 때 설치되었다. 양주 단양군에 속했으며 치소는 난징 장닝江寧구 남쪽 모링진秣陵鎭이었다.

31 오류. 『삼국지』 「오서·손책전」에 따르면 '우미于糜'가 아니라 '우미于麋'로 기록되어 있다.

32 소패왕小霸王: 손책을 보통 '소패왕'이라 부르는데, 소패왕은 패왕霸王 항우項羽와 비교하기 위해 만든 말이다.

33 예장豫章: 군 명칭. 전한 고제 6년(기원전 201)에 구강군을 나누어 설치했다. 양주에 속했으

며 치소는 남창南昌(장시성 난창)에 있었다. 한 무제 원수元狩 2년(기원전 121) 이후에 장시성에 해당하는 지역을 관할했다.

34 금창약金瘡藥: 칼과 화살 등의 금속 기구로 인해 생긴 상처를 금창이라 한다.

35 오류. 아래 문장에 태사자가 '50리'를 달렸다고 했으니 25리가 아닌 '50리'로 고쳐야 한다.

36 선성宣城: 현 명칭. 전한 시기에 설치되었으나 후한 때 완릉宛陵으로 명칭이 바뀌었다. 양주 단양군에 속했으며 군치 소재지였다. 안후이성 쉬안청宣城 서쪽이었다.

37 오군吳郡: 후한 순제 영건永建 4년(129)에 회계군會稽郡을 나누어 설치했다. 양주에 속했으며 치소는 오현吳縣(장쑤성 쑤저우)이었다.

38 오정烏程: 현 명칭으로 진나라 때 설치되었다. 양주 오군吳郡에 속했으며 저장성 후저우湖州 남쪽이었다. 가흥嘉興은 현 명칭으로 치소는 저장성 자싱嘉興 남쪽에 있었다.

39 풍교楓橋: 다리 명칭. 오현(장쑤성 쑤저우) 성 밖에 있었다. 그러나 후한시대에는 이런 지명은 없었다. 송대에 풍교역楓橋驛이 세워졌고, 항주와 소흥紹興 남쪽을 지나는 요도였다.

40 금석金石: 청동기나 비석에 조각한 문자로 매우 중요하거나 오래도록 전해질 만한 말을 비유한 것이다.

41 창문閶門: 성문 명칭으로 소주성蘇州城(장쑤성 쑤저우) 서문이다. 옛날에 창문의 높은 누각과 복도는 웅장하고 아름다웠다. 당나라 때 창문 일대는 매우 번화했던 장소로 지방 관리들이 항상 이곳에서 주연을 베풀고 손님을 맞아들이고 보냈으며 허다한 시인들이 시와 사를 읊었다.

42 오류. 가흥과 오정은 모두 '현'이었지 주가 아니다.

43 여항餘杭: 진나라 때 현이 설치되었다. 양주 오군에 속했으며 치소는 항저우 위항餘杭구 서남쪽이었다.

44 오류. 후한 삼국 시기에 종정교위라는 관직 명칭은 없었다. 『삼국지』「오서·능통전淩統傳」에 따르면 "파적교위破賊校尉로 승진되었다"는 기록이 있다. 파적교위는 손책이 임시로 설치한 무직武職으로 능조 한 사람만이 이 관직에 임명되었다.

45 서진도西津渡: 장쑤성 전장鎭江 시내 서쪽 윈타이산雲臺山 기슭이다.

46 여요餘姚: 현 명칭으로 전한 때 설치되었다. 양주 회계군에 속했으며 저장성 위야오餘姚였다.

47 군리郡吏: 군수의 속관이다.

48 산음山陰: 현 명칭으로 진나라 때 설치되었다. 양주 회계군에 속했으며 치소는 저장성 사오싱이었다.

49 대원對圓: 양군이 싸움에 임하기 전에 각자 대열을 반원형으로 진세를 이루어, 서로 마주하면 원형으로 이루어지므로 대원이라 했다.

50 절강浙江: 옛 하천 명칭으로 저장성 항저우杭州 동북쪽의 첸탕강錢塘江과 서남쪽의 푸춘강富春江을 말하며, 여기서는 절강 유역 일대를 말한다.

51 오류. 회계는 군으로 왕랑이 지킨 곳은 회계의 군치인 산음山陰이다.

52 사독查瀆: 지명. 양주 회계군 영흥永興에 속했다. 항저우 샤오산蕭山구 동남쪽이었다.

53 출전은 『손자孫子』「계計」.

54 적루敵樓: 성벽 위에 적을 방어하는 성루. 초루譙樓라고도 한다.

55 공조功曹: 공조사功曹史의 줄임말로 전한 시기에 설치되었다. 군수郡守의 속리로 인사人事를 관리했고 시찰과 공로의 기록을 책임졌으며 군郡의 정무에 참여했다.

56 오류.『삼국지』「위서·방기전方技傳」에 따르면 화타는 '초군'이 아니라 '초현譙縣' 사람이라고 기록되어 있다.

57 오류.『삼국지』「오서·손책전」에 따르면 장사 양홍楊弘과 대장 장훈張勳이라고 기록되어 있다. '양대장楊大將'이라고 표현한 것은 작가나 혹은 판각본에서 '홍弘' 자를 빼먹은 듯하다.

58 오류. 서주는 '군'이 아니라 '주'다. 원문의 '서군徐郡'을 '서주'로 번역했다.

제16회 원문의 극을 쏘아 맞춘 여포

1 20만 곡은 2700톤 정도다.

2 『설문說文』에 500명의 군사를 '여旅'라 했다. 여기서는 한 부대 정도를 의미한다.

3 전고戰鼓: 고대 작전 때 사기를 북돋우거나 전투를 지휘할 때 두드리던 북을 말한다.

4 원문轅門: 고대 제왕이 순수나 사냥을 나가 험준한 곳에 머무르면 수레를 이용하여 울타리를 만들었다. 출입하는 곳에 두 량의 수레를 쳐들어 두 수레의 끌채를 서로 맞닿게 하여 반원형의 문 형태로 만든 것을 원문이라 했다. 전장에서 군사를 통솔하는 장수의 주둔지 군영문을 가리키기도 하며 지방 고급 관서의 바깥문을 가리키기도 한다.

5 소지小枝: 소지小支를 말하며 과戈와 극戟의 칼날이 구부러지고 아래로 드리워진 부분이다.

6 후예后羿는 이족夷族(오랑캐족)의 수령으로 활쏘기 명수였다. 요나라 때 하늘에 해가 열 개나 있어 곡식이 모두 말라버리자 후예는 해들을 향해 아홉 번 활시위를 당겼다. 한 번에 하나씩, 아홉 개의 해가 연이어 떨어지고 해 하나만 공중에 남아 있게 되었다. 기후가 좋아져서 가물지 않고 농사가 잘되었다고 한다.

7 양유기養由基 : 춘추시대 초나라 사람으로 명궁이었다.『전국책』「서주책」에 따르면 "초나라에 양유기라는 자가 있는데 활을 잘 쏘아 백보 거리에서 버들잎을 쏘아 백발백중 맞혔다"고 기록하고 있다. 또한 초왕이 양유기로 하여금 흰 원숭이를 쏘게 했는데 활을 쏘기도 전에 원숭이가 기둥을 안고 울부짖었다고 한다.

8 소불간친疏不間親: 군사 혹은 정치 책략의 일종이다. A·B·C 3국 혹은 3국 이상의 세력이 그중의 한 세력과 혼인을 거쳐 가족의 세력 연맹이나 이익 같은 진영을 형성하고 친근한 관계를 맺으며 다른 세력과 소원하게 하면서 강성을 도모하거나 스스로 보호하는 것이다. 즉 소원해진 세력은 상대적으로 혼인 연맹으로 친근해진 쌍방을 이간하거나 파괴하기 어렵다.

9 1만 곡은 135톤 정도다.

10 오류.『삼국지』「위서·여포전」 배송지 주『영웅기』에는 '봉거도위奉車都尉'로 기록되어 있다. 봉거도위는 한 무제 원정元鼎 2년(기원전 115)에 설치되었다.『속한지』에 따르면 '비이천석比二千石으로 정해진 인원은 없고 황제의 수레를 관장했다'고 기록하고 있다. 봉거도위는 후한 시기에 광록훈光祿勳에 속했고 진晉 시기에는 황실의 외척이 담당했다.

11 관고官誥: 황제가 작위를 하사하거나 혹은 관직을 수여하는 명령서다.

12 육수泀水: 허난성에서 발원하여 후베이성으로 유입되는 강 이름으로 바이허白河강이라고 부른다.

13 오류. 『삼국지』「위서·무제기」에 따르면 조안민은 조조 형의 아들이 아니라 "동생의 아들 안민弟子安民"이라 기록하고 있다.

14 요도腰刀: 허리에 차는 단면의 긴 날의 단병기短兵器. 칼 길이는 대략 3척이고 칼몸이 좁고 자루가 짧다.

15 대원大宛: 고대 서역국 명칭으로 중앙아시아 페르가나 분지를 말한다. 이곳에서 좋은 말이 많이 태어난다고 했다. 대원의 양마良馬를 한혈마汗血馬라고도 부르는데, 어깨 부근에서 마치 피같이 땀을 흘린다고 하여 한혈마라 한다.

16 평로교위平虜校尉: 조조가 설치한 무관 직분 명칭으로 우금 한 사람만이 이 직분에 임명되었다.

17 익수정후益壽亭侯: 열후 중 정후亭侯에 속한다. 식읍은 익수益壽이고 그 위치는 상세하지 않다.

18 평동장군平東將軍: 평동平東, 평서平西, 평남平南, 평북平北 등 '사평四平' 장군 중 하나다. 지위는 '사정四征' '사진四鎭' '사안四安' 장군의 다음이고 전장군, 잡호장군보다는 높았다.

19 오류. 동궁을 세우려 한다는 말은 태자가 되는 것으로 여포의 딸은 마땅히 황비가 아니라 '태자비太子妃'로 해야 맞다.

20 사표謝表: 군주에게 감사하는 상주문을 뜻한다.

21 중이천석中二千石: 한대의 관리 봉록 등급으로 중中은 '만滿(채우다)'의 의미다. 중이천석은 실제로 이천석二千石으로 월 봉록이 180곡斛이고 1년에 2160곡斛이다.

22 오류. 형주가 정식 행정 구역 명칭이다. 이하 동일.

23 익주益州: 한 무제가 설치한 13개 자사부 중 하나로 12개의 군, 국과 118개의 현, 도道를 관할했다. 후한 초기에 치소는 낙현雒縣(지금의 쓰촨성 광한廣漢 북쪽)이었다가 중평中平 연간에 치소를 면죽현綿竹縣(지금의 쓰촨성 더양德陽 동북쪽)으로 옮겼다. 흥평興平 연간에 다시 치소를 성도현成都縣(지금의 쓰촨성 청두成都)으로 옮겼다. 지금의 쓰촨성, 충칭, 윈난성, 구이저우성 대부분 지역과 산시陝西성, 간쑤성, 후베이성의 일부분에 해당된다.

24 한중漢中: 군 명칭으로 전국시대 초 회왕懷王이 설치했고 기원전 312년 진 혜왕惠王이 다시 설치했다. 진, 후한 시기에 치소는 남정南鄭(산시陝西성 한중漢中 동쪽)이었고, 전한 시기에 치소는 서성西城(산시陝西성 안캉安康 서북쪽)이었다. 익주에 속했다.

제17회 황제를 자칭한 원술

1 사상泗上: 일반적으로 쓰허泗河강 북쪽 연안 지구를 가리킨다.

2 정장亭長: 진, 한 시기에 향촌의 10리마다 정후을 설치하여 정장을 두었다. 치안을 관장하고 도적을 잡고 민사를 처리했으며 머무는 여행객들의 관리도 겸했다. 대부분은 병역 복무를 마친 인원이 담당했다.

3 후직后稷: 주周나라의 시조이며 농경신農耕神이자 오곡의 신이기도 하다. 백성에게 땅을 갈

고 파종하는 법을 가르쳤다고 한다.

4 한실漢室: 한은 대한조大漢朝로 유방이 창립한 한조이고, 천하의 의미를 갖고 있다. 즉 한실은 대한천하大漢天下라 하겠다.

5 진陳: 고대 국가 명칭으로 주나라 무왕이 상나라을 멸망시킨 후 책봉한 나라다.

6 천자가 즉위한 후에 성 남쪽 교외에서는 하늘에 제사를 지내고 성 북쪽 교외에서는 땅에 제사를 지냈다.

7 오류.『삼국지』「위서·무제기」에는 '양강梁綱'으로 기록되어 있다.

8 오류. 후한 삼국 시기에 이런 지명은 없었고 임기臨沂를 말한다. 임기는 현 명칭으로 전한 때 설치되었다. 서주 낭야국에 속했으며 산둥성 린이臨沂 서북쪽이다.

9 오류. 잘못 빌려온 지명으로 여기서의 갈석碣石은 허베이성 창리昌黎의 갈석이 아니다.

10 준산浚山: 준수浚水 부근에 있는 산 이름. 준수는 산둥성 페이현費縣에서 발원하여 린이臨沂에서 이허沂河강으로 모여든다.

11 금과金瓜: 호위병이 들었던 일종의 병기로 봉 끝이 참외 모양이며 구리로 만들었고 황금색이다.

12 황월黃鉞: 황금으로 장식한 긴 자루의 도끼. 천자의 의장으로 정벌할 때 사용했다.

13 백모白旄: 일종의 군대 깃발. 장대 끝을 야크 꼬리로 장식했으며 전군을 지휘할 때 사용했다.

14 산개傘蓋: 긴 장대의 우산 형태로, 우산 테두리에 술이 드리워진 의장물이다.

15 오류. 기도沂都는 후한 삼국 시기에 없는 지명이고 낭야는 여기에서 서주 낭야국 낭야현을 말한다. 목은 주의 장관을 말하며 현의 장관은 현령, 현장이다.

16 오류.『삼국지』「위서·전위전」에 따르면 '중랑'이 아닌 '낭중'으로 임명했다고 기록되어 있다.

17 오류.『후한서』「원술전」에 따르면 '진국陳國'으로 기록되어 있다.

18 오류.『자치통감』권62「한기 54」에는 "원술은 조조의 군대가 왔다는 소식을 듣고는 군대를 버리고 달아났으며 자신의 장수 교유 등을 남겨두어 기양蘄陽에서 조조에게 저항했다. 조조는 교유 등을 대파하고 그들 모두를 참살했다. 원술은 도망쳐 회수淮水를 건넜다"고 기록하고 있다. 주석에 따르면 "기수蘄水는 강하江夏 기춘蘄春(후베이성 치춘蘄春 서남쪽) 북산에서 나온다. 당시 원술은 진류을 침략했고 조조는 동쪽으로 원술을 정벌했다. 원술은 도망쳐 회수를 건넜으니, 그렇다면 회수 바깥에서 전투를 벌인 것으로 어찌 강하의 기양이겠는가! 이곳은 패국의 기현蘄縣(안후이성 쑤저우宿州 남쪽)이다"라고 했다. 수춘壽春(안후이성 서우현壽縣)은 회수 남쪽에 있다. 그러므로 양군은 수춘 경계가 아닌 기현 경계에 집결한 것이 맞다.

19 소곡小斛: 표준량에서 부족한 곡을 말한다.

20 관량官糧: 관부에 납부하는 상납미를 말한다.

21 오류. 수춘壽春(안후이성 수현壽縣)이 아니라 기현蘄縣(안후이성 쑤저우宿州 남쪽)이다.

22 오류.『삼국지』「위서·무제기」에는 '강릉江陵'이 아닌 '장릉章陵'으로 기록되어 있다. 장릉은 전한 때 용릉후국春陵侯國을 설치했고 후한 때 장릉으로 변경했다. 형주 남양군에 속했으며 후베이성 짜오양棗陽 남쪽이었다.

23 탕구장군蕩寇將軍: 후한 말년에 임시로 설치한 잡호장군雜號將軍 명칭으로 오품이다. 영제

중평 2년(185)에 처음으로 주신周愼을 임명했다.

24 오류. 삼국 시기에 진로장군이란 장군 명칭은 없었다. 『후한서』 「동탁전」에 따르면 곽사는
    건안 2년(197)에 자신의 장수인 오습에게 살해당했다고 기록하고 있는데, 어떤 직위에 임명
    되었는지는 기록되어 있지 않다.

25 오류. 『삼국지』 「위서·무제기」 배송지 주 『조만전曹瞞傳』에 따르면 '法不加於尊'이 아닌 '罰不
    加於尊', 즉 '존귀한 분은 처벌을 하지 않는다'로 기록되어 있다.

26 오류. 『삼국지』 「위서·무제기」에는 조조가 장수를 남양성이 아닌 '양현穰縣(허난성 덩저우鄧
    州)'에서 포위했다고 기록하고 있다. 남양은 군 명칭으로 어떤 성의 명칭이 아니다.

제18회 곽가의 십승십패론

1 녹각鹿角: 군영의 방어물. 가지가 있는 나무를 뾰족하게 깎아서 군영의 주변에 묻어 적의
   침입을 방지하는 것으로 형태가 녹각 같다고 하여 녹각이라 불렸다.

2 호구湖口: 소호구巢湖口를 말하며 안후이성 차오후오巢湖에 있는 담수호다.

3 안중현安衆縣: 현 명칭으로 전한 때 설치되었고 후한 때 안중후국으로 변경되었다. 형주 남
   양군에 속했으며 옛 치소는 허난성 덩저우鄧州 동북쪽이었다.

4 오류. 양성襄城과 육수洧水와의 거리는 매우 멀다. 조조의 군대는 '양성穰城'에서 철군했다.
   여기서는 양성을 삭제하고 '느릿느릿 걸어서 육수에 이르렀다'고 표현해야 한다. 양穰은 전
   국시대 때 한韓의 읍이었다가 나중에 진秦에 편입되었고 진나라 때 양현을 설치했다. 형주
   남양군에 속했으며 치소는 허난성 덩저우鄧州였다. 양성襄城은 전국시대 때 위읍魏邑이었
   고 진나라 때 양성현을 설치했다. 예주 영천군에 속했으며 치소는 허난성 샹청襄城이었다.

5 후전後殿: 행군할 때 후방을 지키고 방어하는 군대로 '전군殿軍'을 말한다.

6 오류. 형주가 아닌 '양양襄陽(후베이성 샹양)'이라 해야 맞다. 그때 형주의 치소는 양양에 있
   었다. 『삼국지』 「위서·장수전」에 따르면 '양성襄城'이 아닌 '양현穰縣'으로 기록되어 있다.

7 오류. 『삼국지』 「위서·이통전李通傳」에 따르면 '진위중랑장鎭威中郞將'이 아닌 '진위중랑장振
   威中郞將'으로 임명했다고 기록하고 있다. 진위중랑장은 '중랑장'으로 '진위'는 덧붙은 호칭
   이다.

8 평춘平春: 후국 명칭. 후한 초기에 평춘왕국平春王國을 설치했고 이후에 후국으로 변경되었
   다. 형주 강하군에 속했으며 치소는 허난성 신양信陽 서북쪽이었다.

9 건공후建功侯: 노필의 『삼국지집해』에서는 명호후名號侯(봉작封爵 명칭. 명호가 정해진 후작
   이지만 봉호만 있고 식읍은 없다)에 속하며 실제로 어떤 지역에 후로 봉한 것은 아니라고 했
   다. 이때는 건안 2년(197)이나 『삼국지』 「위서·무제기」에 따르면 18년 후인 건안 20년(215)
   에 명호후를 설치하기 시작했다고 기록하고 있다.

10 토역장군討逆將軍은 잡호장군 명칭으로 5품이었다. 오후吳侯는 열후 작위 명칭이다. 한 시
   기에 후작은 현후縣侯, 향후鄕侯와 정후亭侯 세 등급으로 나뉘었는데, 오후는 현후로 봉지
   는 양주 오군吳郡의 오현吳縣(지금의 장쑤성 쑤저우)이었다.

11 오류. 여기서는 반대로 조조가 쫓기는 상황이었다. 『삼국지』 「위서·무제기」에 따르면 순욱

의 질문에 조조는 "적이 우리 대군의 퇴로를 저지하고 있으므로 우리 군은 사지에서 죽기로 싸웠고 나는 승리할 것을 알고 있었소"라고 대답했다.

12 오류. 『후한서』 「원소전」에 따르면 원소가 태위 직을 받지 않자 다시 대장군에 임명한 것으로 기록하고 있다.

13 관도官道: 국가에서 건설한 도로. 큰길을 말한다.

14 역마驛馬: 국가나 기관에서 문서를 전달하기 위해 사용하는 마필이다.

15 명명明命: 황제의 명령을 가리키며 조서詔書를 말한다.

16 오류. 산동은 효산 동쪽 지역의 광대한 지구로 연주와 나란히 할 수 없다. 연주는 서주 서쪽에 있다. 여기서는 '서쪽으로 연주 각 군'으로 고쳐야 맞다.

17 제북濟北: 왕국 명칭. 후한 화제和帝 영원永元 2년(90) 태산군 서부 지구를 나누어 설치했다. 연주에 속했으며 치소는 노현盧縣(산동성 지난 창칭長淸 남쪽)이었다.

제19회 여포, 최후를 맞다

1 오류. 서주는 주의 명칭이다. 후한 말에 서주의 치소를 하비(장쑤성 쑤이닝睢寧 서북쪽 구피진古邳鎭 동쪽)로 옮겼으며 삼국 조위曹魏 때 치소를 팽성彭城(장쑤성 쉬저우徐州)으로 옮겼다. 여기서는 팽성이라고 해야 맞다.

2 오류. 산동은 효산 동쪽 지역의 광대한 지구로 연주와 나란히 할 수 없다. 연주는 서주 서쪽에 있다. 여기서는 '연주 경계'라고만 해야 맞다.

3 오류. 『삼국지』 「촉서·선주전」 배송지 주 『영웅기英雄記』에 따르면 '양국梁國'으로 기록되어 있다. 양국은 군, 국 명칭으로 한 고제 5년(기원전 202) 탕군碭郡을 변경해 양국을 설치했다. 예주에 속했으며 치소는 수양睢陽(허난성 상추商丘 남쪽)이었다.

4 오류. 소관蕭關은 현재 닝샤寧夏 구위안固原의 동남쪽에 있던 옛 관 명칭으로 여기의 소관은 소현蕭縣으로 해야 맞다. 그리고 여기서 '산동'은 삭제해야 한다. 소현은 춘추시대 때 송의 소읍이었고 진나라 때 소현을 설치했다. 후한 시기에는 예주 패국에 속했고 치소는 안후이성 샤오현蕭縣 서북쪽이었다.

5 오류. 서주는 주 명칭으로 성 이름이 아니다. 이곳에서의 서주는 '팽성彭城'을 말한다. 팽성은 춘추시대 때 송읍宋邑이었다가 진나라 때 팽성을 설치했다. 서주 팽성국에 속했으며 치소는 장쑤성 쉬저우徐州였다.

6 오류. 소현蕭縣으로 해야 맞다. 이하 동일.

7 오류. 후한 삼국 시기에 이런 지명은 없었다. 16국 동위東魏 때 해주현海州縣을 설치했다. 북제北齊 이후에 치소는 구현朐縣(장쑤성 롄윈강連雲港 서남쪽 하이저우海州鎭구)에 있었다.

8 망탕산芒碭山: 망산芒山과 탕산碭山의 합칭이다. 허난성 융청永城 동북쪽이다.

9 복파장군伏波將軍: 위와 오에 설치된 잡호장군 중 하나. 5품으로 후한 말에 지위가 비교적 높았다. 복파는 파도를 굴복시킨다는 뜻으로 해외의 풍파를 평정한다는 의미다.

10 오류. 『삼국지』 「위서·무제기」에는 '태산太山'으로 기록하고 있다. 태산은 군 명칭으로 태산泰山이라 하기도 한다. 연주에 속했으며 처음에 치소는 박현博縣(산동성 타이안泰安 동남쪽)

이었고 후에 치소를 봉고奉高(산둥성 타이안泰安 동쪽)로 옮겼다.

11 사수泗水: 산둥성 쓰수이泗水에서 발원하여 장쑤성 페이현沛縣, 사피下邳 등의 지역을 지나 화이허淮河강으로 유입되는 강 이름이다.

12 휘개麾蓋: 장수가 사용하는 깃발과 산개(우산 형태로 술이 드리워진 의장물)를 말한다.

13 명상明上: 황제에 대한 존칭으로 상은 황상을 말한다. 당시에 원술은 이미 자칭 황제였으므로 이렇게 부른 것이다. 그리고 명공은 명예와 지위에 있는 자에 대한 존칭이다.

14 흉신凶神: 흉악한 신. 미신 및 전설에서는 흉신을 만나면 불길하다고 했다.

15 동시東市: 야왕野王(지금의 허난성 친양沁陽) 동쪽의 시장이다.

16 견성犬城: 옛 성읍 명칭으로 허난성 우즈武陟 경내이며 사견성射犬城(허난성 친양 동북쪽) 북쪽에 있었다.

17 오류. 유표는 '양양襄陽'에 있었고 장수는 '양성'에 주둔했다. 모두 조조의 동쪽이 아닌 서남쪽에 있었다.

18 기수沂水: 산둥성 이위안沂源 루산魯山산에서 발원하여 하비 서쪽에 이르러 사수로 유입되는 강. 『자치통감』 호삼성胡三省 주석에서 "사수는 동남쪽으로 흘러 하비현 서쪽을 지나고, 기수는 남쪽으로 흘러 또한 하비현 서쪽을 지나 남쪽 사수에 유입되므로 두 물길을 함께 끌어 성으로 흐르게 한 것이다"라고 했다.

19 배화背花는 곤장으로 등을 때리는 것으로 상처난 곳을 배화背花라 했기 때문에 형벌의 대칭으로 사용된다.

20 백문루白門樓: 『후한서』「여포전」 이현 주석에 따르면 송무宋武의 『북정기北征記』에 "하비성은 삼중으로 되어 있는데 대성大城의 문은 주위가 4리로 여포가 지키고 있었다. 위무魏武(조조)가 백문白門에서 여포를 사로잡았다. 백문은 대성의 문이다"라고 했고, 역원酈元의 『수경주水經注』에서는 "남문南門을 백문이라 했고 위무가 이곳에서 진궁을 사로잡았다"고 했다.

21 효수梟首: 죄인의 머리를 베어 높은 곳에 매달아 사람들에게 보이게 했던 형벌이다.

22 『후한서』「여포전」과 『삼국지』「위서·여포전」에 나오는 내용으로, 진등이 여포에게 조조가 한 말이라며 전한 말이다. 매를 기를 때 굶주리면 쓸모가 있지만 배가 부르면 날아가버린다는 말로 야심을 품은 사람은 통제하기 쉽지 않기 때문에 뜻을 얻으면 다시는 주인을 위해 쓰이지 않는다는 뜻이다.

23 『후한서』「여포전」과 『삼국지』「위서·여포전」에 나오는 내용으로 진등이 조조에게 한 말로 '호랑이는 고기를 먹어 배가 불러야지 배부르지 않으면 사람을 문다'라는 말이다.

제20회 옥대 속의 비밀 조서

1 관내후關內侯: 작위 명칭으로 진, 한 시기에 설치되었고 진나라 때는 20등급의 작위 중에 19등급이었으며 열후 다음이었다. 작위는 있었으나 봉국은 없었다.

2 오류. 허도許都다. 조비가 제위에 올랐을 때(221) 허창許昌으로 명칭을 바꼈다.

3 단지丹墀: 황제 어전 앞의 돌계단으로 붉은색으로 칠해져 있다고 해서 단지라 불린다.

4 종정宗正: 황실 친족의 사무를 관장하는 관직명이다.

5 오류. 『한서』「왕자후표王子侯表」에는 육성정후陸城亭侯가 아닌 "육성후 유정劉貞"으로 기록되어 있다. 육성은 현 명칭으로 허베이성 안궈安國 동쪽이다.

6 편전偏殿: 정전正殿의 좌우에 세워진 전殿. 곁채다.

7 오류. 14회에서 이미 '정동장군, 의성정후'로 봉했다고 했다. 여기서는 '좌장군으로 임명했다'라고만 해야 한다.

8 오류. 『후한서』「공융전」에 따르면 "헌제가 허현으로 천도했을 때 조정에서는 공융을 불러들여 장작대장將作大匠으로 임명하고 또 소부少府로 승진했다"고 기록하고 있다. 장작대장은 진나라 때 장작소부라 했고 한 경제 6년(기원전 144)에 장작대장으로 개칭되었다. 궁궐, 종묘, 능침 등의 토목 공정을 관장했다.

9 양진楊震, 양병楊秉, 양사楊賜, 양표楊彪 4대를 말한다.

10 성왕成王은 주나라 성왕을 말하고 주 무왕의 아들이다. 소공召公은 서주의 대신으로 채읍采邑(경, 대부에게 분봉한 전답)이 소召(산시陝西성 치산岐山 서남쪽)에 있었으므로 소공이라 불렸고 성왕 때 태보를 역임해 주공과 섬陝(허난성 싼먼샤 산저우陝州구)을 나누어 다스렸다.

11 주공周公: 서주 초기의 정치가. 주 무왕의 동생으로 무왕 사후에 성왕이 나이가 어려 섭정했고 서주를 공고하게 통치하는 데 주요 작용을 했다.

12 왕패王霸: 춘추시대에 주나라 천자가 각 제후국 공동의 종주였으므로 왕이라 칭했다. 제후국 가운데 맹주를 패라 칭했다. 왕패는 정의와 권력으로 통치하는 것을 의미하는데, 여기에서는 대권 장악을 의미하며 더 나아가 찬탈하고 황제가 되는 것을 말한다.

13 사계절에 따른 사냥의 명칭. 『좌전』「은공 5년」에 따르면 "춘수春蒐, 하묘夏苗, 추선秋獮, 동수冬狩 네 종류의 사냥 의식은 모두 농한기를 이용하여 강습한다"고 했다.

14 소요마逍遙馬는 전문적으로 귀족을 위해 특수하게 훈련받은 말을 말한다. 보조궁寶雕弓은 황금, 구슬, 옥 등의 진귀한 보물로 장식하고 활에 각종 무늬가 조각된 정교하고 아름다운 활이다.

15 비전鈚箭: 화살촉이 얇으면서 넓고 화살대가 비교적 긴 화살이다.

16 허전許田: 허난성 쉬창許昌 동쪽으로 50리 떨어진 곳을 말한다.

17 내사內史: 서주 시기 때 처음 설치되었으며, 진나라 때는 도성을 다스리고 관리했다. 전한 초기에는 제후 왕국에서 내사를 설치하여 민정을 관장하게 했다. 내사內史가 아닌 내사內使(황제의 조령을 전달하는 환관)가 아닐까 판단된다.

18 패하霸河: 패수霸水(산시陝西성 시안西安 동쪽)를 말한다.

19 태묘太廟: 선조 제왕들을 모시고 제사 지내는 궁묘, 왕실의 종묘다.

20 성조聖祖: 제왕의 선조. 대부분 개국한 고조를 가리킨다.

21 사상泗上: 사수泗水 북쪽 지역을 가리킨다.

22 기업基業: 기초가 되는 사업으로 대부분 국가 정권을 가리킨다.

23 오류. 『삼국지』「촉서·선주전」에는 '시랑侍郎'이 아닌 '장군'으로 기록되어 있다. 이하 동일.

24 장수교위長水校尉: 관직 명칭. 한 무제 때 설치되었고 팔교위八校尉 중의 하나로 장수長水(하천 명칭)와 선곡宣曲(하천 명칭)에 주둔한 오환인烏桓人, 호인胡人 기병騎兵을 관장했다.

『삼국지』「촉서·선주전」, 『후한서』「동탁전」에는 '장수교위'로 기록되어 있지만, 『후한서』 「헌제기」에는 '월기교위越騎校尉 충집'으로 기록되어 있다.

25   오류. 『삼국지』「촉서·마초전」에 따르면 이때 마등은 서량태수가 아닌 '정서장군征西將軍'이 었다.

26   오류. 후한 삼국 시기에는 양주涼州만 있었다. 송대에 와서 비로소 서량부가 설치되었다. 여기서는 '양주涼州 군사'라고 해야 맞다. 이하 동일.

27   원행노서부鴛行鷺序簿: 관원들의 명부. 원행鴛行은 원앙새가 줄을 짓는 것이고, 노서鷺序는 원앙과 해오라기가 무리를 지어 날아갈 때 순서가 있다는 뜻으로 백관의 조회 때 차례를 말한다.

삼국지 1

1판 1쇄 2019년 4월 26일
1판 4쇄 2022년 12월 23일

지은이 나관중
정리자 모종강
옮긴이 송도진
펴낸이 강성민
편집장 이은혜
마케팅 정민호 이숙재 김도윤 한민아 정진아 이민경 정유선 김수인
브랜딩 함유지 함근아 김희숙 고보미 박민재 박진희 정승민
제작 강신은 김동욱 임현식
독자모니터링 황치영

펴낸곳 (주)글항아리 | 출판등록 2009년 1월 19일 제406-2009-000002호
주소 10881 경기도 파주시 회동길 210
전자우편 bookpot@hanmail.net
전화번호 031-955-1936(편집부) | 031-955-2696(마케팅)
팩스 031-955-2557

ISBN 978-89-6735-614-9 04910
      978-89-6735-613-2 (세트)

잘못된 책은 구입하신 서점에서 교환해드립니다.
기타 교환 문의 031-955-2661, 3580

geulhangari.com